练春海 —— 主编

中国艺术研究院美术研究所 —— 编

制 器 尚 象

中国古代造物观念与传统研究

广西师范大学出版社 ·桂林·

中国艺术研究院基本科研业务费资助　立项号：2022-2-6

ZHI QI SHANG XIANG

项目策划&统筹：廖佳平
责任编辑：廖佳平　刘玲
营销编辑：李迪斐　陈芳
责任技编：王增元
装帧设计：李浩丽

图书在版编目（CIP）数据

制器尚象. 中国古代造物观念与传统研究 / 中国艺术研究院美术研究所编；练春海主编. -- 桂林：广西师范大学出版社，2023.12

ISBN 978-7-5598-6589-2

Ⅰ . ①制… Ⅱ . ①中… ②练… Ⅲ . ①古器物－文化研究－中国－文集 Ⅳ . ①K875.04-53

中国国家版本馆 CIP 数据核字（2023）第 215530 号

广西师范大学出版社出版发行

（广西桂林市五里店路 9 号　邮政编码：541004）
　网址：http://www.bbtpress.com

出版人：黄轩庄
全国新华书店经销
广西广大印务有限责任公司印刷
（桂林市临桂区秧塘工业园西城大道北侧广西师范大学出版社集团有限公司创意产业园内　邮政编码：541199）
开本：720 mm × 960 mm　1/16
印张：33.5　插页：2　字数：510 千
2023 年 12 月第 1 版　2023 年 12 月第 1 次印刷
定价：138.00 元

如发现印装质量问题，影响阅读，请与出版社发行部门联系调换。

序

　　人类脱离动物界，开始刀耕火耨的文明进程，通常是从出现人工造物这一标志性事件开始算起的。造物不仅是人类历史发展的里程碑，还是人类文明的记录者。造物既是图像表现的对象之一，也是图像依附的主要载体。回首往昔，古代中国的辉煌早已湮没于历史的尘埃之中，传世文献中的有关记载云遮雾罩，无从证实，我们唯有通过出土的遗物，透过青铜器上的斑斑锈迹，玉器中的丝丝沁纹，陪葬坑中发掘出来的吹弹可破的漆皮……才能捕捉到过往千年的蛛丝马迹。然而，即便如此，这些古代造物所受到的关注仍然十分有限。通常情况下，研究者们只是对古代造物进行分门别类，对古代造物的材料进行一些走马观花或者笼而统之的考察，至于器物的雕琢工艺、刻画细节、形制起源以及相关的制度、规范却有意无意地被轻描淡写，甚至忽略。而那些鲜见的微观研究，实际上也是剥离了器物所属原境的望文生义，有关造物本身的多样性与丰富性在探讨时往往由抽象的时代特征取而代之。

　　以墓葬为例，造物遗存有时会成为对墓葬年代、死者身份以及与图像意义进行有效解读的重要证据。正如考古研究的类型学方法所揭示的那样，通过对造物遗存形制的排比，可以确定特定范围内相关事物的时空关系。如果没有具体的造物遗存[1]，比如商代的铜鼎、战国的车迹、汉代的漆器、唐代的三彩瓷器、明代的香炉等，没有它们所携带的信息，多数情况下，我们很难判断一座墓葬所处的确切时空坐标，掌握墓主的身份、社会地位、时代背景等相关信息。即使我们假定墓葬中可能存在疑似为墓主的画像，但它们所具有的参考价值也远

---

[1] 这些造物遗存中的一部分带有清晰可辨的自铭，能够准确地提供关于墓主身份及生卒年月，墓葬建造者、出资者以及墓葬建造年代等信息。

不及前者，毕竟中国的肖像画传统表明：所谓的写真（像）往往与真人相去甚远，甚至根本不去关注或传达本人（在墓葬语境中则为墓主）的基本视觉特征。从这个意义上来看，古代造物遗存不仅可以记录历史、反映时代，还可以成为社会活动重要节点的指示符号。换句话说，造物在人类文明史中其实可以起到标签的作用，它们存储了所属时代[1]的坐标信息，一旦被封藏于墓葬或其他礼仪性瘗坎，便脱离了自身所属时代的历史轨迹，成了那个时代的化石。

对造物进行系统研究的意义其实远不止于此，它还可以在多学科的横向及交叉研究中发挥作用。众所周知，古代文化遗产，大多数是以器物形态留传下来的。但已有研究中，在深化对其认知上的努力似乎微不足道。远的以广西合浦出土汉代器物来看，其中有些反映了中西方文化交流的状况。它们不仅保留了古代丝绸之路遗留下来的烙印，甚至从中还可以看出不同文化之间交流、影响与互动的脉络，但是因为相关研究极少，因此人们对它的了解也非常片面、有限。近的以清末民初的皮影艺术遗存为例，从现象上看，它们大多是进入了博物馆或者个人收藏的物质形态的文明碎片，但是它原生态的存在形式实际上与民族、民间文化都息息相关。形而下的，表现为物质形态的皮影道具还在，但是活态层面的皮影表演艺术却随着社会的发展与嬗变消失了。从更深层次上来看，代表工业文明的影视文化、多媒体艺术的当代发展，对代表农业文明的皮影艺术造成了巨大的冲击，在图像时代下讨论皮影艺术的非遗保护问题，恐怕只谈皮影的美学价值是非常不够的。近年来，考古学的研究有艺术史化的趋势，这种趋势与欧美的中国古代艺术乃至东亚艺术的研究更加注重多视角与多元化综合考察的特点遥相呼应。[2]它们均打破了学科自身的圈限，把目光投向更广阔的学术视界。对造物进行传统意义上的金石学研究，或者近现代出现的历史学、考古学、社会学、艺术人类学研究，以及利用最新的科学技术或研究方法（如大数据统计分析）进行研究，这个进程不断地刷新了人们对造物所能包蕴的信

---

[1] "所属时代"指造物被生产并按生产预期的目的来使用时所对应的历史阶段。对陪葬物而言，就是指它们被殉葬之前所对应的历史时期。

[2] 孙健：《美国学术界中国古代书画研究的现状及趋势》，《美术观察》，2017（8），4—6页。

息容量的认识。多学科、跨学科的携手合作与探索,日益增进我们对传统造物的认知。

研究造物意味着读取被造物封存的历史信息,意味着我们要对它们进行有效的解码。解码是有条件的,首先要对造物与图像共处的场域作正确的认知。[1]以往的研究对关于造物所处场域方面的问题缺乏应有的关注和讨论:研究壁画者通常不大关心壁面下方放置何物,壁面前方又有何物,壁面朝向有何特点;研究器物者一般也不关心器物的摆放方式、位置、组合规律,器物品质的对比关系等。这样的研究随意性很大,不是在一个统领全局的整体意识或场域观的指导下展开,其结果往往不是盲人摸象,就是隔靴搔痒,抓不住问题的关键,在遇到解释不清的细节和问题时,往往采取"回避政策",或者毫无根据地胡乱揣摩,甚至只选择有利于文本讨论的细节、论据,或者个案,结论自然靠不住,遑论学术价值。

然而,出土的造物或者是遗物在历史空间中其实是一个似是而非的存在。今天博物馆中呈现于我们眼前的造物,多数情况下既非古人眼中所见的造物,也不是与当下人们生活息息相关的事物。我们甚至不能说今天所见到的"古代造物"就是古代人们所创造之物的遗存。在马王堆汉墓发掘的现场,膏泥内发现的翠绿竹叶,一暴露到空气中就瞬间碳化,其陨灭的速度可谓令人猝不及防。兵马俑也有类似的情况,它们身上的色彩在穿越千年的时光隧道时,大多数都消褪无遗,只有极少量的兵马俑,出土时身上尚且残留着五颜六色,有些甚至可以用艳丽来形容(虽然这种情况目前尚不能推广到全部的兵马俑上,但很有代表性)。画像石也是如此,神木大保当的画像石是彩色的,但是更多地区的画像石什么颜色也没有。当然,我们也不能因此一概而论,那些灵光乍现的惊艳瞬间就是古代造物封存于地下之时的本来样子。但从考古发掘出土的总体情形来看,色彩消褪,痕迹模糊,却是出土遗物蜕变的大致趋势,可见它既不是古

---

[1] 关于这个概念,笔者在《器物图像与汉代信仰》第一章《导论:物、像与场》中专门作了探讨,探讨了关于器物与空间关系以及它们所构成的场域的内容。"图像、器物与死者(包括棺椁)之间的空间与逻辑关系则构成一种意义的'场',包含多种维度的'场'。"练春海:《器物图像与汉代信仰》,生活·读书·新知三联书店,2014,1—14页。

人造作它们或者埋瘗它们时的原本面目，也非大多数人在博物馆中所见的样子。[1]更多的情况是，我们常常以"包浆""沁""拙朴"之类的标准来审视和评价古代物质遗存。问题是，古人——造物的使用者或拥有者[2]——是如何看待那些事物的？他们喜欢外观富有历史沧桑感，光泽含蓄、古雅的器物，还是鲜艳华美、流光溢彩的器物？以笔者所见，事物之表面饰以各种间色、复色为基础的灰色装饰图案组合，恰恰反映了现代文明语境下的色彩观。在中国古代，人们使用的着色剂以矿物质颜料和植物颜料为主，其颜色与今天的化工颜料相比，色彩的饱和度并不见得会低多少，不足之处仅在于可能会比较容易褪色，即色彩的纯度（或饱和度）不易保持。曾有当代艺术设计理论提出，古人所使用的颜色以灰色系列为主，色阶差别较小，对比温和，显得高贵、典雅，并极力主张弃用现代工业生产带来的鲜艳色系，恢复古典时代的色彩观，甚至回归到手工萃取色素的手法上去。但问题是，古人其实一直致力于提高色彩的饱和度、稳定性。就陶器装饰（陶器上的色彩经过高温条件下的化学反应，相对来说不易受环境影响，表现极为稳定）规律的发展状况来讲，越是鲜艳、对比强烈的颜色出现得越早。原始时期的彩陶，色彩单纯、热烈，发展到磁州窑时，虽然一般只装饰黑白两色，但是其对比度也极为强烈，景德镇的青花瓷系，再往后出现了斗彩，颜色越来越多样，甚至是五彩缤纷。可见让色彩对比强烈、富丽堂皇一直是古人在追求装饰品质上努力的方向，而并不像现代设计师们所理解的那样。灰色或者灰色调子，其实是为古人所鄙弃的。认识灰色的价值是现代科学的产物，科学的发展，尤其是光学、视神经学的发展，使人们对色彩、光、视网膜成像规律有了深入、系统的了解。对色彩在各种场合中的作用、功能和特点加以研究，在这个过程中发现了灰色作为一种中性、温和的色彩所具有的特殊价值。同时，由于它与老旧的古物、苍白的遗存相联系，因此，在情感上也逐渐被抬高到高贵、

---

[1] 博物馆中展示的古物，或者因为修补（出土时为碎片，并且可能是不全的碎片），或者因为保护的需要（器物上的残留色彩不能受强光照射，或者必须浸泡在特殊的保存液体中），或者因为不可修复和不恰当的修复，与它们被埋瘗之前的样子相去甚远。

[2] 造物的拥有者也可以指现代的古董收藏者，但文中特指与具有使用权的主体（使用者）相对应的具有所有权的主体（拥有者）。

典雅的贵族地位。可见古董有其当代性，文物遗存在某种意义上是一种悖论性的存在。

正因为出土造物本质上的这种特殊性，对它进行研究绝不能简单地停留在利用图像来证史或对器物作图像志描述上，而是要通过梳理图像（或造物形象）与文献之间的内在理路来恢复历史原境，勾勒故事。当代艺术史、艺术考古研究中最新出现的一些研究范式，比如整体研究[1]和超细研究（也有人称为超细读），它们中多数的研究重点都聚焦于考察造物遗存上，可见造物在揭示古代文化内涵上所起的作用越来越大，在弥合传统文化中宏观概论与微观探究之间的鸿沟上起到了很好的连通（缓解张力）作用，以造物为中介，传统文化中存在的诸多问题与争议得到了很好的梳理。正是基于此，对造物如下几个研究方向的集中交流与讨论就显得意义非常：第一，器物辨识。包括名物考证，器物上的铭文、图案、刻划的研究，等等。第二，器物与环境研究。包括器物的具体适用环境，以及使用方式、时间及对象等的研究。第三，器物与文化研究。包括造型演变、源流，与特定的文化、事件、现象、信仰之间的关系等。笔者策划与发起的"制器尚象"学术研讨会虽然已经结束，但它所带来的影响才刚开始，并将持续发酵，本书的编写便是其中的一个自然延伸，希望有更多的学者了解到，有那么一批出色的学者，也希望更多的研究者可以从他们的成果中受益。

---

[1] 廖明君、练春海：《视觉形象材料与早期中国的文化艺术：练春海博士访谈录》，《民族艺术》，2012（4），45—49页。

目录

传承与流变

孙　华	九鼎传说与铸鼎象物	3
张闻捷	河南信阳城阳城 M9 出土乐钟的编列制度与陈设制度	31
聂　菲	真实与虚构：马王堆汉墓漆奁锥画图像的复合意涵	47
邓　菲	墓葬壁画的视觉资源：从山西繁峙南关村金墓谈起	65
练春海	海昏侯墓出土玉舞人研究——兼论战汉玉舞人功能的演变	96
姚一鸣	先秦至两汉时期席镇的功能流变	115
朱　浒	临沂吴白庄汉墓画像石中的"武王伐纣"故事及其意义	127
周繁文	西汉木葬具的等级问题	147
柴　怡	西安出土汉代陶人物俑的再思考	159
张　鹏	文化流播与记忆储存——金代毕国公主石棺研究	173
李重蓉	汉代鸮形仓的定名与功能探析	184
肖世孟	汝瓷釉色"天青"考	205

工艺与技术

苏荣誉、柳扬	论圆口长颈方腹青铜卣 ——再论商代南方青铜风格与工艺对安阳的影响	219

韩 鼎	商周青铜器上一类特殊的"仿物"纹饰	261
董 波	长沙窑中外交流新证——聚焦一件长沙窑"红绿彩"执壶的探讨	279
王 拓	晚明宜兴紫砂与铜、锡金属器之间的亲缘关系 ——基于史料文献、考古实物与制作工艺的实证研究	286
陶晓姗	清世宗的式样库——基于《活计档》的考察	314

文化与交流

陈 轩	汉代的金灶与步摇	335
程雅娟	有关几枚北魏棺钉铺首的文明源考	349
叶少飞	唐宋时期的白象造型	364
任 欣	古蜀鸟日组合遗存及其内涵研究	392
张亚莎	青藏高原远古大神神鸟琼的图像变迁	423
吴若明	普拉多的柜子——17世纪克拉克瓷的异域传播与镜像呈现	440
庄蕙芷	"圆方图"与"方圆图"：从文物与文献看先秦两汉的盖天说与浑天说	457
彭圣芳	《考工记》设计美学思想的体系化考察	492
何清俊	象数与道统：北宋朱长文琴器思想考释	508

编后记	525

传承与流变

九鼎传说与铸鼎象物

孙华

北京大学考古文博学院、北京大学中国考古学研究中心

摘　要：中国古史传说中有夏铸九鼎、鼎迁三朝的故事，夏之九鼎在某种意义上是国家政权合法性的象征。这个传说应该具有一定的历史真实性。传说中的九鼎是从属于夏朝的古国或古族昆吾氏铸造，昆吾氏应该是夏代前后活动于铜矿产地中条山区附近即河南北部一带的族群。昆吾氏用来自九州的铜料仿照"物"铸造的九鼎（"铸鼎象物"），就鼎的造型来说，是将作为牺牲的祭祀用动物抽象化和模式化表现，使之成为祭祀礼仪用铜容器的形态。就鼎的数量来说，古代文献中用"三翮六翼"代称九鼎，可知九鼎是由两种不同造型的鼎组成，其中三个鼎可能是三足两耳的分裆圆鼎"鬲"，六个鼎可能是四足两耳的方鼎"鈇"。九鼎的数量及其"三翮六翼"组合，是将两种铜鼎摆放成飞鸟的形状，以想象通过鸟形九鼎阵列将献祭的牺牲和诉求带到上天神祇那里。九鼎的政治地理的象征意义则是天下九州国家版图的代名词，并不排除有井里九夫、国都九里这样的象征意义。后来用鼎数多少标表等级以及周代的列鼎制度，都是从九鼎数量的象征意义推衍而来的。

关键词：夏；九鼎；铸鼎象物；九州；鼎制

在中国先秦的古史传说中，夏王朝的祖先大禹或开国国君夏启曾经用四方贡献的铜铸造了青铜九鼎，由于某些特别的原因，夏代铸造的这九件铜鼎被赋予了神秘的色彩和重要的象征意义。夏王朝灭亡后，九鼎被商王朝所拥有；商王朝灭亡后，周王朝又将九鼎迁到了东都洛阳；周王朝衰落后的东周时期，历史上又演出了多幕诸侯大国企图得到九鼎的故事。

铜鼎在中国古代社会思想和文化中的重要性，许多学者早就注意到了。早在20世纪二三十年代，孙蜀丞、杨明照等先生对文献中九鼎的铸造之人、铸造地点、鼎的数量、鼎的造型、鼎的图象、鼎的沿革等问题进行了考辨[1]。唐兰先生晚年为了探讨夏代的历史文化和中国青铜器的发展状况，进而探讨中国古代文明，十分关注"夏鼎"的问题，对历史文献和传说中的九鼎的来龙去脉作了详细的分析与考证，认为九鼎的来龙去脉是很清楚的，"它得之于商人，而最后入于秦。在秦之前的八百多年，一直在东周王城，入秦以后的踪迹就不清楚了"[2]。张光直先生在论述青铜器上的动物纹样的时候就提出，"商周的青铜礼器是为通民神，亦即通天地之用的，而使用它们的是巫觋"；"夏人铸鼎象物，使人知道哪些动物是助人的神，即是可以助人通天地的，哪些动物是不助人通天地的"。[3]巫鸿先生更将九鼎的传说当作理解中国古代艺术"纪念性"的一个关键，认为《春秋左传》中周王室大夫王孙满在论九鼎时的一段话，其意义远远超出了图像学的范畴，它"揭示的是存在于中国文化中的一种古老的纪念碑性，显示的是作为一种完整艺术的礼器的存在"[4]。所以，他在《中国古代艺术与建筑中的"纪念碑性"》一书中，以"九鼎传说与中国古代的'纪念碑性'"作为该书的导论。因此，我们有必要从艺术史的角度，对九鼎传说及其象征

---

1 孙蜀丞：《九鼎考》，《努力学报》创刊号，1929，12—19页；杨明照：《九鼎考略》，《文学年报》第4期，1938，37—45页。
2 唐兰著：《关于"夏鼎"》，见《文史》第7辑，中华书局，1979，1—8页。
3 [美]张光直：《商周青铜器上的动物纹样》，见《中国青铜器时代》，香港中文大学出版社，1982，200—201页。
4 Wu Hung, *Monumentality in Early Chinese Art and Architecture*, Stanford: Stanford University Press, 1995.

义做一番考察。

一、九鼎传说的细节分析

关于夏铸九鼎的传说，最早和最详细的文字记载见于东周时期的文献《左传》和《墨子》中。《左传·宣公三年》的文字是：

楚子伐陆浑之戎，遂至于洛，观兵于周疆。定王使王孙满劳楚子。楚子问鼎之大小、轻重焉。对曰："在德不在鼎。昔夏之方有德也，远方图物，贡金九牧，铸鼎象物，百物而为之备，使民知神、奸。故民入川泽、山林，不逢不若。魑魅罔两，莫能逢之。用能协于上下，以承天休。桀有昏德，鼎迁于商，载祀六百。商纣暴虐，鼎迁于周。……成王定鼎于郏鄏，卜世三十，卜年七百，天所命也。周德虽衰，天命未改。鼎之轻重，未可问也。"[1]

《墨子·耕柱篇》的文字是：

昔者，夏后开使蜚廉折金于山川，而陶铸之于昆吾。是使翁难乙卜于白若之龟，龟曰：鼎成，四足而方，不炊而自烹，不举而自臧，不迁而自行，以祭于昆吾之墟，上乡。乙又言兆之由，……。九鼎既成，迁于三国：夏后氏失之，殷人受之；殷人失之，周人受之。

东周文献记载的这个传说，也散见于以后的一些文献中，但一般不及上述两条文献详细，年代也都在秦代以后，史料来源究竟是上述两书（或与上述两书相同的来源和相同的更原始的史料）还是其他书，我们并不能

---

[1] 中华书局影印世界书局《十三经注疏》缩印本。

判定。从后世文献的记载来看，夏铸九鼎的传说在主持铸造者、铸造地点、鼎的数量、鼎的造型、鼎的流传等方面都有一些歧异。杨明照先生曾经排比了文献中关于九鼎传说记述的异同，将其按铸人、铸地、鼎数、鼎形、图象、铭辞、沿革这七方面分别进行讨论。[1] 这七方面的问题，除了图象、铭辞两方面并无异议[2]，其余五方面的歧异如杨先生所说，主要表现为：

1. 主持铸鼎者。九鼎的主持铸造者有夏禹和夏启两说，就如同夏代开国君王有夏禹和夏启两说一样。目前最早记录九鼎的文献《左传》记九鼎的铸造者只是说"昔夏之方有德也"，并没有说是禹还是启。《墨子·耕柱篇》明确指出主持九鼎铸造的是"夏后开"（即夏后启）。禹铸九鼎之说最早见于西汉，司马迁《史记·封禅书》说："禹收九牧之金，铸九鼎。"这种说法在汉代及以后非常流行，几乎成为唯一之说（杨明照先生列举有从西汉司马迁到北魏郦道元共17家之说）。杨明照先生认为"夏之方有德"指禹，并根据《归藏》"启筮徙九鼎，启果徙之"（《路史·后纪》卷十四引）推断夏铸九鼎为禹而非启，启只是将禹所铸的九鼎搬移了地方。[3] 而根据近代以来研究者的研究，禹与夏并无王世上的联系，顶多是夏的祖先神而已。主持九鼎铸造的人究竟是禹还是启，实际上没法判定。由于传说中九鼎自铸成后，历经夏、商、周三代，笼统称之为"夏鼎"或"夏铸九鼎"，应该是问题不大的。

2. 铸鼎的地点。上引《墨子·耕柱篇》说夏王启（开）使蜚廉将山中的铜运到昆吾，"而陶铸之于昆吾"，昆吾应当是九鼎的铸造地点。类似

---

[1] 杨明照：《九鼎考略》，《文学年报》第4期，1938，37—45页。
[2] 夏铸九鼎的图像，《左传·宣公三年》只是说"铸鼎象物，百物而为之备"，杨明照先生据此认为"九鼎图象，固多怪物也"，并以《吕氏春秋》所载周鼎所著"饕餮""窃曲""象"等当之。这种以周鼎花纹类比夏鼎花纹的做法未免有些牵强。夏铸九鼎的传说都没有说鼎上有铭文，只有崔瑗《窦大将军鼎铭》有"禹镂其鼎，汤刻其盘，纪功中戒，贻则后人"之说（《艺文类聚》卷七十三引），其余所谓"铭昆吾之冶"或"铭德于昆吾之鼎"一类文字，都是指周初"吕尚作周太师，其功铭于昆吾之鼎也"（《后汉书·崔骃传》李贤注）。我们知道，目前所知的中国汉文字体系最早不过商代，商代铜器铭文的最早实例也不过殷墟早期（仅数件单字族名文字的铜器），如果夏铸九鼎，鼎上应该没有文字才是。
[3] 杨明照：《九鼎考略》，《文学年报》第4期，1938，37—45页。

的记载还见于战国末文献《吕氏春秋·应言篇》,该篇所说的"帝丘之鼎以烹鸡"(该条的意思是说用夏代在帝丘铸的九鼎来煮鸡,意指大材小用)的"帝丘",实际上也就是指昆吾,因为按照流行的说法,昆吾氏所居的地点就在帝丘[1]。汉以后的文献却多记载夏铸九鼎的地点是在"荆山",如东汉许慎《说文·鼎部》说:"昔禹收九牧之金,铸鼎荆山之下。"按昆吾为夏之与国,商汤灭夏,先斩除夏之羽翼,这就是《诗经》中所谓"韦顾既伐,昆吾夏桀"。昆吾氏活动的地域,传说原先在东周时期的卫国境内,今河南省濮阳县,后来迁到许昌。唐《括地志》说:"濮阳县,古昆吾国也。昆吾故城在县西三十里;□,在县西百步,即昆吾墟也。"(《史记·楚世家》正义引)在古代传说中,昆吾本为产铜之地,以昆吾为名的昆吾氏是一个善于陶冶的古族,《吕氏春秋·君守篇》:"昆吾作陶。"高诱注:"昆吾,……为夏伯制作陶冶,埏埴为器。"中国古代的青铜冶铸业以陶范法为基本特征,冶铜炉的发明与陶窑也有密切的联系,如果传说中夏铸九鼎真的存在的话,先秦文献记载的铸九鼎于昆吾的说法显然比其他说法可靠[2]。

3. 鼎的数量。本来夏铸九鼎,鼎数已明,无所谓鼎的数量问题,但"九"乃"数之极也",九鼎可以泛言多件鼎,不一定实为九件。不过,九鼎传说中的鼎数是一种具有象征意义的实指而非泛指,即所谓"禹收九牧之金,铸九鼎,象九州"[3],或"象九德,故曰九鼎也"[4]。这种具有象征意义的九鼎又有两说:一说九鼎是九件铜鼎,每鼎象征一州,九鼎象征九州。这种说法恐怕是最流行的说法,战国时期的人们谈到九鼎重量时的夸张的说法,就已经表明了这一点,故《左传·桓公二年》"武王克商,迁九鼎

---

[1] 《通典·州郡十》:"濮阳,汉旧县,即昆吾之墟,亦曰帝丘。"
[2] 在九鼎铸造地点中,还有"禹铸九鼎于甘逸之地"的说法(《左传·昭公三年》正义引服虔《左传解谊》)。逸地所在不明,甘地为传说中有扈氏活动地域,有扈氏不服启即禹位,启与有扈氏大战于甘,并于战前作《甘誓》。甘地的地望,有三种说法:一说在陕西户县(今属西安鄠邑);一说在河南洛阳西南[顾颉刚、刘起釪《〈尚书·甘誓〉校释译论》,《中国史研究》,1979(1)];还有一说在河南郑州附近的荥阳(郑杰祥《夏史初探》,中州古籍出版社,1988)。当以后两说近似。
[3] 《汉书·郊祀志上》。
[4] 《淮南子·俶真训》"当此之时,风雨不毁折,草木不夭,九鼎重味,珠玉润泽"高诱注。

于洛邑"正义："其鼎有九，故称九鼎。"一说九鼎的得名是用了九州贡献铜料，并且鼎上有九州山河异物的缘故，其鼎数可能只有一件。唐人孔颖达就这样认为，"九牧贡金为鼎，故称九鼎，其实一鼎"[1]。不过，后一种说法很难得到人们的认同，孔氏也感到"然鼎之上备载九州山河异物，亦又可疑"，对于上述两种说法"未知孰是，故两解之"。《战国策·东周策》"秦兴师临周而求九鼎章"："昔周之伐殷，得九鼎，凡一鼎而九万人挽之，九九八十一万人，士卒师徒，器械被具所以备者称此。"这尽管说得很夸张，但从战国时期人们的说辞中可以肯定，当时人们心目中的传国重器九鼎是九件而非一件，这是可以肯定的。

4. 鼎的形状。从九鼎传说可知，夏王始铸的九鼎曾先后被夏、商、周三个王朝陈放于王室宗庙，秦以后就佚失不存。由于夏代铸造的九鼎具有神秘性，见过并记录夏九鼎的人很少，关于夏九鼎形状的记述很少且语焉不详。晚周及汉人对夏九鼎形状的记述有两说：一说夏九鼎为四足方鼎，《墨子·耕柱篇》记夏启铸九鼎的形状就明确说是"四足而方"；一说夏九鼎为三足圆鼎，《汉书·郊祀志上》说禹铸九鼎，"其空足曰鬲，以象三德"。空足之鼎或称鬲，青铜鼎、鬲的区分在夏商时期本来就不严格。前述方、圆两种说法，实际上并不矛盾，古人说九鼎本来就由方、圆两种鼎组成。《史纪·楚世家》周武公劝说楚相昭子毋图周说："今子将以欲诛残天下之共主，居三代之传器，吞三翮六翼，以高世主。"唐司马贞《史记索隐》："三翮六翼，亦谓九鼎。"九鼎由三件"翮"六件"翼"两类鼎组成，故张亚初推断说："三鬲六翼（异）之翼（异），就是两周铭文中所见的异鼎和宝尊异之异，六异（翼）就是六件方鼎。传说中的九鼎，包括三件款足的鬲（或分裆的鬲鼎）和六件方鼎。"[2] 这是很合理的推断。关于这个问题，我们下面还要论及，这里不再赘述。

5. 鼎的流传。按照《墨子》《左传》等先秦文献的记载，夏王朝所铸

---

1 《尚书·召诰·序》正义。
2 张亚初：《殷周青铜鼎器名、用途研究》，《古文字研究》第十八辑，中华书局，1992，284页。

造的九鼎，在夏王朝灭亡以后被获胜的商人当作战利品搬运到了商王朝的都城中，商王朝灭亡后，九鼎又被周王朝当作特别的战利品搬运到了东都洛邑，并为此举行了占卜、定鼎等仪式，在历史文献中留下了《尚书·召诰》这样的篇章。九鼎的这一段流传过程是清楚且没有疑问的。问题出在秦灭周王室后，九鼎的下落就有了不同的说法。《史记·周本纪》："周君、王赧卒，周民遂东亡。秦取九鼎宝器。"相同的记载也见于《秦本纪》《封禅书》中，足见这是司马迁具有倾向性的意见。不过，司马迁《史记·封禅书》等还记载了当时另一种说法，即"或曰宋太丘社亡，而鼎没于泗水彭城下"。所以才有秦始皇派人在泗水捞鼎的故事。不过，文献明明记载周灭商以后，九鼎悉数被周王朝所获，商王之后的宋国宗庙社稷不应该有夏之九鼎才是；而周王朝灭亡以后，"其器九鼎入秦"（《史记·秦本纪》），也不该又流落到泗水一带。后人因此有了一种折中的解释，就是"赧王十九年，秦昭王取九鼎，然一飞入泗水，余八入于秦中"（《史记·秦本纪》唐张守节正义）。

从上述对九鼎传说歧异的介绍，我们可以看出，九鼎传说反映的是夏代初期夏王启在昆吾统治区域内，使用各地贡献的铜料铸造了"用能协于上下，以承天休"的九件铜鼎，可能因为这九件铜鼎用于夏王朝祭祀礼仪等重要场合，所以就被赋予某种神秘的象征意义，成为国家政权的象征，成为代表国家政权转移的传国重宝，一直到秦朝以后才失去了踪迹。这样一个围绕着九鼎展开的故事，它究竟是虚构的传说还是实有的历史呢？我们下面继续讨论。

二、九鼎传说的可信程度

夏铸九鼎的故事，究竟是历史还是神话？近代以来的研究者一直有不同的看法，直到近年也还不时有学者撰文讨论这个问题，仍然或认为有历史的真实，或认为是东周时期人们的虚构。[1]笔者认为，夏铸九鼎的故事，无论它是一个真实的历史事件，还是一个虚拟的历史传说，它在中国上古史中都具有特别的含义。尽管夏铸九鼎的传说可以理解为夏王朝出于祭祀礼仪的需要开始用青铜铸造铜礼器，但具有权力象征意义的青铜礼器毕竟只是在统治阶级上层圈子里使用，距离民生较远，该传说远不及"微禹，吾其鱼鳖矣"的夏禹治水传说那样流行。不过，即使像夏禹治水的传说，目前所知最早的文献记载也没有早于西周中期[2]，要从古文献和古文字材料中去追寻九鼎的线索，从而判定九鼎传说的真实性，从目前已有的材料来看还不可能。我们只能从夏代的历史文化背景、夏代可能达到的青铜器铸造水平和考古材料所见夏代铜鼎和其他材质鼎形器的情况，来判定夏铸九鼎的传说能否追溯到夏代，也就是夏代有没有可能产生铸造九鼎的行为。不过，在讨论夏铸九鼎传说真实性之前，我们先要就中国历史上是否存在过夏代进行一点讨论。

夏代是古史传说和文献追记的夏、商、周"三代"中最早的朝代，三代则是中国史学传统中的一个基本概念。至迟在西汉司马迁时代就已形成的中国史学体系中，夏、商、周三个朝代是起源各异、前后代替、一脉相承、三朝一体的时代，三代之前是远古传说中的五帝时代，三代之后是统一王朝时期的秦汉时代即当今时代。在中国传统的史学观念里，夏、商、周三代不同于以前的五帝时代，也不同于以后的秦汉王朝时代：五帝时代帝王的世系并不清楚，只有一些笼而统之的传说，故司马迁将这些远古帝王传说归拢在一起，合并为《五帝本纪》；夏商周时代三个王朝的前后

---

1 前者如杨栋、曹书杰《禹铸九鼎传说谫论》，《中南大学学报（社会科学版）》，2010（6），总第16卷第6期；后者如胡世强《九鼎考论》，《宝鸡文理学院学报（社会科学版）》，2011（5），总第31卷第5期。

2 文献中关于大禹治水传说的最早记载也不过是西周和东周时期的《诗·商颂·长发》《诗·大雅·文王有声》《尚书·洪范》《尚书·吕刑》《山海经·海内经》等，铜器铭文中也只有西周时期的《遂公盨铭》，春秋时期的《秦公簋铭》和《齐侯镈铭》。其中遂公盨（又名豳公盨、燹公盨）是前不久新发现的铜器，见保利艺术博物馆编《燹公盨——大禹治水与为政以德》（线装书局，2002）。

关系清楚，每一个王朝王与王之间的关系也比较清楚，只是每个王的年数不够确切，王的事迹大多阙如，故只能以每个王朝为篇章，编为《夏本纪》《殷本纪》《周本纪》；到了秦始皇以后，也就是距离司马迁当时比较近的时代，已有大量的史料，比较可信，他就每个皇帝都单独成篇，秦朝从《始皇本纪》开始，汉朝从《高祖本纪》开始，至他所在的《孝武本纪》截止（当然，流传至今的《孝武本纪》为后世拼凑）。司马迁的这种史学观念，是当时甚至更早人们的集体意识，孔子将尧舜时代视为"大同"社会，将夏商西周时代视为"小康"社会，他所在的东周时代为当今乱世，其基本的历史观都是一致的。由此可知，在距古未远的晚周秦汉时代，当时人们看到的史料和所得到的认识，是把夏王朝视为一种与商王朝和周王朝一样的历史存在。如果我们认同晚周和汉代人们关于秦汉以前有"三代"的集体认识，那么我们也就应该认同夏代，否则"三代"就成为"两代"了。因此，尽管有学者认为，夏王朝不过是周王朝为了证实自己取代商王朝的合法性而编造的一个神话[1]，但是大多数学者还是认为，夏代应该是一种历史存在，夏王朝是商王朝之前的一个具有中心地位的早期国家。

如果夏代与商代和周代一样，是一种历史存在，根据周代以来的文献记载，夏代存在的年代范围，大致在公元前2100至前1600年间，统治中心区域大致在河南西部和山西南部。这个时空范围内存在的文化遗存，目前所知有龙山时代诸多文化和类型，除了最晚的具有一统气象的二里头文化外，其他文化或文化类型能够体现的技术文明和政治文明程度都不突出，比不上更早的晋南地区的陶寺文化，也比不上周边的老虎山文化、石家河文化等。然而，根据最新也相对准确的碳十四年代测定数据，二里头文化的年代上限不过公元前1750年，二里头文化的年代范围不仅晚于最大夏积年的范围，即使按照通常夏积年的说法，也就是夏商周断代工程的折中说法，夏代约在前2070—前1600年[2]，二里头文化也只相当于夏积年的后段，

---

[1] ［英］艾兰：《有夏吗：历史方法论问题》，美国洛杉矶加州大学"夏文化国际研讨会"论文，1990。
[2] 夏商周断代工程专家组编：《夏商周断代工程报告》，科学出版社，2022，324—360页。

传承与流变

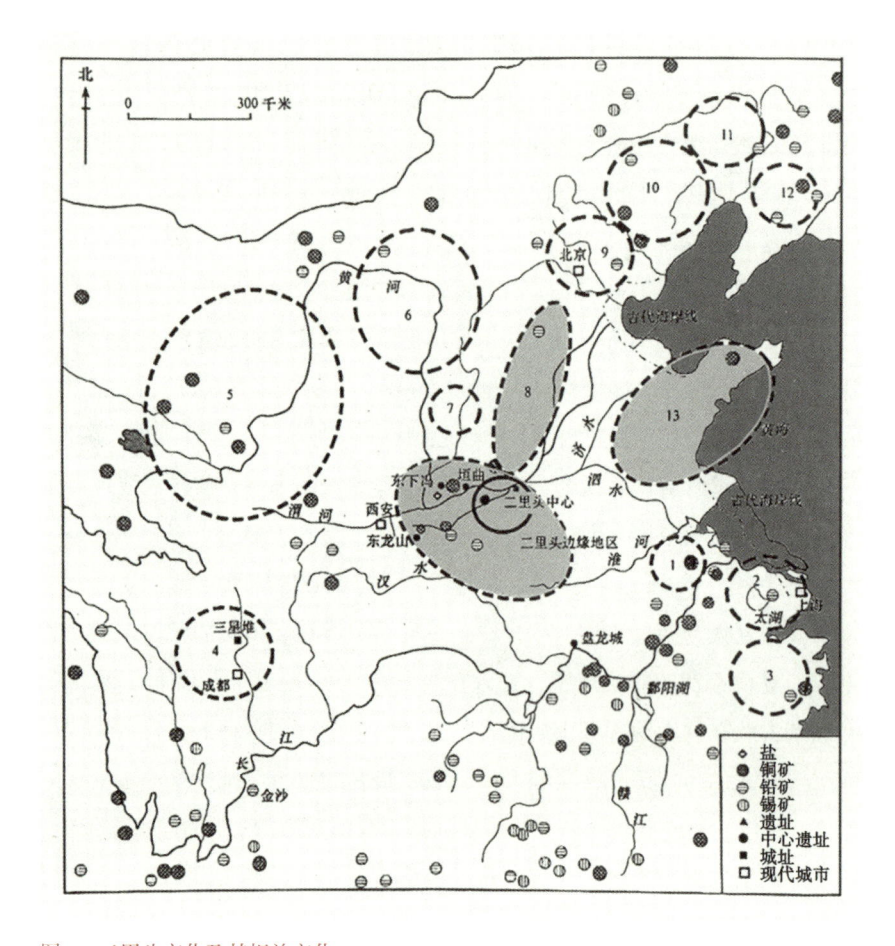

图1 二里头文化及其相关文化

[1.斗鸡台；2.马桥；3.点将台下层；4.三星堆；5.齐家；6.朱开沟；7.光社；8.下七垣；9.大坨头；10.夏家店下层；11.高台山；12.庙后山；13.岳石整理。文化分布地区根据中国社会科学院考古研究所编著《中国考古学·夏商卷》（中国社会科学出版社，2003）整理。参见刘莉《中国早期国家政治格局的变化》(《多维视角——商王朝与中国早期文明研究》，科学出版社，2009）。]

前面还有300年左右的夏年出现了空缺。面对这样的新情况，我们的考古学家有两种解决办法。第一种是认为二里头文化及其先前的龙山时代晚期文化共同构成了夏文化，夏商周断代工程的结项报告就是这样处理的。第二种认为夏、商、周的积年可能有问题，夏王朝十七个王四百多年的总年代好像显得太长了，每一个王的在位时间大大超过了中国历史时期有可信文献记载的帝王在位的平均年数，如果按照后世帝王在位的平均年数计算，夏王朝的开国年代也就不会早于公元前1850年，夏商之际在公元前1500年前后，刘绪先生就是这种主张的倡导者[1]。以上两种解决方案，无论哪一种，二里头文化都在传说中夏代的时间和空间范围内。因此，考察二里头文化及其相关文化——尤其是该文化中心遗址河南偃师二里头遗址——的铜器铸造现象和鼎的使用状况，我们可以得到一些夏铸九鼎传说产生背景的有用信息。

考古发现和研究成果表明，在公元前2100—前1500年间，中国的黄河中下游地区存在着三种主要的考古学文化。（图1）

一是位于今河南西部和山西南部的二里头文化。该文化人们使用的主要陶容器种类有深腹罐、盆形鼎、罐形鼎、束口小罐、鸡冠鋬盆（甑）、刻槽钵、深盘豆、三足盘、大口尊、折肩甗、菌状钮器盖等，其中作为主要炊器的是夹砂深腹罐和鼎，鬲很少且基本都集中在二里头文化的晚期。陶器中已经有了与铜容器很相似的四足方鼎、斝、爵、角、盉等酒器。二里头文化发现较多铜器，尤其是在二里头文化晚期，已经比较多地使用铜容器、铜兵器和复合铜器，器物种类有鼎、爵、斝、斝、角、单鋬铃、戈、斧、镶嵌松石牌饰等，这些铜器大都是二里头遗址自己铸造，在该遗址就发现过规模宏大的铸铜作坊。[2]

二是分布在山东地区的岳石文化，研究者多认为该文化为东夷的遗存。

---

[1] 刘绪：《夏商周考古》，山西人民出版社，2021，7—38页。
[2] 参看中国社会科学院考古研究所编著：《中国考古学·夏商卷》，中国社会科学出版社，2003，61—139页。

这种文化延续了龙山文化发达的陶器工艺，比较精致的黑皮陶器占了相当大的比例，陶器种类主要有甗、罐形鼎、鬶、斜盘豆、侈口鼓腹或折腹盆、桶形尊、圈顶器盖等。其中作为主要炊器的是甗，鼎的数量比例少于二里头文化，也不见有方形陶鼎。该文化的青铜冶铸工艺已经发展起来，但都是小件的工具，未见铜容器、兵器和复合铜器的发现。[1]

三是分布在河南北部和河北南部的下七垣文化，该文化或称为"先商文化"。该文化的陶器种类有分裆鬲、分裆甗、深腹罐、侈口鼓腹或收腹盆、斜盘豆、敛口蛋形瓮等，其中作为主要炊器的陶鬲数量比例最多，约占陶器总数的25%。下七垣文化虽已有青铜器发现，但数量不多，且均为小件的工具，其青铜冶铸工业不发达是显而易见的。[2]

从上述三种考古学文化的陶器和铜器的情况来看，在可能与夏代传说有关的中原及其相邻地区，二里头文化陶器中用鼎数量最多，陶鼎的造型也最接近铜鼎。二里头文化已经发现的铜鼎只有偃师二里头遗址的一件锥足鼎[3]。该鼎出自二里头遗址圪当头遗址的一座二里头四期的小型墓中（编号为87VM1）中，鼎为平底圆鼎，口径只有15.3厘米。环状立耳，斜折沿，圆鼓腹，小平底，菱锥状半空足。鼎耳足呈四点配列，足在腹底转折处，腹中部饰斜格纹。鼎铸造粗糙，花纹草率，工艺水平甚至不及先前二里头三期，它是否能代表二里头文化和夏王朝铜鼎的工艺水平，恐怕还要存疑[4]。（图2）在二里头文化遗址中常见一种陶制的深腹、四足的方形小容器，研究者一般都将其称作"小方鼎"，认为它是铜方鼎的仿制品。不过，

1　方辉：《岳石文化的分期与年代》，《考古》，1998（4）。
2　李伯谦：《先商文化探索》，见《庆祝苏秉琦考古五十五年论文集》，文物出版社，1989。
3　中国社会科学院考古研究所二里头工作队：《河南偃师二里头遗址发现新的铜器》，《考古》，1991（12）。
4　关于二里头文化铜器的铸造水平，有两种不同的意见。一种意见认为，目前发现的二里头文化的铜器墓的规模都较小，可能不能代表二里头文化的铜器铸造水平，在二里头遗址铸铜作坊中出土过圈足直径达34厘米的陶范，说明二里头文化可以铸造更大体量的青铜器。另一种观点认为，二里头遗址目前发现的铜器墓，不少都整齐排列在遗址的大中型建筑基址附近，与建筑基址存在着关联，这些建筑基址已经是二里头遗址最大的宫室建筑，所出铜器应该代表了二里头文化的铜器铸造水平。

图2　二里头遗址出土铜圆鼎　　　　图3　二里头遗址出土陶方鼎

与铜方鼎最为相似的还是1983年出土于二里头遗址的陶方鼎，该鼎口沿两侧有双耳，四足呈外撇的方锥状，鼎身前后两面刻划有旋转的太阳纹，左右两壁面刻划不能辨认种类的动物纹。[1] 这可能是当时铜方鼎的仿制品，二里头文化和夏王朝的铜方鼎或许与此类似。（图3）

二里头文化的年代跨度既然相当于中国古史传说中的夏代或夏代后期，其分布范围也正好在传说中夏王族活动的中心区域，技术发展水平具有铸造铜鼎这样复杂空腔容器的能力，文化现象又有与传说中夏王朝的一些文化因素相吻合，其中一种文化因素就是二里头文化以鼎这种三足器为造型特征，还有类似于后来铜方鼎的陶方鼎，并且有最早铜圆鼎的发现，认为二里头文化可能属于夏文化，夏代能够铸造九鼎一类铜器，这恐怕也是有可能的。

---

[1] 中国社会科学院考古研究所编著：《二里头陶器集粹》，中国社会科学出版社，1995。

三、夏铸九鼎的两种形态

夏王铸造的九件铜鼎，并不像唐、宋王朝所铸的"九州鼎"那样，是同样形态、同样大小的九件铜鼎，以象征天下九州[1]。尽管《墨子·耕柱篇》说九鼎的造型是"四足而方"，但恐怕这只是九鼎中主要的铜鼎造型给人的印象，不是全部铜鼎都是方鼎。因为文献中每每把九鼎分为数量三的一种和数量六的一种，称为"三翮六翼""三棘六异"。《史记·楚世家》记周王室贵族武公劝说楚相昭子不要意图灭周的一段话说：

今子将以欲诛残天下之共主，居三代之传器，吞三翮六翼，以高世主，非贪而何？《周书》曰："欲起无先。"故器南则兵至矣。

按照古史传说中的说法，夏王所铸造的九鼎是由"三翮"和"六翼"两种形态的鼎所构成的一组器物。《史纪·楚世家》"吞三翮六翼，以高世主"司马贞《索隐》："翮，亦作鬲，同音历。三翮六翼，亦谓九鼎。空足曰翮，六翼即六耳，翼近耳旁，事具《小尔雅》。"司马贞将"三翮"解释作鼎的三个空足，六翼解释作鼎的六耳，这是以局部代替了整体，并不确切。清段玉裁《说文解字注》鬲部注认为："按，翮者鬲之假借字，翼者鈇之假借。九鼎，款足者三，附耳于外者六也。《尔雅》曰：鼎，款足谓之鬲，附耳外谓之鈇。"将九鼎的"三翮六翼"读作"三鬲六鈇"，也就是三个铜鬲鼎和六个附耳铜鼎，这是对九鼎形式组合认识的一个进步，尽管他延续旧说将"鈇"解释为附耳鼎，这未必正确。

夏王所铸的九鼎被代称为"三翮六翼"，或作"三棘六翼"。《墨子·耕柱篇》记载：

---

[1] 宋代洪迈《容斋三笔》"十八鼎条"："唐武后始复置于通天宫，不知何时而毁。国朝崇宁三年，用方士魏汉津言铸鼎，四年三月成，……奉安之日，以蔡京为定鼎礼仪使。大观三年，又以铸鼎之地作宝成宫。……（政和）七年，又铸神霄九鼎，……明年鼎成，置于上清宝箓宫神霄殿，遂为十八鼎。"（《容斋随笔》，上海古籍出版社，2015）

和氏之璧、随侯之珠、三棘六異，此诸侯之良宝也。可以富国家，众人民，治刑政，安社稷乎？

清人孙诒让《墨子间诂》引"宋翔凤云：'棘同翮，異同翼，亦谓九鼎也'"。棘字本意为刺，为何用来代指"翮"或"鬲"，其中一种可能是因为棘刺形似羽毛根部，故以棘代翮。"六異"的"異"字，早就有学者指出是"鼏"字之省，该字见于殷墟甲骨文，写作"[字]"（《甲骨文合集》31000），裘锡圭先生指出，"这条卜辞里的'異鼎'也有可能是从'鼎''異'声的一个形声字"[1]。这种读音为"異"的鼎，也就是鈘，肯定是一种不同于棘（翮、鬲）的铜鼎样式。

我们认同九鼎是由三件"鬲"（翮、棘）和六件"鈘"（翼、異）组成，那么什么是鬲，什么是鈘呢？

"鬲"是鬲字的异体字，属于鼎的一类。《说文解字·鬲部》卷三："鬲：鼎属。实五觳，斗二升曰觳。象腹交文，三足。凡鬲之属皆从鬲。瓹，鬲或从瓦。"段玉裁注："《释器》曰：鼎款足者谓之鬲"；"上象其口，象腹交文，下象三足也。《考工记图》曰款足。按款足，郭云曲脚。《汉郊祀志》则云鼎空足曰鬲，释款为空"。鬲是有三个袋状空足的圆形炊器，在二里头文化至二里冈文化时期，也就是夏代及商代早期，铜鼎和铜鬲的差异还不是那么明显，铜圆鼎的三足都是空足，有的还没有双耳（即便是铜方鼎，鼎足也是中空的兽足）。并且流行分裆、双立耳的分裆鼎，其形态与鬲也比较相似。因此，古今注家都将三翮即三鬲解释为空足之器，解释为三个圆形的鬲，这是有道理的。铜鬲铭文有自名为"鼏"的，从鼎鬲声，青铜器中有器形为鼎而自名为鬲，或器形为鬲而自名为鼎的，也有鬲鼎连称的，由此可知鼎与鬲的密切关系。不过，先秦文献将鬲（瓹）写作"翮"或"棘"，也不是没有道理，翮为鸟羽毛之本，鸟翅主羽的羽毛头端为锥状管，前部尖端实心而中后部空心，这与早期铜圆鼎的鼎足为圆形空

1　裘锡圭：《裘锡圭学术文集·甲骨文卷》，复旦大学出版社，2012，216页。

传承与流变　　17

锥足的状况类似。

翼即釴，古代学者一般解释作附耳的鼎。如清郝懿行《尔雅义疏》认为六翼之"翼"也就是"釴"，他这样说："附耳外者，言近于耳而在外之处。谓之釴，'釴'犹'翼'也。《史记·楚世家》云'吞三翮六翼'，索隐曰：'谓九鼎也。六翼即六耳，翼近耳傍，事俱《尔雅》。'是'翼'即'釴'声借字也。"郝懿行也将翼解释作釴，但将釴当作鼎的附耳，这肯定是不准确的。早期的铜鼎都是立耳，附耳鼎的出现是西周晚期以后的事情，夏代铸造的九鼎不应该有附耳铜鼎。传世铜器作册大方鼎的自名为"龖"，铭文作"公来铸武王、成王龖"，张亚初先生认为这就是異鼎的一个专字，"異鼎"就是方鼎的别称。山西翼城大河口霸国墓地 M1017 是西周晚期的墓葬，出土铜器有铭文有自铭为"釴"的，其形态为带方圈足的长方形附耳容器，铭文为："唯正月王𢄊刲于氐，大奏，王易（赐）霸白（伯）贝十朋，霸白（伯）用乍（作）宝衔（釴），其万年孙子子其永宝。"发掘报告将其称作"方簋"[1]，王子杨先生根据铭文自名即釴，认为"霸伯方簋的形制更近于这种鼎形温食器，而与青铜簋相差更远，将之称为霸伯方簋并不恰当，不如径直称之'霸伯釴'"，认为釴为方鼎之属。[2] 王祁先生认同王子杨之说，但认为将釴归入方鼎之属"则求之过深"，"实际上，这种釴鼎主要流行的时间并不是西周，而是晚商，'霸伯釴'不过是釴鼎的晚期形态"[3]。（图4）

关于九鼎传说的"三翮六翼"或"三棘六異"，张亚初先生早就做过论述，指出传说中的九鼎"包括三件款足的鬲（或分档的鬲鼎）和六件方

---

[1] 山西省考古研究所、临汾市文物局、翼城县文物旅游局联合考古队，山西大学北方考古研究中心：《山西翼城大河口西周墓地 1017 号墓发掘》，《考古学报》，2018（1）。
[2] 王子杨：《大河口霸国墓地 M1017 出土青铜铭文材料的几点认识》，先秦史研究室，2018 年 3 月 9 日，https：//www.xianqin.org/blog/archives/9917.html。
[3] 王祁：《略谈霸伯铜釴》，先秦史研究室，2018 年 4 月 25 日，https：//www.xianqin.org/blog/archives/10111.html。

鼎"[1]。这是很重要的见解。"三翮"加"六翼",恰合九鼎之数,古人认为九鼎有圆、方两种不同形态的鼎,所以才用"三翮六翼"或"三棘六异"作为夏之九鼎的代称。因此,对于九鼎形态最合适的解释是两种不同形制的鼎:一种形态为圆鼎,鼎足上段中空,通常将其归为鬲类,这种形态的鼎有三件,故称"三翮";另一种形态为方鼎,方鼎四足,往往两两成双成对,六件方鼎分两列摆放,就如同鸟的两翼上的六根粗壮的羽毛,故称"六翼"。

1. 商代晚期鈝形铜器

2. 西周时期铜鈝

图4 商周时期的铜鈝
[1. 殷墟铁三路 M2118 铜鈝,《考古》,2015(8);2. 霸伯铜鈝,《考古学报》,2018(1),图版拾陆]

夏王用铜铸造九鼎,文献追记用的文字是"铸鼎象物",这个所象之物主要应该是动物的形象(详见后文),为什么文献中要用鸟的羽毛和翅膀这些文字来描述铜鼎的形态呢?笔者推测,这或许与当时祭祀等礼仪场合九鼎的摆放方式有关。《太平御览》卷六二七引《管子》说:"桓公见黄鹄,谓管仲曰:'鸿鹄东西南北,倏忽千里,所恃者六翼也。今仲父,寡人之翼也。'"[2]这里的六翼,无疑是鸿鹄翅膀上的六根主羽,翅膀在鸟身体的两侧,用鸟的双翼上的六根主要羽毛来描述九鼎中的六件方鼎,应该有其原因。我推测,在用于祭祀场合时,夏人是按照鸟展翅飞翔时的姿态来陈放夏王九鼎,把三件圆鼎放在中间,以象征鸟的身体;将六件方鼎两两相对放在两侧,以象征鸟的双翅(图5)。至于为何要将九鼎摆放成鸟的形态,这恐怕是普遍的原始思维的

---

1 张亚初:《殷周青铜鼎器名、用途研究》,《古文字研究》第十八辑,中华书局,1992,284页。
2 汉代韩婴《韩诗外传》卷六记船人盍胥对晋平公曰:"夫鸿鹄一举千里,所恃者六翮尔。背上之毛,腹下之毳,益一把,飞不为加高;损一把,飞不为加下……"屈守元《韩诗外传笺疏》卷六释"六翮"。

传承与流变

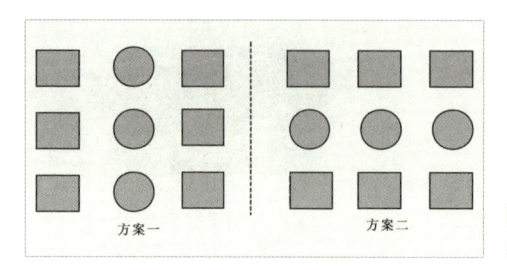

图5　基于"三翮六翼"即三圆鼎六方鼎推测的夏王九鼎陈列方式

缘故。在古人的心目中，至高无上的神祇都是住在天上的，天地人神之间存在一种断裂和距离，地上的人们要通过献祭牺牲美酒将自己的愿望带到天上，需要借助一些可以飞翔的具有神性鸟类的力量，将九鼎的整体形象想象为飞鸟，就是这种思维的产物。[1]

四、九鼎造型的象征意义

夏王铸造九件铜鼎以"象物"，这种观念是先秦时期人们"制器尚象"的传统，所谓"《易》有圣人之道四焉：以言者尚其辞，以动者尚其变，以制器者尚其象，以卜筮者尚其占"（《周易·系辞上》第十），唐孔颖达正义："此四者存乎器象，可得而用也。"这里所说的制器尚象，按照《周易》的说法，就是"圣人有以见天下之赜而拟诸其形容，象其物宜，是故谓之象"（《周易·系辞上》第八），包括了实象和意象两个方面。实见的物象如"包牺氏之王天下也，仰则观象于天，俯则观法于地，观鸟兽之文与地之宜，近取诸身，远取诸物，于是始作八卦，以通神明之德，以类万物之情"（《周易·系辞下》第二）；意象的想见则如《韩非子·解老》所说，

---

[1] 美国学者T.R.马特兰指出："一般而言，宗教仪式的性质均是如此，它造成一个断裂，从一个意义空间进入另一个意义空间。"［美］T.R.马特兰著，李军、张总译：《宗教艺术论——宗教与艺术的哲学阐释》，今日中国出版社，1992。

"人希见生象也，而得见死象之骨，案其图以想其生也。故诸人之所以意想者，皆谓之象也"。由于制器尚象有摹写实际的物象和想象的物象两类，制器引入了想象的成分，器的形式就会与所象之物出现差异，抽象、夸张、变形等艺术手法就都会随之产生和运用。又由于夏铸九鼎是事关当时最高统治者和广大地域的重大事件，铸鼎以象物的行为、产物和功用都具有神圣性和神秘性。夏铸九鼎的铸鼎象物，除了具象的象某"物"或某些"物"外，也还有抽象的设想这些"物"的功能意义等问题。除此以外，九鼎不是一件铜鼎，而是九件铜鼎，因而九鼎既有这些铜鼎的造型或纹样本身的象征意义，还有九件铜鼎的这个集合体的象征意义。

我们这里首先讨论九鼎造型和纹样的象征意义。

在九鼎传说中，最令人感兴趣的有三方面，即铸鼎的背景"远方图物，贡金九牧"，铸鼎的行为"铸鼎象物，百物为之备"，以及铸鼎的目的"用能协于上下，以承天休"。这三方面的信息具有前后的关联性——夏后氏之所以能够铸造九鼎，是由于远方提供了铸鼎需要的蓝图，九州之牧还贡献了铸鼎所需的铜料。夏后氏按照远方进献的"物"之蓝图铸造出的鼎，自然也具有"物"的形象和意义，并且这个"物"还不是特指一物，仿照"物"铸鼎以后，"百物"因此都有了。夏王因此可以通过铸造的九鼎，调和上天与地下或君王与臣下的关系，承接上天的保佑和赐福。在这些信息中，"物"无疑是一个关键因素。

夏铸九鼎所象之"物"，前辈学者已有研究。王国维专门写了《释物》一文，根据甲骨文中物为牛名，认为"物本杂色牛之名"[1]。这个解释符合《说文解字·牛部》"物，万物也。牛为大物，天地之数，起于牵牛。故从牛，勿声"的解读[2]，有其合理性。不过如果将"物"只局限于杂色牛的话，这与"百物为之备"之说还不大相符，"物"恐怕不仅限于杂色之牛甚至

---

[1] 王国维：《观堂集林》艺林六，收入《王国维遗书》第一册，商务印书馆，1940。
[2] 关于《说文解字》对"物"字的解释，张舜徽："数犹事也，民以食为重，牛资农耕，事之大者，故引牛而耕，乃天地间万事万物根本。"（东汉）许慎著，汤可敬注：《说文解字今释》，岳麓书社，1997，174页。

祭祀用牛。以《周礼》为例，《春官·鸡人》"掌共鸡牲，辨其物"，这里的物就是牺牲用鸡的"毛色也"；《夏官·校人》"凡军事，物马而颁之"，这里的物马就是辨马之毛色；《春官·司常》"司常掌九旗之物名，各有属以待国事。日月为常、交龙为旂，通帛为旜，杂帛为物，熊虎为旗，鸟隼为旟，龟蛇为旐，全羽为旞，析羽为旌"，这里物既是九种旗帜图色的总称，也是其中一种杂帛旗帜的专名。从各方面的材料来看，先秦时期人们所说的"物"作为名词原本是指杂色之牛，以后引申扩展为其他毛色的祭祀动物和其他礼仪之物。《周礼·地官·大司徒》"牧人掌牧六牲，而阜蕃其物，以供祭祀之牲牷"之物，就是祭祀用牲畜的总称。"凡牲畜，区别毛色，各为种类，通谓之物"[1]。这些作为祭祀牺牲的动物，既有不同种类，也有不同毛色，故《诗经·小雅·无羊》有"三十维物，尔牲则具"之说（《毛传》："异毛色者三十也"）。如此说来，铸鼎象物之物，就是鼎的造型与作为祭祀牺牲的动物具有联系。这应该是我们首先可以得出的一个结论。

笔者推断夏王用远方"贡金"和"图物"铸造的九鼎，主要是鼎的形态与作为祭品的牺牲相像，而不是鼎上的纹饰采用牺牲的形象。得出这个认识主要基于两方面的原因：一是"铸鼎象物"不是"铸鼎图物"，如果将"象物"解释为在顶上铸造物或百物的纹样，不符合文献中所说"铸鼎象物"的原意；二是受制于当时铜器铸造的技术水平，夏代铜器要在鼎上铸出各种动物的图形，恐怕难度还比较大。"铸鼎象物"也不应理解为在铜鼎的一些部位增加"鬼神百物"的附件，如商代中期以后铜器两耳、三足、四隅、四中的动物造型的立体装饰，因为这种器物的局部动物装饰也不大符合"铸鼎象物"的整体表达，商代中期以前的青铜器装饰也没有这种铸造技术。传说中的夏王"铸鼎象物"还是应该理解为鼎的整体造型模仿或象征的对象是"物"，纹饰只是作为"物"的局部衬托为宜。

根据文献记载和后世铜鼎类型，夏人根据祭祀用牺牲的整体形象抽象出铜鼎的造型，应该有方、圆两种造型。方鼎的基本造型大概本自放在有

---

[1]（清）孙诒让：《周礼正义》，民国二十年笛湖精舍补刻楚学社本。

四根短柱托架上的长方形木槽，为了防止木槽漏水，需要在木槽底边和四角帮以皮革，再用竹木钉子予以固定，后来商代铜方鼎边缘的乳钉纹带，就是这种工艺现象的遗留。圆鼎的基本造型应该仿自史前时期三条腿的陶锅，这是出现年代仅晚于圜底盆和釜类的古老的陶器造型，其来源是三块石头支口锅或三个支座托个盆。仿照这些史前木器或陶器铸造铜器，再在口沿上加两个方便穿杠抬起移动的耳朵，就与鼎的基本造型大致相同了。不过，这些木器或陶器的四足方形容器或三足圆形容器，与动物的形态并没有关系，青铜鼎的造型除了取象木、陶材质的几何形态的器物外，还将动物的形态抽象结合在这些几何形态的器物上。中国很早就已经具有高度发达的抽象思维能力，将抽象的动物形象与几何形象相结合，是中国上古工艺创作的特点之一。由于几何形态器物造型的制约，以及早期还不具备铸造写实动物形态的技术限制，"铸鼎象物"应该是以方形四足和圆形三足容器为基础，在上面增加一些动物的肢体特征，从而达到象征动物的意义。牛羊等作为牺牲的动物都是四足，把方鼎的四足设计成上粗下细的兽腿的模样，这在技术上很容易实现。铜方鼎如果拥有兽类动物的四条腿，再在器身四壁的中上部表现动物的头部纹样，使用者从任何一个方向观看铜方鼎，都会给人以牛、羊等牺牲形象的联想。圆鼎只有三足，但少一只足并不妨碍将鼎足表现为兽类动物腿部的模样，就如同后来模仿鸟类动物所铸造的铜器一样，有的铜鸟尊造型加一条腿以保证器物站立的稳定性，尽管真实的鸟没有三足，但实际不存在的三足鸟就会给人以超现实神鸟的感觉，传说中的三足鸟就是其例。在东周时期江淮地区的青铜鼎中，有一种被称为"牺鼎"的兽首圆鼎，鼎的前部做成兽首模样，后部把握的銴则做成兽尾的形状[1]。这种鼎尽管为三足圆鼎，但它们显然是模仿四足的兽类而铸造，可以视为铜鼎造型中返璞归真的表现。（图6）

夏人将铜鼎的容器形态与动物形态结合起来，其用意在《左传》九鼎传说中有所表述。夏王"铸鼎象物"一是为了"使民知神、奸"，"魑魅罔

---

[1] 安徽省文化局文物工作队：《安徽舒城出土的铜器》，《考古》，1964（10）。

图6 东周时期的铜牺鼎

两,莫能逄之";二是为了"用能协于上下,以承天休",也就是沟通人神,以获天神的福佑。后者应该是夏王铸鼎的根本目的,也就是通过铸造具有"百物"象征的九鼎,用九鼎承载祭祀牺牲以敬献天神,并通过这样的祭祀活动协调民众关系,从而能够获得更多的利益。《周礼·春官·大宗伯》说,"以礼乐合天地之化、百物之产,以事鬼神、以谐万民、以致百物",大概就是这个意思。《史记·封禅书》记汾阴得到大铜鼎后,"乃以礼祠,迎鼎至甘泉。……有司皆曰：……禹收九牧之金,铸九鼎。皆尝烹鬺上帝鬼神",也有这个意思。张光直先生将"铸鼎象物"的物释作"牺牲之物"或"助巫觋通天地之动物",并说"铸鼎象物"的目的是"协于上下,以承天休",青铜器上的动物纹样正是出于这个目的。[1] 铜鼎是烹煮升登"物"即牲肉的容器,给神享用的是牲肉的气息,铜鼎只是承载物。只是这个承载物本身就有"物"的象征意义,它可以协助使用铜鼎进行祭祀的人们,将自己的意愿转达到天上神祇,或将神祇的意旨带给自己。这种祭祀者依托具有神性的动物往来与天地之间的例子,见于四川广汉的三星堆埋藏坑出土的组合铜器中,这些铜器应该是陈放在神像前的供奉用器,在这些铜器中至少有三件有神兽托着祭祀人员的场景[2]。我们知道,三星堆文化与二里头文化即可能的夏文化有密切关系,三星堆文化的这种原始宗教思想,也可能存在于夏文化之中。夏王"铸鼎象物"也可能就是要通过这些所象之物,使自己能够自由往来于天地之间,即人神之间。从传世文献所载夏史传说来看,夏王启曾从天帝那里获

---

1 张光直：《中国青铜时代》,三联书店,1999,434页。
2 这三件铜器除了二号坑的双兽四人托方尊形铜熏炉已基本复原外,八号坑出土的两件都还没有拼对修复完整,但从媒体公布的图片来看,其中一件怪兽在头尾之间的梁架上跪着一个身着云雷纹短裙、足有翘头靴的人（腰部以上还没有复原）;另一件是在一只怪兽头顶上,站立着一个身着长衣、赤足的人,该铜人的衣着和手势与先前二号坑出土的完全相同。

取了《九辩》与《九歌》。《楚辞·天问》"启棘宾商,《九辩》《九歌》,何勤子屠母,而死分竟地"的诗句,《山海经·大荒西经》"开上三嫔于天,得《九辩》与《九歌》以下"的文字,概述的都是这个神话。夏启(开)上升到天帝那里,他是如何升天与天神沟通的呢?据《山海经》郭璞注引《归藏·郑母经》"夏后启筮,御飞龙登于天,吉"可知,他是驾驭着龙这种具有神性的动物实现的。龙尽管不是牺牲之物,却属于"鬼神百物"之一,二里头文化和三星堆文化共有的镶嵌绿松石铜饰牌,其动物纹样据考证应该就是龙蛇一类动物。夏王铸鼎象物的主要目的,应当如同神话中夏启登天的目的一样,是"与神交通,以身为帝,以王四卿"[1],而鼎正是人神之间的中介。

五、九鼎数量的政治寓意

古人铸造九鼎,如前所述,是具体的九件鼎而非"数之极"的笼统称呼。那么,如果有人问,夏王为何要铸造九件,而不是铸造更多或更少的铜鼎呢?古代文献记载的传说可以解答,那就是"九牧贡金",也就是夏王铸鼎使用了九州之长官贡献的铜料,因而需要铸造九件铜鼎以代表九州。如果我们进一步设问,夏王铸鼎既然是每件铜鼎代表一个州,是否意味着夏王在使用这些铜鼎从事祭祀天帝鬼神等礼仪活动时,有代表九州官民共同参与祭祀活动的意义呢?或者说夏王代表整个夏王朝与天上神祇和诸方鬼神进行沟通,以获得上天神祇的福佑呢?笔者认为,这种可能性是存在的,夏铸九鼎这个数量本来就有象征九州天下的含义。

九州是一个很古老的地理概念。在晚周秦汉文献的记载表现出的宇宙观中,圆形的天如同一半球形或圆球形的盖子,笼罩在大海之上;大海的

---

[1] (宋)李昉《太平预览》皇王部卷七引《史记》曰:"昔夏后启筮,乘龙以登于天,占于皋陶。皋陶曰:'吉而必同,与神交通,以身为帝,以王四乡。'"

中心漂浮着如同车厢的方形大地，这块被四海围绕着的大地，其中心就是九州。九州本来是中国中心地区一个不大的地理区域的名称，其范围大致在黄河中游及其周边一带[1]，随着中国上古统一事业的进行，"九州"的范围也不断扩大，战国时期已扩大到"凡四海之内，断长补短，方三千里，为田八十万一万亿亩"。这方三千里的土地，被划分为九州，中央的一州是"天子之县内"[2]。夏商时期的天下行政区划，我们并不清楚，只是从目前的文献材料知道，"九州"的提法最早见于西周时期的文献《逸周书·尝麦解》[3]，其文字为：

维四年孟夏，王初祈祷于宗庙，乃尝麦于太祖。是月，王命大正正刑书。爽明，仆告既驾，少祝导王，亚祝迎王降阶，即假于太宗、少宗、少秘于社，各牡羊一、牡豕三。史导王于北阶，王陟阶，在东序。乃命太史尚大正，即居于户，西南向。九州□伯咸进在中，西向。

商人之后宋国的宗庙歌曲，后收入《诗经·商颂》的诸篇诗歌在追述商人早期历史时，也提到夏禹"敷土"事迹和商汤代替夏拥有"九有"或"九围"的事迹：

天命玄鸟，降而生商，宅殷土芒芒。古帝命武汤，正域彼四方。方命

---

1 《左传·昭公四年》："四岳、三涂、阳城、大室、荆山、中南，九州之险也，是不一姓。"《左传》所列举的九州地名，都在黄河中游一带，最南边的荆山不过丹江上游，最西边的中南即终南是在渭河下游，其余都在狭义的中原地区，可见早期"九州"的范围是很有限的。

2 《礼记·王制》："凡四海之内九州，州方千里。州建百里之国三十，七十里之国六十，五十里之国百有二十，凡二百一十国。名山大泽不以封，其余以为附庸闲田。八州，州二百一十国。天子之县内，方百里之国九，七十里之国二十有一，五十里之国六十有三，凡九十三国。名山大泽不以盼，其余以禄土，以为闲田。凡九州，千七百七十三国。天子之元土，诸侯之附庸，不与。"

3 关于《逸周书·尝麦解》的年代，李学勤先生指出："《逸周书》各篇不出一手，年代不同。……现在看来，《世俘》《商誓》《皇门》《尝麦》《祭公》《芮良夫》等篇，均可信为西周作品。"见黄怀信、张懋镕、田旭东撰，李学勤审定：《逸周书汇校集注》序，上海古籍出版社，1995。

厥后,奄有九有。(《玄鸟》)

濬哲维商,长发其祥。洪水芒芒,禹敷下土方。外大国是疆,幅陨既长。有娀方将,帝立子生商。……汤降不迟,圣敬日跻。昭假迟迟,上帝是祗,帝命式于九围。(《长发》)

"九有"也就是"九围",与"九围"一样是指周围有边界的地理空间,与九州的意义相差不大。关于夏商时期的九州,童书业先生认为:"《禹贡》之'九州',盖出于古代'九有'(《诗·玄鸟》《长发》)、'九围'(《长发》)、'九隅'(《逸周书·尝麦》)等泛指方位之称,其后逐渐具体化。《叔夷钟铭》:'赫赫成唐(汤),……咸有九州,处禹之堵。'此'九州'指汤之'天下',但是否即为后世具体之九州,则尚待证明。"[1]童先生的论述是合理的。不过,尽管最初的九州范围可能不大,也可能当初名称并不一定是"九州",但无论是"九有""九围",还是"九隅""九州",都是用"数之极"的九字加一个地域空间的名字,其意义应该相差不大。夏禹曾经分划天下为九个不同的政治地理空间,这是相沿很久的传说,《尚书·禹贡》追忆夏禹的功绩之一,就是"禹别九州,随山浚川,任土作贡。禹敷土,随山刊木,奠高山大川。……九州攸同,四隩既宅,九山刊旅,九川涤源,九泽既陂,四海会同"。《禹贡》所述夏禹的事迹,尤其是"五百里甸服""五百里侯服""五百里绥服""五百里要服""五百里荒服"五服范围的描述,应该是周代末期在当时知识基础上的构拟,这种构拟的知识有些来源于文献和传统。保利艺术博物馆藏西周中期偏晚的燹公盨,其铭文为"天命禹尃(敷)土,陸(堕)山浚川,乃釐方设征,降民监德,乃自作配享,民成父母,生我王作臣"[2]。可以证明《禹贡》某些段落的文献记载,至迟在西周时期即已经存在了,其传说内容应该还有更古老的渊源。夏铸九鼎应该与夏之九州的政区地理存在关联。

---

1 童书业:《春秋左传研究》,上海人民出版社,1980,222页。
2 保利艺术博物馆编:《燹公盨——大禹治水与为政以德》,线装书局,2002。

由于在先秦文献中,"九州"被认为是夏禹开辟的疆土范围和行政区划,因此九州从某种意义上就具有了国家疆土的象征意义[1]。在远古传说中,夏王铸造九鼎用的是九州之牧贡献的铜料,这个九州无论是大还是小,都是夏王朝政治地理的组成部分。夏王铸造代表九州的铜鼎,一种可能的意义是表示夏王拥有九州的宗教和政治权力,可以代替九州之牧从事祭祀天地鬼神的活动,是夏王在九州宗教权力的体现;另一种可能的意义是,夏王铸造象征九州的九鼎,是由于九州之牧都拥有较大的地方权力,夏王朝不过是九州名义上的或者有限权力的政治实体,所以夏王要通过包括祭祀在内的举措笼络九州的首领。在夏史传说中,夏王朝有若干同姓血缘亲族和相对稳定的婚姻亲族族群,司马迁说:"禹为姒姓,其后分封,用国为姓,故有夏后氏、有扈氏、有男氏、斟寻氏、彤城氏、褒氏、费氏、杞氏、缯氏、辛氏、冥氏、斟(氏)戈氏。"(《史记·夏本纪》)这些夏王室的同姓氏族,有的在夏初就已灭国,如反对启代替益继承王位,被夏启伐灭的有扈氏;有的在夏代中期的内乱中被消灭,如在羿浞代夏过程中被灭的斟寻氏;有的可能还先后在内乱中废兴,如先被寒浞占据置"过"再被少康灭"过"复兴的斟戈氏(斟灌氏);有的则是这些氏族迁往他处后以地名重新起的新氏,如费氏、缯氏等。有些氏族在夏王朝时未必同时存在。至于夏王的婚姻氏族,见于文献的主要是涂山氏、有仍氏(有缗氏、岷山氏)、有虞氏等,少康中兴和夏桀之亡,似乎都与有仍氏这个亲族有关。[2]这些婚姻氏族,有的距离夏王朝的中心地区较远,如有仍氏(缗、岷山)等,传统认识是在山东西南部,超出了被认为是夏文化的二里头文化的分布范围。被大多数学者视为夏文化或夏代后期文化的二里头文化,其主要分布区域有三个,即以河南偃师二里头遗址为中心的郑洛地区,以山西夏

---

1 《尚书·禹贡》:"禹别九州,随山浚川,任土作贡。"
2 《左传·哀公元年》:"昔有过浇,杀斟灌以伐斟鄩,灭夏后相,后缗方娠,逃出自窦,归于有仍,生少康焉。为仍牧正,惎浇能戒之。浇使椒求之,逃奔有虞,为之庖正,以除其害。虞思于是妻之以二姚,而邑诸纶,有田一成,有众一旅。能布其德,而兆其谋,以收夏众,抚其官职;使女艾谍浇,使季杼诱豷。遂灭过、戈,复禹之绩。祀夏配天,不失旧物。"《左传·昭公四年》:"夏桀为仍之会,有缗叛之。"

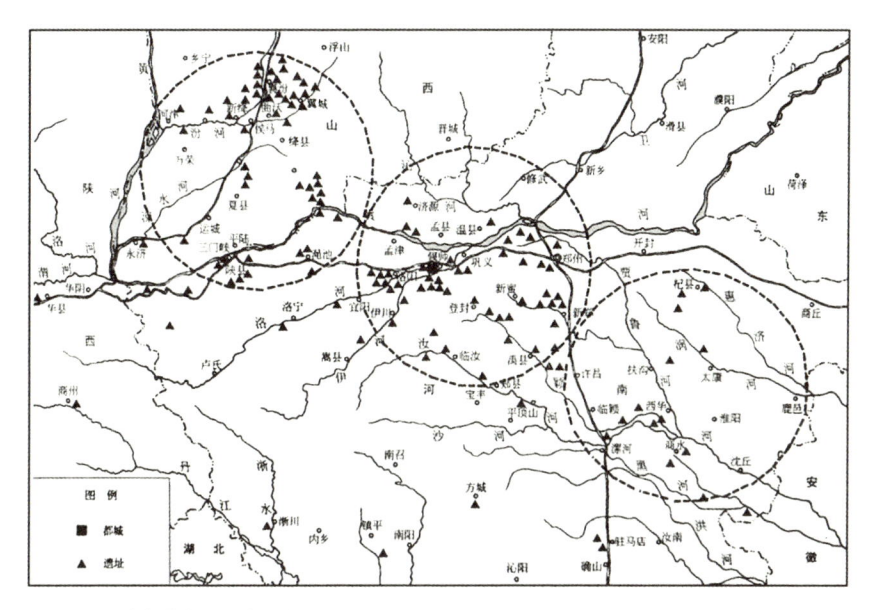

图7 二里头文化的主要分布区域

县东下冯遗址为代表的晋南中条山南北,主要分布在郑洛地区东南颍汝流域的冲积平原。在这些区域外还散布着一些二里头文化的遗址。(图7) 我们知道,考古学的"文化"往往是以一组特征明显的陶器为主要指征所划定的共同体,这种"文化"的形成,往往是使用共同器具的人们的迁徙所导致的,他们与该文化中心区的人关系密切。该文化所述的政治实体,尤其是夏代以后的早期王朝统治区域和势力范围,往往大于考古学上的王朝文化分布区。如果我们要给传说中的夏之九州划定一个可能的范围,不能受限于二里头文化的分布区,夏王朝的"疆土"九州恐怕范围更大。

最后我们回到象征九州的夏之九鼎。九鼎如前所述,被分为圆鼎和方鼎两种形态,圆鼎三件,方鼎六件。笔者在前文已就这两种鼎的排列进行了推测,认为它们分别表示鸟的躯干和翅膀,以暗示祭祀者借助鸟的力量将牺牲和意愿传达上苍。不过,要用九件铜鼎摆放成鸟的形状,不一定要

传承与流变

将一套鼎做成方圆两种形态,也可以将中间的鼎的体量铸得稍大,从而区分鸟的身体和两翼。用圆形和方形进行区别,可能还兼有规矩、天地、内外等多种含义的可能性。圆形的鼎需"规"来设计,方形的鼎则需"矩"来制作,在天圆地方的观念下,以圆鼎与天进行关联而方鼎与地进行关联,这是一种可能的思维方式。由于九鼎的圆鼎数量少而方鼎数量多,夏代的圆鼎等级或许高于方鼎,圆鼎用以祭祀天上最高神祇,而方鼎则祭祀其他辅助鬼神。《楚辞·天问》问夏启故事说"启棘宾商,《九辩》《九歌》";《山海经·大荒西经》也说夏后开(启)"上三嫔于天,得《九辩》与《九歌》以下……开焉得始歌九招"。夏启以"棘宾商"应即以"三棘"也就是三个圆鼎宾祭天帝,"三嫔"应即三宾,可以理解为用"三棘"祭祀天帝,也可理解为三次宾祭天帝。既然三圆鼎和六方鼎可能存在有这样的用意,不妨作进一步的推论,也就是夏王朝的九州疆土可能与后世一样,中间三州为夏王直接管控的王畿,而周边六州或许是夏王间接控制的势力范围所在。商周所谓"内服"和"外服"[1],后世所谓"编户"区与"羁縻"区,或许在夏王朝时期就已经存在了。

---

1 《尚书·酒诰》:"越在外服,侯甸男卫邦伯;越在内服,百僚庶尹,惟亚惟服宗工,越百姓里居,罔敢湎于酒。"《孔传》:"於在内服治事百官、众正及次大夫服事尊官,亦不自逸。"

河南信阳城阳城 M9 出土乐钟的
编列制度与陈设制度 *

张闻捷

厦门大学历史与文化遗产学院

摘 要：河南信阳城阳城 M9 新出土乐钟九镈、九钮一套，是长台关墓地继著名的"荆历钟"之后又一次发现完整的楚系乐钟。通过对其形制、纹饰、组合的探讨，可以判定其年代应在春秋晚期至春秋战国之际，整体特点与固始侯古堆一号墓乐钟几乎"如出一辙"，代表了这一区域颇具特色的乐钟铸造风格，亦为我们揭示了从乐钟外形来探索楚国不同的乐钟铸造中心的可能。基于这套新见乐钟，再参之其他相近时期的楚系编钟，可以逐渐认识春秋中晚期阶段楚国乐钟制度的三个显著特点，具体表现在形制纹饰、乐钟组合与乐钟陈设等方面。这些特点不见于同时期的其他国家，是楚国独特礼制的重要反映，亦是考古资料带给我们的又一全新认识。

关键词：城阳城 M9；乐钟制度；春秋晚期；乐钟陈设；乐悬制度

2005 年，河南省信阳市平桥区城阳城保护区邱庄村一座古墓被盗，当地文物部门随即进行了抢救性考古发掘，获得了一批珍贵的文物资料。《信阳博物馆藏青铜器》首次著录了该墓出土的一套青铜乐钟（图 1），计有镈

---

* 本文为国家社科基金冷门"绝学"项目"周代乐钟制度研究"（19VJX068）的阶段性成果。

钟9件、钮钟9件，皆制作精良、保存完好。[1] 该墓编号城阳城 M9，正位于1957—1958年发掘的长台关 M1、M2 的北部（同属一个墓地），年代上略早于 M1、M2。所以，这套乐钟是该墓地继著名的"䤾簋钟"（亦称"荆历钟"）之后，

图1　河南信阳城阳城 M9 出土乐钟编列复原

又一次发现的完整楚系编钟，为探讨长台关楚墓家族的乐制发展史以及楚国北部地区的乐制特殊性与礼制来源问题都提供了新的线索。而这套乐钟组合与荆历钟（13件钮钟）之间的显著不同，也为我们讨论春秋战国之际乐钟制度的变革问题补充了新的资料。最后，基于这套新见编钟，我们还可以串联其他同时期的楚系乐钟，从形制纹饰、组合制度与乐悬陈设三个方面来认识春秋时期楚国独具特色的乐制面貌。

一、新见乐钟的形制与年代

（一）镈钟

城阳城 M9 出土乐钟由镈钟与钮钟共同构成。其中，镈钟共9件，形制、纹饰相同，尺寸依次递减，并皆在钲部正中位置设置芯撑[2]，显然系同批制作而成。以1号镈钟（图2）为例，其钮部采用复杂的对峙缠绕蟠螭

1　信阳博物馆编:《信阳博物馆藏青铜器》，文物出版社，2018，186—191页。
2　唯有最小的第9件镈钟在钲部未见长方形孔，不过9件组钮钟内也有3件没有在舞部设置芯撑孔。根据对淅川徐家岭墓地编钟的分析，如徐家岭 M3 所出9件钮钟，1—4号没有芯撑孔，其余均有4个芯撑孔；7号钟的舞部设4个芯撑孔，而8号钟是用4个铜芯垫代替；6、9号钟的芯撑孔为方形，其他钟为长方形，但6号钟的芯撑孔与同套的其他钟的芯撑孔位置不同，在中行内侧枚间。所以不能简单依靠芯撑孔的有无、形状、位置来判断其是否为一套同时铸造的编钟。参见河南省文物考古研究所等编:《淅川和尚岭与徐家岭楚墓》附录二《淅川和尚岭、徐家岭楚墓青铜器铸造技术》，大象出版社，2004，383页。

钮，对称两侧各有多条相互缠绕的蟠螭向上延伸，兽首双目、尾部清晰可辨，显然是春秋中晚期以来铜器纹饰具象化的时代特点。这种类似多层繁花的钮饰又见于叶县旧县 M4 许宁公墓、寿县蔡侯墓、固始侯古堆 M1 等墓所出镈钟上[1]，并向东传播至凤阳大东关 M1、凤阳下庄 M1、丹徒北山顶铜器墓、九女墩三号墓、六合程桥二号墓等吴越地区贵族所用镈钟[2]，尤其是与丹徒北山顶铜器墓和固始侯古堆 M1 所出镈钟（图 3）的钮饰几乎如出一辙，显示出三者在铸造时间上的相近性。但与此不同的是，春秋中晚期至战国初期的中原地区和山东地区，镈钟的钮部主要流行抽象或具象的对峙双兽钮，双兽或龙或虎，首部或回顾或两相对视，兽身独立而无缠绕的特点，典型者如辉县琉璃阁甲墓特镈、侯马上马村 M1004 编镈、太原赵卿墓编镈、山彪镇 M1 编镈、山东苍山镈等[3]，显然与上述缠绕勾连的蟠螭钮分属不同的装饰系统。从现有资料看来，对峙蟠螭钮镈钟主要流行于南方楚地和吴越地区，应是这一时期楚系乐钟的典型代表之一，并对群舒及吴越诸国形成强烈影响。[4] 若结合克镈、大堡子山编镈、

图 2　城阳城 M9 出土镈钟

图 3　固始侯古堆 M1 出土镈钟

1　平顶山市文物管理局等：《河南叶县旧县四号春秋墓发掘简报》，《文物》，2007（9）；河南省文物考古研究所等：《固始侯古堆一号墓》，大象出版社，2004；安徽省文物管理委员会等：《寿县蔡侯墓出土遗物》，科学出版社，1956；陈梦家：《寿县蔡侯墓铜器》，《考古学报》，1956（2）。

2　安徽省文物考古研究所、凤阳县文物管理所编：《凤阳大东关与卞庄》，科学出版社，2010；江苏省丹徒考古队：《江苏丹徒北山顶春秋墓发掘报告》，《东南文化》，1988（3—4）；孔令远、陈永清：《江苏邳州市九女墩三号墩的发掘》，《考古》，2002（5）；南京博物院：《江苏六合程桥二号东周墓》，《考古》，1974（2）。

3　赵世纲主编：《中国音乐文物大系·河南卷》，大象出版社，1996；周昌富、温增源主编：《中国音乐文物大系·山东卷》，大象出版社，2001。

4　楚系乐钟内也有相当一部分使用对峙双兽钮的例子，如蓬子受镈钟、徐家岭十号墓镈钟、曾侯乙墓所出楚惠王镈钟、天星观 M2 镈钟等，可见楚人是兼用这两种镈钮装饰系统。

传承与流变

秦公镈、新郑李家楼特镈、叶县旧县 M4 扉棱镈等年代较早的镈钟钮饰来看[1]，早期镈钟多流行镂空式、缠绕勾连的抽象鸟纹（或变形鸟纹），而具象的动物纹钮显然是晚期镈钮的发展趋势，并在战国后逐渐成为主流，所以对峙蟠螭钮镈钟的使用也彰显出部分楚地贵族在礼制上的复古性和保守性。

再来看镈钟的钟体部分。其用凸出的饰绚索纹阳线框分隔出篆、枚和钲部，篆间饰模块化的几何型蟠螭纹（模印制成），钟枚采用螺旋型半球状枚，共计 36 枚。钲间素面，中部有长条形芯撑孔。从残留痕迹看，钲部原似有铭文，但已被新器主磨去。钟体正鼓部饰中轴对称的缠绕蟠龙纹，左右两侧皆是上下共四条交互缠绕在一起的几何化蟠龙，形成类似于"饕餮"的装饰纹样，但侧鼓部未见任何装饰或标记符号。两铣斜直，于口部分微微内凹。

我们可以将楚系镈钟按照叶县旧县 M4 无扉棱镈钟（春秋中期晚段）——寿县蔡侯墓镈钟、淅川下寺 M10 镈钟、凤阳卞庄 M1 镈钟[2]（春秋晚期晚段）——固始侯古堆 M1 镈钟、淅川和尚岭 M2 蔿子受镈钟（春战之际）——淅川徐家岭 M3 镈钟、曾侯乙墓镈钟（战国早期）——淅川徐家岭 M10 镈钟（战国中期早段）——天星观 M2 镈钟（战国中期晚段）这样的顺序排列出一个简单的发展序列[3]，然后将城阳城 M9 所出镈钟放入该序列内。很显然，从钮饰、枚、篆间纹饰、正鼓部纹饰等特征区来看，城阳城 M9 镈钟均属于典型的春秋晚期乐钟风格，尤其是与同出土于信阳地区的固始侯古堆 M1 镈钟如出一辙（芯撑位置也相同），各细节部分完全一

---

1 冯卓慧：《商周镈研究》，中国艺术研究院博士学位论文，2008；方建军：《两周铜镈综论》，《东南文化》，1994（1）。

2 据《左传·昭公二十四年》记载："（公子）仓及寿梦师从王，（楚平）王及圉阳而还。吴人踵楚，而边人不备，遂灭巢及钟离而还。"即钟离国被灭于鲁昭公二十四年（公元前 518 年），那么卞庄 M1（钟离君柏的季子康）镈钟的年代显然应略早于这一时期。

3 关于上述楚墓年代的推定可以参考刘彬徽：《楚系青铜器研究》，湖北教育出版社，2019；张闻捷：《楚国青铜礼器制度研究》，厦门大学出版社，2015；田成方：《东周时期楚国宗族研究》，科学出版社，2016。

图4 楚地出土镈钟发展演变示意图及与赵卿墓镈钟的比较
（1. 克镈；2. 叶县旧县 M4 无扉棱镈钟；3. 寿县蔡侯墓镈钟；4. 蓬子受镈钟；5. 楚惠王五十六年镈钟；6. 赵卿墓镈钟）

致，无疑应是同一个铸造作坊的产品。（图4）关于固始侯古堆 M1 的年代，尽管学界至今仍有争议[1]，但大体不出春秋晚期晚段至战国早期之间（该墓乐钟为劫掠所得，乐钟年代应略早于墓葬年代），尤其考虑到镈钟蟠螭钮在战国以后普遍的抽象、简化趋势（如徐家岭 M3 镈钟），我们更倾向于将城阳城 M9 镈钟的年代也暂定在春秋晚期晚段至春秋战国之际这个时期。

（二）钮钟

城阳城 M9 所出 9 件钮钟形制、纹饰一致，大小依次递减。除钮部形态及芯撑位置（在舞部正中）与镈钟不同外，其余钟体色泽、阳线外框、鼓部纹饰、篆间纹饰、枚的形状、正鼓部纹饰等皆与镈钟完全一样，且于口内侧均见到调音锉磨痕迹，于口内腔四侧鼓部各设有音梁（图5），从于口向上延伸，渐浅平，故有理由认为这是一套专门制作的实用编钟。

图5 城阳城 M9 出土钮钟于口调音痕迹图

同样，这套钮钟与固始侯古堆

---

1 可参考张闻捷《固始侯古堆一号墓的年代与墓主》[《华夏考古》, 2015（2）] 一文的梳理。

M1所出9件组钮钟十分相似，几乎"如出一辙"，说明它们也应是在相同或毗邻的铸造作坊里被生产出来的。不过固始侯古堆M1出土的9件钮钟虽然形制、纹饰相似，但钟体上的铭文却存在显著不同，发掘者认为其应由四组编钟拼合而成[1]，这说明东周乐钟在铸造时存在一定的区域共性和模仿现象。但如果进一步与河南淅川下寺、和尚岭、徐家岭等蒍氏家族墓地所出乐钟相比，其在装饰纹样上又有显著不同[2]，这启

图6 楚国有枚钮钟的发展变化示意图
（1.淅川下寺M10∶66；2.叶县旧县M4∶12；3.淅川下寺M1∶25；4.淅川和尚岭M2∶44；5.寿县蔡侯墓∶31·2；6.江陵天星观M2∶D27-1）

发我们：即使在楚国北部地区，就至少存在着两个不同的乐器制造中心。

区分钮钟的时代，一般依据钟钮的长度比例、于口弧度、钟体鼓间与铣间铣长的比值以及两铣外侈程度来判断。[3] 通过与春秋中期晚段的钟离君柏钮钟、叶县旧县M4钮钟、下寺M10钮钟[4]，春秋晚期早段的下寺M1钮钟，春秋晚期晚段的寿县蔡侯墓钮钟、和尚岭M2钮钟和战国时期的曾侯乙墓钮钟、长台关M1钮钟（非荆历钟[5]）、新蔡葛陵楚墓钮钟、天星观M2钮钟等楚系乐钟相比（图6），可以发现城阳城M9钮钟的钟钮长度明显不

---

1 赵世纲：《固始侯古堆出土乐器研究》，见河南省文物考古研究所编：《固始侯古堆一号墓》，大象出版社，2004，127页。
2 河南省文物研究所等：《淅川下寺春秋楚墓》，文物出版社，1991；河南省文物考古研究所等：《淅川和尚岭与徐家岭楚墓》，大象出版社，2004。
3 王子初：《刘非墓编钟与先秦双音技术的失传》，《中央音乐学院学报》，2017（3）。
4 下寺M10出土镈钟为掠夺之物，年代早于墓葬本身，在春秋中晚期之际。而墓葬年代在春秋晚期晚段。
5 需要说明的是，荆历钟从现有研究结果来看应铸造于春秋晚期，而其他12件钮钟是战国中期时后配的，二者在音律上和谐一致。也有学者进一步指出，从音律角度来看，该套编钟原应为14件一组。参看邵晓洁：《楚钟研究》，人民音乐出版社，2010。

似战国钮钟那样狭长（即钮高与通高比）；同时钟体仍呈厚重、匀称的特征（即器身横纵比），铣间值与钟体高度相近，于口微内凹，于口弧度较春秋中期明显下移，两铣角端平缓，尖角现象不甚突出，不似战国早期钮钟整体趋于瘦高、两铣尖锐的特点；两铣明显外侈，但尚未出现战国中期钮钟两铣内收的特点；此外，音梁的形态亦是重要的断代标准。王子初先生在《中国青铜乐钟的音乐断代——钟磬的音乐考古学断代之二》一文中曾指出，"音梁由最初短小低平的雏形，逐步发展成较为高耸的长条形'音脊'，直至成为战国早期的板块状'音源'"[1]，而城阳城 M9 出土镈钟、钮钟的音梁显然还未达到战国早期的板块状"音源"形态（见图 5）。所以总体看来，这套钮钟的年代也应在春秋晚期晚段至春战之际阶段。

另一套与该钮钟几乎完全一样的乐钟是出土于江苏六合程桥 M1 的"臧孙编钟"，也是 9 件一组，同样采用阳线外框、螺旋型钟枚，正鼓部均饰中轴对称的缠绕蟠龙纹（细节部分完全一样），唯有篆间和钟钮上的模印纹饰略有差别[2]。（图 7）对于乐钟铭文所记"臧孙"，刘兴、董楚平先生认为是吴王阖闾太子终累的外孙[3]，而曹锦炎先生认为是吴王余祭的外孙[4]，尽管仍有争议，但大体年代均在春秋晚期晚段，这与墓中所出铜鼎、铜戈、铜缶以及整个六合程桥东周墓地的年代都是契合的[5]，可以进一步佐证上文的推论。

图 7 城阳城 M9 出土钮钟（左）与臧孙钮钟（中）、固始侯古堆 M1 出土钮钟（右）比较图

1　王子初：《中国青铜乐钟的音乐断代——钟磬的音乐考古学断代之二》，《中国音乐学》，2007（1）。
2　江苏省文物管理委员会、南京博物院：《江苏六合程桥东周墓》，《考古》，1965（3）。
3　刘兴：《吴臧孙钟铭考》，《东南文化》，1990（4）；董楚平：《吴越徐舒金文集释》，浙江古籍出版社，1992，80—83 页。
4　曹锦炎：《程桥新出铜器考释及相关问题》，《东南文化》，1991（1）。
5　关于程桥墓地三座铜器墓的年代，学界的意见是较为统一的，均认为在春秋晚期阶段。可参看王世民先生在《中国大百科全书·考古学》中"程桥东周墓"条的意见。

传承与流变　　　　37

二、乐钟组合与礼制渊源

春秋中晚期至战国早期阶段，楚人的乐钟组合形成了较为规范的制度样式（表1）。从现有考古资料看来，楚王、令尹等七至九鼎的高等级贵族尚不清晰[1]，而五鼎大夫等级的中层贵族在乐钟使用上均采用镈钟、钮钟搭配，且数量均为八镈、九钮组合。（图8）具体像淅川下寺M10戳钟、淅川和尚岭M2薳子受编钟、淅川徐家岭M3编钟、固始侯古堆M1编钟、淅川徐家岭M10薳子昃编钟、南阳彭启墓编钟等[2]，未被盗扰的楚国大夫墓皆未见例外。而且这些乐钟的形制、纹饰、音律等方面也十分相似，显然代表了这一时期楚国大夫等级业已固定化的乐钟制度，但这种制度却不见于东周时期的其他诸侯国，故应视为楚制的又一典型代表。

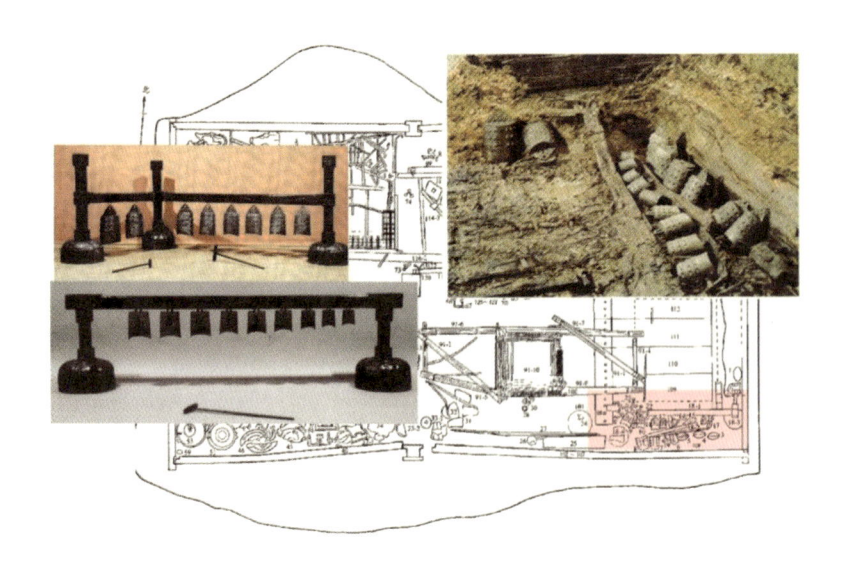

图8　固始侯古堆M1出土八镈、九钮组合及其特殊陈设

1　淅川下寺M2为楚国令尹薳子冯墓，但其所用编钟却是取自王孙诰，故是否能够作为令尹等级的乐钟制度代表尚属疑问。河南省文物研究所等：《淅川下寺春秋楚墓》。
2　河南省文物研究所等编：《淅川下寺春秋楚墓》；河南省文物考古研究所等编著：《淅川和尚岭与徐家岭楚墓》；河南省文物考古研究所等编：《固始侯古堆一号墓》；南阳彭启墓资料可参看乔保同等：《南阳发现楚国贵族墓》，《文物天地》，2009（3）。

表1 春秋中晚期至战国早期楚国乐制组合简表

墓葬	年代	甬钟	镈钟	钮钟	身份	备注
淅川下寺 M2	春秋中期晚段	26			令尹	王孙诰编钟
叶县旧县 M4	春秋中期晚段	20	8	9	诸侯	许灵公
寿县蔡侯墓	春秋晚期晚段	12	8	9	诸侯	蔡昭侯（残）
淅川下寺 M10	春秋晚期晚段		8	9	大夫	䲀钟
南阳彭启墓	春秋晚期晚段		8	9	县公	彭启
淅川徐家岭 M3	战国初年		8	9	大夫	䣙氏成员
淅川和尚岭 M2	春战之际		8	9	大夫	䣙子受编钟
固始侯古堆 M1	春战之际		8	9	大夫	楚潘氏贵族
淅川徐家岭 M10	战国早中期		8	9	大夫	䣙子昊
叶县旧县 M1	战国早期			6	大夫	严重被盗不明
淅川下寺 M1	春秋中期晚段			9	令尹夫人	敬事天王钟

方建军先生曾对这一批八镈、九钮组合的编钟音律进行过分析，并指出9件组钮钟通常都采用"徵—羽—宫—商—角—羽—商—角—羽"的具有羽调式倾向的五声音阶，是当时固定的音阶模式，而8件组镈钟通常采用"宫—角—徵—羽—宫—商—角—徵"的音阶模式，倾向于五声宫调或五声徵调，音域偏低。钮钟用于演奏主旋律，镈钟用于伴音，二者调高相同、高低音相互补充，配合使用。[1] 所以楚墓中采用这种形式、数量的乐钟组合，也无疑是出于音乐演奏的实际需要。

实际上，在等级更高的叶县旧县 M4 许灵公墓内，乐钟部分幸未被盗扰，共有镈钟8件（有扉棱镈钟4件，无扉棱镈钟4件），钮钟9件和甬钟两组

---

[1] 方建军：《钟离国编钟编镈研究》，《中国音乐学》，2012（3）。

传承与流变　39

图9　河南叶县旧县 M4 出土各类乐钟

共 20 件（图 9）[1]；安徽寿县蔡侯墓虽被盗扰，但仍残存青铜乐钟镈钟 8 件、钮钟 9 件和甬钟 12 件[2]。这一方面提示我们，在楚系墓葬内，更高等级的贵族应是在大夫级别之上再增加甬钟来体现乐制的差异[3]，从而形成三元组合编钟体系。而另一方面，也再次揭示出八镈、九钮的数量组合在楚地的盛行程度。

从这一角度看来，流传海外的"楚太师登钟"（《商周青铜器铭文暨图像集成》15511-15519）现有钮钟 9 件，而镈钟据传在以色列耶路撒冷国家博物馆共收藏有 11 件[4]，但其中 3 件并无铭文，根据以上梳理结果来看，恐怕也应是八镈、九钮的组合。至于是否另配有甬钟，就不得而知了。

那么，两相比较，自然能够发现城阳城 M9 的九镈、九钮组合是不合于楚制的。在春秋晚期楚国乐钟制度、音律都趋于固定化的前提下，这显然不能视作一种简单的随意增加 1 件镈钟的临时举措，而应从乐制来源上

1　平顶山市文物管理局等：《河南叶县旧县四号春秋墓发掘简报》，《文物》，2007（9）。
2　安徽省文物管理委员会等编著：《寿县蔡侯墓出土遗物》，科学出版社，1956。
3　如果仅从王孙诰编钟的例子来看，楚王级别或许只使用甬钟。实际上目前所见到的像楚公豪（家）钟、楚公逆钟、楚王領钟等均为甬钟，确实是值得注意的现象。此外，春秋楚制中士一等级恐怕是无法使用青铜乐钟的，目前仅有淅川下寺 M1 令尹夫人墓颇为特殊，使用了钮钟 9 件一组，但从铭文来看也并非墓主原有。
4　周亚：《楚大师登编钟及相关问题的认识》，《上海博物馆集刊》第十一辑，上海书画出版社，2008，146—167 页；朱凤瀚：《关于以色列耶路撒冷国家博物馆所藏楚大师编镈》，见罗运环主编：《楚简楚文化与先秦历史文化国际学术研讨会论文集》，湖北教育出版社，2013，45—54 页。

图10　山西太原赵卿墓出土五镈与十四镈两套乐钟组合

去追溯缘由。从目前资料看来，镈钟也采用钮钟9件一组的数量组合的做法只见于中原三晋两周地区，我们可以称其为"镈钟的钮钟化现象"。

如在著名的山西太原赵卿墓内，墓主为春战之际的晋国公卿赵简子或赵襄子，七鼎级别，未被盗扰。随葬乐钟共19件，全为镈钟，按照器形、纹饰分作两类，分别为体型较大的夔龙纹镈钟5件和体型较小的散虺纹镈钟14件，迥然有别（图10）[1]。14件一组的镈钟显然借用了战国时期常见的钮钟组合形式[2]。

另在战国初年的河南汲县（今属卫辉）山彪镇一号墓中，墓主为五鼎级别的魏国贵族，也恰出土了镈钟14件，分为两型，较大者5件，较小者9件。根据郭宝钧先生所提供的墓葬平面草图，这些乐钟正做两列排布，

1　山西省考古研究所、太原市文物管理委员会等编：《太原晋国赵卿墓》，文物出版社，1996；王子初：《太原金胜村251号春秋大墓出土编镈的乐学研究》，《中国音乐学》，1991（1）。
2　如河南上蔡砖瓦厂楚墓（13件钮钟），长台关M1、M2编钟（13件，似缺1件），山东临淄商王村M2（14件钮钟），河北平山M1战国中山王墓（7鼎，西库内出土一组14件钮钟），重庆涪陵小田溪战国墓（14件钮钟），传世羌钟（14件钮钟）等出土编钟。

传承与流变　　　　　　　　　　　　　　　　　　　　　　　　　　41

较大的5件在墓内西南角，而较小的9件则在其东南侧另成一列分布。[1]

这样9件一组的镈钟实例还有许多。像山西侯马上马村M5218为春秋晚期晋国五鼎贵族墓葬，出土镈钟13件，分为兽形钮4件（明器）和环形钮9件（以镈代钮），未用钟虡，与编磬及其他青铜礼器一起叠放在墓室西侧[2]；上马村M1004为春秋晚期五鼎贵族墓葬，出土双兽钮镈钟一套9件（以镈代钮），成一列置于棺椁南部[3]；山西屯留车王沟春战之际墓葬中出土一套编镈钟9件，底面平，钟体饰夔龙、蟠螭纹，乳钉状钟枚，并搭配编磬一套9件[4]；临猗城村M0002为春秋中晚期晋国七鼎贵族墓葬，出土镈钟一套9件，同时又搭配一套钮钟9件[5]，与城阳城M9的乐钟组合几乎完全一致；至于新近发掘的山西临汾陶寺北墓地M1五鼎贵族墓中出土编钟一套8件，均为镈钟，形制相同、大小依次递减[6]，恐怕也应视作这种钮钟化的反映。

所以，通过对乐钟数量组合的比较分析，我们认为，城阳城M9出土的乐钟在形制、纹饰上虽然是典型的楚式风格（并极有可能在楚国北部地区当地生产），但在乐钟组合上应借鉴的是同时期中原地区的乐制规范，而与典型楚制略有差异。这可能与墓主人长期在楚国北境、与中原地区文化交流更加密切有关。由于墓葬披露资料有限，墓主人的性别、年龄和其他随葬品信息都无从知晓，所以是否存在婚嫁、掠夺（钲部有铲去铭文现象）等情况也都只能暂时存疑了。最后，我们也期待这套编钟能够早日进行科学的测音工作，来检验上述认识。

---

1 郭宝钧：《山彪镇与琉璃阁》，科学出版社，1959，46—47页；关于汲县山彪镇一号墓的年代及国别，陈昭容《论山彪镇一号墓的年代及国别》[《中原文物》，2008（3）]对诸家意见有较好的梳理。
2 山西省考古研究所编：《上马墓地》，文物出版社，1994，76页。
3 山西省考古研究所编：《上马墓地》，74—75页。
4 项阳、陶正刚主编：《中国音乐文物大系·山西卷》，大象出版社，2000，72页。
5 赵慧民等：《山西临猗县程村两座东周墓》，《考古》，1991（11）。
6 承蒙发掘者告知，谨致谢忱。

三、乐钟陈列与楚地的乐悬制度

从发掘者公布的乐钟陈设复原方案来看，城阳城 M9 出土乐钟呈特殊的折曲形式摆放：短侧仅有一层钟簴，悬挂 3 件最大的镈钟。长侧则有两层钟簴，下层悬挂剩余的 6 件镈钟，上层悬挂 9 件钮钟，长短册钟簴相接并呈 90° 折角（见图 1）。

虽然发掘者并未公布乐钟折曲复原的依据，但刻意将本为一套的 9 件镈钟分为 3+6 两组悬挂，一定表明在发掘现场是有着较为清晰的迹象作为判断依据的。更为重要的是，查阅同时期其他楚系编钟资料可以发现，这种特殊的摆放形式并非孤例，而是广泛存在于楚国贵族墓葬中，是春秋中晚期楚国乐制的重要特征之一。

如前述著名的固始侯古堆一号墓内，铜钟皆被置于陪葬坑东南隅，未被盗扰。出土时"呈东西相并排列……铜镈钟 8 枚，靠南壁 6 枚，另外最大的 2 枚放在东壁与南壁的拐角处……铜编钟 9 枚，置于编镈的北侧，东西排列在一条线上"，同时钟架痕迹尚存，正为两条平行的彩绘横梁（编号 18-1、18-2），钟架座也仅有两个（编号 18-3、18-4），分布于南侧两列编钟的两端[1]。由此可见其排列方式与城阳城 M9 基本一样，主体编钟呈上下两层陈列于南壁，上层 9 枚钮钟，下层 6 枚镈钟，并有钟虡遗痕，而 2 件体型最大的镈钟则单独放置于东壁南角，二者构成 90° 的折曲形式（见图 8）。

此外像淅川和尚岭 M2 春秋晚期晚段蒍氏家族成员墓内，随葬乐钟保存完好，计有镈钟一套 8 件、钮钟一套 9 件。其中 6 件镈钟与 9 件钮钟分上下两列沿墓葬南壁放置，正如发掘报告所述，"（这些铜钟）在随葬时均悬挂在木质的钟架上，钮钟在上，镈钟在下"，但另外 2 件体型最大的镈钟（编号 1、2 号）却单独放置于东壁南角，与南壁的两列编钟相接并正呈 90° 折角，同时一套编磬 12 件则位于 2 件编钟的对面，这样便恰好构成

---

1 河南省文物考古研究所编著：《固始侯古堆一号墓》，48 页。不过该墓较为特殊的是未见到编磬出土。

传承与流变

了一个三面长方形的曲尺空间。[1]

淅川下寺M10为春秋晚期晚段蒍氏家族成员墓，墓内出土镈钟八镈、九钮一套（图11）。根据发掘报告描述，"（镈钟）钟钮位置在一个水平面上，在这个平面上显出一条南北向的彩绘痕迹，上面绘有山字形云纹，长1.60米、宽0.04米，两头突出部分宽0.08米。在此北头亦有一段向西弯曲的彩绘痕，一头较粗，长0.5米、宽0.04米，此彩绘痕迹很明显的是悬挂镈的横梁"[2]，由此说明8件镈钟的钟梁也是呈一个90°的长、短梁折曲形式，只是暂不知晓短梁上究竟悬挂了几件镈钟（按长短梁长度比约1∶3来看，似以2件为宜）。而9件钮钟"亦有一条与镈彩绘横梁长短一样并相平行的彩绘痕迹，宽为0.06米……由此看来，钟悬挂在上层，镈在下层"[3]。而编磬则位于椁室南侧，东西横列，亦有残断的红色彩绘条痕，与钟架呈曲尺形放置，恐怕也应是三面折曲形式。

图11　淅川下寺M10墓葬平面图

淅川徐家岭M10为战国早期蒍氏家族成员蒍子昃之墓，随葬编钟亦为钮钟9件、镈钟8件。钮钟皆置于墓内东南角，呈一列分布，镈钟则位于其前方，其中6件成一列平行分布，而另有2件较大者（编号7、8）呈90°置于东侧，与和尚岭M2、固始侯古堆一号墓中的葬钟摆放形式几乎一致，只是一套编磬散置于编钟西侧，从出土位置上尚难以辨认究竟是纵向还是横向排列，所以其与编钟的具体位置关系也只能暂且存疑。[4]

1　河南省文物考古研究所等编著：《淅川和尚岭与徐家岭楚墓》，彩版八、九。
2　河南省文物研究所等编：《淅川下寺春秋楚墓》，249页。
3　河南省文物研究所等编：《淅川下寺春秋楚墓》，249页。
4　河南省文物考古研究所等编著：《淅川和尚岭与徐家岭楚墓》，250页。

新近公布发掘简报的河南南阳彭启墓内，8件镈钟与9件钮钟均被放置于墓内西南角，分上下两层，木质钟架已腐朽。其中9件钮钟呈一列沿西壁分布（编号34—43，37号镈钟因钟架腐朽坍塌被挤入钮钟一列），而8件镈钟被分为两组，2件最大的镈钟沿南壁放置（编号32、33），剩余6件镈钟（编号37及44—48）则紧邻钮钟的北侧呈一列分布，编磬又单独位于32、33号镈钟的对面，进而构成一个三面折曲空间。[1] 显然该墓与上述诸墓的乐钟陈列形式完全一致，即采用90°折曲形式、镈钟6+2的分置模式。

由此可见，在所有随葬八镈、九钮组合的楚墓内，除徐家岭M3因被盗严重、钟架情况不明外[2]，其他所有墓葬的编钟陈列都呈现出一个共同的特点：镈钟、钮钟多分上下两层悬挂，钮钟9件一组沿直线分布，8件镈钟则会被拆分成2+6两组呈90°折曲摆放。而且，从淅川下寺M10的情况来看，73—80号镈钟被从钟簴上取下成一条直线放置，但彩绘横梁明确说明镈钟的钟簴是有折曲现象的，只是在下葬时并没有按原样悬挂，这种情况可能同样适用于徐家岭M3。这样上述墓葬的编钟、编磬就会常常形成一种三面折曲的形式，与典籍文献中记载的"轩悬"制度颇有相似之处。

其他等级略低的楚系编钟也会采用类似的拆分折曲形式。如淅川下寺M1楚国令尹蒍子冯（倗）夫人墓中，随葬乐钟保存较好，共为钮钟一套9件（敬事天王钟），皆位于墓内中部东侧。其中6件（编号20—25）呈南北方向一线排列，3件（编号26—28）呈东西方向一线排列，二者相连并正呈90°折角，而编磬则基本散置于3件编钟的一侧。[3]

所以，当我们回到城阳城M9新出土的乐钟时，就能够明白，尽管其乐钟组合借鉴了同时期中原地区的乐制规范，但在乐钟陈设方式上，显然与春秋楚制是一脉相承的。

---

1 河南省文物考古研究院等：《河南南阳春秋楚彭氏家族墓地M1、M2及陪葬坑发掘简报》，《文物》，2020（10）。

2 从公布的墓葬平面图看，钟磬是呈90°折曲形式，但8件组镈钟是否另有折曲，情况不明。报告中也未交代彩绘横梁遗迹现象。河南省文物考古研究所等编著：《淅川和尚岭与徐家岭楚墓》，125页。

3 河南省文物研究所等编：《淅川下寺春秋楚墓》，51页。

结　语

河南信阳城阳城 M9 新出土的乐钟年代应在春秋晚期至春秋战国之际阶段，形制、纹饰上采用了楚地特有的对峙缠绕蟠螭镈钮、中轴对称的缠绕蟠龙纹（正鼓部）和模块化的几何形篆间、钮上纹饰，整体特点与固始侯古堆一号墓所出编钟"如出一辙"，代表了这一区域颇具特色的乐钟铸造风格，亦为我们揭示出从乐钟外形来探索楚国不同的乐钟铸造中心的可能。

基于这套新见乐钟，再参照其他相近时期的楚系编钟，我们可以逐渐认识到春秋中晚期阶段楚国在乐钟制度上形成的三个显著特点。一、形制纹饰方面，甬钟开始盛行八棱形甬管（如王孙诰编钟），镈钟兼用对峙缠绕蟠螭钮和对峙双兽型钮，形成两种不同的装饰系统。钟体正鼓部都流行装饰中轴对称的缠绕蟠龙纹，形成类似早期兽面纹的纹样。钟体篆间、钮钟钮部都开始使用模印技术来构建几何化的块状图案。普遍流行在钲部或舞部正中设置芯撑。二、乐钟制度方面，楚国大夫等级固定使用八镈、九钮的组合形式，音律上也采用基本一致的音阶模式。更高等级的贵族则会进一步增加甬钟，形成甬、钮、镈齐备的三元编钟组合体系，而其中的镈钟和钮钟仍会采用 8 件与 9 件的固定数量。士一等级目前来看尚无资格使用编钟，而一些特殊的贵族（如令尹夫人）或可因为赏赐等原因而使用一列钮钟 9 件的组合。三、乐钟陈设方面，八镈、九钮的组合会采用一种特殊的折曲形式摆放，镈钟在下、钮钟在上，钮钟 9 件呈直线放置，而镈钟会被拆分为 2+6 两组呈 90°折曲摆放。这显然是一种礼制上的特殊安排，而且钟磬之间会进而形成三面折曲的形式，与典籍文献中的"轩悬制度"又能够产生密切的联系。

这些乐钟使用现象显然不见于同时期的其他国家[1]，是楚国独特礼制的重要反映，亦是考古资料带给我们的又一全新认识，为探索楚文化的形成提供了乐制层面的新视角。

1　张闻捷：《周代葬钟的埋葬制度与乐悬制度》，《考古学报》，2017（1）。

真实与虚构：
马王堆汉墓漆奁锥画图像的复合意涵

聂菲

湖南省博物院

摘　要：长沙马王堆三号汉墓出土的一件妆奁，发掘报告称为"锥画狩猎纹漆奁"，其器盖、器身满饰锥画花纹，尤其器身锥画动物、人物纹的含义曾引起学者们关注。本文拟结合以下两种方法重释漆奁锥画图像的主题：一方面通过出土简帛、文献史料来解读锥画上所呈现的现实和虚拟场景，进而探讨其与墓主的关系；另一方面，结合现存的其他图像材料以及漆奁本身，从图像学的角度来探讨此景的真实与虚构的双重含义，以及墓葬语境下漆奁的功能和对观者的意义。

关键词：马王堆汉墓；漆奁；图像；复合意涵

对于楚汉漆器艺术的研究，人们关注最多的是器物本身的历史、艺术、宗教等方面的含义，这种研究有利于系统地讨论这个时期漆器发展的历史，但也造成了一件作品的语境、功能、目的及观者等研究的限制性。被长沙马王堆三号汉墓出土的发掘报告称为"锥画狩猎纹漆奁"[1]的，就是这

1　湖南省博物馆、湖南省文物考古研究所：《长沙马王堆二、三号汉墓》第一卷（田野考古发掘报告），文物出版社，2004，140页。

虚构场景

样一件作品（图1）。这件漆奁是一件妆奁，器盖、器身满饰锥画花纹，尤其器身锥画动物、人物纹的含义曾引起学者们关注，出现了"狩猎图""神人乘龙羽化图""山鬼乘赤豹图"等观点[1]。故此，本文拟在前贤时彦的基础上，结合以下两种方法，重释漆奁锥画图像的主题：一方面，通过出土器物、简帛、文献史料来解读锥画上所呈现的现实和虚拟的场景，进而探讨此场景与墓主的关系及内涵；另一方面，结合现存的其他图像材料以及漆奁本身，从图像学和视觉性的角度来探讨此场景的真实与虚构的双重含义，以及墓葬语境下漆奁的功能及其对观者的意义。

图1　马王堆三号汉墓出土锥画"狩猎纹"漆奁（套合）

图2　锥画"狩猎纹"漆奁（开启）

1　湖南省博物馆、湖南省文物考古研究所：《长沙马王堆二、三号汉墓》第一卷（田野考古发掘报告），140页；陈松长：《马王堆锥画漆奁盒上的狩猎纹图像解读》，《江汉考古》，2008（3）；杨慧婷：《马王堆汉墓狸猫纹漆器相关图像续探》，见《湖南省博物馆馆刊》第十三辑，岳麓书社，2017。特别是陈松长先生通过与楚汉墓漆画和壁画图像比较研究，认为此画主题并非表现"狩猎"，而主要表现神人羽化升仙，主题应为"神人乘龙羽化图"，其解读精深，观点新颖，备受学界关注。

过渡场景　　　　　　　　真实场景

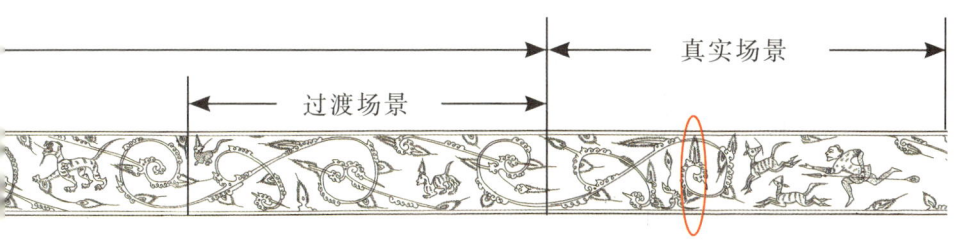

图3　漆奁锥画"狩猎纹"展开图

一、重新解读："连环画"式构图

此奁通高 16 厘米，盖高 13.8 厘米，口径 32.3 厘米。器盖、内底、盖身均锥画纹饰（图 2）。尤其巧妙的是，画师在长 101.4 厘米、高 4.4 厘米的狭长盖身外壁上的构图，以上下两条弦线作为画面"边框"，以蔓草状云气纹为内画"界框"，勾画出五组"连环画卷"，在上下几何纹装饰带的环绕及富有动感的山峦云气纹中，刻画了人物、动物纹组成的相互衔接的空间单元。每组山峦云气纹中还点缀着嘉禾纹，"九穗之禾"象征"气（象）佳哉，郁郁葱葱然"，且多呈迎风倾斜状，人物、动物行进方向由东向西，竖形嘉禾纹则暗示着画面的段意和起始点。类似的例子还见于包山二号楚墓所出人物故事漆奁，"其中两棵并排的树可能标示了画面的起始点"[1]。故此，可沿此思路重新拼接和释图（图 3）。

第一组：武士狩猎图。云兴霞蔚，大雁翱翔，一人侧面束发，目视前方，短衣短裤，裸露的手腿毛发浓密，一手持长矛，一手遥指前方，前脚触地，后脚腾空，作快速奔跑追赶状。前有一鹿回首跳跃，后跟一鹿昂首奔跑。前方云气间饰竖形嘉禾纹，暗示画面的开始。（图 4）

图4　武士狩猎图

---

1 ［美］巫鸿：《全球景观中的中国古代艺术》，生活·读书·新知三联书店，2017，160 页。

传承与流变　　　　　　　　　　　　　　　　　　　　　　　　　　　　　　49

图5 人物御龙图

第二组：独角兽前行图。一只独角兽匍匐前行，山峦云气纹中有一蓬松长耳、长尾独角兽，作回首状。这组动物栩栩如生，似乎在自然界还能寻觅到，体现了画面过渡性特点。

第三组：虎形龙首神兽图。经过一片富有动感的祥云，出现了虎形龙首的神兽，这头超自然的神奇瑞兽体形庞大，四足蹄状，步伐舒展，口吐长舌，周身绘斑点纹，胸前饰四瓣花朵纹。前方祥云间出现一尾跳跃的大鱼。

第四组：仙人御龙图。穿过祥云美景，这头虎形龙首的神兽加快了脚步，在云气中奋蹄前行，而它的背上出现了一位长发飘飘、身着长袍的仙人。他眉清目秀，神态安然，右手执辔，驾驭驱驰，一尾大鱼紧随其后。（图5）

第五组：双角兽回首图。袅绕不断的云气间，大鱼、雀鸟皆列其中。一头双角瑞兽两眼圆睁，嘴带胡须，四足蹄状，身饰点纹，四瓣花朵纹点于胸，作奔跑回首呼应状，一只独角兽匍匐随后。其后云气间两棵并排的嘉禾纹预示着画面即将结束。

这幅图无论工艺性还是视觉性，都应是当时锥画漆器的代表作。这幅画乍看很容易让人联想到两汉以来盛行的祥瑞狩猎图，但经过初步分析，会发现几个问题。第一，武士狩猎的情景描述得十分逼真，具有表现现实的写实性。但随后出现的神异的动物和人物，多为观念性的内容，具有虚构的宗教性意义。那么，这种真实与虚构的不同视觉图像与墓主的关联是什么？第二，这件漆奁既可能是一件随葬明器，也可能是墓主生前用过的实物，但我们不能摆脱墓葬环境去研究它，那么其功能及观者有什么不同？要回答这些问题，只能到墓葬本身去寻找解答。

二、巡狩讲武：墓主的真实生活

此奁第一区段为"武士狩猎图"，人物、兵器、动物的形体结构表现得十分准确。猎人束发，露髻，着短襦，配短合裆裈（即裤子），这是汉代武士的常规装束。汉人着短装时，须穿合裆裤。合裆裤即《汉书·上官皇后传》所称之"穷裤"，它一般和襦相搭配，在西汉的空心砖上曾出现着短襦和短合裆裤的武士（图6）。长矛也刻画得十分写实，长柄，矛身呈扁平柳叶形，骹中部有一圈状的铜箍，甚至矛镎下端的圆锥状都刻画得十分逼真。汉代矛镎下端多呈圆形或圆锥状，与戈柲之呈杏仁形不同，矛矜为圆形，矛镎之銎亦为圆形，所以才在《尚书·牧誓》中记载为"称尔戈""立尔矛"。此外，回首跳跃和昂首奔跑的梅花鹿也刻画得栩栩如生，反映了当时武士狩猎的真实情景。

漆奁的锥画纹无论是写实的武士狩猎场景，还是流畅的线条，都容易让人将其与西汉时期的青铜器或更早的漆器上的狩猎图联系起来，比如说河北定县（今定州）三盘山122号西汉墓出土金银错铜管（图7）、长沙颜家岭35号战国楚墓出土黑地朱绘狩猎纹漆樽（图8）。狩猎图最早可追溯至春秋战国之交的青铜器，作为一种新兴的图像类型，它在战国时代兴盛一时[1]，作为一种成熟的题材，它又频频出现在汉代的图像中，往往与"巡狩讲武"的图像联系在一起。究其原因，"战争最初出现于原始公社瓦解时期，所用武器就是狩猎工

图6 短襦、合裆裈

（孙机：《汉代物质文化资料图说》，239页，图59-3）

---

1 隋媛媛：《汉代苑园的开发与娱游活动》，渤海大学硕士学位论文，2013。

图7　河北定县三盘山122号西汉墓出土金银错铜管及其展开图（郑岩提供）

图8　长沙颜家岭35号战国楚墓出土黑地朱绘狩猎纹漆樽

具，战争方式也与集团围猎相同"[1]。然而，"巡狩讲武"又是源于先秦时期的畋猎，至汉代畋猎已发展为规模庞大、制度完善的巡狩讲武活动，从史籍与汉赋的记载看，与秦代"畋猎"相似的活动被称为"校猎"，其变化表明，秦汉之际，"官方狩猎活动的性质发生了转变，汉代校猎的目的在于以狩猎的方式较量武功，考核士卒，即以军事训练为要义"[2]。扬雄《长杨

1　朱潇：《"田猎"与"校猎"：秦汉官方狩猎活动的性质变化》,《中国政法大学学报》, 2012（5）；转引闻一多：《周易义证类纂》丁"田猎"，《闻一多全集》10, 湖北人民出版社, 1993, 201页；郭宝钧：《中国青铜时代》, 生活·读书·新知三联书店, 1963, 161页；杨宽：《西周史》, 上海人民出版社, 1999, 699页。

2　朱潇：《"田猎"与"校猎"：秦汉官方狩猎活动的性质变化》,《中国政法大学学报》, 2012（5）。

赋》记载:"有年出兵,整舆竦戎,振师五柞,习马长杨,简力狡兽,校武票禽。"[1]应该说此奁绘制的真实的狩猎场景与墓主生前"巡狩讲武"的生活经历有关。墓主是第一代轪侯利苍和辛追的儿子,多数学者认为是第二代轪侯利豨[2],墓主下葬于汉文帝十二年(前168年),30多岁。墓中所出大量兵器及遣册,反映了墓主"巡狩讲武"的亲身经历。

其一,遣册记载了墓主的卒从兵卫和车骑制度。"百九十六人从,三百人卒","执长桱(莖)矛八人","执短鎩(鋣),六十人","执革盾八人"(犀皮盾),"执盾六十人"(木盾),"执短戟六十人",卒"(介)冑、操长戟、應(應—膺)盾者百人"(披甲戴盔、操戟应盾),"卒介冑、操长鎩(鋣)、應(應—膺)盾者百人"(披甲戴盔、操鋣应盾),"卒介冑、操弩、负矢百⌧"(披甲戴盔、操弩负矢)等[3],这应是墓主卒从兵卫的组成部分。"安车一乘""大车一乘""温(辒)车二乘""辌车二乘""轺车二乘""畄(輺)车一乘"[4],"胡人一人,操弓矢、赎(韇)[5]观(丸),牵附(駙)马一匹"[6],"胡骑二匹=(匹,匹)一人,其一人操附(駙)马"[7],这应是墓

---

1 龚克昌等评注:《全汉赋评注》,花山文艺出版社,2003,356—357页。
2 湖南省博物馆、中国科学院考古研究所:《长沙马王堆二、三号汉墓发掘简报》,《文物》,1974(7);傅举有:《关于长沙马王堆三号汉墓的墓主问题》,《考古》,1983(2)。
3 裘锡圭主编:《长沙马王堆汉墓简帛集成》,中华书局,2014,228—234页;见郑曙斌、蒋文:《三号墓竹简遣册》释文。
4 裘锡圭主编:《长沙马王堆汉墓简帛集成》,228—234页;见郑曙斌、蒋文:《三号墓竹简遣册》释文。这些车辆多为六驾,按汉制"御驾六,余皆驾四"(《后汉书·舆服志》),这显然僭越了礼制,有学者认为汉朝建国之初,允许诸侯在某些方面享受类似天子的车骑制度,所谓"宫室百官,同制京师",见《汉书·诸侯王表》《史记·汉兴以来诸侯王年表》。
5 "圆筒形的盛箭器则名棱丸,此名称见居延简(87·12,523·15),亦作韇丸(《仪礼·士冠礼》郑注)。"见孙机:《汉代物质文化资料图说》,文物出版社,1991,139页。
6 这支简说明有一操弓矢、藏棱丸的全副武装的胡人,手里牵着一匹駙马;裘锡圭主编:《长沙马王堆汉墓简帛集成》,228—234页;见郑曙斌、蒋文:《三号墓竹简遣册》释文。
7 《汉书·百官公卿表》:"駙马都尉掌駙马。"颜师古曰:"駙,副马也,非正驾车皆为副马。"《汉书·赵充国传》:"发郡骑及属国胡骑伉健各千,倅马什二。"颜师古注:"倅,副也。什二者,千骑则有副马二百匹也。"说明古代"还有配于骑兵的'副马'"。见裘锡圭主编:《长沙马王堆汉墓简帛集成》,234页;郑曙斌、蒋文:《三号墓竹简遣册》释文。

传承与流变

图9　马王堆三号汉墓出土《车马仪仗图》

主的车兵甲士。

其二，出土兵事相关帛图。以上遣册记载的墓主车骑制度的各种车骑和兵卫，墓中不见实物或明器，但是比较集中地反映在椁室西壁一幅长2.12米、宽0.94米的《车马仪仗图》帛画上（图9），画面中心是一位身材高大的男子，戴冠，着长袍，佩长剑。画面上的步卒、车骑、鼓乐，都由不同方位面向着这位高大男子，似在举行军队检阅仪式活动。这是一幅彰显墓主生前威武军功的帛画，也可能是墓主某次"巡狩讲武"前检阅军队的记录。此外，墓中还出土了《长沙国南部地形图》《驻军图》，是迄今为止发现的最早的军事地图。

其三，出土大量兵器。兵器集中放置于祭祀墓主灵魂的北边厢，有髹漆木剑架，角质长、短剑，角质戈，角质矛，竹弓，木弓，铜剑首，铜剑格。南边厢也发现了兵器：木弓、木弩、角质矢箙（内矢12支）、铜剑格。还有记载兵器的遣册，"剑枝一""劫（剑）一象金首镡""象剑毒宵（琫）具一""角弩一具象几一斿（游）豹盾缇里缋椽（缘）""弩矢十二象族（镞）""柧弩一具象几一越（？）盾缇里孝（绡？）繻椽（缘）""弓矢十二象族（镞）""象戈一""象矛一"等，从简文所记器物名对照来看，多为随葬明器。[1]

总之，墓中随葬大量兵器及与军事相关的帛图和遣册，表明墓主通军

---

[1] 裘锡圭主编：《长沙马王堆汉墓简帛集成》，228—234页；见郑曙斌释文："从简文所记器物名对照来看，有角质剑、木弩与出土实物一致，而戈、矛、镞皆称'象'，疑为象牙制品，应为'角质'兵器，均为随葬明器。"

事,"巡狩讲武"应为墓主日常生活。所以说此奁锥画"狩猎纹"表现的是墓主曾经有过的"巡狩讲武"的视觉经验,象征墓主生前军功,表现真实的礼仪事件,整个画面秉承春秋战国以来讲求写实性与情节性的风格,具有现实的再现性。

三、祀神求仙:墓主的精神世界

值得关注的是,略过此奁上的"武士狩猎"图像,随后的连环画面出现了戏剧化逆转。武士手持长矛追逐小鹿、气氛激烈的写实场面,经过卷曲袅绕的云霞,向前奔跑的小动物自然而然过渡到了丰羽有角的神兽。首先出现的是独角异兽匍匐前行,丝毫不见惊惶之情;穿越重重山峦云气,出现了步伐舒展的虎身龙首神兽;再穿越一片连绵不断的山峦云气,这头虎身龙首神兽背上骑着长发飘飘的仙人;又穿越一片卷云纹,出现了回首顾盼的双角神兽……千岩竞秀,万壑争流,珍禽瑞兽穿插其中,整个图像都在表现这种神异的氛围。单纯从图像上分析,三头形似的虎身龙首神兽的胸前都饰有四瓣花朵纹,也许它就是一只不断变化的神兽。相比前面的写实情节而言,这部分画面"祀神求仙"的主题表现得淋漓尽致,它多为观念性的内容,具有虚构的宗教性意义。换言之,这些云纹、仙人、瑞兽,无论是看似写实的细节还是完美的造型,都在放大和强调时代的某些偏好,画面占据主导地位的仙人似人非人,虎形异兽似虎非虎、似龙非龙,均为抽象人物、动物形象,是现实生活中找不到的。其实,此奁锥画"祀神求仙"的主题思想应是墓主生前精神世界的最好反映,从墓中出土的大量简帛文献可以看出,墓主生前对"祀神求仙"最为痴迷。

其一,尊黄老之道。出土简帛文献有《老子》《九主》《明君》《德圣》《经法》《十六经》《称》《道原》《老子(乙篇)》《九主图》《物则有形图》等篇,均为道家思想的著作,说明墓主爱好藏书,"且与官方尊崇黄老思想的意识形态保持一致"[1]，"汉初布衣将相权贵多出身贫贱，文化不高，发迹后附庸风雅、教育子弟读书却不遗余力"[2]。

其二，好占卜巫祀。"赖宗庙之灵"，为庇佑子孙计，精心设计的地下世界体现了此种思想[3]，出土的《天文气象杂占》《五星占》《阴阳五行》《出行占》《木人占》《府宅图》《兆域图》《太一祝图》（也称《太一将行图》）等术数类书籍也是为此目的服务的。《兆域图》体现了墓主好堪舆风水，它为山丘和城郭的平面图，在山丘中部有"甲"字形墓穴和"羡表十丈二尺"字样，有学者认为它是轪侯家在长沙国内的墓园建筑。[4]《太一祝图》是一幅与"太一"等神祇有关的巫术图，是墓主生前出征打仗前祈求战争胜利的兵祷。[5]《五星占》中占文利用星象预测人间吉凶。《天文气象杂占》是一种利用天象来占验战争胜败的图书。《阴阳五行》《木人占》等属于占卜吉凶的术数著作。这些反映了墓主信巫好祀的思想。

其三，求仙问道，渴望长生。墓中出土了《阴阳十一脉灸经》《五十二病方》《养生方》《房内记》《却谷食气》《合阴阳》等医书、房中术之书和医简。这些医籍绝大多数是现存最早的医学著作，其中不乏巫术治病的方子，由此反映了当时湖湘地域巫风之盛。《导引图》有44个人物做健身运动的姿态和文字说明。导引术在先秦时已产生，深受道家、医学、阴阳五行学说、神仙家等文化的影响。《却谷食气》论述了"辟谷"养生法，这种传统在战国中晚期由于和神仙家的思想合流，又有黄老道家将"养生"

1　曹旅宁：《汉初〈葬律〉与马王堆三号墓主利豨》，见湖南省博物馆编：《纪念马王堆汉墓发掘四十周年国际学术研讨会论文集》，岳麓书社，2016。

2　曹旅宁：《汉初〈葬律〉与马王堆三号墓主利豨》，见湖南省博物馆编：《纪念马王堆汉墓发掘四十周年国际学术研讨会论文集》。

3　曹旅宁：《汉初〈葬律〉与马王堆三号墓主利豨》，见湖南省博物馆编：《纪念马王堆汉墓发掘四十周年国际学术研讨会论文集》。

4　曹旅宁：《汉初〈葬律〉与马王堆三号墓主利豨》，见湖南省博物馆编：《纪念马王堆汉墓发掘四十周年国际学术研讨会论文集》。

5　陈建明：《马王堆汉墓研究》，岳麓书社，2013。

提高到"长生",最终成为早期道教内修方术理论的重要思想。[1] "这些表明墓主渴望长生、永享富贵的愿望十分强烈,只是在这方面的实践似乎并不成功。"[2]

由此可知,墓主前生尊黄老之道,尚占卜巫祀,好堪舆风水,祀神求仙,渴望长生。"祀神求仙"思想的流行最早可追溯到战国时期的神仙传说,至汉代发展至鼎盛时期,神仙的美妙形象和自由无拘的美好生活成为人们的精神寄托和理想追求。在汉人的思想意识中,神形如常人却能长生不老。"祀神求仙"因素的加入也使汉代狩猎图变得更加神秘,这就不难理解为什么此奁在写实情景之后的主题为神秘的瑞兽、仙人、袅绕云气所包围了。

四、真实与虚构:生与死的界限

此奁图像由五个"连环画"区段所组成,每个区段的核心母题不尽相同,这种"手卷"式画面,表现的可以是某种特殊的"礼仪","手卷这种绘画形式使'连环画'的构图具有了新的意义"[3]。漆奁五个区段分别为:"武士狩猎""独角兽前行""虎身龙首神兽阔步""仙人御龙""双角瑞兽回首"。各区段还穿插有变化万端的带嘉禾纹的蔓草状卷云纹,形似连绵不断的山峦和波涛,人物、瑞兽、珍禽则变动不居地穿插其间。事实上,用来制作这幅漆画的底本可能是一幅可以卷起来的粉本画稿。在图像布局上,不是对一个单元图像的重复,而是一个描述"武士狩猎"真实场景与"仙人神兽"虚构情景转换的具有内在逻辑关系的画面,图像主题呈现出真实

---

1 李雯:《中国古代"食气"与道家哲学的"养生"主题》,《医学与哲学》(人文社会医学版),2010(8)。
2 曹旅宁:《汉初〈葬律〉与马王堆三号墓主利豨》,见湖南省博物馆编:《纪念马王堆汉墓发掘四十周年国际学术研讨会论文集》。
3 [美]巫鸿:《全球景观中的中国古代艺术》,生活·读书·新知三联书店,2017,159 页。

传承与流变

图10 长沙子弹库楚墓出土《御龙人物帛画》

图11 马王堆三号汉墓出土T形帛画

与虚构的双重性和复合含义。穿越重重山峦云气，真实世俗生活开始渐渐远去，虚无缥缈的神仙世界慢慢登场，在这里，真实与虚构的渐变，其实就是生与死的界限，穿过去的人物、动物正式进入死后世界，变为仙人、瑞兽、珍禽、祥云，御龙的仙人可能就是墓主本人，此仍南楚故俗，著名的长沙楚帛画《御龙人物帛画》（图10）、《龙凤人物帛画》，以及此墓出土"T形帛画"（图11）的墓主画像均可为证，"随着楚文化影响的扩大，中原地区的家祭也部分采取偶像，汉代墓葬中出现的墓主像即与这种风气有关"[1]。有学者认为这与楚帛画引魂升天的象征意义一脉相承[2]。然而，图像描述从写实生活到虚拟世界，从生到死，其中有两个关键的契合点：

其一，动物纹。此奁上无论真实或虚构的场面，除了包含了"人"的图像因素外，"动物"成了两个场景转换的重要连接点之一。向前奔跑的小鹿过渡到丰羽有角的神兽，类似的组合图像常见于其他汉画中，"在陕北画像石上我们能经常看到许多猎人追逐着小鹿小兔，然后这些向前奔跑的小动物就自然而然地过渡到了有角有翼的神兽"[3]。仿佛现实和虚拟世界的"动物"的前世今生都是血脉相连的，

---

[1] 郑岩：《关于东京艺术大学藏西汉金错铜管的观察与思考》，《艺术探索》，2018（1）。
[2] 陈松长：《马王堆锥画奁盒上的狩猎纹图像解读》，《江汉考古》，2008（3）。
[3] 刘静：《战国两汉狩猎图探析》，中央美术学院硕士学位论文，2006。

两者合而为一就顺理成章了。[1] 云气间跳跃的小鱼变成随行"仙人乘龙"的一尾大鱼，大鱼再跃于云气中，鱼的出现与水、阴的概念相关，有学者认为鱼的形象在长沙子弹库楚墓中也有出现，"人们多将其与引魂升天的龙舟联系在一起讨论"，这里"所表现和象征的意义显然与楚帛画是相同的"[2]。此外，这些珍禽瑞兽都在快速奋力前行，但结尾处总有动物回首呼应，"这些转头动物将引导观众对即将展开的部分产生心理上的期待"[3]。

其二，云气纹。漆奁图像以山峦云气纹为纽带，在风流云动的气氛中，描写武士狩猎与仙人瑞兽的景象。"山峦并不是作为实体的块面来处理，而呈现为屈曲流动的轮廓线，这些线条之间彼此穿插，而不是按照前后关系叠置"，"作为'无形者'的'气'呈现为云纹和山峦的形象，已不是原来的几何图案"[4]，犹如行云流水，具有强大的动感，形象写实而略带夸张，各种舒展身体的动物和人物在云气袅绕的山峦间营造出的是既神秘又十分协和的氛围。云气纹是汉初的主流纹饰，早在战国中期以后就已流行，至战国晚期，青铜器也采用了流云纹样。究其原因，或许是对天人关系的态度发生转变，春秋以前那种"畏天命"的意识渐为"天人相与"（孟子）、"天人合一"（庄子）、"天人相分"（荀子）的观念意识所替代，思想自由开放。云气纹还与西东周之交至春秋时期"阴阳"二字广泛流行有关，这时期"阴阳"说还被赋予了"气"的新的含义[5]。诸子百家中，首先倡导"阴阳"学说的是道家始祖楚人老子，孕育出道家文化的楚地，好巫祀，敬鬼神，依附于漆器上的云气纹正好成为楚人浪漫激情抒发的象征。至汉初南楚故地，云气纹得到了更大的发扬，加之汉人推崇阴阳说、好神仙，墓主藏书《合阴阳》可见一斑，云气纹中加画各种神兽、神禽和神仙，构成了一种寓意吉祥如意的图案，是汉初漆器上的主体纹饰，是这个时期纹饰最

1　刘静：《战国两汉狩猎图探析》，中央美术学院硕士学位论文，2006。
2　陈松长：《马王堆锥画漆奁盒上的狩猎纹图像解读》，《江汉考古》，2008（3）。
3　[美] 巫鸿：《全球景观中的中国古代艺术》，164 页。
4　郑岩：《关于东京艺术大学藏西汉金错铜管的观察与思考》，《艺术探索》，2018（1）。
5　敏泽：《中国美学思想史》（上卷），湖南教育出版社，2004。

典型的代表，此奁上连续不断的蔓草状云气纹使人很快联想起山峦重叠、云雾袅绕的情景，而"山"与"仙"之间的关联是十分密切的，古人观念中的仙人居住深山之中，"仙，迁也，迁入山也"[1]，所以求仙问道必然前往深山。烟雾似祥云一般笼罩着山形，满足了人们对于仙山的想象。

总之，天降祥瑞，各类珍禽瑞兽穿插其中，这种图像表现的是西汉上层社会钟爱的工艺美术中普遍流行的祥瑞题材。巫鸿先生曾对汉代墓葬出土艺术作品有过精辟论述，他认为河北定县122号墓出土铜车饰图像实际上是祥瑞纹，有汉一代，无论是日常用的车、镜、香炉、妆奁、酒器、水器，还是建筑或墓葬里，都普遍装饰着祥瑞的形象。[2] 如此奁所绘山峦云气纹间穿插着自然及超自然力量的人物、动物间的互动，现实与虚幻的交融，整个画面营造出恍若仙境的感觉，幻想得道成仙的人们在图像中得到精神上的满足，其主要目的是通过模拟和美化现实而为死者提供一个"理想化家园"，因为汉代人心目中的"天堂"或"仙境"往往是现实世界的延伸。[3]

五、墓葬语境下的漆奁：属性与功能

这件漆奁出土于墓葬，作为妆奁，它可能是一件日常生活用品，很难断言此奁是否为明器，但我们不能完全摆脱墓葬这个环境去看待它。因此，无论其属性、功能、目的，还是观者，都有不尽相同的解释。

其一，"貌而不用"的宗教属性。此奁出自三号墓北边厢，与一号墓北边厢一样也被营造成祭祀墓主灵魂的空间。[4] 四壁挂帷幔，地铺筵席，西

---

1 （汉）刘熙：《释名：附音序、笔画索引》卷二，中华书局，2016。
2 ［美］巫鸿：《三盘山出土车饰与西汉美术中的"祥瑞"图像》，见《礼仪中的美术：巫鸿中国古代美术史文编》（上册），郑岩、王睿等译，生活·读书·新知三联书店，2005，143—166页。
3 ［美］巫鸿：《汉代艺术中的"天堂"图像和"天堂"观念》，见《礼仪中的美术：巫鸿中国古代美术史文编》（上册），郑岩、王睿等译，生活·读书·新知三联书店，2005，243—259页。
4 聂菲：《特殊空间：马王堆一号汉墓北边厢空间的营造与利用》，《湖南省博物馆馆刊》第十一辑，岳麓书社，2015，37页。

图12　马王堆三号汉墓北边厢器物出土情况

图13　马王堆三号汉墓出土角质长剑

向张设屏风，陈几设案，墓主灵魂似乎负扆而坐，相对的东端有歌舞侍俑。北边厢顶部约一半的位置，加了一个类似门楣的木框（图12），说明"'门'的符号在汉代墓葬艺术中得到继续的发展，被给予多种多样的形式和意义"[1]。出土的随葬明器有：屏风、几、侍俑和歌舞乐俑、乐器等，以及大量角质、木质的兵器（图13），这些随葬器共同界定了北边厢特殊空间的象征意义。还有锥画漆奁[2]、锥画双层六子漆奁、具杯盒、耳杯、食案、博具等可能为墓主生前所用的实用器。然而，巫鸿先生论述了《仪礼·既夕礼》描述的大遣奠仪式中"陈明器于乘车之西"，陈放的一组器物[3]，照此类

1　［美］巫鸿：《马王堆一号汉墓中的龙、璧图像》，《文物》，2015（1）。

2　在北边厢平面图中找不到160号，可能为155号或162号，因为155、162有两个重号，从器物来看，162号似为长条形器物，而两个155号，一个为油彩双层圆奁，另一个圆形器可能为160号"锥画狩猎纹漆奁"。

3　《仪礼·既夕礼》："陈明器于乘车之西……器：西南上，綪。茵。苞二。筲三：黍，稷，麦。瓮三：醯，醢，屑。幂用疏布。甒二：醴，酒。幂用功布。皆木桁，久之。用器：弓矢、耒耜、两敦、两杅、槃、匜。匜实于槃中，南流。无祭器。有燕乐器可也。役器：甲，胄，干，笮。燕器：杖，笠，翣。"大意是：明器陈设在乘车的西侧。以最西边南端为尊位。包裹羊肉、豕肉的苇包二个。盛放黍、稷、麦的畚箕三个。瓮三只，分别盛放醋、酱和姜桂的碎末。瓦甒两只，分别盛着醴和酒。每一器都有木架，器口都塞着。还有死者生前日常使用之器，包括敦、盂盛食器，盘与匜盥洗器，以及兵器和农具。燕居时用的乐器。服兵役时用的铠甲、头盔、盾牌和矢箙等兵器。闲居时用的手杖、斗笠和大掌扇。转引自［美］巫鸿：《"明器"的理论和实践——战国时期礼仪美术中的观念化倾向》，《文物》，2006（6）。

传承与流变

推，北边厢中除专门为丧礼所特制的明器外，墓主生前使用的其他用具也可归于明器的范畴。对此，《荀子·礼论》有更为深刻的论述："故生器文而不功，明器貌而不用。"[1] 巫鸿先生认为：荀子特别强调它们的陈放方式必须显示出"明不用"的含义，说明他的重点不是丧葬器物的具体用途，而是"不可用"的意义。[2] 此奁出土时内置与梳妆相关的丝带、丝织品残片、假发，亦置与梳妆无关的带孔骨器和小棒。锥画双层六子奁内置妆具角质梳篦、木梳篦、丝绵镜擦、棕茀，无实际功用的角质镜，"错放"的木骰；博具内有博局、棋、直食棋、筹码、骰及博具盒等，一应俱全，而博具底层原本置博戏木骰的凹槽内却空洞无物[3]……这一切表明，它们均为"无实际功能的器物"。究其原因，《荀子·礼论》中也有说明："丧礼者，以生者饰死者也，大象其生，以送其死也。……事死如事生，事亡如事存，状乎无形影，然而成文。"侍奉死者如同侍奉生者一样，所祭祀者虽无形无影，但是这种祭祀可以成为人们生活中的一种礼仪制度。所以说此奁在墓葬语境下，已转化为"貌而不用"的器具，"只服务于墓主无形的灵魂，起到礼仪的作用"[4]。

其二，占有的欲望。此奁采用漆工艺中较复杂的锥画工艺，即用锥或针在未干透的漆膜上镌刻纹饰。锥画工艺起源于战国中晚期漆器上的"物勒工名"，由在漆器上刻字转而在漆器上刻纹[5]，长沙楚墓发现了刻字漆器（图14），至汉初开始在社会上层人群中开始流行。马王堆汉墓共出土锥画漆器18件，学界以往多称为"针刻"，而此奁对应271简文称之为"锥画"，"布曾（缯）检一，锥画，广尺二寸"，即麻布与缯帛制成的胎，实际观察

---

1 《荀子·礼论》："冠有鍪而毋继，瓮庑虚而不实，有簟席而无床笫，木器不成斫，陶器不成物，薄器不成内，笙竽具而不和，琴瑟张而不均，舆藏而马反，告不用也。"
2 [美]巫鸿：《"明器"的理论和实践——战国时期礼仪美术中的观念化倾向》，《文物》，2006（6）。
3 郑曙斌：《遣册漆木竹器简文考释》，见陈建明主编：《马王堆汉墓漆器整理与研究》，中华书局，2018。
4 [美]巫鸿：《"明器"的理论和实践——战国时期礼仪美术中的观念化倾向》，《文物》，2006（6）。
5 洪石：《略论马王堆汉墓出土的锥画漆器》，见湖南省博物馆编：《纪念马王堆汉墓发掘四十周年国际学术研讨会论文集》。

器身为卷木胎，外裱麻布，内裱缯帛。据汉代漆器铭文载，有素工、上工、髹工、汛工、画工、黄涂工等多道工种，工序复杂，制作周期较长。故汉代漆器昂贵惊人，每件逾"千钱"，一个漆杯需用"百人之力"，一件屏风需要"万人之功"（《盐铁论·散不足》）。然而，锥画更是一种费力不讨好的漆工艺，作为实用器，欣赏细节对观者而言是件十分困难的事。此奁在101.4厘米长、仅有4.4厘米高的面积上刻画图像，尺寸非常小，人物和神兽高度不足3厘米，锥画纹又是在黑漆地上施刻，线条细若游丝，很不明显，要在明亮的光线下或拍照在电脑里放大才能隐约看清。圆形"连环画"构图还决定了其旋转式的观看方式，故如同《韩非子·外储》所载"画荚"上"龙蛇禽兽车马"一般，观看困难。[1] 郑岩先生的研究已注意到汉代墓葬出土艺术品"尺度与观看""器形与观看"的矛盾问题[2]。

因此，此件漆奁很可能是一件明器，因为三号墓主过世时，其母第一代轪侯夫人辛追仍健在，她应是三号墓主葬礼的丧主之一。子孙永保官禄、"富厚如之"[3]、祈盼墓主在地下延续尘世间的美好生活，是统治者追求的目标，这件漆奁可能是应其母要求赶制的一件高档漆器，因赶制时间紧，所

图14　1956年长沙沙湖桥19号墓出土"里"字漆器残片

1　《韩非子·外储》载："客有为周君画荚者，三年而成。君观之，与髹荚者同状。周君大怒。画荚者曰：'筑十版之墙，凿八尺之牖，而以日始出时加之其上而观。'周君为之，望见其状，尽成龙蛇禽兽车马，万物之状备具。周君大悦。此荚之功非不微难也，然其用与素髹荚同。"见《四部备要·子部·韩非子》，（上海）中华书局，汲古阁本校刊，第79页。洪石先生注意到有的版本用的是"箺"，即箸，《集韵》："箺，箸也。"转载自《略论马王堆汉墓出土的锥画漆器》，见湖南省博物馆编：《纪念马王堆汉墓发掘四十周年国际学术研讨会论文集》。

2　郑岩：《关于东京艺术大学藏西汉金错铜管的观察与思考》，《艺术探索》，2018（1）。

3　曹旅宁：《汉初〈葬律〉与马王堆三号墓主利豨》，载《纪念马王堆汉墓发掘四十周年国际学术研讨会论文集》。

传承与流变

以有些线条不均匀，且有断层现象，器盖与器身变形，不能套合。但是，此奁上却详细地描绘了墓主生前"巡狩讲武"的世俗经历，表明了墓主生前"祀神求仙"的精神祈盼。在这里，制漆工匠更像是画师，在漆器上经营出生机勃勃的真实与虚构不断转换的画面，淋漓尽致地表现了墓主一生的实践与追求。对于拥有这件器物的墓主而言，无论是生前还是"死后"，锥画的纹饰是否被"看到"都无关紧要，"其意义主要不是体现于'合体实用'，而是被占有。它就在那里，却不一定被'看见'"[1]。因为人们相信祥瑞图像能够与"神物""天神"沟通，"神仙与图像的联系并不需要凭借肉眼的目光来建立"[2]。

五、结语

综上所述，漆奁锥画图像呈现了墓主生前畋猎的真实生活和墓主对升仙狂执追求的精神世界，体现了汉代祥瑞化狩猎图的特点和对南楚故地画像习俗的追忆；在内涵上兼具真实与虚构的双重性，图像主题呈现出复合的含义，其中在现实生活的层面延续着正统狩猎纹的主题与表现，而虚拟世界的层面则呈现出汉代流行的天降祥瑞的题材与观念，从而在风格和表现手法上，展现了世俗与仙境相互交融的祥瑞场面，迎合了汉代贵族的审美品位；在用途上，它可能为墓主提供了一个"展示"今生来世的美好祈盼的"视觉空间"，也可能为墓主的灵魂提供了类似"梳妆打扮"的服务，其主要意义是"被占有"，同时也满足了生者企望死者在"天堂"或"仙境"永享荣华富贵的愿望。

墓葬壁画的视觉资源：
从山西繁峙南关村金墓谈起

邓菲

复旦大学文史研究院

摘　要：本文以山西繁峙南关村金墓为研究对象，将其置于宋辽金元时期视觉艺术的整体发展中，探讨墓室壁画的图像格套与视觉资源。启发墓葬艺术演进的力量来自多方面，既承继了固有的丧葬文化传统，还受到传世绘画、佛教艺术、木刻版画等各种媒介、来源的重要影响。从该墓出发，可以引导我们观察当时多元且交互的视觉文化，管窥不同地域、族群、语境、宗教之间艺术的传播与融合。

关键词：墓葬艺术；图像来源；粉本画稿；版画

本文讨论的对象是一座墓葬。个案研究是近年来美术考古领域较为常见的做法，强调从具体案例出发，将墓葬视为完整且独立的个体，通过考察其中的随葬品、图像、建筑空间，理解墓室的整体设计及其背后的视觉逻辑和文化内涵。[1]本文沿用了这一研究范式，聚焦山西繁峙地区一座颇具时代与地域特色的金墓，介绍该墓的壁画题材以及完整的图像布局。在此基础之上，研究还将通过艺术技术史的视角[2]，关注该墓壁画的创作生产以及图像来源，从特定的图式出发，经由联系、延展再次回到图像本身，展现出宋辽金元时期丧葬美术乃至整个视觉艺术发展的缩影。在墓葬艺术研究中，图像样式的来源、墓室营建的过程，往往受史料所限，不容易了解复原，然而工匠在绘制墓室壁画时有意识或无意识地留下了所处时空的很多文化痕迹，我们通过对不同图像格套和艺术脉络的分析，希望可以拼凑出图像生成的部分过程，书写技术背后的故事，进而突破墓葬美术原有的框架和范围，将视觉艺术的历史研究深入下去，对那个时代产生更加多元且立体的理解。

1 巫鸿作为墓葬美术领域研究的开创者，最先指出墓葬艺术作为一种综合性的"总体艺术"，需要将其整体作为研究的对象和分析的框架，进而在这个框架中讨论墓葬的种种构成因素及其关系，包括墓葬中建筑、器物和绘画的礼仪功能、设计意图和观看方式。参见［美］巫鸿：《"墓葬"：可能的美术史亚学科》，《读书》，2007（1），59—67页。近年来，在新材料与新方法的支持下，中国古代墓葬美术的研究得到蓬勃发展，由巫鸿、郑岩、朱青生等研究者组织召开的六届古代墓葬美术研究国际学术讨论会就是一个令人瞩目的成果，六次会议围绕"墓葬美术"这一主题进行了持续的交流和讨论，不仅鼓励具体的宏观和个案研究，也提倡对研究方法的进一步探索。

2 艺术史和考古学界近年来都十分关注技术视角，将技术视为考察视觉及物质文化资料的切入点，探讨图像和器物的制作材料、技术细节、工艺流程与相关的经济活动。技术艺术史对于了解艺术的生成、社会环境具有十分重要的意义。目前在墓葬艺术的营建和制作方面，不少学者都曾进行过有益的探索。参见曾蓝莹：《作坊、格套与地域子传统：从山东安丘董家庄汉墓的制作痕迹谈起》，《台湾大学美术史研究集刊》，2000（8），33—86页；Anthony Barbieri-Low, *Artisans in Early Imperial China*, Seattle：University of Washington Press, 2007；邓菲：《试析宋金时期砖雕壁画墓的营建工艺——从洛阳关林庙宋墓谈起》，《考古与文物》，2015（1），71—80页；莫阳：《试论襄阳南朝画像砖墓的营建及图像布局》，《考古与文物》，2018（6），89—94页；郑岩：《试析唐代韩休墓壁画乐舞图的绘制过程》，《文物》，2019（1），76—83页；贺西林：《稽前王之采章 成一代之文物——陕西潼关税村隋墓画像石棺的视觉传统及其与宫廷匠作的关系》，《故宫博物院院刊》，2021（12），56—73、136—137页；李梅田：《中古墓室壁画的改绘现象》，《故宫博物院院刊》，2022（3），4—12页；耿朔：《太原北齐徐显秀墓图像改动现象探析》，《故宫博物院院刊》，2022（3），13—29页。

墓内图像布局

2007年，考古工作人员在山西繁峙县杏园乡南关村发掘出一座金代的砖室墓（以下简称"南关村金墓"），墓内饰有题材丰富、绘制精美的壁画，引起了学界的广泛关注。[1] 本文将围绕该墓展开进一步的讨论。

南关村金墓是一座仿木构建筑单室砖墓，墓室平面呈规则的圆形，墓顶为穹窿顶，底部铺设棺床，放置着两套木制彩绘棺具。墓门居南，墓壁各面砖砌板门、格子门、假窗等建筑元素，从壁面到天顶都施有彩绘，表现出以人物为中心的家居活动场景（图1）。[2] 整体来看，墓中的图像装饰可以大致分为三个部分：建筑装饰、墓顶彩绘、墓壁图像。除墓室北侧部分残损外，其余壁画均保存完整。

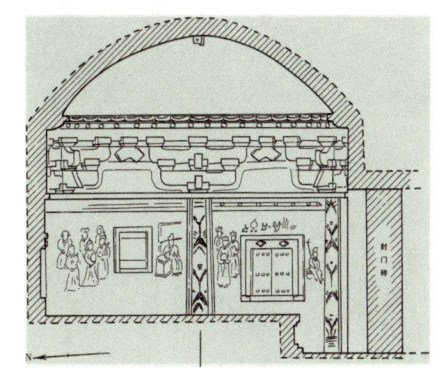

图1 山西繁峙南关村金墓剖面图

首先，该墓的仿木构建筑表现得较为简洁，建墓者采取了砖雕和彩绘相结合的装饰手法，用雕砖来构建门窗、铺作、橑檐、滴水瓦，建筑构件上绘木作彩画。同时，以彩绘来呈现檐柱、阑额、普柏枋，比如柱间影作阑额，上承托普柏枋，柱头铺作作重栱。其上再施彩，檐柱以黑、橙、青色绘出大叶笋纹，斗、栱、枋多以红色平涂，栱眼壁内均有装饰。（图2）

---

1 该墓因其精美的壁画，部分资料首先被收入《中国出土壁画全集》，并引起学界对其墓葬艺术和壁画修复方面的研究。参见徐光冀主编：《中国出土壁画全集·山东》，科学出版社，2012，172—175页；孙文艳：《浅析繁峙南关壁画墓装饰》，见山西博物馆编：《山西博物院学术文集（2011年）》，山西人民出版社，2011，54—65页。
2 山西省考古研究所等：《山西繁峙南关村金代壁画墓发掘简报》，《考古与文物》，2015（1），3—19、61页。

传承与流变

图2　山西繁峙南关村金墓东北、东南壁

图3　山西繁峙南关村金墓墓顶彩绘日月

例如，北壁栱眼壁内绘牡丹卷草；东北、西北侧满绘阔叶卷草纹，花叶肥硕，叶头翻卷；东南、西南侧则画龙牙草。

其次，墓顶也以彩绘的形式表现天象图。顶部以淡墨勾绘许多小圈代表星辰，呈现出一种繁星满天的感觉。正中的东西两侧绘日月：东侧为太阳，用墨线勾勒卷云，上托红日，当中绘金乌；西侧画彩云拱月，月内以淡墨绘桂树，树下为玉兔杵药。（图3）

墓壁图像是整个墓内装饰的主体。各壁中部都用砖雕砌出假门或假窗，门窗间穿插绘制各种人物、场景。檐柱将壁面等分为包括墓门在内的六组空间，以下从南壁开始按顺时针方向进行介绍。墓室南壁为拱形墓门，边缘用墨线和橙色画出装饰带。西南壁正中砌筑两扇板门，门框上散绘各色珍宝，一名侍童和女侍立于板门左侧，面朝墓门的方向。侍童髡发，身着圆领长袍，腰间束带，作揖手姿态。女侍头绾高髻，身穿襦衫长裙，怀抱竿状物。板门右侧绘两竿茂竹，竹下有湖石，石上立一只双翅舒展的锦鸡，远处则是鸿雁成行。（图4）西北壁砌筑了一扇四斜球纹菱花格眼窗，上下都描绘杂宝，左侧画一名环目虬须的武将，坐于岩石之上，双手握拳抵于膝上，身后祥云缭绕。窗右表现三名男侍，身穿圆领长衫，腰间束带，其中两人头裹皂巾，一人戴无脚幞头，分别手捧方凳、红巾包袱和珊瑚（图5）。北壁以两扇格扇门为中心，门上部为四斜球纹格眼，下部障水板为如意壶门。隔扇门上方装饰杂宝，两侧绘竹林湖石，各有一只仙鹤信步其间。（图6）东北壁也砌出一扇菱花格窗，假窗上下散落各种财宝。右侧绘一名男子，头戴直脚幞头，身着圆领长衫，端坐于屏风与桌案之间。窗的左侧描绘五名侍女和一名侍童，分别捧持包袱、帨巾、渣斗、珊瑚、铜镜等物。（图7）东南壁正中砌两扇板门，门框上下散绘杂宝。左侧画三名男侍，头戴无脚幞头，身穿圆领长衫，一人手捧包袱，二人行叉手礼。板门右侧绘一名老者，峨冠长髯，左手按膝，右手荷杖，垂足坐于圆凳上。

图4　山西繁峙南关村金墓西南壁

图5　山西繁峙南关村西北壁

图6　山西繁峙南关村金墓北壁线图

图7　山西繁峙南关村金墓东北壁

传承与流变

发掘者推断，南关村金墓的时代大体可判定为金代中晚期至蒙元早期，即12世纪后期至13世纪上半叶。该墓地处的晋北忻州，历史上战争频繁，政权不断更替，先后被宋、辽、金政权占领统治。墓内砖雕彩绘不仅在内容和风格上呈现出不同地域文化的交流与融合，从墓葬形制、建筑元素到装饰图像，也都与燕云、晋中、豫西等地已发现的宋辽金元时期的墓葬材料相似，十分具有代表性。

尤其是墓室彩绘，内容丰富，绘制精美，内壁以门窗为基本框架，空白处彩绘人物活动，上部呈现建筑元素，墓顶画日月星象。有学者通过分析解读，将墓壁上的人物场景推断为墓主生平的不同阶段。[1] 然而，如果我们联系比较同时期的墓室壁画题材，除了东北壁上描绘的端坐的男性人物可能是墓主形象，大部分场景更多地展现出男女仆从侍奉、湖石禽鸟环绕的美好家园场景。北壁上的持杖老者和西北壁上的武士形象，又与镇守墓葬的神煞题材相关，进一步丰富了墓葬的视觉空间。整个墓室通过不同层次的建筑元素、人物形象、装饰图案，为墓主营造出了一个既有自然环境又具生活气息，还有神煞护佑的地下空间。

墓葬艺术的程式化

南关村金墓为研究宋辽金元时期北方地区的墓葬艺术提供了重要的信息。该墓的形制和题材都较为典型，类似的图像布局可见于中原北方地区的若干墓例。在山西忻州地区普遍流行砌筑假门、假窗及其他仿木构建筑元素，壁画图像穿插其间，仅是墓葬装饰的繁复程度不一。例如，忻州繁峙沙河镇宋墓（1008年）和忻州繁峙下永兴村金墓，都在墓室壁面的仿木砖雕门窗间绘制男女侍从等家居场景，呈现出以假门窗为视觉中心的基本构图。从永兴村金墓残存的壁画来看，檐柱两侧各立一名持物供奉的侍女

---

[1] 胡文英、历晋春：《山西繁峙南关村墓葬壁画艺术研究》，《荣宝斋》，2016（2），54—69页。

或侍者，似乎正在迎接墓主，与南关村金墓东北壁上的侍奉题材相同，呈现出墓葬内容程式化的趋势。[1]

虽然以图像为中心进行观察，不同的墓例之间存在差异，但总体而言，该地区的许多墓葬在图像题材方面具有较为一致的选择及布局方式。忻州地区的装饰墓可能受到北宋中原地区的丧葬传统影响，不仅砌出门窗，也采用了同样的图像内容，还呈现出墓壁上下分层构图的布局形式。这种做法曾见于豫西北宋墓及晋东南金墓：它们都通过砌筑板门、格子门和假窗分割墓壁，其间表现人物家居活动；花卉图案常常出现在墓壁上方栱眼壁的位置；仙鹤、祥云、星象也多绘于墓顶等上部空间。上述墓葬在建筑形制、题材内容方面的相似性表明了不同地区间丧葬文化的传播和发展。[2]

部分墓例中的场景构图和人物形象也存在相似之处。南关村金墓西北壁、东北壁上手捧器用的男女侍者像表现了该时期最为常见的家居侍奉主题。这些成群的侍从图像与山西平定城关镇西关村1号金墓中同样位置上的侍从尚宝图十分类似，甚至他们手中所捧的包裹、铜镜等器物都基本一致（图8）。[3]男女侍者在装扮和形容方面，也与北方地区宋辽金元墓葬中的同类场景相近。男侍都是头戴幞头皂巾，身着圆领长衫，腰间束带，而女侍大多包髻团冠，上衣衫下襦裙，长裙曳地。南关村金墓西南壁上的年轻男子额前刘海齐平，其余头发自然披垂，左手抱握

图8　山西平定城关镇西关村1号金墓东北柱间壁

1　沙河镇宋墓和永兴村金墓材料都未曾公布，有关山西忻州地区的墓室壁画情况，可见聂炜《晋北地区金代墓室壁画图像研究》，太原理工大学硕士学位论文，2019，47页。

2　相关墓室图像布局程式化的讨论，见邓菲《中原北方地区宋金墓葬艺术研究》，文物出版社，2019，58—70页。

3　山西省考古研究所等：《山西平定宋、金壁画墓简报》，《文物》，1996（5），8—15页。

右手，行叉手礼。这种髡发造型是辽代契丹男子特有的发式，而行叉手礼的髡发男子形象不仅见于同墓中出土的木棺前挡彩绘（图9），也出现在河北宣化下八里2号辽墓等辽金墓葬之中。[1]

图9　山西繁峙南关村金墓出土木棺前挡彩绘

墓葬图像的格套化正是本文探讨该时期视觉艺术发展的出发点。北宋中后期以来，随着商品经济的繁荣、人口的增加、技术的发展，仿木构砖室墓广泛流行，呈现出平民化的趋势。宋金元砖雕壁画墓中大多没有出土墓志或地券，也没有书写任何题记，墓主多属于庶民阶层。他们虽无官职，但却有足够的经济实力来营建精美的地下墓室。[2]官方的礼制、等级规定在此类墓葬的修建上并未起到有效的限制和约束。这类墓葬的设计和营建与丧家的社会地位、经济状况有着密切的联系，同时也可以反映出该地区工匠、工艺的重要信息。

在南关村金墓建造的时代，丧礼和墓葬的准备已经相当商业化，一些区域中心出现了许多与丧葬业相关的工匠。一方面，富庶的平民在营建墓葬的过程中，可以进行相对商品化的选择。另一方面，匠人们运用砖砌、雕刻、绘画等多种工艺修建复杂的仿木构砖室墓，高效的模制技术，以及工匠间的密切配合也为墓葬建筑的迅速发展提供了有利的条件。[3]因此，工匠完成施工后便可迅速投入下一个任务，而当特定区域内的丧家雇用同一

---

[1] 河北省文物研究所编著：《宣化辽墓壁画》，文物出版社，2001，100页。

[2] 有学者将这些墓主定义为"非士人"的地方精英，以此区别于传统意义上的"士人"精英群体。洪知希对"非士人"群体进行了界定，这一概念并非与"士人"泾渭分明。"非士人"不是明确的社会范畴，而是将其作为一个分析工具，用来解释该时期更丰富的社会面相和文化特征。相关讨论见洪知希：《"恒在"中的葬仪：宋元时期中原墓葬的仪礼时间》，见［美］巫鸿等编：《古代墓葬美术研究》第3辑，湖南美术出版社，2015，201页。

[3] 有关宋金墓葬中模制砖雕的讨论，参见邓菲《试析宋金时期砖雕壁画墓的营建工艺——从洛阳关林庙宋墓谈起》，《考古与文物》，2015（1），71—80页。

批工匠时，工匠们通常也采用相同的工艺格套，营建出风格相近的墓葬空间。

此外，工匠在建造的过程中虽有一定的自由度，但在很多情况下壁画摹本也是不可或缺的参照信息。[1] 这正是下文将要讨论的主要内容。

墓室壁画的粉本与画稿

南关村金墓内的壁画十分精彩，不仅题材丰富，而且技法也相当精湛。许多场景用笔流畅、线条繁密，可能并非建墓工匠的独创，而是遵循了当时流行的粉本或画样。[2] 除了上文中提到的男女侍从形象，墓中的若干图像也有相似的案例可与之比较。

在墓室东北壁的假窗右侧绘有一名男子，身形较大，侧身落座。他头戴黑色直脚幞头，身穿圆领窄袖长袍，左手扶膝，右手置于胸前，脚踏足承，坐于桌案之后，似乎描绘的是该墓的男性墓主。他身前案上还摆设一方风字砚，后方竖立一架素屏，屏风左侧有修竹两竿。（图10）该男子的形容颇具文官气质，可与河南焦作地区一座金代壁画墓（1258年）中所绘的端坐人像相较。焦作金墓北壁正中表现一男子，头戴展角幞头，身穿圆领长衫，腰间束带，端坐于靠椅上，右臂曲肘握拳，左手放于腿上，足蹬

1　夏天从宋墓壁画的一个孤例出发，综合考察了北宋晚期郑州地区的装饰墓，指出墓葬是在社会风俗和技术工艺、丧家订制和工匠创作等多方面因素作用下的作品。参见夏天：《格套与订制——由平陌宋墓"女子读写图"说起》，《南方文物》，2020（1），285—291页。

2　"粉本"一词最早见于唐代，它的基本含义是以粉制造复本，即在原作线条上戳出小孔，用粉袋轻拍表面，粉通过孔洞洒落在下方的纸上形成点线状的轮廓，供临摹者依样作画，常出现于传世绘画与宗教美术的语境之中。但"粉本"一词也被广泛地用来指代其他种类的摹本、画稿。相关讨论，可见［美］高居翰著、杨宗贤等译：《画家生涯——传统中国画家的生活与工作》，生活·读书·新知三联书店，2012年，99—107页；Sarah Fraser, *Performing the Visual：The Practice of Buddhist Wall Painting in China and Central Asia*, pp.618-960, Stanford University Press, 2004；胡素馨著、唐莉芸译：《模式的形成——粉本在寺院壁画构图中的应用》，《敦煌研究》，2001（4），50—55页；胡素馨：《敦煌粉本及其画工实践》，《美术大观》，2022（6），19—23页。

传承与流变

图 10　山西繁峙南关村　　图 11　河南焦作老万庄 3 号墓壁画
金墓东北壁局部

皂靴，左腿上盘，右脚踏地。（图 11）同时，他的两侧对称描绘掌扇、捧印侍者等六名男女侍从，可以确认其为墓主人形象。[1] 二者在服饰装扮、姿态神情上十分相似，都为官员装扮，说明当时可能存在特定的画样来展现墓主形容。

与此同时，南关村金墓的墓主身后还绘有屏风，身前画桌案，左侧有一丛修竹作为装饰，暗示出他所处的环境。这一场景又与山西汾西郝家沟金墓（1182 年）的东北壁壁画较为一致，都表现了男性墓主落座于立屏之前，身前斜置四角方桌，桌围白色桌布，上端有红色垂幔。不同的是，郝家沟金墓展示出更多的细节，比如墓主坐在宽大的圈椅之上，椅背上铺有椅披，身侧立着两位行叉手礼的侍从，屏风上饰有水墨山水，屏后有栏杆、竹石和芭蕉，一派优美的园林景象。（图 12）另外，该墓的西北壁上还对称描绘了一名位于桌后、屏前的女性，屏风后露出柳树、栏杆、湖石、

图 12　山西汾西郝家沟金墓东北壁壁画局部

1　河南省博物馆、焦作博物馆：《焦作金代壁画墓发掘简报》，《中原文物》，1980（4），2—6 页。

盆景与红梅，有意地营造出庭院环境的美好，呈现出墓主夫妇对坐的完整空间。[1]

从绘画的角度来看，郝家沟金墓中的壁画经过精心设计，多处可见明显的起稿线痕迹，画中人物比例精准，既关照了整体构图，也注意到细节的刻画。同时，这种男女墓主分开表现的情况在宋辽金元时期的墓葬中并不多见，似乎是在某种传世绘画的基础上进一步加工。事实上，以屏风、栏杆展现场景环境的形式的确多见于宋代的宫廷人物画中。栏杆是宋画中常见的元素，用来描绘皇宫和贵族府邸中的园林。例如，台北"故宫博物院"所藏的南宋时期佚名的《折槛图》便以栏杆、湖石、盆景刻画出西汉皇家园林。墓葬中的图像似乎也模仿了宫廷院画中的华贵景象，以桌案、屏风和栏杆来展现墓主在宅邸园林中的游赏与享乐。

同样的背景也被用于宋元时期宁波地区的成套佛画《十王图》中。如果将墓葬壁画与传世佛画相比较，墓主身处的环境与冥王十殿也有相似的设置。例如，在金处士本（1195年之前）的《十王图》中，十殿冥王坐在宽大的圈椅之上，身前均前置长案，身后立一架颇为富丽的山水或花鸟屏风，屏后绘一列雕栏，栏外为花卉、树石的优美庭院。（图13）正如雷德侯先生在《万物》中的讨论，冥府地狱十王的构图明显具有模件化的元素。画面通常分为上下两部分，上部的冥王被描绘为文官装扮，身着宽大的官服，在太师椅和屏风的衬托下，显得富贵且文雅；下部则是地狱拷问和惩罚的场

图13　南宋金处士《十王图》之一

1　山西省考古研究所、汾西县文物旅游局：《山西汾西郝家沟金代纪年壁画墓发掘简报》，《文物》，2018（2），11—22页。

传承与流变

景，血腥恐怖。上下场景的对比反衬，给人一种强烈的视觉冲击感。多套《十王图》的细节也基本一致：华丽的屏风、高背的圈椅、曲折的栏杆以及画面下方的湖石植株，看起来非常相似。其中的主要元素即座椅、屏风与栏杆。在座椅后放置画屏，是用来传达人物重要性的图绘传统。[1] 这些要素作为强调十王身份与角色的图示符号，既借鉴自世俗人物画，也与墓主的庭院场景相一致。[2] 不论是外销的宁波佛画，还是地下的墓室壁画，在很大程度上都受到传世图绘的影响。粉本或画样可能是相关图示的传播形式之一，它们的流传范围相当广泛，可以在不同地域、语境和画科之间传递并发展。

此处有必要对"粉本""画样""画稿"等概念进行界定。尽管"粉本"作为中国艺术史中的常见概念，在许多论述中等同于"画样""画稿""白描""摹本"等术语[3]，但为了便于理解，分清层次，本文将"粉本"或"画样"视为画师或画工所使用的不同来源的流行画样或参考图式，未必系统全面；"画稿"在本研究中更多地指代工匠在营建墓葬或寺观壁画时生成的设计底稿，不仅用于题材构图，本身也是更为完整的"作品"。[4] 后者往往

1　邵晓峰：《南宋陆信忠〈十王图〉中的家具研究》，《民族艺术》，2014（5），159—166页。

2　有关《十王图》场景的讨论，可见［德］雷德侯著，张总等译：《万物——中国艺术中的模件化和规模化生产》第七章，生活·读书·新知三联书店，2005。

3　艺术史学界对粉本相当关注，研究成果也颇为丰富。有关墓葬壁画或线刻粉本的研究是其中的重要内容。例如，李清泉：《粉本——从宣化辽墓壁画看古代画工的工作模式》，《南京艺术学院学报（美术与设计版）》，2004（1），36—39页；张鹏：《"粉本""样"与中国古代壁画创作——兼谈中国古代的艺术教育》，《美苑》，2005（1），55—58页；郑立君：《从汉代画像石图像论其"粉本"设计》，《南京艺术学院学报（美术与设计版）》，2008（4），49—53页；徐涛、师小群：《石椁线刻与粉本的形成方式——兼论唐陵墓壁画图像的粉本来源》，见［美］巫鸿等编：《古代墓葬美术研究》第2辑，湖南美术出版社，2013，233—251页；温德朝：《粉本与格套：汉画像的程式化构图特征》，《中国美学研究》第十八辑，2021（2），160—174页。

4　沙武田、胡素馨探讨了敦煌艺术中画稿、粉本的使用，并对其进行了区别与界定。参见沙武田：《敦煌画稿研究》，民族出版社，2006；沙武田：《由敦煌各类绘画反映出的画稿问题试析》，《敦煌研究》，2006（5），38—44页；胡素馨：《敦煌粉本及其画工实践》，《美术大观》，2022（6），19—23页。笔者对相关术语的思考受益于此，本文无意重新定义粉本及各类概念，然而为了将流行画样以及构图画稿等画工创作流程中的不同层次区分开来，才进行了如上界定。

受到前者的启发和影响，在对绘画样式选择与融合的基础之上，根据具体的施工情况进一步生成。不论是粉本还是画稿，或零碎或完整，都流露出艺术创作活动的关键要素，使我们得以窥视画家或画工在创作过程中的思考与体验。虽然目前尚未发现宋辽金元时期墓葬壁画的粉本实物，我们也无法确认工匠们所使用画稿的具体情况，但院画、文人画等传世绘画确实是当时视觉文化的核心资源，宗教艺术、墓葬美术也往往通过学习、参照绘画粉本来展现主要人物的形容特征和环境空间。

南关村金墓中的其他壁画也存在类似的情况，与流行画样相关。例如，墓室正北壁中间为砖雕的格扇门，门两侧各绘一只仙鹤和两竿修竹，两鹤相对而立，长喙前伸，引颈轻鸣，似在竹林间闲庭信步。（图14）鹤是传世花鸟画中常见的题材，唐宋时期的不少名手都专攻此类绘画。薛

图14　山西繁峙南关村金墓北壁

稷开启了六扇鹤样的先河，"样"具有模范、标准之意，其他画家和民间画工纷纷仿效，在当时产生了深远的影响。仙鹤、云鹤、竹鹤题材从晚唐五代时期就开始出现在墓室壁画之中，其中立鹤形象多展现为屏风或独幅的形式。[1] 例如，陕西西安东郊郭家滩梁元翰墓（844年）西壁上绘六鹤屏风，西安西郊枣园杨玄略墓（864年）中也画有单腿站立、昂首自如的白鹤，可能都借鉴了晚唐绘画中的六鹤新式样。[2]

鹤图在辽墓之中更为流行。内蒙古库伦1号辽墓的天井北壁上绘竹鹤

1　辽五京地区的墓葬中可见大量鹤图，相关讨论参见兰凌航《试析辽代墓葬壁画中的鹤样》，《美与时代》，2020（5），112—113页。

2　陕西省文物保护研究院：《唐监军使太中大夫梁元翰墓》，见《二十世纪五十年代陕西考古发掘资料整理研究》上册，三秦出版社，2003，509—513页；张鸿修：《中国唐墓壁画集》，岭南美术出版社，1995，155—159页。

传承与流变

图15　山西大同西环路 1 号辽墓北壁壁画

图，一只仙鹤昂首立于竹林之间。[1] 河北宣化辽代张文藻墓后室的东北、西北壁上各画一只曲颈抬腿的仙鹤，立于芦苇之中；宣化张世古墓的后方三壁绘六扇屏风鹤样，仙鹤的姿态较为单一。[2] 值得注意的是，多座宣化辽墓中的鹤图相似度极高，可能确实是工匠依照粉本绘制而成。山西大同等地的辽墓之中，鹤图绘制精美，比如大同西环路 1 号辽墓北壁上部画帷幔，下有四扇屏风，屏前绘红色栏杆，屏上表现四只仙鹤，姿态各异，鹤顶以朱砂点绘，鹤眼、长颈、翎羽以墨色渲染，黑白对比分明。（图 15）[3] 四鹤由西至东分别作曲颈向后、前倾觅食、昂视前方、站立回首的姿态，与宋代郭若虚《图画见闻志》中所提到的黄筌绘六鹤中的疏翎、啄苔、唳天、警露等相呼应，应与黄氏鹤样有关。同时，由于壁面空间的限制，画工将六扇鹤屏精简为四扇，可能是对传世画样的调整与取舍。有趣的是，该墓中的鹤图还有一个细节上的疏忽。丹顶鹤鹤尾本白，两翼尖端乌黑，使得鹤站立时尾部看似黑色。古代画工并非亲身观察自然中的飞鹤与立鹤，因此在技艺传承的过程中常常误认鹤的翼尖与尾部皆为黑色。该墓中的画工也是如此，在参照粉本的基础之上，虽然将四鹤展现得高挑优雅，但是鹤的翼尖和尾部都涂黑晕染，误为黑尾。这个小小的疏忽恰好反映出工匠对流传粉本的忠实模仿。[4]

南关村金墓中的竹鹤是否也直接模仿了当时流行的竹鹤图，还需要更多的材料支持佐证，但毋庸置疑的是，该时期的宫廷及文人绘画无疑为工匠们提供了最为直接的视觉资源。上述例子使我们了解了墓葬壁画对传世

1　王健群、陈相伟：《库伦辽代壁画墓》，文物出版社，1989。
2　河北省文物研究所编著：《宣化辽墓壁画》，74—75、202—203 页。
3　大同市考古研究所：《山西大同西环路辽金墓发掘简报》，《文物》，2015（12），46—59 页。
4　相关讨论另见兰凌航《试析辽代墓葬壁画中的鹤样》，《美与时代》，2020（5），112 页。

画题材的吸收、创新。虽然并非所有的画工都拥有画样，或在施工前设计生成系统的底稿，但通过大量的图像比对可知，一部分工匠可能流传、保存着具体的粉本或更为完整的画稿，在设计与起稿时会将其作为参照，根据墓壁的尺寸与形状对图像题材进行选择、组合、改造、布局。当然，他们不会满足于一成不变的画稿，而是不断进行翻新。正如李清泉在分析宣化辽墓时提出的观点：粉本或画稿在不同的墓葬中重复使用，它不仅仅是图像的模本，同时也是"可供画工灵活搭配、拼凑使用的一套相对固定的绘画参考资料"，可以更加快捷、有效地创造出相似却又不同的图像内容。[1]这样的做法既保留了墓葬本身的图像传统，是工匠技艺传承的基本方式，是他们实践活动的图像来源，同时也作为该时期视觉艺术的一个缩影，显示出对传世卷轴、屏风、佛教艺术等不同来源的选择和融合。[2]

墓葬神煞题材

让我们继续将视线转回南关村金墓。该墓东南壁上的独坐老者形象也十分引人注目。一名老年男性峨冠长髯，佝背垂颈，身着交领长衫，腰束带，一手持杖，杖的上端斜靠肩头，侧坐于圆凳之上，双目凝视着墓门一侧。（图16）这一人物很可能表现的就是中古以来墓葬神煞题材中的蒿里老人。墓葬神煞指代丧葬观念中与墓葬相关的各类冥界神祇，因为他们具有镇墓安魂的职能，所以逐渐演变

图16 山西繁峙南关村金墓东南壁局部

---

[1] 李清泉：《粉本——从宣化辽墓壁画看古代画工的工作模式》，《南京艺术学院学报（美术与设计版）》，2004（1），36—39页。
[2] 郑以墨聚焦王处直墓壁画，提出该墓是唐代以来绘画题材的集大成者，具有卷轴画、屏风画、寺观壁画等不同来源，包括了流传的粉本，更涉及当时流行的样式。郑以墨：《五代王处直墓壁画形式、风格的来源分析》，《南京艺术学院学报（美术与设计版）》，2010（2），24—31页。

传承与流变

成为古代墓葬中的明器，表现为俑像、壁画、石刻等不同形式。[1] 宋元时期的《地理新书》和《茔元总录》，以及成书于山西地区的《大汉原陵秘葬经》中，都记录了有关墓葬神煞的丰富信息，尤其是《大汉原陵秘葬经》中的《盟器神煞篇》详细列出神煞名目，规定了天子至庶人墓中的各种明器，可以作为考察墓葬神煞的重要文献材料。[2]

与文献记载对应的是，五代两宋时期，江苏、四川、江西、福建等地的墓葬中大量随葬成套的神煞俑像，种类繁多，组合各异。例如，福建地区墓葬神煞俑出现较早，初见于晚唐五代时期，至南宋中期再度兴盛，基本组合为四神俑、十二辰俑、匍匐俑、老人俑、人首蛇身俑、金鸡、玉犬等。江西地区流行的俑像除了武士、四神、十二辰、仰观、伏听、鸡犬等外，还有墓葬文书中常提到张坚固、李定度、王公、王母等神祇。江西临川朱公墓出土了上述各类俑像，而且人物形象的制作十分模式化，同时附有丰富的题铭，标明神煞的身份。[3] 总体而言，南方各地的明器神煞在组合方面存在较大差异，同一区域在不同时段也呈现出传统的断裂，不同组合和形式可能源于多元的观念系统或是丰富的传播方式。

中原北方地区流行装饰墓，神煞主要以壁画彩绘的形式出现。墓葬神煞的组合相对简单，主要以四神、十二辰、双人首蛇身、金鸡、玉犬等形象为主。其中，蒿里老人的形象在辽金西夏时期的墓葬之中均有发现。蒿里老人即古代镇墓文、买地券中的"蒿里丈人""蒿里父老"，在丧葬文书

---

1 刘未指出，墓葬神煞是今人定义的一个概念，考古学者从《大汉原陵秘葬经》等文献出发，探讨作为随葬品的有形神煞，而历史学家则多从祭墓文、买地券等出发，讨论丧葬文书中的无形神祇。这两类神祇可能分属不同的观念体系。刘未：《实物、图像与文本：宋元时期的墓葬神煞》，《故宫博物院院刊》，2021（11），59—80页。

2 相关研究，参见徐苹芳：《唐宋墓葬中的"明器神煞"与"墓仪"制度：读〈大汉原陵秘葬经〉札记》，《考古》，1963（2），87—106页；余欣：《唐宋敦煌墓葬神煞研究》，《敦煌学辑刊》，2003（1），55—68页；余欣：《神道人心：唐宋之际敦煌民生宗教社会史研究》，中华书局，2006，104—130页；沈睿文：《宋宋墓葬神煞考源：中国古代墓葬太一出行系列研究之三》，见荣新江主编：《唐研究》第十八卷，北京大学出版社，2012，201—203页。

3 陈定荣等：《江西临川县宋墓》，《考古》，1988（4），329—334页。

中往往与丘丞墓伯、黄泉都尉等共同构成"丘墓之神",可以保护亡魂安稳、荫佑生人平安。[1]他在墓葬中通常被描绘为峨冠长须、身着长袍、手持长杖的老者,或坐或立。有学者提出,这种形象与佛教艺术中的文殊老人趋于相近,在图示方面二者似乎存在形象上的关联与借用。[2]

同时,蒿里老人还多与金鸡组合,一同和天女、玉犬等其他神煞搭配出现,既守护墓葬,也起到"知天时""知人来"的作用,能够让墓主魂魄安宁。[3]此类组合在燕云地区尤为突出,比如在河北宣化下八里辽墓,山西大同卧虎湾、十里铺、东风里等辽墓之中,都有相关的神煞形象。[4]河北宣化城北金墓的南壁右侧绘双扇门,门左侧画蒿里老人,头裹黑色软巾,身着绿色圆领长袍,足下金鸡,尖喙长尾,黄绿羽;门右侧绘带有头光的天女,头梳双髻,身着蓝色交领袍服,肩披绿色披帛,足下绘白犬,呈蹲卧状;门上部绘双头人,均为男性,一人年轻,一人年长,身上缠裹红色、蓝绿衣衫。(图17)[5]另外,甘肃武威西夏2号墓中出土了29件木板画,其中一板画一位身着白衣、头戴峨冠、腰间束带、手持竹杖的老者(图18),同时在木板侧面墨书有"蒿里老人"四字,表明其身份。另外的木板画还描绘金鸡、玉犬、童子、天关等内容,也都附有题记,为墓葬神煞的形象

---

1 余欣:《神道人心——唐宋之际敦煌民生宗教社会史研究》,中华书局,2006,123页;陈于柱:《武威西夏二号墓彩绘木板画"蒿里老人"考论》,见《西夏学》第5辑,上海古籍出版社,2010,226—233页。

2 吴雪梅:《图式的借用:辽金西夏时期蒿里老人与文殊老人形象的互化》,《美术学报》,2022(2),68—75页。

3 陈于柱:《武威西夏二号墓彩绘木板画中"金鸡""玉犬"新考——兼论敦煌写本〈葬书〉》,《敦煌学辑刊》,2011(3),117—122页;李孟彧:《图式的形成——河北宣化下八里辽代壁画墓群中一组特殊形象的研究》,中央美术学院硕士学位论文,2018。

4 张家口市宣化区文物管理所主编:《宣化下八里II区辽壁画墓考古发掘报告》,文物出版社,2008;大同市文物陈列馆:《山西大同卧虎湾四座辽代壁画墓》,《考古》,1963(8),432—436页;山西省文物管理委员会:《山西大同郊区五座辽壁画墓》,《考古》,1960(10),37—39页。

5 张家口市宣化区文物保管所:《河北张家口宣化辽金壁画墓发掘简报》,《文物》,2015(3),12—23页。

图 17　河北张家口宣化辽金墓南壁壁画　　图 18　甘肃武威西夏 2 号墓木板画上的蒿里老人像

提供了更为明确的证据。[1]

　　需要注意的是，墓葬神煞题材在南关村金墓中并未像宣化、大同地区的辽金墓中那样成组出现，搭配较为随意。虽然有学者将东北、西北两壁上文官、武将形象推测为"丘墓掾吏""茔土将军"等神煞，但仍需更多的材料支持。[2] 可以确定的是，在该墓中，蒿里老人出现在东南壁，在墓门另一侧的西南壁右部描绘了一只昂首翘尾的锦鸡（见图4），虽然它与修竹、湖石、一行鸿雁搭配，模仿了竹鹤图的样式，似乎成为园林中的花鸟场景，但这只锦鸡应该就是神煞中的金鸡。这种变化透露出画工并不熟悉相关组合及其内涵，所以在使用粉本的过程中将原有的组合拆分、修改，使得蒿里老人与金鸡图像分列两壁，更没有搭配常与之一同出现的天女、玉犬，进一步显示出神煞题材在北方地区的金元墓葬中已渐趋衰落。

　　正如刘未在对宋元时期墓葬神煞的研究中所指出的，中古时期神煞观念的流传通常包括文本、明器、图像三种视觉媒介，它们可能并非源自单一的观念系统，在观念传递与丧葬实践的过程中也存在着一定差异。这

1　宁笃学、钟长发：《甘肃武威西郊林场西夏墓清理简报》，《考古与文物》，1980（3），63—67页；宁笃学：《武威西郊发现西夏墓》，《考古与文物》，1984（4），111—112页；朱安、钟亚萍等：《武威西关西夏墓清理简报》，《陇右文博》，2001（2），12—14页。
2　山西省考古研究所等：《山西繁峙南关村金代壁画墓发掘简报》，《考古与文物》，2015（1），17页。

82　　制器尚象：中国古代造物观念与传统研究

对于理解文本与图像的多元流变相当具有启发性。[1] 首先，《大汉原陵秘葬经》等阴阳书文本作为系统性的堪舆观念，既是知识传递的直接媒介，也为墓葬营建提供了重要的参考信息，尤其涉及宋代皇陵等官方设计与营建时，建造者往往会依据这类系统知识。其次，葬书、买地券等文本中所表达的神祇往往没有固定的形象，在丧葬实践的需求之下，它们也逐渐从观念、文本具象为立体的俑像或是平面的图像，具有了实际运作的意义。再次，工匠在制作墓俑和彩绘壁画时都有固定的模式，也会在不同情况下拆解、简化或调整组合中的视觉元素。需要注意的是，与俑像的生产方式不同，壁画由画工绘制，有时借助粉本的向外传播，神煞形象的组合与样式会溢出丧葬语境，图像内涵也会不断发展变化。这实际上也解释了蒿里老人与金鸡题材在南关村金墓中所呈现出的主要特征。

墓葬图像与佛教艺术

丧葬艺术在漫长的发展历程中，确实形成了一套相对稳定的系统，但是它并非一个完全封闭的体系，也会在与外部因素互动的过程中展现出新的走向。墓葬图像除了受到传世绘画的直接影响，往往也与其他观念信仰及其视觉形式有所互动与交叠。下文将通过分析南关村金墓的西北壁来深入这一议题。

西北壁正中为一扇菱花格眼窗，假窗左侧描绘了一名气宇轩昂的武将，他双目圆睁，神情威武，头戴缨盔，身披明光铠，头上云气缭绕，身上袖袂飞扬，左腿曲盘，右腿下垂，应为镇守墓室的门神或护卫。（图19）门神

图19 山西繁峙南关村金墓西北壁局部

---

1 刘未：《实物、图像与文本：宋元时期的墓葬神煞》，《故宫博物院院刊》，2021（11），59—80页。

图20　山西屯留李高乡宋村金墓墓门右侧彩绘

的形象在山西、河北等地的宋辽金墓中相当普遍，有时出现在墓门两侧，有时独自立于一侧。例如，山西屯留李高乡宋村金墓的墓门右侧便绘有一名类似装扮的门神，身穿铠甲，带圆形头光，袖袂飞起，也是一足下垂，一足盘曲。[1]（图20）

这种武将装扮的门神与佛教中的护法天神形象紧密相关，是受到佛教建筑与艺术影响的产物。[2] 汉代以来的墓葬有在墓门内外装饰守门护卫的传统。到了唐代，墓门守卫多以随葬俑像的形式置于墓门两侧，表现为身披甲胄的武士形态，并融入了佛教艺术中天王力士的特征。五代宋辽金时期，墓葬中的门神多以浮雕或壁画的方式出现，直接仿效佛教天王或神将的形象。[3] 许多考古发现都证明了这一点。例如，河北宣化辽代韩师训墓（1111年）在前室甬道两侧画一对武士门神，袖袂翻飞，似乎通过飞扬的天衣来暗示天王的神性。[4]（图21）内蒙古库伦8号辽墓、河北井陉柿庄2号金墓在墓门两侧所绘的门神都威风凛凛，通过他们身后的火焰纹背光或圆形头光来强调神格。[5]

这些形象所模仿的对象就是佛教艺术中的护法天神。河北定州北宋静志寺塔基地宫（977年）南壁券门内两侧绘有两位威严的护法天王，同样身着盔甲，身后有火焰头光，皂带飞舞，足下踏夜叉，东侧天王右手持剑，

1　徐光冀主编：《中国出土壁画全集·山西》，科学出版社，2012，137页。
2　冯娟：《蕃样天神的永恒守护——辽上京墓饰门神形象源流探析》，《美术大观》，2020（9），142—145页。
3　相关讨论，另见李清泉：《佛教改变了什么——来自五代宋辽金墓葬美术的观察》，收于巫鸿等编《古代墓葬美术研究》第四辑，湖南美术出版社，2017，242—277页。
4　张家口市宣化区文物保管所：《河北宣化下八里辽韩师训墓》，《文物》，1992（6），1—11页。
5　内蒙古文物考古研究所等：《内蒙古库伦旗七、八号辽墓》，《文物》，1987（7），74—84、97—98、105页；河北省文化局文物工作队：《河北井陉县柿庄宋墓发掘报告》，《考古学报》，1962（2），31—72页。

图21 河北宣化下八里辽代韩师训墓前室北壁局部

图22 河北定州静志塔地宫南壁

左手托塔，西侧天王右手握剑，左手扶剑，让人望而生畏。[1]（图22）他们的形象、所处位置都与世俗墓葬中的门神十分相似，说明佛教视觉文化可能为墓葬美术提供了除传世绘画外的又一重要图像来源。事实上，晚唐五代以来，佛塔、地宫、舍利塔、舍利函等佛教建筑与艺术形式成为影响世俗丧葬的关键材料，它们作为保存和埋葬舍利的神圣空间，在功能方面与世俗墓葬十分相似。佛教艺术与丧葬美术在唐宋之际是一个相互借鉴、相互吸收的过程，二者的关联确实十分显著。[2]仿木结构的佛塔建筑在技术成熟后，刺激了砖室墓形制与空间的发展。[3]同时，与佛教地宫、舍利函相关的装饰题材也进一步影响了墓葬装饰，例如火焰纹摩尼宝珠、迦陵频伽、

1　定县博物馆：《河北定县发现两座宋代塔基》，《文物》，1972（8），39—51页。
2　霍杰娜、冉万里、李清泉、沈雪曼等学者对宋辽金墓中的佛教因素进行了观察、探讨，他们都指出，唐五代以来，墓葬中的宗教因素，尤其是佛教元素日益增多，表明丧葬观念也在发生着某种变化。霍杰娜：《辽墓中所见佛教因素》，《文物世界》，2002（3），15—20页；冉万里：《宋代丧葬习俗中佛教因素的考古学观察》，《考古与文物》，2009（4），77—85页；李清泉：《佛教改变了什么——来自五代宋辽金墓葬美术的观察》，《古代墓葬美术研究》，2017（1），242—277页；沈雪曼：《生死与涅槃——唐宋之际佛教与世俗墓葬的交错领域》，《中国美术研究》，2019（2），9—29页。
3　宿白、夏南悉、李清泉等学者都曾论及多角形砖室墓与佛塔建筑形式的关联。参见宿白：《白沙宋墓》，文物出版社，2002，111页；Nancy Steinhardt, *Liao Architecture*, University of Hawaii Press, 1997, pp.397-398；李清泉：《宣化辽墓——墓葬艺术与辽代社会》，文物出版社，2008，294—317页。

传承与流变

飞天、莲花藻井等图案，都作为装饰题材出现在宋辽金元时期的墓室之中。

佛教装饰元素有机地渗入该时期的世俗墓葬，其中一个很重要的案例就是涅槃图。涅槃图作为佛教艺术的专有题材，常见于唐宋时期的石窟、佛塔、地宫及舍利石棺之上。河北定州北宋净众院塔基地宫北壁绘有释迦牟尼涅槃、十弟子举哀的场景，而东西两壁描绘礼乐图。[1] 另外，山东兖州兴隆塔北宋地宫（1063年）出土的鎏金银棺左右两挡也表现了释迦牟尼涅槃图。[2] 根据李静杰的研究，涅槃图在当时不只具有佛教故事的教化功用，也与往生、超度等建立了新的联系。[3] 正是因为如此，这种重要的佛教艺术题材在宋金时期进入到世俗丧葬的语境之中，并为工匠提供了直接的视觉依据。例如，陕西韩城盘乐村宋墓东壁描绘涅槃图，画面以释迦牟尼佛为中心，周围环绕十大弟子和六师外道等人物。释迦牟尼头北脚南，侧身卧于七宝床上，佛床周围有举哀的五大弟子。左下方绘阿难听说释迦涅槃后闷绝倒地的情景，左上方为优波利上升忉利天宫向佛母摩耶夫人报丧。壁画右侧有三名赤足乐舞者，上身裸露，似为外道，前方有一人头戴通天冠，双手持有长柄香炉，可能是帝释梵天的形象，此外宝床下方有悲恸双狮。[4]（图23）其中的弟子、狮子等形象在前述定州净众院塔基地宫等涅槃图中均有表现。

除了韩城盘乐村宋墓，新近在蒲城县平路庙村发现的一座宋元时期砖室墓内也饰有涅槃图砖雕，释迦牟尼横卧宝床之上，身后立二弟子，脚旁另立一弟子。[5] 涅槃图在该时期的世俗丧葬中可能具有新的意义，旨在通过

---

1 定县博物馆：《河北定县发现两座宋代塔基》，《文物》，1972（8），39—51页。
2 山东省博物馆等：《兖州兴隆塔北宋地宫发掘简报》，《文物》，2009（11），42—62页。
3 有关宋辽金时期涅槃图像的研究，参见李静杰：《中原北方宋辽金时期涅槃图像考察》，《故宫博物院院刊》，2008（3），6—45页。
4 康保成、孙秉君：《陕西韩城宋墓壁画考释》，《文艺研究》，2009（11），79—88、169—171页。
5 该墓情况，见崔兴众《宋代墓葬中涅槃图的内容及意义——以韩城盘乐村宋墓为例》，《云南艺术学院学报》，2019（2），85—86页。

图23　陕西韩城盘乐村宋墓墓室东壁彩绘

涅槃图希冀亡者脱离苦难，超越生死。[1]值得注意的是，如果我们全面考察韩城盘乐村宋墓，墓室北壁表现墓主像与侍从备茶、制药的场景，东壁绘涅槃图，西壁为杂剧演出。这种涅槃图与伎乐图的组合其实也见于佛寺地宫中。例如，陕西临潼庆山寺唐代舍利地宫北、东、西三壁绘有壁画，其中伎乐人物就与涅槃图相对。[2]受到佛教建筑和艺术的影响，盘乐村宋墓中的杂剧图既与东壁的涅槃图相关联，同时还可能扮演着特殊的礼仪供奉功能。[3]

佛教视觉艺术对世俗墓葬的启发不仅仅限于单个的题材或单一的元素，多类图像组合更为全面地影响了丧葬美术的发展。换言之，墓葬中的

---

1 李静杰：《中原北方宋辽金时期涅槃图像考察》，《故宫博物院院刊》，2008（3），6—45页；杨效俊：《陕西韩城盘乐村宋墓壁画的象征意义》，《文博》，2015（5），57—64页；崔兴众：《宋代墓葬中涅槃图的内容及意义——以韩城盘乐村宋墓为例》，《云南艺术学院学报》，2019（2），81—86页。

2 临潼县博物馆：《临潼唐庆山寺舍利塔基精室清理记》，《文博》，1985（5），12—37，99—100页。

3 崔兴众：《丹青意映——韩城宋墓图像研究》，西安美术学院硕士学位论文，2015，47—56页。针对该墓的图像配置，洪知希提出，除了涅槃和伎乐图，北壁上制药与备茶的组合可能也受到佛教影响，具有茶药并进的意涵，见 Jeehee Hong, TJ Hinrichs, "Unwritten Life (and Death) of a 'Pharmacist' in Song China: Decoding Hancheng Tomb Murals", Cahiersd'Extrême-Asie 24, 2015, pp.231-278.

传承与流变

佛教元素日益增多，各种元素之间也显示出系统性的关联。[1] 在墓葬空间、葬具形制、祭祀形式、图像题材、装饰元素各个方面，都有佛教建筑与艺术的有机渗入，而这些多元的影响进一步说明佛教的生死观与传统的死后世界观逐渐融合并相互渗透，为墓葬赋予了新的憧憬和寄托。

跨越媒介与语境的版画

佛教艺术与墓葬美术之间确实存在着显著的关联。先行研究为理解五代宋辽金时期佛教与丧葬的互动提供了丰富的认识。这种跨域时空与媒介的互动是如何展开的？除了上文中提到的绘画粉本与画样，视觉艺术传递的主要媒介还包括什么？不同形式的媒介在图像传播的过程是否存在差异？

为了回答上述问题，我们最后可以将视线转移到南关村金墓中一类散乱细小但却十分突出的视觉元素上。各壁的砖雕门窗上下皆绘有形式多样的杂宝图案，包括犀角、方胜、火焰宝珠、象牙、银锭、珊瑚，其中以红珊瑚、火焰宝珠、犀角和金锭最为突出，有的带有珠饰镶嵌的座托，还有的熠熠生辉。例如，东南壁假门的上部就绘有若干珍宝，分别为呈粗矮角状的犀角、呈树枝状的珊瑚、呈火焰宝珠形状的摩尼宝珠、三个圆珠品字形排列的三珠、呈菱形交叠状的方胜。（图24）这些光彩灿烂的银钱珠宝虽然散落壁面，但却如同来世生活的小小缩影，不断地吸引着观者的视线，同时也作为一类关键的图像元素串联起了上文各部分的讨论。

杂宝图案，又称杂宝纹、多宝纹，主要指代以多类珍宝组成的吉祥图案或纹样，所取宝物有金锭、银锭、圆钱、象牙、犀角、方胜、珊瑚、摩

---

[1] 李清泉指出，佛教艺术在唐宋之际成为丧葬文化发展的新的驱动力。与前代的情况大不相同，佛教对该时期墓葬的影响已经深入渗透各个层面，新的变化无一不带有佛教文化的深刻烙印。李清泉：《佛教改变了什么——来自五代宋辽金墓葬美术的观察》，《古代墓葬美术研究》，2017（1），242—277页。

图 24　山西繁峙南关村金墓东南壁

图 25　福建福州南宋黄昇墓出土杂宝纹髹漆木尺线图

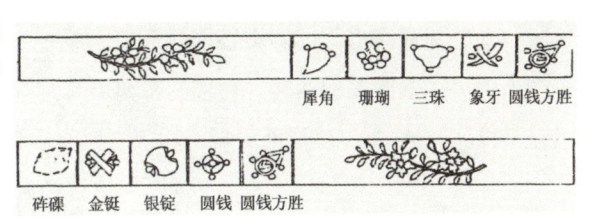

尼珠等，象征富贵吉祥。这一题材在北宋后期已经发展为成熟的装饰纹样，元代以后更是普遍流行，多作为辅助纹饰广泛应用于各种器物装饰之中。[1] 宋金时期的瓷器上经常饰有杂宝纹，登封窑珍珠地划鹿纹枕上就表现了珊瑚、象牙、摩尼宝珠的图案组合。[2] 南宋时期的玩具、器物、丝织品上也常常出现杂宝装饰。福建福州南宋黄昇墓（1243 年）中出土的一件杂宝纹髹漆木尺，尺面分为两半，一半分刻五格，格内填充了各类杂宝，包括犀角、珊瑚、三珠、象牙、钱胜、砗磲、金铤、银铤和圆钱。[3]（图 25）它们体现了该时期杂宝图案的主要构成，即象征财富的各色珍宝，这些珍宝虽与现实生活中的宝物相关，但整体上趋于明显的程式化或纹样化。

1　关于杂宝纹的讨论，参见郭学雷：《南宋吉州窑瓷装饰与世俗文化》，《收藏》，2012（11），58—63 页；刘艳荣：《宋元时期杂宝纹研究》，陕西师范大学硕士学位论文，2014，1—18 页。
2　金维诺、李辉柄主编：《中国美术全集·陶瓷器》，黄山书社，2010，468 页。
3　福建省博物馆：《福州南宋黄昇墓》，文物出版社，1982，80 页。

传承与流变

杂宝图最早见于唐代的佛教艺术。沙琛乔指出，盛唐时期经变画中出现的一类宝物图像，将珊瑚、金、银、摩尼珠、玛瑙等珍宝描绘在一起，与后来的杂宝图案十分相似，很可能是杂宝纹的早期源头。[1]例如，唐代弥勒经变画在描绘弥勒下生经中的"路不拾遗"场景时，多表现金银、珊瑚、玛瑙、砗磲、珍珠等散落于地，无人取之，用以突显弥勒净土的美好。[2]金刚经变中的宝物布施、报恩经变中的天降宝雨也都展现了各色珍宝。此类图像是对经文中金、银、珍珠、琥珀、珊瑚、玛瑙等佛教七宝的具象表达，但与佛教经典中关于七宝的记载存在一定的差异。[3]在晚唐以后的发展中，杂宝图的程式化倾向越来越明显，图示风格更加稳定。例如，陕西扶风法门寺唐代地宫出土的鎏金银函侧面錾刻有毗沙门天王图像，毗沙门天王端坐中央，眷属簇拥两旁，地面上散落着摩尼珠、三珠、十字交叉形金铤等宝物。[4]（图26）尊像前出现的珍宝图像通常起到宝物供养的作用，这可以与佛教经典中的记载以及佛事活动中的佛像、舍利供养相对应。

至宋辽金时期，程式化的杂宝图案成了佛教艺术中的固定元素。首先，它们常常作为尊像之前的供养物。山东兖州兴隆寺地宫（1063年）出土的鎏金银棺一侧錾刻杂宝，画面正中表现一菩萨，身前的地面上摆放着金铤、三珠、犀角

图26 陕西扶风法门寺唐代地宫出土的鎏金银函线刻画

---

1 沙琛乔全面梳理了唐代以来与杂宝有关的诸多史料，探讨了杂宝纹从佛教七宝图到世俗装饰图案的演变过程，对本研究十分具有启发意义。参见沙琛乔：《杂宝纹起源考——由佛教七宝图的演变说起》，《丝绸之路研究集刊》第六辑，商务印书馆，2021，388—416页。
2 敦煌研究院主编：《敦煌石窟全集·弥勒经画卷》，商务印书馆（香港），2003，250—252页。
3 沙琛乔指出，这可能是画家在创作七宝图的过程中，灵活摹写了唐代经济文化交流中多种珍宝的真实状况。沙琛乔：《杂宝纹起源考——由佛教七宝图的演变说起》，《丝绸之路研究集刊》第六辑，商务印书馆，2021，398—409页。
4 陕西省考古研究院等：《法门寺考古发掘报告》，文物出版社，2007，147页。

等宝物。[1]（图27）各类佛教版画中也存在大量关于宝物供养的文献记载和图像表达。金代赵城藏《大般若波罗蜜多经》卷首版画表现佛说法图，释迦牟尼面前的地上散绘摩尼珠、珊瑚、犀角的珍宝组合。[2] 西夏黑水城出土的《高王观世音经》卷首扉画绘观音面前站一男一女两位世俗人物，地上同样散落有象牙、珊瑚、摩尼珠、金铤、银锭。[3] 其次，除了佛前供养，各色珍宝也用作表现经典中的特定内容和情节。例如，在《佛国禅师文殊指南图赞》第31参插图中，四名地神面前地涌三珠、摩尼珠、金铤等珍宝。（图28）图首解词写道："安住地神。各放光明。阿僧祇宝悉皆涌现。"[4] 杂宝便是对种种宝物自地涌出的图像化表达。

随着佛教世俗化的发展，杂宝图案也逐渐从原有语境中脱离出来，演变成具有富贵吉祥含义的象征性图案。它们的传播更为广泛，佛教含义也不断淡化，装饰性也越来越强。杂宝图在燕云地区的辽金墓中十分突出。值得注意的是，墓内的杂宝也多表现为散落在地上的场

图27 山东兖州兴隆寺地宫出土的鎏金银棺线图

图28 《佛国禅师文殊指南图赞》第31参插图

1　山东省博物馆等：《兖州兴隆塔北宋地宫发掘简报》，《文物》，2009（11），42—62页。
2　周心慧主编：《中国古代佛教版画集》第一册，学苑出版社，1998，103页。
3　史金波、魏同贤等主编：《俄藏黑水城文献》第三册，上海古籍出版社，1996，36页。
4　翁连溪、李洪波编：《中国佛教版画全集》第二卷，中国书店，2014，75页。

传承与流变　　　　　　　　　　　　　　　　　　　　　　　　　　　91

图29　山西大同东风里辽墓东壁壁画　　　图30　山西陵川玉泉村金墓墓顶北侧

景，与佛教艺术中尊像前供奉珍宝或地涌宝物的画面相类似。山西大同东风里辽墓就呈现了一个相当复杂的案例。该墓东壁左侧画五名侍从，右侧表现莲花托珠、宝瓶、马鞍、卧鹿、牡丹、嘉禾、竹鹤、乌龟、莲花座等，在宝瓶和卧鹿四周点缀象牙、犀角、金铤、银铤、珊瑚、圆钱、摩尼珠等珍宝。（图29）画面右上角有墨书榜题："宝鹿千年□，□花万载荣，（岁）知（凝）竹寒，鹤箪永龟灵。"[1] 一方面，图中的牡丹、竹鹤等图示似乎是某些传世绘画的缩小版本，可能是在流传粉本的基础上调整而来。另一方面，除了象征财富的杂宝外，图中马鞍的"鞍"与"安"同音，有平安之意，宝瓶、牡丹、嘉禾、竹鹤等也都寄托了平安吉祥、富贵兴旺的美好愿景。

杂宝装饰还见于山西、山东等地的金元墓。各色珍宝作为一种视觉元素进入孝子故事题材，成为郭巨等故事中主角孝感上天所获得的嘉奖。比如山西省陵川玉泉村金墓（1169年），墓顶北侧绘有田真哭树的孝悌故事，画面下方散落方胜、银铤、珊瑚、钱财、布帛，祥云缭绕，这些珍宝是田真三兄弟和好后，共同努力所得财富的象征。[2]（图30）另外，杂宝的细节在元墓表现得更为多样，山东济南柴油机厂元墓在墓门两侧绘方盆，盆中

---

[1] 大同市考古研究所：《山西大同东风里辽代壁画墓发掘简报》，《文物》，2013（10），43—54页。
[2] 山西省考古研究所、陵川县文物局：《山西陵川玉泉金代壁画墓发掘简报》，《文物》，2018（9），22—32页。

放置各种银锭、铜钱、珊瑚和象牙等，好似聚宝盆，正散发着五色宝光。[1]对此，袁泉提出，北方地区金元墓中的杂宝图像呼应了当时荐茶酒、奏冥币的礼俗活动，通过在墓壁上表现各色财宝，为墓主提供了献祭的冥币。[2]有趣的是，山东嘉祥地区的曹元用墓（1330年）中直接随葬了八张杂宝画，上面印出锭、宝珠、圆钱、方金、犀牛角、方胜和祥云等图案，还有一张标出"足色金"的名称，画下托以毛边纸，切割成铜钱形图案，似乎是出土的冥币实物。[3]杂宝图案在这一时期已经完成了从佛教到世俗、从宝物图像到装饰纹样的转变，广泛应用于各类器物、丝织品、建筑装饰之中。

在杂宝图案发展演变的过程中，与其有关的佛教版画资料尤为可观，这提示我们进一步思考版画作为图像传播的媒介在当时所扮演的重要角色。宋辽金元时期，在佛教兴盛与印刷术成熟的合力推动下，佛教版画大量出现，同时也推动了该时期视觉艺术的整体发展。版画与传世卷轴、寺观壁画、墓葬壁画、建筑彩绘的最大不同，在于它们高度的可复制性、可传播性。这些特点使得文字和图像信息，尤其是多样的题材、图示得以迅速且方便地传递。[4]在这样的背景下，一方面，传世绘画的重要粉本、画样转化成为版画，进一步传播、影响其他的艺术门类；另一方面，木刻版画也积极地吸纳、融合了当时的绘画元素。同时，木刻版画的广泛流行，还进一步推动了宗教传播，启发了宗教艺术的发展。另外，佛教版画所产生的影响不仅限于宗教语境，也在形式、主题、内涵等多个方面影响了丧葬艺术。

版画的确为丧葬艺术提供了常见的视觉素材。笔者在有关宋金时期孝

---

1 济南市文化局文物处：《济南柴油机厂元代砖雕壁画墓》，《文物》，1992（2），17—23页。
2 袁泉：《蒙元时期中原北方地区墓葬研究》，文物出版社，2020，219—221页。
3 山东省济宁地区文物局：《山东嘉祥县元代曹元用墓清理简报》，《考古》，1983（9），803—807页。
4 黄士珊深入探讨了唐宋之际佛教版画所使用的格套来源、流传与转化，也考察了宋元时期佛教版画与传世绘画的互动关系，参见黄士珊《唐宋时期佛教版画中所见的媒介转化与子模设计》，收录于石守谦、颜娟英主编《艺术史中的汉晋与唐宋之变》，台北：石头出版社，2014，385—434页；黄士珊：《版画与绘画的互动——从宋元佛教版画所见之宋画元素谈起》，见浙江大学艺术与考古研究中心编：《浙江大学艺术与考古研究（特辑一）》，浙江大学出版社，2017，1—75页。

传承与流变

子图像的研究中注意到，平阳地区发达的刻书业推动了晋南、晋东南地区孝子图、砖雕的盛行，墓葬中孝子画像依据的粉本可能正是图文并茂的木刻版画。[1] 现藏于土耳其托普卡帕宫中的一幅元代孝子版画《彝伦之道》可作为例证。[2] 它既是中国木刻图像西传的证据，同时其中的孝行故事图又与宋金元时期墓葬中流行的二十四孝壁画、砖雕相似，反映了图像格套跨媒介、跨时空的流传。[3] 版画作为重要的传播媒介，它们与粉本、画稿的关系，与其他媒介的异同，都值得今后进一步的探讨。同一时期视觉文化的发展往往是相互渗透、相互启发的，版画因其可复制性，在各个阶层的广泛传播，成为当时民间主要的图像资料库，具有超越时间、地区、语境、媒材的重要意义。[4]

小　结

　　山西繁峙南关村金墓是一座非常具有代表性的壁画墓。墓中的装饰内容丰富，绘画水平精湛，许多场景都表现出鲜明的时代、地域特征，程式化的图像格套更是与当时流行的传世绘画、佛教艺术、木刻版画等不同来源相关。这样融合而来的墓室壁画看似复杂零散，实则统一，透露出布局背后的深层逻辑：首先，墓葬为逝者提供了一个物质充沛、仆从围绕、银粮丰盛、生活无忧的地下居所；其次，地下的丘墓神煞、门神进一步镇守墓室，保佑亡者，荫佑后人；最后，其中的部分题材还可能与当时的丧祭

1　邓菲：《图像的多重寓意——再论宋金墓葬中的孝子故事图》，《艺术探索》，2017（6），49—53页。
2　杉山正明、北川诚一：《大モンゴルの时代》，中央公论社，1997，285页。
3　相关讨论，另见黄士珊《版画与绘画的互动——从宋元佛教版画所见之宋画元素谈起》，29—30页。另外关于元墓孝子图粉本与创新的讨论，参见孙乐《工匠与丧家：论元代墓葬中孝行图的"新形式"》，《苏州文博论丛》，2019（1），1—21页。
4　向涛从技术和题材两方面探讨了宋金时期版画与墓葬艺术的关联，提出版画对该时期的各个视觉系统产生了不可忽视的影响。向涛：《超越媒介：宋辽金墓室艺术中的版画因素探析》，《艺术传播研究》，2021（4），77—87页。

礼仪、活动有关，通过视觉的手段、物质的形式，为墓主塑造出了一方永久的礼仪空间。其中，那些散落地下的各色珠宝银钱则是多重、复杂的视觉隐喻中的一个片段，也折射出了丰富多彩的死后想象。

从这一个案出发可以导向多类图像媒介，有助于我们进一步探索宋辽金元时期视觉文化的整体发展，在不同的艺术系统之间建立联系。墓葬艺术包含了丰富而多元的图像题材与装饰元素，既承继了丧葬观念中固有的神煞题材，还受到传世绘画、宗教艺术的启发与影响。需要注意的是，作为视觉资源的粉本、画样、版画，与工匠营建墓葬的具体活动、创作机制之间的实际关系远比文中的讨论要多元、复杂得多。强调粉本、画稿也并非意味着墓葬艺术只是沿袭旧样，建造者实际上扮演着更为主动的、具有创造性的角色。而这些有趣的过程、复杂的关系往往受限于史料，通常很难被我们"看见"，艺术史的研究能够让我们意识到那些业已消失的"不可见"，在意识到局限的同时，常常又推动我们发现之前看不到的内容，窥见一个超越文本历史的过去。[1]

1　赖毓芝、柯律格等著，胡宗香等译：《物见：四十八位物件的阅读者与他们所见的世界》前言，新北：远足文化事业股份有限公司，2022。

海昏侯墓出土玉舞人研究*
——兼论战汉玉舞人功能的演变

练春海

（中国艺术研究院美术研究所）

  摘　要：汉代墓葬所出土玉舞人，有战国时期制作和汉代制作两种，即便是同等层次的墓葬，玉舞人的制作水平也参差不齐，反映了汉代社会风气从先秦时期的重视礼仪转变为强调实用。墓葬中出土的陪葬品也呈现出这个特点，偶人化的玉舞人为汉代所制，造型粗陋，和木偶、陶俑一样是用以满足辟邪功能的陪葬品。海昏侯墓出土的玉舞人应该是战国时制作的礼仪用品，作为墓主个人所喜好收藏之物随葬，同时还兼有偶像化的辟邪功能。

  关键词：海昏侯墓；玉舞人；战国；功能

  玉舞人是中国古代玉器中非常独特的一个品类，集中出现在战汉时期。2011—2015 年，江西南昌海昏侯墓发掘，出土了一件非常精美的玉舞人佩饰，颇受学界关注，但有关的研究不多，并且对其认识虽不致相互龃龉，但也令人无所适从。因此，笔者不揣浅陋，粗陈鄙见，以向方家求教。

---

* 本文系中国艺术研究院基本科研业务费项目"我国考古新发现的美术考古研究"（立项号 2021-1-3）资助研究阶段性成果。

一、海昏侯墓出土玉舞人概况

海昏侯墓呈甲字形，方位坐北朝南，形制为椁室墓，主要由主椁室、回廊形藏椁、甬道和车马库构成。回廊形藏椁根据方位又可以分为北、东、西藏椁，北藏椁自西向东为钱库、粮库、乐器库、酒具库，西藏椁从北向南依次为衣笥库、武库、文书档案库、娱乐用具库，东藏椁主要为厨具库的"食官库"。

玉舞人（图1）出土于娱乐用具库中的一个漆盒，同出的还有双龙首玉珩、石管（图2），因此它们"被认为是组玉佩"。[1] 这件作品在考古发掘中的标号为 M1∶727-3，以片状和田玉琢制而成，略微受沁，局部呈淡黄色。双面透雕[2]，舞女长着鹅蛋形脸，前有扇形覆额，两鬓盛髯，身着右衽袍服，袖口、衣缘均有缘饰，长裙曳地，腰间束宽带，左臂上举，扬袂于头上作舞，右臂横置于腹前，袖子残断。玉佩细部以阴线刻划，上、下各出一个半圆形的凸起结构，钻有小孔可供系佩。器表经打磨和抛光，高9.3厘米、宽3厘米、厚0.4—0.42厘米。

图1　　图2

二、已有研究对海昏侯墓玉舞人的断代及其问题

关于海昏侯墓出土玉舞人的断代主要有两种观点。一种观点认为它属

---

[1] 江西省文物考古研究院、厦门大学历史系：《江西南昌西汉海昏侯刘贺墓出土玉器》，《文物》，2018（11），第57—72页及封三。
[2] 玉舞人双面雕有两种类型：a型，一面为人物正面，一面为人物背面；b型，两面皆为人物正面。海昏侯墓出土玉舞人为a型透雕。

于战国晚期作品。¹ 任楷通过把海昏侯墓出土玉舞人与其他形制相近的玉舞人，尤其是与美国弗利尔美术馆藏传为洛阳金村出土的双联玉舞人（图3）进行对比，认为它们具有"家族类似性"的特点，提出它们属于同时期（即战国时期）的作品。而另一种观点则认为海昏侯墓出土玉舞人系"西汉早期晚段"的作品²，其主要依据在于：（一）作为标准器的双联玉舞人不是科学发掘出土文物；（二）玉舞人所表现的舞姿不会出现在战国；（三）出土墓葬明确为汉墓。孙为东认为："目前出土的所有战汉女俑，不见两鬓散开的头发发型。"他同时还指出，双联玉舞人及相关玉舞人的造型非常独特，所表现的舞姿为戚夫人所首创的"翘袖折腰之舞"，不会出现在战国时期。³

图3

海昏侯墓出土玉舞人出现两种截然不同的断代，表明研究者的认识还处于较为浅层的阶段。其实现有研究对它出现在墓葬中的功能为何都不确定，亦可以佐证这个情况。但依照这件作品的形制来看，它又非常独特，因此对它进行深入研究非常有必要，有助于我们加深对海昏侯墓随葬器物、墓葬的整体内涵，乃至刘贺本人的理解。

要真正确定海昏侯墓出土玉舞人的制作年代，就须对中国战汉时期出土的玉舞人有一个整体的认识。从已经公布的发掘材料来看，出土战汉玉舞人的造型特点可以大致划分为两大类，一类以双联玉舞人为代表，身着曲裾，另一类为着直裾的玉舞人。着直裾的玉舞人基本出自汉代墓葬，但

1　樊文杰、张杰：《南昌汉代海昏侯国刘贺墓出土玉舞人年代考》，《南方文物》，2018（2），155—160页。任楷：《海昏侯墓出土玉舞人评析》，见王明明主编：《大匠之门》第12辑，广西美术出版社，2016，150—152页。

2　徐良认为与海昏侯墓出土玉舞人风格相仿者，皆明确出土于西汉早、中期墓葬之中，有着较为清晰、确切的出土信息及特定空间，"将此类西汉墓中所出玉舞人皆视为战国古玉的话，未免过于摘填索涂"。从其参考文献来看，作者在撰写论文时没有看过樊文杰等人所发表的文章。徐良：《南昌海昏侯墓出土玉舞人考》，《地方文化研究》，2019（1），1—7页。

3　孙为东：《古玉鉴真：战汉玉器篇》，厦门大学出版社，2013，102—103页。

是着曲裾的玉舞人既有（传）出自战国墓葬的，也有在汉墓中发现的，如广州西村凤凰岗西汉早期墓就有发现。[1] 因此无法从出土墓葬的类型或年代来推断着曲裾玉舞人的制作年代。以往的研究在讨论玉舞人时虽然注意到了一些重要的细节，如发饰、舞姿等，但不够深入，比如人物身份的问题，舞姬[2]与一般女性舞者在着装上可能会有所不同。即便有对玉舞人的制作工艺和艺术表现水准的探讨，也是非常含糊地一语带过；对出土战汉时期玉石或其他材料制成的舞俑与玉舞人之间的关联、差异以及变化亦较少关注；还有一点也很重要，已有研究在讨论玉舞人的问题时，无论是相关的出土玉舞人实物还是文献，很多研究都未竭尽所能，相关讨论对材料的掌握非常有限，这也大大地影响了断代的可靠性。

三、金村玉舞人的文化特征

从前揭研究来看，对海昏侯墓出土玉舞人的断代不同，关键问题在于对作为标准器的双联玉舞人的认识不同。为此，不妨重新考察一下这件作品，分析其文化特征所反映的年代。

弗利尔美术馆藏双联玉舞人，传出自洛阳金村战国大墓，依据怀履光

1　广州市文物管理委员会：《广州西村凤凰岗西汉墓发掘简报》，见广州市文物考古研究所编：《广州文物考古集》，文物出版社，1998，197—206页。
2　有研究者认为，玉舞人除了女性形象外，还有少量的男性形象。其实男性形象比较模糊，没有非常明确的特征，只能够从组合、人物外表的气质，以及头顶的冠饰等来判断。对于此类形象，本文不列入讨论范围。参见武耕：《西汉楚国"玉舞人"组佩研究》，《中国国家博物馆馆刊》，2020（1），63—79页；王倩：《两汉时期出土的玉舞人》，《美成在久》，2018（1），72—85页。

的判断，这个墓葬群拥有8座墓之多。[1]该大墓甫一发现，就受到了广泛的关注，因此尽管怀履光告诉那些倒卖文物的开封古董商们，希望能将所有出自该墓（群）的文物不遗余力地收入囊中，但仍然有不少精品流入华盛顿史密森学会弗利尔美术馆、哈佛艺术博物馆、洛杉矶郡艺术博物馆、大英博物馆、柏林博物馆和瑞典国立博物馆等欧美和日本的博物馆及私人收藏。同时，由于盗掘者组织严密，保密措施严格，以致外界完全不了解盗掘现场的状况，而市场上关于金村文物的交易也变得十分混乱，许多"不属于金村大墓、出自其他时代和地点的洛阳文物也张冠李戴被赋予金村的名头，为的是卖个好价钱，满足趋之若鹜、蜂拥而来的中外买家及其代理"[2]。实际上，根据沈辰的研究来看，即便是藏于弗利尔美术馆的那部分"金村文物"，也囊括了20世纪20年代末到30年代初从洛阳地区出土的、年代从战国至西汉时期的文物组合。

双联玉舞人是作为组玉佩中的一件进入人们视野的，除玉舞人之外，该组玉佩还包括玉管、连体双龙佩、卷体龙形佩，以黄金链穿缀而成。其中，双联玉舞人长7.5厘米，白玉材质，片状，镂雕，阴刻精细的线描五官和衣纹。双联玉舞人除了一些蚀坑和蚀斑，整体品相比较完好。另有一件巴尔（A. W. Bahr）先生旧藏的玉舞人（图4），据说也出自金村大墓。作品高8.3厘米，人物造型除右手袖子的后半截（可能连带其附近的发饰也一并）残断外，在细节的设计与制作上几乎与双联玉舞人的左侧舞姬造型完全一致。

---

[1] 怀履光一开始认为它属于公元前6世纪三家分晋前的某位韩君，后来认为"它们是一组八座墓，但属于同一时期同一类型，而且应该属一贵族家庭"。但从保存在多伦多大学图书馆的档案来看，有三幅可能来自不同绘制者的墓葬位置图，分别显示三座、五座和八座墓葬的组合，这八座墓葬的组合平面图最初发表在《国立北平图书馆刊》第七卷第一号（1933年12月）中的《韩君墓发现略记》（无署名）中，后又发表在怀履光的著作《洛阳故城古墓考古》（1934年）中，但因为怀履光在墓葬遭盗掘时不在现场，他无法确认所获得的档案与其最后所发表之图的关系，因此也无法确定那些档案的可靠性以及墓葬组合的真实数量。参见沈辰：《金村传说：怀履光与洛阳文物之谜》，《美成在久》，2017（3），6—27页。

[2] 沈辰：《金村传说：怀履光与洛阳文物之谜》，《美成在久》，2017（3），6—27页。

弗利尔美术馆收藏的另一件右手袖子残断的玉舞人（图5）[1]据说也出自金村大墓。关于它的组合情况不详，在造型上与双联玉舞人有明显的不同，比如两鬓齐耳而不卷曲，左手下垂而不置于腹前，袖口呈筒状而非马蹄状，腰部右侧伸出两根飘带，裙摆距离地面较高，露出双足，足下尚有承托。从这件玉舞人的整体来看，双足与腰部

图4　　　　　　图5

图6　　　图7　　　图8

的飘带显系画蛇添足，同时舞姬左手的袖子与右手的袖子不对称，多了一截（刻划直线纹的部分），而且，舞姬正面表现为身着曲裾，而背面却表现为直裾，可见这件作品是一件低劣的赝品。另外，上海博物馆据说也收藏了一件出自金村大墓的玉舞人（图6），其品相虽然比较完整，但是造型比较疲软，用线犹疑、不流畅，结构也不像双联玉舞人那样能反映舞姬身形的变化，甚至肩颈不分，这件玉舞人右手上举，但是袖子下垂并且袖口宽大无形。衣袂、裙裾肥厚而不轻盈，刻划的线条鲁钝而生硬。美国赛克勒美术馆收藏了一件形制几乎一模一样的玉舞人（图7），高9厘米、宽3.8厘米，疑为同一工匠或作坊所制，二者皆为杂糅了战汉玉舞人特点的伪作。此外，哈佛艺术博物馆藏的一件玉舞人（图8），高4.3厘米、宽1.9厘米，也有同样的问题。这件玉舞人两鬓卷曲，但不作镂空，身着曲裾，但是上下身错位，同时右手袖子末端异变为鸟首，纹饰风格与汉代永城壁画中的图案及斯基泰艺术动物纹样类似，其造型的一些细节与江西省博物馆所藏

1　Alfred Salmony, *Carved Jade of Ancient China*, London：Han-Shang Tang，1938，p.198。

图 9

南昌东郊永和大队畜牧场汉墓出土的一件玉舞人相近。[1] 所以年代上不会早于汉初，是一件汉代仿战国风格的玉舞人佩饰。

早期私人收藏的文物，以及没有确切出土信息的文物，在这方面是非常不可靠的。所以，归结起来，前文提及的几件所谓金村大墓玉舞人只有两件可靠，它们的形制接近，与湖北荆门沙洋塌冢楚墓、江陵马山一号楚墓出土战国中期漆木俑造型也神似。[2] 沙洋塌冢楚墓出土木俑（图9）的头部制作得非常精细，为我们留下了生动的细节。从头饰上来看，它的假发造型正面与双联玉舞人几乎一致，呈扇形状展开并覆于头顶，前额发际线为一水平直线，至两侧沿颞线折成阶梯状（或齿状），发饰背面处理稍有不同，双联玉舞人表现成一薄片的梳子状结构，而漆木俑则表现了发丝缠绕其上的状态。沙洋塌冢楚墓的木俑其实非常特殊，很有可能是楚国贵妇形象的真实写照，寄托了墓主人对逝母的哀思，因此对于我们判断战国玉舞人形象具有重要的参考意义。[3] 另外，江陵马山楚墓、雨台山楚墓[4]等墓葬中出土的木俑都给我们一个提示，戴假发在当时是一种很流行的行为，甚至在汉代初期的长沙马王堆一号汉墓中，我们都还能见到

1　发掘报告称之为"象牙饰""牙雕舞女剑饰"。江西省博物馆：《南昌东郊西汉墓》，《考古学报》，1976（2），171—185页及图版壹—捌。

2　湖北省文物局、湖北省南水北调管理局编：《南水北调中线一期工程文物保护项目湖北省考古发掘报告集（第6号）：沙洋塌冢楚墓》，科学出版社，2017，93页及彩版一三、一四；湖北省荆州地区博物馆：《江陵马山一号楚墓》，文物出版社，1985，80—81页。

3　湖北省文物局、湖北省南水北调管理局编：《南水北调中线一期工程文物保护项目湖北省考古发掘报告集（第6号）：沙洋塌冢楚墓》，210页。

4　湖北省荆州地区博物馆：《江陵雨台山楚墓》，文物出版社，1984，108、113页及图版七一。

这种遗俗的影响。[1]金村大墓出土的玉舞人的外观反映了战国玉舞人的一些基本特点：

首先是造型。很显然，战国玉舞人的造型重点在于头部。舞姬的脸型被雕刻为典型的鹅蛋形，上半部分偏圆，下半部分略尖，整体呈卵形。面部精心雕刻杏仁状的眼睛、细长的眉毛、直鼻梁、樱桃小口。舞姬腰肢纤细、修长，符合当时的风尚，正所谓"楚王好细腰，宫中多饿死"。[2]在人物造型方面，舞姬下半身的纺锤造型，小腿部位内收，至裙底又外张成喇叭状，反映了裙裾遮罩下鞋子的结构特征。这点极易为研究者所忽略，而实际上这个特点构成了战汉玉舞人的主要区别之一。

其次是修饰，包括发饰和服装上的纹饰。（1）发饰是一个重点。发型及发饰较为复杂，玉舞人头戴帽状假发，假发整齐地沿前额向脑后梳理，发际线中部表现为水平的直线，两端呈阶梯状（或齿状），两鬓"卷发如蛋"[3]，脑后下垂编发一束。这也是战汉玉舞人显著的区别之一。（2）服装。舞姬身着曲裾、博袖中又出水袖，袖口饰纹，袖口通常表现为斜切的直线。腰间缚宽带，带上饰纹。

再次是动态。主要包括身体、手两部分。舞姬一手甩袖上扬——"上扬"是战国玉舞人的一个重要特征——另一手平置腹前，水袖自然下垂，这种向相反方向舒展的手势在当时可能有特殊意义，刘建认为它或与"通天达地的礼仪"有关。[4]舞姬身体的下肢稍屈向一侧，造成微微的S形动态，鞋尖向一侧勾起，使身姿更为曼妙。

1　（死者）"真发下半部缀连假发，作盘髻式"。"另443-8号漆奁内还盛'丝绵一块和假发一束'。参见湖南省博物馆、中国科学院考古研究所：《长沙马王堆一号汉墓（上集）》，文物出版社，1973，28—89页。
2　《后汉书·马廖传》。许嘉璐主编：《二十四史全译·后汉书》，世纪出版集团，2004，664页。
3　战汉之间的一种修饰。头发中新长出来的头发，不能束之，因此便任其自然卷曲，或者有意弯曲成"蛋尾"状，这种样式在秦汉以后便罕见了。参见扬之水：《"博鬓"造型溯源》，《文汇学人》，2019年3月29日。
4　刘建见告。

图 10 　　　　　　　　图 11 　　　　　　　　图 12

四、其他汉墓出土的战国玉舞人

海昏侯墓出土玉舞人，根据"家族相似"的特点，可以确定它和双联玉舞人一样，都制作于战国时期。汉墓出土的玉舞人，还有两件也应该制作于战国时期。一件是广州西村凤凰岗 M1 汉墓出土的玉舞人（图 10），残高 6.9 厘米、宽 2.5 厘米、厚 0.4 厘米，足根部位穿孔。左手的袖口及水袖部分残断，断口附近补钻一孔供穿系使用。此器形近海昏侯墓出土玉舞人，但是右手的水袖紧贴身前裙摆，而不是悬于体侧。另一件是湖北宜城市鄢城街道办事处跑马堤墓地 M26 出土的玉舞人（图 11）。玉舞人高 9.7 厘米、宽 3.1 厘米，头亦戴假发，两鬓卷发如蚕，与前者的不同之处在于身着直裾，裙底部表现为曲线而非直线，不反映舞者所穿舞鞋的特征。舞姬足底少了直线与曲线对比所产生的张力，但多了几许立体感。这些玉舞人在细节设计与处理特点上基本符合前文所举战国玉舞人的主要特征。

广州南越王赵眛墓是一座汉代诸侯王级别的墓葬，墓中出土了六件玉舞人，其中有两件比较特殊。第一件（图 12）造型罕见，作跽姿，通高 3.5 厘米、宽 3.5 厘米、厚达 1 厘米，可视为圆雕。舞姬头部右侧绾着螺髻，口微张，眼鼻刻画立体，身着曲裾，扭腰并屈膝成跽姿，左手长袖上扬至顶，垂于身后的地面，右手长袖轻展，末端上卷，袖子上针刻云纹，腰带较窄。作品强调圆转的曲线造型，以此凸显人物表演的婀娜多姿。第二件

图13 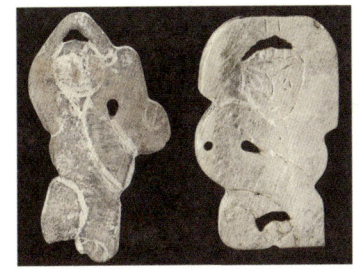　　　　　　　　图14 　　　　　　　　图15

（图13）雕刻得比较轻盈灵动，系组佩中的一件，高4.8厘米、宽2.2厘米、厚0.5厘米，作品受沁严重，呈鸡骨白色。舞姬头近圆形，发际线中部平直，两端沿颞线折成齿状，腰带系一串玉佩，上环下璜，尾垂流苏。右手高扬，舞袖过头顶后微扬起；右手甩袖过头顶，袖上结花形饰，左手置于腹前，舞袖下垂，作翩翩起舞状。整件作品从头至脚有一贯穿孔。这两件作品显然都是精雕细琢之作，似为实用器，从纹饰来看，与战国的玉舞人非常神似，但细节处理（如侧绾螺髻、花形饰、动态夸张等）又独具特色，或与南越国自秦末以降便割据一方，但在文化上又沿袭战国时期的中原风格有关。同墓另外四件玉舞人（图14）的制作则非常糙劣，甚至可以说只是粗具形状，它们与上述两件玉舞人的品质大相径庭，或有不同的来源。

还有两件圆雕玉舞人也有可能制作于战国时期，或者所采用的技术源于战国时期。一件是出土于汉宣帝杜陵的圆雕连体玉舞人（图15），系采用和田青白玉治成，通高10.5厘米。另一件为故宫所收藏的汉代玉舞人圆雕，风格相近，高4.9厘米、宽1.3厘米。舞姬拱手直立，长裙曳地，梳环形发髻，在古方看来："其动作姿态与常见汉代舞人、翁仲不同。"[1] 因此，它们或许有更早的渊源。

这几件玉舞人中，海昏侯墓、广州西村凤凰岗M1汉墓和湖北宜城市

---

[1] 古方主编：《中国古玉器图典》，文物出版社，2007，250页。

传承与流变

鄠城街道办事处跑马堤墓所出土者均为薄片状；而广州南越王墓则既出土圆雕玉舞人，又出土片状玉舞人，不仅如此，在品质、造型等方面也截然不同；同为圆雕玉舞人，广州南越王墓所出与汉宣帝杜陵所出差别也极大。广州南越王墓出土的几件玉舞人给我们一个启示，那就是关于海昏侯墓及相关玉舞人的功能问题，或许还要将它们与汉代墓葬中出土的其他玉舞人进行对比才会有更进一步的认识。

五、汉墓出土的其他玉舞人

汉墓中出土的玉舞人，迄今为止，总量不少于一百件，除了前面提到的几件外，此处不妨再举一些具有代表性的例子。（1）北京大葆台汉墓2号墓出土的一件双面阴刻玉舞人（图16），高5.2厘米、宽2.6厘米，受土沁略呈黑色。作品表面除了线刻之外，还琢磨出了一些起伏，使得作品更为圆转、变化丰富。此玉舞人最精妙之处在于左臂上扬的长袖垂落，与右手及袖子末端相接，分叉的袖子又触及裙摆。舞姬颜面刻画简单但有神韵，其头顶与足部均钻有小孔，当为组玉佩中的一件。（2）陕西西安市西郊三桥镇汉墓出土的一对玉舞人（图17），亦为组佩中的饰件。[1]两个玉舞人形象服饰皆同，长眼细眉，高鼻小口，椭圆形脸庞，身着交襟长袖细腰宽下摆之舞服，系窄腰带。她们的舞姿相同，但朝向相反，均为一胳膊高

图16　　　图17　　　图18　　　图19

1　古方主编：《中国古玉器图典》，14、147页。

举，甩长袖过首下垂至另一侧，另一胳膊下垂，长袖分叉且回卷。玉舞人的上部与底部各钻一孔供穿系用，两面形象的花纹相同，加饰的阴线毛茬明显。（3）河南永城芒山镇僖山汉墓出土的一对玉舞人（图18），约高 4.65 厘米、宽 2.56 厘米，形制完全同三桥镇汉墓出土玉舞人，只是裙底非水平，而是倾斜的。（4）则是玉舞人腰部弯折程度最为夸张的一件（图19），作品出自陕西西安北郊井上村汉墓，高 5.3 厘米、宽 3.1 厘米，舞人左袖分三叉，右手上扬，袖子过头后垂及裙摆。

图 20 　　图 21 　　图 22

图 23 　　　　图 24

图 25 　　图 26 　　图 27

还有一些玉舞人，形制与上文面提到的相近，但制作稍显粗糙，如扬州邗江"姜莫书"木椁墓（图20）、河北献县 36 号墓（图21），以及山东五莲张家仲崮汉墓 M1（图22）等墓葬出土的玉舞人，它们在结构与动态上均有一定的瑕疵或不足。

大多数情况下，汉代墓葬中出土的玉舞人其实艺术水平与工艺水平都比较低劣。比如河北定县 43 号墓出土的一对玉舞人（图23），安徽阜阳临泉（图24）、徐州韩山西汉墓 M1（图25）、徐州石桥二号汉墓（图26）等墓葬出土的玉舞人[1]，以及西安东郊西汉窦氏墓 M3 出土的多件玉舞人（图

1　古方主编：《中国古玉器图典》，文物出版社，2007，247—249 页。

27）[1]，不仅造型乏善可陈，只能说稍具其形，而且很多作品甚至细节都无从辨识，毫无美感可言。

图 28　　　　图 29

制作于汉代的玉舞人相对于战国玉舞人来说，整体上趋于简省。同为片状的玉人雕刻，有一些战国时期制作的作品虽然体积也很小，但并不影响其制作精良与精雕细刻。如 1976 年在河北平山中山国 3 号、6 号墓出土的几件玉人（图 28），大小只有 2.5—4 厘米，但是在这么细小的作品上，我们也可以看到它们被精细地设计与雕琢，玉人橄榄形的眼睛、突出脸盘的鼻子、牛角状的发髻、袖手，以及腰间的大带、网格状裙摆的纹饰等清晰可辨。相比之下，汉代玉舞人在单位面积的玉片上刻划的线条比战国玉舞人大幅减少。汉代丧葬用玉已经成熟地发展出所谓的"汉八刀"手法（图29），受其影响，玉舞人的制作也呈现了以少胜多的创作风格。根据汉代玉舞人制作品质的高下，可以将这一时期的玉舞人简单地归结为两种发展趋势[2]：一种是制作趋于简劲化，以西汉前期的玉舞人为代表，作品用线疏朗，但造型概括、简洁洗练的特点；另一种是制作趋于拙劣化，以东汉时期的玉舞人为代表，它们有时甚至制作得十分粗糙。

1　西安市文物保护考古所：《西安东郊西汉窦氏墓（M3）发掘报告》，《文物》，2004（6），4—21 页。
2　卢兆荫按照雕刻工艺将其分为双人连体玉舞人、平片阴刻玉舞人、平片透雕玉舞人、扁平圆雕玉舞人和圆雕玉舞人五类。张雅宁将玉舞人雕刻工艺分为三类：第一类是平片类，包括西汉早期流行的双人连体玉舞人，两汉时期都流行的平片阴刻玉舞人和以"翘袖折腰"为特点的平片透雕玉舞人；第二类是广州南越王墓出土的 1 件半圆雕类玉舞人；第三类是圆雕类玉舞人。王倩按造型、雕刻技法将其分为四类：圆雕、方牌状平片、平片式、舞人状平片。卢兆荫等研究的分类方法偏重工艺与造型手法。参见卢兆荫：《汉代贵族妇女喜爱的佩玉——玉舞人》，《收藏家》，1996（3），第 4—7 页；张雅宁：《古代玉舞人的舞蹈文化研究》，中国艺术研究院，专业硕士学位论文，2014，21—27 页；王倩：《两汉时期出土的玉舞人》，《美成在久》，2018（1），72—85 页。

图 30 　　　　　　　图 31 　　　　　　　图 32

六、海昏侯墓出土玉舞人的本质与功能

我们要探讨汉人究竟出于何种目的殉葬一件精美的物品，或许先要厘清该物在墓葬环境中处于什么地位。同理，要想了解制作精美的战国玉舞人在海昏侯墓中的功能，就要先查明汉代墓葬中同样精工细作的人形雕刻在其中承负何种功能。

诚然，汉墓中一旦发掘出土了设计精良、工艺精湛的人形玉雕，马上会受到学界的关注。如在陕西咸阳渭城区周陵乡新庄村出土的一件人物雕刻残件（图30），尽管只剩下头部，但这件作品被打磨得非常光滑，细节分毫毕现，仍然十分抢眼；又如满城1号汉墓所出玉人（图31），人物正襟危坐，双手置于几上，表情严肃，器座底部刻有"维古玉人王公延十九年"字样，这些细节让人无法忽视；还有一些制作得非常精美的人形或人兽结合的拟形玉雕，比如江苏扬州邗江甘泉老虎墩东汉墓出土的辟邪形玉壶（图32），其外形为一踞坐状辟邪，圆睁双目，张口露齿，舌头上卷，右手托芝草，左手撑地，背生双翼，形象也非常生动。[1] 研究者都对这些作品耳熟能详，也展开了诸多讨论，对它们的功能也有所认识。

通常而言，如果按来源来看，墓葬中出土玉（舞）人可能存在两种类型：一种是墓主生前的实用物（包括满足鉴赏与装饰功能的佩饰或收藏

1　古方主编：《中国古玉器图典》，282页。

品），作为死者珍爱之物进入墓葬；另一种是专门为死者准备的明器。周陵新庄村出土的人物残件、满城汉墓玉人、老虎墩东汉墓的辟邪形玉壶，应该都是墓主生前的实用物。汉代社会生活中巫风盛行，从这些作品的制作水准与造型特征来看，它们或与墓主生前的守护神灵或祭祀的神祇有关，因与死者的关系密切，故被选为殉葬品。这些玉人形象出现在墓葬中，很有可能是作为具体人物或其灵魂，以及某种神灵的象征，而不是器物（或明器）的在场。纵观早期人形玉雕的发展状况来看，玉人的应用应该是存在等级差异的，这种等级可能不存在明文的规范，是在时间成本与制作成本的制约下无形产生的。最高级别的是圆雕玉人，其次是平片式的精雕细刻的玉人，最后是粗劣的平片雕刻玉人。在形式上，前面所举的几件玉人（及其残件）作品因为被制作成形式饱满的圆雕，它们可以获得更强大的精神力量，有更强大的能力。

  汉代墓葬中出土的战国玉舞人，形制接近第二等级的作品，它们在进入墓葬环境之前，是墓主人的收藏，为具有某种实用意义的实用物品。但战国人制作这些玉舞人，最初可能并不是为了用于欣赏或者装饰佩饰[1]这样的实用目的，它的功能与沟通天地有关，甚至有可能作为有关仪式中的道具而存在。杨培钧曾介绍过一件战国双出廓璧（图33），高18.6厘米、璧径12厘米、厚0.6厘米。这件玉璧非常独特，内出廓为一螭龙，龙首位于正中心，足、翼、尾及鬃毛触接璧环。外出廓沿对称线向外伸出一虎首，虎首两侧各侍一舞人，其头部似戴冠的造型，与刘恩伯在其编著中收录的一件传世战国玉舞人相似（图34）。[2] 舞人一手拂袖上扬，另一手横置腹前，长袖垂于体侧。这件作品的重要性不只是在出廓璧上见到了舞人形象，而且它建立了玉舞人与玉璧之间的联系。"苍璧礼天"，玉璧沟通天地的功能，在舞人象征"通天达地"的舞蹈动作（可能还同时伴随着某种巫乐）中得

---

[1] 金村双联玉舞人，虽然是作为组佩的组件出现，但不论是组佩的组合方式，还是用来穿系的金索的使用都存在很多的疑问。关于这个组佩，最可能的情况是，它是后人连缀而成的，原始的使用方式或不同于此。
[2] 刘恩伯编著：《中国舞蹈文物图典》，上海音乐出版社，2002，102页。

图 33 　　　　　　　　　图 34 　　　　　　　　　图 35

以激活。杨培钧认为这件作品当属于"战国早中期的器物"[1]，比前面中提到的几件战国玉舞人都要早，如此，它们之间的关系就清楚了。玉舞人虽然脱离玉璧或与之相关的环境，但是其所代表的意义却因符号化的动作而被固定下来，这种具有特殊意义的符号在某种程度上被视为祥瑞，并与秦汉时期所盛行的升仙观念相结合。汉宣帝杜陵出土的一件圆雕双联玉舞人或许正是这样的一件实物遗存。从形制上看，它与通常所见的汉代玉舞人区别较大：首先它是圆雕，汉代的玉舞人基本上都是薄片状的；其次，这件连体玉舞人体量巨大；再次，跟它一起出土的还有一件玉杯。同样的玉杯，目前国内仅在广州南越王墓发现，但后者出土时置于铜承露盘之中。[2]《史记·武帝纪》云："建柏梁台，上置承露盘，铜盘玉杯，以承云表之露，以露和玉屑以服之，以求仙道。"[3] 由是可知，这件玉杯的功能很可能也是类似的。而与之同出的玉人，也不是一般的佩饰品，至于是不是"皇帝曲几上的陈设器"，有待进一步讨论。[4]

当然，海昏侯墓出土的玉舞人，或者与升仙观念并无关联，这由海昏

---

[1] 杨培钧：《精妙出廊壁 翘袖舞人娟》，《文博》，2005（6），16—19 页及封三。

[2] 广州市文物管理委员会、中国社会科学院考古研究所、广东省博物馆编：《西汉南越王墓》，文物出版社，1991，202 页。

[3] 《史记·武帝纪》。（汉）司马迁撰，（宋）裴骃集解，（唐）司马贞索隐，（唐）张守节正义：《史记》卷十二，中华书局，1964，459 页。

[4] 刘云辉等：《汉杜陵陵区新出土的玉杯和玉舞人》，《文物》，2012（12），74—79 页。

传承与流变

侯墓大量出土与音乐有关而与升仙信仰无关的事物可知。通常情况下，在汉代贵族墓葬中，死者口中都会放置一枚与升仙信仰有关的蝉形玉琀，但是刘贺口中却是一件与音乐有关的镈钟形玉琀（图35）。从考古发掘的情况来看，玉舞人（不论是战国时期制作的，还是汉代制作的）大多数出自汉墓，因此，很有可能，战国玉舞人在汉代的墓葬中衍生了新的功能。汉代玉舞人除了极少数制作稍微精致一些外，其他多数粗鄙不堪，它们本质上都是玉偶人。其形制可能承袭了战汉玉舞人的部分因素，但观念上则另有渊源，最为接近的或为秦代的人形玉俑，这种玉俑也制成薄片状，除了头部勾画出基本的面部特征以及玉片中部刻出表示腰带的线条外，四肢全部省略（图36）。秦代人形玉俑同出玉器皆为祭祀用玉，而且玉俑也没有穿孔，表示其功能不是（组）玉佩中的饰件，所以它们肯定是为祭祀所用。王倩的研究也认为，汉代玉舞人中，有一部分"很可能表演的是巫舞，这些人并非普通人，而是汉代常见的巫者"[1]，所言甚是。汉代玉舞人有两个特点非常突出，但是研究者却常常忽略：（1）汉代玉舞人的舞袖动作与战国玉舞人不同。前者双袖末端皆下垂，后者横过头顶之袖通常上扬；（2）前者有一袖分叉。这两个特征或许表明了汉代玉舞人舞姿的寓意与战国玉舞人是完全不同的。

有研究者认为，海昏侯墓出土的玉舞人非常特殊，因为汉代多数随葬（女性）玉舞人的墓主为女性[2]，因此推测海昏侯墓所出玉舞人乃汉武帝宠妃李夫人相赠之物，原主为李夫人。[3] 这种说法并非毫无根据。李夫人出生于

---

[1] 王倩：《两汉时期出土的玉舞人》，《美成在久》，2018（1），72—85页。

[2] 玉舞人多数出自王室墓中，墓主人几乎都为女性，身份或为王后、王妃，或为王妾、王女。参见武耕：《西汉楚国"玉舞人"组佩研究》，《中国国家博物馆馆刊》，2020（1），63—79页。

[3] 樊文杰、张杰：《南昌汉代海昏侯国刘贺墓出土玉舞人年代考》，《南方文物》，2018（2），155—160页。

音乐世家，其兄李延年更是西汉著名的音乐家，李夫人也精通乐舞，这件玉舞人倒也与其身份相符，但仅凭这一点就推断玉舞人系她赠予皇孙刘贺之物，恐有过度揣测之嫌。因为类似的玉舞人，在湖北跑马堤墓和广州凤凰岗汉墓都有出土。后者同样也是残件，这些只能说明物以稀为贵，战国时期制作的玉舞人在汉代是贵族争相收藏的稀罕之物，至于刘贺从哪里得到这件玉舞人[1]，以及它对于刘贺而言是否有其他的渊源，无从知晓。

七、小结

海昏侯刘贺墓所出土的玉舞人为战国玉舞人，其断代的参照为金村双联玉舞人。据传金村大墓出土的玉舞人很多，但实际上真正可靠的只有两件，它们与战国楚墓出土的漆俑在细节上有许多共通之处，其他所谓的金村玉舞人或为伪造，或为后代的仿制品。

战国玉舞人的舞姿与汉代玉舞人不同，前者当与沟通天地有关，这种舞姿在汉代或演变出有助于升仙的功能，但在海昏侯刘贺墓中并未反映对此功能加以利用的意图，因其墓葬中未营造出与升仙相关的环境。与战国玉舞人相比，汉代玉舞人多数制作得比较粗糙，且在舞姿上也与战国玉舞人显著不同，它们本质上是玉偶人，用于辟邪。海昏侯墓所出玉舞人为死者生前所藏的喜爱之物，是具有特殊意义的物品，承载着刘贺独特的情感，在汉代文化的大背景之下，它在墓葬中的存在具有情感寄托与辟邪的双重功能。

通过对海昏侯玉舞人的研究，我们会发现，海昏侯墓所呈现的文化与礼仪现象不能简单地纳入汉代文化大背景中去解读，正如刘贺口中不放置蝉形玉琀，而是放了一枚镈钟形玉琀一样，是一种饱含个体意识的独特行为，其墓中大量出土金饼、编钟、竹简等事物，或许都与其个人悲剧性的命运息

---

[1] 海昏侯玉舞人是否来自"昌邑旧物"很难确定，因此也不能落实它反映了刘贺对昔日昌邑的怀念之情这一结论。参见徐良：《南昌海昏侯墓出土玉舞人考》，《地方文化研究》，2019（1），1—7页。

息相关。随着刘贺的薨逝，他的两个儿子先后夭折，后继无人，很多与礼仪制度有关的器物都一并葬入刘贺墓，以免在海昏侯国除后遗留下历史问题。也因此，我们在具体讨论特定的海昏侯墓出土文物时，需要把个体命运、时代特征、传统习俗等多元视角结合起来建构它的功能与意义。

先秦至两汉时期席镇的功能流变*

姚一鸣

中国艺术研究院研究生院

摘　要：先秦至两汉时期镇的造型变化较大，从半球形演变为虎、豹、羊、鹿、熊等圆雕造型，反映了古代具体实用器在意义附加与功能拓展上的一些规律。研究认为，镇从春秋时期的几何型发展到汉代的圆雕型，显示出汉代日用器物的世俗化转向，亦发生了由单纯装饰功能到反映汉人炫耀心理及豪奢思想的转变。

关键词：席镇；先秦两汉；器物功能

席地而坐是先秦两汉时期生活起居的显著特点，当时普遍使用的床、榻、几、案都很低矮，而诸如用藤、芦苇、蒲草或竹条编织的席子在使用过程中会出现折卷的情况，"席不正不坐"[1]，因此便需要有重物来镇压席子的四角，以符合礼仪的规范。镇进入人们的生活是因为它具有实用功能，起初只是未经雕琢并带有一定重量的石块，与席子搭配，便成为服务古人起居生

---

* 本文系中国艺术研究院基本科研业务费项目资助"我国考古新发现的美术考古研究"（立项号 2021-1-3）阶段性成果。

1　杨伯峻译注：《论语译注》，中华书局，1980，104 页。

活重要的物质文化遗存。随着人们对美石（玉）的推崇及对其价值的发掘[1]，出现了玉制的镇，《楚辞·九歌·东皇太一》称："瑶席兮玉瑱，盍将把兮琼芳。"朱熹注曰："瑱与镇同，所以压神位之席也。"[2]《九歌·湘夫人》中也提到："白玉兮为镇，疏石兰兮为芳。"[3]以上文献记载中存在着镇和瑱互用的情况，说明二者应为一物，皆为镇压坐席之用，但有玉和金属两种不同的质地，从造字的角度说明了材质之间的差异性。孙机先生最早对汉代的席镇进行相关研究[4]，引起了学界对镇这种器物的注意。早期的镇多为顶部带环的半球形器物，曾被误认为是用来衡量重量的权，但二者可通过是空心还是实心及器表有无装饰来进行区分[5]，为以后出土的类似器物提供了参照。

先秦到两汉时期的席镇多集中出土于中原地区，陕西、山西、河北、山东、江苏、广西等地也都有发现，主要分布在黄河中上游及长江中上游地区[6]，同政治中心及经济发达地区联系紧密。在漫长的历史时期里，席镇的造型经历了从单纯的平面化装饰到圆雕的转变，从实用之物发展成为精雕细琢的艺术作品，其中是否体现出不同时期人们审美的不同取向，又暗含了不同历史情境下怎样的文化功能？有鉴于此，笔者认为尚能进行更进一步的探讨。

---

1 "玉，石之美者。有五德，润泽以温，仁之方也；䚡理自外，可以知中，义之方也；其声舒扬，专以远闻，智之方也；不桡而折，勇之方也；锐廉而不忮，絜之方也。"参见（汉）许慎撰：《说文解字》，中华书局，1963，10页。

2 （宋）朱熹撰、蒋立甫校点：《楚辞集注》，上海古籍出版社，2001，32页。

3 （宋）朱熹撰、蒋立甫校点：《楚辞集注》，37页。

4 孙机：《汉镇艺术》，《文物》，1983（6），71—74页；孙机：《坐席镇与博镇》，《文物天地》，1989（6），10—14页。

5 孙华：《半球形器用途考略》，《南方文物》，1995（1），107—110页。

6 陆志红：《先秦两汉席镇研究》，见《考古学集刊》第19集，科学出版社，2013，207页。

一、先秦时期席镇的装饰性

先秦时期的席镇大多围绕器物表面进行装饰，纹样的设计服从于器物的形体。陕西茹家庄出土西周时期一件青铜镇（图1），呈椭圆形，正面鼓起，底面平正，上下两端中部微凹，外层的铜壳裹绕圆石，表面装饰兽面纹，其鼻梁高隆，两方形目，器身高 3.8 厘米，重约 450 克。此镇在墓室中只发现一件并置于棺椁一侧[1]，其兽面眼眶、鼻梁、双角与器身巧妙的结合为一体，左右两侧回旋内向的角装饰与下部的圈起的鼻孔，是对青铜鼎"有首无身"兽面纹[2]的模仿。有学者认为，青铜器上的动物纹样有其图像上的意义，是协助巫觋沟通天地神人的动物形象[3]。并非国之重器的青铜镇，其上的兽面纹作为主流装饰的延展，亦可能具有辅助某种仪式进行的功能。这件青铜镇上的兽面纹装饰，可以说是商周时期神秘、诡异风格的余韵，同尚鬼神的神秘主义、宗教意识密切相关。到了春秋时期，器物中的原始宗教意味慢慢减弱，兽面纹装饰的器物也逐渐消失，取而代之的是各种变形的蟠螭、蟠虺纹，活泼、清新而秀逸。需要说明的是，由于商周时期出土的标本数量较少，对早期镇的形制情况的研究仍需更多资料进行补充。

春秋时期较为常见的席镇的形式，是出土于浙江绍兴印山春秋墓中的

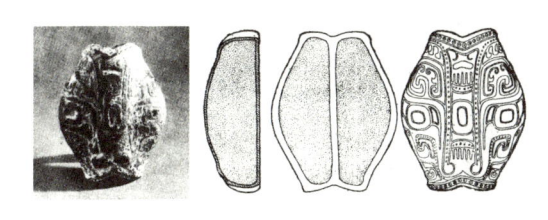

图1 西周时期兽面纹青铜镇
（宝鸡市博物馆编：《宝鸡强国墓地》，280页，图版一五四）

---

1 卢连成、胡智生：《宝鸡强国墓地》（上册），文物出版社，1988，281页。
2 兽面纹，又称饕餮纹，《吕氏春秋·先识览》云："周鼎著饕餮，有首无身，食人未咽，害及其身，以言报更也。"宋代金石学家沿用此名，将三代青铜礼器上的纹饰定名为饕餮纹。现代学者鉴于青铜器纹饰所呈现形式与内容的多样性，称其为"兽面纹"。
3 张光直著，郭净译：《美术、神话与祭祀》，辽宁教育出版社，2002，51页。

图2　绍兴印山大墓出土玉镇
（1999年第11期《文物》封面）

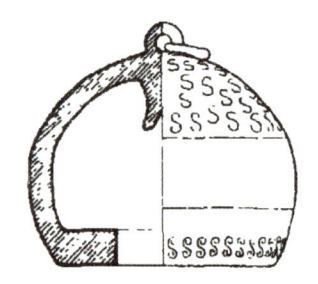

图3　绍兴出土原始青瓷镇
［沈作霖：《绍兴出土的春秋战国文物》，《考古》，1979（5），480页］

图4　广东广宁县铜鼓岗出土青铜镇
（广东省博物馆：《广东广宁县铜鼓岗战国墓》，见《考古学集刊》第1集，中国社会科学出版社，1981，113页）

镇（图2）。该种席镇共出土19件，除一件在盗土中掩埋，其余都在墓室中发现。此类镇为八棱形，隆顶，鼓腹，中腰以下内收，平底，实心，以玉制作，通身阴刻卷云纹。[1] 其造型上的平底弧状与同时期出土的镇有相似之处，如同样出土于绍兴的一件青瓷镇（图3）、广东省广宁县铜鼓岗M14出土的凤纹青铜镇（图4）、曾侯乙墓出土的蟠龙青铜镇（图5）。该类席镇顶部皆有孔环可供穿插，以便移动或提携，同时以阴线或浮雕纹饰来刻画器身，高度皆为5—10厘米，在结构上都能注入铅锡来增重，以符合压席之用。此时，半球形镇的形态已经确立，器身的装饰成为工匠主要的着力方向。有学者通过对先秦时期镇的分布及流变进行研究，认为越国是这种器物的主产地，而后才向周围地区传播[2]；还有学者认为此时镇上常见的勾云纹同龙首有关[3]，这说明席镇的造型与纹样存在着一个不断变化与发展的过程，随着时间与人口的流动逐渐被传播至不同地区。如把印山玉镇上的勾云纹同曾侯乙墓出土玉璧进

1　浙江省文物考古研究所、绍兴县文物保护管理所：《浙江绍兴印山大墓发掘简报》，1999（11），12页。
2　郑小炉：《东南地区春秋战国时期的"镇"——古越族向岭南迁徙的一个例证》，《边疆考古研究》第2辑，科学出版社，2004，195—204页。
3　罗樾、张乔：《东周玉器装饰中塑性卷纹的出现与衰退》，《新美术》，2014（7），29—35页。

行对比[1]，能看出这种勾云纹的出现并不局限于某类器物之上，而是一种普遍流行的装饰手法。此外，除了半球形镇，在肇庆北岭松山墓还出土了一种方形器，器体雷纹密布，同样上部铸有钮环，长宽高均为6.3厘米，发掘简报把其当作某种器物的一部分[2]。但从上铸有钮环、器身铸铅以及出土数量为四件来看，这种方形器应为镇，迥异的器形具有鲜明的地域性特点。综上所述，先秦时期的席镇器形较为稳定，主要以半球形为主，偶见方形，但总的特征是以几何形体来表现，既满足基本的实用场景，又具备一定的装饰意味，反映出先秦时期席镇根据器形来进行装饰的特点。

从装饰上看，先秦时期镇的纹样有着平面而抽象的特点，大多以卷云纹、雷纹、凤纹等线刻表现。其中，绍兴出土的镇以卷云纹表现，并沿器身自上而下展开，而同墓出土的一件长方形玉饰亦刻画相同纹样[3]，说明该时期部分器物的纹样具有共通性。众所周知，玉璧承载着重要的祭祀礼仪功能，而席镇作为日常活动中的常见之物，器体上的图案与当时特定的装饰思想密切相关，是某种特定装饰思潮在日常用具上的具象化，达到了实用性与装饰性的统一。《周礼·春官宗伯》中记载，司几筵的职责繁多，需要"掌五几、五席之名物，辨其用与其位。凡大朝觐、大飨射，凡封国、命诸侯，王位设黼依，依前南乡，设莞筵纷纯，加缫席画纯，加次席黼纯，左右玉几。祀先王昨席亦如之。……甸役，则设熊席，右漆几。凡丧事，设苇席，右素几"[4]。司几筵掌握五几、五席的分类，在封建国家、策命诸侯之时铺设有云气图案的蒲席，再加上绣有黑白花纹镶边的竹席，田猎之时以熊皮为席，奠祭时则设苇席。从中可以看出，不同类型的场合需要设置不同类型的几案与席子，因此不难想象，镇在各种场合中也被广泛使用。

另一方面，墓葬的等级也与席镇的装饰程度有密切关系。上文提及的

---

1 杨伯达主编：《中国玉器全集（上）》，石家庄：河北美术出版社，2005，275页。
2 徐恒彬：《广东肇庆市北岭松山古墓发掘简报》，《文物》，1974（11），73、78页。
3 浙江省文物考古研究所、绍兴县文物保护管理所：《浙江绍兴印山大墓发掘简报》，《文物》，1999（11），12页。
4 杨天宇：《十三经译注·周礼译注》，上海古籍出版社，2004，303—305页。

图5　曾侯乙墓出土蟠龙青铜镇
（中国青铜器全集编辑委员会编：《中国青铜器全集》第10卷东周（四），文物出版社，1998，176页）

图6　大云山汉墓出土人形铜镇
［李则斌：《江苏盱眙县大云山西汉江都王陵一号墓》，《考古》，2013（10），36页］

曾侯乙墓中的蟠龙镇，重达1.25千克，雕塑、刻镂、镶嵌等技法结合为一体，八条相互纠缠的龙或立于器体之上为圆雕状，或贴近器身为浮雕，龙身附有鳞饰，龙与龙之间还有14个小圆圈，圆圈内原有镶嵌物，现已脱落。复杂瑰丽的铸造工艺是曾国君主权势的体现，其发达的工艺代表了当时楚地最先进的水平，这也同楚地丰厚的青铜资源有关。[1] 纵观东周时期半球形席镇的装饰意匠，可以看出镇被赋予了新兴社会阶级的意识面貌和审美趣味，同日常器物的互动变得紧密，类似的装饰在不同器物上有着明显的共通性，复杂的工艺给曾国的器物也营造出了特定的装饰风格，三代时期装饰上的神秘感进一步消退，活泼、轻快的风格逐渐确立。

二、汉代席镇造型的多样化

到了汉代，金属冶铸业有了进一步发展，墓葬所见的礼仪器物有所减少，各地席镇的造型与装饰出现了明显的统一化趋势。这一时期，青铜文化发展到了"重人"的阶段，人们对铜器的使用转向了日用品，表现在席镇上，最突出的特点便是由先秦时期的半球形转变为圆雕，成为一种装饰

---

[1] 郭德维：《谈谈我国青铜铸造技术在楚地的发展与突破》，《中原文物》，1990（1），80页。

图7　江西南昌海昏侯墓出土人形铜镇

（南昌汉代海昏侯国遗址博物馆：《金色海昏——汉代海昏侯国历史与文化展》，文物出版社，2020，115页）

与实用并重的雕塑艺术作品，制造的工艺与水平也达到了新的高度。

目前所见的汉镇从材质上分，有青铜镇、铁镇、铅镇、银镇等；从造型上分，有人物、动物等。出土于江西盱眙大云山西汉江都王陵一号墓（以下简称"大云山汉墓"）的四件人形铜镇，第一件右手附耳旁，左手平放在腿上，两腿盘踞，底长5.5厘米、宽5.1厘米、高7.5厘米；另一件尺寸与第一件相近，唯有表情略有不同，右手下垂。两件都以鎏金进行装饰。（图6）海昏侯刘贺墓出土的四件人形铜镇亦相同，但未见使用鎏金。（图7）此外，1973年南昌东郊西汉墓M14也出土了一组四件青铜席镇，形制与前两地出土的人形席镇类似[1]，同样未饰鎏金，虽然不能否认鎏金饰存在因墓葬环境不佳而脱落的可能，但从器物生产的角度来观察，汉代中央与地方的工官生产机构有明显的区别，体现在制度、工艺等多个方面。由中央工官机构制造的器物，用于皇帝赏赐给地方诸侯，博山炉的使用即为一例[2]。因此，人形鎏金青铜席镇在高等级汉代墓葬的出现，可能与此有关，这也从另一方面说明此类席镇使用者身份的高贵。以这种人形镇环置座席周围，是当时宴乐生活的生动再现。孙机先生将这类人物判断为表演拍袒之戏的优人[3]，这也说明了汉代乐舞娱乐活动在宫廷的盛行。

1　江西省博物馆：《南昌东郊西汉墓》，《考古学报》，1976（2），179页。
2　练春海：《博山饰源流考》，《民族艺术》，2013（5），135页。
3　孙机：《拍袒与影戏——戏剧文物二题》，《文物天地》，1987（3）。

传承与流变

图8 满城汉墓出土错金银铜豹镇
（卢兆荫:《满城汉墓》,生活·读书·新知三联书店,2005,49页）

图9 大云山汉墓出土铜虎镇
[李则斌:《江苏盱眙县大云山西汉江都王陵一号墓》,《考古》,2013（10）,35页]

图10 安徽合肥出土鎏金熊形青铜镇

除人物形镇之外，各种写实类的动物形镇为数最多，工艺上以青铜为主，辅以金银涂料。1959年河北定县北庄汉墓出土的三件铜虎镇[1]，河北沧州贯公墓出土的铜豹镇[2]，河北满城汉墓出土的铜豹镇（图8），江苏盱眙大云山汉墓出土的铜虎镇（图9）皆为错金银工艺饰以虎斑纹，其虎豹形象或盘踞，或伏地，或卧姿昂首前视，造型各不相同。可以看出，较先秦时期，汉镇在造型与纹饰上更具多样化特征，这既体现了金属制造工艺的进一步发展，又说明了汉代人对日常器物的讲究。如大云山汉墓出土的铜虎镇，器身模铸制成，又以金银错出虎斑纹，真实地模拟了老虎的皮毛走向，对须发、表情的刻画也十分精细，在镇压坐席之际，也能供人把玩或近距离欣赏，其常见的侧卧昂首、张口、双目圆睁的警惕防备姿态，可能同时还承担着镇墓与辟邪的功能。

除了虎豹类，熊与鹿也是汉镇中常见的造型。1952年出土于安徽合肥的两件熊形席镇（图10），昂首张口，姿态憨厚。熊在汉代被视作吉祥的动物，《诗·小雅·斯干》有言："大人占之，

---

1 河北省文化局文物工作队:《河北定县北庄汉墓发掘报告》,《考古学报》,1964（2）,141页。
2 王敏之:《杜阳虎符与错金铜豹》,《文物》,1981（9）,91页。

为熊维罴，男子之祥。"[1] 对熊的喜爱来源于楚国，荆楚的王名大多开首以"熊"命名，这说明古代以熊为图腾的信仰的流行。[2] 而通体鎏金的造型表现了对熊这种动物的仿生化装饰处理，无疑为居室增添了活泼自然的气氛。再者如出土于河南陕县（今陕州）后川西汉墓的鹿形镇（图11），整体作侧卧状，转首左视；头上双茸初露，颈部细长，臀宽而丰圆，短尾或曲卷，四肢前躬后屈；

图11 河南陕县出土嵌贝鹿镇
（中国社会科学院考古研究所编著：《陕县东周秦汉墓》，科学出版社，1994年，图版一○一）

背嵌褐色斑纹的天然大螺壳以象征梅花鹿。鹿在我国古代也被赋予了独特的文化内涵，从秦代起，鹿象征着帝位与政权，为汉代及以后各代共识，《史记·淮阴侯列传》曰："秦失其鹿，天下共逐之，于是高材疾足者先得焉。""以鹿喻帝位也。"[3] 成语"逐鹿中原""鹿死谁手"也皆含此意。汉郑众《婚物赞》曰："鹿者，禄也。"[4] 汉乐府《长歌行》也有"仙人骑白鹿，发短耳何长"的诗句[5]，可见汉代人在鹿这种动物身上寄托了对功名利禄、长寿富贵的精神追求。除此之外，还有龟、蛇、辟邪、牛、博山等不同造型的汉镇，除了折射出汉人对个别动物寓意的美好追求之外，还集中反映出席镇在汉代造型转变过程背后丰富的文化内涵，不仅精美而实用，还成为反映人们思想信仰的载体，寄托了人们美好的祝愿。在社会现象抽象化的过程中，这些动物概念起了重要的作用，可以说，动物有时是材料，有时用来说教，还可以做装饰图样，如此等等，都是人类社会认识自己的工具。[6]

---

1 刘毓庆、李蹊译注：《诗经》（全二册），中华书局，2011，476页。
2 何光岳：《荆楚的来源及其迁移》，《求索》，1981（4），155页。
3 （汉）司马迁：《史记》，中华书局，1959，2629页。
4 （唐）杜佑：《通典》，中华书局，1988，1650页。
5 （宋）郭茂倩：《乐府诗集》，中华书局，1979，442页。
6 [英]胡司德：《古代中国的动物与灵异》，江苏人民出版社，2020，5—6页。

传承与流变

三、形制转变中席镇的附加功能

席镇从先秦时期的半球形发展到汉代的圆雕，除了造型发生显著变化，使用频率相比于先秦时期也更高。有学者认为，汉代人通过地域扩张开阔了视野，这种动物造型的自由显示出西汉人对吉祥文化和自然图示化的新兴趣[1]，正是墓葬出土的大量实物为我们讨论汉镇的独特性提供了可能。从社会性的角度来看，笔者认为，在墓葬功能、使用等级两方面，汉镇也产生了新的内涵，同时，在汉代豪奢风气的影响下，还反映出使用者用以标榜身份的潜在意图。

首先是在汉代墓葬中席镇的位置问题。除了日常供人使用外，目前在未经盗扰的汉墓中，部分席镇呈矩形分布，其上还分散放置玉璧、陶罐、铜镜等物品[2]，表明席镇在墓葬中是按照墓主生前生活的情景来布置的。同其他随葬器物一样，镇作为生器被安放到墓葬当中，在这里象征着死者的"乔迁"，有安抚之意[3]，成为重要的墓葬"家具"之一。另一方面，这也体现出汉代人的丧葬观念，那就是在地下构造新的环境供墓主继续居住，生前所享用的物品被尽可能地复制到地下，一方面是事死如生观念的延续，另一方面又体现出当时厚葬风气的强烈影响。

其次是席镇所表现出的等级差异，这主要体现在材质和制作工艺上。在汉墓中还出土有铅质、铁质的镇，如沂水县荆山西汉墓[4]、徐州市韩山东汉墓[5]等，相比于汉代王陵中工艺精美的青铜镇，铁镇、铅镇的使用者身份显然较低。此外，在王侯一级中同样也有区别，刘贺墓中出土席镇的精美程度同刘胜墓所见仍有一定差距，即使刘贺曾贵为天子，随葬财物丰厚，

---

1 Michelle C.Wang，Guolong Lai，Roel Sterckx，Eugene Wang.*A Bronze Menagerie：Mat Weights of Early China*，Boston，2006：57.

2 南京博物院：《铜山小龟山西汉崖洞墓》，《文物》，1973（4），22 页。

3 练春海：《器物图像与汉代信仰》，生活·读书·新知三联书店，2014，4 页。

4 沂水县文物管理站：《山东沂水县荆山西汉墓》，《文物》，1985（5），50 页。

5 徐州市博物馆：《徐州市韩山东汉墓发掘简报》，《文物》，1990（9），80 页。

其墓中仍未见同其他诸侯王墓中类似的错金银青铜镇，这也可能同上文所提及的中央赏赐制度有关。但在制作工艺上，刘贺墓出土的一件龟形镇十分精致（图12），龟身为铜铸，木质龟背上镶嵌玉石，局部有鎏金痕迹，造型浑厚圆满，镶嵌的玉石与龟的文化意象共同表达了使用者对长寿与不朽的向往。这种复杂的工艺与构思较难在低等级墓葬中发现，相比于早年刘胜墓与刘非墓出土的虎豹镇，显示出不同的审美意趣。可以说，华丽的席镇不仅彰显出主人雄厚的财力，也是使用者身份的象征。《盐铁论·散不足篇》有言："富者银口黄耳，金罍玉钟，中者野王纻器，金错蜀杯。"[1]汉代贵族对金银器物的推崇达到了新的历史高度，其首要前提就是对材质的要求。

图12　刘贺墓出土鎏金嵌玉石龟形青铜镇
（南昌汉代海昏侯国遗址博物馆编：《金色海昏——汉代海昏侯国历史与文化展》，114页）

汉代席镇还反映出使用者的炫耀心理，这体现在对外来文化的吸收上。大云山汉墓出土的铜虎镇以金银错出双钩S纹样（见图9），这种纹饰可能来自伊朗—阿富汗地区。[2] 此外，在其他诸侯王墓中都有发现带有西方风格的器物，如具有明显外来风格的裂瓣纹银盒[3]、双狼猎猪纹石嵌饰[4]等。这说明异域风格已广泛进入到贵族的视野，在大一统王朝中广为盛行，对于这种富含异地审美风格器具的使用，无疑是汉代王侯贵族所独享的特权之一。《汉书》曾对刘胜的生活作风有着简洁而准确的描述："为人乐酒好内，有

1　王利器校注：《盐铁论校注》，中华书局，1992，351页。
2　李零：《"国际动物"：中国艺术中的狮虎形象》，见《万变——李零考古艺术史文集》，生活·读书·新知三联书店，2016，387页。
3　李零：《论西辛战国墓裂瓣纹银豆——兼谈我国出土的类似器物》，《文物》，2014（9），65页。
4　江西省文物考古研究院、厦门大学历史系：《江西南昌西汉海昏侯刘贺墓出土玉器》，《文物》，2018（11），58页。

图13 大云山汉墓出土带钩
[李则斌:《江苏盱眙县大云山西汉江都王陵一号墓》,《考古》,2013(10),67页]

子百二十余人。""中山王但奢淫,不佐天子拊循百姓,何以称为藩臣!"[1] 加上墓中出土的玉衣、题凑以及各类各样的精美随葬品,勾画出了汉代王侯富足豪奢的日常生活图景。汉代贵族用器用工繁缛细致,这还能从汉代墓葬当中大量出土的各式带钩可管窥一二。大云山汉墓出土带钩149件,有龙形、象首等造型,《淮南子·说林》称:"满堂之坐,视钩各异,于环、带一也。"[2] 作为生活起居中必不可少的用具,带钩式样丰富、极尽华美,对各式样带钩的选择也微妙地体现出使用者的身份与品位。大云山汉墓出土了一件水晶带钩(图13),呈琵琶形,钩首上扬,腹部有一圆钮,晶莹剔透,同出的还有玉质带钩、金镶玉带钩[3],显示出工匠独具匠心的创造力和西汉时期手工业的高水准。相比起来,席镇和带钩同样作为汉代常见的日用品,造型奇异与工艺复杂,某种程度上也是为了得到"观者"的认同,有着被欣赏与识别的功能,从蕞尔小物中体现使用者的财力水平与炫耀心理,强调了等级与身份,也是个人审美意趣的彰显。

总的来说,镇从出现之时以实用为主,纹饰大多只有装饰器身的单一功能,到汉代被赋予了更多的文化意味,汉代贵族借席镇装点庭室,营造豪奢的起居环境,还以此彰显财力、标榜身份。到了魏晋时期,坐卧方式逐渐发生变化,再加上薄葬居多,出土席镇数量骤降,席镇便随之湮灭在漫长的历史长河中。

---

1 (汉)班固:《汉书》,中华书局,1962,2425页。
2 何宁撰:《淮南子集释》,中华书局,1998,1214页。
3 李则斌:《江苏盱眙县大云山西汉江都王陵一号墓》,《考古》,2013(10),67页。

临沂吴白庄汉墓画像石中的"武王伐纣"故事及其意义

朱浒

华东师范大学美术学院

摘　要：临沂吴白庄汉墓中室南壁东门楣上的图像曾被前人识别为"行刑图"或"党锢之祸"。通过图像分析及与考古出土实物的对比，我们认为此画像的主角为纣王帝辛，其图像特征为头戴通天冠，腰间佩绶带，手执高足杯豪饮。此横梁从左至右描绘了五个场景，前四个场景分别是帝辛阅简、好勇征伐、比干死谏、沉湎于酒，第五个场景则是武王牧野盟誓，率领胡汉士兵伐纣。故此图像应更名为"武王伐纣图"，系近年汉画故事之新品种。其图像虽主要表现了"恶以诫世，善以示后"的道德劝诫意义，但纣王的艺术形象却是丰满而立体的，传递出"商周易代"的合法性。

关键词：吴白庄；汉画像石；商纣王；武王伐纣；牧野之战

吴白庄汉墓位于临沂市罗庄区盛庄街道吴白庄村，最早发掘于1972年。墓葬为半地上砖石结构建筑，东西宽15米，南北长9米，高约3.5米。有画像石材49块，画面65幅，其发掘报告最初见1999年《东南文化》[1]。

1　管恩洁、霍启明、尹世娟：《山东临沂吴白庄汉画像石墓》，《东南文化》，1999（6）。

图1　中室南壁东门楣画像在墓中的原始位置

2002年临沂市博物馆编写的图录收录了其大部分图像，但不完整[1]，直到2018年该墓详细的发掘报告由齐鲁书社出版，才使得学界对其进行细致的图像学研究成为可能。二十多年来，郑岩[2]、杨爱国[3]、王煜[4]、胡文峻[5]等学者先后关注过吴白庄汉墓画像石中的胡人形象、外来因素、整体配置与羽人图像等个案，其研究热度呈逐年上升之势头。

笔者注意到，吴白庄汉墓中室南壁东门楣上的横梁上存在一幅重要的历史故事画（图1），管恩洁先生在最初的简报中仅对其进行内容简述，并提及"执刑"二字。之后的学术成果多沿用了这一说法，将这幅图称为"行刑图"。2006年，张道一先生在《汉画故事》中提出，此画像石内容与东汉末年"党锢之祸"有关，亦自成一说。[6]笔者在2008年、2021年两赴临沂市博物馆对此汉画像石墓进行考察，通过细致观察，结合文献考证，笔者认为前人对其内容的识别有误，初步认为这幅图像表现的是一个尚未被准确定名的历史故事。特撰此文，与诸君分享最新的研究成果。

1　临沂市博物馆编：《临沂汉画像石》，山东美术出版社，2002。
2　郑岩：《汉代艺术中的胡人图像》，见《艺术史研究》第1辑，中山大学出版社，1999，133—150页。
3　杨爱国：《山东汉代石刻中的外来因素分析》，《中原文物》，2019（1）。
4　王煜、皮艾琳：《祭祀是居，神明是处——临沂吴白庄汉画像石墓图像配置与叙事》，见《艺术史研究》第24辑，中山大学出版社，2021，1—22页。
5　胡文峻：《临沂吴白庄汉墓羽人高浮雕壁柱中的本土与西方因素试察》，文章宣读于华东师范大学美术学院主办的"'视觉营造'与'知识生成'——第二届汉代图像研究青年论坛"，2021年6月。
6　张道一：《汉画故事》，重庆大学出版社，2006，151页。

一、图像志分析

管恩洁先生在最初的简报中对此图像内容描述如下：

第53幅（中室南壁横额） 自左至右：一着冠服者，腰佩长剑，左手执一物，一人左向捧简躬立，一着冠服、耸肩、长胡者正面立，一武卒左向荷戟，一人捧笏而跪，后一武士，左手执斧，右手抓其肩，似欲执刑，一着冠服者左手持物正面而立，旁有一长胡者正面立，二戴武冠武卒荷戟、佩剑左向行，右刻二戴斜顶冠武卒，荷环首刀、持盾，提弩左向行。[1]（图2）

图2 中室南壁东门楣画像拓片

需要注意的是，这种图像描绘方式常见于考古报告，虽然非常客观，但对破译图像的真实内容并无裨益。管恩洁先生明显注意到了几个非常重要的细节，包括人物的"长胡"细节，执斧"行刑"的细节，以及右侧武卒的铠甲和兵器存在差异等，但未做进一步探究，殊为可惜。近年来，在邢义田教授的倡导下，学术界多采用"格套法"[2]对汉画像中的未知内容进行研究，也取得了一些突破性的进展。细致的观察是帮助我们了解核心人

---

1 管恩洁、霍启明、尹世娟：《山东临沂吴白庄汉画像石墓》，《东南文化》，1999（6），52页。
2 邢义田：《格套、榜题、文献与画像解释——以一个失传的"七女为父报仇"汉画故事为例》，见《画为心声——画像石、画像砖与壁画》，中华书局，2011，92—137页。

物身份，破译故事内容的前提。

详观此图，我们发现一共刻画了十二个人物。鉴于其最右侧为两组不同装束的四名武卒，我们将主要研究对象设为左起前八人。为了方便论述，我们按照从左至右的顺序将其编号设为某甲、某乙、某丙、某丁、某戊、某己、某庚与某辛。让我们来寻找这些人物的共同特征，并试图对其身份总结出一些规律。

（一）人物冠饰分析

汉画中，不同男性人物的冠饰有着明显的区别。按照孙机先生的研究成果，东汉主要流行有帻之冠，男性之冠大致可以分为通天冠、进贤冠、武冠、介帻等几类。[1] 我们可依此对图像中前八人的冠饰进行分类：

第一类，头戴通天冠人物，分别为某甲、某丙、某庚与某辛，共计四人。其中，某甲通天冠为侧面，而某丙、某庚与某辛三人通天冠均以正面示人。（图3）在东汉，通天冠为天子的冠冕，《汉官仪》载"天子冠通天"[2]，《后汉书·舆服志》记载："通天冠，高九寸，正竖，顶少邪却，乃直下为铁卷梁，前有山，展筒为述。"[3] 此类通天冠，在山东地区汉画像石历史故事中俯拾皆是，不仅见于三皇五帝与周天子等古代天子，还常见于春秋战国各国的国君，如嘉祥画像中的齐桓公、鲁庄公、齐王等，均戴通天冠。（图4）

第二类，平巾帻。可见某乙、某己之冠饰。另，最右侧四名武卒之左侧两位也佩平巾帻，可知四人身份接近。（图5）用帻者一般身份偏低，蔡邕《独断》称："帻，古者卑贱执事不冠者之所服也。"[4] 到了东汉后期，平上帻的后部加高，正如《续汉书·五行志》载："延熹中，梁冀诛后，京师

1　孙机：《汉代物质文化资料图说》，文物出版社，1991，229—236页。
2　（南朝宋）范晔撰，（唐）李贤等注：《后汉书·卷二·显宗孝明帝纪第二》，中华书局，1965，100页。
3　（南朝宋）范晔撰，（唐）李贤等注：《后汉书·志第三十舆服下·通天冠》，3665页。
4　（南朝宋）范晔撰，（唐）李贤等注：《后汉书·志第三十舆服下·帻》，3671页。

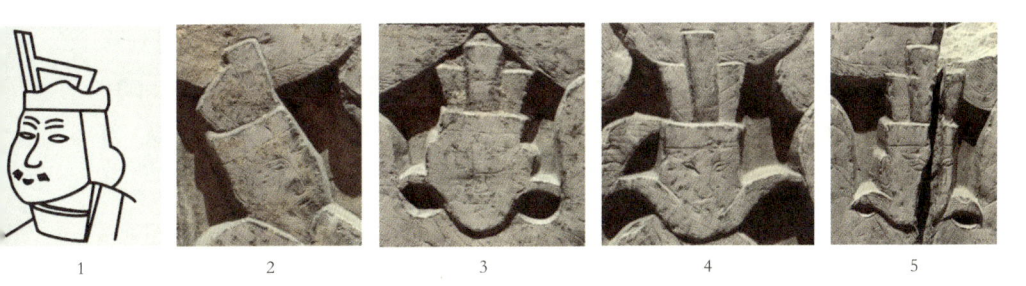

图3　人物冠饰比较图之通天冠
（1.孙机绘制通天冠；2.某甲冠饰；3.某丙冠饰；4.某庚冠饰；5.某辛冠饰）

图4　嘉祥汉画像石中佩戴通天冠的古代帝王（1.齐桓公；2.鲁庄公；3.齐王）

图5　人物冠饰比较图之平巾帻
［1.河北望都光和五年（182年）墓所出石俑之帻；2.某乙平巾帻；3.某己平巾帻；4.右侧两武辛平巾帻］

传承与流变

帻颜短耳长，短上长下。"¹ 孙机认为："颜短即前低，耳长即后高；这种式样的帻又名平巾帻。河北望都光和五年（182年）墓所出石俑之帻（图5-1）可以为例。"² 审此四人动作，某乙手持竹简，某己执斧，两武卒扛长戟，均为地位不高之人，恰如孙机先生之论。

第三类，武弁大冠。仅见某丁一例，其为军士所佩。《周礼·司服》云："凡兵事韦弁服。"³ 当弁与平上帻组合在一起，就变成了武弁大冠，或称"武冠"。《晋书·舆服志》云："武冠一名武弁，一名大冠，……或曰赵惠文王所造，因以为名。"⁴ 弁上往往有纱状物，又称为缅纱。孙机指出，"这些弁的缅纱均孔眼分明。不仅实物如此，画像石中的武弁，也常特地刻画出网纹来，表示原物的质地是细疏的织物。"⁵ 此图中，某丁肩扛戟，颔首向左，俨然一武卒，其冠饰与甘肃武威磨咀子62号汉墓男尸所戴武弁大冠相差无异。（图6）

第四类，进贤冠。仅见某戊一例。《后汉书·舆服志下》："进贤冠，古缁布冠也，文儒者之服也。"⁶ 此冠饰在汉代最为流行，其造型前高后低，前柱倾斜，后柱垂直，戴时加于巾帻之上。在汉代，上至公卿，下至小吏，均喜佩戴，以梁的数量来定身份之高低，以三梁最为尊贵。由此可知，此图中某戊形象应为汉代常见的文官造型。（图7）

综上分析，大致可以认为某甲、某丙、某庚与某辛四人均佩戴通天冠，疑似古代帝王，而其余几人均地位较低，主要为佩戴平巾帻、武弁大冠的低级官吏或武士，及佩戴进贤冠的文官。

（二）人物印绶与鞶囊分析

邢义田先生的最新研究成果对判断汉画人物的身份问题颇有裨益。

---

1 （南朝宋）范晔撰，（唐）李贤等注：《后汉书·志第十三·五行一·服妖》，3271页。
2 孙机：《汉代物质文化资料图说》，232页。
3 （清）阮元校刻：《十三经注疏·清嘉庆刊本·卷第十八》，中华书局，2009，510页。
4 （唐）房玄龄等撰：《晋书·卷二十五·志第十五·舆服》，中华书局，1974，767页。
5 孙机：《汉代物质文化资料图说》，233页。
6 （南朝宋）范晔撰，（唐）李贤等注：《后汉书·志第三十舆服下·进贤冠》，3666页。

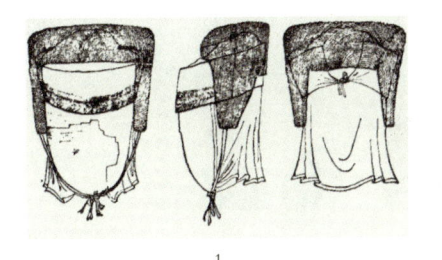

图 6　人物冠饰比较图之武弁大冠
（1. 甘肃武威磨咀子 62 号墓男主人所戴武弁大冠；2. 某丁武弁大冠）

图 7　人物冠饰比较图之进贤冠（1. 孙机绘进贤冠示意图；2. 某戊之进贤冠）

2018 年，邢氏在北京大学"北大文研讲座"（第 107 期）提出"印绶与鞶囊"这两种前人鲜少提及的图像可作为研究汉画的重要工具，其雄文后收录在《多面的制度——跨学科视野下的制度研究》一书中[1]，对笔者启发很大。邢义田也开辟了用印绶图像来研究吴白庄汉墓人物画像的先河。[2]

邢氏认为，在汉代，"印绶成为一种权利的象征，佩戴印绶的人有印在手，才有权定策、盖印和发文。……秦汉时期的印章固然重要，却只有指甲盖这么大，不容易看见。'看不见'这一点实在不合政治符号设计的原则。印章本身受到使用上的限制，既然无法加大，怎么使它容易被看见

1　阎步克、邢义田、邓小南等：《多面的制度——跨学科视野下的制度研究》，生活·读书·新知三联书店，2021，43—106 页。
2　阎步克、邢义田、邓小南等：《多面的制度——跨学科视野下的制度研究》，96 页。

传承与流变

图 8　汉代图像中的绶带与鞶囊、印章
（1.靖边杨桥畔渠树壕汉墓壁画中佩戴白色绶带的官员；2.成都墓门画像石上佩戴印章的官员）

呢？古人很聪明，用一条长、宽和颜色都十分夸张的大带子系在小小的印章之上。绶带容易被看见，又可使人联想到所系的印，权利和身份也就借绶带而展示出来了"[1]。他援引了靖边杨桥畔渠树壕汉墓一幅绘制了佩戴白色绶带官员的壁画来论证绶带在视觉上的冲击力。（图 8-1）[2] 在汉画像石上，也大量存在这种绶带的细节刻画。绶带图像上时常会绘有或刻有装印章的容器——鞶囊。《宋书·礼志》载："鞶，古制也。汉代着鞶囊者，侧在腰间，或谓之傍囊，或谓之绶囊。然则以此囊盛绶也。"[3] 成都出土过一块墓门画像石，其上刻画一位头戴笼冠的官员，其腰间悬挂一方形带文字的方形物，仔细识别，其文字为"诏所名捕"，或许就是拟印章一类的东西。[4]（图 8-2）

仔细观察吴白庄汉墓中室南壁东门楣上四个戴通天冠人物，我们会发现其腰间不仅有绶带，绶带中还出现了一个方形的网格纹装饰的物体，依照邢义田先生的前期研究，我们认为这应该就是装印章的鞶囊。汉画工匠用网格纹来表现出鞶囊的纹理。某甲、某丙、某庚与某辛四位通天冠人物的绶带与鞶囊详见图 9。我们发现，某丙的左手恰好遮盖在绶带与腰部的连接处，可能刻意将鞶囊握住，故此处仅刻有绶带而无鞶囊。其余人物的

1　阎步克、邢义田、邓小南等：《多面的制度——跨学科视野下的制度研究》，56—57 页。
2　徐光冀主编：《中国出土壁画全集·6·陕西卷上》，科学出版社，2011，41 页。
3　（梁）沈约撰：《宋书·卷十八·志第八·礼五》，中华书局，1974，517 页。
4　Richard C.Rudolph，Wen Yu，*Han Tomb Art of West China*，Berkley：University of California Press，1951，P.38.

图9　人物的绶带与鞶囊［1.某甲；2.某丙（缺鞶囊）；3.某庚；4.某辛］

绶带与鞶囊齐备，显然具有身份的同一性。其他诸色人物均未佩戴绶带和鞶囊，可证其身份较低。

通过对此图像中多位人物的详细图像志解读，以冠饰与绶带、鞶囊作为主要观察对象，可认为某甲、某丙、某庚与某辛四位人物头戴通天冠，腰中系着标识其身份的绶带与鞶囊，视觉效果十分明显。依照前人的研究经验，我们可以明确获知某甲、某丙、某庚与某辛为古代的帝王。

二、纣王身份的确认

既已明确图像中的四位核心人物为古代帝王，那么具体究竟是谁？由于没有榜题及其他已知格套作为参考，我们需要采用另一种方法，即通过人物"标志物"来判断人物身份。

值得注意的是，在四位人物中，某甲与某庚手执近乎一致的两件器物，而不见于其余二人。这类器物大致呈上下两个结构，上部似为两根羽状物，上宽下窄，上面刻有斜的平行阴线纹；下部似乎为一容器，广口，收腹，上平，口沿处刻有弦纹，器身上则刻有网格纹，底部被握于掌中。（图10）

我们将此图像的下部容器（图11-1、11-2）与考古出土实物进行对比研究，可认为其为高足杯。秦汉时期，这种玉质的高足杯为皇家高等级贵族使用的酒器。1976年，考古工作者在西安长安县车刘村秦代阿房宫遗址

传承与流变　　　　　　　　　　　　　　　　　　　　　135

图10　手执器物人物（1. 某甲；2. 某庚）

发掘出一件秦代玉杯，器身布满卷云纹、变形几何纹、网格纹等。[1]（图11-3）1995年，徐州狮子山楚王陵墓道南侧耳室内出土两件西汉早期的玉杯，其造型"上大下小，直壁，下有喇叭形圈足。杯体上部饰有一组兽面纹，其余饰勾连纹，下有高圈足"[2]。（图11-4）2010年，西安长安区大兆甘家堡汉宣帝杜陵失窃一件圆雕玉舞人与三件玉杯，后被公安部门追回，定为国家一级文物。三件玉杯的造型大同小异，有两件口沿和底沿釦有黄金，杯口、杯腰、杯腹均有装有凸线弦纹，其中一件腹部釦有黄金。[3]（图11-5、11-6、11-7）《汉旧仪》："太官尚食，用黄金釦器。"[4] 鉴于其材质珍贵，又出于西汉皇家陵区，应为西汉皇室所拥有。此外，洛阳博物馆还收藏有一件曹魏正始八年墓出土的玉杯[5]，其玉质细腻，造型素雅，或为后汉遗物（图11-8）。综上，这类玉器与秦汉皇家的用玉制度有关，应为秦汉时期帝王贵胄所使用的酒器。

基于此，吴白庄汉墓中室南壁东门楣上手执器物的古代帝王某甲与某庚，应是使用高足杯饮酒。虽然汉画像中刻画的高足杯的底部被人物右手握住，仅露出上半部分，但不影响我们对其器形的判断。从纹饰看，高足杯器身上装饰有网格纹，口沿处有弦纹，同样可与考古实物相互佐证。

帝王手执高足杯饮酒的场景在这幅汉画中多次出现，在汉人的历史记忆中，有哪位古代帝王是以"善饮酒"而闻名的呢？我们不由得联想起商朝末代君主纣王。

1　古方主编：《中国出土玉器全集·14·陕西卷》，科学出版社，2005，117页。
2　狮子山楚王陵考古发掘队：《徐州狮子山西汉楚王陵发掘简报》，《文物》，1998（8），17页。
3　师小群、王蔚华：《汉宣帝杜陵出土的玉舞人与玉杯》，《收藏界》，2011（8），28—30页。
4　陈直著：《汉书新证·百官公卿表·七上》，中华书局，2008，97页。
5　张剑、余扶危：《洛阳曹魏正始八年墓发掘报告》，《考古》，1989（4），318页。

图 11 人物手执物与考古发现高足杯比较
（1、2. 人物手执物图；3. 阿房宫遗址出土秦代玉杯；4. 狮子山楚王陵出土西汉玉杯；5. 杜陵失窃玉杯之一；6. 杜陵失窃玉杯之二；7. 杜陵失窃玉杯之三；8. 曹魏正始八年墓出土玉杯）

商纣王因酗酒而亡国，这在西周建国之后成为一种充满道德劝诫意味的公共认知。周公在《尚书·酒诰》中说纣王"惟荒腆于酒，不惟自息乃逸"[1]。在总结商代亡国经验的时候，认为"诞惟民怨，庶群自酒，腥闻在上。故天降丧于殷，罔爱于殷，惟逸"[2]。可知周人对"腆于酒"的商人深恶痛绝。周人还特意制作了一种青铜器——禁，用来提醒人们不要酗酒。《仪礼·士冠礼》注曰："名之为禁者，因为酒戒也。"[3] 在先秦文献中，这类著述颇多，可以视为当时社会的一种普遍看法，如《尚书·商书》云："我用沉酗于酒，用乱败厥德于下。"[4]《诗经·大雅·荡》云："文王曰：咨，咨

---

[1]（清）刘沅著，谭继和、祁和晖笺解：《十三经恒解（笺解本）·书经恒解》，巴蜀书社，2016，169页。
[2]（清）刘沅著，谭继和、祁和晖笺解：《十三经恒解（笺解本）·书经恒解》，169页。
[3]（清）朱彬撰，饶钦农点校：《礼记训纂·卷十·礼器第十》，中华书局，1996，366页。
[4]（清）刘沅著，谭继和、祁和晖笺解：《十三经恒解（笺解本）·书经恒解》，120页。

女殷商！天不湎尔以酒，不义从式。"[1]到了汉代，司马迁对纣王的酗酒有详细描写，《史记·殷本纪》载，帝纣"好酒淫乐，嬖于妇人"；"以酒为池，悬肉为林，使男女裸相逐其间，为长夜之饮"。[2]《说文解字》云："酒，就也，所以就人性之善恶。"[3]这里，酒被赋予了鉴别善恶的道德判断。

以此观之，吴白庄汉墓中室南壁东门楣上两位帝王手执器物的上半部分也好理解了，那就是"以酒为池，悬肉为林"中的"肉林"。其形象也恰与风干的肉脯造型接近。在汉画像石流行的庖厨图中，常有鸡鸭鱼兔之类的小动物悬挂在屋檐下，呈现人们杀猪宰羊的场景。汉代琅邪郡的工匠将在高足杯上加两块肉脯的造型作为纣王身份的标识，来表现其"以酒为池，悬肉为林"，无疑是独具创造性的。

值得注意的是，某甲、某丙、某庚、某辛四位帝王中，手执酒杯，标识有"酒池肉林"身份的仅有某甲和某庚，二者间隔较远，均为纣王应无问题。而某丙身边有一位颔首头戴武弁大冠的武卒荷戟，表现的当是纣王好杀戮的累累恶行。

经过人物身份的确认，我们大致可以将左边七位人物分为四组。第一，纣王髭须稀疏，头戴通天冠，露出腰中绶带与鞶囊，背挎长剑，右手拿着高足玉杯，玉杯上悬肉脯。右侧臣属向左鞠躬，手中捧着一卷书简。二人表现出一种较为和谐的君臣关系，纣王阅简的情节表现出此时其不失为一位躬亲理政的勤勉帝王。（图12）这也同《史记·殷本纪》"帝纣资辨捷疾，闻见甚敏"[4]的记载相符。

第二，纣王髭须逐渐增多，以正面示人，衣袖飞扬，形似武士。其头戴通天冠，手握绶带一角，似乎将玉玺牢牢握在手中，也象征着其对权力

---

[1] （宋）朱熹注；王华宝整理：《诗集传·第十八·大雅三·荡之什三之三》，凤凰出版社，2007，238页。

[2] 王叔岷撰：《史记斠证·卷三·殷本纪第三》，中华书局，2007，102页。

[3] （汉）许慎著：《说文解字》，中华书局，1963，311页。

[4] （汉）司马迁撰，（南朝宋）裴骃集解；（唐）司马贞索隐；（唐）张守节正义：《史记·卷三·殷本纪第三》，中华书局，1982，105页。

的执着。右侧有一荷戟武卒稽首恭顺地立于纣王身旁,似乎在等待纣王征伐的命令。细审纣王面部阴线刻画,亦流露出凶悍的神情。(图13)这一场景也与文献记载相合。《荀子·非相篇》载,纣"长巨姣美,天下之杰也,筋力越劲,百人之敌也"[1],《史记·殷本纪》载其"材力过人,手格猛兽"[2],《史记·律书》也说纣王"百战克胜,诸侯慑服,权非轻也。……及其威尽势极,闾巷之人为敌国,咎生穷武之不知足,甘得之心不息也"[3]。故这一场景代表了纣王善征伐,有武功。

图12 场景一 青年纣王

第三,在这一场景中,有一位头戴进贤冠的人持笏向左跽拜。其右侧有一头戴平巾帻的武卒左手执斧,右手揪住其背,似要将其砍杀。(图14)在纣王故事中,这一内容明显描绘了比干劝谏被杀的

图13 场景二 中年纣王

情节,正在行刑的人物当为"助纣为虐"的纣王宠臣。《尚书·牧誓》云:"乃惟四方之多罪逋逃,是崇是长,是信是使,是以为大夫卿士"[4],认为纣王所信赖的公卿大夫是四方多罪之人。

在武王灭商合法性的构建中,比干被杀、箕子为奴、太师与少师奔周是三个标志性的事件,代表了商王朝内部的分崩离析。比干是纣王的叔父,

---

1 (清)王先谦撰,沈啸寰、王星贤点校:《荀子集解·卷第三》,中华书局,1988,75页。
2 (汉)司马迁撰,(南朝宋)裴骃集解,(唐)司马贞索隐,(唐)张守节正义:《史记·卷三·殷本纪第三》,105页。
3 (汉)司马迁撰,(南朝宋)裴骃集解,(唐)司马贞索隐,(唐)张守节正义:《史记·卷二十五·律书第三》,1241页。
4 (清)刘沅著,谭继和、祁和晖笺解:《十三经恒解(笺解本)·书经恒解》,130页。

传承与流变

图14 场景三 比干劝谏　　图15 场景四 晚年纣王

《史记·殷本纪》云："纣愈淫乱不止。微子数谏不听，乃与大师、少师谋，遂去。比干曰：'为人臣者，不得不以死争。'乃强谏纣。纣怒曰：'吾闻圣人心有七窍。'剖比干，观其心。箕子惧，乃详狂为奴，纣又囚之。殷之大师、少师乃持其祭乐器奔周。"[1]《史记·周本纪》也记载了这件事："居二年，闻纣昏乱暴虐滋甚，杀王子比干，囚箕子。太师疵、少师强抱其乐器奔周。于是武王遍告诸侯曰：'殷有重罪，不可以不毕伐。'"[2]《尚书·牧誓》斥责纣王刚愎自用，"昏弃厥遗王父母弟不迪"[3]。《尚书正义》曰："小人皆自放恣，乃无所畏，上不畏天灾，下不畏贤人，违戾其耇老之长，与旧有爵位致仕之贤人。"[4] 此图像生动刻画了比干跪在地上死谏，以及纣王宠臣执斧欲击杀比干的一瞬间，贤人与小人的形象对比强烈，充满了戏剧化的矛盾冲突。

第四，纣王再次以正面肖像示人，髭须繁密，头戴通天冠，绶带与磬囊垂下，右手握住高足杯，似乎正在品尝美酒，已无盛气凌人之气势。此处表现了武王伐纣前夕纣王依旧"荒腆于酒"的垂老场面。（图15）

需要注意的是，四个场景中，纣王的形象出现三次，汉代工匠以髭须的繁茂程度来表现时间的推移。从场景一的"鲜少髭须"，到场景二的"髭须渐丰"，到场景四的"髭须繁密"，似在传递从左至右、在时间上的叙事

---

[1] （汉）司马迁撰，（南朝宋）裴骃集解，（唐）司马贞索隐，（唐）张守节正义：《史记·卷三·殷本纪第三》，108页。

[2] （汉）司马迁撰，（南朝宋）裴骃集解，（唐）司马贞索隐，（唐）张守节正义：《史记·卷四·周本纪第四》，第121页。

[3] （清）刘沅著，谭继和、祁和晖笺解：《十三经恒解（笺解本）·书经恒解》，130页。

[4] （唐）孔颖达：《尚书正义》，上海古籍出版社，2007，388页。

顺序。这种以时间为轴，渐次展开的线性叙事特点，在以往的汉画故事中是很少见到的。

三、武王伐纣情节的确认

前面提到左侧七人可分为四个场景，左起第七位戴通天冠的人物为晚年纣王。纣王右侧同样有一头戴通天冠、腰佩绶带、鞶囊的古代帝王。从形象上看，其髭须繁茂，同纣王似乎没有区别，但既然二人并列，没有间隔，

图16 武王率胡汉士兵伐纣

纣王亦不可能出现两次。审其动作，其头部向右微颔，衣袖飘起做奋力状，双手正向右侧推去，似乎在指挥右侧的武卒。（图16）其面前立有四位全副武装的武卒。为首两人头戴平巾帻，腰佩环首刀，双手握住一支长戟扛于肩上，俨然华夏装束。而右侧两武卒身着鳞甲，头戴尖顶帽，表现出高鼻深目的胡人相貌。胡兵左手执环首刀，右手执钩镶。此二种兵器，为汉军常用武备，在汉画像石中出现频率颇高，此不赘述。综合以上分析，我们有充分的理由相信，此五人构成最右侧的一个场景，即武王姬发率领胡汉士兵伐纣。

武王伐纣是周朝的立国之战，在武王统帅的军队中，除了周人外，还有不少西南部落的军队。《尚书·牧誓》记载了周武王在大战之前的誓词："嗟，我友邦冢君，御事：司徒、司马、司空、亚旅、师氏、千夫长、百夫长，及庸、蜀、羌、髳、微、卢、彭、濮人。称尔戈，比尔干，立尔矛，

予其誓。"[1]《逸周书·武寤解》云:"王赫奋烈,八方咸发。高城若地,商庶若化,约期于牧,案用师旅,商不足灭"[2],《纪年》称"帝辛五十二年冬十有二月,周师有事于上帝,庸、蜀、羌、髳、微、卢、彭、濮从周伐商"[3]。司马迁在《史记·周本纪中》沿袭了这些说法,记录武王伐纣时有"庸、蜀、羌、髳、微、纑、彭、濮人"[4]八国。《集解》引孔安国对八国族属与地望做出了解释:"八国皆蛮夷戎狄。羌在西。蜀,叟。髳、微在巴蜀。纑、彭在西北。庸、濮在江汉之南。"[5]《正义》引《括地志》对其进行了更为详细的考证:"房州竹山县及金州,古庸国。益州及巴、利等州,皆古蜀国。陇右岷、洮、丛等州以西,羌也。姚府以南,古髳国之地。戎府之南,古微、泸、彭三国之地。濮在楚西南。有髳州、微、濮州、泸府、彭州焉。武王率西南夷诸州伐纣也。"[6]

基于图文互证的成果,我们发现汉代工匠对胡人士兵的刻画,应来自汉人对跟随武王伐纣的"八国皆蛮夷戎狄"的理解。在汉画中,有大量的胡人图像,郑岩[7]、邢义田[8]与笔者[9]均进行过细致研究。如邢义田先生指出,"汉代造型艺术中呈现的胡人外貌虽说形形色色,不过除了外貌上大眼高鼻、深目高鼻或多须的特征,服饰上除了改穿汉服或裸体的,最主要的特

---

[1] (清)刘沅著,谭继和、祁和晖笺解:《十三经恒解(笺解本)·书经恒解》,130页。
[2] 黄怀信著:《逸周书校补注译·武寤解第三十五》,三秦出版社,2006,164页。
[3] 黄怀信著:《逸周书校补注译·武寤解第三十五》,第176页。
[4] (汉)司马迁撰,(南朝宋)裴骃集解,(唐)司马贞索隐,(唐)张守节正义:《史记·卷四·周本纪第四》,第122页。
[5] (汉)司马迁撰,(南朝宋)裴骃集解,(唐)司马贞索隐,(唐)张守节正义:《史记·卷四·周本纪第四》,123页。
[6] (汉)司马迁撰,(南朝宋)裴骃集解,(唐)司马贞索隐,(唐)张守节正义:《史记·卷四·周本纪第四》,123页。
[7] 郑岩:《汉代艺术中的胡人图像》,见《艺术史研究》第1辑,中山大学出版社,1999,133—150页。
[8] 邢义田:《古代中国及欧亚文献、图像与考古资料中的"胡人"外貌》,见邢义田:《画为心声——画像石、画像砖与壁画》,中华书局,2011,197—314页。
[9] 朱浒:《汉画像胡人图像研究》,生活·读书·新知三联书店,2017。

色在于那顶文献上从来不提的尖顶帽。"[1] 笔者曾在徐州汉文化景区博物馆发现一例身着鳞甲的胡人士兵形象，其与吴白庄此石右侧两名胡兵的形象几乎完全一致[2]。（图17）汉末蔡文姬曾作《悲愤诗》："卓众来东下，金甲耀日光。平土人脆弱，来兵皆胡羌。"[3] 因董卓曾担任过西域戊己校尉，其统帅的部曲中应该就有这类胡兵。徐州刺史部琅邪郡的汉代工匠对此形象是熟稔的，将武王伐纣所统帅的"八方"刻画为汉族与胡族士兵的联军，也恰符合周秦汉三朝对这一重要历史事件的"层累"构建。

图17　徐州汉文化景区博物馆藏身着鳞甲的胡兵图像

四、此画像石的图像学意义

作为历史上的著名昏君，商纣王的历史形象自古就多有争议，直到近现代，郭沫若、毛泽东等还在持续为纣王翻案。审视其他汉画中出现的纣王等亡国之君的艺术形象，有助于我们对此画像石的图像学意义做出合理而充分的解释。

自古昏君以桀纣并称，夏桀的图像在武梁祠中著名的帝王图中有所发现，描绘了头戴通天冠、身佩绶带的夏桀手执长戈，坐于两位妇人身上。（图18）巫鸿曾引用了《后汉书》中"吾闻桀驾人车"的记载解释了夏桀

1　邢义田：《古代中国及欧亚文献、图像与考古资料中的"胡人"外貌》，见邢义田：《画为心声——画像石、画像砖与壁画》，313页。
2　朱浒：《汉画像胡人图像研究》，104页。
3　许渊冲译：《汉魏六朝诗选》，五洲传播出版社，2018，247页。

的这一奇怪并略带"色情"的行为。[1]需要注意的是，夏桀与其先王大禹并列在一起，一恶一善，形成了鲜明的对比，令人感喟。然而遗憾的是，武梁祠的建造者"良匠卫改"没有将商代的开国君主商汤与亡国之君纣王刻在此处。

图18 武梁祠中的夏桀与大禹图像

《汉书》中记载了司马迁外孙杨恽观汉宫西阁桀纣画像的情景：

恽上观西阁上画人，指桀纣画谓乐昌侯王武曰："天子过此，一二问其过，可以得师矣。"画人有尧舜禹汤不称，而举桀纣。恽闻匈奴降者道单于见杀，恽曰："得不肖君，大臣为画善计不用，自令身无处所。若秦时但任小臣，诛杀忠良，竟以灭亡；令亲任大臣，即至今耳。古与今如一丘之貉。"恽妄引亡国以诽谤当世，无人臣礼。[2]

依此记载可知，汉代西阁绘有尧、舜、禹、汤、桀、纣等人的画像。《汉书·霍光传》有"画室"的记载："明旦，光闻之，止画室中不入。"颜师古注："如淳曰：'近臣所止计画之室也，或曰雕画之室。'雕画是也。"[3] 王先谦《汉书补注》引周寿昌曰："画室当是殿前西阁之室。……则知西阁画古帝王像，故称画室。"[4] 汉宣帝在观看画室桀纣图画后询问其过失，而杨恽却以此事"诽谤当世"，可知桀纣的形象在当时具有强烈的道德劝诫意味。

---

1 [美]巫鸿著，柳扬、岑河译：《武梁祠——中国古代画像艺术的思想性》，生活·读书·新知三联书店，2006，164页。
2 （汉）班固撰，（唐）颜师古注：《汉书·卷六十六·公孙刘田王杨蔡陈郑传第三十六》，中华书局，1962，2891页。
3 （汉）班固撰，（唐）颜师古注：《汉书·卷六十八·霍光金日磾传第三十八》，2936页。
4 仓修良主编：《汉书辞典》"画室"条，山东教育出版社，1996，773页。

图 19　乐浪郡东汉王盱墓出土漆箧局部（1.伯夷故事图；2.纣王形象，榜题为"纣帝"）

在汉帝国的东北边境，乐浪郡东汉王盱墓出土了一件精美的竹编漆箧，其上绘有孝子、列女等故事漆画，其中的伯夷故事中出现了纣王的形象和榜题。[1] 这里纣王的面容和善，有长须，跽坐，回首望着伯夷，地上垂着黑白相间的绶带，右侧有使者行礼。（图19）在伯夷叔齐故事中，纣王虽为昏君，但伯夷为纣王尽忠，"叩马而谏"武王，云："父死不葬，爰及干戈，可谓孝乎？以臣弑君，可谓仁乎"[2]，希望武王不要伐纣，并在商亡后宁死不食周粟，成为汉代儒家所倡导的"古之贤人"的典范。从这里，我们可以看到汉代人对纣王艺术形象的理解和刻画是立体多元的，并非一味强调其失德的行为。

学者们常引用《鲁灵光殿赋》中的这段论述来评价汉画中道德劝诫图像的意义："焕炳可观，黄帝唐虞。轩冕以庸，衣裳有殊。下及三后，淫妃乱主。忠臣孝子，烈士贞女。贤愚成败，靡不载叙。恶以诫世，善以示后。"[3] 反观吴白庄汉墓"武王伐纣图"，其中的纣王形象却并非单一面孔，而是多维和丰满的。在这一图像的多重叙事中，纣王形象出现了三次，武王仅出现了一次。当观者的目光随图像缓缓向右转移，随着纣王年龄的增

1　李正光编绘：《汉代漆器图案集》，文物出版社，2002，215页。

2　（汉）司马迁撰，（南朝宋）裴骃集解，（唐）司马贞索隐，（唐）张守节正义：《史记·卷六十一·伯夷列传第一》，2123页。

3　陶明君编著：《中国画论辞典》，湖南出版社，1993，41页。

传承与流变

图20 费县刘家疃汉墓前室画像石中的妲己，榜题为"此苏担己""周公杀苏担己"等

长，我们可以看到一代雄主从"勤勉"向"荒腆"的颓变，直至毁灭，其道德劝诫作用显然比汉画中常见的瞬间构图更为强烈。所谓悲剧，就是把美好的东西毁灭给人看。纣王的悲剧，从正统的儒家道德观审视，其荒诞暴虐的行为是其灭亡的直接原因，然而从艺术的角度审视，这种游走在正邪与善恶之间的境遇，不恰恰是我们每一位平凡的人需要面临的人生选择吗？

纣王的宠妃妲己，其榜题近年来也被发现在距此不远的费县刘家疃。姜生先生对其有重要的研究，这里不加赘述。[1] 此处苏妲己的形象以长有狐狸尾巴的女子示人。（图20）虽然《列女传》将苏妲己贬入"孽嬖传"，认为"以为亡纣者是女也"[2]，但一面汉代铜镜告诉我们，汉代人曾将苏妲己视为好妻，有"侯氏作竟（镜）世未有，令人吉利宜古（沽）市，当得好妻如旦（妲）己兮"[3]的铭文。因此，我们审视汉代画像故事中的历史人物，不应将其善恶二元对立，而是应该充分思考其具有多重意义之可能。两汉是持续四百多年的漫长历史时期，任何一个故事，都是依靠文献和口口相授"层累"形成的产物，在其反映社会主流思潮的同时，或许还保留了一些差异，而这种差异，正是激发我们学术不断进步的动力。

---

1 姜生：《狐精妲己图与汉墓酆都六天宫考》，《复旦学报（社会科学版）》，2018（4），85—99页。

2 （汉）刘向撰，刘晓东校点：《列女传·孽嬖传·殷纣妲己》，辽宁教育出版社，1998，73页。

3 商承祚：《长沙古物闻见记、续记》卷下"铜"，中华书局影印本，1996，173页。

西汉木葬具的等级问题

周繁文
中山大学社会学与人类学学院

一、"赐葬具"制度的等级问题

汉代有赐葬具之制,覆盖面较广,但各等级受赐的先决条件不同。西汉《二年律令·赐律》规定:曾任二千石官者可无条件受赐,千石及以下官吏须死于任上,庶民则须一户内同时死亡者多于一位。[1] 二千石以上虽无明文,但也应属无条件之列。东汉时期赐葬具的对象从诸侯王直至"中二千石以下",但具体的限制条件不明[2],不过就庶民一级而言,东汉的郑众在《周礼》注中提及"若今时一室二尸则官与之棺也"[3],与西汉初的情况相同,推测两汉赐葬具制度应有连贯性。

---

[1] "二千石吏不起病者,赐衣襦、棺及官衣常(裳)。二八三郡尉,赐衣、棺及官常(裳)。千石至六百石吏死官者,居县赐棺及官衣。五百石以下至丞、尉死官者,居县赐棺。二八四"张家山二四七号汉墓竹简整理小组编著:《张家山汉墓竹简〔二四七号墓〕》(释文修订本),文物出版社,2006,48页。
[2] "诸侯王、贵人、公主、公、将军、特进皆赠器,官中二十四物。使者治丧,穿作,柏椁,百官会送,如故事。诸侯王、公主、贵人皆樟棺,洞朱,云气画。公、特进樟棺黑漆。中二千石以下坎侯漆。"《后汉书·志第六·礼仪下》,3152页。
[3] (清)孙诒让撰,王文锦、陈玉霞点校:《周礼正义》卷七十二《秋官·小行人》注,中华书局,1987,3005页。

所赐葬具的规格按官、爵分等，颁赐时可分为四种情况：

第一种是按常规赐予法定葬具，可能以官府储备木材制作。[1]西汉早期，《赐律》规定无爵者仅赐棺，若一户之内同时死二人则赐一棺、同时死三人则赐二棺，公士至彻侯则赐棺及椁。[2]《金布令》则规定因公事死于异地的吏卒，先就地赐椟，运送归家后再由所属郡县提供棺具。[3]居延汉简中的新莽文书也有类似规定。[4]各等级的法定葬具规格仅余零星线索：《葬律》规定了列侯之椁厚1尺8寸、臧椁厚5寸，棺中宽度不超过3尺2寸、高3尺1寸、长1丈1尺、厚7寸。[5]那么列侯一级受赐的棺椁规格当与之相符或相近。另外，据岳麓秦简，秦代吏卒的赐椟长6尺、宽1尺8寸、高3尺、厚不超过2寸[6]，西汉吏卒的赐椟也有可能尺寸相近。至于东汉时期，诸侯王、贵人和公主一级赐柏椁、云气纹朱漆樟棺，公、将军和特进侯一级赐柏椁、黑漆樟棺，中二千石以下仅赐"坎侯漆"棺，但漆色和材质不

---

1 据秦律"内史吏有秩以下□□□□□□为县官事□而死所县官，以县官木为椟，椟高三尺，广一【尺】（364正）八寸，袤六尺，厚毋过二寸，毋木者，为卖（买）出之，善致其椟，以枲坚约两敦（橄），勿令解绝。（365正）"（陈松长主编：《岳麓书院藏秦简（肆）》，上海辞书出版社，2015，212、215—216页）可见所赐之椟一般用"县官木"制作，如县官无木，则代为购买，汉初情况或类似。

2 "一室二輀在堂，县官给一棺；三輀在当（堂），给二棺。二八八"张家山二四七号汉墓竹简整理小组编著：《张家山汉墓竹简〔二四七号墓〕·赐律》（释文修订本），文物出版社，2006，48页。

3 1）"（四年）汉王下令：军士不幸死者，吏为衣衾棺敛，转送其家。四方归心焉"《汉书》卷一上《高帝纪第一上》，46页。2）"（八年）十一月，令士卒从军死者为椟，归其县，县给衣衾棺葬具。"颜师古注引臣瓒曰："初为椟致其尸于家，县官更给棺衣更敛之也。《金布令》曰'不幸死，死所为椟，传归所居县，赐以衣棺'也。"《汉书》卷一下《高帝纪第一下》，65页。

4 "☐寿王敢言之。戍卒巨鹿郡广阿临利里潘甲疾温不幸死，谨与☐☐椟梗，参絮坚约，刻书名县爵里椟敦，参辨券，书其衣器所以收。（7.31）""戊辰朔丙子，甲渠塞尉元移南阳新野；埤东里瞿诸病死，为椟一梗，书到□取如律令。（157.20A）""●甲渠候官五凤四年戍卒病不幸死用椟梗帛枲致（267.4）""☐六月簿：余椟梗六具。（乙附19）"谢桂华、李均明、朱国照：《居延汉简释文合校》，文物出版社，1987，12、258、447、674页。

5 "（彻侯）棺中之广毋过三尺二寸，深三尺一寸，袤丈一尺，厚七寸。椁二，其一厚尺一八寸；臧椁一，厚五寸，得用炭。"彭浩：《读云梦睡虎地M77汉简〈葬律〉》，《江汉考古》，2009（4），130—134页。

6 "内史吏有秩以下□□□□□□为县官事□而死所县官，以县官木为椟，椟高三尺，广一【尺】（364正）八寸，袤六尺，厚毋过二寸……"陈松长主编：《岳麓书院藏秦简（肆）》，212、215—216页。

知。[1]

第二种情况是由于官府储备不足或丧家主动要求,将应赐法定葬具折算成现钱。[2] 按《赐律》的标准,无爵者无椁,赐棺可折 300 钱;五大夫至公士的棺钱每级递增 600 钱、椁钱则每级递增 300 钱,推测总计约折合 900—8100 钱不等;左庶长至大庶长(即"卿以上"[3])的棺钱每级递增 1000 钱、椁钱每级递增 600 钱,推测总计约折合 9700—22500 钱不等;彻侯、关内侯受赐棺椁约折合 24100—25400 钱。[4] 另外,因天灾人祸造成庶民死亡人数过多时,所赐"棺钱"远超正常标准,带有"赙"的含义,其标准详见后文。

第三种情况是以特赐棺具代替法定棺具。特赐之棺由东园匠制作,包括乘舆棺和东园棺。乘舆棺通常称为"乘舆祕器"或"珠画特诏祕器",相当于天子棺制,系在东园秘(祕)器上施彩绘,即彩绘朱漆梓棺[5],受赐者仅见西汉时的万石兼万户侯翟方进[6]和孔光[7],以及东汉时的万石、列侯、

---

1 《后汉书·志第六·礼仪下》,3152 页。
2 《二年律令·赐律》中有条文言明"赐棺享(椁)而欲受贲者……二八九诸赐,官毋其物者,以平贾(價)予钱。二九〇"张家山二四七号汉墓竹简整理小组编著:《张家山汉墓竹简〔二四七号墓〕》(释文修订本),49 页。
3 关于汉代之"卿"是爵位还是官职的问题,参见高敏:《从〈二年律令〉看西汉前期的赐爵制度》,《文物》,2002(9),49—53 页;李均明:《张家山汉简所反映的二十等爵制》,《中国史研究》,2002(2),37—47 页;于振波:《张家山汉简中的"卿"》,《文物》,2004(8),73—74、96 页。王树金认为汉初之"卿"是第十级爵左庶长至第十八级爵大庶长的统称,参见王树金《且看〈二年律令〉中的"卿""卿侯"——兼与高敏先生商榷》,简帛研究网站(http://www.bamboosilk.org/admin3/list.asp?id=1378),2005 年 4 月 24 日刊布,据 2020 年 9 月 1 日检索结果。
4 "赐棺享(椁)而欲受贲者,卿以上予棺钱级千、享(椁)级六百;五大夫以下棺钱级六百、享(椁)级三百;毋爵者棺钱三百。二八九"张家山二四七号汉墓竹简整理小组编著:《张家山汉墓竹简〔二四七号墓〕》(释文修订本),49 页。
5 "东园匠、考工令奏东园祕器,表里洞赤,虞文画日、月、鸟、龟、龙、虎、连璧、偃月,牙桧梓宫如故事。"《后汉书·志第六·礼仪下》,3141—3142 页。
6 《汉书》卷八十四《翟方进传》,3411—3424 页。
7 《汉书》卷八十一《孔光传》,3353—3364 页。

传承与流变 149

三老袁逢[1]，孔、袁二人都非卒于任内。东园棺主要有三种：最常见的是"东园祕器""秘（祕）器""东园梓棺"或"东园梓器"，即未施彩绘的朱漆梓棺[2]，受赐者在西汉时仅见关内侯、二千石的帝师孔霸[3]，东汉时主要是曾任万石或列侯者，包括万石的蔡茂[4]、第五伦[5]，万石兼列侯的刘恺[6]、胡广[7]、杨赐[8]、王允[9]，万石兼关内侯的冯勤[10]，比二千石兼列侯的赵代[11]，其中第五伦、刘恺皆非卒于位，此外也有少数外戚和比二千石受赐，前者如明帝马皇后之姊马姜[12]、安帝时邓太后之母新野君阴氏[13]，后者如光武帝时虎贲中郎将、侍中戴凭[14]，董卓时的京兆尹盖勋[15]。另两种是带彩绘的"东园画棺"和素面全朱漆的"朱棺"，材质不明，受赐者分别是生前低秩但追赠列侯的外戚梁竦[16]和任中二千石的列侯耿秉[17]。

第四种情况是除特赐棺外，再加赐其他特赐葬具，对象是极少数掌握实权且与当权者关系密切的万石兼列侯，还可分三个等级：（1）赐四种乘舆葬具，包括枞木外藏椁、黄肠题凑、便房、梓宫，两汉仅见万石兼万户

1　《后汉书》卷四十五《袁京传》，1523 页。
2　（1）"东园秘棺作梓宫，素木长丈三尺，崇广四尺。"（《汉旧仪补遗》卷下，见《汉官六种》，106 页）（2）董贤罢官自杀后，其父在所赐"东园祕器"上窃以朱砂彩绘，也印证所谓的"东园祕器"即素面梓棺。（《汉书》卷九十三《佞幸传第六十三》，3740 页）
3　《汉书》卷八十一《孔光传》，3352—3353 页。
4　《后汉书》卷二十六《蔡茂传》，907—908 页。
5　《后汉书》卷四十一《第五伦传》，1395—1402 页。
6　《后汉书》卷三十九《刘恺传》，1306—1310 页。
7　《后汉书》卷四十四《胡广传》，1504—1511 页。
8　《后汉书》卷五十四《杨赐传》，1775—1785 页。
9　《后汉书》卷六十六《王允传》，2172—2177 页。
10　《后汉书》卷二十六《冯勤传》，909—911 页。
11　《后汉书》卷二十六《赵憙传》，915 页。
12　赵超：《汉魏南北朝墓志汇编·汉马姜墓志》，天津古籍出版社，1992，1 页
13　《后汉书》卷十上《皇后纪上·和熹邓皇后》，424 页。
14　《后汉书》卷七十九上《儒林列传上·戴凭》，2553—2554 页。
15　《后汉书》卷五十八《盖勋》，1879—1884 页。
16　《后汉书》卷三十四《梁统列传·梁竦》，1170—1174 页。
17　《后汉书》卷十九《耿弇列传·耿秉》，716—718 页。

侯霍光一人。[1]东汉安帝时，有司提议邓太后之兄侍中邓弘的葬礼可"如大将军霍光故事"，但终未果。[2]（2）赐三种东园葬具，含刚柏题凑、便房、东园秘器，也仅见董贤一人，且在他任二千石时便已颁赐。[3]（3）赐两种东园葬具，仅见东汉时的外戚、宦官各一人。顺帝赐万石兼特进侯的外戚梁商以黄肠、东园朱寿器[4]，桓帝赐万石兼万户侯的宦官单超以东园祕器及棺中玉具[5]，后者或即"珪璋诸物"[6]。

二、西汉木葬具的形制

为了进一步梳理赐葬具制度的发展演变，接下来选取墓主身份较明确、葬具保存完好且经过木材鉴定的墓葬，分为诸侯王、列侯、中下层官吏三个等级，重点考察文献明载与葬具等级相关的尺寸、种类、材质、髹漆和纹饰五个要素。需要说明的是，虽然也有关于赐外藏椁、便房、棺中玉具的记载，但由于对它们的识别争议过大，因此暂不考虑。

1. 诸侯王级

墓主较明确的包括西汉早期的长沙渔阳墓[7]、象鼻嘴M1[8]；西汉中期的长

---

[1]《汉书》卷六十八《霍光传》，2931—2948页。

[2]《后汉书》卷十六《邓骘传》，615页。

[3] "及至东园祕器，珠襦玉柙，豫以赐贤，无不备具。""贤自杀伏辜，死后父恭等不悔过，乃复以沙画棺四时之色，左苍龙，右白虎，上着金银日月，玉衣珠璧以棺，至尊无以加。"《汉书》卷九十三《佞幸传第六十三》，3734、3740页。

[4]（1）《后汉书》卷三十四《梁统列传·梁商》，1175—1177页。（2）《东观汉记》为"朱寿器、银缕、黄金玉匣"。参见（东汉）刘珍等撰，吴树平校注：《东观汉记校注》卷十五《传十·梁商》，中华书局，2008，614页。

[5]《后汉书》卷七十八《宦者列传·单超》，2520—2521页。

[6] "三公升自阼阶，安梓宫内珪璋诸物，近臣佐如故事。"《后汉书·志第六·礼仪下》，3142页。

[7] 长沙市文物考古研究所、长沙简牍博物馆：《湖南长沙望城坡西汉渔阳墓发掘简报》，《文物》，2010（4），4—35页。

[8] 湖南省博物馆：《长沙象鼻嘴一号西汉墓》，《考古学报》，1981（1），111—130页；宋少华：《略谈长沙象鼻嘴一号汉墓陡壁山曹𡠾墓的年代》，《考古》，1985（11），1015—1024页。

沙曹㜈墓[1]、盱眙大云山 M1[2]、M2[3]、高邮神居山 M1[4]、M2[5]、满城 M1、M2[6]、定县八角廊 M40[7]、象岗南越王墓[8]、六安双墩 M1[9]；西汉晚期的长沙风篷岭 M1[10]、北京大葆台 M1[11]、定陶县灵圣湖 M2[12]、老山汉墓[13]。（表 1）

该级墓葬多使用黄肠题凑，柏木、楠木各 4 例，栎木、拼木各 1 例。椁多为楠木（4），其次是柏木（3）、梓木（2）、拼木（2），楸木、杉木和石材各 1 例。棺基本为梓木，仅大葆台 M1 的外棺为楸木、内棺为楠木。

椁少有髹漆，仅南越王墓和大葆台 M1 的椁外髹黑漆、内髹红漆，满

1　长沙市文化局文物组：《长沙咸家湖西汉曹㜈墓》，《文物》，1979（3），1—16 页。

2　南京博物院、盱眙县文广新局：《江苏盱眙大云山西汉江都王陵一号墓》，《考古》，2013（10），3—68 页；何林：《江苏地区考古木材鉴定分析》，南京林业大学木材科学与技术专业硕士学位论文，2015，29—47 页。

3　南京博物院、盱眙县文广新局：《江苏盱眙大云山江都王陵二号墓发掘简报》，《文物》，2013（1），25—66 页。

4　《高邮天山汉墓发掘的意义》，见《1980 年江苏省博物馆学会、考古学会成立大会学术论文集》（第三册），1—22 页。

5　吴达期、徐永吉、邹厚本：《高邮神居山二号汉墓的木材鉴定》，《南京林学院学报》，1985（3），91—96 页。

6　中国社会科学院考古研究所、河北省文物管理处编：《满城汉墓发掘报告》，文物出版社，1980。

7　河北省文物研究所：《河北定县 40 号汉墓发掘简报》，《文物》，1981（8），1—10 页。

8　广州市文物管理委员会、中国社会科学院考古研究所、广东省博物馆编：《西汉南越王墓》，文物出版社，1991。

9　安徽省文物考古研究所：《安徽六安双墩一号汉墓发掘简报》，见《文物研究》第 17 辑，科学出版社，2010，107—123 页。陈华：《六安双墩一号汉墓黄肠题凑保存状况初步分析》，《江汉考古》，2019 年 A1 期，98—102 页。

10　（1）长沙市文物考古研究所、望城县文物管理局：《湖南望城风篷岭汉墓发掘简报》，《文物》，2007（12），21—41 页。（2）认为在西汉元帝至平帝年间。何旭红：《湖南望城风篷岭汉墓年代及墓主考》，《文物》，2007（12），56—65 页。（3）认为在元成之际。黎石生：《湖南望城风篷岭一号汉墓的年代与墓主》，《故宫博物院院刊》，2009（1），148—155 页。

11　大葆台汉墓发掘组：《北京大葆台汉墓》，文物出版社，1989。

12　山东省文物考古研究所、菏泽市文物管理处、定县文管处：《山东定陶县灵圣湖汉墓》，《考古》，2012（7），60—67 页。

13　王武钰、王鑫、程利：《老山汉墓考古发掘的收获》，见《首都博物馆丛刊 15》，2001，129—131 页；黄荣凤、鲍甫成等：《老山汉墓出土木材的年轮年代学研究》，《林业科学》，2004（5），第 40 卷，168—173 页。

城 M1 的椁髹红漆，双墩 M1 外椁内外和内椁内壁髹黑漆。棺则多为外黑内红，少数通施朱漆（满城 M1、八角廊 M40 内棺、风篷岭 M1 内棺）、黑漆（大云山 M2、八角廊 M40 外棺、大葆台 M1 内棺）或棕褐漆（满城 M2）。

椁上少见彩绘，仅南越王墓的椁外壁和双墩 M1 的内椁内壁可见彩绘云气纹。至于棺，渔阳墓外棺、象鼻嘴 M1 外棺和中棺、曹嬛墓中棺、神居山 M1 和双墩 M1 的两棺、灵圣湖 M2 单棺上皆发现彩绘痕迹，但能确定绘有云气纹的仅渔阳墓外棺、曹嬛墓中棺和双墩 M1 内棺，大云山 M2 的棺上有针刻云气纹。

在尺寸方面，椁的长宽高差异较大，西汉早中期的厚度约为 1 尺 3 寸— 一尺 9 寸，西汉晚期则约 9 寸—1 尺。棺主要有三种尺寸规格：其一是长约 9 尺、宽约 3 尺、高 2—3 尺，最厚不超过 6 寸，一般是单棺（灵圣湖 M2 除外）、二重棺或三重棺的内棺；其二是约长 1 丈、宽 3—6 尺、高 3—4 尺、厚 4—6 寸，常见于二重棺的外棺（风篷岭 M1 除外）、三重棺的中棺，以及极个别单棺（灵圣湖 M2）；其三是长 1 丈 2 尺— 一丈 4 尺、宽 4—6 尺、高 4—6 尺、厚约 5 寸，通常是三重棺的外棺。

比照《后汉书·礼仪志》中诸侯王一级赐柏椁、云气纹朱漆樟棺的规定，严格来说只有曹嬛墓的二椁和神居山 M2 的中椁合制。

2. 列侯级

墓主明确的包括西汉早期的长沙马王堆 M1[1]、M2、M3[2]，沅陵虎溪山

1　湖南省博物馆、中国科学院考古研究所：《长沙马王堆一号汉墓》，文物出版社，1973。
2　湖南省博物馆、湖南省文物考古研究所编著：《长沙马王堆二、三号汉墓》第一卷（田野考古发掘报告），文物出版社，2004。

M1[1]、阜阳双古堆 M1、M2[2]、西安新安机砖厂 M1[3]、杨家湾 M5[4]、济南腊山汉墓[5]、西汉中期的莲花安成侯墓[6]、徐州小龟山汉墓[7]、新建海昏侯墓[8]、西安凤栖原 M8[9]、西汉晚期的永州鹞子岭 M2[10]。（表2）

除马王堆 M2、凤栖原 M8 使用重椁外，其余均为单椁。椁的材质以楠木（3）居多，其次是杉木（2）、松木（2），亦有梓木（1）、拼木（1）和砖（1）。

棺主要是楸木（4）和梓木（4），仅双古堆 M2 为楠木。

椁上少见髹漆，仅双古堆 M1 的椁髹黑漆，杨家湾 M5 的椁为外黑内红。棺的髹漆多为外黑内朱，仅马王堆 M3 的三重棺都是外棕内红，马王堆 M1 的第三重棺、双古堆 M2 和鹞子岭 M2 的棺为全朱漆。

彩绘仅见于马王堆 M1 的第二和第三重棺、虎溪山 M1 外棺，以及机砖厂 M1 和海昏侯墓的棺，但能确定有云气纹的仅马王堆 M1 的两具棺。

椁的长宽高同样差异较大，板材厚度均约 8 寸—1 尺 1 寸，仅鹞子岭

1　湖南省文物考古研究所、怀化市文物处、沅陵县博物馆：《沅陵虎溪山一号汉墓发掘简报》，《文物》，2003（1），36—55页。

2　安徽省文物工作队、阜阳地区博物馆、阜阳县文化局：《阜阳双古堆西汉汝阴侯墓发掘简报》，《文物》，1978（8），12—29页。

3　郑洪春：《陕西新安机砖厂汉初积炭墓发掘报告》，《考古与文物》，1990（4），31—56页。

4　陕西省文管会、博物馆、咸阳市博物馆杨家湾汉墓发掘小组：《咸阳杨家湾汉墓发掘简报》，《文物》，1977（10），10—16页。

5　济南市考古研究所：《济南市腊山汉墓发掘简报》，《考古》，2004（8），17—25页。

6　江西省文物考古研究院、萍乡市莲花县文物办编著：《江西莲花县罗汉山西汉安成侯墓》，上海古籍出版社，2017。

7　南京博物院：《铜山小龟山西汉崖洞墓》，《文物》，1973（4），21—28页。

8　江西省文物考古研究所、南昌市博物馆、南昌市新建区博物馆：《南昌市西汉海昏侯墓》，《考古》，2016（7），45—62页；周逸航等：《海昏侯墓部分木质文物材种鉴定及用材分析》，《文物保护与考古科学》，2019（5），84—90页。

9　陕西省考古研究院：《西安凤栖原西汉墓地田野考古发掘收获》，《考古与文物》，2009（5），111—112页。

10　湖南省文物考古研究所、永州市芝山区文物管理所：《湖南永州市鹞子岭二号西汉墓》，《考古》，2001（4），45—62页。

M2的外椁厚达2尺2寸。棺则主要有五种规格尺寸：其一是海昏侯墓外棺，约长1丈6尺、宽6尺、高6尺；其二是马王堆M1和M2的外棺、杨家湾M5之棺，约长1丈3尺、宽4—7尺、厚5—6寸；其三是马王堆M2内棺、马王堆M3外棺、马王堆M1第二重棺、小龟山汉墓之棺，约长1丈1尺—1丈2尺、宽3—5尺、厚4—6寸；其四是马王堆M3中棺、马王堆M1第三重棺，约长1丈、宽4尺、厚4—6寸；其五是马王堆M1内棺，约长8尺7寸、宽3尺、厚4—6寸。

如前文所述，《葬律》对列侯级椁的厚度、棺的长高厚和内宽的上限皆有规定，但对椁的长宽高则无限制。综合对比，椁的厚度除鹞子岭M2外均合制，但该椁系双层木枋扣合，如按单层算也不算违制。棺的所有尺寸均同时符合规定的仅有马王堆M1的内棺，如分项对比，长度除海昏侯墓外棺、厚度除杨家湾M5外均合制，但宽度仅马王堆M1和M2的内棺、高度仅马王堆M1的内棺合制。《后汉书·礼仪志》中列侯一级赐柏椁、黑漆樟棺，并无一例符合。

3. 中下层官吏级

墓主明确的包括西汉早期的江陵凤凰山M168[1]；西汉中晚期的海州侍其繇墓[2]，巢湖放王岗M1、北山头M1[3]，青岛土山屯M147、M157[4]，东海尹湾M6[5]，陶湾黄石崖汉墓[6]。（表3）

该级墓葬多未鉴定葬具材质。时代相近、地域相邻、官秩皆为二千石的西郭宝和侍其繇，前者的棺椁皆为楸木，后者的棺为楠木。放王岗M1、土山屯M147和M157的墓主身份均为千石以下官吏，前者为杂木椁，后

---

1 湖北省文物考古研究所：《江陵凤凰山一六八号汉墓》，《考古学报》，1993（4），455—512页。
2 南波：《江苏连云港市海州西汉侍其繇墓》，《考古》，1975（3），169—177页。
3 安徽省文物考古研究所、巢湖市文物管理所编著：《巢湖汉墓》，文物出版社，2007。
4 青岛市文物保护考古研究所、黄岛区博物馆：《山东青岛土山屯墓群四号封土与墓葬的发掘》，《考古学报》，2019（3），405—437页。
5 连云港市博物馆：《江苏东海县尹湾汉墓群发掘简报》，《文物》，1996（8），4—24页。
6 连云港市博物馆：《连云港市陶湾黄石崖西汉西郭宝墓》，《东南文化》，1986（2），17—21页。

二墓的外椁均为砖质。

棺之髹漆，大多是外黑内红，仅放王岗 M1 的内棺是下黑上红双层漆，凤凰山 M168 二棺皆通施黑漆，西郭宝棺为外茶色内朱。棺之纹饰，仅见侍其繇夫人的椁上饰彩绘云气纹，放王岗 M1 的外棺饰彩绘勾连云纹。

椁的长宽高仍差异较大，厚度则在 8 寸—1 尺 5 寸之间。棺的规格尺寸主要有四种：其一是凤凰山 M168 外棺、放王岗 M1 外棺，长 1 丈 1—1 丈 2 尺、宽 4—5 尺、高 4—5 尺、厚 4—5 寸；其二是放王岗 M1 内棺、北山头 M1 外棺、土山屯 M147 内棺、尹湾 M6 男棺，长 1 丈、宽 3 尺、高 3 尺、厚 4 寸；其三是凤凰山 M168 内棺、侍其繇墓、尹湾 M6 女棺、西郭宝墓，长 9 尺 5 寸—9 尺 7 寸、宽 3 尺、高 3 尺、厚 5 寸；其四是北山头 M1 内棺，长 8 尺 6 寸、宽 3 尺、高 3 尺、厚 4 寸。

按《后汉书·礼仪志》的规定，二千石以下官吏赐坎侯漆棺，但在实际的考古发现中，该级葬具的材质和髹漆较诸侯王和列侯级未见明显差异。

综合文献记载和考古材料，推测两汉赐葬具之制的概貌如下：

（1）赐葬具的对象包括诸侯王、列侯、现任或曾任二千石及以上官职者、现任千石及以下官吏、同一户内死亡人数多于一人的庶民。西汉时有爵者赐棺、椁，无爵者赐棺，因公死于异地的吏卒赐椟、棺；东汉时诸侯王、列侯及万石赐棺、椁，中二千石及以下赐棺。所赐的法定葬具主要由郡县供给，大致可分为诸侯王级、万石或列侯级、二千石级、千石至斗食级、庶民级。所赐葬具也可折成现钱，各级爵位的折算标准不同。从宣帝开始，外戚、二千石以上尤其是万石或列侯级多有获赐东园葬具的，极个别万石兼万户侯者甚至可获赐一到数种乘舆葬具。

（2）目前发现的木葬具，在尺寸方面，诸侯王级，椁的厚度在西汉早中期为 1 尺 3 寸—1 尺 9 寸，西汉晚期厚 9 寸—1 尺；棺，西汉早期厚 6 寸—1 尺，中晚期厚 3—5 寸。列侯级，椁厚 8 寸—1 尺 1 寸，棺厚 5—9 寸。二千石级，椁厚 8 寸—1 尺 5 寸，棺厚 4—5 寸。

在材质方面，樟、楠木和檫木同属樟科[1]，梓和楸同属紫葳科梓属[2]，汉代未必细分同科树木，像《说文》就将梓、楸互释[3]。如果以科计，则诸侯王级的黄肠题凑以柏、樟为主，椁以樟、柏为主，棺以梓为主。列侯级的椁，樟、杉、松、拼木皆有，棺则以梓为主。二千石吏的椁则梓、拼木皆有，棺则梓、樟皆有。

在髹漆方面，大部分葬具均为外黑内朱。西汉中晚期，诸侯王级出现了全朱漆、全黑漆、全棕褐漆的葬具。列侯级则整个西汉时期皆有全朱漆的葬具，使用者全为女性。中下层官吏级亦有全黑漆、黑漆加红漆、外茶内朱的棺具。

在纹饰尚存的葬具中，渔阳墓、曹㜏墓、放王岗M1和北山头M1的外棺，马王堆M1的第二、三重棺，机砖厂M1之棺，双墩M1内棺均有彩绘云气纹，大云山M2的棺上则是针刻云气纹。至于象鼻嘴外棺和中棺、虎溪山M1外棺、神居山M1二棺、海昏侯墓二棺、双墩M1外棺、灵圣湖M2、侍其繇墓的棺则彩绘有其他纹饰。

三、小结

由此推测，西汉至新莽时期区分葬具等级的指标主要是种类、数量和尺寸，尤其是板材厚度。[4] 东汉时明文作为等级区分标准的材质、髹漆和纹饰三要素在西汉时期与等级的关联性似乎较弱。

汉墓葬具的来源存在几种可能性：一是均为官赐，但有东园器与非东

---

1 中国科学院中国植物志编辑委员会：《中国植物志》（第31卷），科学出版社，1982，113、182、238页。

2 中国科学院中国植物志编辑委员会：《中国植物志》（第69卷），科学出版社，1990，13、16页。

3 （汉）许慎撰，（清）段玉裁注：《说文解字注》六篇上《木部》，上海古籍出版社，1982，242页上。

4 "辨衣裳，审棺椁之厚，营丘龙（陇）之小大高卑薄厚，度贵贱之等级。始建国二年十一月丙子下（210.35）"谢桂华、李均明、朱国炤：《居延汉简释文合校》，325页。

园器的区别；二是兼有官赐和自备；三是皆为自备，至少在西汉前期的律令中，官赐葬具可按一定标准折现，自备葬具价格可能等于、低于或高于按规格折算的现钱。目前尚不能确定葬具的等级规定仅对官赐有效，还是对官赐和自备皆有效。

西汉列侯级葬具多与《葬律》不符，主要原因可能有：一是古今测量标准不一，譬如汉律的"棺中之广""深"可能是净尺寸，而考古报告中棺的宽和高则包括了板材厚度；二是各种误差的叠加，如汉尺本身的误差[1]、汉尺与现代长度单位间的换算误差、测量时的误差；三是列侯级多有特赐葬具，可能超出通行标准也未可知；四是《葬律》在实施过程中监管不够严格；五是可能葬具的长、宽、高、厚只要单项尺寸不超标即可；六是古今对葬具的命名不一，两汉时有"椁""臧椁""小椁"[2]"棺""小棺"[3]"槽"等称呼，但考古报告只做棺椁之分，而且存在棺椁之义古今不同的可能。

附录：

表1　诸侯王葬具尺寸、材质、髹漆、纹饰一览表

表2　列侯葬具尺寸、材质、髹漆、纹饰一览表

表3　中下级官吏葬具尺寸、材质、髹漆、纹饰一览表

1　白云翔：《汉代尺度的考古发现及相关问题研究》，《东南文化》，2014（2），85—94页。

2　"（何并）疾病，召丞掾作先令书，曰：'……葬为小椁，亶容下棺。'"《汉书》卷七十七《何并传》，3286页。

3　"时同学石敬平温病卒，（戴）封养视殡敛，以所赍粮市小棺，送丧到家。"《后汉书》卷八十一《独行列传第七十一·戴封》，2683页。

附录

表3 中下级官吏葬具尺寸、材质、髹漆、纹饰一览表

时期	墓号	椁 位置	椁 尺寸 长宽高 米	椁 尺寸 长宽高 汉尺	椁 厚度 厘米	椁 厚度 汉尺	椁 材质	椁 装饰	棺 位置	棺 尺寸 长宽高 米	棺 尺寸 长宽高 汉尺	棺 厚度 厘米	棺 厚度 汉尺	棺 材质	棺 髹漆	棺 装饰
西汉早期	凤凰山M168	单	4.62×3.17×2	2丈×1丈4尺×8尺7寸	24	1尺			外	2.56×0.97×1.02	1丈1尺×4尺2寸×4尺4寸				全黑漆	
									内	2.23×0.76×0.71	9尺7寸×3尺3寸×3尺1寸					
	侍其繇墓	北	2.32×0.8×0.75	1丈×3尺5寸×3尺2寸	24	1尺		无漆，彩绘云气纹，贴饰丝织品	北	2.2×0.68×0.65	9尺5寸×2尺9寸×2尺8寸			楠木	外黑内红	贴卷云纹丝织
		南	2.26×0.76×0.72	9尺8寸×3尺3寸×3尺1寸	24	1尺			南	2.2×0.68×0.65	9尺5寸×2尺9寸×2尺8寸					彩绘几何纹
西汉中晚期	放王岗M1	外	7.62×5.72×3.04	3丈3尺×2丈5尺×1丈3尺	33	1尺4寸	杉木、香樟、檫木、甜楮		外	2.76×1.16×1.1	1丈2尺×5尺×4尺8寸	12	5寸		外黑内红	外壁朱漆彩绘勾连云纹
		内	3.14×1.72×2.02	1丈4尺×7尺4寸×8尺7寸	18	8寸			内	2.24×0.74×0.7	9尺7寸×3尺2寸×3尺				黑漆上叠红漆	
	北山头M1	单	4.5×3×1.68	2丈×1丈3尺×7尺3寸	25	1尺1寸			外	2.42×0.98×0.88	1丈1尺×4尺2寸×3尺8寸	10	4寸		全黑漆	盖板内壁朱绘云纹
									内	1.98×0.65×0.64	8尺6寸×2尺8寸×2尺8寸	10	4寸		外黑内红	
	尹湾M6	单	3.2×2.26×?	1丈4尺×9尺8寸×?	35	1尺5寸			北	2.28×0.76×0.73	9尺9寸×3尺3寸×3尺2寸					
									南	2.19×0.74×0.71	9尺5寸×3尺2寸×3尺1寸					
西汉中晚期	西郭宝墓	单	2.8×1.32×1.25	1丈2尺×5尺7寸×5尺4寸	24	1尺	楸木		单	2.22×0.73×0.7	9尺6寸×3尺2寸×3尺	12	5寸	楸木	外茶内朱	
	土山屯M157	外					砖		外						全黑漆	
		内					砖		内						无漆	
	土山屯M147	外							外							
		内							内	2.3×0.77×0.75	1丈×3尺3寸×3尺2寸	1	0.4寸		外黑内红	

附录

表1 诸侯王葬具尺寸、材质、髹漆、纹饰一览表

时期	墓号	题凑材质	椁位置	椁尺寸 长宽高(米)	椁尺寸 长宽高(汉尺)	椁厚度(厘米)	椁厚度(汉尺)	椁材质	椁装饰	棺位置	棺尺寸 长宽高(米)	棺尺寸 长宽高(汉尺)	棺厚度(厘米)	棺厚度(汉尺)	棺材质	棺髹漆	棺装饰
西汉早期	渔阳墓	楠木	外	7.4×5.7×3	3丈2尺×2丈5尺×1丈3尺	44	1尺9寸			外	2.42×1.06×1.01	1丈×4尺6寸×4尺	13	6寸		外黑	朱漆彩绘龙凤云气
			内	3.47×2.7×2.16	1丈5尺×1丈2尺×9尺	36	1尺6寸	梓木		内	2.13×0.74×0.58	9尺3寸×3尺2寸×2尺5寸	24	1尺		外黑	
	象鼻嘴M1	柏木	外	11.1×10.3×3.05	4丈8尺×4丈5尺×1丈3尺	40	1尺7寸	楠木		外	2.74×0.85×0.95	1丈2尺×3尺7寸×4尺1寸			梓木	外黑内红	朱色彩绘
										中	2.35×0.75×0.7	1丈×3尺2寸×3尺					朱色彩绘几何纹
			内	7.15×6.25×2.4	3丈1尺×2丈7尺-1丈	30	1尺3寸	杉木		内	2.15×0.65×0.55	9尺3寸×2尺8寸×2尺4寸					素面
	曹嫚墓	柏木	外	7.6×5.8×?	3丈3尺×2丈5尺×?			柏木		外	2.38×1.44×?	1丈6尺2寸×?	16	7寸			
										中						外黑	朱绘云气纹
			内	3.6×?×?	1丈6尺×?×?	35	1尺5寸	柏木		内	2.07×0.74×?	9尺3寸×2寸×?	14	6寸			
	南越王墓	无	单	3.3×1×?(推测)	1丈4尺×4尺3寸×?				外黑内红,外壁彩绘云纹	单	2.2×0.75×?(推测)	9尺5寸×3尺3寸×?				外黑内朱	
西汉中期	大云山M1	楠木	外内					楠木		外内					梓木 梓木、镶玉		
	大云山M2	无	单							单	2.12×0.82×0.7	9尺2寸×3尺5寸×3尺			梓木、镶玉	全黑漆	针刻云气纹
	神居山M2	楠木	外中内					楠木 柏木 梓木		单					梓木		
	满城M1	无	单						朱漆	单						全朱漆	
	满城M2	无	?							单	2×0.52×0.54(复原)	8尺7寸×2尺3寸×2尺3寸			镶玉	全棕褐漆	
	双墩M1	栎木	外					石	全黑漆 内壁髹黑漆,局部彩绘云气纹	外						外黑内红	彩绘波浪纹 彩绘云气纹,镶鎏金饰件
			内							内							
	八角廊M40	木	外							外						全黑漆	
			内							内						全朱漆	
西汉晚期	凤蓬岭M1	楠木	单	16.5×11.5×2.14	7丈1尺×5丈×9尺3寸	22	9寸	楠木		外	3.2×1.08(残)×?	1丈4尺×4尺7寸×?			梓木	外黑内红 全朱漆	素面
										内	2.78×0.5×?	1丈2尺×2尺2寸×?					
	大葆台M1	柏木	外	5.08×3.44×2.7(复原)	2丈2尺×1丈5尺×1丈2尺	24	1尺	楸木	外黑内朱	外	2.82×1.4×1.4(复原)	1丈2尺×6尺×6尺	12	5寸	楸木	外黑内红	
										中	2.52×1×?	1丈1尺×4尺3寸×?	10	4寸		外黑内红	
			内	3.82×2.34×2.04(复原)	1丈7尺×1丈×8尺8寸	22	9寸	楠木、檫木		内	2.22×0.7×0.7	9尺6寸×3寸×3尺	7	3寸	楠木	全黑漆	
	灵圣湖M2	柏木	单					楠木、硬木松		单	2.4×0.9×?	1丈×3尺9寸×?	12	5寸	梓木	外?内红	彩绘痕迹
西汉晚期	老山汉墓	柏木、侧柏、槐树、械树、麻栎、板栗、油松	?							?							

附录

表2 列侯葬具尺寸、材质、髹漆、纹饰一览表

时期	墓号	椁位置	椁尺寸 长宽高(米)	椁尺寸 长宽高(汉尺)	椁厚度(厘米)	椁厚度(汉尺)	椁材质	椁装饰	棺位置	棺尺寸 长宽高(米)	棺尺寸 长宽高(汉尺)	棺厚度(厘米)	棺厚度(汉尺)	棺材质	棺髹漆	棺装饰
西汉早期	马王堆M3	单	4.92×3.4×?	2丈1尺×1丈5尺×?	19	8寸	杉木		外	2.57×1.16×1.13	1丈1尺×5尺×4尺9寸	12	5寸	楸木	外深褐内红	素面
									中	2.34×0.92×0.88	1丈×4尺×3尺8寸	11	5寸		外深棕内红	素面
									内						外棕内红	外壁贴锦绣
	马王堆M2	单							外	3×0.95×?	1丈3尺×4尺1寸×?					
									内	2.65×0.7×?	1丈2尺×3尺×?				外黑内红	可能素面
西汉早期	马王堆M1	单	4.84×1.52×1.52	2丈1尺×6尺6寸×6尺6寸	26	1尺1寸	杉木		外	2.95×1.5×1.44	1丈3尺×6尺5寸×6尺2寸	15	7寸	梓木	外黑内红	素面
									次外	2.56×1.18×1.14	1丈1尺×5尺1寸×4尺9寸	13	6寸		外黑内红	彩绘云气、神怪、禽兽
									中	2.3×0.92×0.89	1丈×4尺×3尺9寸	13	6寸		全朱漆	彩绘云气、瑞兽、仙人
									内	2.02×0.69×0.63	8尺7寸×3尺×2尺7寸	13	6寸		外黑内红	外壁贴锦绣
	虎溪山M1	单	6.92×3.9×3.6	3丈×1丈7尺×1丈6尺	22	9寸			外						外黑内红	彩绘痕迹
									内					楸木	外黑内棕红	
	双古堆M1	单	6.2×3.8×?	2丈7尺×1丈7尺×?			梓木	全黑漆	单							
	双古堆M2	单	5.35×3.3×?	2丈3尺×1丈4尺×?	23	1尺	楠木		单					楠木	全朱漆	
西汉早期	杨家湾M5	单	4.2×3.3×1.2(残)	1丈8尺×1丈4尺×5尺2寸(残)	25	1尺1寸		外黑内红	单	3.1×1.65×?	1丈3尺×7尺1寸×?	20	9寸		外?内红	
	机砖厂M1	单	9.9×7.2×?	4丈3尺×3丈1尺×?			松木		?							
	腊山汉墓	单	痕迹5.2×3×?	2丈3尺×1丈3尺×?					单							
西汉中期	海昏侯墓	单	7.4×7×3	3丈2尺×3丈×1丈3尺			柏木、桢楠		外	3.71×1.44×1.36(高为推测)	1丈6尺×6尺2寸×5尺9寸(高为推测)					彩绘痕迹
									内							彩绘痕迹
	凤栖原M8	外内					砖松木		?							
	小龟山汉墓	?							单	痕迹2.5×0.8×?	1丈1尺×3尺5寸×?				黑、红漆痕	
西汉晚期	鹞子岭M2	外	8.52×6.72×?	3丈7尺×2丈9尺×?	50	2尺2寸	楠木		单	2.84×?×?	1丈2尺×?×?				全朱漆	
		内			20	9寸										

西安出土汉代陶人物俑的再思考

柴怡

西安市文物保护考古研究院

摘　要：本文全面收集整理了西安地区近年来汉代陶人物俑的发现情况，在此基础之上对西安地区汉代陶人物俑做了考古类型学分析，并对汉代陶人物俑的分期、年代及时代特征做了进一步的论述。在基础的研究之上，本文对西安地区汉代陶人物俑的种类与墓葬等级的关系进行了讨论，认为出土着衣式陶人物俑的墓葬等级应该高于出土其他种类陶人物俑的墓葬等级。同时对陶人物俑的生产及流通进行了相关论述。

关键词：两汉时期；西安地区；陶人物俑；墓葬等级

陶俑是古代墓葬艺术品中较为重要的一种。早在新石器时代，人们就开始用泥捏制人形或动物形象，然后烧制成为陶质艺术品，用于日常生活中。到了战国时期，随着人殉制度的没落，陶人物俑逐渐承担了人殉的作用而出现在墓葬之中。两汉时期，陶人物俑多出现在大中型汉墓中，小型墓葬中也有发现。作为西汉的都城，西安地区的汉代墓葬中就发现了数量较多的陶俑。梳理分析这些发现，我们有了一些浅显的认识。

一、西安地区汉代人物俑的发现概况

西安地区出土人物俑的墓葬主要集中在当时的都城长安城周围，且主要出土于帝王陵的陪葬坑及高级贵族的墓葬中，中小型墓葬陪葬人物俑的现象也不多见。近些年的考古调查与发掘表明，西汉帝、后陵均有大量陪葬坑，坑内出土了大量人物俑，景帝阳陵陵园内就有陪葬坑90余座[1]，其中南区24座陪葬坑内多有陶俑陪葬。南区的4座坑（2个仅部分清理，且被盗扰）出土陶俑600多件，有男、女立俑，骑马俑等[2]；薄太后陵从葬坑的陶俑置于陶棺之内，均为着衣女立俑[3]；杜陵已清理的一号、四号陪葬坑虽盗扰严重，但仍出土不少陶俑，一号坑内出土的裸体男俑做立状，部分还佩带小五铢钱[4]；任家坡汉陵从葬坑出土彩绘陶俑40余件，均为塑衣女俑，或做跽坐状，或做立状[5]。

高级贵族墓葬也多有发现。景帝阳陵的陪葬墓M130出土的粉彩俑有的做跽坐状，有的做立状，身份有侍女，也有文吏[6]；陪葬墓M9的一号陪葬坑出土的裸体男、女立俑与帝陵陪葬坑出土的陶俑基本相同[7]。帝王村西一座平陵陪葬墓出土有裸体男俑残片[8]；安陵十一号陪葬墓从葬沟内出土武士俑84件，1950年该从葬沟内还出土有舞蹈俑[9]；长陵陪葬墓杨家湾汉墓1965年清理的11座陪葬坑中出土陶俑2548件[10]，1970年清理的7座陪葬坑

---

1 汉阳陵博物苑编：《汉阳陵博物苑》，文物出版社，2006。
2 陕西省考古研究所汉陵考古队：《汉景帝阳陵南区从葬坑发掘第一号简报》，《文物》，1992（4）。
3 王学理：《汉南陵从葬坑的初步清理——兼谈大熊猫头骨及犀牛骨骼出土的有关问题》，《文物》，1981（11）。
4 刘庆柱、李毓芳：《1982—1983年西汉杜陵的考古工作收获》，《考古》，1984（10）；刘庆柱、李毓芳：《1984—1985年西汉宣帝杜陵的考古工作收获》，《考古》，1991（12）。
5 王学理、吴镇烽：《西安任家坡汉陵从葬坑的发掘》，《考古》，1976（2）。
6 汉阳陵博物苑编：《汉阳陵博物苑》。
7 汉阳陵博物苑编：《汉阳陵博物苑》。
8 孙德润：《汉平陵调查简报》，《考古与文物》，1982（4）。
9 张子波、王丕忠：《汉安陵的勘查及其陪葬墓中的彩绘陶俑》，《考古》，1981（5）。
10 陈桂枝：《最早发现的汉兵马俑》，《中国文物报》，1994-10-30。

中也有部分陶俑出土[1]，种类有步兵俑、骑马俑、乐俑等。西安东南郊沙坡"利成"墓出土完整陶俑 8 件，大量骑马俑被破坏，从残存个体分析，至少有 27 件，另外还发现大量侍俑、牵马仪仗俑、兵马俑等残块[2]。西北医疗设备厂 M89 出土粉彩女立俑 1 件[3]；M92 出土陶俑 3 件，均为女跽坐俑[4]；M120 出土粉彩跽坐女俑 1 件[5]。西安白家口 M24 中出土陶俑 7 件，有跽坐乐俑、舞蹈俑和侍女俑[6]。西安北郊尤家庄交通学校 M18 出土陶俑 6 件，均为着衣立俑，其中男俑 3 件，女俑 3 件[7]。西安南郊三爻村 M19 出土陶俑 7 件，均为着衣立俑，其中女俑 5 件，男俑 2 件；M12 出土小陶俑 4 件，均捏塑，做跽坐状[8]。西安南郊净水厂 M34 出土奏乐小陶俑 1 件[9]。长安区三里村一座东汉墓出土陶俑 2 件，其手臂可能为木质[10]。西安南郊瓦胡同 M5 出土泥俑 1 件；M53 出土小陶俑 4 件，有跽坐俑、二联俑、五联俑、背人俑等[11]。西北有色金属研究院 M9 出土跽坐小陶俑 1 件。西安北郊电信局（以下简称"电信"）M67 出土小陶俑 47 件，种类较多，有乐俑、舞俑、说唱俑、杂耍俑、双连俑、五联俑等。西安石油学院（今西安石油大学，以下简称石油学院）M10 出土小陶俑 15 件，有杂耍俑、奏乐俑、抱娃俑等。西安南郊世家星城 M169 出土陶俑 2 件，1 件为劳作俑，1 件为跽坐女俑。

1　陕西省文管会、博物馆、咸阳市博物馆杨家湾汉墓发掘小组：《咸阳杨家湾汉墓发掘简报》，《文物》，1977（10）。
2　郑洪春：《陕西新安机砖厂汉初积炭墓发掘报告》，《考古与文物》，1990（4）。
3　西安市文物保护考古所：《西安龙首原汉墓》，西北大学出版社，1999。
4　西安市文物保护考古所：《西安龙首原汉墓》；西安市文物管理处：《西北医疗设备厂福利区 92 号汉墓清理简报》，《考古与文物》，1992（5）。
5　西安市文物保护考古所：《西安龙首原汉墓》。
6　中国科学院考古研究所、陕西考古调查发掘队：《宝鸡和西安附近考古发掘简报》，《考古通讯》，1955（2）。
7　陕西省考古研究所：《西安北郊汉代积沙墓发掘简报》，《考古与文物》，2003（5）。
8　陕西省考古研究所：《西安南郊三爻村汉唐墓葬清理发掘简报》，《考古与文物》，2001（3）。
9　陕西省考古研究所：《配合基建考古队西安净水厂汉墓清理简报》，《考古与文物》，1990（6）。
10　陕西省文物管理委员会：《长安县三里村东汉墓葬发掘简报》，《文物参考资料》，1958（7）。
11　西安市文物保护考古所：《西安财政干部培训中心汉、后赵墓发掘简报》，《文博》，1997（6）。

传承与流变

西安邮电学院（今西安邮电大学，以下简称"邮电"）长安校区M1出土小陶俑5件，有杂耍俑、说唱俑、奏乐俑、七联俑等。西安南郊雁鸣小区出土釉陶仆人俑2件[1]。西安北郊雅荷城市M85出土釉陶小陶俑2件[2]。西安凤栖原张安世墓中也出土了大量的着衣式陶俑[3]。西安蓝田支家沟汉墓陪葬坑中出土着衣式陶俑、塑衣式陶俑183件[4]。西安长安区华杰健身中心M1中出土侍女俑3件，小陶俑4件[5]。西安东二环石家街汉墓陪葬坑出土着衣式陶俑280余件，主要是女俑[6]。西安长延堡汉墓出土42件彩绘陶俑[7]。西安郭杜雅居乐小区M9出土塑衣式女俑4件[8]。西安财经学院（今西安财经大学）行知学院（以下简称行知学院）井内发现大量残碎陶俑，经整理、修复较为完整的陶俑42件，其中有着衣式陶俑和塑衣式陶俑两类，主要为女俑、男俑及骑马俑[9]。西安栗家村汉代列侯墓中也出土了乐舞俑等[10]。2021年，在陕西省西咸新区秦汉新城大堡子墓地M68也出土了多件乐舞俑[11]。2021年12月14日，陕西省考古研究院联合西安市文物保护考古研究院公布了位于西安白鹿原上的江村大墓的考古新发现，在其中的外藏坑中出土了千余件着衣式陶俑[12]。

1　西安市文物保护考古所：《西安东汉墓》，文物出版社，2009。
2　西安市文物保护考古所、郑州大学考古专业：《长安汉墓》，陕西人民出版社，2004。
3　丁岩、张仲立、朱艳玲：《西汉一代重臣张安世家族墓考古揽胜》，《大众考古》，2014（12）。
4　陕西省考古研究院：《陕西蓝田支家沟汉墓发掘简报》，《考古与文物》，2013（5）。
5　西安市文物保护考古研究院发掘资料。
6　柴怡、张翔宇、孙武：《西安东郊石家街发现汉代列侯级别墓葬》，《中国文物报》，2013-08-16。
7　西安市文物保护考古研究院：《西安南郊西汉墓发掘简报》，《文物》，2012（10）。
8　西安市文物保护考古研究院：《西安南郊郭杜镇西汉墓发掘简报》，《西部考古》（第9辑），科学出版社，2015。
9　柴怡：《西安白鹿原新见汉代陶俑析论》，《考古与文物》，2017（4）。
10　朱连华，郭昕：《西安灞桥区栗家村汉墓》，见国家文物局：《2019中国重要考古发现》，文物出版社，2020。
11　据华商网报道：《探馆陕西考古博物馆：泾阳大堡子汉墓又出土成套乐舞陶俑》，http://news.hsw.cn/system/2022/0421/1456769.shtml，2022-4-21。
12　陕西省考古研究院、西安市文物保护考古研究院：《汉文帝霸陵考古调查勘探简报》，《考古与文物》，2022（3）。

二、西安地区汉代陶人物俑的分类

从目前公布的材料看，西安地区汉代墓葬随葬的人物俑种类多样，造型也各不相同。根据性质不同，这些人物俑可分为骑马俑、步兵俑（武士俑）、奏乐俑、舞蹈俑、侍俑、百戏俑、劳作俑等，另外还有一些性质不甚清晰的俑类。

（一）骑马俑。这类陶俑主要出土于帝王陵及高级贵族的陪葬坑中，其中景帝阳陵和杨家湾汉墓出土的数量最多，新安砖厂"利成"墓、西安财经学院行知学院井内也有部分出土。分为着衣俑和塑衣俑两型。

图1　行知学院 J1：21

图2　行知学院J1：6

A型　着衣俑。这类俑下葬时多穿布帛或皮革服装，多出土于帝王陵的陪葬坑中。阳陵南区2号从葬坑出土的彩绘女骑兵俑，裸体无臂，颧骨高凸，两眼内斜，显然为一胡人，所骑马为木马。西安财经学院行知学院井内则出土了呈骑马状的裸体无臂俑（图1）。

B型　塑衣俑。杨家湾汉墓出土的骑马俑，身穿三重交领袍服，端坐于陶马之上。阳陵四号建筑遗址中也出土有此类骑马俑，骑手身着三重交领袍服。西安财经学院行知学院井内也出土了塑衣式的骑马俑，身着两重交领袍服（图2）。

（二）步兵武士俑。均出于帝王陵及高级贵族的陪葬坑中，从目前公布的资料看，以阳陵和杨家湾汉墓出土数量最多。分为着衣俑和塑衣俑两型。

传承与流变

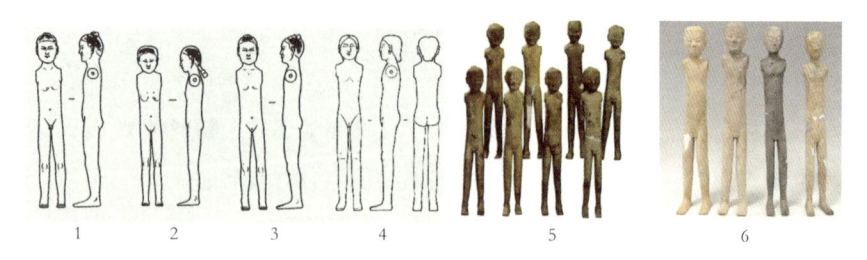

图 3　着衣式侍俑

(1.阳陵南区 K19∶46；2. 阳陵南区 K21∶127；3. 阳陵南区 K18∶62；4. 行知学院 J1∶5；5. 西安凤栖原张安世家族墓 K5 出土侍俑；6. 西安石家街汉墓 K2 出土侍俑）

A 型　着衣俑。这类俑下葬时多穿布帛或皮革铠甲。阳陵南区 10 号、17 号坑内出土的裸武士俑排列整齐，身侧各有一铁剑。

B 型　塑衣俑。或穿袍服，或披铠甲。杨家湾汉墓出土的士兵俑均为塑衣俑，或布服或披甲，也有执盾的。

（三）侍俑。该类俑是较为普遍的俑类，凡随葬陶俑的墓葬多有此类俑，性别有男女之分，以女侍俑多见，形象端庄淑雅，或站立或跽坐，或拱手或持物。分为着衣俑和裸体俑两型。

A 型　着衣俑。仅出土于帝王陵及高级贵族墓葬当中。阳陵南区 K16、K18、K19、K21 中出土的侍奉俑多为站立状，有男俑和女俑两种。新安砖厂积炭墓外藏、凤栖原 K5、蓝田支家沟汉墓、西安东二环石家街汉墓等亦出土有裸体男女侍俑。（图 3）

B 型　塑衣俑。也有男俑和女俑两种，依其造型不同分为立俑和跽坐俑两个亚型。

Ba　跽坐俑。均做跽坐状，或双手拱于胸前，或做捧物状。依形体大小及表现形式不同分两式。

Ⅰ式　形体较大，高一般在 30—50 厘米之间，外多施白色陶衣，人物五官、发式、服装多施以彩绘，表现较为细腻。制作工艺方面多为分段模制，而后粘接。任家坡汉陵从葬坑出土的 28 件拱手状侍女俑，阳陵陪葬墓 M130 出土跽坐侍女俑有的做捧物状，均眉清目秀，端庄淑雅。（图 4）

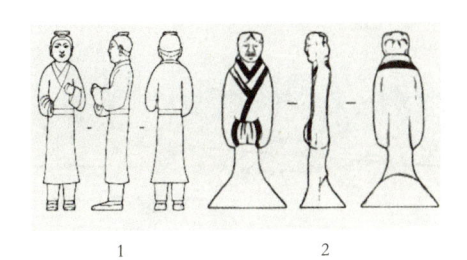

图 4
（1. 任家坡从葬坑女侍女；2. 阳陵 M130 女侍俑）

图 5
（1. 行知学院 J1：3；2. 郭杜镇雅居乐 M9：2）

Ⅱ式　形体较Ⅰ式小，一般不超过 20 厘米。多为一次性模制而成，面部多不清晰，仅具轮廓，袍服宽大，腿多隐于长袍之内不加以表现，其制作远不如Ⅰ式精美。如世家星城 M169：57，身着交领宽袖长袍，双手拱于胸前，眉目不清，表面涂一层白彩，高 13 厘米。

Bb　立俑。做拱手侍立状。依其服饰及表现形式不同分两式。

Ⅰ式　身穿多重交领长衣，大部分全身涂白彩，头发、五官及衣缘也用不同色彩加以表现。女俑的发式或为一椎髻垂于背后，或梳一圆髻垂于脑后；男俑的发式则为一圆髻于脑后，发髻中间有圆孔，原来应插笄。任家坡汉陵从葬坑出土 9 件，均为女俑，长衣至小腿，双手握成环状，似持有物。阳陵陪葬墓 M130 出土的侍女俑，长裙曳地呈喇叭状。西安财经学院行知学院井内出土有 9 件男俑，长衣至小腿部（图 5-1）。西安南郊郭杜镇雅居乐 M9 出土 4 件彩绘女侍俑，裙摆较小，长垂髻。（图 5-2）

Ⅱ式　造型和表现形式与Ⅰ式基本相同，男俑袍之下摆略呈筒状，女俑则头部有包头巾。发式为一圆髻垂于脑后，西安北郊积沙墓出土的 3 件男侍俑即为此种形式。该墓中出土的 3 件女侍俑头包头巾，裙摆较大，拖于身后。西安长延堡 M2：9，双手合抱置于小腹前，头顶梳平髻，高 32.6 厘米。女侍俑头部包头巾，裙摆较大，拖于身后。（图 6）

Ⅲ式　形体较小，一次模制而成，面部仅具轮廓，眉目不清。如石油学院 M10：46，身穿宽袖长袍，袍下略露双足，双手屈举胸前。残高 7.4

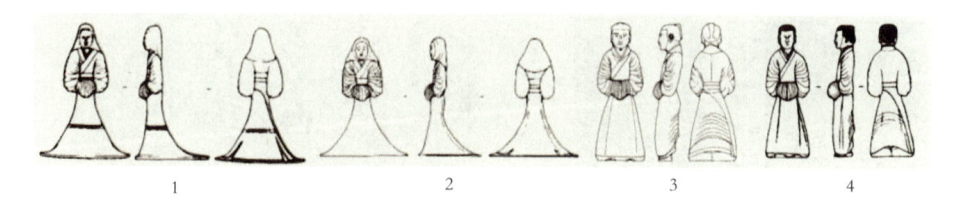

图 6

(1.西安北郊积沙 M18∶18；2.西安长延堡 M2∶10；3.西安长延堡 M2∶9；4.西安北郊积沙落 M18∶12)

图 7　石油学院 M10∶46

图 8

(1.西北医疗 M92∶40；2.西北医疗 M92∶41；3.西北医疗 M92∶49；4.石油学院 M10∶22；5.石油学院 M10∶25)

厘米（图 7）。

（四）乐俑。该类陶俑多做跽坐状，或抚琴，或吹箫，或击磬等。分为跽坐俑和立俑两个类型。

A 型　跽坐俑。做跽坐状。依形体大小及表现形式不同分两式。

Ⅰ式　形体较大，多施粉彩，着多重袍服，表现细腻，双手作奏乐状。任家坡 K6∶5，手作抚琴状。西北医疗 M92∶40，双手前伸做抚琴状；M92∶41、M92∶49，双手前伸做打击状。该墓出土了一组陶磬、陶钟，所

166　　制器尚象：中国古代造物观念与传统研究

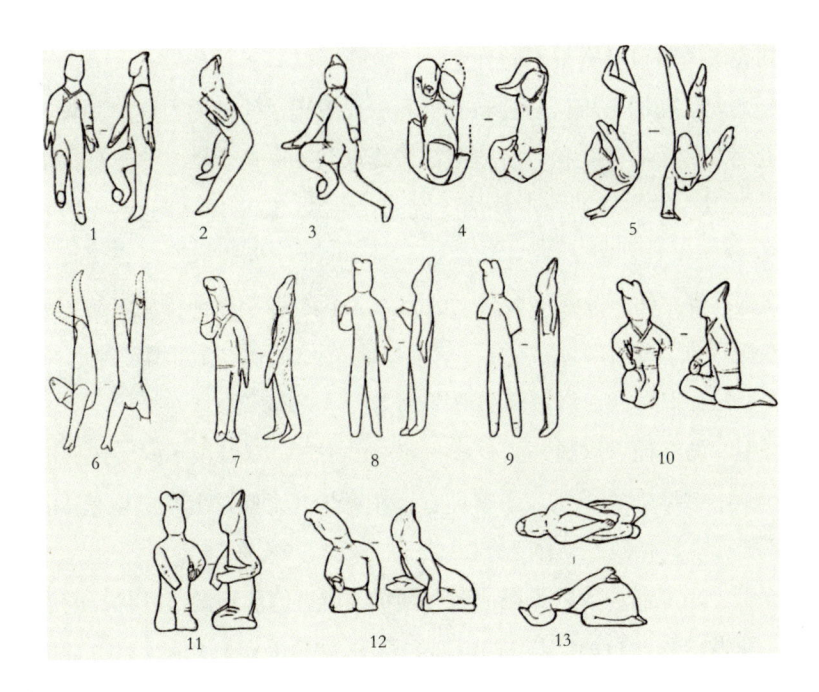

图 9
（1. 电信 M67：45；2. 电信 M67：95；3. 石油学院 M10：27；4. 邮电 M1：26；5. 电信 M67：104；6. 电信 M67：115；7. 电信 M67：108；8. 电信 M67：52；9. 电信 M67：82；10. 电信 M67：46；11. 电信 M67：129；12. 电信 M67：130；13. 石油学院 M10：23）

以这两个陶俑很可能是击磬俑和击钟俑。（图 8-1、8-2、8-3）

Ⅱ式　形体较小，多为一次性模制而成，面容模糊不清，仅具轮廓，多做跽坐状。石油学院 M10：22，做吹排箫状；M10：25，做吹埙状。（图 8-4、8-5）

B 型　立俑。形体较大，多施粉彩，发式、五官及服饰表现细腻。如杨家湾汉墓的陪葬坑中出土的乐俑。

（五）舞蹈俑。做各种姿势的舞蹈状。形体较大，发式、五官及服饰表现细腻。如安陵十一号陪葬墓从葬沟内出土的舞蹈俑，身穿多层交领长衣，面向左前方，身向右仰，双臂高举。

（六）杂耍俑。大部分形体较小，有模制者，亦有捏塑者，动作各异，

传承与流变

根据其表演的项目及造型不同分型。

A型　蹴鞠俑。从目前公布的资料看仅发现3件，均为捏塑，脚背带球。电信M67∶45，立状，右腿上抬做踢球状。电信M67∶95，身体重心略向后，似在做勾球动作。石油学院M10∶27，做带球奔跑状。（图9-1、9-2、9-3）

B型　倒立俑。数量不多。电信M67∶104，单手撑地，头上昂，戴尖帽，左腿微曲。电信M67∶115，双手撑地，头上昂，戴尖帽。邮电M1∶26，头上昂，双臂残，似做倒挂动作。（图9-4、9-5、9-6）

C型　站立俑。双腿并立，或一前一后站立，双臂做不同动作。电信M67∶108、52，右臂下垂，手掌伸直，左臂抬起，前臂上举；电信M67∶82，双腿分立，臂残，动作不详。（图9-7、9-8、9-9）

D型　跽坐俑。或以头触地做叩拜状，或身体前倾做伏卧状，或上身直立，双臂摆动。石油学院M10∶23，头戴尖帽，上身伏地，双手背握于后（图9-13）。电信M67∶130、79，上身前倾，一手扶膝，一手前伸，两俑动作相同，唯姿势相反（图9-12）。电信M67∶129，上身直立，双臂做摆动动作（图9-11）。电信M67∶46、92、111，均做单腿跽坐状，或握拳或摆臂（图9-10）。

E型　平坐俑。上身直立，以臀着地，或一腿平伸一腿屈曲，或双腿屈曲。电信M67∶110，右腿屈膝，左腿伸直，右手扶膝，左手屈肘于胸前。电信M67∶55，双腿均屈膝平坐，双手抚于胸前。

（七）说唱俑。均为立俑，一臂前伸，一臂屈曲，做说唱动作。电信M67∶94，头戴平顶帻巾，右臂斜上举，左臂屈于身前。邮电M1∶25，左臂前伸，右臂屈于身前。

（八）劳作俑。均为立俑，制作粗糙。世家M169∶18，双手握一长柄锨形工具，当为耕作俑。雁鸣小区M1∶24，平顶帻，着交领短衣，左手持一插形器；该墓中出土有羊俑和羊圈，推测此俑可能是牧羊俑。

（九）联体俑。均为小型俑，模制。分为跽坐俑和立俑两型。

A型　跽坐俑。五人联体，如电信M67∶124（图10-1）。

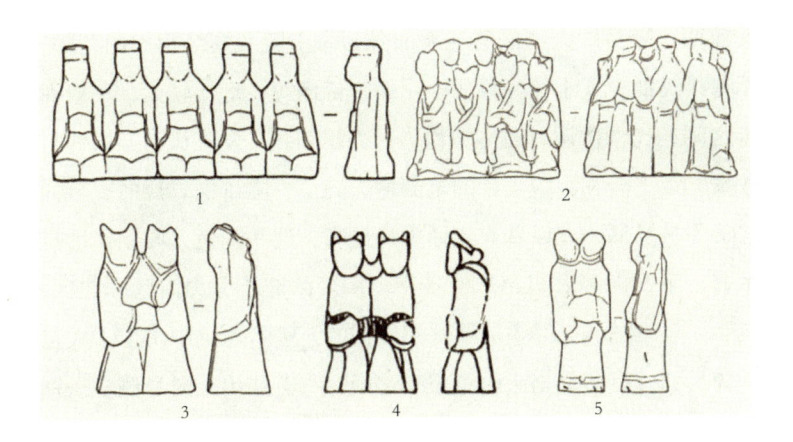

图 10
(1. 电信 M67∶124；2. 邮电 M1∶18；3. 电信 M67∶109；4. 西安财政干部教育培训中心 M53∶2；5. 电信 M67∶93)

B 型　立俑。分为二人联体和七人联体两亚型，以二人联体多见。

Ba　二人联体俑。电信 M67∶109，二人并立相拥，外侧两手握于前，内侧两手挽于后（图 10-3）。电信 M67∶93，抱娃俑，成人左臂抱一幼儿，幼儿右臂搭于大人左肩之上，左臂下垂（图 10-5）。西安财政干部教育培训中心 M53∶2，一男子背一老妪形象（图 10-4）。

Bb　七联体俑。邮电 M1∶18，七人联体，前四人后三人，高 76 厘米，宽 84 厘米。（图 10-2）

三、西安出土汉代陶人物俑分期及其时代特征

通过以上对西安地区出土汉代陶人物俑的发现及类型的梳理与分析，我们大体将出土的汉代陶人物俑分为三期，即西汉前期、西汉后期（包括新莽时期）和东汉时期。西汉前期主要流行于帝王陵及高级贵族的大中型墓葬；西汉后期，除帝王陵之外，大中型墓葬中随葬陶俑的也不多见；进入东汉中期以后，中小型墓葬中又开始出现陪葬陶俑的现象。

在西汉前期，随葬陶人物俑的绝大部分为帝王陵及高级贵族的墓葬，其种类主要有兵马俑、武士俑、舞俑、乐俑、侍俑等，形体较大，一般在30—60厘米之间，比例协调，通体施粉彩，表现细腻，发式清晰，眉清目秀，端庄淑雅。帝王陵和高级贵族的墓葬俑类齐全，除乐俑、舞俑、侍俑之外，还常陪葬兵马俑，尤以着衣式俑等级最高，这些陶俑分段制作后拼接，装有木臂，下葬时当着以帛衣或革甲。阳陵陪葬坑分为南区和北区，南区陪葬坑24座，发掘的10座陪葬坑和试掘的5座陪葬坑中出土了大量的武士俑和骑兵俑。有些俑出土时革甲痕迹尚存，有些出土时身侧立一铁剑，排列阵容整齐，故发掘者认为这两区陪葬坑可能象征着汉长安城的南军和北军。杨家湾汉墓出土骑马俑538件，另有大量的步兵俑，均为塑衣式陶俑。出土兵马俑的墓葬还有新安砖厂汉初"利成"积炭墓。

西汉中、晚期，除帝陵的陪葬坑之外，陪葬陶俑的墓葬发现较少，人物俑的种类也不多，有武士俑、侍俑等。宣帝杜陵一、四号陪葬坑出土的陶俑与阳陵陪葬坑出土的陶俑相似，均为无臂裸体俑，从同出的武器分析，可能是武士俑或士兵俑。西安北郊积沙墓与西安南郊三爻M19出土陶俑相同，均为男、女侍俑，立状；形体虽不如西汉前期高大，但高度也在30—35厘米之间；发式上多为一扁圆髻垂于脑后，女俑也有戴风帽的，不见西汉前期垂于后背的长椎髻；女侍俑服饰方面新出现下摆较窄的裙。西汉晚至新莽时期，个别小型墓中出土一种釉陶小陶俑，高不到6厘米。

西安地区发现的东汉时期大型墓葬数量不多，但中小型墓葬随葬陶人物俑的现象与西汉相比明显增多。目前西安地区发掘的几百座东汉墓均为中小型墓，随葬陶俑的墓葬数量并不多，但陶俑的种类较西汉时增多，新出现杂耍俑、说唱俑、劳作俑以及各种联体俑。陶俑形体较小，高度一般不超过20厘米，制作粗糙，多为一次性模制而成，五官不清，面部仅具轮廓。与西汉时期的陶俑相比，虽然形体较小，制作粗糙，但更具生活情趣，更加传神，具有动感。

四、随葬陶人物俑的种类与墓葬等级关系

通过对墓葬出土的陶人物俑种类、数量等方面的分析，综合墓葬的规模，我们可以看出随葬陶人物俑的种类和数量不同体现了墓主人身份地位差异，同时这也是社会等级制度的一种表现形式。在西汉时期，这种关系尤为严格。西汉时期的墓葬，帝陵等级最高，其陪葬陶俑的种类和数量也最多。景帝阳陵已探明陪葬坑有120多条，陪葬陶俑的数量累千上万，种类也最多，有兵马俑、武士俑、文吏俑、宦官俑、男女侍俑、乐舞俑等。且陶俑制作精美，下葬时也要穿上帛衣或皮甲，也只有皇帝才有特权陪葬种类如此齐全、数量如此丰富的陶俑。而墓葬中陪葬兵马俑的墓主则应是当时的军队统帅或将军，如杨家湾汉墓就出土大量的兵马俑，有学者推测其墓主可能是军事将领周勃、周亚夫。地位较低的贵族官吏只能随葬乐舞俑、男女侍俑，其制作也不如帝陵及大型高级贵族墓葬的精美。一般的庶民百姓则不得以俑随葬，众多中小型墓葬不出土陶俑就是很好的证明。

高等级墓葬出土陶人物俑中，有着衣式陶俑的墓葬等级应该高于没有着衣式陶俑的墓葬。迄今为止，已公布资料的墓葬中出土着衣式陶俑的，除去帝陵以外，仅有新安砖厂汉初"利成"墓、西安凤栖原张安世家族墓M8、蓝田支家沟汉墓和西安东郊石家街汉墓等为数不多的几座。这几座墓葬不论是从墓葬的规模还是墓主的身份，及对墓主的分析，都可以看出其身份或者较高，或者是较为特殊。如西安凤栖原张安世家族墓M8的墓主就被推测为张安世本人，而蓝田支家沟汉墓的墓主（图11）则被认为是昭帝时期的鄂邑长公主[1]。通过以上的类比与分析可知，西安地区汉墓中着衣式陶俑的使用是有着严格的限制的，

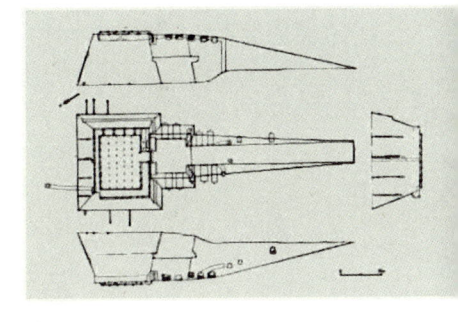

图11

---

[1] 段毅：《蓝田支家沟汉墓墓主身份蠡测》，《考古与文物》，2013（6）。

并非所有的列侯墓葬都可以使用，因而我们也可以认为，大型墓葬中着衣式陶俑的使用应该是特殊情况，并不是列侯墓葬的陪葬制度。相对而言，塑衣式陶俑的随葬则在大型墓葬中较为普遍，应该是列侯墓葬制度的组成部分。

五、关于陶人物俑的生产与流通

作为帝陵或大中小型墓葬及墓地的重要组成部分，陶窑在帝陵及大中小型墓葬周围有着较多的考古发现，有学者也就汉代墓地陶窑的相关问题做了专文论述。[1] 从现在的发现情况看，墓地所见之陶窑，不论是帝陵还是大型或中小型墓葬，主要是用来烧制砖瓦等用于墓葬构建或墓葬相关建筑的构建材料，也有陶窑是用于烧制随葬陶质明器的。但是，用于烧制陶俑的陶窑，迄今为止仅在西安六村堡街道相家巷村东南汉代陶窑遗址中发现过。[2] 而发现这批窑址的区域，在西汉时期属于汉长安城西北角的"西市"及其附近区域，在其附近区域还发现有铸铁和铸钱陶窑遗址，有学者认为该区域应为官方设立的"手工业园"。[3] 因此，我们也可以认为西汉的陶人物俑应该是集中生产的，尤其是代表高等级身份的陶俑的生产和流通，应该是由中央专门机关来直接管理的，而其他陶人物俑也可能是集中生产，并通过主管的政府机关或市场的商品贸易得到的。

1　刘尊志：《汉代墓地陶窑及相关问题》，《文物》，2019（11）。
2　徐龙国：《汉长安城手工业遗存的发现与研究》，《南方文物》，2021（2）。
3　徐龙国：《汉长安城手工业遗存的发现与研究》，《南方文物》，2021（2）。

文化流播与记忆储存
——金代毕国公主石函研究

张鹏

中央美术学院

摘　要：本文聚焦北京金代乌古论家族墓葬中出土的四层石函，通过对墓主、材质、形制、装饰和技艺的流动性的讨论，透析其中的文化流播与审美意涵。

关键词：石函；乌古论；金代；岫岩玉

一

20 世纪 80 年代初，在北京距房山金陵直线大约 10 千米的丰台米粮屯发掘了四座墓葬[1]，根据其中两座墓葬出土的墓志判断为金代乌古论窝论家族墓。据墓志和正史文献记载，乌古论家族三代人分别为乌古论窝论、乌古论元忠和乌古论谊，三代人均为驸马，与金初创业的太祖、金代盛期号称"小尧舜"的世宗有着极为密切的关系，其墓葬资料反映出，他们家族

---

1 《北京金墓发掘简报》和《金代乌古论窝论、乌古论元忠及鲁国大长公主墓志考释》，收入《北京文物与考古》，1983 年总第一辑，55 页。本文有关墓葬资料和石刻碑铭信息均引自《北京金墓葬发掘简报》，不再一一注明。

的荣辱兴衰成了解金代文化发展的一扇窗口。[1]

史籍对乌古论部所在地多有记载，陈述认为"吾古论在按出虎水完颜部东南，而乌古里在西北"[2]。乌古论部为金代女真重要部族之一，完颜氏建立金政权之前就竭力扶助，"世善骑射，为族部冠"，为女真皇室所器重，形成"国朝故事，皆徒单、唐括、蒲察、拏懒、仆散、纥石烈、乌林答、乌古论诸部部长之家，世为姻婚，娶后尚主"[3]的密切关系。而乌古论窝论先祖与金皇室完颜氏互助互持，在文献史籍和考古发现中多有呈现。

本文聚焦的四层石奁出自该家族中第一代乌古论窝论墓葬。墓志载，窝论"姓乌古论氏，世为乌古论部人，生而颖悟，及长沉厚善谋，治家有法，赀累钜万。皇朝方兴，太祖武元皇帝知人善任，并谋兼智用，肇造我区夏。公输才助军，愿充行伍，每侍左右，谨愿寡言，太祖善之，尚第二女毕国公主，拜驸马都尉。征辽之役，公密有赞画，然性谦退不伐，未及大用而又卒捐馆舍，故无人知者"。乌古论窝论官至正二品，驸马都尉加赠紫光禄大夫。

墓志未详细记载乌古论窝论的去世时间，"大定二十四年春……自莱州迁柩卜以四月十二日改葬于北京大兴府良乡县西北乡永安村之原"。大定二十四年自山东迁葬北京。此墓为长方形土坑石椁石床木棺墓，东西向，石椁长3.33米，宽2.55米，高1.65米。石椁四壁由四块青石板组成，以凸凹状单卯榫相连接。椁底和盖均由三块青石板条组成，石条之间以搭口相接，青石板厚13—17厘米，石椁内壁有整齐的斜行凿痕。椁室北部有一青石棺床，用砖架起，高10厘米，棺床上放置长方形漆木棺一具，长2.3米，宽1.3米，高1.3米，残存3厘米厚的朽痕和部分黑红及描金的漆片，推测为长方形黑红描金髹漆木棺。

此墓早年被盗，遗存不多，或有扰动。目前棺内发现铁棺环3个，玉

---

1 张鹏：《金代女真功臣墓葬艺术研究——以乌古论窝论家族墓葬为中心》，《美术研究》，2018（5）。
2 陈述：《金史拾补五种》，科学出版社，1960，107页。
3 脱脱：《金史》卷六十四《后妃下》，中华书局，1975，1528页。

环 1 件，花鸟玉佩饰 1 件，荷叶双龟玉佩 2 件，及散乱的火化骨灰碎块。椁内棺外随葬品有：鸡腿瓶 2 件、耀州窑鋬耳洗 2 件、碗 2 件、影青瓷盘 1 件、白瓷小盅 2 件、葫芦状浅青灰色执壶 1 件、岫岩玉石盆 1 件、岫岩玉石盒 1 件、五层奁盒与四层奁盒各 1 套、小粉盒 9 件、汉白玉质八卦炉 1 件、瓜棱盒 1 件。另外，在顶盖西部放置乌古论窝论墓志一合，墓志呈方形，边长 93 厘米，志盖呈盝顶形，有金代党怀英篆盖"大金故金紫光禄大夫乌古论公墓志铭"，志文为李晏撰、邓俨书丹。

图 1　金代芈国公主石奁奁盖（岫岩玉）

家族墓中发现了各类玉质石材的随葬品，涵盖了地上石像生、葬具、生活用品、装饰用品和奢侈品，是金代女真墓葬的共同特色。此墓虽然被盗，但根据目前的出土情况来看，不同器物使用不同玉石材质。如，随身佩戴装饰用品使用档次较高的玉石，被置放于棺内；档次较低的用于生活器具，与陶、铁等其他家居生活用品共同置放于棺椁之间，或呈现了生活

图 2　金代芈国公主石奁奁身（岫岩玉）

习俗与态度。由此可见，材质的来源和使用不但具有时代和区域的文化特色，材质与器物的结合亦注入了文化观念。

这件四层石奁位于棺椁之间的岫岩盘中。玉质石材与器物结合，材质、形态、结构、工艺呈现出功能意涵的变化，以及文化意味和精神特质，提示我们思考有关器物与观念的内在动因与联系。而奁具作为盛放用具或遣嫁财物，考古发现地区遍及南北区域，其概念内涵与功能演进在发展演变中不断丰富。从美术史视角以系统思维分析物与人、环境和空间的互动，或可进一步关注器物风格样式的嬗变，探讨与之代表的特定生产力状况下人们的审美取向和观念形态的转换。

二

先秦古籍《周礼·考工记》中记载:"天有时,地有气,材有美,工有巧。合此四者,然后可以为良。"

乌古论窝论墓中出土的四层石奁,存在着用料、功能、图案纹样、造型、技术等诸多有趣的问题,对这些问题的解析都离不开使用者、创造者、观赏者、拥有者,而其中又有材质、技术、艺术、审美的多元化表现,以及流动、传播、追忆等不同维度与层面的延展,更突显了背后的"人"的问题。

石奁的主人是需要观察的第一个问题。

根据墓志和文献的相关记载,乌古论窝论家族的来龙去脉及其与金朝的初创的关系逐步清晰。墓主窝论治家有法、资助皇朝、侍从太祖左右,"正隆之初起十三贵族猛安以控制山东,公家遂居莱州"。自今黑龙江哈尔滨一带起家,一个非常重要的贡献就是参与了金初的征辽之战,主要战场是在辽朝的咸平府和东京辽阳府一带,也就是现在的辽宁开原、铁岭和沈阳、辽阳一带地区。同时墓主早年可能也跟随十三贵族猛安以控制山东,举家到山东莱州定居。总结驸马家族的迁移路线图:出身黑龙江哈尔滨一带,辽沈一带征战,在山东莱州居住,后来随着政权和都城的流动,定居迁葬在中都,也就是今天的北京。数代子孙以死效力,故世联姻戚,蒙受恩泽。

观察四层石奁内置的 5 个粉盒,其中一个内有白粉状物,有理由相信为日常器物,而非明器,可见此件石奁用于收拢女性梳妆用具,明显用于女性闺房之中,应为毕国公主所有。虽然正史和墓志资料缺乏关于毕国公主的记载,但受女真社会制度的影响,尤其是皇家女性在金初政治生活中发挥重要作用,推测金初毕国公主跟随驸马南征北战,石奁也跟随女主人经历了这样一个流动过程。

值得关注的是,为何这样一件闺房用具,被女真公主如此珍爱,生死相随?

这件四层石奁使用的是岫岩玉，与放置在木棺内的两件和田玉佩件相比，材质相对廉价和平常。窝论墓葬所见出土物中值得关注的是多元的玉质石材使用，如青石、白玉、岫岩玉和汉白玉等，以及多样玉质石材制作的器物（表1）：

表1 乌古论窝论墓葬中的石材分布

石材	产地	器物类型	器物及数量	制作渊源	备注
		石像生		吸收中原传统或区域传统	
青石	北京	石椁		女真传统或区域传统	
和田玉	新疆	玉饰	龟1件 花鸟2件 玉环1件	女真传统，亦吸收中原传统	
岫岩玉	辽宁	玉器皿	岫岩玉盆2个 岫岩玉奁盒2套 岫岩粉盒9个	女真传统，亦吸收中原传统	报告称其为石器，可见器物的档次与认识度不高
汉白玉	北京	玉器皿	八卦炉1个 瓜棱盒1个		
青石	北京	河卵石		吸收中原传统葬仪	
		墓志		吸收中原传统葬仪	

无论是和田玉的佩饰、岫岩玉的梳妆用具、汉白玉的盒炉，还是青石的葬具，材质档次的变化或与器物的形制、功能、尺度和象征意涵有关。这反映出一个重要的特点：对玉质石材多样性的关注远超其他位于长城以南地区的金墓，而对玉质石材器物的多样性的关注同样远超其他位于长城以北地区的金墓。

四层石奁的材质是岫岩玉，因产于辽宁岫岩而得名，具有块度大、色度美、明度高、净度纯、密度好、硬度足六大特点，自古以来就是理想的

传承与流变

玉雕材料。四层石奁直径12.8厘米，通高15.5厘米，若内盛5个粉盒，推算其重量约为5千克。与和田玉等精雕细刻的用料方式不同，岫岩玉的体块一般较大，几十千克为多，最大者可达几吨。自古以来岫岩玉在内蒙古东南以至东三省等区域中广泛使用，如红山文化的玉器是其中最早最著名的，因此也形成了中国北部早期的玉器流通网络，符合就近用材的用玉传统。

金朝女真皇室贵族和上层社会汉化迅速，与中原地区的流行之风契合，玉质器物在使用阶层、使用范围等方面较快地扩大开来。不仅是装饰性器物，实用器物也多使用玉质材料，玉质器物成为女真上层社会显示身份与权势不可或缺之物，发展到金代晚期更是一发不可收拾。乌古论窝论墓的主人是公主与驸马，虽然用玉传统是不以高档玉料制作大型器皿，但因为有宫廷用玉和皇家赏赐的背景，节省材料不是首要考虑的，更重要的是材质与加工工艺的精雕细刻，以及与身份、地位、使用和欣赏匹配。

岫岩玉的特点是玉质细腻温润，以深绿通透少瑕为珍品，硬度较低（低于翡翠），玉质较脆，可塑性和抛光性好，因此更适合石奁对材质的要求。这件四层石奁，从重量、质感、色泽、纹样与生产等方面分析，不够轻便，较为寒凉，不适于长时间托举，而适于置放在固定生活场所；玉质深绿通透，但色泽有杂质，线刻纹样除非玩于股掌之上，否则难以看清。同时石玉材料需要单件制作，不适于规模化生产。因此，推测石奁或为毕国公主日常所用，死后陪葬。

无论是块度体积，还是产地特色，四层石奁的材质都与女真的原生地的文化血脉相连。那么，奁具本身所固有的中原文化内涵是如何与女真的文化相融合的呢？

其实，器物造型与工艺的选择具有深层的文化属性，既是实用功能的硬件所需，更是社会授受行为的文化体现。岫岩玉材质的石奁受制于材质本身的可塑性，但是依然在有限的变异范围内发挥工匠的智慧，反映社会的传统，形成具有象征意义的符号价值。

石奁的外观呈柱状套奁，与秦汉以来奁具多平面展开横向取式不同，模仿的是南宋时期圆柱状套起多层结构的标准器形。石奁的高度与直径比在0.85左右，与宋代现存出土物相较大致相同。四层石奁的外壁壁直，轮廓流畅敦实，外表形态光滑不起棱分瓣，阴线刻纹样装饰；内壁微凹呈弧形略曲，平底，奁盖为平面圆形，折角直壁。从实用角度看，纵向较横向展开占据台面面积较小，石奁器容含蓄隐秘，而非一目了然。宋朝奁器以漆奁较多，使用轻便，工艺繁复且结构复杂，这件石奁在高度、宽度、比例、层叠、内置物方式等方面，属于宋朝的标准器型。从目前考古发现和传世文物可见，这一器物形制广布在宋金时期大江南北的各种艺术品之中，包括卷轴、壁画、雕刻等不同材质、种类的艺术形式和实用用具。

四层石奁顶部为盖，其余三层的尺寸和形状基本一致，各层子母扣合的接合结构是中国汉唐以来的传统。较之宋代漆奁多为盖、盘、中、底的分层方式，则略显简单化。石奁内以粉盒和瓜棱盒作为子奁，它们既可以存放于母奁内，又可独立成器。圆形粉盒存放脂粉，瓜棱盒存放其他梳妆用具或首饰。不同造型的子奁存放不同用品，具有一定的实用性。各层不再人为分隔区域以固定摆放物品，不像宋朝根据妆具如铜镜、银盅、银罐、漆粉盒、粉扑、梳子等多件套分隔区域，故内部空间的划分与设计相对简略。一方面是针对玉质石材的特点而因材施艺，一方面也为使用者增加了更多的随意性与自由度，呈现出唐镜铭文"照日菱花出，临池满月生。官看巾帽整，妾映点妆成"的多样文化形态。

石奁顶盖的内外壁装饰图像是辽宋金时期器物装饰的常态。不仅发现于北宋南方越窑窑址，也在辽代内蒙古墓葬和南宋福建墓葬中有所反映。而此件四层石奁的盖面图案颇值得关注。如报告所称，四层石奁奁盖，"圆平面……平面边缘线刻弦纹两周及莲瓣曲线纹一周，内刻回首孔雀一只，单腿立于一块山湖石上，另一腿微曲前伸，孔雀周围刻盛开的牡丹"。奁盖画面颇有宋画"折枝写生"的意趣。第二层和第三层均在外周壁上下刻双道弦纹，中刻折枝牡丹花纹。第四层外周壁上刻双道弦纹，下刻双层直立覆叶纹。

考古发现所见辽金玉器装饰纹样以春水秋山的内容为主，大多表现海

传承与流变

东青猎天鹅、秋鹿的题材。而石函的孔雀题材令人联想到汤垕《古今画鉴》记载的"格物"故事：宋徽宗"当时设建画学，诸生试艺，如取程文等高下为进身之阶，故一时技艺皆臻其妙。尝命人画孔雀升墩障屏，大不称旨。复命余子次第呈进，有极尽工力亦不得用者。乃相与诣阙陈请所谓。旨曰：凡孔雀升墩，必先左脚，卿等所图俱先右脚。验之信然，群工遂服。其格物之精类此"[1]。汤垕所记为宣和年间徽宗画学，约为1119—1125年，孔雀升墩图案在金代墓葬中非常流行，出现在不同材质的器物、不同等级的墓葬中，包括砖刻、壁画、罗缎丝织、石函、耳环、玉佩、钗、卷轴画，都有类似的孔雀升墩题材，尤其集中于陕西、山西、河北、河南等地。孔雀、牡丹和湖石三个要素作为装饰出现的时间早晚不一，组合关系多样，最终在宋代结合到一起，形成流行题材和制作范本。随后又成为东北地区装饰图样的"新军"。目前考古发现这一图案在金代墓葬中流行晚于宣和十余年，恰巧也就是墓主乌古论窝论在世期间。此外，孔雀与五伦寓意、孔雀与夫妻关系，以及窝论墓中所见的孔雀、龟、鹤题材玉器，都呈现了与中原相似的传统与审美意涵。

玉器从物质之石到文化之石，亘古流变，经久不衰。在古代尤其是宋代以前，从神玉、礼玉、德玉到王玉，玉器都是地位很高的器物。从理论上来说，古代玉器和雕塑是同源的，作为动词的"雕"，通"琱"，包含"治玉"之意。石函的主人是毕国公主，驸马又家财万贯，四层函盒的来源或是皇家定制，或是皇家赏赐。推测石函的制作者是使用北宋宫廷旧藏粉本和加工技艺，利用当地玉材、结合当地工艺，制作者也极有可能是北宋工匠，甚至有可能是被掳至金廷的北宋宫廷工匠。而伴随创作的是技术的问题：一是岫岩玉材质比较软，利于雕制琢磨；二是玉器琢磨技术与骨器制作技术的关系，在磨制石器和光洁化的过程中，体现出与制作骨器相类似的技术体验。所以，某种程度上，制作骨器与制作较软的石器工艺过

1　汤垕：《古今画鉴》，见中国书画全书编纂委员会编：《中国书画全书》第二册，上海书画出版社，1993，899页。

程相似，骨器的某些特征，如光滑的表面，对玉器制作最后的抛光程序有所借鉴和启发。石佥形体的结构、连接、转折，包括轮廓线的提炼概括，在审美趣味上也与骨器有很多相似性。目前在东北亚地区以至黑龙江流域有大量骨器的随葬物考古发现，可见这一带对制作骨器有比较丰富的经验。值得注意的是，俄罗斯沙伊金古城遗址也曾出土十余件小件玉石饰物，题材广泛，使用宋代阴刻线纹技法，有可能是工匠和技艺进一步向北方发展的证据。

上述所及物的背后，人的问题至关重要。正史文献记载虽各家说法不一，但多多少少反映了金代宫廷金玉的使用情况，以及汴京宫廷和市井百工被大批北掳的事实。如，许亢宗《宣和乙巳奉使金国行程录》描述为金太宗接见："虏主……玉束带，……果碟以玉，酒器以金，食器以玳瑁，匙箸以象齿。"[1]《建炎以来系年要录》卷四记载，天会五年（1127）金人占领汴京，"华人男女，驱而北者，无虑十余万"[2]。女真统治者尤其重视对豪族、工匠的迁移，《金史》卷十三称："太祖每收城邑，往往徙其民以实内地。"而天会元年（1123），"燕京豪族及工匠由松关亭从之内地"。于是金源内地的汉人、契丹人迅猛增长，迁入内地的汉人、契丹人不仅带来先进的文化理念，而且带来先进的生产生活技能。而随着灭辽战争的胜利和对宋朝的侵略，金朝政权还掠夺了大量的物质资源和玉器珍宝等贵重物品，而他们掠夺的具有先进文化和技能的人力中，这就包括琢玉的工匠。经过各种方式的交流，金朝手工业得以迅速发展，也促进了金代玉雕工艺的成熟与发展。如《金史·礼志四》记载，掠夺物品中仅玉宝一项，就有"通天万岁之玺"、"受天明命唯德乃昌"之宝、"嗣圣"宝和"不辨印文宝"等四方帝印。侵宋入汴京后，"又获玉宝有十五方之多"。《挥麈录》记载，"韩似夫为先子曰：顷使金国，见虏主所系玉带……虏主云：此石晋少主献耶

---

1 贾敬颜：《五代宋金元人边疆行记十三种疏证稿》，中华书局，2004，243 页。
2 李心传：《建炎以来系年要录》卷四，中华书局，1956，92 页。

传承与流变

律氏者，唐世所宝日月带也"[1]。金熙宗时礼仪制度不断完善，物质支持和制玉的需求增大，"始乘金辂，导仪卫、陈鼓吹，其观听赫然一新，而宗社朝会之礼亦次第举行矣"。"大定十八年，得美玉，诏作大金受命万世之宝……一品及王公妃用玉宝，二品以下用金宣命之宝。"金朝掌管手工业的管理机构包括尚方署和图画署等，其中尚方署掌金银器物、亭帐、车舆、床榻、帘席、鞍辔、伞扇及装钉之事，而图画署则掌控图画镂金匠，其他相关机构还有裁造署、文绣署、织染署、文思署等。至于玉器，则有"左藏库……掌金银珠玉、宝货钱币"。有意思的是，将玉与金银珠宝、宝货钱币归为一处，彰显了玉器的重要价值和象征意义。

装饰纹样的粉本流传，制作工艺的仿制协作，背后的力量是上层的推动与皇家用玉的奢华制度与工艺水平。有学者称，文化中的一切变化都是媒介的结果。艺由心生，以玉观物，映射当下，托物言志，材质其实无所谓贵贱，天人合一才是硬道理。

三

四层石奁的柱状套奁标准器形、层叠和纳物的功能、孔雀升墩的装饰纹样、玉器与骨器的工艺互鉴，以及体现出来的审美趣味，结合主人公的人生际遇与迁徙，展示了一幅南北东西流动的路线图。石奁的制作、模仿、使用、欣赏，既有代代相传的制作技艺、知识，拥有者与制作者之间的协调制约关系，也有器物材质的演进变迁、为旧材料注入新观念，以及不断融合互动的文化旅程，体现了深层次生产力由实用向审美的变化与转移，新材质的涌现与旧材新用，都适应着时代的发展与变化。

这件石奁体现了宋朝的皇家粉本进入金代公主的闺房，宋朝流行的器形和金朝石材的完美借鉴与融合，以及区域材质所暗含的乡愁，图案纹样

---

[1] 王明清：《挥麈录》前录卷三，中华书局，1961。

寓意的夫妇美好。柱状四层奁盒密藏在深闺之中，像一个凝聚器，它不是一览无余的多子奁，而是需要层层打开才能探查奁盒的内部，这个过程仿佛一种仪式，其中盛装物品或有一种既定秩序和习惯，或有个人爱好，从而将仪式转换为一种目光和智慧的游戏、视觉和智力的探险。挑选的物品，存放的秩序，区分与组合的不断调整，私密性与自主性所带来的愉悦，所谓"我的地盘我做主"，形成一种抚慰人心的奇妙功能。

为了适应新的环境和社会需求，器物进入的是一个充满活力的社会，打开了无穷的视野，产生了想象和联想，展示了如许的内涵，在地域的流转中，在战争的硝烟中，在流转轮回的过程中，器物储藏了技术的记忆和生命的记忆，容纳了丰富的审美情趣与象征意涵，成为一个有机体，展示了玉奁的生命故事。

看似纷繁无序的流播有误解也有混淆，但更成为创新的灵感源泉，接受或转换了其中的情感与审美情趣，其创造的文化影响力远大于文本的真实。

我们从不同维度看到了流动的作用和意义，战争、贸易导致的人的流动、权力的流动、都城的流动、材料的流动、工匠的流动、图像装饰的流动、技术的流动，形成生活习俗、思想观念、社会文化的改变，形成了审美文化的融合。流动成就了金代石奁的高级定制，也成就了美术史上的一件佳作，金代石奁在某种意义上储藏了历史的记忆和生命的乡愁，成为一个有机的生命体。

汉代鸮形仓的定名与功能探析*

李重蓉
中国国家博物馆

摘　要：北方长城地带汉墓分布区的西区，常出土鸮壶，依据壶内部盛粮、器物形制与器物组合关系等方面的线索，推测鸮壶可能是一种粮仓明器，可将鸮壶定名作"鸮形仓"。本文补充近十年新公布的十余件鸮形仓实物资料，并进一步推测鸮形仓的功能是为汉代鼠害防抑。鸮形仓的兴盛与衰落，可能与汉代草原农业生产演变、汉匈民族关系的走向相关。

关键词：汉代；鸮形仓；鼠害防抑；草原农业

图1　古希腊雅典娜像银币（前449—前413年）

鸮鸟又作枭鸟，中西方古文明都对其有所关注。如一枚古西亚帝都雅典的德克银币，正面是雅典娜神像侧面，背面则是圣鸟鸮的图像（图1）[1]。

我国较早记载鸮鸟的文献见于先秦，如《诗经·豳风·鸱鸮》《诗经·大

---

* 本文系国家社科基金青年项目"美术考古视角下的怪兽图像研究"（21CKG026）阶段性成果。
1　［日］黄山美术社编：《昆仑之西：平山郁夫藏丝路文物精粹》，上海书画出版社，2019，50页。

雅·瞻卬》。《山海经·西山经》曰："又西百八十里，曰黄山，无草木，多竹箭。……有鸟焉，其状如鸮，青羽赤喙，人舌能言，名曰鹦䳇。"[1]用鸮鸟作比，可知当时人熟悉鸮鸟。汉代以后的文献中多见视鸮鸟为恶鸟的意识，如《尔雅·释鸟》："狂、茅鸱。怪鸱。枭，鸱。"郭璞注"怪鸱"："即鸱鸺也，见《广雅》，今江东呼此属为怪鸟。"邢昺疏："狂，茅鸱，怪鸱，枭鸱，释曰：此别鸱类也，茅鸱一名狂。《广雅》云：'茅，鸱鵋也。'郭云：'今鵋鸱也，似鹰而白，怪鸱，《广雅》谓之鸱鸺。'郭云：'今江东通呼此属为怪鸟。'枭，一名鸱。郭云土枭。《说文》云：'枭食母，不孝之鸟，故冬至捕枭磔之，字从鸟首，在木上。'《诗·陈风》云：'墓门有梅，有鸮萃止。'《毛传》云：'恶声之鸟也，一名鹠，一名枭，一名鸱。'《大雅·瞻卬》云：'为枭为鸱。'陆机云：'鸮大如斑鸠，绿色，恶声之鸟也，入人家，凶，贾谊所赋鹏鸟是也，其肉甚美，可为羹臛，又可为炙，汉供御物，各随其时，鸮，冬夏常施之，以其美故也。'"[2]

但作为图像的鸮鸟却似乎多为正面形象。我国最早的鸮鸟图像见于齐家文化陶器（图2）；商代晚期到西周初期的青铜器纹饰流行以鸮鸟做题材，并视之为神圣物，赋予其"吉祥鸟"的内涵；汉代器物也有仿作鸮形的。可将汉代鸮鸟图像分作二维平面画像与三维立体器物两类，前者主要见于画像砖、画像石、帛画、漆棺、铜车饰、釉陶器、瓦当等之上，后者则主要包含陶鸮、鸮壶和鸮形足三类。本文集中探讨其中的鸮鸟

图2　甘肃省博物馆藏齐家文化枭面口带耳盉

---

[1] 袁珂：《山海经校注》，上海古籍出版社，1980，31页。
[2] （晋）郭璞注，（宋）邢昺疏：《尔雅注疏》卷十《释鸟》，（清）阮元校刻：《十三经注疏》，据原世界书局缩印本1980年10月影印版，中华书局，2648、2649页。

传承与流变

形陶壶，试就其定名、功能与兴衰等问题，求教于方家。

一、鸮形仓的发现与定名

学界已有关于鸮壶的研究。其中最主要的，一是魏坚先生的研究。1992—1993 年，内蒙古文物考古研究所和巴彦淖尔盟（今巴彦淖尔市）文物工作站联合发掘乌兰布和磴口县的纳林套海、包尔陶勒盖、沙金套海和补隆淖四批共计 132 座墓葬，除了补隆淖汉墓，另三处汉墓中皆出土陶质鸮壶，壶内有盛粮现象，魏坚先生特别指出，沙金套海墓"大量出土装有谷黍的仓储器，如圆仓、方仓、樽、鸮壶等"[1]，将鸮壶认作粮仓明器[2]。二是张抒先生在此基础上，集中研究北方地区 75 座汉墓中出土的 100 余件鸮形器，据形制将之分作实心"枭俑"与空心"枭壶"两种，总结它们的分布地域及流行年代，推测其功能，认为"枭壶"的实用性较强，用来盛粮食以防鼠盗食[3]。

学界判断鸮壶为粮仓明器，主要依据是其内部盛粮这一直接线索。将鸮壶定名为"鸮形仓"，另外还可尝试从器物形制与器物组合关系上予以推测。

以巴彦淖尔汉墓为分析样本。该地区汉墓不仅经过科学考古发掘，而且公布的相关数据信息较为详细，据此能够相对全面地还原鸮壶出土的考古情境。据统计，在巴彦淖尔汉墓中陶仓出现的频率很高，"出土陶仓的墓葬占墓葬总数的 47.7％，每一墓中出土的陶仓数量集中在 1—3 件，陶仓的流行年代基本与该地区汉墓存在的年代一致"[4]。可知陶仓是当地汉墓重要的随葬品。而所出土陶仓的形制多样，有圆仓、方仓、长方形仓等，不

---

1 魏坚：《内蒙古中南部汉代墓葬》，中国大百科全书出版社，1998，2—10、110 页。
2 李雪欣、魏坚：《巴彦淖尔汉墓陶仓区域特征初步研究》，《河北师范大学学报》（哲学社会科学版）2013（6）。
3 张抒：《汉代墓葬出土鸥枭俑（壶）浅析》，《考古与文物》，2010（2）。
4 李雪欣、魏坚：《巴彦淖尔汉墓陶仓区域特征初步研究》，《河北师范大学学报》（哲学社会科学版）2013（6）。

拘于一格。同出的鸮壶与直筒罐内也有盛粮现象，它们可能也是陶仓的一种形式变体，具有与陶仓一样的功能，反映了当地人对粮食储存的重视。

从形制上看，巴彦淖尔墓中鸮壶与圆仓之间有相似的结构，具体的尺寸差也一般保持在数厘米之内。圆仓的结构一般是顶部开口，大多带模印圆盖，仓身圆筒状；鸮壶也是顶部开口，口上带模印圆形小盖，束颈，器身呈鸮形。据公布数据，纳林套海汉墓出土圆仓的高度最低为18厘米，最高为27厘米；鸮壶高度大多在17—18厘米，如编号为M10∶12的鸮壶高17.7厘米，编号为M21∶14的鸮壶高17.5厘米，编号为M26∶3和M39∶5的鸮壶皆高18厘米。包尔陶勒盖汉墓出土的圆仓底径最短为13.2厘米，最长为15.4厘米，高度最低为19.8厘米、最高为23.7厘米；鸮壶底径最短为12.3厘米，最长为12.6厘米，高度最低为16.9厘米，最高为17.7厘米。沙金套海汉墓出土的圆仓底径最短为8.8厘米，最长为17.2厘米，高度最低为12.8厘米，最高为29厘米；鸮壶底径最短为9.6厘米，最长为14.4厘米，高度最低为17.3厘米，最高为21厘米。通过比较，可知这三处汉墓所出圆仓与鸮壶的结构、尺寸较为相似，而方仓、长方形仓与鸮壶的形制差距更大[1]（表1）。

表1 汉墓出土陶仓明器尺寸表

墓葬	鸮形仓数量及尺寸	圆仓数量及尺寸	方仓数量及尺寸	长方形仓数量及尺寸	出处
纳林套海汉墓（45座）	16件 高17—18厘米	18件 口径8—12.3厘米，通高18—27厘米	3件 边长11.2—15.2厘米，通高20.7—29.2厘米	12件 宽16.8—22.4厘米，通高18.4—27.2厘米	《内蒙古中南部汉代墓葬》，47—51页
包尔陶勒盖汉墓（25座）	11件 口径5.7—6厘米，底径12.3—12.6厘米，通高16.9—17.7厘米	10件 口径11.2—12.2厘米，底径13.2—15.4厘米，通高19.8—23.7厘米		7件 长17.6—19.2厘米，宽9.6—10.2厘米，通高23.6—25厘米	《内蒙古中南部汉代墓葬》，68、69页

1　魏坚：《内蒙古中南部汉代墓葬》，27—28、30、61、64、88—92、94页。

续表

墓葬	鸮形仓数量及尺寸	圆仓数量及尺寸	方仓数量及尺寸	长方形仓数量及尺寸	出处
麻弥图庙1号汉墓	1件 口外径5.9厘米，口内径5厘米，底径12厘米，高15.4厘米	1件 口外径15.7厘米，口内径14厘米，底径16厘米，盖径16.8厘米，通盖高14.8厘米，口高12.5厘米		1件 盖长23厘米，身长17厘米，身宽9厘米，通盖高20厘米	侯仁之、俞伟超：《乌兰布和沙漠的考古发现和地理环境的变迁》，《考古》，1973（2）
沙金套海汉墓（39座）	12件 口径5.6—8.8厘米，底径9.6—14.4厘米，高17.3—21厘米	21件 口径4—14厘米，底径8.8—17.2厘米，高12.8—29厘米	1件 顶盖边长12厘米、高5厘米，仓口底边长11厘米、高20.5厘米	23件 长20—32厘米，宽11.2—20厘米，高18—33.6厘米	《内蒙古中南部汉代墓葬》，111—113页
沙金套海汉墓M14	1件 口径6.4厘米，底径11.4厘米，高17.8厘米	5件 口径7.2—12厘米，底径8.8—12.8厘米，高15.2—16厘米		1件 长22厘米，宽10.6厘米，高19.2厘米	《内蒙古磴口县沙金套海汉代墓地2016年度发掘简报》，《考古与文物》，2019（1）
辉县汉墓M1	4件 其中编号为M1∶68的鸮形仓高17.5厘米，编号为M1∶67的鸮形仓高15.5厘米	22件 其中编号为M1∶45的陶仓通高31.5厘米，编号为M1∶11的陶仓通高26.5厘米			新乡地区文管会、辉县百泉文管所：《辉县地方铁路饭店工地汉墓发掘简报》，《中原文物》，1986（2）

注：本表统计的是完整陶仓的数量，不含单独所出仓顶或仓盖数量。

再从明器组合关系上看，鸮壶有可能替代陶仓，与井灶明器形成组合。中原地区西汉中期晚段墓葬中，"陶器新出现仓、灶一类的组合"；西汉晚期的墓葬中，"陶井开始与仓、灶成为固定的陶模型明器组合"；新莽时期墓葬中，"陶仓、灶、井几成必备的陶器组合而取代了鼎、敦（盒）、壶之属的位置"；东汉中期墓葬中陶器种类增多，其组合可分四类，其一即"仓、灶、井之属"。即中原地区墓中的"陶器组合在两汉时期有比较明显的变化"，西汉中晚期墓葬中"出现了仓、灶、井一类的模型明器组合"，这一组合延续到东汉晚期墓葬中。[1]中原地区葬俗可能影响到北方长城地带，这种明器组合形式在位于北方长城地带的巴彦淖尔汉墓中也有所体现。这是中原农耕文明对边远地带农耕与游牧并存文明常有的影响力，具体可能与汉代移民政策有关。

巴彦淖尔地属河套平原，当地汉墓除了受中原影响，也具有地域特色。从时段上看，学界将河套平原汉墓大致分为五期：西汉中期、西汉晚期、西汉末年至东汉初年、东汉前期、东汉后期。其中巴彦淖尔汉墓发现集中在西汉中期至东汉初期。河套平原西汉中期墓"以各种陶罐为基本组合"；西汉晚期墓"以壶、罐、井、灶为陶器基本组合"；西汉末年至东汉初年墓数量减少，"随葬器物与西汉晚期相似"。从地域上看，北方长城地带汉墓被学界划分为东、西、南、北四个分布区，其中巴彦淖尔地区的黄河转曲一带和银川平原属于西区。长城地带汉墓器物的总体特色是：陶壶、陶罐是其中最重要的器类，"陶罐以弧腹罐、鼓腹罐和扁腹罐为主，陶壶以平底为特点"；四个分区中，西区和南区陶仓出现比例较高。[2]可知，巴彦淖尔汉墓的陶器组合模式与中原地区相似，又格外突出壶、罐的作用。

前述巴彦淖尔磴口县除补隆淖以外的三处汉墓中，鸮壶多与陶仓共同陪葬。但据现有考古材料，却有两座只出土了鸮壶而没有陶仓的墓葬，即纳林套海砖壁木椁墓M39和沙金套海小砖墓M11。前者出土盘口壶2件、矮领罐3件、博山盖1件、盘1件、樽1件、灯1件、猪1只、鸡1只、珍珠5颗、料珠3件、灶2件、鸮壶1件；后者出土矮领罐3件、灶1套、井1件、鸮壶1件。[3]在这两座墓葬中，灶和井的存在值得注意。前述鸮壶

---

[1] 中国社会科学院考古研究所：《中国考古学·秦汉卷》，中国社会科学出版社，2010，396—400页。
[2] 中国社会科学院考古研究所：《中国考古学·秦汉卷》，396—400、411、420—422页。
[3] 魏坚：《内蒙古中南部汉代墓葬》，50、111页。

传承与流变

既已有与陶仓同样的盛粮功能，那么它与灶、井共同随葬，便符合汉墓中常见的明器组合模式。

因此，从鸮壶实际具有的盛粮功能、与圆仓形制的相似性、明器组合模式等角度，可以推测鸮壶的性质可能也是粮仓，可将这类器物定名为"鸮形仓"。

二、鸮形仓实物的补充

前述张抒先生曾统计过 100 余件鸮形器，其中"枭壶"的数量为 48 件，具体分布为：河南辉县 2 件、济源 3 件、三门峡 2 件、内蒙古磴口 37 件、山东阳谷 4 件。[1] 这是十年前国内研究成果中较为全面的统计，纳入研究的视野之内，应该是题中应有之义。根据笔者见闻所及，考古新发掘材料的出土、国外博物馆藏品数据的公布，现补充新公布的实物资料，并根据空间概念将之分为三类，条述如下。

第一类是对已统计过的地域范围内新出土鸮形仓的补充，如三门峡、磴口县等地新出土的实物。1996 年，三门峡市开发区滨湖路工地西汉晚期墓 M19 出土 1 件施绿、砖红色相间彩釉的"陶鸱鸮壶"[2]，整件器物高 18.3 厘米，顶端有一个小圆孔，应为鸮形仓。它双耳竖立，双目圆睁，尖钩喙，双翅收敛，尾部着地。（图 3）2016 年内蒙古磴口县沙金套海汉墓 M14 出土 1 件鸮形仓（M14:1）[3]，轮制，口径 6.4、底径 11.4、高 17.8 厘米，顶部开有小圆口，附有三出柿蒂纹圆盖，束颈平底；器身作鸮形，钩喙圆目，双翅贴腹似蹲状。（图 4）应该认识到，这两地乃至更多的曾被张抒先生统

---

1 按：辉县 1 号汉墓应出土 4 件，磴口县汉墓应出土 39 件，参见表 1 统计数据。如此，张抒先生统计的枭壶数量实际应为 52 件。
2 种坤、葛庆贤：《三门峡出土汉代陶鸮壶赏析》，《文物鉴定与鉴赏》，2019（10）。
3 内蒙古自治区文物考古研究所、巴彦淖尔市考古研究所、磴口县文物管理所：《内蒙古磴口县沙金套海汉代墓地 2016 年度发掘简报》，《考古与文物》，2019（1）。

计过的地区，是发现鸮形仓的集中区，随着考古发掘工作的进行，完全有可能不断出土新材料。

第二类是未曾被统计过的地区所出的鸮形仓。辽宁新金县（今大连普兰店）花儿山汉代贝墓 M8、M9 各出土 1 件鸮形仓，灰陶质，轮制。其中 M8 的鸮形仓通高 29.5 厘米，有盖，通体为鸮形；仓盖塑作鸮首形状，双耳竖立，双目圆睁；鸮首与其颈部相扣吻合，身体浑圆，双足与尾部同时三点立地、形成稳固的三角支撑。（图5）M9 出土的鸮形仓形制与之类似，只是通高25.5 厘米，制作稍比前者粗糙[1]。

广东南海县（今佛山南海区）平洲马祠堂山汉墓 M3 出土两件鸟形罐，考古简报称其"鹰形罐"[2]，应为鸮形罐。两罐灰陶质，施绿色玻璃釉，轮制；直口，鼓腹，圜凹底，罐身两侧塑有双翅，器身刻画羽毛纹。一罐的盖子丢失，只余罐体；另一件通高 11.1 厘米，口径 7 厘米，底径 7 厘米，罐盖塑作鸮首形状，双目圆睁，附有两只短小的爪（图6）。从形制上讲，两罐低矮而坦圆，与本文讨论的壶型器物有所不同；而 2020 年广州广钢新城 M4 出土一件东汉陶鸮形五联罐（图7）[3]，若单看其中的一个陶罐，则与南海平洲马祠堂山

图3 三门峡市西汉晚期墓M19 出土鸮形仓

图4 磴口县沙金套海汉墓M14 出土鸮形仓线图

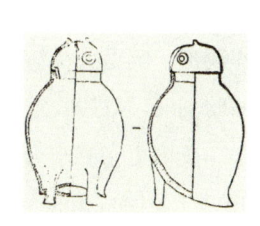

图5 金县花儿山汉代贝墓M8 出土鸮形仓线图

---

1 旅顺博物馆、新金县文化馆：《辽宁新金县花儿山汉代贝墓第一次发掘》，见文物编辑委员会：《文物资料丛刊（4）》，文物出版社，1981，75—85 页；刘俊勇、刘婷婷：《大连地区汉代物质文化研究》，《辽宁师范大学学报》（社会科学版）2012（1）。
2 广东省博物馆：《广东南海汉墓发掘简报》，见文物编辑委员会编：《文物资料丛刊（4）》，89—97 页。
3 见中国国家博物馆"海宇攸同——广州秦汉考古成果展"官网，https://www.chnmuseum.cn/portals/0/web/zt/202108hyyt/。

传承与流变　　191

图 6　广东南海县平洲马祠堂山汉墓 M3 出土鸮形罐线图

图 7　广州广钢新城 M4 出土东汉陶鸮形五联罐

汉墓 M3 出土的鸮形罐类似。有学者指出，部分岭南地区的秦汉时期五联罐内或盛有"植物叶子"或"叶渣""果核"，联罐的功能"应是承装量多易坏而相对较少取用的物品"，比如"果品"或"经加工后作为调料的植物叶子"。[1] 因此，南海汉墓所出鸮形罐的用途和性质可能与壶型鸮形仓不一致，至于是否与当地所出鸮形联罐相近，还有待考证。

第三类是国外博物馆收藏的鸮形仓，出土地域信息多不详。如法国赛努奇博物馆藏的一件西汉彩绘鸮形仓（M.C.7372）[2]，灰陶质，通体绘白彩作底，以黑、红彩细致勾勒鸮的五官与毛羽，此乃鸮形仓精品。器物整体塑作鸮形，鸮鸟头部转向左侧，头顶开一圆洞作口；圆目尖喙，胸腹部绘有鳞状羽毛，双翅收敛，挺胸而立。（图 8）

美国史密森学会藏数件鸮形仓，按形制可分作两类。一类无盖，顶部开口。如编号为 S2012.9.3575 的鸮形仓，断代为公元前 1 世纪至公元 1 世纪，高 17 厘米，宽 7.5 厘米，深 7 厘米，灰陶质，以白、黄彩绘勾勒鸮的五官与翅膀等细节，头转向左侧，头顶开一圆洞作口。（图 9）编号为 S2012.9.3481 的鸮形仓，断代为公元 1 世纪，施绿釉，制作较粗糙，只能看出大致轮廓。（图 10）另一类带盖，器盖即鸮首，可拆卸，器身为鸮鸟

1　周繁文：《秦汉时期岭南联体陶器研究——以五联罐为主》，《东南文化》，2018（6）。
2　见法国赛努奇博物馆官网，https://www.cernuschi.paris.fr/zh-hans/collections/collections/zhong-guo-guan-cang/yi-zhao/hibou。

图 8　法国赛努奇博物馆藏西汉鸮形仓

图 9　美国史密森学会藏鸮形仓 S2012.9.3575

图 10　美国史密森学会藏鸮形仓 S2012.9.3481

图 11　美国史密森学会藏鸮形仓 S2012.9.3576a-b

图 12　美国史密森学会藏鸮形仓 S2012.9.3806a-b

图 13　美国史密森学会藏鸮形仓 S2012.9.3805a-b

图 14　美国史密森研究会藏鸮形仓 S2012.9.3069a-b

图 15　美国弗利尔美术馆藏鸮形仓 S2012.9.3268a-b

图 16　美国弗利尔美术馆藏鸮形仓

传承与流变　　　　　　　　　　　　　　193

躯体，相关几件器物的断代皆为公元前 3 世纪末至公元前 1 世纪末，大约是西汉时期的作品。如编号为 S2012.9.3576a-b 的鸮形仓，高 19 厘米，直径 10 厘米；鸮鸟的双耳竖立，圆目尖喙，躯体圆而鼓，双足与尾巴形成三点支地。（图 11）编号为 S2012.9.3806a-b 的鸮形仓，高 17.5 厘米，宽 6.5 厘米，深 7.5 厘米，刻画出翅膀、胸部羽毛的细节。（图 12）编号为 S2012.9.3805a-b 的鸮形仓，灰陶质，高 11 厘米，宽 6 厘米，深 6 厘米。（图 13）编号为 S2012.9.3069a-b 的鸮形仓，高 16.5 厘米，宽 7 厘米，深 8 厘米，刻画出翅膀、胸部羽毛等细节。[1]（图 14）

美国弗利尔美术馆藏有 2 件鸮形仓。一件编号为 S2012.9.3268a-b，整体塑作鸮鸟形状，圆目尖喙，敛羽而立，在其脑后塑一陶管、上有插孔。（图 15）另一件盖与仓体分离，盖作鸮首形，胸部刻画鳞状羽毛，双足与尾巴支地。[2]（图 16）弗利尔美术馆将它们断代为东周时期的作品，但其形制与汉代同类器相近，断代应予存疑。

综上，据目前所见材料而言，汉代鸮形仓的形制大概可分作三类。第一类不带盖子，陶仓整体塑作鸮鸟形状，在鸮鸟头顶开一洞作为仓口。第二类带有圆形小盖，上多贴塑三蒂或四蒂纹饰，或模印其他纹饰，仓身整体塑作鸮鸟头部及躯体。第三类也带有盖子，但仓盖塑作鸮鸟头部，可拆卸，仓身塑作鸮鸟身躯。其中第一、三类陶仓多见于河南地区，散见于山东阳谷、辽宁新金县等地；第二类陶仓集中在巴彦淖尔汉墓中。

据具体出土材料可知，鸮形仓的分布地区除了张抒先生所统计过的磁口县、辉县、济源、三门峡和阳谷，至少还可补充大连新金县等地。鸮形仓集中的地方是以磁口县为主的北方长城地带。

---

[1] 见美国史密森学会官网 https://www.si.edu/。
[2] 见弗利尔美术馆官网 https://asia.si.edu/。

三、汉代鼠害与鸮形仓的功能

（一）秦汉时期对鼠的认识

学界已对鸮形仓作为粮仓明器用以防鼠的功能多有讨论。秦汉时期，鼠偷窃生活用品与食物的特性已为人们所厌恶，如《史记》记载李斯、张汤见鼠偷食的故事。又如《史记·叔孙通列传》载，"此特群盗鼠窃狗盗耳，何足置之齿牙间"[1]。《汉书·五行志中之上》曰："鼠，小虫，性盗窃；鼷，又其小者也。""鼠，盗窃小虫，夜出昼匿。"[2]

除此，鼠其他方面的特性也为秦汉人所认识，如它的药用价值。长沙马王堆三号汉墓帛书《五十二病方》的药名就有豹鼠、牡鼠、牡鼠矢等。[3]湖南里耶秦简中也出现了这种药方：

九十八．治令金伤毋痛方：取豹鼠，干而☐ Ⅰ
石、薪夷、甘草各与豹☐ Ⅱ 8-1057[4]

治肿疡的药方中也用豹鼠，说明当时人对鼠的了解比较多。

也有用老鼠占卜，为日常起居提供避凶就吉提示的简文记载，如湖北云梦睡虎地11号秦墓竹简《日书》甲种：

鼠襄户，见之，入月一日、二日吉，三日不吉，四日、五日吉，六日不吉，七日、八日吉，九日恐（二八正贰）。[5]

廿二日、廿三日吉，廿四日恐，廿五日、廿六日吉，廿七日恐，廿八

---

1 《史记》卷九九《叔孙通列传》，中华书局，1959，2720页。
2 《汉书》卷二七中之上《五行志中之上》，中华书局，1962，1372、1374页。
3 马王堆汉墓帛书整理小组：《马王堆汉墓帛书五十二病方》，文物出版社，1979，203、204页。
4 陈伟主编：《里耶秦简牍校释》，武汉大学出版社，2012，270页。
5 睡虎地秦墓竹简整理小组：《睡虎地秦墓竹简》，文物出版社，1990，186页。

日、廿九日吉（二九正贰）。[1]

对此，王子今先生曾引刘乐贤先生的观点："以每月某日见到鼠上窗户判断吉凶"，"内容比较特别"，并进一步补充道："'鼠襄户'，或可释为'鼠攘户'。以为鼠的行为可以预示吉凶的意识，确实影响久远。"[2] 又放马滩秦简《日书》乙种：

> 大赤言曰："鼠食户以□，其室空虚，取土地以连之，得财及肉，□□有□殿。（乙一二二贰）鼠食寇〈冠〉则□，食□则有央（殃），食领则有朋。"（乙一二一贰）[3]

似乎是以老鼠咬食门户、衣服等不同现象为占。

鼠的反常行为被视作某种政治征兆，如《汉书·五行志中之上》分别提及鲁成公七年正月、定公十五年正月及哀公元年正月出现"鼷鼠食郊牛（角）"的异象，刘向以此为国君昏庸无道的征兆。又载：

> 昭帝元凤元年九月，燕有黄鼠衔其尾舞王宫端门中，王往视之，鼠舞如故。王使吏以酒脯祠，鼠舞不休，一日一夜死。近黄祥，时燕刺王旦谋反将死之象也。其月，发觉伏辜。京房《易传》曰："诛不原情，厥妖鼠舞门。"[4]

秦简中还有关于鼠乃十二生肖之一的记载，如云梦睡虎地11号秦墓竹简《日书》甲种：

> 盗者：子，鼠也。盗者兑（锐）口，希（稀）须，善弄，手黑色，面

---

[1] 睡虎地秦墓竹简整理小组：《睡虎地秦墓竹简》，186页。
[2] 王子今：《睡虎地秦简〈日书〉甲种疏证》，湖北教育出版社，2003，126页。
[3] 孙占宇：《天水放马滩秦简集释》，甘肃文化出版社，2013，148页。
[4] 《汉书》卷二七中之上《五行志中之上》，1372—1374页。

有黑子焉，疵在耳，臧（藏）于垣内中粪蔡下。·多〈名〉鼠躁孔午郢（六九背）。[1]

鼠频繁出现在关于秦汉人生活的记载中，说明它们与人类的关系较近。但总体而言，它们给人类造成莫大困扰与灾害，鼠害一直是人类生活史上的不得不面对的问题。

（二）鼠害的表现及防抑

草原鼠害较为严重，对农耕业、畜牧业有极强的破坏力。鼠的种类多，比如一种草原鼢鼠"在中国主要分布在内蒙古高原的东部草原地带"，数量多，于地下穴道筑窝，"雄鼠穴道呈直线或稍有弯曲较简单，雌鼠穴道纵横交错可延伸很大面积"，这对草场、土壤的破坏性很大，常导致绊腿、陷畜等人畜损伤事故；又它们"以植物地下根茎为食，如大葱、土豆、胡萝卜、豌豆种子等"[2]，危害农业。有学者调查，"在一般情况下，由于鼠类盗食粮料，可使总产量减少5%。而在鼠类密度增高又没有采取灭鼠措施的年份里，为害尤重，甚至使部分农田颗粒无收"[3]。

汉代草原的生产生活饱受鼠害侵扰。《汉书·苏武传》载："武既至海上，廪食不至，掘野鼠去草实而食之。"[4]说明鼠以植物种子为食。王子今先生据斯文·赫定博士所带领的科学考察团关于中国西部诸省的科学考察报告，利用其中记载在鼠洞里发现有丝绸残片的材料，考证过额济纳河流域汉代遗址的丝绸遗存普遍经过鼠害破坏，每多残碎。[5]从这一信息也可证明草原鼠害的猖獗。

1　睡虎地秦墓竹简整理小组：《睡虎地秦墓竹简》，219页。
2　中国科学院中国动物志编辑委员会主编：《中国动物志·兽纲》第六卷《啮齿目·仓鼠科》（下册），科学出版社，2000。
3　张明华编：《草原学基础知识》，内蒙古教育出版社，1981，178页。
4　《汉书》卷五四《苏武传》，2463页。
5　王子今：《汉代河西市场的织品——出土汉简资料与遗址发掘收获相结合的丝绸之路考察》，《中国人民大学学报》，2015（5）。

古人重视防抑鼠害，这与农耕文明的生产生活属性有关。秦汉时期重视对粮仓的保卫，为此制定了种种明文规定。除了高筑粮仓围墙、圈养狼犬守卫和严闭仓门等，还细致到对防潮、防火、防盗以及防鼠雀虫等有所具体规定，这在秦律中即有体现。云梦睡虎地秦墓竹筒《法律答问》：

仓鼠穴几可（何）而当论及谇？廷行事鼠穴三以上赀一盾，二以下谇。鼷穴三当一鼠穴（一五二）。[1]

明确规定仓房中有鼠洞三个以上应罚一盾，两个以下应申诉，鼷鼠洞三个算一个鼠洞。里耶秦简有：

鼠莠束。8-1242
☒☐禀人捕鼠☒ 8-2467[2]

出现"鼠"的券书和仓库管理员捕捉鼠的情形。

具体的防鼠措施多样，宋超先生指出汉代防鼠主要依靠驱逐、防治或困杀等人工手段[3]。如甘肃天水放马滩秦简《日书》甲种提及熏鼠：

凡可塞穴置（室）鼠、墼（墼）围日，虽（唯）十二月子。五月、六月辛卯皆可以为鼠☐方（甲七三贰）。[4]

利用天敌也是灭鼠的一种手段。鸮鸟即老鼠天敌，这一生物学知识已为汉代人所了解。笔者曾经考证过包括陶鸮、鸮形仓和鸮形足在内的鸮形器，认为它们的功能偏实用性，体现出汉代人在重农理念背景下鼠害防范

---

1 睡虎地秦墓竹简整理小组：《睡虎地秦墓竹简》，128页。
2 陈伟主编：《里耶秦简牍校释》，298、471页。
3 宋超：《三台郪江崖墓"狗咬耗子"图像再解读》，《四川文物》，2008（6）。
4 孙占宇：《天水放马滩秦简集释》，甘肃文化出版社，2013，95页。

意识的强化，以保护农业产品粮食的安全；特别是鸮形仓在北边的集中发现，这或许与缓解政策移民的生存焦虑有关。[1] 鸮形器物的发现，说明当时在现实生活中可能已形成了鸮鸟是鼠的天敌、能够保护农业生产的理念，从而利用鸮鸟形象来防鼠、保护粮食。这一理念也应用到墓葬习俗中，鸮形器就是理念的反映，说明防抑鼠害时会采取模拟鸮鸟形象的方式去压胜。

四、鸮形仓兴衰与朔方郡农业生产的关系

鸮形仓的流行与汉代防抑鼠害的举措直接相关。三门峡、灵宝、阳谷出土鸮形仓的墓葬时代为西汉晚期至新莽时期；磴口县的鸮形仓则流行于西汉晚期，东汉初期以后消失，推测鸮形仓是由中原地区传入河套地区[2]。还可以发现，集中于磴口县汉墓的鸮形仓，其兴衰时段与汉代河套地区农业生产的演变过程相对应。

首先，鸮形仓在磴口县的流行时段与当地发展农业的时期相重叠。为解决边防与土地分配不均问题，两汉几乎都在实施边疆移民政策，特别是从景帝元年（前156年）开始，朝廷将永久性移民作为政策选择[3]。磴口县在汉代属于朔方郡（图17）[4]，朔方郡设立于武帝元朔二年（前127年），郡治朔方（今杭锦旗东北的什拉召古城），东汉时期郡治迁至临戎（今磴口县河拐子古城）。朔方郡作为边陲重镇，多次得到移民、兴修水利等政策性资源的倾斜，着重发展农业经济，以备军需，如《汉书·武帝纪》载，元朔二年"夏，募民徙朔方十万口"[5]。《史记·平准书》载，元狩四年（前

---

1 李重蓉：《汉代的"鸮"：艺术史、信仰史与农史的考察》，《中国农史》，2022（6）。
2 张抒：《汉代墓葬出土鸱鸮俑（壶）浅析》，《考古与文物》，2010（2）。
3 ［美］许倬云：《汉代农业：早期中国农业经济的形成》，江苏人民出版社，1998，26—28、143—148页。
4 谭其骧：《中国历史地图集》第二册《秦、西汉、东汉时期》，中国地图出版社，1996，59页。
5 《汉书》卷六《武帝纪》，170页。

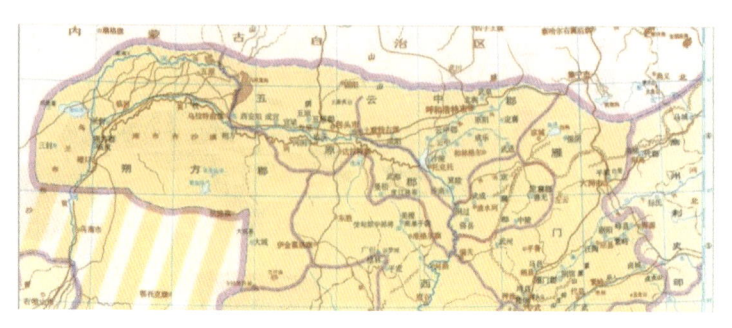

图 17　东汉时期朔方郡的位置

119年),"山东被水菑,民多饥乏,于是天子遣使者虚郡国仓廪以振贫民。犹不足,又募豪富人相贷假。尚不能相救,乃徙贫民于关以西,及充朔方以南新秦中,七十余万口,衣食皆仰给县官"。裴骃《集解》:"服虔曰:'地名,在北方千里。'如淳曰:'长安已北,朔方已南。'瓒曰:'秦逐匈奴以收河南地,徙民以实之,谓之新秦。今以地空,故复徙民以实之。'"[1]《史记·平准书》载,元鼎六年(前111年),"上郡、朔方、西河、河西开田官,斥塞卒六十万人戍田之"[2]。移民背负着国家平衡土地资源的使命,主要任务即屯田。《史记·河渠书》载,"朔方、西河、河西、酒泉皆引河及川谷以溉田"[3]。《汉书·匈奴传》载,元封四年(前107年),"汉乃拜郭昌为拔胡将军,乃浞野侯屯朔方以东,备胡"[4]。

虽然国家鼓励发展农业,但朔方郡自置郡以来时有战事,直到宣帝甘露三年(前51年)呼韩邪单于称臣和亲,北方的战局才暂时告一段落,朔方郡的生产生活进入稳定时期。到西汉晚期,该地的农牧业大力发展。《汉书·匈奴传》载:"北边自宣帝以来,数世不见烟火之警,人民炽盛,牛马布野。""至孝宣之世……是时边城晏闭,牛马布野,三世无犬吠之警,

---

1　《史记》卷三〇《平准书》,1425页。
2　《史记》卷三〇《平准书》,1439页。
3　《史记》卷二九《河渠书》,1414页。
4　《汉书》卷九四上《匈奴传上》,3774页。

黎庶亡干戈之役。"[1] 有学者认为："河套地区在西汉时快速完成了原始农业向传统农业的转变，同时牧业技术在继承匈奴等游牧民族发明的基础上也有所发展，农家普遍兼营畜牧，游牧方式部分地转变为定居与半定居，部分地被纳入农业经营方式的体制。"[2]

以朔方郡为代表的西北边境屯田事业，取得了较为突出的成就。当地移民得益于逐渐安稳的环境保障，经过较长时段的开垦荒地、种植粮食，发展起农耕生产，为纾缓民力、支持国家军费开支作出贡献。

而鸮形仓流行于西汉晚期，大致与朔方郡农业经过积淀后发展起来的时期相应和，可能正是墓主人生前利用鸮鸟形象防鼠、保护粮食的生存忧患意识的体现。

其次，鸮形仓逐渐消失于东汉初期以后，可能也与当地农业生产的衰落有关。

西北地区在两汉之际甚至东汉中期，又出现较大战乱，战争影响到当地的农业生产。王莽始建国三年（公元11年）起，因政策失误，匈奴入塞侵边[3]，逼迫当地的屯田事业废止。光武帝刘秀抵抗匈奴入侵的战争又持续多年，直到建武二十五年（49年），匈奴南单于遣使向汉朝称臣[4]。元兴元年（105年）至延光四年（125年），其间西北又发生"羌乱"，《后汉书·南匈奴传》载永和五年（140年）南匈奴反汉，汉朝被迫"徙西河治离石，上郡治夏阳，朔方治五原"[5]。到该年末，东汉的北部、西北部大都处于战乱中，西北行政管辖区范围大幅度缩小。

西北战乱导致这一时期北方、西北方边境南退，河套地区大片农垦区被迫放弃。并且当地居民一是成分发生了变化，即游牧民族人口南下，大量汉族人口则向更南方迁移；二是人口数量大幅下降。

---

1 《汉书》卷九四下《匈奴传下》，3826、3833 页。
2 王天顺：《河套史》，人民出版社，2006，452 页。
3 《汉书》卷九九中《王莽传中》，4138—4139 页。
4 《后汉书》卷八九《南匈奴传》，中华书局，1965，2940、2943、2945 页。
5 《后汉书》卷八九《南匈奴传》，2960—2962 页。

居民成分的变化使得留在当地的汉人不一定再以农耕生产为主体经济形式，而可能从事游牧业。有学者指出："胡、汉居民成分的大转换意味着经济作业形式的大改变和劳动力配置大调整。在动乱的年代，汉族农民逃出河套，游牧民族进入河套，这就等于原来的农业劳动力丧失而部分地被畜牧业所取代。农业劳动力的丧失随带着耕作技术的丧失、农业工具的损毁，已投入劳动的浪费（已耕熟土地的撂荒），还有屋舍、圈棚等等农业经济积累的废弃。"[1]

而人口数量的剧减也不利于生产生活。《汉书·地理志下》记载，平帝元始二年全国12233062户、59594978口，其中朔方郡34338户、136628口[2]；《续汉书·郡国志五》记载，顺帝永和五年，全国9698630户、49150220口，其中朔方郡1987户、7843口[3]。如此，永和五年与元始二年相比较，全国范围内的户数减少了20.72%，口数减少了17.53%，全国人口数量呈负增长；而朔方郡则户数减少了94.21%，口数减少了94.26%。如单据文献资料，朔方郡人口锐减的比例惊人，但这些数字不一定完全确实。葛剑雄先生认为，战乱中存在不少行政区无法及时上报该年户口的状况，导致户籍统计不实，"东汉西北与关中的户口比西汉末年减少了570余万，这一方面是由于动乱后人口外迁，动乱中户口失控，另一方面也是由于匈奴、羌等少数民族人口内迁后没有列入户籍所致，因此实际减少数量肯定没有那么多"[4]。搁置具体的数据量，可以确定的是东汉时期西北边境政府有效控制的人口减少得较多，且北边长城线上人口的减少比例大于全国总人口的减少比例。

环境不安定、土地和人口的流失导致西北地区农业生产的水准下降，人们对粮食生产的追求不再那么强烈，日常生活中也没有条件储存粮食，当地人对粮仓的特别的重视理念也可能发生了变化。由于墓葬习俗是对现

---

1 王天顺：《河套史》，411页。
2 《汉书》卷二八下《地理志下》，1640、1619页。
3 《续汉书·郡国志五》，见《后汉书》志第二十三，3533、3527页。
4 葛剑雄：《中国人口史》第一卷《导论、先秦至南北朝时期》，复旦大学出版社，2002，404、423页。

实生活的反映，所以可能连带在丧葬礼俗中粮仓的地位也不再那么重要，鸮形仓逐渐在东汉初年消失于当地汉墓中。

将鸮形仓与陶鸮相联系考察，据张抒先生的总结，陶鸮早于鸮形仓，大致从西汉早期即流行于中原地区，延续至新莽时期，未见于河套地区；鸮形仓则大约从西汉中期至新莽时期流行于中原地区，约从西汉晚期开始传播到河套地区，延续至东汉初期。不同形制的器物背后可能有不同的理念，陶鸮用于镇墓与防鼠，鸮形仓则在此基础上还增加了储存粮食的具象化功能，鸮形器从中原传至磴口县，可能是西汉时期中原农业用鸮形器来防治鼠害的理念影响到边境。而仅鸮形仓得以流传至河套地区，说明器物需要适应现实诉求才能传播，即河套地区可能有极其重视保护粮食生产与储存的社会意识。东汉以来鸮形器逐渐消失，或许因为这一防鼠理念在中原地区变得淡薄；对于河套地区而言，则可能一是与防鼠理念改变有关，二是受到当地战乱、农业生产遭破坏的直接影响。

结　语

本文补充了十余件鸮形仓实物资料，讨论其定名、功能等问题。通过比较鸮壶与墓葬出土粮仓明器的尺寸，注意它与井灶等器物形成组合关系，可将鸮壶定名作"鸮形仓"。鸮形仓具有储存粮食、防抑鼠害的功用，集中在北方长城地带汉墓分布的西区——巴彦淖尔地区的黄河转曲一带，其兴衰可能受到当地农业生产和汉匈关系的直接影响，也有防鼠理念转变的原因。探讨鸮形仓的学术价值，主要有以下三方面：

其一，为了解汉代鸮鸟图像形制的发展演变增添了实物资料，并为理解形制变化背后的观念之变提供思路。鸮鸟画像砖、画像石晚于鸮形器出现，较早的鸮鸟画像砖大约出现在西汉晚期，大量画像石则流行于东汉时期。从器物到画像，这一图像形制的流变体现出鸮鸟形象在冥间文物中的形制不断完善，逐渐囊括了三维立体与二维平面的图像。随着鸮形器的衰落，鸮鸟画像砖、画像石反而兴起。虽然不能判断这二者之间有因果关系，但可以推测这与墓葬形制变化、东汉流行画像石墓的背景有关，并且明器所承载的丧葬习俗功能，可能部分过渡转移到了画像砖、画像石上，由画像砖、画像石承担起汉代人的特定信仰观念。

其二，为考察汉代人对鼠的认识和鼠害防抑措施，提供了图像依据。秦汉人已对老鼠有较细致深入的观察，饱受鼠害的同时积极采取防范措施，认识并有效利用鸮乃鼠天敌这一生物知识灭鼠，是当时人农业生产经验的体现。汉墓中鸮形仓的发现正是这一历史的反映，为"图像证史"提供了又一生动例证。

其三，对于理解鸮鸟在汉代社会生活史中的真实作用具有一定意义。鸮形仓在为汉代雕塑史呈现较为精彩的艺术品的同时，也说明汉代人对鸮鸟有着不同于文献记载中厌恶它的积极情感和客观认知，更能反映当时人与鸮鸟关系的全貌，有助于后人贴近前人的真实生活。

附记：本文的写作得到中国人民大学历史学院孙家洲教授、中国国家博物馆霍宏伟先生的悉心指导；初稿曾在第二届"制器尚象"论坛上宣读，得到北京大学考古文博学院孙华教授的宝贵意见；并受北京大学汉画研究所图书馆徐呈瑞博士的热心帮助，谨一并致谢。

汝瓷釉色"天青"考

肖世孟

湖北美术学院

摘　要：釉色"天青"，最初出自柴窑，北宋以汝窑烧造为最高，为后世所追捧。古之器物，其设计在于"制器尚象"。文人对汝窑"天青"釉色的理想，其玩赏之意在于物象之天成。唐宋之时，文人茶器崇尚青瓷，文人主导青瓷审美。文人从魏晋玄学"言意之辨"之中受到启发，对釉色的追求以探讨天道之道为旨归，崇尚超乎言象的瓷器釉色，追求"雨过天青云破处"这一自然天象形成的色彩意象。因文人"比德如玉"的审美品位，又与汝窑釉色"天青"温润如玉的色泽相呼应。

关键词：汝瓷　天青　柴窑　制器尚象

古之器物，其设计在于"制器尚象"。文人崇尚青瓷，"雨过天青"之釉色，最早所指为五代柴窑，后世"天青"之色，以北宋汝瓷烧造为最高，为历代文人所追捧。今出土或传世汝瓷，其色各有深浅，且颜色微有差异。本文探讨在古代器物的色彩设计上，文人对于汝瓷"天青"的色彩理想。

一、"天青"釉色渊源

陶瓷中的"天青"为神秘之色,为历代所追捧。

"天青"作为陶瓷色名,最早是指五代时期"柴窑"瓷器的色彩。对柴窑"天青"的记载,描述最确切、影响最大的,莫过于明代谢肇淛《五杂俎》:

(柴窑)世传柴世宗时烧造,所司请其色,御批云:"雨过天青云破处,这般颜色做将来。"[1]

文中所说的柴世宗是指五代时期的周世宗柴荣,柴荣专用的御窑,宋代之后称为"柴窑"。"御批"中对"天青"的描述是富有诗意的,"天青"是指雨刚刚下过,云穿过天空的那一刻,所呈现出干净、明艳的色彩意象。不仅如此,"雨过天青云破处"还具有特别的文化含义:"雨过天青"又作"雨后天晴",虽是自然现象,在传统的语境中,具有困难已成过去、平安顺利开始的吉祥之意。在古人诗文中,常有以雨过天晴体现困难过去、走上顺利平安的欣喜之情,宋代陈与义《雨晴》一首:"天缺西南江面清,纤云不动小滩横。墙头语鹊衣犹湿,楼外残雷气未平。尽取微凉供稳睡,急搜奇句报新晴。今宵绝胜无人共?卧看星河尽意明。"描写雨过天晴之景,抒发了诗人一时欣喜的情感。

到明代时,"天青"色柴窑瓷器民间已经不可见,成为传说中的"神物"。据明代文震亨《长物志·器具》记载:"柴窑最贵,世不一见,闻其制:青如天,明如镜,薄如纸,声如磬,未知然否?"[2]"长物志"为书名,也有特别的含义,正如其书所言:"长物,本乃身外之物,饥不可食、寒不可衣……实乃雅人之致。"所谓的"长物",也就是文人雅士闲适玩

---

1 (明)谢肇淛:《五杂俎》卷十二,明吴航宝树堂藏板刊本。
2 (明)文震亨著,陈植校注:《长物志校注》,江苏科学技术出版社,1984,317页。

好之物。

到清代时，"天青"柴窑为皇家收藏的极品，以文化正统继承者自居的乾隆皇帝，非常喜爱受到文人追捧的"天青"柴窑，在乾隆四十六年（1781年）曾留下御题诗《柴窑如意枕》：

过雨天青色，八笺早注明。
睡醒总如意，流石漫相评。
晏起吾原戒，华袪此最清。
陶人具深喻，厝火积薪成。

然而，"天青"柴窑只剩传说，实物已不可见，号称柴窑者，往往颇有争议。五代之后，"天青"柴窑多为众多窑口所仿制，还原"雨过天青云破处"之色。据文献记载，在五代、宋时期，耀州、河南汝州等地都有烧造，其中以汝窑烧造"天青"瓷器为最高。据文献记载："河北唐、邓、耀州悉效之，而汝窑为魁。"[1]

汝窑出自河南汝州，位居北宋"汝、官、哥、钧、定"五大名窑之首。传世品大都素面无纹，釉色多呈天青或天蓝色，釉质光洁温润，匀净淡雅，釉面上多有细碎的开片，形似冰裂。然而，即便是汝窑"天青"，在南宋之后也不多见。南宋时期周煇《清波杂志》记载：

又汝窑，宫中禁烧，内有玛瑙末为油（釉），唯供御，拣退方许出卖，近尤难得。[2]

---

[1] （元）陶宗仪：《南村辍耕录》，中华书局，1959，363页。
[2] "宫中禁烧"，《景德镇陶录》卷八作"宫禁中烧"，当是。（宋）周煇撰，刘永翔校注：《清波杂志校注》，中华书局，1994，213页。

天青汝窑存世不多，左图为国家博物馆所藏汝窑"天青"瓷（图1）。

明清之后，汝窑"天青"瓷也成为藏家追捧之物。《匋雅》是一部瓷器收藏鉴赏的专著，清代光绪年间由上海"朝记书庄"印行。《匋雅》书中历数陶瓷名品，对"天青"的喜爱也溢于言表，说

图1 （宋）汝窑洗，国家博物馆藏（动脉影摄）

道："蓝色之最淡者曰天青……天青也者，幽靓中之佚丽者也。"[1]

"天青"不仅是陶瓷之色，明清时期，它也是染织之色。从现有史料来看，"天青"作为染织之色，主要用于达官显贵的服饰。《明会典》第二〇一卷工部二十一"织造"，记载明代宫廷所用各类绢色，其中有"天青"。[2] 同时，《明会典》也记载，在明洪武三十五年："申明官民人等、鞍辔、马颔下缨并鞦辔，俱用黑色。不许红缨及描金、嵌金、天青、朱红妆饰。"[3]

明代宫廷中，"天青"是宫廷常用之色，为避免僭越，皇帝下令禁止民间使用"天青"之色。清代也大致如此，《清实录·嘉庆朝实录》："其在太上皇帝前随侍行走，及伺候召见引见者，照常穿天青褂，挂用朝珠。"[4] 清嘉庆年间，宫中规定，天青为清宫中帝王近臣所用服饰色彩。

在中国传统色中，"天青"一直都是神秘的存在，不仅存在于瓷器中，也存在于服饰色彩中，从历史渊源来看，服色"天青"来源于陶瓷的"天青"之色。柴窑所烧"天青"不可见，北宋汝窑被认为最接近柴窑"天青"之色。

---

1 （清）寂园叟：《匋雅》，山东画报出版社，2010，4页。

2 （明）申时行等：《明会典》卷201，《续修四库全书》，840页。

3 （明）申时行等：《明会典》卷62，《续修四库全书》，640页。

4 《清实录》卷二十三。

二、文人推崇的汝窑青瓷

汝窑所烧，以青瓷为著名，正如清代朱琰《陶说》所言："汝本青器窑。"[1]对汝窑的审美及玩赏之意，来自文人群体的偏好。

所谓"青瓷"，是指在陶瓷的釉色的发展中，釉色范围从绿色到蓝色的瓷器。正如许之衡《饮流斋说瓷》所说："古瓷尚青，凡绿也、蓝也，皆以青括之。"[2]在古代的生产条件下，不同窑口烧造的釉色接近，但并不相同，如官、汝、哥、钧为宋代五大名窑之四，虽都产青瓷，但色泽各具特色。同一窑口也很难烧成同一釉色，如《格古要论》云，"旧哥窑色青，浓淡不一"。"青瓷"也正是这一现象的最好定义。《景德镇陶录》云："同一青瓷也，而柴窑、汝窑云青，其青则近浅蓝色；官窑、内窑、哥窑、东窑、湘窑等云青，其青则近淡碧色；龙泉、章窑云青，其青则近翠色；越窑、岳窑云青，则近缥色。古人说陶，但通称青色耳。"[3]

以"青"描述瓷器最早见于唐代陆羽的《茶经》，"越州瓷、岳瓷皆青，青则益茶，茶作白红之色"[4]，"青瓷"后来成为陶瓷专用术语，以"青"定义青瓷也极为常见。如清代早期的《陶说》全文不过三万余字，"青"出现了一百多处。[5]

早在唐代时期，文人茶器崇尚青瓷，在审美上也偏爱青瓷。

文人对品茶的好尚形成对茶器之色的追求，青瓷受到文人的普遍喜爱。唐代陆羽《茶经》之中专有《茶之器》一卷，叙述茶器对茶的重要性，比较了越窑青瓷与邢窑白瓷，认为：

若邢瓷类银，越瓷类玉，邢不如越一也；若邢瓷类雪，则越瓷类冰，

---

1 （清）朱琰撰，杜斌校注：《陶说》，山东画报出版社，2010，56页。
2 （清）许之衡：《饮流斋说瓷》，山东画报出版社，2010，13页。
3 （清）蓝浦、郑廷桂著，连冕编注：《景德镇陶录图说》，山东画报出版社2004，265页。
4 （唐）陆羽著，张芳赐等注译：《茶经译释》，云南科技出版社，2003，27页。
5 （清）朱琰撰，杜斌校注：《陶说》。

邢不如越二也；邢瓷白而茶色丹，越瓷青而茶色绿，邢不如越三也。[1]

唐代陆游指出，邢窑的白瓷不如越窑的青瓷，越窑的青瓷之美在于如冰似玉，厚重而莹润，正好衬托茶色之绿。唐代越窑青瓷色彩之美，早有陆龟蒙的《秘色越器诗》描述：

九秋风露越窑开，夺得千峰翠色来。
好向中宵盛沆瀣，共嵇中散斗遗杯。

陆龟蒙将越窑青瓷之色比作"千峰翠色"，体现了文人对青瓷色彩的偏好。

两宋时期，文人治国，文人的审美品位直接影响朝廷的品位，正如学者总结："两宋，朝廷对青瓷情有独钟，北宋早期以越窑为官窑，中期以耀州窑所造瓷器为贡瓷，晚期以汝窑为官窑；南宋则另建官窑。并在哥窑烧制御器。这些窑均为青瓷，所以两宋尤其在青瓷艺术上取得突出成就。"[2] 在北宋后期，汝窑取代定窑成为官窑，代表受到文人影响的官方品位。宋人叶寘《坦斋笔衡》所云："本朝以定州白瓷器有芒，不堪用，遂命汝州造青窑器。故河北、唐、邓耀州悉有之，汝窑为魁。"[3]

汝瓷传世品数量稀少，据公开发表的资料看，今出土或传世汝窑器虽不足百件，但样本足够，可以一探"天青"之究竟。出土或传世汝窑多为清宫旧藏，主要收藏在北京故宫博物院、台北"故宫博物院"、上海博物馆、大英博物馆等地。传世的汝瓷，多为盘、洗、瓶、盆等茶器、文房用器及陈设器，所有的器物体型纤巧，典雅大方，因此有"汝窑无大器"的说法。存世汝窑的特点非常明显，与文献记载较为一致："汝窑，北宋出自

---

1 （唐）陆羽著，张芳赐等注译：《茶经译释》，云南科技出版社，2003，27页。
2 刘晓路：《典雅的宋瓷》，《装饰》，2001（4）。
3 （元）陶宗仪：《南村辍耕录》，中华书局，1959，363页。

汝州，有深淡月色二种，有有纹片者，有无纹片者，紫泥骨子，釉水肥厚莹润……"[1]

汝窑的色彩归纳起来主要包括两个特点：其一，汝窑瓷色彩如同月亮烘托出的天蓝色，古人有所谓"月色"，正是对"天青"的另一种描述；其二，汝窑釉水肥厚，色泽莹润。

三、汝瓷釉色"天青"的色彩理想

为何汝窑为众多青瓷之魁？本文认为汝窑"天青"寄托了文人的色彩理想，可以从汝窑"天青"的两个方面来探讨：一方面，"天青"体现了文人玩赏之意在于物象之天成；另一方面，在于其如玉温润的色泽效果。

（一）崇尚超乎言象的"天青"釉色

古之器物，其设计在于"制器尚象"。"象"为"道"之象，"道"为万物本源，在不同的时期，对"道"的理解和认识是不同的。

秦汉时期，"道"意味着规定天地万物的宇宙系统，整个宇宙系统在以"阴阳五行"为主的框架之下，形成完美的秩序。五色通过与阴阳五行和宇宙万物建立系统性的关系，五色是宇宙系统的外在显示。[2]

在魏晋玄学的思想中，流行一种追求心灵超越和精神自由的人生取向，他们从老、庄文本中寻找思想依据，寻求比汉代"阴阳五行"更为深刻的存在本源，玄学家们认为，万物存在的本体是"无"，只有"无"才是一切的依据。魏晋玄学的代表人物何晏、王弼就是这种观点的积极推动者。《晋书·王戎》："何晏、王弼等祖述老庄，立论以为：'天地万物皆以无为本。'"[3]《周易·复卦》王弼注："然则天地虽大，富有万物，雷动风行，运

1　阙名：《南窑笔记》，《美术丛书》（第四集第一辑），浙江人民美术出版社，2013，312页。
2　肖世孟：《中国色彩史十讲》，中华书局，2020，91页。
3　（唐）房玄龄等撰：《晋书》，中华书局，1974，1236页。

化万变，寂然至无，是其本矣。"[1]

万物的根本规定在于"无"，也就是说"道"在于"无"。在魏晋玄学的思想中，明确否定"阴阳五行"作为万物之源，并强调比阴阳五行更为本源的规定在于"无"。向秀、郭象注释《庄子·知北游》：

谁得先物者乎哉？吾以阴阳为先物，而阴阳者即所谓物耳。谁又先阴阳者乎？吾以自然为先之，而自然即物之自尔耳。吾以至道为先之矣，而至道者乃至无也。既以无矣，又奚为先？然则先物者谁乎哉？而犹有物，无已，明物之自然，非有使然也。[2]

这段话的大概意思是：先于物者或许是阴阳，但阴阳也还是物，先于阴阳者或许是自然，但自然本身是自然而然，如果说一切的本源是"至道"，而"至道"是"至无"，"无"乃是万物的本源。而文人色彩的价值评判标准在于"道"，"道"所包含内容的变化，导致文人对色彩的认识呈现一个新的变化，包括如下几点：

其一，"无"是万物的存在依据，但"无"并不是"没有"，"无"超乎言象、无名无形，但是它又能够孕育天地万物。正如汤用彤所指出的：此"无"对之本体，号曰"无"，而非谓有无之"无"。因其为道之全，超乎言象，无名无形。圆方由之得形，而此无形。白黑由此得名，而此无名。[3] 在造物中，文人把握"无"，这些是宇宙的本体，万物的根源。

其二，"无"的本性是自然。瓷器色彩虽然是由人所处理，合乎自然之性亦为合于道，用色亦是如此。《老子》：

五色令人目盲，五音令人耳聋，五味令人口爽，驰骋畋猎令人心发狂。

---

1 （魏）王弼注，（唐）孔颖达疏：《周易正义》，中华书局，1980。
2 （清）郭庆藩集释，王孝鱼点校：《庄子集释》，中华书局，1961，764页。
3 汤用彤：《魏晋玄学流别略论》，《魏晋玄学论稿及其他》，北京大学出版社，2010，36—37页。

王弼注:"爽,差失也,失口之用,故谓之爽。夫耳、目、口、心,皆顺其性也,不以顺性命,反以伤自然,故曰聋、盲、爽、狂也。"[1]

在魏晋玄学的理解中,色彩的运用需要顺应自然本性,色彩过分了,反而不合眼睛观看的自然之性。"五色令人目盲",是对"五色"的观看并未顺从观看的自然本性,反而伤及自然,导致"目盲",因此也就否定了"五色"。

唐宋文人接受魏晋玄学中对"道"的理解,在"制器尚象"中,崇尚"道之无"之"象",追求朴素、古朴的色彩之美,具有返璞归真之意,近乎"道",因此往往也是品位的至高境界。"天青"追求返璞归真、自然天成,表达了对自然天成之色的追求,体现了文人的审美,在整体面貌上呈现出质朴无华、平淡自然的意境之美,鄙薄雕琢伪饰。汝窑釉色包含文人以探讨"道之无"为旨归的审美追求,所烧造的"天青"色最为接近文人所追求的"物象之天成"。

宋徽宗在位共25年(1100—1125),正是汝窑的兴盛时间。他所崇尚的正是文人自然平淡之趣。宋徽宗即位一个多月后,批评宫墙装饰过于华丽,称"禁中修造华饰太过,墙宇梁柱涂翠毛一如首饰"。同时,他宫中器物的色彩崇尚朴实自然。北宋晚期,朝廷指定汝窑为官窑,与宋徽宗的推动有很大关系。汝窑"天青"之色含蓄而不外露,自然而不雕琢,质朴而不奢华,是绚烂至极后的归于平淡。

(二)追求温润如玉的色泽效果

在古代社会中,色彩与色泽都是视觉意义上物象的表层特征,并未严格加以区分。实际上,中国古代不仅重色彩,也重色泽。[2] 色泽是光泽和色彩融为一体的色相。它是既定的颜色条件下,不同的外观质感造成的不同反射光的视觉效果,色泽与色彩表面的质感有关。汝窑"天青"之美,还

---

[1] (魏)王弼:《老子王弼注》,清武英殿聚珍版。
[2] 肖世孟:《先秦漆器的色泽研究》,《艺术探索》,2012(2)。

在于其色泽中如玉莹润的效果。

从汝窑烧造工艺来看,据科学测定,不同釉色的汝瓷的反射光谱及其主波长不同,天青釉的主波长为430—490nm,汝瓷"天青"是重在还原气氛中和高温条件下烧成的。[1] 天青汝瓷的釉料成分有玛瑙石,这种釉料使釉色有了"天青"如玉的色泽和触感,成为最接近柴窑"天青"的器物。(图2)

图2 宋汝窑天青釉盏,大英博物馆藏(动脉影摄)

汝窑在釉料中使用玛瑙石,在宋人的文献就有记载,南宋周辉《清波杂志》:"又汝窑,宫中禁烧,内有玛瑙末为油(釉),唯供御,拣退方许出卖,近尤难得。"[2]

今天的考古材料也证明,汝窑窑址附近就富有玛瑙矿。上海博物馆《汝窑的发现》一书确认,北宋皇宫御用的汝窑就在宝丰清凉寺。[3] 宝丰清凉寺有丰富的玛瑙矿,时至今日仍有遗迹。正因为在釉料中使用玛瑙末,所以汝窑产生如玉莹润的色泽。正如《景德镇陶录》指出,河南邓州的邓州窑所烧也是青瓷,但没有汝窑色泽的滋润:"皆青瓷,未若汝器滋润。"[4]

明代人谷应泰的记载描述更加生动,描述汝窑色泽的莹润。《博物要览》:"其色卵白,汁水莹厚,如堆脂然。"[5] 汝窑"天青"釉色,色泽莹润,如同脂肪堆积。对上等白玉色泽的描述,古人也常常用脂肪的肥厚莹润来

1　李国霞等:《用核技术研究古汝瓷的呈色和烧制工艺》,《郑州大学学报(理学版)》,2002(3)。
2　"宫中禁烧",《景德镇陶录》卷八作"宫禁中烧",当是。(宋)周辉撰,刘永翔校注:《清波杂志校注》,213页。
3　汪庆正、范冬青、周丽丽著:《汝窑的发现》,上海人民美术出版社,1987。
4　(清)蓝浦、郑廷桂:《景德镇陶录图说》,山东画报出版社,2004,171页。
5　(明)谷应泰:《博物要览》文渊阁《四库全书》本。

形容。三国时代曹丕在《与锺大理书》描述玉的色泽,写道:"窃见玉书称美玉,白如截肪……"其中说到白玉是"白如截肪",是说玉的色泽是柔和而微微泛黄的,如同切开的脂肪一般。今人也称最上等白玉为"羊脂玉"。

玉在先秦以来的传统文化中,其色泽具有特别的内涵,正如《荀子·法行》:"夫玉者,君子比德焉!温润以泽,仁也……"[1]君子比德如玉,玉所具有的温润而不耀眼的光泽,象征君子具有的品德"仁"。汝窑的工艺以及审美品位,体现在釉色上,正是这一种温润如玉的色泽,这也是汝窑不同于定窑的地方。据南宋陆游记载,北宋时期的定窑不能进入宫廷,原因在于定器白瓷刺眼,而汝窑则是莹润如玉的色泽,这一记载见于南宋陆游《老学庵笔记》:

故都时定器不入禁中,惟用汝器,以定器有芒也。[2]

"定器有芒"之"芒",也有人将其理解为"芒口"。所谓"芒口",是因"覆烧"技术限制,刮去口边之釉露出瓷器胎骨而形成的"涩口"。本文认为这种理解不准确。传世的定窑瓷器烧制之后,为了弥补口沿出现的"芒口",已经使用了金、银、铜圈镶嵌,这样不仅提升了档次,也形成定窑别具一格的特色。不仅如此,"芒口"是因"覆烧"形成,若是宋徽宗不喜欢,大可使用支钉烧造定窑瓷器,不会因此导致御窑地位被放弃。因此,汝窑如玉莹润的色泽,正是其取代定窑的特色。

---

1 (清)王先谦:《荀子集解》,中华书局,1988,535页。《孔子家语·问玉》《礼记·聘义》都有类似的记载。
2 (宋)陆游撰,李剑雄、刘德权点校:《老学庵笔记》,中华书局,1979,23页。

结　语

文人从魏晋玄学"言意之辨"之中受到启发，对釉色的追求，以探讨天道之道为旨归，崇尚超乎言象的瓷器釉色，追求"雨过天青云破处"这一自然天象形成的色彩意象；文人"比德如玉"的审美品位，又与汝窑"天青"温润如玉的色泽相呼应。

工艺与技术

论圆口长颈方腹青铜卣
——再论商代南方青铜风格与工艺对安阳的影响

苏荣誉

中国科学院自然科学史研究所

柳扬

Minneapolis Institute of Art, Minneapolis

摘　要：本文通过对搜集到的五件圆口长颈方腹青铜卣风格和工艺进行分析，在认识其各自内涵和属性的同时，构建其与考古发现和博物馆收藏的相关器物的关系，认识到其渊源可上溯到商中期南方青铜作坊。明尼阿波利斯卣、小屯卣、新干大洋洲卣和故宫博物院卣很可能就是南方作坊的产品，年代在中商晚期或中商与晚商之交；白鹤亚矣卣是当时南方作坊铸工迁入安阳铸造的作品，年代在殷墟早期。这些看法不仅更新了既往对这些器物年代的判断，也再次揭示了南方对安阳青铜艺术和技术的影响，有助于深化对商代青铜工匠与青铜技术的流动、青铜器的流动的认识。

关键词：青铜器；方腹卣；风格；技术；铸工；南方；安阳；技术流动；器物流动

壶或卣类青铜容器出现于商代早期的二里冈阶段，形态多高挑，圆形截面，口略侈，长颈，鼓腹下垂，穹隆盖以子口插入卣口扣合；带状或索状提梁链接着肩部或颈部两侧的半环，提梁与盖钮又以链节或动物形片链接到提梁。郑州商城、黄陂盘龙城、城固苏村、平谷刘家河等地均有这类卣（亦有称为壶者，本文将具有刚性提梁者称为卣）出土，这些卣的年代多属商早期中段和晚段，个别延续到商中期。

这类卣后来衍生出一个亚型，即本文所及的圆口长颈方腹卣，目前所知仅五件，其中四件有性质不同的出土地信息，一件还有铭文。它们造型的共同点是下垂的鼓腹为方形截面，除一件亚昊卣肩、颈和圈足为方形截面外，其余都是圆形截面。这类卣存世数量虽少，但造型别致，做工精细，往往为考古学家和艺术史家所论及，但受时代所限，它们的工艺技术很少被讨论。事实上，这些器物不仅具有丰富的艺术内涵，也包含着值得发掘的技术信息，而且艺术与技术互相表里，关联紧密，是难得的研究艺术与技术关系的实物资料。本文通过对这些信息的发掘和研究，试图建立具体器物风格与工艺之间的相应关系，除此之外也尝试构建它们之间的相互联系，并将这类器的源头追溯到长江中游一带，通过分析早期青铜器的风格、时代与产地间的关系，本文还探讨相关器物和工匠的流动问题。

首先，需要在此简单交代商代青铜器的基本构架。传世文献中的商是因甲骨的发现而获双重证据，因安阳殷墟的考古发掘而确认的。安阳是商晚期阶段，积年不足三百。20世纪50年代初郑州二里冈的考古发现，确认了商代早于安阳的阶段；接着偃师二里头的发现确定了早于郑州的阶段。经过数十年的田野考古和研究，公认二里头文化是中原青铜时代的开始阶段，早于商。郑州商城是商代的早期阶段，安阳是晚期阶段。

20世纪末，安阳洹北商城的发现，填补了早商和晚商间的缺环，被认为属中商阶段遗存，进而推定盘庚迁殷在洹北，殷墟是武丁时代开始作为都城的大邑商。如此，早年安阳小屯建筑基址下的若干墓葬的年代当属中商，所出青铜器也可从原来殷墟四分期的一期划入中商阶段，另外三期大致对应殷墟的早、中、晚期。

中原无疑是三代的中心区域。但在中原之外发现的商代遗存和器物，它们的年代和属性也十分重要。过去从中原出发认识它们，或以为它们是地方土著、方国遗存，或是商影响下"归化"或商迁徙的遗迹，多将它们的年代定在晚商。在长江流域，除黄陂盘龙城之外，大抵如此。近十来年的研究，不仅揭示出长江流域商代青铜器更多的艺术特色和技术特点，而且发现是它们汇入安阳才造就了殷墟早期青铜工业的鼎盛。[1]

本文将商代青铜器中稀见的五件圆孔方腹长颈卣搜集在一起分析研究。它们出土地有别，纹饰和附饰、提梁与盖也有不同。文章试图将它们融入商代青铜艺术和社会的大背景之中，从风格和技术两个维度进行考察，揭示它们的属性，分析它们之间的联系，并借以认识它们的年代和相关的流动。

一、安阳小屯 M331 方腹卣

1937 年春，在安阳小屯丙区发掘了一座中型墓 M331，并于棺椁之间的底层出土一件方腹卣 R2066（图 1—图 3，以下简称小屯方腹卣），提梁和盖俱全。出土时，卣的腹、盖、盖钮和提梁皆分离，提梁断为数截。在发掘报告中，石璋如已明确指出，盖的鸟钮系分铸成形。[2] 提梁和盖以虎形链节相连，盖以子口扣进卣口。盖为穹形，上面装饰三组鸟纹，雷纹填地；盖中央站立一飞鸟形钮。卣圆口长颈，口微侈，折肩，下接方形截面腹。四道勾牙形扉棱自口沿长垂至折肩，四隅的圆雕兽首后颈，将颈、肩纹饰四分，而扉棱与兽首也构成独立的装饰单元，形若爬龙。口沿下饰一周勾云纹带，其下为细线构成的宽兽面纹带。再下为 W 形纹饰带，中填细线雷纹；再往下为双细线回纹带。肩部两侧有一对半圆形环耳，与提梁连接，提梁末端有圆雕兽首包覆链接部分。四隅为圆雕兽首，前后肩面中间

---

1 苏荣誉:《妇好墓青铜器与南方影响——殷墟青铜艺术与技术的南方来源与技术选择新探》，见河南省文物考古研究院、香港承真楼编:《商周青铜器铸造工艺研究》，科学出版社，2019，1—68 页。
2 石璋如:《小屯》第一本《遗址的发现与发掘·丙编》（中国考古报告集之二），《殷墟墓葬之五：丙区墓葬·上》,"中央研究院"历史语言研究所，1980，70—74 页。《中国青铜器全集》编辑委员会编:《中国青铜器全集》卷 3，文物出版社，1997，134 页，图 133。

工艺与技术

图 1　小屯方腹卣（《中国青铜器全集》卷3 图133） 　图 2　小屯方腹卣线图（《小屯》图版 57.4a） 　图 3　小屯方腹卣俯视线图（《小屯》图版 57.4b） 　图 4　小屯方腹卣腹部与肩部（《殷墟出土器物选粹》，46 页）

另置造型迥异的圆雕兽首，兽首间填勾云纹和雷纹。

卣腹亦满布纹饰，四角饰高浮雕大型兽面纹，一双 G 形大角向两侧耸起，再回卷并翘出，角上饰外侧有几何勾牙的双排鳞纹；兽面略呈十字形，高鼻，突眼珠，唇抵腹底，细云纹和云雷纹衬地。（图 4）腹下接矮圈足，外饰一周窄回纹带。经作者确认，与该卣腹部四角高浮雕兽面相应的内壁有下凹。[1]

然而，李济和万家保却忽视了钮的分铸，指出"盖系一次铸成"，失察。但他们却明确指出卣肩部的六个牺首是分铸的，且属先铸。[2]

此卣出土时带状提梁变形，提梁正中有勾牙形扉棱式脊贯穿并连接两端兽头。扉棱的勾牙有残缺。[3] 唐际根先生从铜器和陶器两方面进行研究，并与考古遗存对比，认为 M331 属殷墟四期划分的一期早段，应划入中商

---

[1] 2019 年 5 月 9 日苏荣誉在"中央研究院"历史语言研究所确认，感谢黄铭崇教授和内田纯子博士的慷慨安排。

[2] 李济、万家保：《殷墟出土伍拾叁件青铜容器之研究》（古器物研究专刊第五本），"中央研究院"历史语言研究所，1972，图版 45。李永迪编：《殷墟出土器物选粹》，"中央研究院"历史语言研究所，2009，46 页。

[3] 李济、万家保：《殷墟出土伍拾叁件青铜容器至研究》（古器物研究专刊第五本），"中央研究院"历史语言研究所，1972，图版 44。

晚期。[1]该卣的勾牙形扉棱、圆雕兽首、高浮雕兽面和外翘的兽角，以及穹盖中央站立的飞鸟形钮，都表现出对立体装饰的强调，以及和南方风格的紧密关系。腹内壁随外表高浮雕而下凹是典型的南方风格和工艺特征，鸟钮的分铸也是南方工艺的组成部分。据此可以推知，此卣铸自商中期晚段或商中、晚期之交的南方青铜作坊。特别值得指出的是，该器装饰是典型的三层花立体型，殷墟初期以妇好墓青铜器为代表的三层花类型的渊源，实本于此。

二、新干大洋洲方腹卣

1989年，江西新干大洋洲涝背沙丘中出土一大批青铜器、玉器和原始瓷器。考古报告将该遗存定性为墓葬，这个推测引起诸多质疑，更多学者倾向认为出土物为窖藏。[2]

此次发掘所出土的青铜器中，有一件圆口长颈方腹卣XD：47（图5，下称大洋洲方腹卣），盖和提梁俱全。其圆口稍敞，长颈，颈下外张成弧面形肩，肩两侧对置一半圆环钮，与提梁端头兽首内的横梁相套接。口沿下饰长身夔纹，底下的纹饰由两组造型接近的兽面纹组成。肩部饰一周由四组兽面纹组成的纹带。方形腹每一边都设计了围绕边缘的方框，纹饰由上下的兽面纹和左右的夔纹组成。它们的中心是矩形截面、水平方向延伸的"十"形通孔。通孔口斜边左右为与口沿下纹饰相同的夔纹，上下各有一组兽面纹，和折肩上下的兽面纹呼应，不同的只是尾部卷折的方向。腹下的小圈足壁有镂空的云纹。

此卣具有夹层底。一个是与圈足相应的假底，其上有"十"形透孔，

---

[1] 唐际根：《殷墟一期文化及其相关问题》，《考古》，1993（10），925—935页。
[2] 江西省文物考古研究所、江西省博物馆等：《新干商代大墓》，文物出版社，1997，184—188页。《中国青铜器全集》卷4，图137—138。彭明瀚：《江西新干大洋洲商代遗存性质新探——兼与墓葬说商榷》，《中原文物》，1994（1），16—19页。

图 5　大洋洲方腹卣
(《中国青铜器全集》卷 4 图 137)

图 6　大洋洲方腹卣底部
(《新干商代大墓》图版 84.5)

图 7　大洋洲方腹卣盖面
(《中国青铜器全集》卷 4 图 138)

边界不很齐整；另一个是沉入方腹的实底。（图6）此类结构在商周青铜器中为仅见，而圈足的透空结构，亦颇罕见。

带状几字形提梁内侧略平，外侧稍鼓，饰鳞纹。两端有回首状兽头，双角内卷，张口露出三角形利齿，衔住提梁两端；兽头内有一横梁，和卣肩部半圆形钮套接。提梁上部的内侧设一半环，通过S形蟠蛇链接盖钮。出土时，盖中央所设之钮遗失（图7），其状不可考，但这个现象至少说明钮为后铸成形。蟠蛇头呈三角形，身饰菱形几何纹。盖面隆鼓，上饰二组兽面纹，周隙填云雷纹。盖以子口扣合于卣口。全器形制规整，工艺精巧，花纹精细。卣通高280毫米、口径73毫米、腹宽111毫米、腹高80毫米、通孔31毫米、通孔高16毫米、圈足高25.4毫米、足径84毫米，重2.3千克。

此卣盖、提梁、蛇形链和整体卣腹各自独立，分别铸造。提梁与卣腹的配合间隙十分窄小，当是卣腹铸造成形后，再铸造提梁成形的。提梁半环有明显的铸接痕迹，亦是先铸成形。而卣腹则是浑铸成形。因之，铸造提梁时既要与卣腹套接，又要与半环铸接。盖面对开分型，盖由两块面范和一块泥芯（底范与泥芯为一体）组成铸型。蛇形饰为片状，形虽不规则，但易于对开分型，由相同的两块范组成铸型。提梁半环也是由两块泥范组成的铸型。卣腹肩部的两环耳为开槽下芯法铸造成形，即在卣腹的相应泥范上开槽（或者翻制出槽），

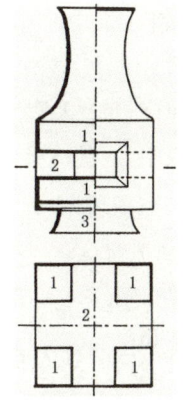

图 8　大洋洲方腹卣铸型泥芯结构示意图
（1.卣腹泥芯；2.十字通道泥芯；3.圈足泥芯）

图 9　大洋洲方腹卣十字透空补块
（《新干商代大墓》图版 84.6）

然后将泥芯放置在槽上，在浇注卣腹时环耳亦成形。

卣腹部沿四角分型，四块侧范（其中两块范上安置有环耳芯）、一块腹芯、一块十字通道泥芯、一块夹底范和一块圈足芯组成铸型。圈足内有隔断形成双层底，因此，圈足泥芯应是由两段合成的。铸型中泥芯结构颇为复杂。（图 8）提梁两端兽头的双角高耸，侧边有纹饰，当系范作纹饰。原龙首是对开分型，左右各一块范，在提梁上合拢，于提梁中央分为两段。提梁铸型由四龙首范（并延长其中两范与底范组合）、一块底范（自带龙首内芯），泥芯上穿孔形成与卣腹半圆形环耳套接的横担组成，纹饰皆系模作。卣盖由口沿倒立浇注，蛇形饰和提梁鼻的浇注方式任意，腹由圈足底沿倒立浇注，提梁从正中央正立浇注。

卣肩与提梁套接的挂环周围打破了纹饰结构，环下无纹饰，说明该挂环是用开槽下芯法铸造成形的。卣颈内可见一条弦状凸起，当是对接泥芯的遗痕。在卣腹的十字通道边沿，均可见铸造补块。卣腹泥芯自带的泥芯撑在器物成形去掉后形成了孔洞，为了弥补这一缺陷，便进行了补铸（图 9）。[1]

---

[1] 苏荣誉等：《新干商代大墓青铜器铸造工艺研究》，见江西省文物考古研究所等编：《新干商代大墓》，文物出版社，1995，257—300 页，图版 83—88。苏荣誉：《新干大洋洲商代青铜器群铸造工艺研究》，见《磨戟：苏荣誉自选集》，上海人民出版社，2012，63—116 页。

三、故宫博物院藏方腹卣

故宫博物院收藏的一件方腹卣（图10，以下简称故宫方腹卣），保存状态较差，提梁有多层蚀裂。此卣据传出自河南安阳[1]，其造型更为修长，口微侈，平沿无唇。自口沿以下，直径先持续收束再逐步扩大，形成长颈，素面。斜肩为方形截面，纹带锈蚀模糊，似以四角为对称布浮雕兽面纹，细密云雷纹衬地。两侧的纹带上设半环与提梁链接。

与大洋洲方腹卣一样，此卣腹的结构复杂。方腹中间有十字通孔，通孔外大内小，每面的中心若方形漏斗，从表层的大方孔变到内部的小方孔，并以斜面过渡，结构具有透视性。因此，每面纹饰为两重，由外层的平面方框和里层的斜面方框组成。这两层方框的纹饰设计方案和大洋洲方腹卣相同位置所见相同，但在细节上稍异：它们都是由水平面上的兽面纹以及垂直面上的共目夔纹组成，但这里的夔纹由大洋洲方腹卣的双身简化为单躯了。方腹下接圆形圈足，其壁较直，外饰两行细密雷纹组成的纹带。

图10 故宫方腹卣
（《故宫青铜器》，82页）

卣的穹隆盖以子口插入卣口与之扣合。盖的截面近乎方形，四角起一道细脊棱，每一面饰与卣腹部斜面相同的兽面纹。盖顶为一方形平台，一鸟形钮栖息其间。鸟的粗短喙上铸出鼻孔，眼睛轮廓已不甚清晰。鸟额上有一对向下弯曲的G形角。鸟尾上翘，身体除双翅外的其他部位饰环绕的细线。提梁内壁是否设置了半环与鸟钮相链接，由于器锈蚀严重，链节不存，且缺乏收藏者的报告，因此不甚明了。（图11）

图11 故宫方腹卣鸟钮
（《故宫青铜器》，82页）

---

1 故宫博物院编：《故宫青铜器》，紫禁城出版社，1999，82页。

因未见关于卣的结构的信息发表，故不确定它是否也具有夹层底。其颈部素面，圈足亦无透空纹饰，而且钮也很不寻常地设计成鸟直接栖息在盖顶小平台上（若是有链节或片状动物将鸟钮与提梁连接，或许只能套在鸟下腹与小平台之间）。尽管有这些差异，但很明显这件卣与大洋洲方腹卣具有密切的关系。它们不仅具有共同的设计概念，而且具有相同的实现设计的工艺，甚至某些细部的纹饰（如卣腹双重方框上的兽面和共目夔纹）都接近。可以推断，它们应该出自相同的作坊，应不出两代人之手，孰先孰后，留待进一步研究。

四、白鹤美术馆藏亚矣方腹卣

日本白鹤美术馆收藏了一件亚矣方腹卣（图12），通高392毫米、口径114毫米，盖、腹铸对铭二字"亚矣"（图13）。[1] 以前著录多将其年代断在殷后期。据传此卣出自彰德府殷墓或安阳殷墟，《中国青铜器全集》则称其出土之地据传为安阳武官村北地。[2]

这件卣外形的特殊之处是方形圈足，其余则与上述三件卣接近。该卣圆口外侈，尖沿方唇，唇下即内收形成长颈，长颈从肩部的四方截面演变到口的圆形截面，故而颈下端有与四棱接的凸

图12　亚矣方腹卣　图13　亚矣方腹卣铭文
（《白鹤英华》，15页）（《白鹤英华》，14页）

1　梅原末治：《白鹤吉金撰集》，神户：白鹤美术馆，1951，6页。此图录指出器通高793毫米。中村纯一：《白鹤英华》，白鹤美术馆，1978，14—15页。《白鹤美术馆名品撰集》，编号：1。
2　《中国青铜器全集》卷3，图134。

棱，并以之为边界布局四组兽面纹。两侧面各设有半圆环与提梁端内侧的直横梁链接，而提梁端的大圆雕兽头叠压在侧面，遮盖了大部分纹饰，但看起来四面都饰相同的兽面纹。这个兽面比较特殊的是，中央一道垂直的矮棱贯穿整个颈部，兽面以此为中心，只在下方二分之一处向左右展开，其额上一对硕大的内卷 C 形角，角的外侧又有简化的兽的躯体向上升起直至颈之顶端。兽面鼻翼为侧面安置的艺术化的"T"字，加上左右内卷露出獠牙的嘴，周边以细密云雷纹衬地，整个设计和当时流行的兽面无甚区别。

卣肩部为方形截面，四面斜平，四棱清晰，每面中间有窄棱与长颈上矮棱相呼应；其左右布相对的鸟纹。每只鸟圆眼突出，大喙下钩，三角形翅的端部微翘，长尾端部下垂，饰两排鳞纹。提梁一侧的鸟纹除了眼珠平而不凸外，其余相同。方形鼓腹满布纹饰，以角为中心对称设高浮雕兽面纹，其两侧下部各有一倒立的平铺夔纹。兽面有较宽鼻头，两侧有勾线卷起的鼻翼，深啕的嘴角露出獠牙。嘴角上有一对臣字眼，带瞳仁的圆眼珠突出，眼外的尖叶形耳中有十字形耳窝。额中有菱形凸起和竖冠饰，而其两侧的一对 G 形角非常醒目，占据了约二分之一的空间。角饰双行鳞

图 14　亚矣方腹卣腹侧

纹，角尖向外翘出（图 14）。方腹下沿向内斜收出平底，方圈足壁略外斜。其中纹饰带上下留出素边，纹饰的主体是一对带鸟喙的变形夔纹，以窄凸棱为中心左右对称安置。

穹隆形卣盖子口插入器口与之扣合。盖面对称布设四道脊棱，并据以平铺四组倒置兽面纹。兽面部分被鸟形链遮挡，脊棱形成了兽面鼻，并向上延伸为冠饰，眼睛以细线勾勒，眼两侧是尖叶形耳。眼上为一对大角，高度似超过兽面之半，角周边阴线勾 T、L、I 纹，中间填细雷纹，他处以细雷纹衬地。盖中央设鸟形钮，鸟栖于矮柱顶端，形似鸱鸮。鸟头扬起，一对耳在头顶竖起，前平后凸，前有叉形耳窝。两眼圆睁但眼珠不凸出，

宽大的鸟喙呈钩形。双翅贴身，鸟身底平并安置于柱头上，鸟首、颈、身均饰鳞片纹。

带状提梁造型规矩厚实，顶端呈圆拱形，最宽处约在和盖顶平行处，随卣颈弧面收束然后曲张，以龙头结尾。兽头后有横梁套入颈部的半圆形环与之链接。龙头前端有锯齿纹，表现三角形排牙，与两侧的S纹相连共同组成龙嘴。鼻头略翘，上有一对眼珠凸出的臣字眼，额顶耸立一对大角，上饰阴线勾勒的纹饰。提梁内侧平光，外侧正中有长条扉棱，其两侧交替勾L、I阴线，与提梁边缘的双折线相映成趣；内壁设一半圆环，一片状盘蛇一端链接此半圆环，另一端套在盖中央鸟钮下的立柱上。盘蛇面饰细雷纹。

该卣的铸造工艺未见有讨论，从其结构可以推测，盖钮后铸，铸接时提梁已经完成与卣腹的链接，链接提梁和盖钮的片状蛇也已经铸就并与提梁完成链接，后铸的鸟钮完成了与片状蛇的链接。卣腹浑铸成形，铸型沿四角分型，四块范，从口沿贯穿到圈足，并未有水平分型的证据。两侧范的颈部位置，采用"开槽下芯法"铸造两半圆环耳。卣腹的铸型由四块范与腹芯、圈足芯和两半圆环耳芯组成。盖的铸型则沿四凸棱分型，四块范与盖芯组成铸型。提梁的铸造信息也不很充分，主体沿扉棱对开分范，与内面范组成铸型。至于龙头，面部在角中间之前当对开分型，角后一块范，颈下一块范，铸造时与卣腹半圆环完成铸接。蛇形片对开分型，两块范组成铸型，鸟钮的铸造信息太少，很可能是鸟身左右对开分型，两块范与一块鸟身下范组成铸型，身下这块范中央有长孔，即是立柱的型腔。

五、明尼阿波利斯艺术馆藏方腹卣

美国明尼阿波利斯艺术博物馆（Minneapolis Institute of Art）收藏有一件方腹卣（图15，藏品号：50.46.106。以下简称明州方腹卣），原是皮斯百（Alfred F. Pillsbury，1876—1950，此为陈梦家译名，从之）的收藏，曾见诸

图15　明州方腹卣

图16　明州方腹卣（《美国所藏中国铜器集录》A596）

陈梦家（1911—1966）和高本汉（B. Karlgren，1889—1978）的著录（图16）。卣通高364毫米、口径74—76毫米、方腹宽高117毫米×77毫米、圈足直径101毫米，重2.92千克。高本汉盛赞这件方腹卣极其罕见，陈梦家曾指出，"安阳出土的尚有它器如此"，但未明确所指。[1] 提梁方卣器身的纹饰设计精致、讲究。由于两侧附有提梁，末端处为造型复杂的兽头，富有曲线美的颈部于是保持素面，只在接近卣口处加两道简洁的弦纹。

卣斜肩上约25毫米宽的一条装饰带，以肩部四角转折处的斜线为中心，左右两条带躯体的夔龙聚汇形成一个兽面，鼻梁和鼻尖处于斜线正中。圆眼高出纹饰带的浮雕平面，造型是当时流行的前眼角带钩的臣字目。龙身躯在中部上折，再朝后展开，尾部下折，形成由多条凸线组成的涡纹；龙爪由抽象的回纹和平行纹代表。兽面额上正中有一小簇列旗纹。卣肩部饰带的正中前后两面各有一个梯形的简化兽面：占主导地位的是一个倒立的、图案化的"T"形，横线两端内卷形成鼻翼，鼻梁两侧卷云纹辅助。这个梯形兽面看起来如同后期粘贴上去一般，边缘翘起，浮于器表。（图17）有一面甚至能看见，这个"粘贴"的兽面翘起的三角形上部甚至超越了纹饰带上缘。在肩部两侧面纹饰带正中，设置半环与提梁内侧横杠链接（图18），而在卣内相应的位置，可见四个不十分规则的凸起（图19），其中两侧面相对的两个用于铸铆式铸接半环，另两个用于以同样的方式铸接前后面纹带中片状凸起的兽面纹。

---

[1] 陈梦家：《美国收藏中国铜器集录》，金城出版社，2016，编号A596。所录器物尺寸为：通高327毫米、口高230毫米、宽129毫米×127毫米。Bernhard Karlgren, *A Catalogue of the Chinese Bronzes in the Alfred F.Pillsbury Collection*，Minneapolis：The Minneapolis Institute of Arts and The University of Minnesota Press，1952，No.22，pp.65-68，pp.31-33.

图17　明州方腹卣肩部　　图18　明州方腹卣提梁端内侧　　图19　明州方腹卣颈内壁

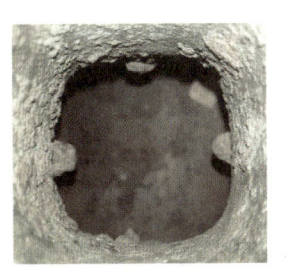

卣腹部为长方形，四面纹饰相同。外缘的一条素面装饰带框住中间繁复的设计，以此突出主体纹饰，形成一简一繁的效果。纹饰的主体是一散列兽面纹，眼、鼻、眉、嘴和耳各不相连，浮于雷纹地纹之上。鹰啄似的臣字目，眼球高出其他浮雕元素，和饰以旋涡纹的鼻翼处于同一平面，两相呼应。凹字形阔嘴向两侧扩展，几乎到C形双耳处，嘴的轮廓内有钩形浮雕表示獠牙。高本汉曾指出，此兽面纹表现出下唇实非寻常，并将此器的风格划分为殷周的混合型。[1]兽面左右下角各有一条简化的夔龙，仅以井字形的眼睛表示。地纹的设计随位置的需要而变化，比如左右上角近肩处，以回纹起，上升后转变成朝外翻飞的羽状纹饰。圈足上的纹饰以较粗的凸起线条表现，由上下两排卷云纹组成。

卣盖下部铸出内侈的子口，纹饰自盖缘沿穹面上升，布满盖面。纹饰由交错安置的两只蝉和一对鼋组成（蝉朝里，鼋朝外），蝉有三角形头和心形身子，身子内有重复的心形凸线纹（如此有六个越来越小的心形设计）。鼋的四足伸出（各有四爪），头的造型和蝉几乎一致，身上布满由粗线条组成的波浪形鳞纹。蝉和鼋之间由三角和方形雷纹填补空白。盖顶兀立一鸮，两耳高耸，耳前面平而背后鼓，足由一圆柱表现，盖内圆柱相应处有一圆凸。立鸮引颈远眺、展翅欲飞。身上的波浪形鳞纹由细凹线出之，而背上从脑后贯穿至尾的一条双钩脊线将密集的鳞纹分为左右两半。（图

1　Bernhard Karlgren，*A Catalogue of the Chinese Bronzes in the Alfred F.Pillsbury Collection*，Minneapolis：The Minneapolis Institute of Arts and The University of Minnesota Press，1952，p.66.

工艺与技术　　　　231

20)一条蜷曲且首尾相接的有角龙将提梁和卣盖连接。布满水波鳞纹的蜷龙整体呈薄片状,唯独三角形的首部陡然加厚。杏仁形眼睛似乎原来有嵌入物,现在只剩凹槽。龙身正面微微隆起,底部朝上弯曲,因此与穹形卣盖相合。龙口微张,露出獠牙,嘴右侧衔住一个圆环,环套住立鸟的柱足;嘴左侧咬住连接龙身的一个短柱。龙尾自然弯曲形成一环,和提梁内侧一个半圆形环相衔接。(图21)

造型呈流线型的提梁与卷龙一样前凸后凹,正面左右接近边缘处以一条阴线为界,中间布满连续棱形纹,两侧间以三角纹。提梁至尾部加厚、加宽,成为三角形龙头。龙嘴大张,獠牙交错,龙头后空,中设一横梁,链接着卣肩一对半径约12毫米的半环(图22);卣颈内部与半环相应的位置有半圆形凸起。

高本汉的图录始编于1949年,信息有限,对器物的铸造工艺没有涉及。这件卣肩、盖面和卷曲片龙上的披缝表明,它是泥范块范法铸造而成。腹部沿四角分型,肩部四折角可见明确披缝,圈足纹饰带上有自四角延伸下来的披缝,这样的一致性可以说明卣体没有在水平方向分型,而是由纵向分型的四块范与腹芯和圈足芯组成铸型浇注的。底部圈足内正对卣身方角的某一处,也有一处小小的凸起。

肩部纹带的前后浮雕牺首,与卣腹有间隙,犹若搁置于纹带上,具有分铸特征。在腹内壁与牺首对应的部位发现突块如铆头(图23),恰是牺首铸铆式后铸的证据。相应的,虽然与牺首相对的半圆形环耳在肩部没能发现分铸痕,但腹内壁有同

图20　明州方腹卣鸟钮　　图21

图22 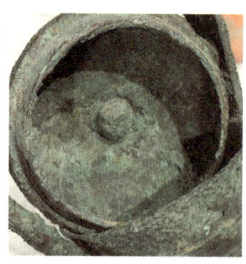　　　　　　图23

样的铆头，说明半圆形环耳也是铸铆式后铸成形，这是迄今所知最早的链接卣环耳分铸[1]，且以铸铆式后铸的工艺成形。在盖内中央，有同样的铆头，那是后铸鸟钮的遗迹。至于圈足内侧壁的突刺，暂且没有很好的解释，希望将来的 X 光片能提供更多工艺信息。

小屯方腹卣的年代早于殷墟，造型与明州方腹卣颇为接近，方腹长颈，隆盖中心置立鸟钮，带状提梁两端饰兽头，肩部有圆雕牺首。所不同的是小屯方腹卣带状提梁中心起扉棱形脊，肩部四角饰圆雕牺首，颈有四道扉棱，而腹部兽面纹安置于转角处且有高浮雕外卷的角。当年的发掘报告明确指出，出土时鸟钮脱落，原系铸接。但是否以铸铆式铸接，有待深究。李济和万家保对这件卣铸造工艺的研究有所疏漏，六个牺首究竟属于先铸抑或后铸，也需深究，可比照的明州方腹卣肩部两牺首，均属于铸铆式后铸。总之，这两件方腹卣总体风格接近，差异当与年代、作坊和工匠有关。亚矣方腹卣和故宫方腹卣及大洋洲方腹卣大同小异，虽早晚有别，但年代应较为接近。需要指出的是，上述五件方腹卣中，大洋洲方腹卣盖钮失却，另四件均是鸟钮，属殷墟早期甚或更早的特征，妇好墓青铜卣 M5：765 和 M5：829 即是如此[2]，它们或可视为鸟钮卣晚期的代表，由此推测大洋洲方腹卣盖失却的或许就是鸟钮。此外，这几件卣盖通过链节或蟠龙与提梁链接，也应是早期的形式，年代在中商晚期或殷墟早期，或者说不晚于殷墟早期。

六、关于方腹与散列兽面纹

上述五件方腹卣，共同的结构是腹截面呈方形，方腹青铜器不多见，值得研究。此外，这几件器表均满布纹饰和附饰，且构成颇为复杂。关于

---

[1] 此后在石楼桃花者出土的饰倒置兽面纹卣上也发现了分铸。苏荣誉：《晋西两件商代南方风格青铜器研究》，《中国国家博物馆馆刊》，2020（11），37—49 页。
[2] 中国社会科学院考古研究所：《殷墟妇好墓》，文物出版社，1980，66—67 页。

附饰，将在下文讨论，在此先对个别腹壁所饰的散列兽面纹略加申论。

（一）方腹器及带十字透空的方腹器

很多青铜器的造型可上溯到新石器时代的陶器，这是陶冶关系密切的一个证明。但陶器普遍轮制后，圆形器多而方形器稀见。木工善方器但遗存极少，徐良高研究了西周墓地出土木胎铜釦壶后推测，三代一些青铜器的器形与纹饰风格可能仿自某种木器，如方鼎、部分乳丁纹、弦纹等，后来才渐渐演变出青铜器自身的独特造型和装饰风格。通过某些铜器是否可以推测，如在青铜方鼎出现之前和之初，铜木结合方鼎曾流行一时。[1] 这是富有见地的思考，的确在新石器时代晚期的陶器中，方形器几乎不见。

偃师二里头遗址曾经出土方形陶器，形式不很明确，同时的铜器尚未有方形者。二里冈时期的窖藏出土了一系列方鼎，其时最为重大的青铜器即属此类，有高达1米、重达70千克的大方鼎，但二里冈时期却未见其他类型的方器。鉴于铜钉之类在中原出现晚至战国，不似近东在青铜时代中期已经大量发现，是否可以推测，以榫卯结合的木工传统，自新石器时代以降持续贯穿并得到坚持，而模仿木器的青铜工艺没有发展出如近东的铆接而以铸接成形，则是另一个值得探讨的问题。

大约在中商晚期，方腹圆口折肩尊开始出现，台北"故宫博物院"收藏的一件此类尊（JW2353-38），具有南方作坊的工艺特征，应当属于这一时期。[2] 宁乡月山铺出土的四羊方尊可能是方腹、方口形尊中较早的形式，也可上溯到中商时期，殷墟武丁时期的一批方腹方口尊，当是受到南方影响的结果。[3] 而方彝一类器物出现的时间，也可上溯到商代中、晚期之交。

---

[1] 徐良高：《由叶家山墓地两件文物认识西周木胎铜釦壶及相关问题》，《江汉考古》，2017（2），60—64、80页。

[2] 陈芳妹：《故宫商代青铜礼器图录》，台北"故宫博物院"，1998，320—327页。苏荣誉、朱亚蓉：《三星堆出土青铜罍K2②：159初步研究——附论外挂式管状透空牺首饰尊与罍》，见朱家可、邱登成等编：《三星堆研究》第5辑，巴蜀书社，2019，225—260页。

[3] 苏荣誉、吴小燕、袁鑫：《湖南出土青铜四羊方尊与常宁方尊研究——再论商代青铜器南北关系》，见浙江省文物考古研究所编：《中国南方先秦考古学术研讨会论文集》，文物出版社，2019，205—226页。

早年小屯 M238 出土方彝 R002067（图 24），有盝顶式盖，四边和每面中心及盖的折角和横脊均饰勾牙式扉棱，盖中央设盝顶帽式钮[1]，钮以铸铆式后铸（图 25），与明州方腹卣的盖钮、肩部半环和兽面的铸接工艺一致，其工艺渊源均在中商的南方。[2]

与方腹卣一同出土的还有一对方腹爵（R002028 和 R002029）残缺严重。[3] 似乎墓主对方形器有所偏好。至武丁后期具有代表性的妇好墓中，不仅出土了司母辛方鼎 M5：789 和 809、妇好长方扁足鼎 M5：813 和 812、妇好小方鼎 M5：834，还有偶方彝 M5：791，妇好带盖方彝 M5：825 和 828，妇好无盖方彝 M5：849，亚启卣盖方彝 M5：823，妇好方尊 M5：792，司䍙母大方尊 M5：806 和 868，司䍙母方壶 M5：794 和 807，妇好方罍 M5：856 和 866，方缶 M5：805，还有成组的妇好方斝 M5：855、752、854 和带盖方斝 M5：845，妇好方孔斗 M5：745、744、747、743 和 749，司母辛方形高圈足器 M5：850。[4] 它们占妇好墓出土青铜礼器的 13%，似为一时风尚。妇好墓方器比例高或与墓主妇好志趣有关，因为此后的墓葬再无此类现象。

图 24　小屯 M238 出土方彝 R002067

图 25

1　李济、万家保：《殷墟出土伍拾叁件青铜容器之研究》（古器物研究专刊第五本），"中央研究院"历史语言研究所，1972，图版 14。
2　苏荣誉、董韦：《盖钮铸铆式分铸的商代青铜器研究》，《中原文物》，2018（1），80—94 页。
3　李济、万家保：《殷墟出土青铜爵形器之研究》（古器物研究专刊第二本），"中央研究院"历史语言研究所，1966，图版 18—19。
4　中国社会科学院考古研究所：《殷墟妇好墓》，31、38、50、53、55—56、64、67—68、89、92 页。

从器物使用角度看，无论是通常被视为炊器的方鼎，还是作为盛酒器的方壶、方卣和方罍、方尊，要将其中的食物和酒浆挹取出来诚非易事，尤其是食物或酒浆变质腐败后，将残留物取出似乎只有靠倾倒一策，相当不便。而腹中再设计十字通孔将内部另行分割，挹取和清理则更为艰难。这些器物的功能应以陈设为主，类似乾隆收藏的铜器在清宫中的角色，因此才给铸工提供了显本事、炫工巧的机会。

大洋洲方腹卣和故宫方腹卣的方腹，均设计为十字透空形，除使器物看起来具有玲珑感、造型别出心裁外，不知是否还具有别的功能。有人设想这种设计出于加热保温的便利，这似乎属于强解，毋宁说工匠出于炫技或者强调与众不同才是直接的原因。

但是，这样的设计却导致了铸造工艺的难度的增加，腹部内、外两组泥芯必须精准造型和定位，这意味着两组泥芯必须通过原始模再制作芯盒并由之翻制而成，定位时需要更多泥芯撑和垫片。

大洋洲方腹卣还具有假腹，虽在商代青铜器中属于罕见设计，但无独有偶，大洋洲青铜器群中另有方鼎 XD：13 具有双层底（通高 270 毫米、口 180 毫米 ×214 毫米）。[1] 事实上，这件方鼎形象较为普通，斜折沿，方唇，双拱形立耳。浅腹，平底下有 55 毫米夹层外底，下接四柱形足。正面侧壁的夹层中间开一门，以枢轴启闭。四壁的纹饰布局类似二里冈时期方鼎，口沿下横兽面纹带，底边饰相应的兽面纹带，两侧边则饰目纹带，足根部饰兽面纹带，足下饰突弦纹。这些纹饰均是带状纹饰，近于罗越的 II 型。其年代也在中商时期，但几乎看不到木器的影子，也没法估计双层底的功用，或者也可归结为铸工的炫技性创造。以此观之，方腹卣的十字通孔也是如此，或者表现了南方工匠不甘于循规蹈矩的个性。

（二）散列式兽面纹

兽面纹装饰青铜器出现于二里冈下层而在二里冈上层开始流行，郑州

1　江西省博物馆、江西省文物考古研究所等：《新干商代大墓》，38 页，图 24、彩版 10.2、图版 12。

图 26　青铜鼎 BQM1：3　图 27　青铜鼎 BQM1：3 纹带（《中国青铜器　图 28　牛首饕餮级铜尊，
（《中国青铜器全集》卷　全集》卷 1 图 29）　　　　　　　　　　　　　郑州博物馆藏（《中国青
1 图 30）　　　　　　　　　　　　　　　　　　　　　　　　　　　　铜器全集》卷 1 图 106）

商城北二七路二里冈上层墓出土的青铜鼎 BQM1：3（图 26），颈部的兽面纹颇具有代表性。纹带上下镶连珠纹带，兽面以鼻对称平铺，团在一起，除一对眼睛突出眼珠、头顶鹿架形冠饰外，其余不够明显，甚至耳都不见，但两侧伸展长羽（图 27）[1]，兽面似昆虫展翅形式。郑州商城二里冈时期窖藏出土的青铜尊，如 XSH1：3，腹部纹带兽面纹与鼎相近，然其翅换成了躯体，而折肩沿装饰的牺首，兽的鼻、眼、耳和角均完全（图 28），说明兽面纹是在将圆雕牺首展开成平面的过程中完整起来的[2]，而具有身躯者似乎称为兽纹更贴切。

然而早商时期紧凑形式的兽面纹，一部分在商中期变得舒展，另一部分则矫枉过正，将兽面的各部分散开互不相连或者部分相连，姑且称之为散列式或半散列式兽面纹（亦有以分解式相称者）。以岳阳费家河出土大口折肩尊为例，腹部饰高浮雕散列式兽纹（图 29、图 30），圈足饰高浮雕半散列式兽纹（图 31）。这类器物为数不少，出自江淮、江汉之间和四川

1　河南省文物考古研究所编著：《郑州商城：1953—1985 年考古发掘报告》，文物出版社，2001，799 页，图 539.5，彩版 19.2。《中国青铜器全集》编辑委员会编：《中国青铜器全集》卷 1，图 30、29。
2　河南省文物考古研究所编著：《郑州商城：1953—1985 年考古发掘报告》，815 页，图 549，彩版 31.1。《中国青铜器全集》卷 1，图 106。苏荣誉：《特殊角形兽面和牺首装饰的青铜器探论——兼论提梁华丽型的青铜卣》，《考古学研究》（十三），2022，369—416 页。

工艺与技术　　　　　　　　　　　　　　　　　　　　　　　　　　　237

图 29　岳阳费家河尊

图 30　岳阳费家河尊腹部兽面纹

图 31　岳阳费家河尊圈足纹饰

盆地。与其高浮雕纹饰对应的，是内壁下凹，尖沿的牺首业已铸铆式后铸，纹饰与工艺都具有同源性，出自商中期南方铸铜作坊。[1]

明州方腹卣上装饰的散列式兽面纹较为别致，眼上的粗勾眉上移到冠饰两侧，形若角，与不大的眼睛过于分开，又一例说明兽面纹本于面具。从此卣肩部半环、牺首和盖钮的铸铆式铸接看，其年代与小屯方腹卣相若，同属中商阶段晚期。看来，在南方铸铜作坊，铸工愿意有更多的创造，出现了更多有个性的器物。

武丁时期毁弃南方铸铜作坊并迁铸工至殷墟，将南方青铜装饰图案和工艺带到殷墟，造就了殷墟早期青铜器的大繁荣。散列纹在殷墟青铜器中也不断增多。殷墟郭家庄墓出土的亚址方尊 M160∶152 和 128，腹部兽面纹颇为典型，而且更为规矩。[2]

1　熊传薪：《湖南新发现的青铜器》，见文物编辑委员会编：《文物资料丛刊》第 5 辑，文物出版社，1981，103 页。苏荣誉：《巫山李家滩出土大口折肩青铜尊探微——兼ըt同类尊的风格和关键工艺探讨其年代和扩散》，《南方民族考古》第 14 辑，科学出版社，2017，131—187 页。

2　苏荣誉：《妇好墓青铜器与南方影响——殷墟青铜艺术与技术的南方来源与技术选择新探》，见河南省文物考古研究院、香港承真楼编：《商周青铜器铸造工艺研究》，科学出版社，2019，1—68 页。中国社会科学院考古研究所编著：《安阳殷墟郭家庄商代墓葬：1982—1992 年考古发掘报告》，中国大百科全书出版社，1998，84—88 页，图 64—66、图版 40、彩版 7。

贝格利（Robert W. Bagley）曾讨论一件赛克勒艺术馆（The Arthur M. Sackler Gallery of Art）收藏的大口折肩尊（藏品号：V-286。以下简称赛克勒尊），将其断为前13世纪，该尊腹部饰散列式兽纹，而且器身纹饰的浮雕在其内部卣相应的凹下。贝格利高明地将此尊的铸造工艺和风格置于二里冈到南方青铜器的连续线上，认为其源自南方。其散列式兽纹乍看仿佛来自安阳，与一种被罗越称作风格Va的兽面设计相关。但是贝格利认为，安阳青铜器看不到分解式兽面纹的滥觞，当这种设计最初在以妇好墓出土物为代表的铜器上见到即已尽善尽美，它的源头一定来自安阳以外的地方，安阳铸造匠人接纳了它。那么，南方地方的工匠又是如何创造出分解式兽面纹的呢？贝格利认为，兽面纹并非地方匠人灵光一现的创作，可以说它们是兽面纹在这些匠人手里退化变质的过程中所产生的幸运副产品。赛克勒尊上的装饰造型，尤其是圈足上全无生命的兽面说明，饕餮对于地方工匠而言，不管形式上还是内容上，都全无意义；因此，在他们手里这种纹饰快速分解、崩溃了。但是这种在地方匠人手里全无意义的分解式兽面造型吸引了安阳工匠的注意，他们重新拾掇这种纹饰，将它们精心组织、安排，放入一件紧凑的完整作品中去。[1] 贝氏显然在竭力强解，如果将兽面纹看作画的面具，实施时就是一部分一部分单独完成的。

七、关于扉棱脊提梁卣

五件圆口长颈方腹卣中，小屯方腹卣和亚夭方腹卣的提梁中间纵贯扉棱，颇为特别，值得对之进行讨论。

青铜壶和卣的提梁主要有索状和带状两种，索状在西周早期趋于式微，带状持续时间略长，且比例较大。带状提梁中，有一类外侧起中脊，纵贯

---

[1] Robert W. Bagley, *Shang Ritual Bronzes in the Arthur M.Sackler Collections*, Washington DC.：The Arthur M.Sackler Foundation, 1987, pp.267-275.

图32 石门卣(《湖南省博物馆馆刊》第12辑,47页,图1)

图33 石门卣盖内凸棱和突榫(《湖南省博物馆馆刊》第12辑,47页,图2.2)

图34 石门卣内壁(《湖南省博物馆馆刊》第12辑,48页,图3.2)

整个提梁,与提梁两端的圆雕兽首(往往为龙首)构成双头一体兽造型。

青铜器的扉棱饰萌生自二里头文化晚期,发展到二里冈晚期逐渐定型。扉棱基本上是勾云式或勾牙式,它们在中商南方风格青铜器中有长足的发展,或可认为扉棱是当时南方铸工习用或擅长的装饰,尤其是具有鸟形的扉棱。大约在殷墟早期,出现了直条状扉棱,其两侧勾L、T或I阴线以体现透空感,目的是获得勾云式或勾牙式扉棱的透空效果。显然,直条式扉棱是对勾云式或勾牙式扉棱的简化,或者可以认为是殷墟本地工匠的作为。[1]

带状提梁起扉棱式中脊的青铜卣,最早似可上溯到湖南省博物院收藏的传出自石门的一件卣(图32,下称石门卣)。这件卣经过大量修复,圈足后补,盖修补小半。卣壶形,截面椭圆,卣口平沿内敛,口外素面,长颈饰两周突弦纹。上腹前后饰高浮雕兽面纹,其两侧各安置一身躯朝下的夔纹,兽面轮廓如十字形,宽鼻张嘴,臣字眼且眼珠圆突,眼中的大圆坑原或有镶嵌。眼后有短促的钩形身躯。额上方冠饰两侧安置叶形耳,细云雷纹衬地。兽面正中有垂直的勾牙形扉棱,顶端为伏鸟形。下腹纹饰结构与上腹相近,所不同的是下腹饰典型的散列式(或分解式)兽面纹,叶形双耳在眼外侧,冠饰两侧为高浮雕的一对大横眉。兽面

---

[1] 苏荣誉:《扉棱分铸青铜容器初论》,《青铜文化研究》第十辑,黄山书社,即刊。

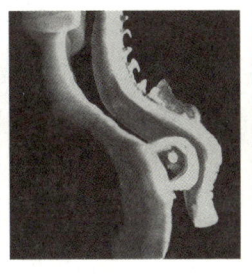

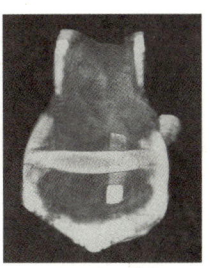

图 35　泉屋瓿形卣　图 36　沿提梁处剖开的整体三维剖面图（《泉屋透赏》图 77-3）　图 37　提梁根部三维剖面图（《泉屋透赏》图 77-4）　图 38　提梁端部龙首内测的三维剖面图（《泉屋透赏》图 77-5）

正中有同样的扉棱，而两侧有三伏鸟串成的透空扉棱。带状提梁下端通过横梁与卣身中部两侧的半环链接，硕大的龙头仅存上颚，牙齿尖利。小眼隆额，其上耸起一对瓶状角。一条勾牙形脊棱贯穿整个提梁，连接两个龙头，提梁外面饰鳞纹。器盖以子口插入壶口，隆鼓盖面满纹饰，四道勾牙式扉棱中，两道界分两个兽面，另外两道则形成兽面的鼻梁。纹饰以细密云雷纹衬地，盖中央置钮。此器造型特别，工艺多有特殊之处。盖内中心的突榫证明钮的铸造和前述豕尊盖钮一样，为先铸。盖内面的十字形凸起是为铸接扉棱而作的特殊设计。（图 33）器表高浮雕纹饰相应的腹内位置有下凹，这是具有南方青铜器特色的一种工艺设计，而腹内的垂向凸棱，和上述盖内凸棱一样，是为更好铸接先铸的扉棱而考虑的特别设计（图 34），其工艺思想与贺家村斝如出一辙。综合这些因素，此卣当是中商时期南方铸工在南方所铸造。[1]

泉屋博古馆收藏一件瓿形提梁卣（编号：彝 60。以下简称泉屋瓿形卣，图 35），圆形截面，有盖，其上由四道勾牙形扉棱均分，以它们为鼻梁，四组散列式兽面纹均匀分布，再以云雷纹衬地。盖中央有钮，上面还套着

---

[1] 湖南省地方志编撰委员会：《窖藏及其他文物（节选）》，见湖南省博物馆编：《湖南省出土殷商西周青铜器》，岳麓书社，2007，153 页。熊建华：《湖南商周青铜器研究》，岳麓书社，2013，127 页。苏荣誉、傅聚良、吴小燕等：《石门卣初探》，见《湖南省博物馆馆刊》第 12 辑，岳麓出版社，2016，46—59 页。

链接提梁的链节残件。卣口沿平、方唇，束颈上饰两周凸弦纹。宽肩，其上有由涡纹和蝉纹相间的纹饰带，云雷纹衬底。肩前后各置一勾牙形短扉棱。腹部纹带由四组散列式大兽面纹组成，浮凸于器表，以云雷纹衬地。一对半圆形环耳跨在肩周，为提梁所环接。（图36、37、38）该提梁通脊的勾牙虽为 C 形，但非常细密，腹的形状和散列式浅浮雕兽面纹与妇好墓诸多铜器相同，年代应相近。

图 39　吉美博物馆藏提梁卣

巴黎吉美博物馆（Musée Guimet）收藏的一件提梁卣（图 39），体态修长，通高 275 毫米、宽 142 毫米。侈口细长颈，一字铭文李学勤和艾兰不能辨识，Maud Girard-Geslan 所编图录隶定铭文䇳为"簋"。[1] 卣鼓腹下垂、素面，上腹对置半圆形环耳与提梁连接。穹盖出子口扣合在器口，盖中央置伞状钮，带状提梁紧贴卣颈，造型优雅，两端加厚铸出龙头，口微张、一对瓶形角耸起，带状提梁中心纵置透空勾牙形扉棱形脊棱，提梁上部内侧设半环，一片状蟠龙尾端成环与之链接，而龙首盘曲为环形链接伞状钮，龙身饰双

图 40　明州提梁卣

排鳞纹。相对于华丽的提梁和蟠龙，卣身纹饰颇为简素，仅颈部饰一周兽面纹带和两周弦纹，圈足饰云雷纹带，盖面也仅饰一窄云纹带，均为平铺式。

明尼阿波利斯艺术博物馆收藏的另一件提梁卣（藏品号：37.189。图 40，下称明州提梁卣）也是皮斯百的旧藏，通高 30.6 厘米。陈梦家曾著录此器，记其购自卢芹斋（C. T. Loo，1880—1957），年代为殷。[2] 该卣圆形截

---

[1] 李学勤、艾兰编著：《欧洲所藏中国青铜器遗珠》，文物出版社，1995，39 号。Maud Girard-Geslan, *Bronzes Archaïques de Chine*, Paris：Trésors du Musée Guimet, 1995, pp.76-79.
[2] 陈梦家：《美国所藏中国青铜器集录》，编号 593。陈氏所录尺寸为通高 306 毫米、腹 140 毫米 ×138 毫米。

面，侈口平沿细长颈，鼓腹下垂，穹盖出子口扣合在卣口，盖顶中央置伞状钮。相对厚实的拱形提梁与卣上腹一对环耳链接，端头大圆雕龙头饰额顶耸起一对瓶状角，宽带状提梁中心纵置C形扉棱式脊棱，提梁内侧设半圆环，一盘曲片形龙两端设环，分别链接提梁和盖钮。器身除颈部饰兽面纹带和雷纹带并突弦纹，圈足饰雷纹带外，鼓腹素面。盖面也仅饰一周窄雷纹带，伞形钮面饰涡纹，提梁面饰折线和雷纹。高本汉认为此器提梁起脊不寻常，将此器风格划归为殷周风格B。[1]

图41　奈良🝺卣

吉美博物馆和明尼阿波利斯艺术博物馆各藏一件卣，两件卣造型和装饰风格一致，突出的共同特点是华丽的具有扉棱形脊棱的提梁，相对简素的器腹和盖面纹饰。

奈良国立博物馆收藏的一件卣（图41），也是修长造型，与上述几件轮廓相同，通高234毫米。所不同的是这件卣的纹饰，鼓腹满布纹饰，上腹饰窄兽面纹带，鼓腹饰宽兽面纹带，圈足饰窄目雷纹带，颈部所饰两周窄纹带内容不明。穹盖中央置伞状钮，钮面饰涡纹，并以之向盖面盘曲龙身，上饰三道鳞纹。带状提梁较粗大，两端有圆雕龙头，鼻头微翘，眼睛突出，额头上耸一对长颈鹿角。两角之间起长条形扉棱，纵贯提梁，与龙头组成起脊的龙身，脊棱两侧有I、L、T形阴线勾勒。卣有一字铭文🝺。[2] 与上述几件卣不同的是，该卣提梁内侧没设半环，未见约束盖，或者链节残失亦未可知。很明显，这件卣提梁的脊棱是直条式，应较勾牙

图42　西雅图卣

1　Bernhard Karlgren，*A Catalogue of the Chinese Bronzes in the Alfred F.Pillsbury Collection*，Minneapolis：The Minneapolis Institute of Arts and The University of Minnesota Press，1952，No. 19，pp.58-60，pp.27-28. 两著录所记尺寸不一，前者记通高298毫米。本文从后者。
2　《奈良国立博物馆藏品图版目录：中国古代青铜器篇》，奈良国立博物馆，2005，30页。

工艺与技术　　　　　　　　　　　　　　　　　　　　　　　　　　　　243

式为晚，具有铭文，当是殷墟铸造之品。

西雅图亚洲艺术博物馆（Seattle Asian Art Museum）收藏有一件提梁卣，盖已失却（图42，下称西雅图卣），是否有鸟钮无考。此卣略粗壮，侈口平沿有唇，束颈鼓腹，下接圈足，上腹对设半环耳与提梁链接。鼓腹素面，颈部饰兽面纹带，兽面以窄凸棱为鼻对称展开，纹带上有两周凸弦纹。圈足饰目雷纹带，前后也有窄凸棱与颈部纹带相应。带状提梁粗壮，下半部分紧贴肩与颈，两端的圆雕兽首出露三角形排牙，小眼在面上，嘴脸若鳄鱼，但小耳侧张，额生一对G形大角。提梁内面略凹，表面呈弧形，中间起矮扉棱形脊棱，脊棱两侧有均匀的I、L阴线，而提梁两边各饰三路鳞纹，使提梁更为接近双头鳄鱼。类似的提梁罕见，但鳞纹在中商时期南方动物形器或动物形饰上十分普遍。

作为青铜器装饰的扉棱是单纯的装饰，使器物显得华丽而繁复，同时张大器物的轮廓。贝格利认为其渊源可追溯到新石器时代的某些陶器[1]，但二者还缺乏清楚的联系。青铜器装饰扉棱，萌生于二里头文化晚期而发展于二里冈期晚段，特别是在中商时期的南方得到长足发展。但早期的扉棱都是勾云式或勾牙式。在带状提梁中脊饰扉棱，视觉上无疑使之显得粗壮结实，图像上应该与龙形提梁有关。上述梳理的有扉棱中脊的提梁，两端均饰龙首，有些口微张露出排牙，颇近于鳄鱼。[2] 鳄鱼本有脊，而这些提梁以扉棱形脊将两端龙头连贯起来，可能是某地的首创。石门卣的脊棱较为原始，器物本身具有南方作坊的许多工艺特征，扉棱中脊提梁也很可能是南方工匠少受束缚、创造力活跃的另一表现。

与之相类似的提梁，如小屯方腹卣和泉屋瓿形卣，单就提梁勾牙式脊棱看，和石门卣相去不远。石门卣为中商中晚段，小屯方腹卣当为中商晚段，而泉屋瓿形卣年代或者略晚或者在中晚商之交。勾牙形扉棱开始在殷

1　Robert W. Bagley, *Shang Ritual Bronzes in the Arthur M. Sackler Collections*, pp.26-27.
2　李零有商周青铜器兽面纹为鳄鱼之论［李零：《说龙，兼及饕餮纹》，《中国国家博物馆馆刊》，2017（3），53—71页］，本文的例子似乎揭示，这些龙纹与鳄鱼关系更为密切。

墟早期演变为长条式扉棱，出现了过渡形式的 G 形透空的条式扉棱，赛克勒册告卣、吉美博物馆藏▮卣和明州提梁卣是这一类型的代表，至于亚侯方腹卣、妇好墓卣和旧金山卣、奈良▮卣和西雅图卣则代表了完成的形式。妇好墓一对提梁卣 M5：765 和 M5：829 与旧金山卣（藏品号：B60 B1008）如出一人之手，时代完全相同，甚至同时出自同一工匠。至于贝格利认为亚侯方腹卣属于罗越 IV 型风格，年代和册告卣相近[1]，可能并未考虑提梁脊棱的差异，或者认为那样的差异不足以构成年代序列的因素。

本文之所以指出二者的差异，旨在着重揭示附饰的渊源及其演变关系。在商代南方工匠的活跃创造中，勾牙式扉棱是一个特别的因素，他们发明扉棱分铸纯粹出于炫技。而勾牙式扉棱使器物具有繁复和剔透的效果，影响深远，在殷墟早期青铜器中，虽然扉棱演变为直条式，但其两侧仍以 I、T、L 阴线勾勒，使之具有透空的视觉效果或者那种意愿的表达，直到殷墟中晚期以至西周早期，直条式扉棱依然如此。二者的早晚关系应该是明确的。至于殷墟晚期开始出现的列旗式扉棱，自有演化关系，与本文无关，暂置不论。

需要指出的是，无脊棱的带状提梁可以上溯到二里冈时期。虽然没有典型的南方风格和工艺特征，但并不能说明南方铸工不铸造那类器物。大洋洲方腹卣和故宫方腹卣结构特殊，或可认为具有南方青铜器特点，然提梁没有脊棱。这些现象或许暗示着，带脊棱提梁和不带脊棱提梁卣出自两个不同的工匠群。

八、圆口长颈方腹卣盖鸟钮的铸造

前揭五件方腹提梁卣，四件盖具有圆雕鸟钮，一件钮失却，其铸造颇具内涵，下文将着重讨论。

1　Robert W. Bagley，*Shang Ritual Bronzes in the Arthur M. Sackler Collections*，pp.355-356.

图 43　吉美博物馆　图 44　湘潭船形山豕尊　　　图 45　豕尊盖钮
藏鸟钮盖

商周青铜器的盖钮出现在商代早期二里冈阶段，新出现的壶和卣具盖，盖中有伞状钮或拱形钮，并有链节或动物形片将盖钮与提梁链接，使器、盖不易分离而失却。鸟形钮大概出现在中商阶段，多出自南方，所装饰的器形也多样。

（一）早期鸟形钮及其铸造

鸟形钮饰中，最为特别的是吉美博物馆收藏的鸟钮盖（图 43），它可能是一件瓿的盖子，传出自湖南。盖为穹形子口，盖面满布纹饰，中央饰圆涡纹，外周饰兽面纹，四道勾牙形扉棱将四组兽面纹区隔，兽面纹与涡纹之间一圆圈纹带区隔。圆涡纹中央立一鸟钮，鸟向前平视，长喙，双目圆睁，片状五齿凤冠高耸，后脑垂下一饰如刀。鸟钮短翅紧贴其身，长尾下垂，双爪紧抓盖中央竖起的短柱。[1] 这件器盖的鸟钮的铸接工艺未见诸文献。

湘潭船形山出土的豕尊（图 44）是另一件颇具代表性的南方风格青铜器，整体为相当写实的野猪造型，口微张，露出两侧尖利粗壮的獠牙。[2] 豕鼻头齐，鼻孔俨然，眼珠圆突，一对不大的耳向侧面竖起，脑后背上有鬃，小尾后撅，四偶蹄足均衡。豕尊身体满布纹饰，腰饰鳞纹，前后腿上

1　李学勤、艾兰编著：《欧洲所藏中国青铜器遗珠》，文物出版社，1995。Maud Girard-Geslan，*Bronzes Archaïques de Chine*，Paris：Trésors du Musée Guimet，1995，pp.76-79.

2　何介钧：《湘潭县出土商代豕尊》，《湖南考古辑刊》第 1 辑，岳麓书社，1982，19—20 页。

部饰一竖向安置的夔龙，卷尾回首，其身上及周边饰云纹和雷纹。豕尊中空，背部开椭圆形孔并设盖。盖面饰鳞纹，与腰部纹饰一致，盖中竖立鸟钮。其下端为方形短立柱，柱头伏卧微下视的鸟，喙粗短，额至后脑有板状冠，短尾，满饰鳞纹和云纹。有趣的是钮的短柱从盖穿出，盖内侧可见榫头并有盖包络短柱的痕迹（图45），说明鸟钮先铸。[1] 新干大洋洲青铜器群中，有一件伏鸟双尾虎 XD：68，中空造型，张口露出獠牙，双耳竖立，突目凸脊，双尾后垂；背部伏卧一鸟，喙短粗，眼圆睁，[2] 状若豕尊器钮。

图46 岐山贺家村凤柱斝（《中国青铜器全集》卷4 图59）

上述三件鸟钮器类型不同，但都具有南方风格特点，豕尊和双尾虎有明确出土地点，分别为湘、赣二地，而且鸟钮均先铸，这可以认为是南方早期鸟钮的一个特点。吉美博物馆藏鸟钮盖传出湖南，或许其鸟钮亦先铸成形。

二里头时期，青铜斝初现，开始在口沿设立两个三角形的突，到二里冈时期发展出立柱和伞状柱帽，这个发展是青铜斝与爵共同演化的明证。但有铸工别出心裁，将柱帽设计为鸟形，如岐山贺家村就曾出土

图47 凤柱斝内壁（《泉屋透赏》，368页，图26）

一件凤柱斝（图46）。该斝通高410毫米[3]，侈口尖沿方唇，杯形腹，外饰上下两周纹饰带，其中的兽面以线条表现，但双眼突出，均为勾牙式扉棱形鼻。器身上的三组兽面以同样的扉棱和C形鋬为界。鋬上端为兽头形，且有板状的云形冠饰。器底近平，以三条三角形截面的足承器。遗留有泥芯

---

1 苏荣誉、董韦：《盖钮铸铆式分铸的商代青铜器研究》，《中原文物》，2018（1），80—94页。
2 江西省博物馆、江西省文物考古研究所等：《新干商代大墓》，131页，图69、彩版38、图版49.1。
3 陕西省博物馆、陕西省文物管理委员会：《陕西岐山贺家村西周墓葬》，《考古》，1976（1），31—38页。陕西省考古研究所、陕西省文物管理委员会、陕西省博物馆：《陕西出土商周青铜器》（一），文物出版社，1980，图2。《中国青铜器全集》编辑委员会编：《中国青铜器全集》卷4，图59—61。

工艺与技术

的足中空，在腹底并未封闭。口沿内壁耸起一对方形截面立柱，柱头伏卧同方向凤鸟，鸟喙较短，眼睛突出，额至头顶饰板状的三齿冠，脑后下垂一出长羽冠，此冠的造型与上述吉美博物馆藏鸟钮盖所见如出一辙。凤柱斝内壁有明显的三组垂直凸棱与腹部六兽面鼻相应，扉棱属于先铸成形，再为斝腹铸接。斝内壁鋬相应位置另有一组两个带圆涡纹的铆头形饰，它们是鋬以铸铆式后铸的证明。（图47）而柱头的凤鸟与扉棱一样，是先铸成形再为柱所铸接的。[1] 鋬的铸铆式分铸极具南方工艺特色，可以上溯到二里冈时期盘龙城出土的青铜器。[2] 扉棱的分铸或以此器为早，也是南方铸工的秘技。[3]

凤柱斝目前所知共计三件，除贺家村这件出土品外，另有两件传世品，分别收藏在华盛顿弗利尔美术馆（藏品号：07.37）和京都泉屋博古馆。[4] 前者和贺家村斝如出一人之手，后者的变化主要在于没有扉棱，底分裆，但与袋足根部高浮雕兽面纹相应的是内壁下凹，是典型的南方工艺特点，而凤鸟造型的些微变化可以看作铸工的代际差别，铸铆式铸接鋬则是其工艺秘技的基因。因此，这三件斝可以认为是三代工匠的作品，贺家村斝最早，大约在中商早段，泉屋斝最晚，在中商晚段，弗利尔斝居中，属中商中段，铸造于商代南方作坊。此后，大约在武丁时期，随着南方工匠被迁往殷墟，南方作坊的一些工艺因素和器物风格被带到殷墟，促进了殷墟青铜工业的

1　苏荣誉：《岐山出土商凤柱斝的铸造工艺分析及相关问题探讨》，见陕西省考古研究院、上海博物馆编：《两周封国论衡：陕西韩城出土芮国文物暨周代封国考古学研究国际学术研讨会论文集》，上海古籍出版社，2013，551—563页。
2　苏荣誉、张昌平：《盘龙城青铜器的铸接工艺研究》，见盘龙城遗址博物院、武汉大学青铜文明研究中心编：《盘龙城与长江文明国际学术研讨会论文集》，科学出版社，2016，118—137页
3　苏荣誉：《扉棱分铸青铜容器初论》，《青铜文化研究》第十辑，黄山书社，即刊。
4　John A. Pope etc.，*The Freer Chinese Bronzes*，volume I，Catalogue，Washington：Smithsonian Institutions，1967，pp.127-131.《泉屋博古——中国古铜器编》，泉屋博古馆，平成十四年（2002），47、195页。滨田耕作：《泉屋清赏》，大正七年（1918），图88。容庚：《商周彝器通考》，哈佛燕京学社，1941，293、641页，图456。

图 48　妇好鸮尊 M5：785（《中国青铜器全集》卷 3 图 113） 　图 49　妇好鸮尊 M5：785 盖顶（《华觉明自选集》，128 页，图 23） 　图 50　妇好鸮尊 M5：784 尾部拓片（《殷墟妇好墓》，35 页，图 23.5）

繁荣。[1]

（二）殷墟时期鸟形钮

安阳殷墟妇好墓出土的青铜器中，有若干件有鸟形钮，包括一对妇好鸮尊 M5：784 和 785（图 48），及一对卣 M5：765 和 829。前者是一对造型抽象的鸮形尊，双足站立并以垂尾辅助支撑全器，通高分别为 46.3 厘米和 45.9 厘米。鸮喙上翘，厚钝短促，喙下有直条状扉棱直达腹底。隆起的尊顶一分为二，前半部分上饰一浅浮雕兽面纹，眼珠稍突，和它们形成对照的是凸出器表的双耳和一对竖立的大角。角中空，出土时脱开（图 49），兽面正中有长条式扉棱。尊顶后半部为卣盖，钮鸟形，其头顶一对角与前方兽面造型一致的大角相映成趣。钮后铸出一条圆雕爬龙，躬身卷尾。颈背部设 C 形鋬与喙下扉棱相对，鋬上作兽首形。整个尊满布三重花纹饰，高浮雕的双翅和羽毛上饰云纹，颈部饰夔纹，喙及前胸饰蝉纹，盖面、颈后及鋬下饰兽面纹，尾上饰鸮纹（图 50），让人眼花缭乱。口内壁铸铭"妇好"。[2] 这两件鸮尊厚重、风格化的造型，三重花纹饰，铭文和直条形扉棱，

---

[1] 苏荣誉：《安阳殷墟青铜技术渊源的商代南方因素——以铸铆结构为案例的初步探讨兼及泉屋博古馆所藏凤柱斝的年代和属性》，见泉屋博古馆、九州国立博物馆编，黄荣光译：《泉屋透赏：泉屋博古馆青铜器透射扫描解析》，科学出版社，2015，352—386 页

[2] 中国社会科学院考古研究所：《殷墟妇好墓》，56、59 页，图版 24.1-2、图 36、彩版 7。

工艺与技术

图51 妇好提梁卣 M5：765

图52 妇好提梁卣 M5：765 盖内壁［《中原文物》，2018（1），86页，图18］

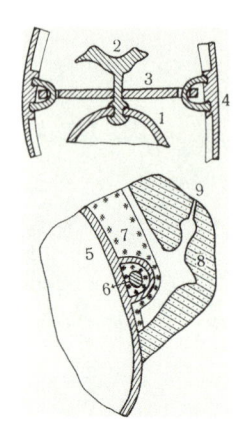

图53 妇好提梁卣 M5：765 铸接示意图（1.盖；2.鸟钮；3.链节；4.提梁；5.卣腹；6.提梁端横梁；7.提梁型腔；8.提梁端兽头范；9.提梁端兽头铸型排气孔）

都表明其属殷墟早期，是武丁时期的典型器物，但鸮的双角是铸铆式后铸成形，则是南方工匠的工艺技巧，最大的可能是该尊是南方工匠北迁商都后与当地工匠合作的作品。[1]

妇好墓出土的一对提梁卣（图51），体修长，圆形截面。小口、细长颈，鼓腹下垂，矮圈足。带状提梁两端设龙头，张口露齿，臣字目上竖一对瓶状角。带状提梁中央有齿条式扉棱中脊，两侧有I、T形阴线勾勒以示透空。提梁龙头后的横梁与安置于卣左右腹部的半环链接。提梁中部设有半环，与片状夔鸟形链相接，链的另一端套在盖上立鸟形钮的立柱上。

隆盖子口，插于器口内。卣口下饰一长喙夔纹带，颈、腹和圈足均饰兽面纹，纹饰带间以雷纹间隔，兽面虽有窄凸棱鼻和凸出的眼珠，但整体以线条和浅浮雕表现。提梁面上饰细密三角纹。M5：765 通高36.4厘米。[2]

---

[1] 华觉明、冯富根、王振江等：《妇好墓青铜器群铸造技术的研究》，《考古学集刊》第1集，中国社会科学出版社，1981，244—273页。苏荣誉：《妇好墓青铜器与南方影响——殷墟青铜艺术与技术的南方来源与技术选择新探》，见河南省文物考古研究院、香港承真楼编：《商周青铜器铸造工艺研究》，科学出版社，2019，1—68页。

[2] 中国社会科学院考古研究所：《殷墟妇好墓》，66—67页，图43.3-4，图版30.1-2、31.1-2。

与盖面鸟形钮相对，盖内中央有明显的铆头（图52）。[1] 华觉明等曾指出，该卣经过多次铸接成形（图53），并首先将这类铸接归属于后铸。[2] 很明显，由于其鸟钮是铸铆式后铸成形，亦可推论妇好墓这对卣是北迁的南方铸工铸就。

旧金山亚洲艺术博物馆有一件布伦戴奇旧藏的提梁卣（藏品号：B60 B1008。下称旧金山卣，图54）[3]，造型和妇好墓所出的一对完全一致，上下腹兽面纹带有凸棱形鼻，穹盖顶站立圆雕鸟钮。这两件卣极其相像，如出一人之手。[4] 当然，它们的制作年代相同。

（三）若干传世鸟钮青铜卣

科隆东亚艺术博物馆（Museum für Ostasiatische Kunst, Köln）收藏的一件鸮卣（藏品号：C73.1。图55，下称科隆鸮卣）[5]，通高129毫米，满装纹饰。口微侈，无唇，长细颈，鼓腹，矮圈足。肩部对置半环耳与提梁链接。带状提梁两端为相对巨大的龙头，张口露出獠牙，一对小眼在面上，眼珠突出，额头上竖一对长颈鹿角。提梁弧形弯曲与收束长颈吻合。提梁上部内侧设半环耳，一三环链一头链接提梁半环，一头连接盖钮。盖中央站立鸟形钮，鸟喙粗短。卣体纹饰整体性很强，在商代青铜器中不多见。卣腹饰站立的完整鸮纹，浮雕鸮足匍匐立在圈足纹带上，纹带其余部分是细雷纹。鸮的一对翅膀布在鼓腹的最大处，浅浮雕形，上以略宽线勾勒云纹，以细雷纹衬地。鸮三角形短喙突出卣腹表面，一对由两圈鳞片构成的大眼，眼珠十分圆突，中间有环形瞳仁；尚有弯刀形眉骨，外有C形耳，

---

1 参见苏荣誉、董韦：《盖钮铸铆式分铸的商代青铜器研究》，《中原文物》，2018（1），80—94页。
2 华觉明、冯富根、王振江等：《妇好墓青铜器群铸造技术的研究》，《考古学集刊》第1集，244—262页。
3 René-Yvon L.d'Argencé, *Bronze Vessels of Ancient China in The Avery Brundage Collection*, San Francisco：Asian Art Museum of San Francisco, 1977, pp.48-49.《中国青铜器全集》卷3，图118。
4 Robert W. Bagley, *Shang Ritual Bronzes in the Arthur M. Sackler Collections*, Washington D.C.：The Arthur M.Sackler Foundation, 1987, pp.360-364.
5 李学勤、艾兰：《欧洲所藏中国青铜器遗珠》，38号。

图54　旧金山卣（《中国青铜器全集》卷3图118）　　图55　科隆鸮卣（《欧洲所藏中国青铜器遗珠》No.38）　　图56　赛克勒册告卣（《中国青铜器全集》卷3图119）

均高浮雕式。眼上奇怪地耸起一对类三角形尖耳，两耳间下有此三角形倒影，上布宽吻兽面纹，鼻平，两侧臣字形眼中眼珠突出，额上高竖冠饰，其两侧竖一对大角，整个兽面纹属于平铺式，细线填其中并为地纹。盖面满饰兽面纹，提梁面背饰菱形纹。

　　华盛顿赛克勒艺术馆收藏的一件册告卣（编号：V-316。图56，下称赛克勒册告卣），通高301毫米，重1.988千克。此器曾为陈梦家所著录，隶定底部两字铭文"曾（册）告"（图57），年代属殷。[1] 此卣平沿口微侈，方唇不显，口下收束出细长颈，鼓腹下垂，圈足承器。隆盖出子口扣合在器口，盖中央竖起短喙鸟头为钮，盖整体若伏卧鸟。上腹对置半环与提梁链接，带状提梁紧贴卣颈，两端的圆雕兽头较大，口微张，一对小眼置于面上，眼珠突出，眼上有弯眉骨，额顶一对长颈鹿角贴提梁上耸，一对小尖叶形耳则置于兽首侧边。提梁外面中间纵贯一道扉棱形中脊，其两侧规则布局T、I形阴线，以示中脊C形透空。提梁内侧设半环，一"8"字形链节一端套盖鸟钮、一端套此环。卣身满布纹饰，唇下为平铺的相对窄的龙纹带，紧接着布浮雕较高的散列式兽面纹带，纹饰的唇、眼、角和冠饰

1　陈梦家：《美国收藏中国铜器集录》，A594号。陈氏录此器通高299毫米、口径95毫米。

为浮雕形，以细线充填纹饰，以细密云雷纹为地。再下为窄鸟纹带，浮雕式长尾鸟相对伏卧，纹带上下有边线。腹部和圈足的主题饰鸮纹，双足站立于圈足纹带上的鸮，三角形喙翘出鼓腹外表，伸向两侧的

图57 "册告"铭文（《美国所藏中国青铜器集录》R475）

图58 赛克勒册告卣侧面

图59 明尼阿波利斯鸮卣（《美国所藏中国青铜器集录》A595）

大翅羽毛分明，和前胸、竖立的叶形耳、圆睁的眼眶一样均饰鳞片纹。眼外各布向上卷尾的夔纹，夔纹连同鸮的各部分都是浮雕式，以雷纹衬地。鸮圆突的眼珠中间有圆坑，圈足主体纹带为倒S卷纹。穹盖造型为伏鸟，鸟足不显，鸟头昂首平视，满布纹饰，"8"字形链节外面也布纹饰，提梁中脊两侧布细菱形纹（图58）。[1] 提梁脊棱或许是勾牙形扉棱式通脊向条形扉棱式通脊的过渡形态。贝格立指出其属于罗越 IV 型，年代为殷墟早期，即公元前13世纪。[2]

故宫方腹卣盖的鸟钮直接伏卧在盖面，和站立盖顶的钮不同。明尼阿波利斯博物馆的一件失却提梁的卣（编号：37.1794。图59，亦皮斯百旧藏），陈梦家著录此器来自卢芹斋，并指出"盖不属此器，乃是张冠李戴"，

---

1 Robert W. Bagley, *Shang Ritual Bronzes in the Arthur M. Sackler Collections*, Washington DC.：The Arthur M. Sackler Foundation，1987，pp.360-364.
2 Robert W. Bagley, *Shang Ritual Bronzes in the Arthur M. Sackler Collections*, Washington DC.：The Arthur M. Sackler Foundation，1987，pp.360-364.《中国青铜器全集》误以为这件卣藏于弗利尔美术馆，见《全集》3.119。

工艺与技术

原应与册告鸮卣相似。[1] 这件卣造型修长，通高 276 毫米。卣截面圆形，细口长颈，鼓腹下垂，满布纹饰。颈部饰浮雕散列式兽面纹，腹部有均布的四道细窄的凸棱，饰高浮雕鸮纹，其喙高高鼓出而足置于圈足之上，过渡处的纹带由浮雕圆涡纹和兽面组成。隆盖饰平铺的窄雷纹带，顶中央伏一鸟钮。鸟足隐没，粗短喙，双角斜耸，尖尾略翘。至于高本汉觉得鸮眼通孔原嵌有宝石或错有他物而失却，从对商代器物研究看，证据并不充分；至于他说鸟足伸至圈足呆板（stiffly）[2]，显然是他对某些青铜器的构图缺乏理解，赛克勒册告卣、科隆鸮卣以及四羊方尊都是如此。[3]

上述一系列鸮卣的年代序列和造型关系尚不够清楚，与矮胖提梁鸮卣的关系也未见厘清。前述妇好墓所出鸮尊，造型已经相当抽象，似乎是从矮胖具象的鸮卣演化而来，那么矮胖的鸮卣应早于装饰鸮纹的长颈卣。从妇好鸮卣鋬下的鸮纹看，或许代表了殷墟早期鸮纹演变的主要趋向，而上述赛克勒册告鸮卣、科隆鸮卣、故宫鸮卣等，都是殷墟早期转变的结果，若干具有这种装饰的青铜觯也是如此。

贝格利指出鸟形装饰是南方风格青铜器的一个特点，并指出安阳殷墟阶段青铜器的圆雕鸟饰明显多于前安阳时期[4]，结论未必确实，因为对前安阳时期的中商青铜器，特别是南方青铜器的年代认定长期属于误判。小屯 M331 出土方腹卣 R002066、亚侯方腹卣、妇好墓出土的一对卣及旧金山卣，盖顶均有鸟形钮，而赛克勒册告卣以鸟首为钮，身隐于盖。小屯所出方腹卣 R002066 盖、颈、提梁饰勾牙形扉棱，年代在中商晚期，具有典型的南

1　陈梦家：《美国收藏中国铜器集录》，A595 号，拓片 R475。陈氏录此器通口高 217 毫米、口径 65 毫米、腹 126 毫米 ×106 毫米。

2　Bernhard Karlgren, *A Catalogue of the Chinese Bronzes in the Alfred F. Pillsbury Collection*, Minneapolis：The Minneapolis Institute of Arts and The University of Minnesota Press, 1952, No.20, pp.61-62, p.29. 他将此器风格划为殷周 A 型。

3　苏荣誉、童凌骜：《藤田美术馆藏四件商代青铜器研究》，见苏荣誉：《中国青铜技术与艺术》（丁酉集），上海古籍出版社，2019，77—210 页。

4　Robert W. Bagley, *Shang Ritual Bronzes in the Arthur M. Sackler Collections*, Washington D.C.：The Arthur M.Sackler Foundation, 1987, p.546.

方风格。赛克勒册告鸮卣虽然具有较多南方风格，但铸有铭文，应当是南方工匠迁往殷墟后的作品。亚侯方腹卣虽然具有南方风格因素，但扉棱已经从勾牙型转变为直条式，而且铸铭，可一并视为南方工匠于殷墟早期在殷墟作坊铸造。[1] 妇好墓所出卣、旧金山卣均无铭，鸟形盖钮，年代虽然与亚侯方腹卣相差不大，但铸匠可能是受到了南方工匠影响。奈良▇卣和吉美▇卣，伞状钮，多素面，明显有趋简倾向，或再晚些许。殷墟晚期，提梁起脊棱的卣和壶似乎渐趋消失。

（四）铸铆式铸接的渊源

铸接技术可能出现于二里头文化晚期，1980年于河南洛宁出土并收藏在陕西历史博物馆的一件管流爵，属于二里头文化晚期。[2] 器腹侧斜出长管流，流根有明显分铸痕迹，且叠压在器表，说明流后铸。

后铸与补铸密切相关，盘龙城李家嘴所出斝LZM1∶12和斝LZM1∶13鋬的分铸均属补铸，前者铸铆式后铸，后者当榫接式后铸，均是对失却的或损坏的鋬的补铸，后者要早于前者。[3] 发展出的铸铆式补铸是对榫接式的改进，强化了补铸部分与主体的结合，在分铸成为常规工艺后，两种形式依然并存，而铸铆式铸接则成为商代南方作坊的一种特殊工艺。盘龙城李家嘴双耳簋LZM1∶5（图60），双耳即目前所见最早的铸铆式铸接实例之一（图61），随即有城固龙头双耳簋踵其后，成为二里冈上层后铸附件的典型，也表明这两件簋的紧密关系：若非先后出自一个铸工，即是师徒之作。

在中商时期，这一系的铸工转而铸造斝，斝鋬以铸铆式后铸，并且美化铆头，饰以涡纹，岐山贺家村所出凤柱斝为实证。而弗利尔凤柱斝与之

---

1 苏荣誉：《扉棱分铸青铜容器初论》，《青铜文化研究》第十辑，黄山书社，即刊。

2 梁彦民主编：《神韵与辉煌：陕西历史博物馆国宝鉴赏·青铜器卷》，三秦出版社，2006，98页。《中国青铜器全集》卷1，图11。

3 苏荣誉、张昌平：《盘龙城青铜器的铸接工艺研究》，见盘龙城遗址博物院、武汉大学青铜文明研究中心编：《盘龙城与长江文明国际学术研讨会论文集》，科学出版社，2016，118—137页。

图 60　双耳簋 LZM1∶5

图 61　双耳簋 LZM1∶5 腹壁内的铆头

工艺相同，若非出自一人之手，当是师徒之作；稍晚的泉屋博古馆凤柱斝，可认为是徒孙所铸，且南方风格特点更为突出，宜定为中商晚期作品。上海博物馆藏兽面纹斝是铸铆式后铸鋬斝的尾声，年代或在中商向晚商过渡期，同时的还有国家博物馆所藏双环耳盉，环耳铸铆式后铸。在殷墟早期，铸铆式后铸工艺见于妇好墓甗 M5∶767 和偶方彝 M5∶791、西北冈 M1400 盂 R001092 和 M1005∶4 盂 R001091、花园村盂 M54∶169，用于耳的铸接。[1]

上述梳理可作如下归纳：

a. 后铸源于补铸，铸铆式是对榫接式的改进，发明于二里冈上层，最早见于盘龙城；

b. 开始的铸铆式铸接簋耳，铆头平素、形不规则；

c. 中商凤柱斝的铸造，鋬铸铆式后铸；为美化铸铆头，设计为圆形并饰涡纹；

d. 中商向晚商过渡阶段，斝和盉的鋬与耳铸铆式后铸，盖钮有之并延续至商末；

e. 殷墟早期，甗、偶方彝、盂的耳铸铆式后铸，随即此工艺消失，至

1　苏荣誉：《安阳殷墟青铜技术渊源的商代南方因素——以铸铆结构为案例的初步探讨兼及泉屋博古馆所藏凤柱斝的年代和属性》，见泉屋博古馆、九州国立博物馆编，黄荣光译：《泉屋透赏：泉屋博古馆青铜器透射扫描解析》，352—386 页。

春秋晚期再复兴。

显然，铸铆式后铸工艺要对接为南方铸工的一项发明，并有一个从南方向殷墟转移的过程，苏荣誉曾提出是武丁时期迁南方铸工到殷墟，将南方风格器物及铸铆式铸接工艺等带入殷墟，铸造了一批器物，但此工艺并未流传下去，殷墟晚期遂告湮灭。[1]这里需要特别指出的是岐山贺家村凤柱斝，其腹部饰扉棱属此类器最早，腹内壁不仅有一对饰有涡纹的铸铆头，还有为铸接扉棱而设的三道突棱，表明扉棱先铸，这也是南方铸工的一项发明。[2]这说明此斝铸造于南方作坊，远徙渭河河谷。[3]和此斝关系密切的是据说出自湖南石门、收藏在湖南博物馆的一件卣，高浮雕兽面纹在器内壁相应下凹，盖钮、盖与腹的扉棱均先铸。[4]此二器工艺极为特殊而且相同，制作年代都应在中商时期。若此推论成立，石门卣可能是较早的椭圆形截面卣，而郑州人民公园出土的贯耳壶C7M9：4，截面也是椭圆，仅颈部和圈足有纹带，颈部有一对贯耳，[5]年代许不早于石门卣。

铸铆式后铸工艺，在中商晚期用于铸接盖钮，并一直延续到晚商晚期而式微。从器耳和錾扩展到盖钮的铸铆式后铸，演变颇为复杂。[6]

1　苏荣誉：《安阳殷墟青铜技术渊源的商代南方因素——以铸铆结构为案例的初步探讨兼及泉屋博古馆所藏凤柱斝的年代和属性》，见泉屋博古馆、九州国立博物馆编，黄荣光译：《泉屋透赏：泉屋博古馆青铜器透射扫描解析》，352—386页。

2　苏荣誉：《岐山出土商凤柱斝的铸造工艺分析及其相关问题的探讨》，见陕西省考古研究院、上海博物馆编：《西周封国论衡——陕西韩城出土芮国文物暨周代封国考古学研究国际学术研讨会论文集》，上海古籍出版社，2014，551—563页。

3　Robert W. Bagley, *Shang Ritual Bronzes in the Arthur M. Sackler Collections*, Washington D.C.：The Arthur M. Sackler Foundation, 1987, p.34, p.57 n.124.

4　苏荣誉、傅聚良、吴小燕等：《石门卣初探》，《湖南省博物馆》第十二辑，岳麓书社，2016，46—59页。

5　河南省文物考古研究所：《郑州商城——1953—1985年考古发掘报告》，917页。

6　苏荣誉、董韦：《盖钮铸铆式分铸的商代青铜器研究》，《中原文物》，2018（1），80—94页。

结　语

本文讨论的五件卣中，两件出土地清楚。小屯方腹卣出土自小屯建筑基址下的 M338，年代早于武丁时期，属于中商晚期。这件卣造型修长，长颈小口，盖与提梁通过片状兽面相连，盖具鸟钮，明显具有早期卣的因素。但器身满布纹饰，而且肩部饰圆雕兽首并以后铸成形，腹部高浮雕兽面纹布在四角、兽面的大角卷曲外翘，纹饰风格具有罗越风格 V 型特点。肩部饰圆雕牺首或沿用了二里冈晚期尊、罍的设计，但牺首后铸则可认为与中商时期南方类型尊、罍肩部牺首的后铸密切相关[1]，分铸可使浮雕牺首发展出高浮雕乃至圆雕。高浮雕纹饰在二里冈晚期萌生，在中商时期的南方风格青铜器中取得长足发展，并发展出具有地方特色的与内壁与高浮雕纹饰相应下凹的模-芯合作纹形式。阜南月儿河出土的龙虎尊即是典型代表，并随即有一批大口折肩尊先后出土于六安、岳阳、华容、江陵、枣阳、城固、广汉和忠县等地。[2] 小屯方腹卣内壁果然在下四角凹下，说明此器铸于南方。这一工艺加上方腹器造型，提梁具有勾牙式扉棱等因素，共同构成了这件南方作器的多个层面。

明州方腹卣具有若干特殊的工艺现象，尽管盖鸟钮的铸铆式后铸有若干实例，其肩部半环和薄片牺首的铸铆式后铸，则是前所未闻的新发现、新现象。铸铆式后铸是南方铸工的一项发明，可以上溯到盘龙城二里冈期，并作为一系南方工匠的特色传承有序，中商铸造风柱斝，中商晚期铸造包括鸟钮和盝顶式器钮，[3] 到殷墟早期如铸造偶方彝耳、好分体甗的甑耳、妇好鸮尊的角等。因此，这件方腹卣也应铸造于南方作坊，其年代应与小屯

1　苏荣誉等：《湖南省博物馆藏两件大口折肩青铜圆尊的研究——兼及同类尊的渊源与风格、工艺、产地和时代问题》，"湖南商和西周青铜器国际学术研讨会"论文，2015 年 8 月 27—28 日，长沙。

2　苏荣誉、杨夏薇、李钟天：《龙虎尊再探》，《三星堆研究》第 5 辑，巴蜀书社，2019，193—224 页；苏荣誉、宫希成：《六安洢河青铜大口折肩尊的风格与工艺研究——兼及同类器物的时代与产地等问题》，见何驽主编：《李下蹊华：庆祝李伯谦先生八十华诞论文集》，科学出版社，2017，359—421 页。

3　苏荣誉、董韦：《盖钮铸铆式分铸的商代青铜器研究》，《中原文物》，2018（1），80—94 页。

方腹卣相近，从其平铺的纹饰看，或许小屯卣略早。

大洋洲方腹卣和故宫方腹卣，二者的年代难断先后，但属于同一个时代当无疑问，推论出自同一系铸工或师徒二人的作品亦符合逻辑。判断它们的铸地把握不是很大，考虑到大洋洲青铜器群的出土地，倾向于认为它们铸造于南方作坊，年代大约在殷墟早期，在武丁迁南方铸工于殷墟之前。此外，大洋洲方腹卣失却的钮可能为鸟形。

亚矣方腹卣是这五件卣中唯一有铭文的器物，青铜器铭文成熟于殷墟早期（武丁时期），此卣的年代当不早于武丁时期。这件卣的纹饰属典型的三层花型，是殷墟早期具有特色的风格。器盖具有鸟钮，且通过动物造型的片状将钮与提梁链接在一起，都是殷墟的特征，因此，这件卣应是在安阳殷墟所铸造。鸟钮是否分铸以及是否铸铆式分铸、器腹的高浮雕纹饰是否内壁相应下凹，这些工艺现象未见披露，缺乏讨论工匠身份或技术系统的资料，但推测其为北迁的南方铸工产品或者他们与殷墟当地铸工合作的产品。

至于妇好墓出土的一对卣和旧金山卣、明尼阿波利斯鸮卣、科隆鸮卣、西雅图卣、奈良![]卣，年代均属殷墟早期，也多是北迁工匠所铸造，少数由北迁铸工与殷墟本地铸工合作生产。但北迁的南方工匠与殷墟本地铸工存在着技术竞争和冲突，南方的特有技术受到排斥[1]，随着时间的推移，南方艺术和技术因素日渐式微而终归消失。和本题相关的立鸟钮并以链节与提梁链接、起脊的提梁，以及十字透空的方腹，在殷墟中期起已经少见，更遑论传诸西周了。

附识：本文起初是与柳扬兄合作，为2018年夏武汉大学教授徐少华先生组织的"楚文化与长江中游早期开发国际学术研讨会"撰写的论文，草成于2018年6月我刚抵大英博物馆访问研究之初。后柳兄未将文章提交

---

[1] 苏荣誉：《妇好墓青铜器与南方影响——殷墟青铜艺术与技术的南方来源与技术选择新探》，见河南省文物考古研究院、香港承真楼编：《商周青铜器铸造工艺研究》，科学出版社，2019，1—68页。

会议论文集。2019 年夏初拜访台湾"中央研究院"历史语言研究所，承黄铭崇教授和内田纯子博士的尽心安排，亲炙了小屯方腹卣，看到了卣内底四角的下凹，消除了一大疑惑。接着在台北"故宫博物院"受到余佩瑾副院长和晓筠、张莅二位博士的热情招待和陪观，初允将拙作修改奉予《故宫学术季刊》。2020 年 2 月，在明尼阿波利斯与柳扬兄一道研究皮斯百藏器，还讨论了关于文章的修改问题。疫情险恶，诸事茫无头绪，一直愧未兑现允诺。练春海教授组织第二届"制器尚象"学术论坛，商请柳扬兄同意，重写了旧稿，并得到武汉大学张昌平教授和中国社会科学院考古研究所徐良高教授的文献答疑之助。稿虽拙，以上诸位的帮助实在铭感，尚希博雅君子斧正。

商周青铜器上一类特殊的"仿物"纹饰[*]

韩鼎

河南大学历史文化学院考古文博系

摘　要：商周青铜器纹饰中有一类特殊的"仿物"纹饰，其特殊之处在于所模仿的对象为有机材质，原器早已朽毁不见，但由于青铜器纹饰的模仿，一定程度上保留了原型的部分特征。青铜器提梁、器身上的绳索纹模仿了用于提携和箍束的绳索（竹篾）；装饰有平行或十字交叉凸起纹饰带的铜壶是对木胎铜釦壶的模仿；方鼎上成排的乳钉纹模仿了方形木器棱边处用于固定器身的铆钉；方彝等器盖则模仿了仓房建筑的屋顶与气窗。这些"仿物"纹饰对复原相关有机质原型有重要的启示作用。

关键词：青铜器纹饰；绳纹；乳钉纹；釦器；气窗

　　三代青铜器按造型来源可分为"仿陶铜器"和"非仿陶铜器"两类，张懋镕认为"仿陶铜器"包括鼎、鬲、瓶、簋、盆、盂、豆、觚、爵、觯、斝、罍、尊、卣、壶、盘、盉等，"非仿陶铜器"又可细分为"铜器衍生类"（如簠、盨、敦）和"其他非陶原型类"，但后者"不能确知从何而

---

[*] 本文为国家社科基金一般项目"三代青铜礼器纹饰整理与研究"（18BKG015），河南高校青年骨干教师培养计划"夏商时期中原地区青铜礼器纹饰整理与研究"（2020GGJS041）阶段性研究成果。

来"。[1]"其他非陶原型类"之所以难以确考，其中很重要的一个原因就在于所仿对象绝大部分已"消失"于地下。这些对象即当时广泛存在，却极难保留至今的有机质遗存，如漆木器、竹器，各类编织物、木结构建筑等。

有机质文物之所以难以保存，主要原因包括：1. 受地下水（含酸、碱、盐等）及其他有害物质的侵蚀；2. 潮湿的环境和适宜的温度容易滋生微生物，微生物会侵蚀有机质的细胞壁；3. 地下水位反复升降，使有机质文物长期处于干湿交错的状态，导致器物收缩、膨胀、变形、开裂、缺失、朽蚀；4. 土壤的构成也会造成影响。基于上述原因，"木器的纤维素、木质素等遭到破坏并在一定程度上加速降解……（夏商周时期的漆木器）其木质部分大多严重朽蚀殆尽，或仅仅剩下薄薄一层木灰痕迹，能够完整保留下来的成型器物实属罕见"[2]。

虽然三代的有机质器物目前已百不存一，但由于青铜器（及纹饰）的模仿，有机质器物的部分特征以另一种材质得以保留。又因有机质器物的制作工艺、形象特征等都与青铜器迥异，所以当此类纹饰出现在青铜器上时往往显得突兀，但却为推测此类青铜器（及纹饰）的原型或设计理念提供了重要的线索。

一、仿绳索

绳的起源很早，旧石器时代的飞石索、穿孔项饰等材料表明，当时人们已经可以将细韧草束、藤条、毛皮等类纤维体作为绳来使用，但旧石

1　豆、觚、罍、卣、壶等器也有漆木材质的（方鼎很可能也源于方形木器，见下文），因此究竟是以陶器为原型还是以漆木器为原型，尚难以完全确定。张懋镕：《简论仿陶铜器与非仿陶铜器》，见张懋镕主编，张婷、刘斌著：《中国古代青铜器整理与研究·青铜盘卷》代序，科学出版社，2015年。

2　李存信、张红燕：《北方地区出土漆木器病害状态分析》，《中国文物科学研究》，2011（3）。但也应看到，虽然"罕见"，但随着考古发掘工作的不断开展，目前也积累了一些早期漆器材料。卢一在《论先秦礼器中的漆器传统》一文中有较系统的梳理，本文部分材料也得益于此文的线索。卢一：《论先秦礼器中的漆器传统》，《古代文明》（第13卷），2019年。

器时代的绳是否为编织绳尚难以确定。目前考古所见我国最早的编织绳属于新石器时代中期河姆渡文化第一期（约BC5000—BC4500），河姆渡先民"用细长纤维先搓成小股，再用2—3股合搓成绳子，粗细不一"，如绳索T233（4A）：140便是用三股0.5厘米的细绳搓制而成的（图1-1）[1]；新石器时代的陶器上不乏表现绳索的例子，大溪文化（约BC4400—BC3300）彩陶中就曾流行绳索纹，如重庆大溪遗址出土的筒形彩陶瓶（M114：1）便用黑彩和留白表现出扭结在一起的绳索（图1-2）[2]；山东龙山文化临朐西朱封遗址中，部分陶鬶的把手便是用"三根泥条扭结成型"，如陶鬶M203：33（图1-3）[3]，显然泥条扭结的造型来自对绳索的模仿。青铜时代，河南偃师二里头遗址（约BC1750—BC1530）出土的一件陶片（2005ⅤH398：1）一周及内部均有绳纹（图1-4）[4]。

商周时期，青铜器上也出现了对绳索的模仿，但这种模仿并非仅为美观，同时还融合了对绳索在其原型器物上功能的借鉴。下面将从提梁上的绳纹和器身上的绳纹两个方面进行讨论。

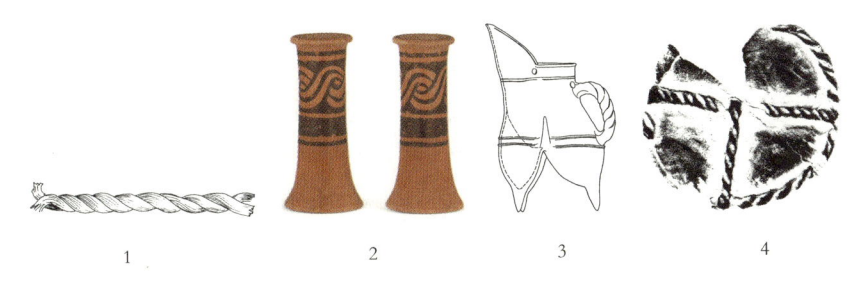

图1　早期绳索及陶器上的绳纹
（1.河姆渡文化出土绳索；2.大溪文化彩陶瓶；3.龙山文化陶鬶；4.二里头文化陶片）

1　浙江省文物考古研究所：《河姆渡：新石器时代遗址考古发掘报告》（上），文物出版社，2003，154页。
2　陕西历史博物馆编：《彩陶·中华：中国五千年前的融合与统一》，陕西师范大学出版社，2020，268页。
3　中国社会科学院考古研究所、山东省文物考古研究院等编著：《临朐西朱封——山东龙山文化墓葬的发掘与研究》，文物出版社，2018，203页。
4　中国社会科学院考古研究所编著：《二里头：1999—2006》（2），文物出版社，2014，1104页。

1. 绳索状提梁

自商代中期开始，出现了一种新器形——提梁卣[1]，其上"提梁"的造型整体上可分为带状和绳索状两种[2]。较早的例子常见于商代中原以外地区，如湖北盘龙城李家嘴铜卣（PLZM1:9，图 2-1）[3]，北京平谷刘家河墓地铜卣（图 2-2）[4]，江西新干商墓三足提梁铜卣（XDM:49，图 2-3）[5]。商代后期，绳索状提梁在中原地区也流行起来，如殷墟刘家庄北地 M1046 墓中出土的三件提梁卣均为绳索状提梁（M1046：6、5、10，图 2-4）[6]。

晚商阶段开始，绳索状提梁的应用范围和施用部位都进一步扩大，不再仅被作为铜卣的提梁，也开始出现于其他多类器物之上，并多做耳、鋬等。如晚商时期殷墟苗圃北地 M2118 出土的绳索提梁方形器（M2118：1，图 2-5）[7]，安徽宣城十字镇出土的绳耳圆鼎（图 2-6）[8]；西周时期山西省翼城县凤家坡村出土的绳耳甗（图 2-7）[9]；春秋时期山西省侯马市上马墓地出土的绳纹环铜甗（M5218：11，图 2-8）[10]；战国时期河北石家庄李家庄出土的绳纹鋬铜壶（图 2-9）[11]等。观察这些青铜器绳纹的位置：提梁、耳、鋬、

---

[1] 有学者认为，目前所归为卣的部分器形应划归为壶，即提梁壶。这种划分的差异不影响本文的论证。参见张懋镕主编，马军霞著：《中国古代青铜器整理与研究·青铜卣卷》，科学出版社，2015。

[2] 绳索状青铜提梁的出现与一种特殊的铸造工艺——"焚失法"有关。谭德睿曾进行过复原研究，核心工艺可概括为：绳索为模，上涂泥浆，阴干后用范料泥片包覆制范，后用木炭加热，绳索烧毁后吹去灰烬，与双耳的活块范组合后，便可浇注成型。"焚失法"一定程度上可视为中国早期失蜡法的渊源。谭德睿等：《中国青铜时代陶范铸造技术研究》，《考古学报》，1999（2）；谭德睿：《中国早期失蜡铸造问题的考察与思考》，《南方文物》，2007（2）。

[3] 湖北省文物考古研究所编著：《盘龙城：1963—1994 年考古发掘报告》，文物出版社，2001，198 页。

[4] 李伯谦主编：《中国出土青铜器全集》1，科学出版社，龙门书局，2018，7 页。

[5] 江西省文物考古研究所、江西省博物馆等：《新干商代大墓》，文物出版社，1997，74 页。

[6] 中国社会科学院考古研究所安阳工作队：《安阳殷墟刘家庄北 1046 号墓》，《考古学集刊》第 15 集（纪念殷墟发掘七十周年论文专集），文物出版社，2004，371 页。

[7] 李伯谦主编：《中国出土青铜器全集》9，199 页。

[8] 李伯谦主编：《中国出土青铜器全集》8，12 页。

[9] 李伯谦主编：《中国出土青铜器全集》3，159 页。

[10] 李伯谦主编：《中国出土青铜器全集》4，381 页。

[11] 李伯谦主编：《中国出土青铜器全集》2，116 页。

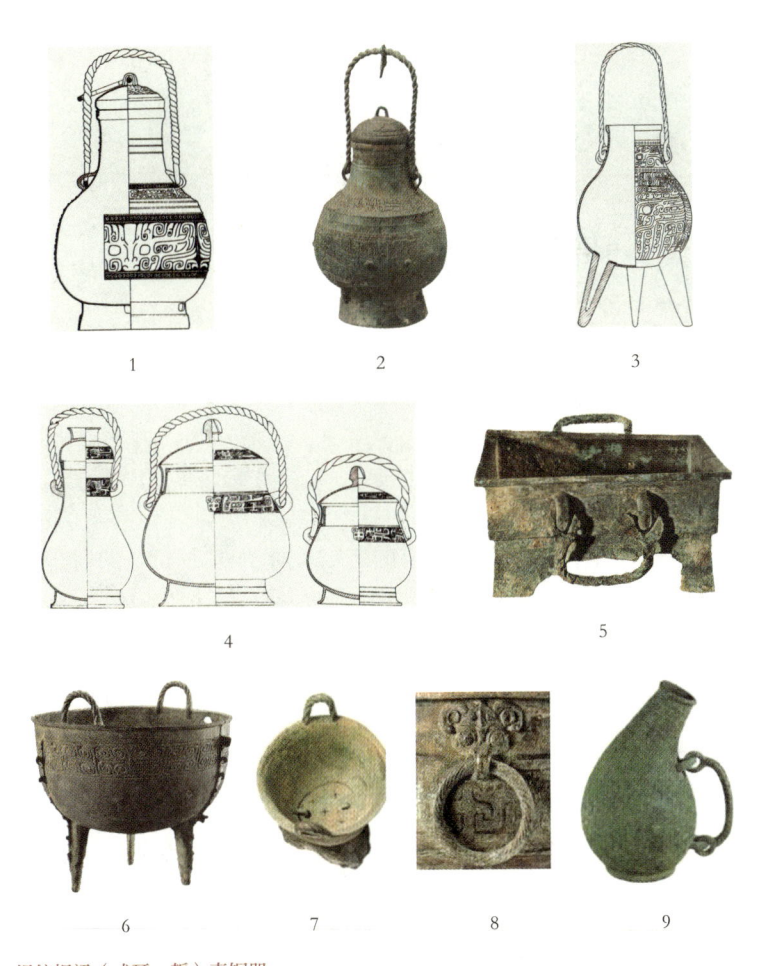

图 2　绳纹提梁（或耳、鋬）青铜器
（1.商，湖北盘龙城李家嘴铜卣；2.商，北京平谷刘家河墓地铜卣；3.商，江西新干商墓三足提梁铜卣；4.商，殷墟刘家庄北地 M1046 铜卣；5.商，殷墟苗圃北地 M2118 出土方形器；6.商，安徽宣城十字镇出土绳耳圆鼎；7.西周，山西翼城县凤家坡村出土绳耳甗；8.春秋，山西侯马市上马墓地出土绳纹环铜甗；9.战国，河北石家庄李家庄出土绳纹鋬铜壶）

提环等部位，它们的功能是一致的，均为提携器物，而这也是绳索本身的基础功能之一。

既然青铜器上的绳纹提梁是对绳索提携功能的模仿，那么是否存在用真实绳索（如麻绳等）作为提梁的青铜器呢？对于这个问题，商周时期的

工艺与技术　　　　265

图3　提梁、贯耳同形器对比
(1.商，殷墟大司空墓地出土绳纹提梁鸮卣；2.商，河南郑州荥阳小胡村墓地出土贯耳鸮卣；3.西周，岐山县贺家村出土绳纹提梁卣；4.西周，山东沂源县姑子坪出土贯耳铜壶)

贯耳壶、贯耳卣给了我们重要的启示。所谓"贯耳"，即器身颈部两侧对称有上下相通的管状耳，并无提梁。贯耳的作用是什么？显然不会是后世投壶游戏中那种作为标靶的用法[1]。对比具有绳纹提梁的同形器，可为贯耳的作用提供参考。对比殷墟大司空墓地出土的商代绳纹提梁鸮卣（SM539：32，图3-1）[2]和河南郑州荥阳小胡村墓地出土的商代贯耳鸮卣（M28：4，图3-2）[3]，陕西岐山县贺家村出土的西周绳纹提梁卣（图3-3）[4]和山东沂源县姑子坪出土的西周贯耳铜壶（M1：12，图3-4）[5]，可发现每对器物器形相近，环耳和贯耳的位置一致，差异仅在前者有绳索状提梁，后者贯耳上空无一物。考虑到同类器物功能相同，因此，贯耳卣、贯耳壶应也可用于提携。如何提携？根据贯耳中空的造型、同形器上绳纹提梁的启示，可推测：当时应用绳索两端穿过两侧贯耳并在其下打结，用真正的绳索构成"提梁"，该类器物很可能是具有绳纹提梁的青铜器的原型。总之，在商周时期具有贯耳的青铜器，当时其实为部分青铜、部分绳索（有机质）的组合器，只

1　《经说·投壶》："耳小于口，而赏其用心愈精，遂使耳算倍多。"
2　中国社会科学院考古研究所编著：《殷墟青铜器》，文物出版社，1985，403页，图五九：1。
3　李伯谦主编：《中国出土青铜器全集》9，168页。
4　曹玮主编：《周原出土青铜器》10，巴蜀书社，2005，2182页。
5　山东大学考古系、淄博市文物局等：《山东沂源县姑子坪周代墓葬》，《考古》，2003（1）。

图4　器身饰横向绳纹的两周青铜器
（1.西周，湖北江陵县万城出土铜甗；2.西周，江苏仪征破山口出土铜盘；3.春秋，山西原平市峙峪村出土铜壶；4.战国，河北张家口市北辛堡乡出土铜鉴）

是几千年后只剩青铜，不见绳索。[1]

2. 器身上的绳纹

西周之后的青铜器，器身上也开始出现绳纹，按绳纹的结构和造型可分为两类。

第一类，器身饰单圈或多圈的横向绳纹，每道绳纹水平方向绕器一周。单圈绳纹一般饰于器身中上部，多圈绳纹则平行分布于器身，前者常见于西周时期，后者则多见于春秋战国。如湖北省荆州市江陵县万城出土的西周铜甗（图4-1）[2]，江苏省仪征破山口出土的西周铜盘，两者的口沿下都饰有单圈绳纹（图4-2）[3]；又如山西省原平市峙峪村出土的春秋铜壶，器身饰有三周绳纹（图4-3）[4]；河北省张家口市北辛堡乡战国墓出土的铜鉴，器腹及圈足上共饰四周绳纹（图4-4）[5]。

1　其实，二里头遗址和郑州商城都出土有带环钮的陶器，如四系壶等，这些钮的功能也应用于穿绳提携。可见中国社会科学院考古研究所编著：《二里头陶器集粹》，中国社会科学出版社，1995，226、347页；河南省文物考古研究院编著：《郑州商城陶器集萃》，大象出版社，2015，204、205、422、443页。
2　李伯谦主编：《中国出土青铜器全集》11，132页。
3　李伯谦主编：《中国出土青铜器全集》7，75页。
4　李伯谦主编：《中国出土青铜器全集》4，414页。
5　李伯谦主编：《中国出土青铜器全集》2，127页。

第二类，器身既有横向绳纹，又有纵向绳纹，纵横绳纹交接处，表现为绳索结纽纹。这种纹饰多见于东周时期的铜壶和铜罍，由于铜罍的器腹更鼓大，其绳纹的纵横交错相对于铜壶也更加密集。属春秋的例子有：河北省张家口市怀来县北辛堡乡出土的铜壶（图 5-1）[1]，山西省万荣县庙前村出土的铜壶（图 5-2）[2]，江苏省丹徒谏壁粮山出土的铜罍（图 5-3）[3]。属战国的例子有：河北省保定市唐县北城子出土铜壶（图 5-4）[4]、石家庄市行唐县李家庄出土的战国铜壶（图 5-5）[5]、保定市唐县北城子出土的战国铜罍（图 5-6）[6]。

器身捆绑绳索相当于给器物加箍圈，这是传统木桶、木盆等圆木器外形上的一个重要特征，起到加固的作用。圆木器的制作包括"（将原木）根据需要裁成木段，刨成相同的上大下小的木块，一块块地用木钻钻眼，用竹钉连接起来，然后用竹篾或铁丝箍好"[7]。器身上加箍可让木桶各木块间的结合更加紧密牢固，虽然近世常用铁丝做箍条，但竹篾因其独特的优势也并未被完全淘汰。如有 50 多年箍桶经验的箍匠王应龙就认为："用铁丝箍桶，一到寒冷的冬天，桶上的铁丝易掉，而竹篾箍和木板一样热胀冷缩，会一直紧固在桶上。篾箍还有一个好处，就是它养桶，桶不易损坏，也不会漏水。"[8] 而从"箍"字的竹字头来看，最初的箍条也应是由竹条编制而成，正如《康熙字典》的解释，"箍，以篾束物也"，而篾就是劈成条的竹片。用竹篾箍桶需要破竹削篾、编制篾箍、以篾箍桶等环节。（图 6）[9] 最终的形态就是在圆木器的器身上形成水平的几圈竹篾质地的"绳索纹"，既美观，

---

[1] 李伯谦主编：《中国出土青铜器全集》2，63 页。
[2] 李伯谦主编：《中国出土青铜器全集》4，413 页。
[3] 李伯谦主编：《中国出土青铜器全集》7，135 页。
[4] 李伯谦主编：《中国出土青铜器全集》2，106 页。
[5] 李伯谦主编：《中国出土青铜器全集》2，115 页。
[6] 李伯谦主编：《中国出土青铜器全集》2，122 页。
[7] 李豫闽主编：《中国设计全集》第 17 卷（用具类编·民艺篇），商务印书馆，2012，16—17 页。
[8] 潘立昇：《箍桶匠：渐行渐远的老手艺》，《旅游纵览》，2018（10）。
[9] 潘立昇：《箍桶匠：渐行渐远的老手艺》，《旅游纵览》，2018（10）。

图5 器身饰纵横绳纹的青铜器
(1.春秋，河北张家口市北辛堡乡出土铜壶；2.春秋，山西庙前村出土铜壶；3.春秋，江苏丹徒谏壁粮山出土铜罍；4.战国，河北保定市唐县北城子出土铜壶；5.战国，河北石家庄市李家庄出土铜壶；6.战国，河北保定市唐县北城子出土铜罍）

图6 竹篾箍桶流程（1.破竹削篾；2.编制篾箍；3.竹篾箍桶）

又能够加固器身。

基于这一认识，我们再看青铜器器身的绳纹，两种绳纹皆呈现出箍缚状，对于木器来说，其作用应是箍住器身使之不散，但这对于浑铸而成的青铜器器身来说，显然是没有意义的。对于这一问题，合理的解释是：当时应有由木块拼合而成的漆木壶、漆木罍[1]，为加固器身，便用篾条编成的绳索箍紧，青铜壶、罍以此类器物为原型，器身上便出现了绳纹。

二、仿釦器

釦器，指在器物的口沿、器身或器底等部位包镶金属箍以达到加固和装饰目的的漆器[2]，所用金属常见金、银、铜等材质，商周时期用铜做箍。釦器的形成最初可能受到了用绳索和铆钉（见下文）加固漆木器的启发，相比于绳索，青铜箍更加牢固，弹性更小，加固效果更佳。至于木胎铜釦器中"木胎"与"铜釦"如何组合[3]，有学者推测，木胎部分"可能是将整木破开成两块刳挖成型，然后粘合，因此，器底与器壁、圈足可以上下连成一体"，然后将铜圈箍住器身不同部位，空隙可用"类似腻子的填料加以填充"。[4]

目前考古所见最早的木胎铜釦器资料为商代晚期殷墟榕树湾 M1 所见木胎铜釦壶（M1:10），木胎已腐烂，仅存痕迹，但铜器部分保存完好（图 7-1）[5]。西周时期考古所见木胎铜釦壶更为丰富，按铜箍的形式可分为"口、足分离式"和"口足连体式"两类[6]（前者较为多见，后者仅见一例）。这两类在叶家山西周墓地中均有出现，如分离式的木胎铜釦壶（M27:74，图

1　早期漆木器不一定像后世木桶那样由多块木块拼合，可能仅将器身一分为二。

2　马乐：《两湖地区西汉釦器的发现与研究》，《秦汉研究》第六辑，2012。

3　学界对商周漆器的木胎（胎骨）的制作方法看法不一，如王巍认为："器型较大或造型复杂的，则事先加工好器底、器身、器耳等各个部分，然后粘接而成。"[《关于西周漆器的几个问题》，《考古》，1987（8）] 洪石依据不同器型，认为制作方法包括斫制、旋制和卷制。（洪石：《战国秦汉漆器研究》，文物出版社，2006，113页）

4　张长寿、张孝光：《西周时期的铜漆木器具——1983—1986年沣西发掘资料之六》，《考古》，1992（6）。

5　安阳市文物考古研究所编著：《安阳殷墟徐家桥郭家庄商代墓葬：2004—2008年殷墟考古报告》，科学出版社，2011，彩版四二：1。

6　徐良高：《由叶家山墓地两件文物认识西周木胎铜釦壶及相关问题》，《江汉考古》，2017（2）。

7-2）¹、连体式的木胎铜釦壶（M65：27），出土时"仅残存漆壶外的铜盖和器体上铜外壳骨架"（图7-3）²。同时，这两个墓葬中也有铜壶出土。值得注意的是，同墓所出铜壶与木胎铜釦壶的造型基本一致，如铜壶（M27：3，图7-4）³、曾侯作田壶（M65：31，图7-5）⁴。这种同墓中木胎铜釦壶与铜壶的对应关系证明，此类铜壶的造型仿自木胎铜釦壶。

商周时期还有一种直筒形提梁卣，如陕西宝鸡竹园沟強国墓地M13就出土了两件造型相近的直筒提梁卣（图7-6）⁵。对比一件流失海外的木胎铜釦卣（仅剩青铜构件部分）的复原图（图7-7）⁶，可发现两者间的一致性：提梁、器盖、纹饰带部分一一对应，因此，可推测西周时期直筒形提梁卣也是对木胎铜釦卣的模仿。

由此，我们可以确定周代青铜壶、青铜卣上流行的水平纹饰带、器腹十字纹，其原型均为木胎铜釦器上加固用的青铜箍。但对于青铜器来说，这些纹饰起不到任何加固的作用，只是纯粹的装饰纹样。这些纹饰虽最初源自模仿，但后来逐步向更具装饰性的方向发展，尤其是器腹十字纹——西周早期的竹园沟国墓地M4出土铜壶上的十字纹仅稍微凸出（图7-8）⁷，西周中期十字纹就呈现出多种变化，如宝鸡扶风县齐家村窖藏铜壶十字纹呈多层带状（图7-9）⁸，又如扶风县庄白村窖藏出土的铜壶十字纹上饰有重环纹（图7-10）⁹，而且后两者在横竖纹饰带交接处还有高高凸起的四棱或三棱锥形，颇具华丽的装饰感。

---

1 湖北省文物考古研究所、随州市博物馆：《湖北随州叶家山西周墓地发掘简报》，《文物》，2011（11）。
2 湖北省文物考古研究所、随州市博物馆：《湖北随州叶家山M65发掘简报》，《江汉考古》，2011（3）。
3 湖北省文物考古研究所、随州市博物馆：《湖北随州叶家山西周墓地发掘简报》，《文物》，2011（11）。
4 湖北省文物考古研究所、随州市博物馆：《湖北随州叶家山M65发掘简报》，《江汉考古》，2011（3）。
5 李伯谦主编：《中国出土青铜器全集》16，319页。
6 吴镇烽：《叔作漆木铜件直筒提梁卣复原》，复旦大学出土文献与古文字研究中心网站，http://www.fdgwz.org.cn/Web/Show/1780。
7 李伯谦主编：《中国出土青铜器全集》16，325页。
8 李伯谦主编：《中国出土青铜器全集》17，514页。
9 北京大学古代文明研究中心编：《吉金铸国史：周原出土西周青铜器精粹》，文物出版社，2002，169页。

图 7　商周时期的木胎铜釦器及铜器仿器

[1.商，殷墟榕树湾出土木胎铜釦壶（铜釦部分）；2.西周，随州叶家山 M27 出土木胎铜釦壶（铜釦部分）；3.西周，随州叶家山 M65 出土木胎铜釦壶（铜釦部分）；4.西周，随州叶家山 M27 出土铜壶；5.西周，随州叶家山 M65 出土铜壶；6.西周，陕西弽国墓地出土提梁卣；7.海外藏木胎铜釦提梁卣；8.西周，陕西竹园沟弽国墓地出土铜壶；9.西周，陕西宝鸡扶风县齐家村窖藏出土铜壶；10.西周，陕西扶风县庄白村窖藏出土铜壶]

三、仿铆钉

　　商代青铜大方鼎器腹的四个棱两侧常有成排的乳钉纹带，欲探讨乳钉纹带的来源，要从大方鼎的原型谈起。关于大方鼎的原型，笔者曾与艾兰师进行过研究[1]，认为最初大方鼎器腹部分的造型模仿了木板拼合而成的方形木器。[2]而大方鼎乳钉纹带的位置与乳钉的造型均辅证了这一判断。

关于大方鼎乳钉纹带的位置。以郑州商城南顺城街大方鼎（H1上：4）为例（图8-1）[3]，纵向乳钉纹带（红色箭头）凸出器表并包镶于大方鼎棱的两边，横向乳钉纹带（蓝色箭头）分别于器腹中部和底部绕器一周。而这些位置对于传统木器来说，都是非常重要的，因为对于方形木器来说，板与板拼接处相对薄弱，常需在棱边处包镶金属片进行加固，如明式小木箱（图8-2）[4]；而对于较大型的木箱，每个面均由多块木板组成，这就需加入横向的金属箍圈进行加固（作用与前文所述竹篾箍一致），如故宫博物院藏柏木冰箱（图8-3）[5]。对比可知，大方鼎乳钉纹带的位置正与上两例中包镶和箍圈的位置一致。

关于多排乳钉纹。具有多排乳钉纹且与大方鼎时代相近的例子有二里头遗址出土的鼓形陶壶（图8-4）[6]、湖北崇阳出土商代青铜鼓（图8-5）[7]，两器的乳钉纹带均处于鼓身与鼓面的交界处。对比当今的朱漆大鼓（图8-6）[8]，可以发现多排乳钉纹是对将鼓面固定于鼓身的多排铆钉的模仿，而铆钉的作用则是将不同材质的对象钉在一起。考虑到大方鼎的木器原型和乳钉纹带的位置，那么这些乳钉纹应也是模仿铆钉将棱边包镶物、箍圈固定于器

1　艾兰、韩鼎：《郑州商城青铜大方鼎造型与纹饰研究》，《中原文物》，2022（1）。
2　李济在1970年已有过类似推测："方鼎的原型，史前陶器中是找不出来的。四足方形若已存在于史前时代，它们大概表现在容易毁灭的质料上，如竹器和木器的实物。"（李济、万家保：《殷墟出土青铜鼎形器之研究》，"中央研究院"历史语言研究所，1970。）后张昌平、徐良高也曾简要地提出过此观点。[张昌平：《中国青铜时代青铜器装饰艺术与生产技术的交互影响》，《商周青铜器的陶范铸造技术研究》，文物出版社，2011，20页；徐良高：《由叶家山墓地两件文物认识西周木胎铜釦壶及相关问题》，《江汉考古》，2017（2）]
3　作者拍摄于河南省博物院。
4　王世襄：《明式家具研究》，香港三联书店，1989，170页。
5　周劲思：《清代的冰箱与王府冰窖》，《紫禁城》，2017（2）。
6　中国社会科学院考古研究所编著：《二里头陶器集粹》，144页。
7　《中国青铜器全集》编辑委员会编：《中国青铜器全集》4，文物出版社，1998，171页。
8　陈建华主编：《中国设计全集》第19卷（文具类编·乐器篇），商务印书馆，2012，70页。

身之上。

结合大方鼎上乳钉纹带的位置和铆钉原型，可以推测：方鼎的原型——方形木质容器，出于加固器身的目的，先用某种材质（很可能是皮革类有机质）的箍圈横向箍住器身中部、底部，并用多排铆钉使之与器身合为一体；之后再用铆钉将边套钉于边棱两侧，进一步加固面与面的交接处。如此一来，通过横向和纵向的双重加固，用木板拼接的容器就不易散坏。这种加固模式在一定程度上可视为木胎铜钜器的雏形。青铜大方鼎的器身模仿方形木器原型进行铸造，并将边套、箍圈、铆钉等木器的加固部件一并模仿，因此大方鼎上才会出现多排乳钉纹。

大方鼎上的乳钉纹与上文所论十字纹铜钜一样，也经历了从模仿向装饰化发展的过程。以郑州商城南顺城街窖藏所出四件铜方鼎为例[1]，通过铸造工艺可以判断，四件鼎的时代并不一致，南H1上:3（图8-7）和南H1上:4（图8-8）最早，南H1上:2（图8-9）稍晚，南H1上:1（图8-10）最晚。南H1上:3和南H1上:4的纹饰全面模仿木器原型的边套、箍圈、铆钉，但受限于铸造水平和经验，纹饰表现有瑕疵（如水平方向的纹饰带不平），似乎具有一定的实验性（郑州商城南顺城街大方鼎是商代最早的方形青铜容器）；之后，南H1上:2方鼎器腹中部的纹饰出现用饕餮纹替代乳钉纹的情况，表现出从对木器原型的模仿，向青铜礼器常见主题性纹饰发展的趋势；最后，南H1上:1方鼎的乳钉纹大小一致，排布整齐，颇具装饰性，饕餮纹也更加成熟，并完全占据上层的横向装饰带，成为主导性纹饰。综合来看，四件大方鼎的纹饰演变体现出逐步脱离对原型的模仿，并向装饰化和主题化（饕餮纹）发展的趋势。

1　河南省文物考古研究所、郑州市文物考古研究所编著：《郑州商代铜器窖藏》，科学出版社，1999，11—19页。

图8 大方鼎的乳钉纹带及相关器物

[1.大方鼎乳钉纹带位置；2.明式小木箱；3.故宫博物院藏柏木冰箱；4.二里头遗址出土鼓形陶壶；5.商，湖北崇阳出土青铜鼓；6.当代朱漆大鼓；7.南顺城街大方鼎（南H1上：3）；8.南顺城街大方鼎（南H1上：4）；9.南顺城街大方鼎（南H1上：2）；10.南顺城街大方鼎（南H1上：1）]

四、仿屋顶与气窗

殷墟出土的以方彝为代表的方形青铜器的器盖部分，均表现为四面体造型：最上方是一条横向棱，棱两端向下各对称延伸出两条边，通过这五条边形成了四个面：两面为梯形、两面为三角形，形似传统建筑中的四阿顶（庑殿顶）[1]，方形器盖上的提钮部分与之同形。如晚商殷墟妇好墓出土的方形铜器[2]：铜方罍（M5：866，图 9-1）、铜方壶（M5：807，图 9-2）、铜方彝（M5：825，图 9-3）、铜偶方彝（M5：791，图 9-4）。需要注意的是，器钮和器盖，共同组成了同形的"双层"结构（ ）。

如何理解方形器盖、器钮表现出的双层四面体造型呢？以方彝为例，宋《宣和博古图》认为其"形方若槛，盖如屋栱"[3]，陈梦家在《中国铜器综述》中指出，"人字坡屋顶形器盖及纽"是方彝的核心特征之一[4]，容庚也指出方彝"盖的形状如屋顶，盖上之纽也像屋顶"[5]。有学者根据《周礼·考工记》"殷人重屋，堂修七寻，堂崇三尺，四阿重屋"的记载，认为"四阿，即四面屋坡，重屋，即重檐式建筑，'四阿重屋'是后世庑殿顶建筑的早期形式"[6]。但器钮与器盖的比例与后世重檐庑殿顶建筑（ ）存在巨大差异。

孙华首先提出方彝的造型与"西汉、东汉时期画像石（砖）上的仓房颇为相似，或许就是模仿这类建筑而铸造的"[7]。曹大志进一步完善了该观点，并通过甲骨文、金文中的"亩" 、"亯"字 字形的讨论，以及相关器物、图像的辅证，认为"方彝整体像高大的长方形仓房，捉手像仓的气楼，四个支脚像仓底架空的结构。装饰简单的方彝可以明显的显示这些相似性。商代普通方彝的原型可能是贵族们的粮仓，妇好墓出土的偶方彝表现了檩头，早先被学者们解读为建筑的模型，表现的可能是王室大型

1　四阿顶（庑殿顶）：用四面坡的曲檐屋顶。屋顶的前后左右四面都有斜坡，并有一条正脊和四条垂脊，共有五条脊，宋代以前又叫五脊殿。（北京市文物研究所编：《中国古代建筑辞典》，中国书店，1992，104—105 页）
2　中国社会科学院考古研究所：《殷墟青铜器》，文物出版社，1985，图一八、二六、一二、一一。
3　书中将商代"方彝"误判为"汉兽夜"。（宋）王黼著，诸莉君校点：《宣和博古图》，上海书店出版社，2017，494 页。
4　陈梦家：《中国铜器综述》，中华书局，2019，215 页。
5　容庚、张维持：《殷周青铜器通论》，文物出版社，1984，52 页。
6　李剑平编著：《中国古建筑名词图解辞典》，山西科学技术出版社，2011，348 页。
7　王然主编：《中国文物大典》（上），中国大百科全书出版社，2001，63 页。

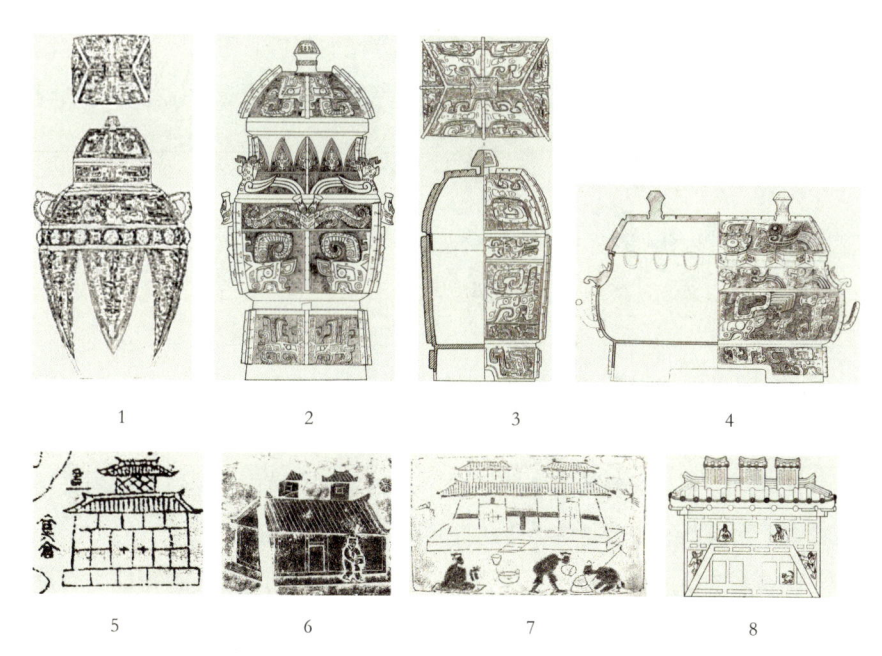

图9　妇好墓方形铜器及汉代仓楼形象

（1.商，妇好墓铜方罍；2.商，妇好墓铜方壶；3.商，妇好墓铜方彝；4.商，妇好墓铜偶方彝；5.东汉，四川天仓画像砖仓楼部分；6.东汉，四川成都庄园农作画像石仓楼部分；7.东汉，四川彭县养老图画像砖；8.东汉，淮阳汉墓石仓楼）

的粮仓"。[1] 观察汉代的仓楼器物和图像[2]，可发现仓房之上均有气窗（气楼）：有一个气窗的，如四川天仓画像砖仓楼部分（图9-5）；有两个气窗的，如四川成都庄园农作画像石仓楼部分（图9-6）、四川彭县养老图画像砖（图9-7）；甚至还有三个气窗的，如淮阳汉墓出土的石仓楼（图9-8）。方彝的单钮、偶方彝上的双钮正与上述气窗数量、位置相一致。

仓楼气窗的大小要明显小于房顶屋盖，与方彝的钮和盖的比例相近。方彝从下至上可分为器底、器身、器盖、器钮四部分，而仓楼也可分为台

1　曹大志：《论商代的粮储设施——廪、宣、京》，《古代文明》（13），2019，169—200页。
2　金维诺总主编，信立祥卷主编：《中国美术全集 画像石画像砖》2，黄山书社，2009，424页；常任侠主编：《中国美术全集 绘画编18 画像石画像砖》，上海人民美术出版社，1988，183页；周口地区文物工作队、淮阳县博物馆：《河南淮阳北关一号汉墓发掘简报》，《文物》，1991（4）。

工艺与技术

基、仓房、屋盖、气窗四部分，两者各部分比例相近。因此，就造型、比例和整体形式来看，方彝原型为带气窗（气楼）仓楼的看法比仿自"四阿重屋"的观点更有说服力。[1]

结　语

商周时期的有机质器物极难保存至今，但由于青铜器（纹饰）对它们的模仿，我们可以得到一些新认识：

青铜卣、壶等器物的麻花状提梁，是对绳索的模仿，其原型是用真正的绳索（如麻绳）作为提携手段的贯耳铜卣、贯耳铜壶。

青铜器器身上的绳索纹，模仿了用有机质制作的箍圈（很可能为竹篾编成），其原型是用箍圈进行加固的漆木器（如漆木壶、漆木罍等）。

青铜壶、青铜卣器身上的水平纹饰带和十字交叉纹饰带，是对木胎铜钏器上铜钏部分的模仿，整个造型也源于木胎铜钏器（木器部分铜质化）。

青铜大方鼎的乳钉纹，是对铆钉的模仿。从位置来看，乳钉纹带模仿了方形木质容器的边套和箍圈，成排的铆钉将边套和箍圈固定于木质器身，起到加固的作用（可视作木胎铜钏器的前身）。

方形铜器的器盖钮部呈现出双层四面体结构，与仓楼的屋盖和气窗相仿。方彝（器底、器身、器盖、器钮）与仓楼建筑（地基、仓室、屋盖、气窗）各部分在结构和比例上的一致性暗示了方彝的原型很可能是仓楼建筑。

---

[1] 按：一稿中笔者赞同方彝仿自"四阿重屋"的宫殿建筑的传统看法，在第二届"制器尚象"学术论坛发言后，北京大学孙华教授在评议中提到方彝可能仿自仓楼建筑。后经材料梳理，笔者认同此观点。在此对孙华教授的指正表示感谢。

长沙窑中外交流新证
——聚焦一件长沙窑"红绿彩"执壶的探讨

董波

苏州工艺美术职业技术学院

摘 要：长沙铜官窑博物馆藏有一件长沙窑执壶，器表施褐色、绿色和鲜艳的红色高温釉彩，釉彩对比分明。绿彩与红彩均为铜呈色，红彩下施锡釉。锡元素为釉彩的乳浊剂，有利于促进釉彩的颗粒化。铜绿釉彩是氧化铜离子呈色，铜红釉彩是氧化亚铜胶体（极细小的颗粒）呈色。锡元素可促使釉彩中的氧化亚铜颗粒化，从而釉彩呈现红色。9世纪美索不达米亚的陶工发明了锡釉，与此同时也发明了锡釉上铜红彩技术（华丽彩技术的一种），这种技术在古代中国未见传统。鉴于长沙窑与伊斯兰文化的明确关系，可以推断这件长沙窑瓷上的红彩技术得益于伊斯兰文化的影响。但锡釉在中国古代为何未形成传统，尚没有明确答案。

关键词：长沙窑；执壶；"红绿彩"；锡釉；伊斯兰

长沙铜官窑博物馆藏有一件长沙窑执壶，口部和流口有残缺，除器物底端外，通体先施一层乳白色化妆土（器下部），再在其上部间隔点施铁呈色的褐与铜呈色的绿彩，彩料向下自然流淌，绿彩流淌较褐彩长，器腹施一块铜呈色的红彩，色彩鲜艳，最后通体施透明釉，一次高温烧成。（图1）长沙窑瓷中，绿彩和褐彩并施于一器者常可见到，也可见到窑变，即

图1 长沙窑"红绿彩"执壶，晚唐五代，长沙铜官窑博物馆藏（王兴业摄）

铜元素呈色的红色釉彩与绿色釉彩的渐变色彩效果。但红色釉彩和绿色釉彩如此泾渭分明地并存于一器的，恐怕只有这件执壶。鉴于这件器物的这种釉彩颜色特点，我们不妨称其为"红绿彩"。红绿彩瓷器指的是金代中期发明于华北磁州窑系的低温二次烧成的彩瓷。[1]制作办法是先烧成白釉（或白色化妆土）瓷器，冷却后施氧化铜离子呈色的绿彩、氧化铁胶体（极细小的颗粒）的红彩，以及氧化铁离子呈色黄彩或褐彩，再以八九百摄氏度的低温焙烧而成。这是釉上彩瓷，显然不同于长沙窑一次高温烧成的釉下彩瓷。所以这里称这件长沙窑执壶为"红绿彩"，加了引号，仅仅是为了凸显其红彩和绿彩泾渭分明的色彩对比效果。

釉彩中的铜元素可以使釉彩呈绿色或红色，绿色是氧化铜离子呈色，称铜绿釉彩，红色是氧化亚铜胶体，即极细小的氧化亚铜颗粒呈色，称铜红釉彩。晚唐五代的长沙窑和邛窑（邛崃窑，位于成都西侧的邛崃）最早烧出了高温铜红釉彩，使用氧化铜呈色剂为釉彩原料，将其置入还原气氛中进行焙烧，氧化铜失氧，变为氧化亚铜，以极小的颗粒使釉彩呈现红色。[2]由于窑内气氛很难精确控制，所以当时的铜红釉彩色泽不很浓艳，色彩也不均匀，往往局部泛绿，形成窑变。铜元素呈色的窑变釉彩，通常形成绿色和红色釉彩之间的渐变效果。这件"红绿彩"瓷器上的釉彩显然不是窑变，因为色彩呈色较为均匀，且不同色区泾渭分明。在一次烧造的过程中，绝不可能出现某块釉彩用还原气氛焙烧，而与之相邻的釉彩则用氧化气氛焙烧的情况。所以，这件"红绿彩"执壶上有一块如此浓艳的铜红釉彩，并非还原气氛作用的结果。与铜绿釉彩不同，铜红釉彩不是离子呈色，而

---

[1] 秦大树、马忠理：《论红绿彩瓷器》，《文物》，1997（10）。
[2] 于子雅：《邛窑与长沙窑的比较研究》，中国社会科学院研究生院硕士学位论文，2016。

是胶体呈色，只要能有效促成釉彩中氧化亚铜的颗粒化，就能使釉彩呈现红色的效果。在釉彩工艺范畴，促使釉彩成分颗粒化的有效办法是使用乳浊剂，而最常用的乳浊剂是氧化锡，以氧化锡为乳浊剂的釉称为锡釉，它是一种洁白的不透明釉彩，乳浊感很强，覆盖力甚好，为彩绘提供了良好的底色。锡釉可以有效促进釉彩成分的颗粒化，施于锡釉上的各色釉彩，其呈色剂会被锡釉很好地颗粒化。[1]再看这件长沙窑"红绿彩"执壶，其红彩下方显出白色的底釉，其洁白程度要高于通体施于器表的乳白色化妆土。虽未经过科学检验，但根据釉彩的呈色规律可以做出判断，这块红彩下方的白色底釉应为锡釉，它促成了其上釉彩中呈色剂氧化亚铜的颗粒化。只要釉彩中的氧化亚铜可以实现颗粒化，即便焙烧时窑内的还原气氛不够明显，甚至在氧化气氛中，它也能使釉彩呈红色，颗粒化实现得越好，呈现的红色就越纯正、浓艳。这件长沙窑执壶上的绿彩，在靠近红彩白色底釉的部分也有呈现红色的倾向，这说明这些绿彩也受到红彩下面白色底釉的影响。综上，这件执壶应是以氧化气氛一次高温烧成，其中红彩施于锡釉上，呈色剂氧化亚铜因锡釉的乳浊作用而很好地实现了颗粒化，从而呈现出浓艳的红色，而绿彩则是铜元素在氧化气氛中形成氧化铜离子所致，于是出现了红彩和绿彩泾渭分明的视觉形式。

在古代中国，未见锡釉的使用传统，而在中国以西地区，锡釉中古时代以来有着深厚的传统。[2]锡釉陶表面较为白净，在古代那些烧不出瓷器的地域可以模仿来自中国的白瓷，同时它也非常适合釉彩描绘。从实物资料看，锡釉最早由早期阿拔斯王朝的伊斯兰陶工发明，时间是9世纪，地点在今伊拉克一带，即阿拔斯王朝政治中心区域。（图2）锡釉陶已是当时阿拔斯王朝政治中心区域出产的一种富有特色的陶器。长沙窑兴盛的时间

---

1 李园：《锡釉工艺》，《湖南省博物馆馆刊》，2011年刊。
2 Norman, A.V.B., *Wallace Collection, Catalogue of Ceramics I*, Wallace Collection, London, 1976, pp.2-3.

图2 中国白瓷碗（左）和伊斯兰锡釉陶碗（右），伊拉克出土，9—10世纪，大英博物馆藏

图3 陶碗残片，锡釉上华丽彩，伊拉克忒息丰（Ctesiphon）出土，9—10世纪，大都会艺术博物馆藏

在晚唐五代时期，它明显受到当时伊斯兰文化的影响已是学术界的共识。[1] 长沙窑这件执壶红彩下的白色底釉若为锡釉，则在中国属于难得的孤例，应视为早期阿拔斯王朝伊斯兰工艺技术影响的结果。同样是在阿拔斯王朝的政治中心区域，8—9世纪时的伊斯兰陶工还率先使用一种本来用于玻璃上的釉彩工艺，即华丽彩（Luster paint，音译"拉斯特彩"）工艺。[2] 这种釉彩因具有华丽的光彩而得名，既有色彩又有金属感，因此又常被称为"虹彩"。其呈色剂是一些贵金属氧化物，如氧化金、氧化银，以及氧化铜，烧制时这些金属氧化物在还原气氛中失氧，还原成金属物质（如氧化金还原成金）或低价态（如氧化铜还原成氧化亚铜），从而呈出从紫红到淡黄等各种暖色，在光线照耀下泛出金光。[3] 华丽彩和锡釉关系紧密，自9世纪锡釉工艺发明起，华丽彩就常施于锡釉之上。（图3）早期华丽彩中有一种呈艳丽红色的最为著名，称为"宝石红华丽彩"（Ruby Lustre），其红色是氧化铜还原成氧化亚铜颗粒呈色的结果。宝石红华丽彩可以通体包裹陶胎，成为"釉"（图4），也可以局

1　马文宽：《长沙窑瓷装饰艺术中的某些伊斯兰风格》，《文物》，1993（5）；董波：《伊斯兰文化对中晚唐时期中国设计艺术的影响——伊斯兰文化全面影响中国设计艺术开端简论》，《苏州大学学报（工科版）》，2006（5）；贾永华：《长沙窑中外瓷器交流研究》，湖南大学硕士学位论文，2007。

2　Caiger-Smith, A., Lustre Pottery: *Technique, Tradition and Innovation in Islam and the Western World*, Faber & Faber, 1985, p.24.

3　Darque-Ceretti, E.; Hélary, D.; Bouquillon, A.; Aucouturier, M.: "Gold Like Lustre: Nanometric Surface Treatment for Decoration of Glazed Ceramics in Ancient Islam, Moresque Spain and Renaissance Italy", Surface Engineering.21（Abstract）, July 19, 2013, pp.352-358.

部涂施，成为"彩"（图5）。如图所示，它作为"彩"通常是施于锡釉上的，锡釉作为底釉很好地促成了釉彩中氧化亚铜的颗粒化，从而造就了呈色浓艳的宝石红华丽彩。这说明9世纪时，在阿拔斯王朝的政治中心区域，铜红釉和锡釉上的铜红彩工艺就已经成熟并形成特色。上文提到，中国最早的铜红釉彩见于晚唐五代的长沙窑和邛窑，与长沙窑一样，邛窑也有产品外销至伊斯兰世界或穆斯林聚居区，[1] 而长沙窑受到伊斯兰文化的影响已是学术界的共识，因此，中国铜红釉彩的产生可能得益于伊斯兰文化的影响。尤其是这件长沙窑"红绿彩"执壶，作为孤例，其红彩施彩技术与早期伊斯兰出众的宝石红华丽彩如出一辙，应是伊斯兰工艺影响的结果。

图4 陶碗残片，华丽彩（釉），伊拉克萨马拉（Samarra）出土，9世纪，大都会艺术博物馆藏

图5 釉瓦残片，锡釉上华丽彩，伊拉克萨马拉出土，9世纪，大都会艺术博物馆藏

实际上，如果没有锡釉作为底釉，单以还原气氛焙烧，铜红釉彩要想呈色浓艳也是相当困难的。在古代中国，虽然陶瓷上的铜红釉彩在晚唐五代的长沙窑和邛窑制品上已经出现，但直至元代，中国铜红釉彩通常偏灰、偏紫或偏褐色，红色的呈色不够纯正和浓艳，这与中国古代未见锡釉使用的传统有很大关系。（图6—图9）明朝的国色是红色，明洪武时期的瓷器也常见釉里红，即高温透明釉下铜红彩，但洪武釉里红几乎未见红色呈色纯正浓艳的产品，有的甚至呈黑彩的效果。（图10）直至明永宣时期，明朝官窑才烧出了红色呈色浓艳的铜红釉瓷器，因其用于祭祀，所以获得了

1　董小陈、陈丽琼：《再论邛窑外销陶瓷》，《东方收藏》，2017（7）。

工艺与技术

图6 长沙窑执壶，高温釉下铜呈色彩，晚唐五代，湖南省博物院藏

图7 沙窑执壶，高温铜呈色釉，晚唐五代，李效伟藏

图8 天蓝釉红斑三足炉，红彩为铜呈色，钧窑，北宋—金，故宫博物院藏

图9 釉里红瓷盖罐，景德镇窑产，元，苏州吴中区文物管理委员会藏

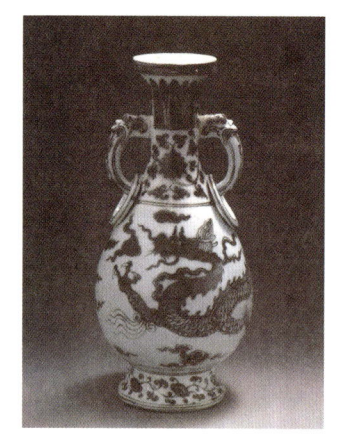

图10 釉里红瓷瓶，景德镇窑产，明洪武，上海博物馆藏

"祭红"的称呼。但祭红烧制难度极大，存世很少。[1] 明中期以来，祭红烧制因成本高、难度大而几乎失传，直至清康熙时期，中国官窑高温铜红釉才再度兴起。当时还出现了"霁红""郎窑红"和"豇豆红"这样的高温铜红釉品种，烧制难度极高。[2] 铜红釉精品还见于清雍正、乾隆两朝，之后便衰落了。

既然在古代中国有烧制红色呈色纯正的铜红釉彩的诉求，而锡釉的使用可以很有效地帮助实现这样的诉求，那为什么锡釉工艺未在古代中国形成传统呢？笔者就这个问题请教过南京师范大学美术学院的陶瓷专家黄金谷副教授，黄老师觉得可能这与锡在中国古代比较贵重有关。但究竟原因何在，尚无明确答案，期待学术界的进一步研究。

---

1 刘春霞：《惊才艳影觅祭红》，《景德镇陶瓷》，2011（3）。
2 中国硅酸盐学会 编：《中国陶瓷史》，文物出版社，1982，431—432 页。

晚明宜兴紫砂与铜、锡金属器之间的亲缘关系 *
——基于史料文献、考古实物与制作工艺的实证研究

王拓

苏州大学艺术学院

摘　要：晚明紫砂与铜、锡金属器之间的亲缘关系体现在：前者在器物的形制、装饰和制作工艺等方面凸显出对后者的模仿和借鉴。这一现象产生的原因主要基于三个方面：一是人类使用新材料制作器物时，通常会模仿和借鉴其他材料的传统器物，这不仅是工艺美术发展的历史轨迹，同时也是人类造物历史上的惯常现象；二是明代文人和贵族阶层对青铜器、锡器等流行的文玩和实用器物的收藏、使用和鉴赏风尚；三是在器物的制作技艺方面，两者有相似的步骤、流程和成形方式。

关键词：宜兴紫砂；铜锡；金属器；制作工艺；亲缘关系

一、模仿、借鉴与创造：工艺美术发展的历史规律与现象

人类使用不同材料制造的生活器物，在造型、功能和材料上都存在着

---

* 本文系 2020 年国家社科基金艺术学重大项目"新时代中国工艺美术发展策略研究"（批准号：20ZD08）的阶段性成果，收录于《无锡文博·庚子撷英》，古吴轩出版社，2020，255—264 页。

相互模仿与借鉴的现象。通常的逻辑顺序是，人类在利用新发现的材料制作器物时，往往会模仿先前已长期存在并使用的传统器物，而这些器物的材料与形制往往已十分成熟和相对稳定，甚至在很大程度上已成为人类造物史上的经典器物。

美术考古专家张朋川先生曾对上述文化现象做过研究，并列举指出：陶器的发明是源自对自然物制作的器皿的模仿；二里头文化使用内模法制造青铜容器是源自对龙山文化陶器模制法的模仿；原始瓷器源自对青铜器造型和色彩的模仿；北齐白釉绿彩瓷器源自对波斯玻璃器的模仿；隋唐五代瓷器不仅大量模仿了同时期金银器的形制，而且受世风的影响还有所创造。这些因不同材料的替换而产生的新的工艺品种，且其"艺术表现由模仿转化为卓越的创造"的现象，"使中国工艺美术不断出现新的高峰"[1]。宜兴紫砂技艺的历史起源和发展过程同样是这一历史现象的规律性表征。

根据学界近年最新考古发掘的情况，紫砂诞生的时间并非北宋，而大约是在明代的中晚期。若以此作为紫砂初创期的时间节点，紫砂器形制的设计通常应以此前中国工艺美术史上已相对成熟的其他材质的器物造型、功能、装饰手法以及同时期的文化、审美观念的影响等，作为其器形创意的设计依据或参照的母本。

紫砂壶模仿的所谓"其他材质的器物"，主要是以金属材料铜、锡制作的"壶"类器物。"壶，作为中国陶瓷器物中的重要一类，其造型的产生、发展也必然是遵循着整个器物造型产生、发展之共性规律的。"其中的"'材料''工艺''功能'构成了决定壶的器物造型的三个基本要素。除此之外，不同历史时期的时代风尚、审美习俗、文化交流等因素，亦构成对壶的器物造型的不可忽视的影响"[2]。这种观点与中国工艺美术史的发展轨迹是相一致的。因而，也可以认为，明代紫砂器模仿铜、锡等金属器形

---

1 张朋川：《模仿与创造——中国工艺美术发展的一种轨迹》，见《平湖看霞：关于美术史与设计史》，重庆大学出版社，2014，34—44页。

2 蒋炎：《从"功能"因素看壶类器物的造型发展史》，《陶瓷学报》，2007（2），129页。

确实也有其客观的现实意义。这一点，从李立新结合其提出的"造物的模仿理论"对清代紫砂器形的来源分析中亦可获得证实。他认为："模仿不仅是传统造物的本质，也是其创造的源泉，成为了新器物产生时的必然选择。模仿传达出非常复杂的造物意义，表征着陶器家族内部的制约与束缚以及与文化、社会、经济、艺术的联系。由模仿开始，才能在制作技术和器物风格上发生变化，紫砂才具有无穷的潜力和魅力。"[1]

事实上，对明代紫砂壶器形进行考察，亦可发现它与同时期的铜、锡金属器造型之间存在模仿或借鉴的关系。对于这一点，国内外也有部分学者提出过类似的观点。如李立新[2]、王亮钧[3]、黄健亮[4]、宋伯胤[5]、Terese Tse Bartholomew[6]、霍华[7]、张东[8]、吴芝娟[9]等，都对这一问题有过探讨。

其中，李立新的观点较有代表性。他在《重构造物的模仿理论——紫砂器形的来源》一文中认为，当下的紫砂研究大多以"孤立化"的视角将其作为一种具有地方性特色的制陶工艺进行研究，而未能将其纳入整个工

---

1 李立新：《重构造物的模仿理论——紫砂器形的来源》，《创意与设计》，2012（1），71页。

2 李立新：《重构造物的模仿理论——紫砂器形的来源》，《创意与设计》，2012（1），71页。

3 王亮钧：《关于紫砂壶器式来源的省思——从明墓出土金属器谈起》，《东方博物》，2017（2），91—97页。

4 黄健亮：《晚明紫砂工艺最重要的百年》，《东南文化》，2007年增刊，6页。

5 宋伯胤先生认为蠡墅羊角山出土的紫砂器，其提梁把可能受西晋提梁青瓷盉或提梁青瓷薰的影响，也可能受到古代青铜器上提梁把的影响。实际上，根据张朋川先生提出的"原始青瓷即是对青铜器造型和色彩的模仿"这一观点，也可以将早期紫砂器的形制理解为是对青铜器的间接模仿。参见宋伯胤：《试论宜兴紫砂陶器产生的历史背景》，《紫砂苑学步——宋伯胤紫砂论文集》，台北：盈记唐人工艺出版社，1998，21页。

6 特瑞斯·巴塞洛缪，美国加州亚洲艺术博物馆馆长。他认为："有关紫砂壶的形制来源，宜兴陶工或有模仿铜器、玉器、瓷器，依据自身创意所制亦为数不少。" Terese Tse Bartholomew, *A Study on the Shapes and Decorations of Yixing Teapots*, Yixing Pottery（Urban Council, 1981）, pp.13-14. 转引自台湾学者王亮钧：《关于紫砂壶器式来源的省思——从明墓出土金属器谈起》，《东方博物》，2017（2），91页。

7 霍华：《关于紫砂壶的三点思考》，见故宫博物院编：《2007年国际紫砂研讨会论文集》，紫禁城出版社，2009，198页。

8 张东：《从文献及考古材料看明代早期紫砂》，见故宫博物院编：《2007年国际紫砂研讨会论文集》，136页。

9 吴芝娟：《锡包壶工艺漫谈》，《茶叶》，2015（2），110—113页。

艺美术发展的历史脉络中，从不同材质、工艺和器物形制间彼此模仿、借鉴以及相互影响等角度进行发生学性质的深度研究。他深刻地指出：紫砂的研究中长期存在一种倾向，就是把紫砂当作一个孤立的造物现象，对之作时空的隔离，并企图通过紫砂器的工艺技术寻求这一地域性制陶的特征，且过分强调艺术家的参与和文化提升，最终淡化了群体性造物的意义。半个多世纪以来，特别是近几年，针对中国民间工艺的所谓"非物质"研究，已充分暴露出种种违背器物产生规律、轻视"物性"和切断民间器物中实际存在着内外交流的偏颇做法，它们遮蔽了中国造物的复杂机制和内涵。其结果是忽略了民间器物是长期内外互动中形成的复合体这一事实，同时对创造的源头及其形成过程的认识不足。[1]

李立新通过对比明清紫砂壶与铜器、锡器等金属器在造型方面的异同特征，揭示了铜、锡器对紫砂陶器在器形以及经济层面的影响，进而总结了早期紫砂器与铜、锡器物之间存在的依附和模仿关系，并认为铜、锡金属器造型是紫砂壶器形的重要来源之一，但其研究和举例主要以清代紫砂器为主，且仅限于从器物造型角度进行推论。

台湾学者王亮钧在《东方博物》2017年第2期上发表《关于紫砂壶器式来源的省思——从明墓出土金属器谈起》一文，依据部分明代墓葬出土的紫砂壶和铜、锡金属器具，比较两者在造型与装饰上可能存在的借鉴与模仿关系，进而补述紫砂壶起源于明代的可能性。[2]

除此以外，上述的其他学者虽然对这一问题偶有提及，但都未做专门的探讨。如吴芝娟曾在《锡包壶工艺漫谈》一文中仅推测紫砂的泥片成形

---

1 李立新：《重构造物的模仿理论——紫砂器形的来源》，《创意与设计》，2012（1），71页。
2 王亮钧的研究主要针对明代墓葬中的相关出土实物进行器形上的比对，从而印证了同时期紫砂与金属器在形制上存在的模仿和借鉴关系。譬如，作者将南京市博物馆藏明嘉靖时期吴经提梁壶与上海明代李氏墓出土的锡制提梁壶两者做了器形和装饰上的对比研究。但作者认为吴经提梁壶"该器型源于金属器一事，已为学界共识，但迄今无人援引实物比对"这一观点却值得商榷。此前李立新先生在《重构造物的模仿理论——紫砂器形的来源》一文中对吴经提梁壶与金属器进行过比较和分析，遗憾的是作者可能没有发现此文。

工艺与技术

工艺在"一定程度上可能受到了锡器等金属工艺的影响",认为清代锡包壶的出现"表明两者之间在清以前的工艺领域中相互影响"[1],但未做具体深入的分析来证明其推断。

笔者综合上述学者的讨论,并在此基础上结合晚明文献记载、绘画中的有关图像,以及明墓中出土的紫砂器与铜、锡金属器等实物,做进一步的比较、分析和论证。

二、晚明文献中记载的紫砂与金属器之间的联系

明崇祯末年,周高起撰紫砂专书《阳羡茗壶系》开篇即云,昔时银、锡类金属壶具已不如紫砂受人追捧,但以纯锡所制茶铫、汤铫及水勺等锡质茶器仍在流行。此说可谓透露了晚明紫砂开始代替银、锡等金属材质的茶器,逐渐成为茶文具化中流行的时尚。书中与此有关的史料记载分列如下:

近百年中,壶黜银锡及闽豫瓷,而尚宜兴陶……

(徐友泉)因学为壶。变化其式,仿古尊、罍诸器,配合土色所宜,毕智穷工,移人心目。予尝博考厥制,有汉方、扁觯、小云雷、提梁卣、蕉叶、莲方、菱花、鹅蛋、分档、索耳、美人、垂莲、大顶莲、一回角、六子诸款。

---

[1] 吴文引清代李斗《扬州画舫录》记载:"吴人赵璧(赵良璧),变彬之所为,易以锡。近时,则归复所制锡壶为贵。"进而认为"锡壶的制作有很大一部分受到紫砂壶器型的影响",这一观点值得商榷。国内的锡器研究者几乎无一例外地都采纳了李斗的这一观点,并认为锡壶的造型大多是来自紫砂壶。事实上,李斗的记载颇值得怀疑。从《扬州画舫录》中对紫砂工艺及时大彬家世信息的讹误来看,李斗的记录或多来自坊间传闻,难以为信。另外,从工艺美术史的宏观发展规律来看,无论是材料抑或工艺,紫砂出现的年代都晚于锡器,因而锡壶借鉴紫砂壶形制的可能性相对较小。吴芝娟:《锡包壶工艺漫谈》,《茶叶》,2015(2),110—111页。

然炉头风雨声，铜瓶易作，不免汤腥，砂铫亦嫌土气，惟纯锡为五金之母，以制茶铫，能益水德，沸亦声清……

水勺、汤铫，亦有制之尽美者，要以椰、匏锡器，为用之恒。

周高起《过吴迪美、朱萼堂看壶歌兼吴贰公》：……源流裁别字字矜，收贮将同彝鼎玩。……

林茂之《陶宝肖像歌为冯本卿金吾作》：昔贤制器巧含朴，规仿樽壶从古博。……粉锡型模莫与争……一时咏赞如勒铭，直似千年鼎彝好。[1]

紫砂匠人徐友泉在当时被认为是紫砂技艺的集大成者。在他设计制作的紫砂壶中，如汉方、扁觯、小云雷、提梁卣、莲方、菱花等器形都仿自古代青铜器的造型和样式，并非徐氏的凭空臆造。正因如此，周氏诗云"收贮将同彝鼎玩"，将紫砂壶的地位同当时士绅阶层流行的青铜器收藏趣味相提并论，透露出把玩紫砂壶与赏鉴青铜器之间的内在联系。林茂之诗云"规仿樽壶从古博"与"粉锡型模莫与争"也透露出紫砂壶的器形设计是仿自青铜、锡器等传统的博古形制。可见，晚明紫砂壶的款式大都遵循了青铜器与锡器的经典形制，并在此基础上进行多样化的设计和创新。

宜兴吴氏家族后人吴梅鼎（1631—1700）在《阳羡茗壶赋》中也透露了紫砂壶的形制和样式来自对古代经典器形的传承，而非任意为之。如赋文开篇即云：

六尊有壶，或方或圆，或大或小，方者腹圆，圆者腹方，范金琢玉，弥甚其侈。独阳羡以陶为之，有虞之遗意也。……有客过阳羡，询壶之所

---

[1] （明）周高起：《阳羡茗壶系》（檀几丛书本），清康熙三十四年（1695年），新安张氏霞举堂刻本。

自来因,溯其源流,状其体制,胪其名目,并使后之为之者考而师之。是为赋。[1]

文首所谓"六尊"者,即盛酒、醴用以献祭的礼器。新石器时代,原始先民虽也制作有陶尊,然夏商周三代至春秋战国时期,礼器多为青铜质地。"壶尊"系"六尊"之一,器形或圆或方,有盖,或有耳,或有提梁。如壶、卣、有盖扁圆觯等形制皆属此类。吴梅鼎作此篇壶赋之目的不仅是"溯其源流,状其体制,胪其名目",而且在后文中,他特别强调了紫砂壶的造型元素实乃"皆有所本",意即壶型的设计都恪守着青铜礼器的传统形制:

……类瓦缶之太朴,肖鼎鬲以成区……

玉潭之上,并杵椎舂,合以丹青之色,图尊规矩之宗。……稽三代以博古,考秦汉以程功。圆者如丸,体稍纵为龙蛋;方分若印,角偶刻以秦琮。脱手则光能照面,出冶则资(质)比凝铜。彼新奇兮万变,师造化兮元功。

……方匪一名,圆不一相……尔其为制也,象云垒兮作鼎,陈螭觯兮扬杯。仿汉室之瓶,则丹砂沁采,刻桑门之帽,则莲叶擎台。卣号提梁,腻于雕漆,君名苦节,盖已霞堆。裁扇面之形,觚棱峭厉,卷席方之角,宛转潆洄。诰宝临函,恍紫庭之宝现,圆珠在掌,知合浦之珠回。……或分蕉而蝉翼,或柄云而索耳,或番象与鲨皮,或天鸡与篆珥。匪先朝之法物,皆刀尺所不儗。[2]

吴梅鼎指出,紫砂器形的设计之所以严格恪守三代青铜礼器的形制,

---

[1] (明)吴梅鼎:《阳羡茗壶赋》,(清)吴骞《阳羡名陶录》(仁和许增迈孙选入榆园丛刻本),清光绪十八年(1892年)。见韩其楼编著:《紫砂古籍今译》,北京出版社,2011,32页。

[2] (明)吴梅鼎:《阳羡茗壶赋》,(清)吴骞《阳羡名陶录》(仁和许增迈孙选入榆园丛刻本),清光绪十八年(1892年)。见韩其楼编著:《紫砂古籍今译》,32—33页。

目的是追求博古的风格，揣摩秦汉时期的古器物形制，目的则是呈现汉代深沉雄浑的气度。他形容紫砂器在进窑烧制之前的生坯阶段，表面效果光泽可鉴，如铜镜般能照出人的脸面；而在烧成出窑后，紫砂壶质地坚实，犹如凝结的铜器质感。吴氏的描述至少反映出当时的紫砂匠人在有意无意地对铜器的金属质地及其光泽度进行模仿。

在紫砂的经典器形方面，吴氏还列举其形制有：饰以云纹并青铜鼎造型的云罍壶、模仿古代青铜觯形的紫砂杯、仿汉代青铜瓶的汉瓶壶，即便是古董所呈现的朱砂沁色的效果都可用紫砂泥料来表现。还有提梁卣形制的紫砂壶，器表的光泽如同上漆般明亮。可以说，晚明紫砂器在形制、装饰和质感方面对青铜器的模仿最终都落脚于吴氏最后一句——"匪先朝之法物，皆刀尺所不儗"的无形的"造型规约"。

在市场价格方面，万历时苏州吴县县令袁宏道在《瓶花斋集·时尚》篇中记述道：

近日小技著名者尤多，然皆吴人。瓦瓶如龚春、时大彬，价至二三千钱。龚春尤称难得，黄质而腻，光华若玉。铜炉称胡四，苏、松人有效铸者，皆不能及。……锡器称赵良璧，一瓶可值千钱，敲之作金石声。一时好事家争购之，如恐不及。[1]

袁氏指出，当时流行的紫砂器价格已与铜炉、锡器不相上下，供春（本姓龚，亦称龚春）、时大彬等紫砂名家的作品价格甚至更高。这反映出当时紫砂与铜、锡类器物不仅在价值上同等贵重，而且在艺术市场上也有着同样的地位和购买需求。

万历朝刑部尚书王世贞在《觚不觚录》中也列举了晚明流行的诸多时尚手工艺品，其中多有金、银、铜、锡类名家之作。名家的作品在当时不仅

---

[1]（明）袁宏道著，钱伯成笺校：《瓶花斋集之八·杂录·时尚》，《袁宏道集笺校》（中），上海古籍出版社，1981，731页。

受到追捧，其社会身份和地位也不断得到提升，而且制作的器物还受到宫廷贵族阶层的青睐。实际上，时大彬等当时著名的紫砂匠人及其作品同在王世贞列举的知名艺人及其手艺商品之列。王氏所言反映了金、银、铜等金属手艺品在当时已成为上流社会阶层受人追捧的时尚艺术品得以流行：

今吾吴中陆子冈之治玉，……朱碧山之治银，赵良璧之治锡，……及歙吕爱山治金，……蒋抱云治铜，皆比常价再倍。而其人至有与缙绅坐者。近闻此好流入宫掖，其势尚未已也。[1]

此时的紫砂器制作方兴未艾，在造型设计、制作工艺以及市场消费的趋势方面，必然也会受到当时流行的金属手艺品的影响。

崇祯文人张岱在《陶庵梦忆》卷二《砂罐锡注》一文中，也将紫砂与锡器并列，并直指当时的紫砂器因其品地（即材料、功能、造型、工艺等）已经可与文人和贵族崇尚鉴藏的三代青铜器的文化地位相媲美，同时亦指出其价格的不菲：

宜兴罐，以龚春为上，时大彬次之，陈用卿又次之。锡注，以王（黄）元吉为上，归懋德次之。夫砂罐，砂也；锡注，锡也。器方脱手，而一罐一注价五六金，则是砂与锡与价，其轻重正相等焉，岂非怪事！一砂罐、一锡注，直跻之商彝、周鼎之列，而毫无惭色，则是其品地也。[2]

清乾隆时，海宁文人吴骞客居宜兴桃溪，撰《阳羡名陶录》亦云：

---

[1] （明）王世贞：《觚不觚录》，中华书局，1985，17页。
[2] （明）张岱：《砂罐锡注》，《陶庵梦忆》卷二，中华书局，2007，30页。此段文字中的锡注作者"王元吉"或为"黄元吉"。李日华《味水轩日记》万历四十三年十二月二十九条记："里中黄裳者，善锻锡为注，模范百出，而静雅绝伦，一时高流贵尚之……"见（明）李日华著，屠友祥校注：《味水轩日记校注》，上海远东出版社，2011，481页。

先府君性嗜茶，所购茶具皆极精，尝得时大彬小壶，如菱花八角，侧有款字。府君云："壶制之妙，即一盖可验试。"随手合上，举之能吸起全壶。所见黄元吉、沈鹭邑锡壶亦如是，陈鸣远便不能到此。

将"时壶"口盖的严丝合缝效果同晚明嘉兴锡器名家黄元吉、沈存周的锡器制作手艺相提并论，亦从侧面反映出当时的鉴藏者在心理上也将紫砂壶与锡壶置于同等的地位，并从工艺和造型上进行相互比照，比较匠人的制壶技艺水平。

以上明清文献中的记载都反映出紫砂初创期与发展过程中与铜、锡类金属器之间千丝万缕的互文关系。紫砂艺人在初创阶段对紫砂器形的设计和参照应该更多地模仿和借鉴了古代青铜器及当时流行铜、锡器皿的经典样式，并在此基础上结合器物的功能和时代的审美需求进行了改良和创造，这也是古代匠人设计智慧的一种体现。

三、明墓出土紫砂器与铜、锡金属器形制的相似性

（一）南京市博物馆藏明嘉靖御用监太监吴经墓出土紫砂提梁壶

南京中华门外明嘉靖二十三年（1544年）御用监太监吴经墓出土的紫砂提梁壶被认为是国内目前有纪年可考的年代最早的紫砂壶。[1]（图1）明

1　据吴经墓出土墓志及买地券的文字记载，吴经生于明成化七年（1471年）闰九月七日，卒于嘉靖二十三年（1544年）正月十九日，享年七十四岁。嘉靖十二年（1533年）七月曾于南京南郊安德乡三置乌石王家库（即今油坊桥马家山）预营寿藏一处，并于卒之次月的十三日移柩入葬。由于吴经墓的考古简报迄今未公布以及对墓志和买地券文献内容的误解，学界将"吴经建造寿藏的时间误作了吴经卒葬的时间"，进而将有纪年可考的国内年代最早的紫砂壶的下限时间弄错达数十年之久。因此，吴经墓出土紫砂提梁壶的年代下限应为嘉靖二十三年，即1544年。邵磊：《南京市博物馆旧藏明代宦官墓志考释》，《故宫学刊》，2015（2），149、152页。

图1 明嘉靖二十三年御用监太监吴经墓出土紫砂提梁壶,南京市博物馆藏

图2 (明)王问《煮茶图》局部,台北"故宫博物院"藏

确提出吴经提梁壶在造型上模仿金属器的观点的学者是李立新。他认为,吴经提梁壶壶嘴与壶身相接处贴饰柿蒂形泥片的目的是避免在钻塞泥孔安装壶嘴时因不稳而留下痕迹,贴加柿蒂形饰片则利于巩固和遮盖。这种做法通常是金属器制作工艺经常使用的方法。[1]台湾学者黄健亮也持相似观点,并指出粘贴柿蒂形饰片"是金属器常用的接合强化法",且根据提梁与壶腹的结构和比例关系"可看出制器者是依循着金属壶的概念而制作的"[2]。事实上,20世纪60年代丁蜀镇蠡墅羊角山古窑址发掘出土的所谓"北宋"时的紫砂残器,壶嘴与壶身的粘贴工艺大部分都采用了"打洞捏塞法","这种方法很像金属器具的铆钉形制,故称之为'铆钉(接)法'"。[3]

与此壶相关的另一幅明代图像材料系无锡画家王问作于嘉靖三十七年(1558年)[4]的《煮茶图》(图2)。此图画面中的人物和器物形象皆为白描手绘。画中主人坐于竹茶炉前挟炭烹茶,炉上置一把提梁壶。由于壶的形象

---

1 李立新:《重构造物的模仿理论——紫砂器形的来源》,《创意与设计》,2012(1),72页。
2 黄健亮:《晚明紫砂工艺最重要的百年》,《东南文化》,2007年增刊,6页。
3 宜兴陶瓷公司《陶瓷史》编写组:《宜兴羊角山古窑址调查简报》,见文物编辑委员会编:《中国古代窑址调查发掘报告集》,文物出版社,1984,61—62页。
4 王问,生于明弘治十年(1497年)卒于万历四年(1576年),《煮茶图》作于明世宗嘉靖三十七年(1558年),与南京吴经墓出土紫砂提梁壶处于同一时期(嘉靖朝)。

图 3　苏州明万历年间王锡爵墓出土成套锡明器中，与吴经提梁紫砂壶器形相似的锡提梁壶，苏州博物馆藏

图 4　上海宝山明代李氏墓出土锡制提梁壶

为线描且未设色，因此从图像中无法判断其材质是否为铜、锡金属或紫砂。但从画面中壶的器形来看，此壶的形制，如提梁、壶钮，可谓与吴经墓出土的紫砂提梁壶极为相似。对此，黄健亮和吴光荣都表述了相近的观点。他们认为两壶器形相似。吴氏认为画面中的提梁壶"很像金属壶，是用来煮水的。两壶相比较，从造型及功能上看，也应是用来煮水的"[1]。而黄健亮则根据画面中提梁壶的壶嘴呈细长和三弯式，且部位近于壶底，"推想此壶应是煮茶的锡壶"[2]。

此外，笔者在苏州博物馆发现明万历年间内阁首辅王锡爵[3]墓出土的一组锡制明器。其中，一把锡制提梁壶的器形与吴经墓出土的紫砂提梁壶形制几乎完全相同。（图 3）由王锡爵墓出土的锡制明器提梁壶来看，王问《煮茶图》中的提梁壶极有可能如黄健亮推断，应是一把锡制提梁壶。

1　吴光荣：《宜兴紫砂壶圆器造型研究》，《浙江工艺美术》，2005（2），65 页。
2　黄健亮：《晚明紫砂工艺最重要的百年》，《东南文化》，2007 年增刊，6 页。
3　王锡爵，字元驭，号荆石，南直隶苏州府太仓州（今江苏太仓）人。生于嘉靖十三年（1534 年）七月二十一日。明代内阁首辅，著名政治家。曾授翰林院编修，累迁詹事府右谕德、国子祭酒、詹事、礼部右侍郎、文渊阁大学士。官至太子太保、吏部尚书、建极殿大学士。万历三十八年十二月二十九日卒于太仓。赠太保，谥号文肃。《明史》之《王锡爵传》评：锡爵在阁时，尝请罢江南织造，停江西陶器，减云南贡金，出内帑振河南饥，帝皆无忤，眷礼逾前后诸辅臣。其救李沂，力争不宜用廷杖，尤为世所称。

工艺与技术

图5 上海松江工业区科贝特明代墓葬出土锡制提梁壶 　　图6 上海明成化十三年（1477年）黄孟瑄夫妇墓出土的锡制提梁壶 　　图7 奉贤明嘉靖三十八年（1559年）敕封文林郎广西道监察御史宋蕙墓出土的锡提梁壶

此外，上海宝山区明成化年间李氏墓出土的明器锡制提梁壶也与吴经提梁壶的器形相似。（图4）锡壶盖上有宝珠形钮，提梁为半圆形，上面有与吴经提梁壶相同的系孔，且有金属链条与壶钮连接。李立新认为这是金属壶防止壶盖丢失的常见做法，且"形似椅背的曲折提梁亦多见，该壶提梁造型无疑是模仿金属壶的样式而设计"。至于吴经提梁壶提梁上的系孔，他认为"完全暴露出此壶模仿金属器的印记"[1]。不仅如此，上海松江工业区科贝特明墓出土的锡制提梁壶，形制也与吴经提梁壶相近，其壶钮呈蘑菇状，提梁呈似椅背的曲折形。（图5）上海明成化十六年（1480年）黄孟瑄夫妇墓、上海奉贤明嘉靖三十八年（1559年）敕封文林郎广西道监察御史宋蕙墓分别出土的锡提梁壶，形制都很接近。（图6、图7）[2]

除考古发掘外，私藏方面，一件据传为湖州长兴古井中出土的明代锡壶（图8），除壶嘴残缺，其壶盖、壶钮、提梁以及整个壶腹与吴经墓出土紫砂提梁壶造型更是几乎一模一样。倘若确系明代遗物，则更能确定明代紫砂器与铜、锡金属在形制上存在借鉴和模仿之关系。

（二）无锡博物院藏南禅寺古井出土鼓墩形紫砂四系罐

无锡南禅寺古井出土的鼓墩形紫砂四系罐被学界公认为是一件制作于

1　李立新：《重构造物的模仿理论——紫砂器形的来源》，《创意与设计》，2012（1），73页。
2　图4至图7，均出自何继英《上海明代墓葬出土锡器》，《上海文博论丛》，2011（4），60—61页。

图 8　传湖州长兴出土似吴经提梁锡壶（私人藏） 　　图 9　明鼓墩形紫砂四系罐（无锡博物院提供） 　　图 10　明末清初大彬款紫砂壶残器（私人藏）

明代中晚期的紫砂煮水器，但该罐底部未见明显的炭烧痕迹。[1]（图 9）当时参与考古发掘的朱建新认为鼓墩形紫砂四系罐及其伴随出土的另一件单把带流的紫砂匜口罐一样，其制作年代都"相当于供春时期或稍后，尚处在不成熟阶段"，并指出"此壶没有配置壶把，而是在宽平肩上配置了四个元宝状桥形立系"。[2] 学者宋伯胤也曾对四系罐进行研究并两度现场观测，并认为四系罐的四系形制为银锭造型，且指出该罐系耳的形制和功能："短颈四周缀有四穿，作元宝形，是系绳索用的。"[3] 实际上，这种取材自银锭或铜钱币造型的现象在出土的诸多明末清初紫砂壶残器上十分常见。如 2018 年无锡新吴区毗邻鸿山遗址的明清墓葬群中即出土有"时大彬于晒柯阁制"款的紫砂壶残器，其流与身筒结合部位的出水孔即设计成铜钱形。[4]（图 10）

此外，学者张东曾将无锡南禅寺鼓墩形四系罐与传宋代刘松年画作

1　笔者曾两度于无锡博物院对该鼓墩形四系罐进行实际测量，未见该罐底部有煮水时堆积的炭烧痕迹。倒是与此罐伴随出土的另一件紫砂粗胎匜口罐，其底部残留有明显的焦炭层，其厚度为 1—1.5 毫米。显然，此匜口罐在当时用于煮水或煮茶。

2　朱建新：《无锡南禅寺出土的明代紫砂器》，《文物》，2002（4），92—93 页。

3　宋伯胤：《南禅寺古井的遗壶》，《紫砂苑学步——宋伯胤紫砂论文集》，68 页。

4　笔者所见诸多考古出土的明末清初时期的紫砂壶残器标本，其壶钮的造型、流的根部与壶身筒结合处的出水口被设计为铜钱的钱币孔形状。此壶被认为明代末期所制，壶胎呈砖红色，器形较大；壶盖、壶嘴、壶把缺失无存；现藏无锡市文化遗产保护和考古研究所。

工艺与技术　　299

图 11　传宋代刘松年《撵茶图》局部，台北"故宫博物院"藏

图 12　无锡华师伊墓出土"大彬"款三足柿蒂纹圆壶（无锡博物院提供）

《撵茶图》中的金属茶铫进行对比，认为四系罐的壶嘴略呈长方形，四个元宝形系耳和身筒上下镶接的成形方法"都带有金属原形的特征"。（图11）进而，他认为"金属板、片成型工艺对宜兴泥片法成型也一定有着影响"[1]。同时，他还指出《撵茶图》中"金属茶铫壶钮与壶盖接合处所绘如意云头纹，正与江苏无锡华师伊墓'大彬'款紫砂三足壶壶盖贴饰纹样图相像"[2]。（图12）上述现象也都反映了明代紫砂器对铜、锡金属器形制的模仿与借鉴。

1　张东：《从文献及考古材料看明代早期紫砂》，见故宫博物院编：《2007年国际紫砂研讨会论文集》，136页。
2　王亮钧：《关于紫砂壶器式来源的省思——从明墓出土金属器谈起》，《东方博物》，2017（2），94页。

四、紫砂器模仿和借鉴金属器形的时代背景和社会风尚

宋元时期,锡制的壶(汤瓶)、茶托盏、茶盒、茶罐均已出现并广泛使用。如距离宜兴较近的常州武进村前南宋家族墓出土的明器中,绝大多数是含锡成分的合金制品,且有多套锡质明器。不仅种类多,且都是仿制当时的日常生活器物。[1] 而明中晚期以后,商品经济的发展极大促进了江南地区书画、古玩、工艺美术等艺术品交易市场的繁荣。继宋代文人贵族阶层鉴藏金石的文化热潮之后,晚明又成为铜器

图13 (明)仇英《竹院品古图》局部展现的晚明文人雅集活动中聚会鉴赏古铜器的场景,故宫博物院藏

(尤其夏商周三代青铜古器)鉴藏史上又一个重要的高峰。各类铜、锡制器物已然成为朝廷皇室贵族和拥有一定经济实力的社会上层群体的"玩好之物"。

晚明时期的文人和贵族阶层不仅热衷于品鉴和收藏书画,在古器物收藏方面,铜器也成为他们日常交游和雅集活动中常见的赏鉴对象。如在唐寅、仇英等明代画家所作的《品古图》和《雅集图》一类题材的画作中都能见到当时文人聚集在一起观摩、交流古铜器藏品的场景。(图13)无论是朝廷官员如严嵩父子、韩世能、董其昌、李日华、王世贞兄弟等,抑或从事艺术品鉴藏的文人雅士,如詹景凤、项元汴、张应文、张岱、高濂、姜绍书等人,甚至商贾巨擘和有消费能力的有闲阶层,都参与到"玩好之

---

1 陈晶、陈丽华:《江苏武进村前南宋墓清理纪要》,《考古》,1986(3),253页。

工艺与技术

物"的收藏活动中。甚至在晚明时人撰写的有关字画、藏书、古器、奇玩的著作中，如《长物志》《格古要论》等，也常有对铜器鉴藏和古铜器辨伪知识的记载。但与宋代的铜器收藏高潮有所不同的是，晚明的铜器收藏显现出时代特有的文化风尚和审美观念，即"铜器成为居室运用、游具品物、玩赏古器和养植香花草木时的物品，是藏家心灵寄托之所在"[1]。

除了从以上史实的角度分析，晚明墓葬出土的文物也足以证明铜、锡器自明初时即已是贵族阶层才能配享的生活用器。明初朝廷为公侯伯等功臣墓葬提供陪葬明器，且有严格的等级次序差别。[2] 据学者夏寒的研究，在明早期的功臣墓葬中，大都随葬有整套的铜、锡明器，且以锡制明器居多。（见表1）

同时，他还指出，在江南地区的三合土墓葬中也有极少数墓葬随葬有锡明器。如无锡黄钺家族墓，江阴周闳夫妇墓，上海潘惠、潘允徵父子墓，都出土有数量多寡不一的锡制明器，且种类多以壶、盘、香炉为主。例如，上海潘允徵墓出土了"铜五供"以及锡盖鼎、罐、酒壶、提梁壶、盘等器物。[3]

此外，据学者何继英对上海地区出土有成套锡器的明代墓葬，如明初杨四山家族墓，成化年间黄孟瑄夫妇墓、宝山李氏墓，万历年间潘允徵、潘惠、宋蕙墓等墓主人身份的考察："黄孟瑄为处士，家庭经济殷实；杨四山为武略将军，五品官员；宝山李姓墓从墓内出土有木四梁束发冠，四梁冠，按明代职官制度，官阶在五品以上才可以佩戴，另从其墓圹规模、木棺及随葬木仪仗俑，木家具明器，成套锡明器及瓷器等，反映墓主人官阶至少是五品；潘允徵为光禄寺掌醢署监事，官阶从八品，父亲潘惠为浙

1　张牧欣：《晚明铜器收藏兴起之谜》，《艺术市场》，2013（1），101、103、105页。
2　明代《大明集礼》《大明会典》等文献对明代公侯墓的随葬明器种类记载较为详细，其中铜、锡类金属材质的灶具、餐具和酒水器具是随葬明器的一大种类。如《明集礼》卷三十七《凶礼·品官·明器》，《大明会典》卷一百六十二《工部十六》"职官坟茔"条和卷二百三《工部二十三》"职官坟茔"条之有关记载。
3　夏寒：《试论江南明墓出土之模型明器》，《江汉考古》，2010（2），99页。

表1　南京地区明初墓葬出土铜、锡明器一览表[1]

年代	墓主	铜、锡明器
洪武十二年（1379年）	海国公吴祯	铜灶1、铜圜底锅1、铜平底锅1、锡盘12、锡罐1、锡匙1、锡筷1、锡烛台2
洪武十四年（1381年）	江国公吴良	铜灶、铜盆，锡明器一套
洪武二十三年（1390年）	靖海侯吴忠	铜灶、铜盆，锡明器一套
洪武三十五年（1402年）	长兴侯夫人	锡香烛、烛台、罐、盒、粉盒，其余不辨器形
永乐二十二年（1424年）	魏国公徐钦	铜锡明器，铜盆、铜火钳、铜火炉、锡壶2、锡瓶1、锡盒、锡碗3、锡茶托2、锡烛台2
正统九年（1444年）	魏国公夫人	铜炉、锡壶1、烛台2、瓶3、盘2、碗4、香炉1
正统四年（1439年）	黔国公沐晟	墓出土铜明器5件：灶2、盆2、熏炉1；锡明器35件，有香炉1、烛台2、盆1、碗5、碟12、高脚杯2、盖罐1、盒1、提梁壶1、酒壶2、筷2、勺1、插筷勺瓶2等
景泰七年（1456年）	太监金英	铜灶、铜锅、锡杯、酒杯、锡壶、碗、插瓶、烛台、盖碗、托盏、香炉、筷、盂等近百件锡制明器
宣德年间	安成公主	锡明器40余件，有锡壶、锡杯、锡盘、铜锅等
正统十三年（1448年）	宋铉	锡器37件，器形小巧，有灶、碗、盒、盆、盘、杯、炉、壶、烛台、瓶等

江温州府通判，潘惠同左都御史潘恩是亲兄弟，潘氏家族为明代上海四大望族之一。宋蕙为嘉靖敕封文林郎广西道监察御史，松江科贝特明墓、浦东高桥明墓虽不知墓主为何人，但从出土比较丰富的随葬品反映出墓主人有一定的政治、经济实力。"[2]

---

[1] 此表由作者夏寒所作。因发掘报告中没有详细指出铜锡明器有哪些具体器类，故作者在表格中仅提明器一套。同时，作者提到，明代万历皇帝定陵出土的铜、锡明器最为完备，其中锡器多达370件。参见夏寒：《试论江南明墓出土之模型明器》，《江汉考古》，2010（2），99—101页。

[2] 何继英：《上海明代墓葬出土锡器》，《上海文博论丛》，2011（4），65页。

工艺与技术

表2 上海地区明代墓葬出土锡明器一览表[1]

年代	墓主	铜、锡明器
成化十三年（1477年）	处士黄孟瑄夫妇	锡明器29件：暖锅5、壶2、盘15、烛台2、火盆、高足杯、灯盏、香炉、苍璧各1
万历年间（1573—1620年）	光禄寺掌醢署监事潘允徵家族墓	锡暖锅19，锡鱼篓罐1，壶、盆、灯盏、锡笔架、砚台各1
明	夫妇合葬，姓氏不可考	暖锅5、壶2、烛台2、灯盏、奁、盆、盅、罐、盘各1
嘉靖三十八年（1559年）	敕封文林郎广西道监察御史宋蕙墓	锡器1套：暖锅13、壶4、盘15、供盒8、器座8、茶托2、茶盅2、烛台2，花瓣口盘、火盆、三足炉、灯盏、玉壶春瓶、盅各1
成化年间	李氏	锡明器1套：暖锅4、壶2、烛台2、耳瓶1、高足杯1，灯盏、盘、插铜筷和匕首的筋瓶、香炉、钵各1
明	不可考	锡明器20多件：暖锅5、壶2、盘9、盅2、盅盘组合器1套，筷2，香炉、漏斗形器各1
明	夫妇合葬，姓氏不可考	锡器1套：暖锅4、盘2、烛台2、樽1，盅盘组合器1套
明初	武略将军杨四山家族墓	锡器3件：壶2、高足杯1
明	不可考	锡器一套26件：计暖锅4、盘15、烛台2，盅、钵、樽、火盆、交椅各1

根据上述两位学者的研究可知，铜、锡器的使用阶层多是明代上流社会和官宦阶层。特别是锡器，在明代已成为贵族阶层日常生活当中所使用的高档的礼仪与餐饮器具。如前述苏州万历朝内阁首辅王锡爵墓出土的一组锡铸执盏、杯、盘等祭器，足有28件。[2]

事实上，除了上述两位学者提供的考古资料外，出土有紫砂壶的明代墓葬中也伴随有铜、锡类金属器皿的出现。如前述吴经墓葬也出土有锡瓶、

---

[1] 此表系笔者根据何继英《上海明代墓葬出土锡器》一文中引证的明代墓葬出土锡器情况制作。原文内容见《上海文博论丛》，2011（4），57—56页。

[2] 苏州市博物馆：《苏州虎丘王锡爵墓清理纪略》，《文物》，1975（3），52页。

图14　吴经墓出土的瓷器、锡器，南京市博物馆藏
[黄健亮：《晚明紫砂工艺最重要的百年》，《东南文化》，2007年增刊，7页]

图15　明崇祯年间无锡华师伊夫妇墓出土锡制竹节酒壶，无锡市锡山区文广局藏

图16　陕西延安明代杨如桂墓出土的鎏金铜插瓶、铜烛台、鎏金铜鼎，陕西省延安市宝塔区文体事业局藏
[姬乃军：《延安明杨如桂墓》，《文物》，1993（2），84页]

铜盘等少量铜、锡类金属器皿。[1]（图14）无锡崇祯初年的华师伊夫妇墓除"时壶"外，也出土有鎏金铜手炉、铜盘以及檀木把、玉盖顶、竹节流的锡质茶壶。[2]（图15）发掘者言："此墓同时随葬紫砂壶和锡茶壶，也反映出明代晚期正处于金属茶壶和紫砂茶壶相互交替的阶段。"[3]陕西延安明代杨如桂墓葬在出土"时壶"的同时，也伴随出土有三件铜器：底纹为金钱纹的鎏金铜鼎、鎏金铜插瓶、铜烛台。[4]（图16）

1　龚巨平：《明代御用监太监吴经及其墓葬出土紫砂提梁壶考》，见江苏省考古研究所、宜兴市文物管理办公室编：《紫泥沉香：2015宜兴紫砂学术研讨会论文集》，译林出版社，2017，212页。
2　冯普仁、吕兴元：《江苏无锡县明华师伊夫妇墓》，《文物》，1989（7），52页。
3　冯普仁、吕兴元：《江苏无锡县明华师伊夫妇墓》，《文物》，1989（7），59页。
4　姬乃军：《延安明杨如桂墓》，《文物》，1993（2），83—86页。

由于银器较为贵重，非商宦阶层难以企及，因而锡器在明代逐渐成为银器的替代品。特别是明代饮茶流行的瀹饮法，让无铜腥味的锡制茶具在明代茶人集团中得到广泛流行。除了传世的锡茶具与墓葬出土的锡明器的佐证，明代出版的茶书中也多有对锡质茶器的使用评鉴，随着锡原料纯度的提升和制作技艺的进步，晚明用于赏玩的文人锡壶在江南地区也日益流行。[1]

　　尽管紫砂器在晚明受到文人和贵族阶层的追捧，但由于出现的时间较晚，在鉴藏趣味的传播力度、材料价值的认知程度、名家作品的制作数量以及工艺的传承等方面尚未及铜、锡类器物所具有的符号价值。因此，晚明名家所作的高端、昂贵的紫砂茗壶在流行和消费的影响程度上同金银器、铜锡器甚至高端的青花瓷器相比，在江南地区的艺术品消费市场中显得并不那么成熟。在目前已发掘出土的明代不同社会阶层的墓葬中，除了宜兴时大彬等名家署款的紫砂器，其他普通的紫砂器物都不是常见的陪葬器。正因如此，晚明紫砂器的形制设计不可能先于金银、铜锡类金属器的造型设计，这也断然不符合人类造物活动的历史发展规律。而且，从目前明墓考古发掘的情况来看，也的确不是如此。从这一点来说，相比其他"时玩"而言，较晚出现的紫砂类器物，其材料、制作工艺乃至设计的审美趣味都会以先于其出现的"玩好之物"做比拟，借鉴其造型、功能以及审美上的优势，并在此基础上进行创新。这也是新生事物诞生时，在制作工艺和设计创新方面所呈现出的一个基本的技术规律和文化观念上的逻辑。

五、锡器制作工艺与紫砂器制作工艺的相似性

　　除了史料文献、出土器物的证据，从锡器与紫砂器的制作工艺角度来比较，亦可发现两者在材料的形塑、操作手法以及成器的工序步骤等方面

1　李靓：《锡茶具史话》，《农业考古》，2016（2），68—69页。

存在着高度的相似性。下文以锡圆壶和紫砂圆壶的制作流程为例,通过表格与图片的互文方式,来呈现两者之间的相似性。(表3)[1]

表3　锡器制作工艺与紫砂制作工艺比较

锡器制作工艺步骤		紫砂器制作工艺步骤	
原料锡—熔锡		紫砂矿—炼泥	
下料(压锡片)		打泥条	

1　该表格制作主要参考下列文献:徐振礼:《精美雅致:锡器收藏与鉴赏》,新世界出版社,2014,3—6页。曹婉芬:《宜兴紫砂传统手工工艺技法》,广陵书社,2010,88—95页。其中,锡器制作工艺图片由山东莱芜王祥凤锡雕研究院锡雕工艺第八、九代传人王圣良、王绪贤父子提供。紫砂陶刻技艺、模具和灌浆工艺照片分别由宜兴紫砂陶刻艺术家刘曾、制壶艺人吴伟明和中国艺术研究院博士生朱翊叶提供。

续表

锡器制作工艺步骤		紫砂器制作工艺步骤	
打样裁剪	剪裁后的圆形锡板	裁切泥片	
圈形		围身筒	
焊接组合		接泥条	

308　　制器尚象：中国古代造物观念与传统研究

续表

锡器制作工艺步骤		紫砂器制作工艺步骤	
锉修（打磨、锉修）		篦接缝	
打坯	打坯后外观不平整，表面有凹凸感	拍身筒收口	

工艺与技术　　309

续表

锡器制作工艺步骤		紫砂器制作工艺步骤	
锻形	1. 使表面平滑；2. 让结晶细化，便于抛光和增加器物的机械强度；3. 消除打坯造成的表面微裂；4. 精确塑造器物外形	搋身筒	
		篦身筒	
车旋		车壶钮	
		机车壶	

310　　制器尚象：中国古代造物观念与传统研究

续表

锡器制作工艺步骤		紫砂器制作工艺步骤	
雕刻		陶刻	
抛光		过明针	
模铸		石膏模具	
		注浆	

工艺与技术　　311

至于使用锡与紫砂材质制作的其他方器类与花器类器物,其成型工艺与制作方法也十分相近。特别是紫砂的方器与锡制方器的成型工艺和制作手法,更是如出一辙。唯有材料上的区别,即紫砂是用泥片镶接,而锡器则为锡板镶接。其他的步骤与上述圆器的制作步骤皆为一致。至于紫砂花器的制作工艺和锡雕的制作工艺也十分相似。在此不再赘述。

六、结语

明代的铜、锡类金属器具无论是作为上流阶层把玩的古董或艺术品,抑或是日常生活当中的实用器乃至墓葬中的陪葬品,都反映了整个明代尤其是晚明,铜、锡金属器的赏玩成为一种流行的文化价值符号及器物的审美风尚。其形制与造型的样式,甚至功能与制作工艺皆成为明代中晚期诞生的紫砂器,尤其是紫砂壶类的茶器,在器形设计与制作工艺方面模仿和借鉴的"范本"。尽管这种不同材料、不同工艺种类之间的模仿和借鉴行为不可能是完全的、直接的甚至是以"照搬照抄"式的方式进行的,但从文献、实物、工艺三者之间都可以发现彼此间隐约存在的内在联系。换言之,即便明代铜、锡器与紫砂器匠人之间不存在技术层面的直接交流,甚至缺乏两者之间模仿与借鉴的直接证据,但从文献、考古实物以及工艺之间的比较来看,两种造型、材料、工艺之间的响应是真实和客观存在的。由此可以判断,初创期的紫砂匠人在一定程度上对铜、锡类金属器的造型与工艺进行了借鉴与模仿,后期结合紫砂陶器自身材料与工艺的特点逐渐发展并成熟起来。但必须指出的是,上述的模仿和借鉴现象是晚明紫砂诞生与发展过程中的一个局部行为,并非紫砂成型方式与制作工艺的主体或主流。亦即紫砂作为陶器,本身的材料特性和成型制作方式仍然是其工艺传承和发展的主流形态。至于紫砂烧成后作为炻器,其透气性和隔夜不馊的特点以及晚明当时茶人流行的瀹茗风尚,也是对紫砂器在形制、功能等设计方面产生直接影响的重要因素。以上诸文化背景、生活方式、审美观念等因素不仅符合人类几千年造物活动的经验和规律,而且对当下从发生学角度认识和理解某一工艺美术门类的起源与流变过程都有着至关重要的意义。

清世宗的式样库
——基于《活计档》的考察

陶晓姗
故宫博物院故宫学研究所

摘　要：雍正朝的宫廷工艺美术具有高雅隽秀的艺术品格，是清代宫廷工艺发展的一个高峰。本文在对《活计档》"留样"旨令进行全面分析的基础上，认为雍正帝建立了一个供御用品造办的式样库，专门保存他所中意的各类工艺美术的造型、装饰、工艺与设计等素材，并积极应用在宫廷工艺美术的制作中。通过档案文献与传世文物的综合考察，可以认为，雍正帝通过钦定式样以及式样库使用，将个人对器物的审美旨趣与标准在宫廷造办中实现了双重强化，这使得符合其审美旨趣的工艺美术的各种元素在皇家物资与工艺平台上不断地重新组合、排列，直接促成了雍正朝宫廷工艺美术形成风格相对统一与纯粹的时代特点。

关键词：雍正帝；留样；造办处；恭造式样

一、引言

清世宗雍正帝登基之后，于雍正元年（1723年）扩大整顿养心殿造办处，将炮枪处、舆图处、自鸣钟俱归并造办处管理，增设六品库掌三人，八品催总九人，笔帖式八人；并且增设造办处库房、强化档案管理。雍正三年（1725年）起，皇帝逐渐长居圆明园，增设圆明园造办处。结合《活计档》来看，各类御用造办机构除上述两造办处，还牵涉内务府的一些司院、江南三织造、粤海关、江西饶州烧造瓷器处等各级造办机构。在对这些分布在京城与地方的御用品造办机构的管理上，雍正帝任贤用能，相关官员精干尽责，各机构运转顺畅。

同时，雍正帝还使用钦定式样作为他控制宫廷御用品制作的具体手段，确立"照样成作"的样作机制[1]以及"做样呈览，准后再做"的程序规定。他或指定物样、要求"照样成作"，或要求据旨做样、"呈样供览、准后再做"。其中的"样"，实际上就是现代人所说的"模型"（立体）与"图样"（平面）。我们知道，任何一种工艺美术，都是造型、装饰（图案、色彩、附件）、材质与工艺的集合体。而无论是"模型"还是"图样"，都是以不同的比例，将设计者设想中要达到的造型、装饰效果，由虚向实、具象呈现，供设计者检查、修改，如果"样"与设想相符，就可以据此调配物资、准备工序，并可以最大限度地降低返工的可能。从这个角度来看，雍正帝强调宫廷工艺美术造办要"照样成作"，可以说是对"样"在制器过程中的作用了若指掌。

在梳理《活计档》的过程中，笔者发现在大量按样制作的活计中，有一种特殊的"留样"活计，其内容并非制作皇帝日常御用或赏用活计，而是专门制作雍正帝看中的"式样"，以便保存。他这样做的目的及影响是什么呢？目前尚未见学术界对此进行专门讨论。[2] 本文在全面梳理与分析雍正朝《活计档》留样旨令的基础上发现，这是雍正帝着意保存各类工艺美术的做法——一个由雍正皇帝亲自筛选储备的、专供宫廷工艺美术的"式样库"也随之浮现。本文继而探讨了雍正帝取样的来源与特点，认为

1　参见拙作《雍正帝的"照样成作"机制》，待刊稿。
2　目前关于"留样"探讨的仅见于张学渝、李晓岑《试论清世宗对清宫造办处的改革》，第3节中提到："清世宗还将符合标准的优秀的器物'存样''留样'，以便工匠能更为直观地理解皇帝的意思。"随举雍正七年四月初一《活计档》两例，相关内容未有深入分析。参见《广西民族大学学报（自然科学版）》，2016年22卷（4），23页。

工艺与技术

雍正五年闰三月初三日的"留式样"旨令标志着雍正帝的式样库的成立，并分析式样库的构成、分布，认为这为雍正朝宫廷工艺美术最终形成统一的艺术风格起到了重要作用。下文将依次述之，并就教于方家。

二、雍正帝鉴物取样的七个角度

雍正皇帝登基时正值壮年，审美观念成熟，对生活日用中的各类器物都有个人的使用习惯，而且因新君登基，亦要制作具有新气象的各类赏用物品，反映在《活计档》的记载中，体现为雍正帝利用各种御用造办机构，在礼制的框架下，开始调整造办器物的风格。将符合雍正帝审美标准的各种器物直接拿来做模型，显然是一种简便有效的方法。因此，雍正帝不断指定各类器物，给造办处做样，并形成了一种"照样成作"的造办机制。帝王取物为样的过程，自然也是以个人喜好、审美旨趣进行赏鉴的过程。至于其鉴物取样的角度，这在一类特殊的造办活计——"留样"活计中，有着集中的体现。"留样"活计，顾名思义，并非制作具体的器物，而是专门用来保存皇帝中意的"样"的活计。

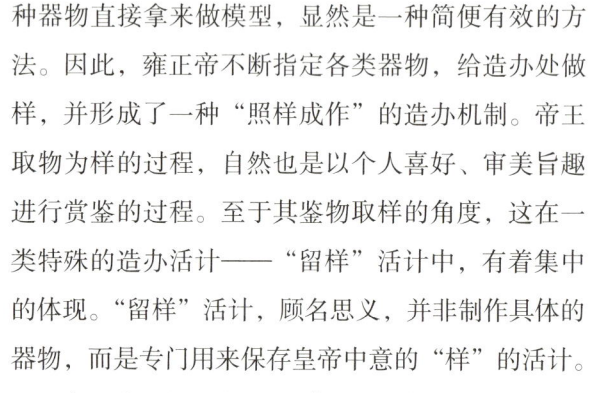

雍正帝下旨留样，在《活计档》中可以追溯至雍正元年正月。如：雍正元年正月二十二日（翰林张照又篆得"雍正御笔之宝"篆样二张，滕继祖、袁景邵、张魁等三人，每人各篆样三张，入刻字作）"怡亲王呈览，奉旨：准张照古篆'雍正御笔之宝'（图1、图2），将之字下横取平。选吉时照样镌刻"。其篆样"好生收着。钦此"。[1] 同月"二十六日怡亲

图1 故宫博物院藏寿山石"雍正御笔之宝"印

图2 "雍正御笔之宝"印文

---

1 中国第一历史档案馆、香港中文大学文物馆合编：《清宫内务府造办处档案总汇》第1册，人民出版社，2005，7页。

王交斗钮雕锦地（夔龙凤寿山石）图书二方（合牌锦匣盛）。奉旨：此图书样式、雕刻、做法俱好。嗣后若有如此图书，俱照此样式做。钦此"[1]。此后，雍正皇帝不断以"做法好""式样好"为名要求造办处留存相关的物样。从雍正朝十三年的《活计档》来看，雍正帝所留之"样"，角度并不相同，因而内容丰富，可概分为七个方面：

（一）以样留造型

如："雍正二年二月初四日怡亲王交呆黄玻璃瓶一件，奉旨：此样甚好，嗣后烧珐琅瓶、玻璃，尔等俱照此样烧造。钦此。（于本月二十一日照样镟下木样，存作。原交呆黄玻璃瓶一件，怡亲王呈进。）"[2]

（二）以样留颜色

如："雍正六年三月二十一日据圆明园来帖内称，太监王进玉交来葡萄色玻璃鼻烟壶六件原样一件，说太监刘希文传：此鼻烟壶六件颜色不好，仍照此原样鼻烟壶，另补做六件，随铜镀金盖象牙匙。记此。于四月初十日补做得铜镀金盖象牙匙葡萄色玻璃鼻烟壶六件，太监吕进朝持去交太监刘希文，讫。原样一件亦交太监刘希文讫。随又交出，着收着存样。原交出葡萄色玻璃鼻烟壶六件，交内管领穆森持去讫。于七月十九日将原样葡萄色玻璃鼻烟壶一件，栢唐阿黑达子送去交怡亲王府太监李成收，讫。"[3]

（三）以样留图案

例如："雍正六年十月二十日太监张玉柱、王常贵交来糊西洋纸合牌匣一件。传旨：此匣上纸的花纹看着新样，将此花纹画下，嗣后造办处或做彩漆，或织锦，或做砚盒，或做小式活计，仿此花纹做。钦此。"[4]

---

1 《清宫内务府造办处档案总汇》第1册，11页。
2 《清宫内务府造办处档案总汇》第1册，358页。
3 《清宫内务府造办处档案总汇》第3册，256页。
4 《清宫内务府造办处档案总汇》第3册，307页。

（四）以样留做法（工艺）

例如："奉旨：此洋漆片镶嵌做法甚好，将此镶嵌做法俱存下样式，其原样鼻烟壶仍交时进。嗣后，若有洋漆物件应做瓘嵌者，可照此做法瓘嵌，钦此。"[1]

（五）以样留设计

如："雍正七年四月初三日 初三日郎中海望持出（入玉作）汉玉绕云夔龙式扇器一件，奉旨：此做法甚文雅，着存样。将原样送进。钦此。"[2] 像因"做法甚文雅"而要求留样的，在档案中还有几处，如果将其与第四种"以样留工艺"对比的话，就会发现，认为这里的"做法"与"镶嵌做法甚好"的"做法"不同，并非为了留器物之造型、装饰与工艺，而是因其别致的设计所呈现的文雅效果，让雍正帝留意存样。

（六）以样留"来历"

例如："传旨：此盒四角花纹来历甚好，着存样。嗣后若有应做何物酌量在何物上做，钦此。本日存下样式，即将原金錾番花长方盒一件，司库常保持进，交太监沧州收，讫。"[3] 这是在雍正皇帝留存为样中最为特别的一类。这里的"来历"，是指衍生图案、造型、设计的来源。

（七）以样留数值标准

宫廷造办，器物大小尺寸自由钦定。但是有些物品因当时条件所限，相关数值诸如光学数值、色彩、声音等无法固化明确，雍正皇帝以相关器物作为标准，以留存适合数据。其中主要有两种：

一种是光学数值，如："传旨：此茶晶眼镜光做的甚好！以后做眼镜时，照此光的远近做。"[4]

---

1 《清宫内务府造办处档案总汇》第 3 册，639 页。
2 《清宫内务府造办处档案总汇》第 3 册，494 页。
3 《清宫内务府造办处档案总汇》第 5 册，494 页。
4 《清宫内务府造办处档案总汇》第 1 册，412 页。

第二种是色标，如："雍正六年七月十二日据圆明园来帖内称，本月初十日怡亲王交西洋珐琅料：月白色、白色、黄色、绿色、深亮绿色、浅蓝色、松黄色、浅亮绿色、黑色，以上共九样；旧有西洋珐琅料：月白色、白色、黄色、绿色、深亮蓝色、浅蓝色、松黄色、深亮绿色、黑色，以上共九样；新炼珐琅料：月白色、白色、黄色、浅绿色、亮青色、蓝色、松绿色、亮绿色、黑色，以上共九样；新增珐琅料软白色、秋香色、淡松黄绿色、藕荷色、浅绿色、酱色、深葡萄色、青铜色、松黄色，以上共九样。郎中海望奉怡亲王谕：将此料收在造办处做样。俟烧玻璃时，照此样，着宋七格到玻璃厂每样烧三百斤用，再烧珐琅片时，背后俱落记号。"[1]这已是世人熟知关于雍正朝珐琅色彩的史料，但是对其中怡亲王要求以旧有、新炼的 36 色珐琅为色样，即以此作为日后烧造玻璃、珐琅等活计的颜色标准，尚未有足够的重视。这种"做样"类似今天工艺制作中"色标"的用意。留存色样，并非只是外观色彩的问题，实际上考虑的还是技术。比如"白色""月白色""软白色"，对观者而言，这是对色系深浅浓淡的描述，但是对工匠来说，这是指特定的色料配比和烧造温度等技术性要求。此处"做样"要求是怡亲王所说，但亦是雍正皇帝的意思。

雍正帝或因自己喜爱此物的造型、图案、色彩，又或是认为相关的设计可供宫廷造办借鉴，又或可借其固化难以描述的数值标准，下旨要求留存相关式样。如果再考虑到《活计档》所载雍正帝鉴物取样的内容，并不涉及诸物承载的历史信息与文化内涵，而仅关工艺之造型、色彩、图案、工艺、设计、数值标准以及设计的衍生源等七个方面，体现了雍正皇帝观物鉴赏的多角度、多层次的特点。诸物之于雍正帝，不仅是日用器物，亦是他的喜好与制器标准的物化。雍正帝所谓"样""式样"之含义是如此丰富，是其多角度、多层面的鉴物观决定的，这表现在取样上，亦有类似特点。

---

[1] 中国第一历史档案馆、北京铁源陶瓷研究院：《清宫瓷器档案全集》卷一，中国画报出版社，2008，95 页。

三、雍正帝汲取式样的特点

（一）不拘贵贱、广取博收

雍正帝取法诸物范围广，这是指其所取之物，类别广、来源广，体现了不拘贵贱、广收博取的特点。雍正帝取样所涉实物包罗万象，有桌几椅柜、碗碟瓶盆、盂钵缸罐、笔墨纸砚、被褥帐幔、坐垫背靠、衣帽鞋袜、串珠眼镜，等等。从档案与实物来看，他取材之物，其来源既有清宫旧藏历代古董、康熙朝造办处所做的工艺美术、粤海关与各钞关采办物品尤其是东西洋的货物，还有来自官员与地方所呈献的贡物，如："雍正三年（法琅作）十九日郎中保德员外郎海望交成窑五彩罐一件……传旨：嗣后烧法琅并磁器俱照五彩罐上花样画，尔仿此样亦烧做几对。……钦此。（于四月十二日做得仿宣窑青花白地罐一对，五彩花白地罐二对［参见图4］，怡亲王呈进，讫。）"[1] 而在雍正七年，皇帝要求再次烧造此类成化五彩瓷罐，档案载："据圆明园来帖内称四月十六日太监刘希文王太平交来成窑五彩磁罐一件（无盖，参见图3）传旨：着做木样，呈览。钦此。（于四月二十日做得画五彩木样一件，郎中海望呈览，奉旨：将此罐交年希尧，添一盖，照此样烧造几件。原样花纹不甚好，可说与年希尧往精细里改画［参见图5］。钦此。于四月二十五日将成窑五彩罐一件并木样一件，郎中海

图3　故宫博物院藏明成化斗彩团花菊蝶纹盖罐

1　《清宫内务府造办处档案总汇》第1册，667页。

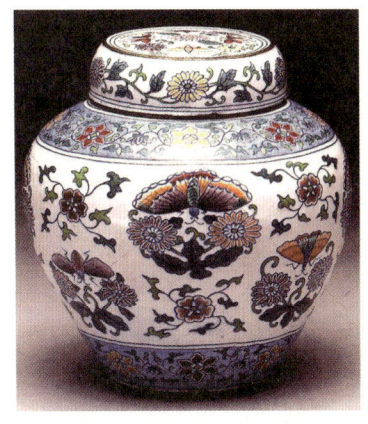

图4 台北"故宫博物院"藏清雍正款铜胎画珐琅白地花蝶纹盖罐（施静菲：《日月光华：清宫画珐琅》图64，台北"故宫博物院"，2012，101页）

图5 故宫博物院藏雍正款斗彩团花菊蝶纹盖罐

望交年希尧家人郑旺持去，讫。）"[1]以上两例均以成化五彩瓷罐为样，用来烧造珐琅器与瓷器。[2]

甚至萝卜鲜灵红艳、盆花姿态美妙都能激发起雍正皇帝"取样"的念头，如："雍正十年（牙作）九月二十三日据圆明园来帖内称本日司库常保首领萨木哈持出小黄菊花一盆，说太监沧洲传旨：此花朵梗叶俱甚好，着照样做瓶花，钦此。"[3]可见，雍正帝以物取样，并不分贵贱。

---

1 《清宫内务府造办处档案总汇》第4册，97页。
2 按：今存于故宫博物院的成化斗彩团花菊蝶纹罐（图3），据院藏品附注得知其盖为"雍正后配"，符合上述雍正七年例的记载。而存于台北"故宫博物院"之雍正款铜胎画珐琅白地花蝶纹盖罐（图4），与成化瓷罐造型相同，装饰图案母题与细节极其相似，可能就是此例中雍正三年《活计档》中所载的据成窑五彩罐所仿做的珐琅制品。另一件存于故宫博物院雍正款斗彩团花菊蝶纹瓷罐（图5），与明成化五彩瓷罐造型亦相同，但构图布局饱满，笔法更工整细致，尤其是彩蝶身上花纹纤毫可见，符合雍正七年档案中"往精细里画"的要求。但是档案显示，雍正三年交予珐琅作的成化窑五彩罐一直留在作坊里，直至雍正十三年才交库。据此推测，可能是雍正帝当时是将一对成化五彩瓷罐分别交与珐琅作与江西烧造瓷器处为样制作相关器物。此类罐成对出现的情况也符合档案中成对烧造的记载。后经陈华莎老师核实，"盖雍正后配"的鉴定意见系耿宝昌先生所做，并告知雍正朝确有与图3相同图案的仿成化斗彩盖罐，现藏于中国驻法大使馆。这验证了本文对三罐及相关《活计档》的分析。在此感谢陈华莎老师教示。
3 《清宫内务府造办处档案总汇》第5册，461页。

此外，雍正帝还有一类取样来源，即取官员与工匠所制作的模型与图样。雍正帝有时会要求相关人员为日后的节令活计、寿意活计、赏用活计等，提前设想式样，绘制成图。其中的佼佼者是雍正六年起调任江西烧造瓷器处的唐英。他所制瓷样，"每月于初二、十六两期解送淮关总管年处呈样，或十数件，或六七件不等"。也就是说一年呈样数量在150—360件。但笔者据另一条清宫档案发现，唐英实际呈样数量要远大于此。档案载："呈进雍正十二年分：呈样琢器三百九十四件、呈样圆器六百七十件（二共一千六十四件）。……雍正十一年分：呈样次色琢器一百四十九件、呈样次色圆器二百三十二件，二共三百八十一件。"[1] 此档案虽无记录之时间[2]，但据内容不难看出是雍正十一年、十二年唐英解瓷清单。其中雍正十一年仅次色样瓷达381件，而雍正十二年时，上色样瓷高达1064件。这还只是单一年份上色、次色瓷器的呈样。如此大规模的呈样，足见唐英于瓷器造型以及釉色研发上倾注了个人全部的才情与精力，而他将样瓷呈送御前，供雍正帝裁选，最终据旨成造，为清代制瓷走向高峰作出了杰出贡献。养心殿造办处有画作，由画匠绘样。各作坊也有一些具有制样能力的匠人。雍正五年正月二十一日，皇帝以不能让工匠空闲为由，要求给工匠们增派活计，而绘样就是其中的一种。工匠共绘画样共17种[3]，显示了工匠们在器物造型与装饰上的研发能力。其中的包袱式盒样，后来做成"各色彩漆锦

---

1 《清宫瓷器档案全集》卷一，222 页。
2 按：此档案为一页清宫旧档，影印，无抬头与题签。笔者对此文在述及雍正十二年上色瓷器之后，却继写雍正十一年的次色瓷器，有点不解，此处可能存在笔误，即均为雍正十二年瓷器数量，分为上色与次色呈报。这有待新的史料发现进行相关证明。但无论是否为同一年瓷器清单，都不会对笔者解读的结论发生根本性影响，是按。
3 《清宫内务府造办处档案总汇》第2 册，723 页。

样包袱盒九件"[1],因受到雍正皇帝的喜爱,之后多次制作,成为清代宫廷漆器的代表作品。(参见图6)

(二)弃短取长,择优取样

雍正帝只要发现好"式样"就会取样留用,一些取样旨令反映了他弃短取长、择优取样的特点。例如:

图6　故宫博物院藏黑漆描金三多锦袱纹长方匣盒

奉旨:如意头太沁了,题咏字并漆的做法甚好,只可取其做法款式,尔等酌量做。如意上题咏字做时另拟。钦此。[2]

传旨:此鼻烟壶嘴子、足子与款式俱不好,花卉亦不好,但来历好。可照此鼻烟壶来历,照造办处款式、画好花卉,烧造几件呈览。钦此。[3]

传旨:此壶甚蠢,样式亦不好。但马尾织法甚好,交常保萨木哈照马

1　按:此处史料线索来自故宫博物院杨勇相关研究,参见《雍正 清世宗文物大展》(台北"故宫博物院"主编,275页注)。笔者认为其盒造型与细节是最符合档案中"各色彩漆锦样包袱式盒"的记载,但目前有学者认为此类包袱式盒受东洋风格影响,依据是《活计档》雍正十年皇帝要求按"洋漆包袱式盒"仿做器物的记载。但是"洋漆"一词在当时具有丰富的含义,既可以指器物,也可以指漆制工艺。且江户时代的东洋漆制品中目前未见有同造型作品,其所约同等大小的漆制箱体,确有表面绘制平面织物的图案,不过箱体两侧多留有专门穿绳之金属扣环,这是因其多采用系绳而非以织锦系结的包裹方式。台北"故宫博物院"所藏包袱莳绘方盒(故杂3712—故漆00425)是最接近"洋漆包袱式盒"这一名称的东洋莳绘漆盒,其表面用以体现固定锦面的部件图案亦为绳结,与图6所示立体包袱系结的造型有相当的区别。而在《雍正行乐图》上就有一处以一锦皮包袱包裹诸多画卷陈列于古董架上细节,以及乾隆时期各类瓷质、漆质仿锦面书册式盒,这些都提示人们,此类造型更可能是造办处工匠们因生活细节的启发而研发的。
2　《清宫内务府造办处档案总汇》第1册,738—739页。
3　《清宫内务府造办处档案总汇》第5册,215页。

工艺与技术　　　　　　　　　　　　　　　　　　　　　　　　　323

尾织法，另想好样先做一件，呈览。钦此。[1]

从上引例来看，皇帝并非像旨二那样因喜爱某物而要求留样，他是从那些并不满意的物品上发现可取之处。诸如某物造型平庸可是花纹好，或是材质常见但做法与设计不同寻常，等等，这些可资借鉴的地方，都被雍正帝捕捉到，并要求造办处将相关元素存作取用。雍正帝这种择优取样的态度，与档案中其验收造办处造办活计时近于苛刻的挑剔态度，形成截然相反的对照，而这种对照，展现出的是雍正帝扩充、丰富宫廷工艺美术素材时的一种积极姿态。

总之，雍正帝依照个人旨趣，审视各类人员所做的制样，并从皇室珍藏历代之珍品、前朝精品、东西洋商品、地方贡品，以及生活中的一花一草中，不拘贵贱，广取博收，吸纳符合他个人旨趣的各类元素，将其作为当时宫廷工艺美术取材的来源。

可是这些取之于实物与制样的各类素材，已经制成成品，那还属于雍正帝的素材库的组成部分吗？想要说清这个问题，就必须谈到一道与留存式样关系密切的旨令。

四、雍正帝构建式样库的标志、特点与作用

（一）形成标志：雍正五年闰三月初三日留存式样的旨令

雍正五年闰三月初三日的《活计档》"记事录"里，只记载了一道旨令："朕从前着做过的活计等项，尔等都该留式样，若不存留式样恐其日后再做便不得其原样。朕看从前造办处所造的活计好的虽少，还是内廷恭造式样，近来虽其巧妙，大有外造之气，尔等再造时不要失其内廷恭造之式。

---

[1] 《清宫内务府造办处档案总汇》第5册，331页。

钦此。"1这道旨令一共两句话，后一句即是"恭造式样"的出处，也是学术界关注与讨论较多的地方。而学者们对第一句话并没有过多留意，更无进一步的研究，而它正是雍正帝构建其式样库的关键所在。

"朕从前着做过的活计等项，尔等都该留式样，若不存留式样恐共日后再做便不得其原样"，雍正帝在这句话里，明确要求将造办处据旨成作的各式活计都要"留式样"，其原因，是担心再做活计与原样有所出入。

再做活计，顾名思义，就是同样活计再次成作。活计之所以再次成作，有两个原因。一是雍正帝钦定的式样，在进入最终实际制作之前，只是通过模型与图样展现效果，但应用以工艺与材质后，成品效果却并不是全都能达到预期。对能够达标的，往往会被要求再次制作。二是皇帝自用与赏用的物品数量巨大，并且是一个常态的需求，所以会出现同样活计多次重复制作的情况。例如小件活计里的砚台、鼻烟壶、眼镜、香袋、斋戒牌、火镰包等常年大量制作以备赏用；而雍正三年之后，皇帝长驻圆明园，开始对园内多处景观、屋宇进行营建与装饰，从档案记载来看，不少大件家具及配套物件，即便是同款，也会一做再做。

雍正帝非常看重各类器物能否按其指定的式样来制作，不仅是因为这些式样是他从各类器物、官员与工匠制样中获得的素材，还因为进行实际制作环节中的很多器物，也承载了他个人的设想。从《活计档》来看，雍正帝还通过种种陈述个人关于制器的各种设想与要求，赋予自己设计者的角色。如：

雍正十年二月十八日内大臣海望奉（交铜作催总张四）上谕：看前做过的暖砚，其形俱高。因火在砚底不得不如此做高。何必将火做在砚底？砚傍另做一炉，炉下安足、上安铜丝、纸罩使火气透入砚底，砚既可热，炉亦可烧香。此炉或做方形或做何形，可做样呈览。钦此。2（参见图7）

---

1 《清宫内务府造办处档案总汇》第2册，456页。
2 《清宫内务府造办处档案总汇》第5册，227页。

工艺与技术

图7　院藏雍正朝铜质暖砚

这个例子里所说的暖砚，是冬天为防墨因冷凝结而特制的砚种。雍正以个人感受认为暖砚太高不便使用，要求将砚之暖源由底部转向旁侧，改为香炉，"砚既可热，炉亦可烧香"。这种设想打破明代以来暖砚制作的常规思路，确有巧思之处，而细节的设计亦显其思考周密。他对造办诸物一定要按他指定式样来，有着极其严格的要求，这既表现在制作之前指定式样，还表现在再做时也要与原样一致的要求。如："着照先做过的独挺帽架每样做几件。""着照先做过的铜鼓铁架红罗伞样，再做铜鼓铁架四分。"[1] 像"照原先做过的……样，再做……"这样的语句，甚至成为雍正皇帝下旨成作再做活计的固定句式，在《活计档》中随处可见。可是，皇帝指定的式样，要么是各色器物，其中大多数是深受雍正帝喜爱的名窑瓷器和康熙朝的珐琅器、漆器等，这些器物需要在工匠们完成仿制后交回的；要么是据旨意制作各类图样与模型，如果没有皇帝特意嘱咐"存样""收着"的旨令，这些"样"并没有保存的强制要求。而仿制成的器物，或是皇帝正在使用、陈设，或者就被赏赐出宫了。再加上，工匠们也不是成天只做一款活计，当接到再做活计旨令时，中间已经夹杂着大量的别样活计了，如果没有物样，仅凭工匠的记忆再做的话，与原物之间出现差异也就不可避免，这正是雍正帝"恐其日后再做便不得其原样"的原因。如何解决这一问题，在雍正皇帝看来，将所有活计都留存式样，显然是一个好办法。

皇帝于雍正五年闰三月初三日下达了留存式样的旨令，但是档案里只记载了皇帝的谕旨，各造办机构如何调整，并没有明确记载。不过，另一

---

[1]　《清宫内务府造办处档案总汇》第2册，452页。

件发生在在雍正六年五月的事件,可以验证各造办机构确实按令行事,据圆明园来帖内称,本月初四日怡亲王、郎中海望呈进活计。"内奉旨:莲艾砚做的甚不好!做素静文雅即好,何必眼上刻花?再,书格花纹亦不好,象牙花囊甚俗!法琅葫芦式马挂(瓶)花纹、群仙祝寿花篮春盛亦俗气!今看法琅海棠式盆、再小孔雀翎不好!另做其仿景泰法琅瓶花纹亦不好!钦此。"因雍正帝对造办处呈进验视的诸物皆不满意,大加斥责,而臣工们应对之策即为:

于本日郎中海望奉怡亲王谕:先有皇上交出来、着做样的砚台,并先做过的砚样及旧存好砚样,俱令该作人员带领匠役呈看。遵此。

于本日据圆明园来帖内称,本月初四日郎中海望奉怡亲王谕:有早呈进的活计内,有奉上谕夸过好的、留下的样子,或交出着做得活计内存下的样,细细查明送来。遵此。[1]

从中不难发现,各作坊内确实留存了皇帝看过的、夸好的活计之式样,并且将交出活计的式样也留存下来。而且皇帝留式样旨令的执行,确实可以帮助臣工与匠人更好地理解雍正帝对好式样的定义,挽救他们于皇帝的"雷霆震怒"之中。这一事件及其解决方案,无疑再次强化了雍正五年闰三月初三日那道"留式样"旨令在各御用造办机构的执行力度。

正是皇帝的"留式样"旨令,将宫廷造办活动的原有程序在"皇帝定样,匠作成作,物品呈览,皇帝验收"四步环节之外,添加了第五步——"匠作留样",即将所做活计的式样留存在各作、处、厂等造办机构里——一个数量庞大的式样库就此悄然出现。雍正朝据旨成作的活计即使从雍正五年起开始统计,也是一个庞大的数量,仅就雍正五年闰三月的造办活计旨令共计41道,每道旨令里又会有若干项的关于大小、材质、配件的要求,实际数量倍增于旨令的数量。各类式样在日积月累之下,无疑是一个

---

[1]《清宫内务府造办处档案总汇》第3册,页421。

巨量的存在，以"式样库"言之，方能相称。因此，雍正五年闰三月初三日的"留式样"旨，标志着雍正皇帝用于御用造办的式样库正式成立。

（二）式样库的特点：物样分离、点状分布

1. 物样分离

虽然造办机构将据旨成作的活计按雍正帝要求，留存下"式样"，但是式样库并不是只由这些活计的模型与图样构成的。如前文所述，雍正帝取样的主要来源是各种实物、器物，尤其由其亲自过目挑选、珍藏的精品、珍品。它们是雍正朝清宫造办中"式样"重要来源，也是式样库中最精华的部分。这在式样库成立之后，依然如此。如："雍正八年三月初四日（牙作、砚作）据圆明园来帖内称，二月十八日郎中海望奉旨：四宜堂玻璃瓶内插的象牙茜色荷花荷叶，甚好。尔照此荷花荷叶做法，做几瓶。钦此。郎中海望随奏称：外边无有好款式瓶，（奴才）意欲里边讨取，等语奏闻。奉旨：尔向刘希文要。钦此。后于三月二十五日，太监李久明持出翡翠梅瓶一件、均窑花瓶二件、大官釉做定窑小花插一件、大官釉圆太平罇一件、哥窑纸搥瓶一件、霁红瓶一件（随黑漆座）。说，太监刘希文传旨：着交海望配荷花。钦此。"[1] 因海望奏称外面无有"好款式瓶"，皇帝下旨取出了珍藏在内库的数件名窑瓷器，供其配做象牙荷花使用，而这些珍瓷也是皇帝交给御窑厂仿烧的"样"。此例提醒人们，观雍正帝的式样库，除各类造办机构所存之各类画样、木样、合牌样、蜡样、铜样等模型与图样之外，还要留意那些被雍正帝收藏的各类器物。物、样的分开保存正是式样库的一个特点。

2. 点状分布

实物样主要由雍正收藏，各造办机构积存各自的式样。而且这些式样并不是都积存在养心殿造办处的各作之内，甚至并不都京城内。从档案来看，江南三织造、江西御窑厂，亦保存着相关式样。例如："雍正六年正

---

[1]《清宫内务府造办处档案总汇》第4册，520页。

月十七日太监王太平交来仿成窑五彩小磁盘七件，传旨：将此碟七件俱盛在清茶房直墙圆漆盒内。此碟小些，合着漆盒尺寸将碟子口面放大些，先旋木样览过，再将样子交与年希尧照样烧造。……于二月十三日做得直墙圆漆盒内五彩花纹小碟合牌样一件，郎中海望呈览。奉旨：不必照此花样。尔交与年希尧将京内发去的花样内，拣选好花样，多烧造几件，钦此。"[1] 在这个例子中，雍正帝想要做一份尺寸与圆漆盒相称的瓷碟，他虽然对造办处所制花样并不满意，但并没有让造办处再行画样，而是要求直接发给年希尧，让在"京内发去花样内，拣选好花样"进行烧造。可见"式样"是分别保存在皇帝从宫廷到地方的收藏和各成作机构中，使式样库呈现出一种点状分布的状态。这种状态无疑弱化了"式样库"存在感，再加上"式样库"的名称并不见诸清宫档案与其他文献，导致我们今天借助《活计档》相关内容梳理与分析，才开始揭其面纱，窥其一斑。

（三）式样库的作用：雍正帝的审美标准在御用造办上达到了双重叠加

雍正帝建构这一式样库的作用，显而易见的是要满足他"再造时得其原样"的目的，除此之外，还有一个作用需要我们再次梳理皇帝制物的流程才能体会。

皇帝下令要做的各色活计，或是取法诸物、制样，或是据个人喜好对前述两种进行的再设计，他要求造办处据样成作时，对"样"的选择是他根据个人审美旨趣，对造型、装饰、材质与工艺等各方面素材进行筛选的过程，即是个人审美标准的一次推行。当雍正帝要将这些据"样"而成的各类新器具，以"留式样"的方式转变为宫廷造办活计中的模型、标准与依据，树立为宫廷制作的标准器时，那么这些物品就不再只是供其日用、把玩与赏赐的物品，它们不仅发生了由器物向"御定式样"的角色转变，还承担起将雍正帝个人偏好与审美标准二次强化推行的作用——雍正帝对

---

1 《清宫内务府造办处档案总汇》第 3 册，219 页。

宫廷工艺美术"式样"的选择、限定就此实现了个人标准的双重叠加的效果。而式样库的作用就是为雍正帝审美标准的层层落实提供丰富的素材储备。如林姝所言："通观雍正朝现存的各式工艺品，正体现出文雅精细的风格，不论玉器、金银器，还是瓷器、漆器、木器，尽管材质迥异，但风格如出一辙，均以简洁流畅的造型、典雅清新的纹饰、精巧细腻的做工而著称于世，与档案记载的雍正的审美标准极其吻合。"[1] 这正是式样库之于雍正帝最重要的作用。

结　语

本文基于《活计档》中"留样"旨令的分析，认为雍正帝建立了一个以个人审美旨趣为标准的工艺美术式样库，他不仅通过"留样""存样"的旨令积累各类工艺美术元素，还主要以取诸各类器物、实物、官员与匠人的制样，构建起一个将符合个人喜好的工艺美术素材储存在各级御用造办机构内的网络式样库，尤其是他下达"留式样"旨，将据"样"所成作的各类器物，转化为宫廷工艺美术的标准器，为本朝工艺美术的艺术品格与时代特点的相对统一提供了方法、途径，并树立了标准与规范。式样库的存在与扩大，是雍正皇帝有意而为之的结果，是其影响工艺美术发展的重要手段。式样库与"照样成作"的御样制度共同筑起雍正朝宫廷造办的生态系统，为其实现符合个人要求的宫廷工艺美术制作提供了方便。这样一个按类存储的式样库，与御用品造办机构的网络相伴存在，共筑起雍正帝的造办系统，而其存在的意义，在吸收存储各类素材之外，是能随时按照雍正帝的指示，将其喜爱的各式造型、装饰、设计等，或专门应用，或做跨材质、跨工艺的大范围推广。

通过前文对雍正帝关于"式样"种种做法的梳理与分析，可以发现雍

---

[1] 林姝：《从造办处档案雍正皇帝的审美情趣》，《故宫博物院院刊》，2004（6）。

正帝对"式样"的两个面向：一种是当看到好的"式样"，他并不在意来源是宫廷还是民间，广取博收，展现出一种积极的姿态；但是在面对"式样"施用于工艺时，他要求"照样制作""再做时得其原样"，对式样严格限定。这两种面向看似矛盾，实则统一，是雍正帝将式样的决定权完全掌握在个人手中，何种素材可以取用、改造、存储，都由他来决定。因此，本质上来说，雍正朝的式样只有一个，"式样库"里也只有一种式样，即雍正帝的钦定式样。只是以一个人的审美、喜好为标准，对当朝宫廷工艺美术的艺术品格是否能有正向且积极的引导与促进，完全系于一人学养之深浅、品位之高下。这进一步反映了御样制度中个人因素对宫廷工艺美术深刻的影响。

文化与交流

汉代的金灶与步摇[1]

陈 轩

北京大学艺术学院

摘 要：金灶是汉代特有的物件，是以黄金掐丝、焊珠等工艺制成的小巧玲珑的灶的模型，其上镶嵌彩色宝石。目前仅见的三件金灶均发现于东汉墓葬之中。本文认为金灶其实是步摇的悬挂构件，在此观点基础上，将其形制特点结合汉代吉祥图案，与受大月氏文化影响的汉地步摇的发展脉络一同讨论。金灶的使用时期是从东汉到东晋，汉地步摇悬挂构件呈现小型化和平面化的发展趋势，最初富有各种写实细节的金灶就停止使用，或演变成盾形或钟形的金片。金灶作为步摇构件是东汉时期中西物质文化交流中极具代表性的案例，体现了汉地将游牧贵族的佩饰转化为以本土吉祥语汇作为装饰系统构建的物质文化。此外，金灶的造型设计也是中西物质文化交流的缩影，从黄金与红、绿宝石的颜色搭配，再到焊珠与掐丝等黄金工艺的运用，都体现了当时社会对域外艺术风格的欣赏。而这种外在形式的风格借鉴却没有改变金灶的本土文化意涵，灶底部的"宜子孙""日利"等铭文既富有装饰效果，完美地与草原艺术风格相结合，又突显了金灶在祭灶传统与灶神信仰中的重要地位。

关键词：金灶；步摇；东汉；大月氏

---

[1] 原载《形象史学》，2021（1），第 102—113 页。

图1　西安沙坡村东汉墓出土金灶
（国家文物局主编：《中国文物精华大辞典·金银玉石卷》，92页）

图2　山东莒县双合村东汉墓出土金灶
（刘云涛：《山东莒县双合村汉墓》，彩版四-3、4）

图3　江苏邗江东汉墓出土金灶
（南京博物院：《江苏邗江甘泉二号汉墓》，图版三-4）

金灶是汉代特有的物件，是以黄金掐丝、焊珠等工艺制成的小巧玲珑的灶的模型，其上镶嵌彩色宝石。目前仅见的三件金灶均发现于墓葬之中，分别出土于西安沙坡村东汉墓[1]、山东莒县双合村东汉墓[2]和江苏邗江东汉墓[3]。（图1、2、3）由此，一些研究者认为金灶是寓意吉祥的明器，专用作陪葬品。[4]然而，江苏邗江东汉墓中的金灶与一些明显为步摇的构件同出[5]，这显示了金灶很可能是步摇的构件之一。特别值得注意的是，在江苏邗江东汉墓的发掘报告中，金灶被描述为"盾形饰"，但其外形与西安沙坡村与山东莒县双合村出土的同为盾形的金灶完全一致。[6]

目前还没有汉代步摇的实物出土，但根据汉末魏晋墓葬出土的饰件和《续汉书·舆服志下》的记载，可以基本复原汉代步摇的样式。《续汉书·舆服志下》中描述的皇后头上所戴步摇形制为："以黄金为山题，贯白

1　国家文物局主编：《中国文物精华大辞典·金银玉石卷》，上海辞书出版社，1996，92页。
2　刘云涛：《山东莒县双合村汉墓》，《文物》，1999（12）。
3　南京博物院：《江苏邗江甘泉二号汉墓》，《文物》，1981（11）。
4　冉万里：《略论汉代金银器》，见《秦汉研究》第十七辑，西北大学出版社，2013。武玮：《汉墓出土金灶寓意探析》，《考古与文物》，2008（5）。
5　韦正：《金珰与步摇——汉晋命妇冠饰试探》，《文物》，2013（5）。
6　南京博物院：《江苏邗江甘泉二号汉墓》，《文物》，1981（1）。

珠为桂枝相缪，一爵九华，熊、虎、赤罴、天鹿、辟邪、南山丰大特六兽，《诗》所谓'副笄六珈'者。诸爵兽皆以翡翠为毛羽，金题，白珠珰，绕以翡翠为华云。"由此可以推断汉代步摇的形式为在黄金制成的博山形基座上安插树枝，其上悬挂鸟雀、珠子、花朵、瑞兽等物。[1]

本文将金灶作为汉代步摇的悬挂构件进行研究，将其形制特点结合汉代吉祥图案，与步摇的发展脉络一同讨论，从而分析金灶作为汉代独具特色的物件但又转瞬即逝的原因。

一、金灶与汉代步摇构件

西安沙坡村与山东莒县双合村出土的金灶的功用无法借助充分的墓葬环境信息来判断[2]，但江苏邗江甘泉二号汉墓出土的金灶放置于墓主人头部附近，相同的位置还出土了可能作为步摇的饰件，根据这些信息判断，金灶可能是步摇的构件之一。韦正指出，这种位于墓主人头边、上面有小孔的动物形或其他各种形状的金片、料珠、琥珀饰件等物件可以肯定是步摇的构件，它们都可以用于悬挂，符合步摇的"步则动摇"的特点。[3] 甘泉二号汉墓与金灶同出的构件包括桃形金片、钟形金饰、亚形金饰和品字形三联方胜金饰（图4）。这些构件与《续汉书·舆服志下》中所提到的瑞兽、鸟雀、花朵等有所不同，但河北定县（今定州市）43号东汉墓出土的一系列黄金步摇构件印证了文献的记载，包括有两件金辟邪（图5）还有金羊。[4] 很可能汉代实际使用的步摇构件超出了《续汉书·舆服志》记载的范围，

---

1 孙机：《步摇、步摇冠与摇叶饰片》，《文物》，1991（11）。
2 刘云涛：《山东莒县双合村汉墓》，《文物》，1981（11）。山东莒县双合村汉墓虽被盗扰，但与金灶一同出土的黄金饰件均尺寸小巧，很多有穿孔。金蟾蜍、金盾等饰件类比江苏邗江甘泉二号汉墓出土的饰件，很可能同样为步摇上悬挂的构件，而非发掘报告作者所说的孩童的玩物。
3 韦正：《金珰与步摇——汉晋命妇冠饰试探》，《文物》，213（5）。
4 定县博物馆：《河北定县43号汉墓发掘简报》，《文物》，1973（11）。

图 4　江苏邗江东汉墓出土金胜
(南京博物院：《江苏邗江甘泉二号汉墓》，图版三-3)

图 5　河北定县 43 号墓出土缧丝镶嵌金辟邪
(国家文物局主编：《中国文物精华大辞典·金银玉石卷》，96 页)

更广泛地囊括了当时具有吉祥寓意的物件，例如金灶与金胜。尤其是目前发现的三件金灶底部全都有用黄金掐丝工艺制成的吉祥词语"日利"或"宜子孙"，这些也都是汉代常用于铜镜、书刀、漆器等日常用品或陪葬品之上的祝福词语。

步摇构件可能作为极为珍贵的饰件组合被拆解并集中保存，例如南昌东吴高荣墓发现的一件放置于墓主人头边的银壶中就存放了桃形、钟形金片[1]，这也在一定程度上解释了为什么目前没有发现完整的汉代步摇实物。金灶就是被当作这样的贵重物件，在这一时期结合"灶"的吉祥寓意被设计和制作出来的。与之类似的还有金胜，在汉代画像和各种墓葬遗存中作为极具特殊意义的符号被甄选出来，扩充了步摇构件的设计语汇。

二、金灶的寓意与造型

灶在墓葬环境中常常带有祝福子孙繁衍和家族兴旺的寓意，有时以陶制明器的形式出现，有时在画像石刻的祭灶场景中出现，有时作为墓葬建筑的重要组成部分出现。与灶类似，胜在墓葬中同样以各种物质形态出现，作为由西王母的头饰演化而来的吉祥符号，与灶和其他一系列吉祥图像共同构建出墓葬语境中的升仙含义。灶和胜以及天禄、辟邪等各种瑞兽共同

1　江西省历史博物馆：《江西南昌市东吴高荣墓的发掘》，《考古》，1980 (3)。

作为悬挂构件在汉代步摇中使用，由此可以显示出步摇作为一个独立微缩宇宙的内涵。类似的微缩宇宙在汉代的墓葬空间中有各种规模和物质形式的呈现，例如博山炉以山为基础，在其上构建出瑞兽和仙人活动的微缩宇宙。再如摇钱树是以树为基础，在树干和枝叶上刻画出以仙境为原型的微缩宇宙。更加宏大的例子则是将整个墓葬建筑作为一个服务于墓主人升仙的微缩宇宙。可以说这种观念深入汉代各种物件的设计之中。

以四川东汉崖墓建筑当中灶的设置和胜作为符号的使用为例，各种具有特殊含义的图像，系统地构建出依托于墓葬建筑的微缩宇宙。由此可以用类似的方式理解灶和胜在步摇中的意义和作用。以四川乐山和彭山的崖墓为例，胜的符号通常出现在崖墓入口处的门楣正中央，标志墓葬作为升仙之地（图6）。[1] 而进入崖墓之后，直接利用山体岩石开凿的石灶是墓葬建筑模仿生人居室的重要组成部分（图7）。[2] 石灶象征生人住宅中的厨房和以家庭为单位、定期举行的祭灶仪式。在汉代，祭灶是"五祀"和"七祀"之一，相关制度在《仪礼》以及《四民月令》中有详细记载。[3] 作为崖墓建筑组成部分的石灶是一个家庭作为相对独立单元的突出性标志，与崖墓的结构形制以及崖墓随着家族规模的增长不断扩建的特性紧密相关。每开凿一处狭长的墓室就新开凿一处石灶，同时象征一个新的独立家庭单元从大家族中分离出来。（图8）后世的"分灶"仪式正是继承了这一源

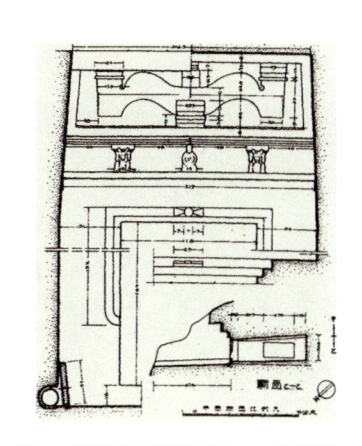

图6　四川彭山豆芽房沟166号崖墓墓门立面
（陈明达：《崖墓建筑（上）——彭山发掘报告之一》，见《建筑史论文集》第17辑，86页）

---

[1] 唐长寿：《乐山崖墓和彭山崖墓》，电子科技大学出版社，1994，62页。陈明达：《崖墓建筑（上）——彭山发掘报告之一》，见《建筑史论文集》第17辑，清华大学出版社，2003，86页。
[2] 陈轩：《四川东汉崖墓铭文与崖墓结构功能研究》，《考古》，2017（5）。
[3] 杨堃：《灶神考》，《汉学》，1944，107—168页。

图7 四川三台紫荆湾3号崖墓内的石灶
（四川省文物考古研究院：《三台郪江崖墓》，文物出版社，2007，图版111）

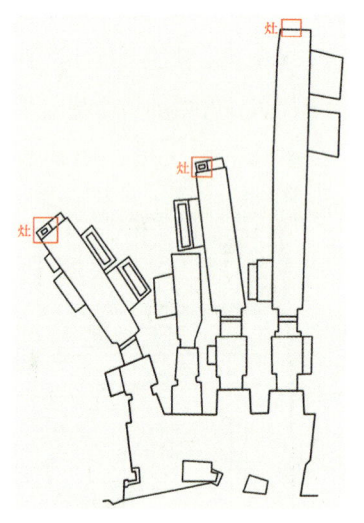

图8 四川乐山麻浩ⅡM99崖墓平面示意图
[陈轩：《四川东汉崖墓铭文与崖墓结构功能研究》，《考古》，2017（5），图8]

自汉代的传统。这一仪式将灶里留下的灰烬进行划分，隐喻一个大家庭分裂成数个小家庭。[1] 由此，灶象征着子孙繁衍与家族兴旺。这也进一步印证了所发现的两件金灶底部都饰有"宜子孙"文字的寓意。用于步摇构件的金灶是一个典型的案例，说明汉代从墓葬建筑到具体的配饰都通用一套吉祥语汇与设计理念。

金灶的造型主要有两个特点。一是同时使用焊珠和掐丝两种有代表性的黄金工艺分别制作灶上的米粒与灶的烟囱部分。焊珠工艺巧妙地再现了米粒的颗粒感，而掐丝工艺使烟囱的造型更加立体生动并富于艺术性。二是使用红色和绿色的宝石对灶的表面进行镶嵌装饰。

在东汉三维立体造型的步摇构件流行时期，焊珠和掐丝广泛运用于各种造型。例如在山东莒县双合村东汉墓中，与金灶同出的金盾和金蟾蜍就用焊珠工艺打造了联珠纹纹饰[2]，河北定县43号东汉墓出土的黄金步摇构件中，龙、辟邪和羊的造型都使用了

1　Robert Chard，*Master of the Family：History and Development of the Chinese Cult of the Stove*，PhD Dissertation，University of California at Berkeley，1990，p.10.
2　刘云涛：《山东莒县双合村汉墓》，《文物》，1999（12）。

掐丝工艺（见图 5）[1]。这两种工艺也是同一时期中亚草原地区流行的重要黄金工艺。阿富汗蒂拉丘地的大月氏贵族墓中出土的很多黄金制品都广泛使用了这些工艺。使用焊珠工艺的例子包括蒂拉丘地二号墓出土的项链、饰件和一号出土的耳饰。同样，大部分焊珠工艺用于联珠纹的边饰，也有像金灶上的饭粒造型一样用于精微制作的情况，如一号墓出土的耳饰（图

图9　阿富汗蒂拉丘地二号墓出土耳饰
[Fredrik Hiebert and Pierre Cambon（eds.），*Afghanistan：Crossroads of the Ancient World*，p.236]

9）。[2] 同样的工艺在不同的地区巧妙地适用于当地文化传统的造型需求，在中国运用于汉代吉祥物件，而在草原地区运用于游牧民族的首饰和服饰配饰，充分体现了技术和文化交流过程中的本土化。这种黄金工艺在两地的流行源于东汉与大月氏的文化交流，而两地间的这种交流也深刻影响了东汉的步摇造型。这一点将在第三部分进行详细阐述。

黄金的金色和金灶上镶嵌的玛瑙、绿松石的红色与绿色构成了东汉时期金饰流行的基本颜色配置。这种颜色组合普遍出现在东汉的步摇构件和各种其他饰件以及大月氏的物质文化当中。河北定县 43 号东汉墓出土的金龙、金辟邪、金羊步摇构件就是典型的黄金与红绿宝石配色（见图 5）。[3] 另一个典型的例子就是故宫博物院藏东汉建武二十一年鎏金熊足铜樽（图 10，也称"建武二十一年斛"）。[4] 虽然樽的主体为铜制，但鎏金的金色与其上镶嵌的绿松石的绿色和红玛瑙的红色共同形成了经典三色组合。承盘上的铭文进一步强调了这种用料与配色的关系："建武廿一年，蜀郡西

1　定县博物馆：《河北定县 43 号汉墓发掘简报》，《文物》，1973（11）。
2　Fredrik Hiebert and Pierre Cambon（eds.），*Afghanistan：Crossroads of the Ancient World*，The British Museum Press，2011，p.253，p.251，p.236。
3　国家文物局主编：《中国文物精华大辞典·金银玉石卷》，96 页。
4　方国锦：《鎏金铜斛》，《文物参考资料》，1958（9）。

图10 东汉建武二十一年鎏金熊足铜樽

[方国锦：《鎏金铜斛》，《文物参考资料》，1958（9），70页]

图11 阿富汗蒂拉丘地二号墓出土耳部牌饰

[Fredrik Hiebert and Pierre Cambon（eds.），*Afghanistan：Crossroads of the Ancient World*，p.246]

工造乘舆一斛承旋，雕蹲熊足，青碧闵瑰饰……"铭文中的"青碧"和"闵瑰"分别指熊形足上镶嵌的绿松石和红玛瑙。[1]这种黄金与红、绿宝石的配色风尚很可能是受到同一时期中亚草原地区的影响。作为有着悠久黄金制作工艺传统的游牧民族，大月氏对黄金制品的使用深入物质生活的方方面面。阿富汗蒂拉丘地二号墓墓主人的耳部牌饰就是一个典型的黄金与红、绿宝石的三色组合（图11）。其中绿色宝石为绿松石，红色宝石有石榴石和红玛瑙。[2]牌饰的主体造型为驭双龙的仙人，其下坠有许多圆形和各种其他形状的饰片。原本的佩戴方式应是一对牌饰分别戴在两耳上，走动时随之摇曳，与戴在头上的步摇有异曲同工之妙。绿松石形状各异，主要镶嵌在龙的背脊、仙人的下装以及坠饰当中。石榴石和红玛瑙则大多呈较为规则的圆形或水滴形，镶嵌在龙眼和各种圆形凹槽中。同一时期欧亚草原的黄金匕首往往也使用这种黄金与红绿宝石的搭配，例如黑海地区出土的一件匕首，以红绿宝石相间镶嵌的方式，用黄金打造的骆驼纹样来装饰把手。[3]

1　孙机：《先秦、汉、晋腰带用金银带扣》，《文物》，1994（1）。
2　Fredrik Hiebert and Pierre Cambon（eds.），*Afghanistan：Crossroads of the Ancient World*，p.246.
3　Fredrik Hiebert and Pierre Cambon（eds.），*Afghanistan：Crossroads of the Ancient World*，p.229.

在谈及金灶可辟邪除凶的寓意时，武玮认为其上镶嵌的红绿宝石有除凶辟邪的含义，其主要论据是《急就篇》中的文字："系臂琅玕虎魄龙，璧碧珠玑玫瑰瓮，玉玦环佩靡从容，射魅辟邪除群凶。"[1] 但关于金灶上镶嵌红绿宝石这一现象更有说服力的解释是，随着由欧亚草原传入中国的黄金制品与黄金工艺的流行，黄金制品上镶嵌红绿宝石的草原风尚也同时在中原风行，结合汉地的文化传统，这一来自草原地区的审美与配色被赋予了本土化的吉祥寓意。

三、步摇的形制与演化

造型精美的金灶目前只发现了三件并仅限于东汉时期，这一现象很可能和步摇本身的发展演变有关。基于东汉到东晋的步摇构件出土资料，韦正指出步摇悬挂的构件呈小型化和平面化的发展趋势。[2] 在早期的河北定县43号东汉墓中，步摇构件呈体积较大的立体造型，同时较为流行使用宝石镶嵌，例如以缧丝工艺制成的金龙、金羊和金辟邪。西晋时期的步摇构件呈过渡性特点。东晋时期的步摇构件呈现出较强的一致性，在各种墓葬中都发现了桃形、花瓣形、方胜形、壶形金片，并且尺寸十分接近，以南京仙鹤观 M2、M6 和长沙黄泥塘 M3 为重要代表。[3] 这显示东晋时期存在一套女性命服的冠饰制度，对步摇构件的样式有统一要求。

由此可见，东汉时期的金灶属于步摇构件发展的早期阶段，与河北定县43号东汉墓出土的各类动物造型的步摇构件类似，都属于有宝石镶嵌且体积较大的三维立体构件。随着步摇构件的平面化发展，这种金灶样式的构件便退出了历史舞台。值得注意的是，三件现存金灶中，江苏邗江甘

1　武玮：《汉墓出土金灶寓意探析》，《考古与文物》，2008（5）。
2　韦正：《金珰与步摇——汉晋命妇冠饰试探》，《文物》，2013（5）。
3　南京市博物馆：《江苏南京仙鹤观东晋墓》，《文物》，2001（3）。湖南省博物馆：《长沙南郊的两晋南朝隋代墓葬》，《考古》，1965（5）。

文化与交流

泉二号汉墓出土的金灶装饰细节最少，造型最为简洁，很可能处于步摇构件向着平面化发展的过渡阶段。这种简洁的盾形造型也直接导致发掘报告的作者将其归类为盾形饰。[1] 另外，一些东汉墓出土的金钟形饰很可能是金灶向平面化演变的产物。例如，安徽合肥东汉墓出土的一件钟形饰的轮廓其实是盾形，正好是金灶俯视的形状。器身中部以掐丝工艺制成"宜子孙"铭文（图12）。[2] 铭文的内容、铭文所在平面的构图以及环绕的联珠纹装饰与山东莒县和江苏邗江所出金灶的底部铭文的形式特征完全一致。以金灶为个案可以看出，步摇构件最早出现时以借用当时的吉祥图像为主，且以富于细节的立体形象呈现，之后逐步向着平面化和抽象化发展，但其形象始终富于吉祥寓意。

图12　安徽合肥东汉墓出土钟形饰
（国家文物局主编：《中国文物精华大辞典·金银玉石卷》，95页）

　　从东西物质文化交流的宏观视角进行考察，将有助于更加深入地理解这种步摇构件的形式发展与演变。目前学界比较一致地认可东汉至东晋时期的步摇主要受到大月氏步摇的影响，是游牧地区物质文化影响中原文化的一种现象。[3] 公元2世纪，大量大月氏人在贵霜帝国内乱之际迁居中国内地，带入了中亚草原地区的大量艺术文化、宗教信仰与生活方式。[4]《续汉书·五行志》中所记载的"灵帝好胡服……京都贵戚皆竞为之"，正是大月氏的物质文化给汉地带来重要影响的证明。

1　南京博物院：《江苏邗江甘泉二号汉墓》，《文物》，1981（11）。
2　国家文物局主编：《中国文物精华大辞典·金银玉石卷》，95页。
3　孙机：《步摇、步摇冠与摇叶饰片》，《文物》，1991（11）。韦正：《金珰与步摇——汉晋命妇冠饰试探》，《文物》，2013（5）。
4　林梅村：《贵霜大月氏人流寓中国考》，见《西域文明——考古、民族、语言和宗教新论》，东方出版社，1995，33～67页。

比步摇更早影响中原物质文化的草原饰品则是腰带牌饰，可追溯至先秦至西汉时期。腰带牌饰的用法及牌饰上的图案均源自草原文化。[1]西安北郊战国工匠墓出土的野兽搏斗的牌饰模具说明，早在战国时期汉地就开始有对这种鎏金牌饰的使用需求。[2]西汉诸侯王墓中常常出现野兽搏斗场景的鎏金牌饰，充分展示了这种草原装饰文化在汉地统治阶层中的流行。而到了东汉，统治阶层的草原风尚则由腰带转向了头饰，像前文提到的河北定县43号东汉墓和江苏邗江甘泉二号汉墓这样的贵族墓都发现有精致的黄金步摇构件。这种转向体现了两个重要的问题。一是来自草原的黄金文化对汉地的影响主要体现在衣着配饰方面；二是在草原黄金文化对汉地长期持续的影响过程中，不同阶段具体有不同的流行饰件，与草原地区当时的配饰风尚有关，但都能直接突显其所有者的高贵身份，与衣冠制度相结合。

但草原文化对汉地的物质文化的影响并非单向的，这早在《汉书》中关于公元前65年龟兹王及其妻子的记载中即有所体现。余英时曾引用《汉书》卷九十六中的记载指出汉代胡人的汉化程度之深。公元前65年，龟兹王和他的妻子，曾在长安学习中国音乐的乌孙公主，一同到汉廷朝贡。这对夫妇从汉朝皇帝那里收到了包括精美丝绸以及其他珍贵物品在内的大量贵重礼物，并在中国居住了大约一年的时间。这对夫妇都十分喜欢汉朝的服饰和制度并彻底汉化，在返回家乡之后仍模仿汉朝皇帝的生活方式。[3]

这种对汉地物质文化的欣赏在中亚草原地区的黄金头饰方面也有充分体现。1938年哈萨克斯坦东南部的卡尔格里（Kargaly）地区墓葬出土的金饰（图13）就是一个重要的例子。[4]根据长条形金饰边缘处的一系列小孔可以推断，金饰是缝制在某种帽子上的，戴上后位于额头。推定此件金饰

---

1 孙机：《先秦、汉、晋腰带用金银带扣》，《文物》，1994（1）。Jessica Rawson, "The Han Empire and Its Northern Neighbours: The Fascination of the Exotic", in James Lin（ed.）, *The Search for Immortality: Tomb Treasures of Han China*, New Haven and London: Yale University Press, 2012, pp.23-36.
2 陕西省考古研究所：《西安北郊战国铸铜工匠墓发掘简报》，《文物》，2003（9）。
3 余英时：《汉代贸易与扩张——汉胡经济关系结构研究》，上海古籍出版社，2005，169—170页。
4 Katheryn Linduff, "Immortals in a Foreign Land: The Kargaly Diadem", *Antiquity*, 88（2014）: 160-162.

图 13　哈萨克斯坦卡尔格里出土金饰

［Katheryn Linduff, "Immortals in a Foreign Land: The Kargaly Diadem", *Antiquity*, 88（2014）: 160-162］

的制作年代为公元1—2世纪，其主人为乌孙贵族。金饰的中部缺失，整体构图为乘驾着鹿、山羊等坐骑的羽人在云气间分别从两端向中部前行。画面构图和内容呈明显的汉代画像风格。有学者将金饰上的画面与陕北地区的具有剪纸风格的汉画像石进行对比研究。[1] 孙机在谈及此件金饰时指出，其图案设计明显模仿汉代，但又缺少"内地同类作品所具有的夭矫腾踔之气势"，应是当地工匠模仿汉代图像风格制作的。[2] 由此，这件金饰成为《汉书》中关于中亚草原地区胡人汉化记载的有力物证，也与战国时期西安北郊的内地工匠制作的草原风格牌饰形成了跨时空的中西物质文化互动。

黄金头饰与步摇虽然源起于欧亚草原，并在长达几世纪的时间范围内和广阔的地理空间之中作为草原游牧贵族墓葬中的重要陪葬品，但其造型和设计却不断地吸收其他地区的艺术风格。上述卡尔格里金饰是一个吸收汉画像风格的例子，装饰部位在额头，很可能是步摇基座的组成部分。同样在步摇基座的装饰上吸收外来艺术的案例还有顿河下游新切尔卡斯克的萨尔马泰女王墓出土的金冠（图14），年代为公元前2世纪。金冠横带上的装饰是典型的希腊艺术风格，镶嵌有紫水晶、珍珠和嵌有石榴石的女神像。横带之上的部分则是鲜明的萨尔马泰艺术风格装饰。金树上缀有可以摇动的金叶，树旁立有一对鹿。鹿的身后各有一只盘角羊。[3] 这种在横带上

1　Leslie Wallace, "Betwixt and Between: Depictions of Immortals in Eastern Han Reliefs", *Ars Orientalis* 41（2011）: 73-101.
2　孙机:《汉代物质文化资料图说》，上海古籍出版社，2019，450页。
3　孙机:《步摇、步摇冠与摇叶饰片》，《文物》，1991（11）。

方以金树为装饰并在树上缀满金叶的步摇在欧亚草原流行了数百年的时间，并且地域跨度十分大。其中一个更著名的例子则是阿富汗蒂拉丘地二号墓出土的公元1世纪的金冠（图15）。[1] 金冠横带上方的主要装饰是数棵金树，样式与前述萨尔马泰女王墓的金冠十分接近。

以上例子可以看出，中亚草原地区的步摇主要在横带的装饰部分吸收外来艺术风格，而横带之上可以摇动的构件则一直是本地传统风格。而受大月氏步摇影响的汉地步摇则主要在可摇动的构件方面融入自身的文化特色，例如将富有各种吉祥寓意的灶、胜、辟邪等物作为构件。不过随着时间的推移，这些一开始十分具象并以立体形式呈现的构件逐渐变得抽象化和平面化，更加接近中亚草原地区步摇悬挂的可以摇动的金叶片。比如一开始富有各种写实细节的金灶就不再使用，或者演变成盾形或钟形的金片。

图14　萨尔马泰女王墓出土金冠
（孙机:《步摇、步摇冠与摇叶饰片》，图四-1）

图15　阿富汗蒂拉丘地二号墓出土金冠
[Fredrik Hiebert and Pierre Cambon（eds.），*Afghanistan: Crossroads of the Ancient World*，p.286]

四、结语

金灶作为步摇构件是东汉时期中西物质文化交流中一个极具代表性的案例，体现了汉地将游牧贵族的佩饰转化为以本土吉祥语汇构建的装饰系

1　Fredrik Hiebert and Pierre Cambon（eds.），*Afghanistan：Crossroads of the Ancient World*，p.286.

统。这一转化过程也是中西方不断吸收对方艺术表现形式和融入本土文化内涵的过程。例如哈萨克斯坦卡尔格里金饰利用黄金工艺制造陕北汉画像石的剪纸式表现效果，而金灶的制作者则充分利用源自西方的焊珠、掐丝等先进的黄金工艺呈现富于本土吉祥寓意的米粒、烟囱等图像细节。

金灶的造型设计本身就是中西物质文化交流的缩影，从黄金与红、绿宝石的颜色搭配再到焊珠与掐丝工艺的运用，都体现了当时社会对西域艺术风格的欣赏。而这种外在形式的西化却始终没有改变金灶的本土文化意涵，灶底部的"宜子孙"与"日利"等铭文既富有装饰效果，完美地与草原艺术风格结合在一起，又突显了金灶在祭灶传统与灶神信仰中的重要地位。

金灶在东汉时期的昙花一现从一个侧面表现了中西物质文化交流高度活跃的情形。金灶的短暂使用可以说是汉代步摇在受到大月氏文化影响后，在初期阶段的一个试验，随着步摇形制发展变化，这一试验品便退出了历史舞台。

有关几枚北魏棺钉铺首的文明源考

程雅娟

南京艺术学院艺术研究院

摘　要："铺首衔环"产生于古老的中国文明，是在传统中原文明滋润下发展起来的一种古老门饰，在北魏之前具有建立在中原文明之上的完整且独立的形态演变体系。进入北魏之后，由于鲜卑民族本身具有的草原游牧经历所带来的不同宗教、生活习惯、审美、工艺等，加上北魏时期丝绸之路艺术的频繁交流，产生了具有独特审美趣味的铺首。本文从三个主要影响北魏铺首的文明入手，选取了分别来自东亚、欧洲、南亚次大陆文明的三个北魏铺首图像案例进行分析与研究，归纳出北魏铺首图像的文明来源与基本演变特点。

关键词：铺首；北魏；文明源

"铺首衔环"产生于古老的中国文明。《说文·金部》记载："铺，箸门铺首也。"[1]关于铺首的图像起源，谭淑琴在《试论汉画中铺首的渊源》一文中，将汉画像石上铺首衔环的兽面形象与商周青铜器上的兽面纹进行比较，认为铺首衔环的兽面形象是商周青铜器饕餮纹的变异和延续，即中原

1　（东汉）许慎：《说文解字》卷十四《金部》，汲古阁刻本，7页。

地区早期和原始巫神或"方相士"相关的兽面是青铜器、铺首上的图像的直接来源，商周青铜器上的饕餮是原始巫术下的产物。后来的学界基本赞同并延续此观点。

"铺首衔环"最早在商周青铜器上已经出现（图1），战国时期经历了一个从简单到繁复的过程，并且兽耳、兽面、兽角、胡须逐渐开始形成多种风格。河北燕下都老姆台遗址东出土的铜蟠龙纹铜铺（图2），整个兽面呈倒三角，分别饰有龙、凤、蛇和饕餮衔环，角内卷呈环状，兽耳向外，两耳上分别缠绕两龙，突出的尖状顶，兽前额处为一立凤，凤爪各抓一蛇，蛇身缠绕凤的两翼。饕餮衔短粗环，露出獠牙，粗环串接饰两盘龙的壁状环，乃战国中晚期的代表性铺首。

汉代时期，"铺首衔环"装饰性逐渐增强，其饕餮纹原始的威慑恐吓效果逐渐减弱。广西合浦县望牛岭1号墓出土的西汉铜铺首衔环基本属战国风格的延续（图3）。安徽宿州金山寨汉代画像石墓第3幅东门扉上的凤鸟铺首衔环，上部为生冠的凤鸟作昂首起飞状，下部为铺首衔环，兽面纹目视前方，头生角，细长鼻，弯曲状长眉，宽耳，长须上翘，口衔圆环，相较于战国时期可怖的饕餮，显得拙朴敦厚。四川芦山东汉王晖墓的石棺上的铺首与妇人启门图上方"铺首衔环"（图4），兽面除了延续战国图式特征中的宽嘴露牙咬住环、双角内卷、肩部有翼状鬃毛，还伸出双臂擒住环，似做扑咬状。1968年河北满城陵山中山靖王刘胜墓出土的"兽首衔环"（图5），兽面较小，额上双角细长，向两侧环绕又反穿角根向上高耸呈云头形饰。两条细长的蟠龙攀在环形的兽角上，兽首所衔环上饰龙凤。双凤倒悬，其下双龙攀附在环上，环下并有变形云纹装饰。

北朝之前，中原铺首来源于商周青铜器饕餮纹的演变，并且在战国经历了一个从简单到繁复的变化过程，到了汉代，装饰性逐渐增强，产生了一些容纳中原兽和其他母题组合起来的复合型装饰形态。综上所述，"铺首衔环"是在传统中原文明滋润下发展起来的一种古老门饰，在北魏之前具有建立在中原文明之上的完整且独立的形态演变体系。

进入北魏之后，鲜卑民族草原游牧的生产生活方式带来了不同宗教、

图1　周代青铜器上的器耳装饰
[谭淑琴:《试论汉画中铺首的渊源》,《中原文物》,1998（4）]

图2　河北燕下都老姆台遗址东出土的战国中晚期铜蟠龙纹铜铺首
（摄于河北省博物馆）

图3　广西合浦县望牛岭1号墓西汉铜铺首衔环,战国,广西壮族自治区博物馆藏

图4　四川芦山东汉王晖墓石棺上的铺首与妇人启门图
[张雅男:《我之所见"妇人启门"图》,《文物世界》,2020（1）]

图5　河北满城陵山中山靖王刘胜墓出土铺首衔环
（中国社会科学院考古研究所等编:《满城汉墓发掘报告》,文物出版社,1980,图版15-2）

生活习惯、审美、工艺等,加上北魏时期丝绸之路的频繁交流,产生了一些风格独特的铺首,下面即对铺首的这几个文明来源进行分析与考证。

一、来自东亚"封禅图"中的"比翼鸟"图案

在中国古代,皇权与天的关系有过不同的发展阶段,早期商人崇"帝","帝"为至上神与祖先神的合体。后期随着秦始皇个人意识的膨胀及其帝

国意识的形成,他对"天"之空间意义的理解开始突破战国以来的分野意识而表现出很强烈的中央性与整体性。匡衡之后王莽整合天地神灵而为五郊,秦汉时期盛行"阴阳五行"思想。[1] 在王权逐渐向"天授"接近的过程中,管仲体系的符瑞"天命"外延、内涵影响深远,而本文所涉及的"比翼鸟"图像则与之有关。

《管子·封禅》:"桓公既霸,会诸侯于葵丘,而欲封禅。管仲曰:'古者封泰山禅梁父者七十二家,而夷吾所记者十有二焉。昔无怀氏封泰山,禅云云;虙羲封泰山,禅云云;神农封泰山,禅云云;炎帝封泰山,禅云云……东海致比目之鱼,西海致比翼之鸟,然后物有不召而自至者十有五焉。今凤凰麒麟不来,嘉谷不生,而蓬蒿藜莠茂,鸱枭数至,而欲封禅,毋乃不可乎?'"其中"西海致比翼之鸟"是何形象?武梁祠顶部出现的"封禅"祥瑞图像中即有"比翼鸟",为一只有着双头双颈的鸟,榜题写着"比翼鸟王者德及高远则至"。(图6)早期汉代的双兽形象经常会用双首同身表现其神性,例如打虎亭汉墓的天顶上出现的双首一身的神鹿。"受命"之君在完成了建立天地人整体秩序的天命之后,向天地进行最终宣示的仪式被称为"封禅"。庄蕙芷认为:"从西汉初年至东汉晚年,星宿图已经从对星宿的客观反映,演变成了一种包含预测凶吉为主,辅以祭祀星宿神灵等功能的逐渐抽象化、装饰化的星宿图像。"[2] 该比翼鸟极有可能是西汉后抽象化、装饰化的星宿图像。

从图像来看,比翼鸟与星宿图像中的"(军)市"最为接近。陕西靖边杨桥畔渠树壕东汉壁画墓中,位于墓室拱顶部分的星象图是中国考古首次发现的具有星形、星数、图像、题名四要素的四宫二十八星宿天文星象图。在墓室券顶东南星宿图中,参宿东、鬼宿西有十二颗连星,呈长方形,题目为白色字,仅见一"市"字,墨书题目已脱落。(图7)本星宫图壁画中绘制两只互相对望的飞禽,脖颈修长,该比翼鸟形象极有可能来自"(军)

---

[1] 李振:《早期中国天象图研究》,上海大学博士学位论文,2015,120页。
[2] 庄蕙芷:《得"意"忘"形"——汉墓壁画中天象图的转变过程研究》,《南艺学报》,2014(8),1页。

图6 武梁祠顶部的"封禅"祥瑞图像
(冯云鹏、冯云鹓：《金石索》，影印道光元年邃古斋刊本，商务印书馆，1934)

图7 陕西靖边杨桥畔渠树壕东汉壁画墓墓室券顶星宿图中的(军)市
[陕西省考古研究院等：《陕西靖边县杨桥畔渠树壕东汉壁画墓发掘简报》，《考古与文物》，2017(1)]

图8 朝阳龙城遗址铜鎏金镂空鞍桥饰上的(车)市星宿，十六国前燕
(朝阳博物馆：《龙城宝笈——朝阳博物馆馆藏文物精品》，辽宁人民出版社，2011)

市"星宿，双首对望是其重要特征。

早期的拓跋鲜卑曾居于额尔古纳河和大兴安岭北段。根据《魏书·序纪》，拓跋毛下传五世至推寅，开始率众离开大鲜卑山，"南迁大泽，方千余里"。内蒙古地区发现了大量的南迁鲜卑遗存——对于四处迁徙的游牧民族来说，马鞍具无疑是最为重要的生活必需品，以至于将其制作成明器。前燕时期，明器马鞍具上的"龟甲纹"纹饰基本是汉代星宿母题的延续。

东亚地区墓室中的龟甲纹起源于商代古老的占星术，并且逐渐反映在西汉至东汉中原墓室穹顶、墓门、甬道顶端的壁画上，复杂的星宿图像逐渐由科学写实性走向装饰性、几何形，并且容纳了民间神话传说图像，最终在东汉早期形成了"龟甲纹"组合而成的天穹。这种"天穹"与中原古代占星家的"分野"观念有关，"分野"是指将地上的州、国与天上的星空区域——匹配的占星法。"龟甲纹"实际上是抽象化星宿图像的分野单位，形成一种以北斗为中介的星象。例如朝阳龙城十六国前燕遗址铜鎏金镂空鞍桥饰上的"龟甲纹"(图8)，正中图像正是比翼鸟(图9)，两只飞禽不仅展翅相对，且脖颈交缠，形成非常有特色的纹饰图像。朝阳博物馆藏另一块十六国前燕时期的铜鎏金镂空鞍桥饰，中心部位亦是双脖颈缠绕

文化与交流

图 9　十六国前燕盛行的双颈缠绕的"比翼鸟"

(吴明淑：《韩国国立中央博物馆的至宝》,山川出版社,2012)

图 10　朝阳博物馆藏十六国前燕铜鎏金镂空鞍桥饰

(朝阳博物馆：《龙城宝笈——朝阳博物馆馆藏文物精品》)

图 11　伊和淖尔墓葬 M2 号墓葬出土的铜鎏金铺首衔环

［柏嘎力、孙晓梅：《论伊和淖尔墓葬出土棺钉铺首衔环》,《文物鉴定与鉴赏》,2017 (12)］

图 12　伊和淖尔墓葬 M3 号墓葬出土的铜鎏金铺首衔环

［柏嘎力、孙晓梅：《论伊和淖尔墓葬出土棺钉铺首衔环》,《文物鉴定与鉴赏》,2017 (12)］

图 13　朝鲜半岛辛尼冲墓中出土的镀金青铜鞋上的"双头鸟"

(大都会艺术博物馆：《新罗——朝鲜半岛的黄金王国》,耶鲁大学出版社,2013)

图 14　环状柄大刀,伽耶 5 世纪

(吴明淑：《韩国国立中央把博物馆的至宝》)

的比翼鸟（图 10）。

2010 年发掘伊和淖尔墓葬群过程中,出土了三套（组）鎏金铜铺首衔环,其中 M2、M3 出土的铜鎏金铺首衔环（图 11、12）,铺首整体延续了汉式饕餮面部的特点,突出的双眼,似龙的犄角与双耳,双犄角之内为鲜卑特有的比翼鸟形象,并装饰忍冬纹。两只鸟脖颈交缠在一起,两喙朝外,与犄角形成类似"一人双兽"的构图模式。双脖颈交缠的比翼鸟造型与朝阳龙城十六国前燕遗址铜鎏金镂空鞍桥饰上的一样。

3—6世纪发源自汉代中原地区墓葬穹顶的比翼鸟图案，逐渐从游牧民族的陪葬鞍马具扩展至鞋履、葬具等器物上。朝鲜半岛辛尼冲墓中出土的镀金青铜鞋上即有比翼鸟（图13），伽耶5世纪的环状柄大刀上也有比翼鸟图像（图14）。这些都延续了汉代"封禅"图像中"西海致比翼之鸟"之像。源于战国封禅思想中"符瑞"天命的比翼鸟显然受到了南迁至中原的鲜卑统治者推崇，其形象在丧葬马具、棺钉铺首上出现，而这些无一例外都是王族墓葬，符合"比翼鸟王者德及高远则至"的深刻含义。

二、来自南亚次大陆的"勇士驭兽"图像

北朝时期，随着佛教的传入与盛行，东南亚艺术的装饰形式与母题也随着佛教艺术进入北朝，北朝时期大同地区出土了一块特殊的"勇士驭兽"的铺首，记录了这种来自东南亚"迦纳斯驭兽"的变体风格。

（一）迦纳斯驭兽

"迦纳斯"经常被用于装饰印度和东南亚的寺庙与神社。古老的迦纳斯通常被描绘为特殊的矮人，象征吉祥的自然精神。在印度教中，迦纳斯是湿婆的仆人，由象头神甘尼萨（Ganesha，其名字意为"迦纳斯之王"）带领。在佛教中，迦纳斯是财神俱毗罗（Kubera）的仆人。

迦纳斯驭兽的形象起源于南亚次大陆的古印度佛塔雕塑中的"壁柱"。典型代表是阿马拉瓦提佛教遗址，其佛塔可能建于公元前3世纪，即阿育王时代。其中有一块3世纪的"鼓式壁柱"浮雕，部分已损，但是法柱依然清晰可见，和阿马拉瓦提其他法柱一样，其顶端原来应该有一个佛法轮（图15）。中心柱所雕图案是壁柱浮雕的中心图案，壁柱两侧是七对动物和对应的骑士，从下至上动物分别为：狮子、狮子、马、角狮、人面四足动物、公牛和角狮；每只动物身上有两人：前为男性骑士，后为印度自然神

文化与交流

图 15　阿马拉瓦提出土的"鼓式壁柱"浮雕类型 1，3 世纪
(Robert Knox, *Amaravati Buddhist Sculpture from the Great stupa*, 1992)

图 16　阿马拉瓦提出土的"鼓式壁柱"浮雕，3 世纪
(Robert Knox, *Amaravati Buddhist Sculpture from the Great stupa*, 1992)

图 17　辛辛那提艺术博物馆藏 Gummidiru 地区发现的鼓形板

迦纳斯。

阿马拉瓦提的另一块"鼓式壁柱"浮雕（图 16），壁柱上描绘的主要内容是佛陀第一次布道。一个巨大的法轮被安装在一根精心装饰的柱子的顶端，上面是一个空的宝座，宝座下面是佛陀的一对脚印。两个肩膀上扛着飞拂的崇拜者站在宝座的两侧。柱子由三个神话般的生物组成：迦纳斯或矮人（在顶部），其次是复合型动物半身像，底部有一对狮子，他们中间是咧嘴笑的迦纳神。面板的两侧进一步装饰动物，共有六对，从上至下分别是：有驼峰的公牛、狮子、马、狮子、狮子、狮子。骑着这些动物的正是印度迦纳神。

4 世纪时，安得拉邦佛教雕塑继承了阿马拉瓦提的艺术形式与造像传统[1]。安得拉的主要遗址 Gummididurru 出土了一块鼓状板（图 17），鼓状板上纹饰的主题与阿马拉瓦提出土的"鼓式壁柱"浮雕一致。画面下方为象征佛陀的宝座，宝座上有装饰"特里拉特纳"的法柱，旁边两只鹿象征鹿野苑的"第一次布道"场景，法柱两侧下方为蹲坐的崇拜者，其上为三位拿花束、飞拂的供奉者，再上端为左右对称的背向跃起的狮子，骑乘者依然为"迦纳斯"。这块雕板上端已残缺，但是可以推断其上还有多对叠加的"迦纳斯驭兽"。

旅顺博物馆藏一块公元 4 世纪的"勇士猛兽"建筑构件（图 18），中间为法柱，法柱既兼具印度早期

---

[1] 原因可能是修建阿马拉瓦提时期，训练了很多安得拉雕塑家，在雕塑传统的最后阶段，这些艺术家转移到安得拉地区。这些雕塑都是成对制作的，有些很小，有些很大。

和罗马建筑的特点，如科林斯柱上雕刻的珠串、花卉、葡萄纹饰等，应是贵霜王朝时期作品，也是"迦纳斯驭兽"形象由印度经由中亚向东方传播的证据。柱子一侧下面为一似马的矮形神兽，上为一勇士双手托举起一似龙、牛、狮子的复合型神兽，驾驭神兽的为身材短小的迦纳斯，风格上依然继承印度传统：正常比例的上身，突出的腹部，明显短小的腿。该构件是日本和尚大谷光瑞搜集而来，无法知道其确切的出土地，有可能是我国西北或中亚、印度等地，但从风格上看极有可能是贵霜时期的作品。

图18 旅顺博物馆藏公元4世纪"勇士猛兽"建筑构件（摄于上海博物馆）

综上所述，"迦纳斯驭兽"诞生于南亚次大陆的早期佛教遗迹之中，即无佛像时代。在无佛像时代虽然并没有直接出现佛陀形象，但已出现讲述释迦牟尼出生、成道、传法、涅槃、佛传及本生故事，用佛足印来暗示佛陀出家的过程，用菩提树和金刚座来体现悟道成佛，用法轮与鹿表示佛陀初次说法。供奉宝轮或矗立在法座之后的法柱则成为早期佛陀的象征物，"迦纳斯驭兽"则以一种供奉的姿态出现在法柱两侧。虽然之后随着犍陀罗造像艺术的兴盛，"迦纳斯驭兽"逐渐被希腊化的佛陀形象取代，但它并未因此消失，而是保留在了安得拉邦、贵霜艺术中，并且继续东传。

（二）雅克什驭维亚拉

法国驻阿富汗考古代表团（DAFA）在贝格拉姆10号房间发掘了一块象牙雕刻的属于1号或4号椅子的配件（图19），该象牙雕刻表现了女英雄驾驭着跃起的格里芬（或维亚拉）的场景，显然源自阿马拉瓦提法柱侧的"迦纳斯驭兽"的传统。

至于该动物是何种神兽，国外学界主要有两种观点，一种为以米勒德·罗杰斯（Millard Rogers）为代表，认为其为"维亚拉"。维亚拉形象是印度艺术中盛行的图案，由具有老虎头、大象头、鸟头或其他动物头的

图19 贝格拉姆10号房间出土的象牙雕刻配件,属于1号或4号椅子
(HACKIN ET AL.1954：VOL.II，FIGS 639)

图20 贝格拉姆3号椅子的复原图
(HACKIN ET AL.1954：VOL.II，FIGS 639)

图21 塔克西拉(现巴基斯坦白沙瓦)出土的黄金首饰
([英]约翰·马歇尔:《塔克西拉》,云南人民出版社,2002)

复合狮子生物组成,经常出现在与人类的战斗中或扑向大象的场景中,它代表着精神战胜物质的力量。斯特拉·克拉姆里奇(Stella Kramrisch)教授对"维亚拉"的定义如下:这是一种复合型的充满艺术想象的动物,其身体可能有鹦鹉的喙,喙前有一圈珍珠。这种动物在被勇士驾驭时会仰卧和转身,而勇士通常是全副武装的,另一名战士则拔出剑,蹲在萨杜拉(Sardula,半狮半人的神兽)下方,围住野兽的尾巴,这种画面通常充满了戏剧感。[1]两者的戏剧化对抗关系在贝格拉姆10号房间的象牙雕刻中保存了下来,但是人物显然更换了,驾驭维亚拉的应该是与药师(Yakshas)相对应的古老女性神灵雅克什。雅克什和药师一起被视为地球恩赐的保护者,这些自然神灵后来被印度教、佛教传统吸纳。这位女神通常以戴着项链和手镯、装饰华彩的形象示人,手里拿着一个成熟的水果,经常被放置在户外的神龛里。雅克什拥有夸张的胸部和大腿,似乎标志着与生育能力有关。在3号椅子的复原图(图20)中,可以清晰看到"雅克什驭格里芬"的构件被装饰在连接横柱与大面积雕饰纹样的椅面之间,起到斜线装饰效果。

---

1 Stella Kramrisch，Ibid.，pp.332 ff.，"Images of Sakti Sardula，Lion and Lioness"，pp.334-336，p370.

而且"雅克什驾驭维亚拉"的脚下是矮人迦纳斯,这种图像似乎表现了战胜迦纳斯并取而代之的雅克什。同样,自塔克西拉出土的黄金首饰上亦表现了相同的主题(图21),虽然并没有详细描绘人物细节,但其修长的腿部显示这并非迦纳斯,且其所骑乘的很显然是维亚拉。

(三)鲜卑"神元帝"驭神兽

大同北朝艺术研究院收藏了一枚铜鎏金人物纹铺首衔环(图22),其在中原兽首的基础上增加了"迦纳斯驭兽"的形象。双狮背向跃起,后腿交错,与水平面呈45度斜角,这是"迦纳斯驭兽"常采用的构图。铜鎏金人物纹铺首衔环上的迦纳斯相较于阿马拉瓦提不同,是较为典型的鲜卑人形象。驾驭神兽的勇士一手驭兽,一手叉腰,头戴鲜卑族风帽,身着对襟短袍,下着紧身长裤。据《太平御览》卷七三四《三国典略》载:"崔季舒未遇害,家池莲茎化为人面,着鲜卑帽。"卷九七五引《北齐书》:"后主武平中,特进、侍中崔季舒宅中池内,莲茎皆作胡人面,仍着鲜卑帽。俄而季舒见杀。"

而驾驭神兽的勇士可能是鲜卑历史上的哪位英雄呢?根据文献资料,鲜卑族自古有着祖先崇拜,据《魏书》卷一《序纪》,北魏建国后,追尊二十六代先祖,从发祥大鲜卑山石穴时代的成帝拓跋毛到代国的末代君主昭成帝拓跋什翼犍,在拓跋族人心目中,位居十五世的拓跋力微格外

图22 大同北朝艺术研究院藏铜鎏金人物纹铺首衔环
(大同北朝艺术研究院:《北朝艺术研究院藏品图录·青铜器陶瓷器墓葬壁画》,文物出版社,2016)

突出,以至"太祖(道武帝)即位,尊为始祖",帝号神元。对神元帝力微的崇拜还体现在他在祭天仪式中享受陪祭的待遇,《魏书》卷二《道武帝纪》:"(天兴)二年春正月甲子,初祠上帝于南郊,以始祖神元皇帝配,降坛视燎,成礼而反。"同时,神元帝力微被后人视为北魏王朝基业之肇始。如《魏书》卷一三《皇后列传序》:"魏氏王业之兆虽始于神元。"

铜鎏金人物纹铺首衔环上的神兽既不是中亚的格里芬，也不是阿马拉瓦提雕塑上的狮、马、角狮、人面四足动物，而是一种似龙似马的神兽。《魏书》之《帝纪第一序纪》记载："圣武皇帝讳诘汾。献帝命南移，山谷高深，九难八阻，于是欲止。有神兽，其形似马，其声类牛，先行导引，历年乃出。始居匈奴之故地。"内蒙古新巴尔虎右旗扎赉诺尔发现的东汉鲜卑墓就是拓跋鲜卑出山后留下的，墓中出土了一对神马纹青铜带，被认为是对鲜卑族这一神话的写照。牌饰的正面铸出神兽，吻部有弯角上翘，四蹄腾空，双翼从马前肢根部伸展出。1980年吉林榆树老河深出土了一枚鎏金神兽青铜牌饰（202—220年），是鲜卑部落早期的作品，与内蒙古新巴尔虎右旗扎赉诺尔发现的铜牌高度相似。铜鎏金人物纹铺首衔环上两只被鲜卑人所驭神兽即为鲜卑早期的神兽形象，虽雕刻较为稚拙，但依稀可见头部圆浑，似马，未见后来鲜卑黄金带饰上神兽的犄角。

综上所述，铜鎏金人物纹铺首衔环的造型与母题来自古印度阿马拉瓦提"鼓式壁柱"法柱两侧供奉的迦纳斯驭兽，这种装饰形式在中亚以及西域地区逐渐转变成了"雅克什驭格里芬"的形式，北朝时期，被出山南迁的鲜卑民族吸纳，并融入了本民族的祖先与神兽崇拜，与中原的传统兽面铺首文化结合，形成了特殊的鲜卑"神元帝驭神兽"母题装饰的铜鎏金人物纹铺首衔环。

三、来自希腊化文明的死亡使者密特拉

密特拉是一位非常古老的神，可追溯到印度—伊朗文明起源的遥远时期。在阿契美尼德帝国瓦解之后，波斯侨民将密特拉崇拜带入了小亚细亚，从那里向西进入希腊世界，1—4世纪，密特拉教在罗马帝国正式皈依耶稣之前曾经非常盛行。密特拉教是一种与死亡有关联的宗教，粟特人把密特拉神视为丧葬中的重要神祇。

虞弘墓石椁（592年）上就表现了墓主死后马祭时遇见密特拉的场景

(图23）。姜伯勤先生结合苏联考古学家马尔夏克对空鞍马的研究，认为石椁上的空鞍马是献给密特拉神的祭品，并以此为依据，推测出图像中手握石榴的人物为密特拉。[1] 史君墓的石棺线刻图中也出现了密特拉（图24），其中一幅图案显示，金瓦特桥入口由两条狗和两名牧师看守，史君及其妻子、孩子在众人的陪同下过桥。另一边是岩石景观，在萨珊的琐罗亚斯德教文本中被描述为"灵魂升起的山"，到达天堂的天堂花园。史君的灵魂已经被称重，所以桥足够宽，他们一行人可以通过。下面描绘了居住着怪物的翻腾水域。根据9世纪后萨珊的琐罗亚斯德教文本，死者的灵魂在到达金瓦特桥时会遇到其思想、言语和行为的化身——dēn。如果这些都好的话，那 dēn 会是一个容光焕发的年轻女子，护送死者过桥，到达山顶进入天堂（如果灵魂称重后无法通过，dēn 会化身丑陋的女巫）。在第一块面板右上方，dēn 被描绘成一个有翅膀的女人，在天界欢迎这对夫妇。在另外两块面板的上半部分，伴随着天国乐师的乐舞，密特拉神的战车（由有翼的马牵引）将他们带到天堂。综上所述，在粟特人的丧葬思想中，迎接灵魂进入天堂的正是密特拉神。

从入华粟特人的石棺不难推测，粟特人曾把密特拉的形象带入中原。如大同市恒安街出土的北魏墓金耳饰，上有"一人双兽"。金耳饰环身为头部相对、尾部相接的二龙，二龙皆张嘴，两嘴之间为一蹲坐状的胡人面貌的男子。

图23 虞弘墓石棺上的浮雕中的密特拉
[山西省考古研究所：《太原隋代虞弘墓清理简报》，《文物》，2001（1）]

图24 史君墓石棺床上骑翼马的密特拉
[西安市文物保护考古所：《西安市北周史君石椁墓》，《考古》，2004（7）]

1　姜伯勤：《中国祆教艺术史研究》，生活·读书·新知三联书店，2004，129页。

文化与交流

图 25　白色大理石浮雕，位于通往罗马科隆纳宫花园的楼梯

(Raffaele Pettazzoni: *The Monstrous Figure of Time in Mithraism*, Essays on the History of Religions, 1967.01)

图 26　大同南郊轴承厂北魏遗址出土青铜鎏金铺首

[李静杰：《北魏前后神人控驭对兽图像及其西方来源》，《艺术设计研究》，2021（5）]

男子形象与罗马密特拉雕塑十分接近，卷发、深目、高鼻，额头有一圆形装饰，颈佩莲花项饰，脑后头发自中间梳向两侧。该墓葬时代为太和以后，金耳饰与内蒙古伊和淖尔墓群出土的耳环造型非常接近，是鲜卑族的典型耳饰；其上的男子形象则与 2—4 世纪的罗马帝国所表现的密特拉接近。例如罗马科隆纳宫中的密特拉雕塑就是典型脑后头发自中间梳向两侧，面部以狮面为原型。阿契美尼德王朝之后，贝斯神已被逐步被同化为伊朗神密特拉。在密特拉三种造像中，一种狮子面特征的形象被认为是贝斯神的化身。罗马科隆纳宫中的密特拉雕塑就具有典型的贝斯神特征（图 25），赤裸身体，面目丑恶，有四个巨大的翅膀，周围盘绕着许多蛇；手臂展开，双手拿两个火把；从嘴里喷出火或气，用来滋养祭坛上的火焰。这显然是希腊和罗马的宗教艺术不具备的艺术表现。

同一时期的大同南郊轴承厂北魏遗址出土青铜鎏金铺首（图 26），头发卷曲，侧面显示出其深目高鼻的西域人特征，两脚曲起蹲坐，两手臂支起擒龙首双角。作为棺钉铺首，北魏时期的铺首大量装饰在棺椁四面，显然已经超过了抬棺的实用性与装饰性，而完全是一种带有守护神主题的小型神坛装饰。而密特拉教与葬礼有关，教义上认为密封拉神能够在人死后助人升入天堂，这也是其作为棺钉铺首图像母题的重要原因。

结　语

中原早在战国即开始使用铺首装饰棺椁，其实是将阳宅门上的铺首挪用至棺椁，而且通常仅为一件。例如安徽长丰战国晚期楚墓葬具为一棺一椁，均已腐朽，棺椁位置的泥土中只清理出铺首衔环一件。而考古学家认为阿尔泰地区繁荣的萨卡斯基泰文化在公元前3世纪开始发生变化，至公元前2世纪，古代巴扎雷克与月氏的繁荣文化受到来自东方的匈奴人的攻击而逐渐衰败，匈奴在短暂统治了阿尔泰区域之后，又被鲜卑征服者取代。显然，鲜卑人在阿尔泰地区接纳了萨卡斯基泰丧葬遗存文化，这一时期，鲜卑墓葬主要围绕着贝雷尔的巴扎雷克地区，其中不少即为"马葬"。因此，鲜卑在南迁之前一直采用的是与萨卡斯基泰、匈奴相似的马葬，没有具体的棺椁，也没有具体的与丧葬相关的神祇体系。

汉代之后，在与中原汉族接触之后，匈奴、鲜卑逐渐开始使用中原式的棺椁安葬，其间继承了汉代棺椁以及与之相关的棺钉铺首。但鲜卑在进入中原时，中原正处于中国历史上东西方交流的高峰时期，在接纳中原丧葬神祇的同时，鲜卑也接纳了来自中亚、西亚甚至东南亚的神祇，这些神祇在神格中大多与丧葬"灵魂升天"或"招魂入墓"有关。正是由于除了游牧民族的动物崇拜，鲜卑并没有完整的丧葬宗教观念，因此对其他民族与丧葬有关的神祇是接纳和包容的，他们或许并没有深刻了解这些来源于不同文明的神祇的深奥含义，但都将其纳入棺钉铺首之中。这些铺首之多完全超越了装饰或实用性，有的棺椁甚至多达数十个铺首，显然已成为死后魂魄得以往生或通往极乐的寄托，成为游牧民族转为农耕民族的一种小型的纪念式神坛。

唐宋时期的白象造型 *

叶少飞
红河学院国别研究院

摘 要：佛教入华后，其关于白象的各类故事亦以雕塑、绘画等多种形式呈现。白象入胎是佛陀出生时的吉兆，以显现佛的大神通；转轮王白象宝因武则天、唐玄宗时代的政治变动在中原逐渐隐没；婆罗门骑白象则是普通的佛教故事；普贤菩萨骑六牙白象王以其高辨识度与文殊菩萨骑青狮共同发展，成为后世白象造型的主流。四种白象造型均来源于佛教，图像阐释、呈现了佛经文本的内容，却因政治秩序和社会环境的变化，在显、隐、变中发展演进，在佛典和世间幻化想象。

关键词：图像；白象；转轮王；普贤菩萨

先秦时期中原地区象群已经逐渐消失，退往南方。中国有使用象牙和象甲的传统，亦有"象耕"之说[1]，"商人服象"可能就是役使象只。汉武

---

* 笔者先前研究越南象及图像演变，发表了《大物：越南古代的象》[分上、下两篇分别刊载于《静宜中文学报》第十七期（93—124页，2020年6月）、第十八期（25—76页，2020年12月）]。2020年4月18日，笔者在中国美术学院张书彬博士的朋友圈中见到六瓣银盒的人物骑象图案，判断可能是转轮王御象巡游的题材，张博士遂赠予相关资料，这是本文写作的契机。在此向张博士谨致谢忱！
1 曾雄生：《"象耕鸟耘"探论》，《自然科学史研究》，1990（1），67—77页。

帝平南越获得驯象，以之为祥瑞，交州和岭南象源源不断进入中原，并为世人熟知，象的形象遂与神仙术相结合，象成为长生神兽之一。[1]印度盛产大象，象即进入佛经之中，以白象为尊。汉代佛教入华，佛教中象的造型也开始呈现。[2]佛教影响力不断提升，佛经中关于象的故事和造型亦在中国广泛流传。自然界中白色大象极其少见，佛教推崇白象，因而产生了与白象相关的造型，这是佛教艺术中比较鲜明的动物形象。白象很少单独出现，多与其他神佛相配。隋唐时期有佛乘白象入胎、转轮王白象宝、婆罗门骑白象、普贤菩萨骑六牙白象王等多种艺术形式并行，到五代、宋则以普贤骑白象为主要形式。白象造型虽然来源于佛经文本，但图像的表现形式则繁简不一，呈现多样。白象造型的减少和集中，展现了图像传播中由繁至简、由低辨识度向高辨识度发展的过程。[3]

一、乘象入胎

释迦牟尼的母亲摩耶夫人临产当晚梦到菩萨乘白象入胎，《修行本起经》记：

于是能仁菩萨，化乘白象，来就母胎。用四月八日，夫人沐浴，涂香着新衣毕，小如安身，梦见空中有乘白象，光明悉照天下，弹琴鼓乐，弦歌之声，散花烧香，来诣我上，忽然不现。夫人惊寤，王即问曰："何故惊动？"夫人言："向于梦中，见乘白象者，空中飞来，弹琴鼓乐，散花烧

---

[1] 王煜：《汉代大象与骆驼画像研究》，《考古》，2020（3），86—99页。
[2] 朱浒：《大象有形，垂鼻辚囷——汉代中外交流视野中的大象图像研究》，《故宫博物院院刊》，2016（6）。
[3] 至宋代象群仍不时在南方出没，参看程民生《宋代大象的自然与社会生态》[《中原文化研究》，2021（3）]。白象自然界中很少见到，本文所论为白象艺术造型，较少涉及生象和象齿。

图1　麦积山第133号窟第10号造像碑中段，乘象入胎，北魏
（《中国美术全集·雕塑编·8·麦积山石窟雕塑》，人民美术出版社，1988，54页，彩版54）

图2　敦煌石窟第431窟西魏乘象入胎
（《中国敦煌壁画·敦煌西魏》02，天津人民美术出版社，2002，20页，彩版15）

图3　敦煌石窟280窟隋代乘象入胎
（《中国敦煌壁画全集·敦煌隋》04，天津人民美术出版社，1991，132页，彩版12）

图4　敦煌石窟278窟隋代乘象入胎
（《中国敦煌壁画全集·敦煌隋》04，136页，彩版133）

图5　敦煌石窟375窟初唐乘象入胎
（《中国敦煌壁画全集·敦煌初唐》05，天津人民美术出版社，2006，2页，彩版3）

图6　敦煌石322窟初唐乘象入胎
（《中国敦煌壁画全集·敦煌初唐》05，20页，彩版21）

图7　敦煌石窟329窟初唐乘象入胎
（《中国敦煌壁画全集·敦煌初唐》05，68页，彩版79）

香，来在我上，忽不复现，是以惊觉。"[1]

释迦牟尼的身世简化为"见于菩萨从兜率下，化乘白象，降神母胎，父名净饭，母曰摩耶"[2]。图1至图7即表现菩萨乘白象入胎的图像。图1为石雕，图4、图5、图7原本当为白象，因为绘制时间长久，颜料氧化变为黑色，表现的均是"乘白象入胎"。图1、图2、图3、图7的白象皆从空中飞腾而来，其中图3为力士各负一象足。图4、图5、图6则是象自行前进，图4、图5脚踩莲花。七幅图中，仅图5象为六牙，其他皆为双牙。乘象入胎图像中以菩萨、白象为主要因素，伎乐、飞天、力士、莲花为辅助因素。图2至图7皆以乘象入胎与夜半逾城对应绘制，都是释迦牟尼成佛之前的故事。

释迦的成长，神异非常，"太子十岁，与兄弟捔力，以手掷象城外"[3]，细节如下：

提婆达多最先出城。时有大象当城门住。达多独前以手搏头。即便躄地。于是军众次第得过。难陀继至。以足指挑象掷着路旁。太子出城。以手掷象城外。还以手接。不令伤损。象又还苏。[4]

图8 佛本行经变（太子投象）
（《中国美术全集·绘画编·13·寺观壁画》，文物出版社，1988，60页，彩版55）

敦煌石窟中这一造型尚

---

1 《修行本起经》，《大正藏》3册，新文丰出版公司，1984，463页。
2 《大般涅槃经》，《大正藏》12册，487页。
3 《佛祖历代通载》，《大正藏》49册，495页。
4 《佛祖统纪》，《大正藏》49册，142页。

未见到，山西繁峙岩山寺金代壁画有呈现（图8），图中双牙白象四脚朝天，被太子掷翻。入胎之白象为神象，被掷翻者则是凡象，佛经并未明示象的颜色，壁画绘为白象。乘象入胎和太子投象均是释迦成佛之前的故事，表现虽然神异，但尚不足以表现佛的大神通与法力，就故事本身的内涵而言，其重要性比较低。初唐之后乘象入胎的故事形象在敦煌壁画中就很少出现了。

二、转轮王白象宝

佛有大神通、大法力，诸天世界皆为其所知所识，但佛并不理世治世，而是由尊崇佛法的俗世君王治理人间世，此俗世君王即转轮王，是统治世界的王者，有七宝相随。后秦竺佛念译《佛说长阿含经》曰："何谓七宝？一、金轮宝；二、白象宝；三、绀马宝；四、神珠宝；五、玉女宝；六、居士宝；七、主兵宝。"[1]随后讲述了如何成就白象宝：

云何善见大王成就白象宝时，善见大王清旦在正殿上坐，自然象宝忽现在前，其毛纯白，七处平住，力能飞行，其首杂色，六牙纤𦟛，真金间填。时，王见已，念言："此象贤良，若善调者，可中御乘。"即试调习，诸能悉备。时，善见大王欲自试象，即乘其上，清旦出城，周行四海，食时已还。时，善见王踊跃而言："此白象宝真为我瑞，我今真为转轮圣王。"是为象宝成就。[2]

白象宝是成就转轮王显现的神通，或是先有白象出现再成就转轮王。佛经中多次阐释转轮王和七宝，其内涵和地位极为重要。以俗世君王的权

---

[1] 《佛说长阿含经》卷三，《大正藏》1册，21页下。
[2] 《佛说长阿含经》卷三，《大正藏》1册，22页上。

力，要使七宝现世或静态呈现并不困难，唯有白象在自然界中极其少见，但也并非不可就致。《宋书·符瑞志》记载："白象者，人君自养有节则至。"元嘉元年（424年）白象见零陵洮阳，六年（429年）白象见安成安复，武帝时南越献驯象亦被置入白象祥瑞之下。[1] 俗世君王已经不满足于祥瑞中的象或白象，而是以转轮王来实现自己的政治目的。

唐代武则天信奉转轮王，《新唐书》记载："太后又自加号金轮圣神皇帝，置七宝于廷：曰金轮宝，曰白象宝，曰女宝，曰马宝，曰珠宝，曰主兵臣宝，曰主藏臣宝，率大朝会则陈之"[2]，这与《佛说长阿含经》基本相同，即武则天自为转轮王。[3]

武则天推崇转轮王，但其七宝如何展现，已不可知。北魏皇兴五年（471年）交脚弥勒石像背后中心位置刻转轮王七宝图，转轮王在空中飞行，象马奔驰于前，金轮宝贴地滚动（图9）。[4]

转轮王七宝的内涵和人物都很丰富，以图形呈现会有相当的灵活度和发挥空间，但由此也会使七宝之间的形象辨识度降低。

武则天一方面以转轮王自命，七宝呈现，以明堂为七宝台，白象宝必不可少。她又自称

图9 北魏皇兴五年（471年）交脚弥勒石像

---

1 《宋书》卷二十八，中华书局，1974，802页。参阅曾磊：《汉晋六朝瑞应图录中的白色祥瑞》，刘中玉主编：《形象史学》，2017（2），30—62页。
2 《新唐书》卷七十六《后妃》，3482页。
3 关于转轮王观念的起源及传播，参看康乐：《转轮王观念与中国中古的佛教政治》，《"中央研究院"历史语言研究所集刊》第六十七本，第一分，1986，109—163页；吕博：《明堂建设与武周的皇帝像——从"圣母神皇"到"转轮王"》，《世界宗教研究》，2015（1），42—58页；孙英刚：《武则天的七宝——佛教转轮王的图像、符号及其政治意涵》，《世界宗教研究》，2015（2），43—53页。
4 转引自程雅娟：《皇权·预兆·庇护——东亚佛教理想皇权"转轮王"图像的演变研究》，《南京艺术学院学报：美术与设计》，2016（4），86页。后使用原图。

文化与交流

弥勒佛转世，上尊号"慈氏越古金轮圣神皇帝"，"慈氏"即弥勒佛。[1]作为至高无上的皇帝，武则天的行为将在全国推广。但唐玄宗李隆基上台后，重新推崇道教，扑倒象征武周革命的天枢，后又拆毁作为转轮王七宝台的明堂，使佛教势力大为消退，武则天宣扬的转轮王和弥勒信仰被新君抛弃。[2]武则天转轮王和弥勒佛信仰虽然被唐玄宗强制退出了国家政治，但其社会影响并不会戛然而止，没有世俗皇权的庇护，转轮王信仰的发展确实会受到影响。敦煌壁画中展现转轮王和七宝的题材本身也比较有限。敦煌331窟东壁初唐《见宝塔品》的局部（图10）描绘《法华经》所言多宝塔从地

图10 《见宝塔品》局部
（《中国敦煌壁画全集·敦煌初唐》05，138页，彩版159）

图11 《弥勒下世成佛经》，左为女剃度，右为男剃度
（《中国敦煌壁画全集·敦煌五代·宋》09，天津人民美术出版社，2006，72、73页，彩版72、73）

中涌出的场景，图版解说其意为即使以玉宝、女宝、轮宝、兵宝、主藏宝、象宝、马宝遍满三千大千世界，还不如受持《法华经》，或念一句《法华经》偈语。[3]敦煌石窟61窟《弥勒下世成佛经》的图像表现世俗人皈依剃度的盛况（图11），女剃度时"现马宝供养"，旁边有一黑甲武士榜题不清，可能

---

[1] 吕博：《明堂建设与武周的皇帝像——从"圣母神皇"到"转轮王"》，《世界宗教研究》，2015（1），42—58页。

[2] 参见吕博：《转轮王"化谓四天下"与武周时期的天枢、九鼎制造》，《魏晋南北朝隋唐史资料》第三十一辑，上海古籍出版社，191—193页。

[3] 《中国敦煌壁画全集·敦煌初唐》05，图版解说，57页。

图12　敦煌绢画　　　　　　　　　　图13　甘肃省博物馆藏《佛说报父母恩重经变》

是兵宝。男剃度"现轮宝供养""现珠宝供养",轮旁女子的榜题不清,可能是女宝。不知为何未见白象宝。轮王七宝不全,其地位自然降低,成为男女剃度时的供养宝。

两处壁画中的七宝并不属于转轮王,仅是佛教之宝而已,后者更是缺失白象宝。七宝与转轮王分离固然可以视为转轮王在敦煌地位的下降,从图像上则可看出七宝的呈现与排列比较随意,无一定之规。

孙英刚指出晚唐归义军曹氏政权宣扬转轮王信仰,斯坦因从敦煌带走的两幅绢画,图12左编号 1909·0101·0.99,斯坦因原编号 Stein.ch.001,孙英刚解释此图展现了《修行本起经》中一佛一转轮王的思想。图12右编号 Ch.xxvi.a.004,绘制的则完全是转轮王七宝。

孙英刚没有直接回答敦煌的转轮王旗幡是否与武则天的转轮王信仰有关联。但所引北宋绢画《报父母恩重经变》展现了弥勒下世和转轮王治世的主题(图13),七宝环绕,这与武则天转轮王弥勒信仰如出一辙,恐怕

文化与交流

不只是巧合。[1] 但《报父母恩重经变》的七宝在画面上部的宝塔两侧，玉女宝、象宝、轮宝在右，珠宝、马宝、藏宝、臣宝在左。此处的七宝与敦煌331窟东壁初唐《见宝塔品》中的七宝性质相类，更多的是供养宝。

大理国张胜温1180年所绘梵卷场面宏大，在展示华严三圣的同时，也以七宝供养（图14）。佛前从左至右为白马宝、白象宝、神珠宝、玉女宝、主兵宝、金轮宝、主臣宝，亦是一佛一轮王的呈现。梵卷又独立展现了转轮王及七宝（图15），其中，图右三题榜不清，佛居正中，前左上方有一

图14　大理国张胜温1180年所绘梵卷（局部），台北"故宫博物院"藏

图15　梵卷中的转轮王及七宝

---

[1] 孙英刚：《武则天的七宝——佛教转轮王的图像、符号及其政治意涵》，《世界宗教研究》，2015（2），43—53页。孙英刚又著有《七宝庄严——转轮王小传》（商务印书馆，2015），介绍转轮王的起源及其在印度及贵霜王朝的发展，最后以武则天转轮王为中心描述了其进入中国的情景，并简单提及转轮王在渤海国的传播。本文讨论的藏传佛教、缅甸、日本的转轮王及白象形象则作者未涉及。

金轮，轮下三人，左一女子，中间阔脸男子，右似为怀抱一物的女性，三人之前为一白象一白马。右下为一人跽坐席上奉献，后站立二侍女，一人拄杖而立。就图像而言，已经明确呈现了金轮、白象、白马、玉女即转轮王四宝，这幅图应该描绘的就是转轮王。其他三宝，笔者推测阔脸男子为主兵宝，跽坐奉献为神珠宝，策杖男子为居士宝。佛上方虚空中分别有左四右三七个盘坐的人像，表示七觉支。此即据《佛说轮王七宝经》的内容绘制。

转轮王七宝的整体辨识度是很高的，同时也是佛的供养宝。唐玄宗强制打断了转轮王信仰与皇权的结合，其传播自然受到影响，七宝仍为轮王至宝，但更多呈现出供养宝的内涵特征。七宝中白象宝形象突出，但亦非不可或缺。在图像传播的过程中，因转轮王信仰力度的减弱，七宝的呈现也就自然呈现出减少的趋势，白象宝的形象也必然受到影响。

三、婆罗门骑白象

1979年西安出土了一套三件银盒，最外围的是一个六瓣银盒，银盒中心图案有"昆仑王国""都管七个国""将来"三道题榜，正中有一头走动的象，包括骑象之人在内共有七个人物，骑象者立于象背之上，一人在象前献宝，一人在后执伞盖，伞盖悬于象上之人的头顶，"将来"题榜旁一人屈腿坐，其他三位人物形象不清晰。六瓣分别刻六个国家和地区的名称与图案。中层为鹦鹉纹海棠行圈足银盒，内为龟背纹银盒，装有水晶珠两颗，褐色橄榄形玛瑙珠一颗。

就银盒的出土形态而言，显然是盛放舍利的容器。[1] 银盒骑象人物形象

1　冉万里:《中国古代舍利瘗埋制度研究》，文物出版社，2012，127—128页。

图16 蔡拐石函四面的图案
（1. 佛陀前往涅槃地；2. 涅槃后行棺；3. 婆罗门骑象求分舍利；4. 婆罗门主持分舍利）

图17 敦煌72窟壁画，榜题"婆罗门骑象修圣容时"（霍熙亮绘）

图18 敦煌72窟壁画，榜题"月氏国婆罗门骑白象以七宝至"（霍熙亮绘）

与蔡拐出土舍利石函（以下简称"蔡拐石函"）的婆罗门骑象图案相近。[1] 于薇将蔡拐石函骑象人物与敦煌莫高窟第72窟南壁的婆罗门骑象图案比较，根据两道榜题确认就是婆罗门在佛涅槃之后求分舍利宝的情景，确定石函四面的图案顺序为：1. 佛陀前往涅槃地；2. 涅槃后行棺；3. 婆罗门骑象求分舍利；4. 婆罗门主持分舍利。（图16）[2]

蔡拐石函为婆罗门骑象送宝，二人骑马迎接。72窟壁画的两幅婆罗门画像在象背都竖一伞盖，人坐象上（图17、18）。这两个伞盖与六瓣银盒的伞盖几乎一样，不同之处在于银盒伞盖由象后之人执于手中（图19、20）。[3] 银盒骑象人物为婆罗门当无疑问。蔡拐石函婆罗

---

1 樊维岳、阮新正、冉素茹：《蓝田新出土舍利石函》，《文博》，1991（1），36—38页。拓片采自该文，笔者据于薇的研究重新调整了拓片图案次序。
2 于薇：《涅槃前后——蓝田出土唐代舍利石函图像新探》，《美术研究》，2016（3），71—76页。
3 霍熙亮：《莫高窟第72窟及其南壁刘萨诃与凉州圣容佛瑞像史迹变》，《文物》，1993（2），32—47页。所引三幅壁画象图皆出自该文。

图19 六瓣银盒骑象人物 　　　　　　　图20 敦煌72窟一象二骆驼图（霍熙亮绘）

图21 敦煌148窟西壁，众生最后供养 　　图22 敦煌148窟西壁，守护舍利

图23 敦煌148窟西壁，众国王求舍利 　　图24 敦煌148窟西壁，均分舍利

门骑象求分舍利宝，壁画的三幅婆罗门骑象则是听法会前后，是两个不同的题材作品。石函最后一个场景是婆罗门分舍利，婆罗门搬开盛放舍利的罐盖，六国使者对坐，后面君王居中主持。

敦煌148窟的西壁绘制了众生最后供养、守护舍利、众国王求舍利、

文化与交流

均分舍利的场景（图 21 至图 24），[1]图中并没有骑象人物，此壁画的中心在于舍利，于薇言蔡拐石函的中心是中国化的行棺。分舍利故事中婆罗门是必不可少的人物，但骑白象则并非必须因素。

银盒盛放舍利，同样显示了婆罗门分舍利的内涵，但中间镌刻了硕大的白象，头顶伞盖，信步而来。银盒又镌刻了唐朝有关的七个国家和地区的图案和名称，其内涵就变得更加丰富和充实了。首先婆罗门骑象分舍利的位置在"昆仑王国"，这展现了汉晋以来昆仑与佛教结合的天下理念。佛教以须弥山为宇宙和世界中心，周边分布三千世界和四大部洲，其中南赡部洲的中心为阿耨达山。佛教源于古代印度，进入中国之后，与原有的昆仑世界说结合，魏晋时即以阿耨达山为昆仑山。[2]

银盒将分配舍利的地点置于昆仑王国，显然是以昆仑为佛教世界的中心。于薇强调分舍利时端坐宝殿戴冠者是一位君王。一种观点认为是曾分舍利的隋文帝，一种认为是最先拥有舍利的拘尸那国王。于薇认为当是一位不确指的世俗国王。但敦煌 148 窟壁画中分舍利时并无蔡拐石函中端坐的主持均分之人，呈现的是比较纯粹的佛教文本内涵。

银盒虽然没有体现君王的图像，但榜题"昆仑王国"就意味着必然有一位"昆仑国王"，婆罗门在昆仑国王的地域上分配舍利，而其余六国自然应该分得舍利。婆罗门当然是来自"婆罗门国"，即佛教诞生的印度，但佛教世界中心的位置却让给了昆仑王国。樊绰《蛮书》卷十"昆仑国"记：

　　昆仑国，正北去蛮界西洱河八十一日程。出象及青木香、旃、檀香、紫檀香、槟榔、琉璃、水精、蠡坯等诸香药、珍宝、犀牛等。蛮贼曾将军马攻之，被昆仑国开路放进军后，凿其路通江，决水掩浸，进退无计。饿

---

[1] 《中国敦煌壁画全集·敦煌盛唐》06，辽宁美术出版社、天津人民出版社，2006，191 页，彩版 186。
[2] 吕建福:《佛教世界观对中国古代地理中心观念的影响》,《陕西师范大学学报（哲学社会科学版）》，2005（4），75—82 页。

死者万馀，不死者昆仑去其右腕放回。[1]

即南诏国曾进攻昆仑国，为其所败。有学者认为昆仑王国即缅甸古国骠国，但以南方小国为佛教世界的中心而主持分配舍利，于理不合。且樊绰《蛮书》记载"昆仑国"的上一条即是"骠国"：

骠国，在蛮永昌城南七十五日程，阁罗凤所通也。其国用银钱，以青砖为圆城，周行一日程。百姓尽在城内，有十二门。当国王所居门前有一大象，露坐高百馀尺，白如霜雪。俗尚廉耻，人性和善少言，重佛法，域中并无宰杀。又多推步天文。若有两相诉讼者，王即令焚香向大象，思惟是非，便各引退。其或有灾疫及不安稳之事，王亦焚香对大象悔过自责。男子多衣白毡，妇人当顶为高髻，以金银真珠为饰，着青婆罗裙，又披罗段，行必持扇。贵家妇女，皆三人五人在傍持扇。有移信使到蛮界河贱，则以江猪、白毡及琉璃、罂为贸易。与波斯及婆罗门邻接，西去舍利城二十日程。据《佛经》："舍利城，中天竺国也。近城有沙山，不生草木"。《恒河经》云："沙山中过"，然则骠国疑东天竺也。[2]

骠国为缅甸古国，曾进献乐曲。樊绰以当时人记当时事，且长期在安南都护府任职，并曾到过云南南诏国境内，对"昆仑国"和"骠国"是分得很清楚的。樊绰又记载了"大秦婆罗门国"和"小婆罗门国"，但皆与南诏相接，无法确指，当非指印度。

"土番国"即崇信佛教的吐蕃王国。"高丽国"曾求舍利于隋文帝，"高丽、百济、新罗三国使者将还，各请一舍利于本国起塔供养，诏并许之"[3]，如此一来昆仑王国的身份就呼之欲出，即自认为世界中心崇尚佛教的隋唐

---

1 （唐）樊绰著，向达校注：《蛮书校注》，中华书局，1962，338—339页。
2 （唐）樊绰著，向达校注：《蛮书校注》，233、238页。
3 《广弘明集》卷十七，《大正藏》第52卷，217页上。

王朝。

银盒的中心图案为婆罗门骑白象分舍利、银盒整体为佛教工艺品当无疑问。工艺品题材大多是对社会观念的集中展现，或继承自前人，或在当代创作，但都会有相应的社会历史基础。银盒以婆罗门骑象分舍利和周边六国展现了设计者认知的佛教世界秩序，分得舍利的六国就应该是信奉佛教的国家。将婆罗门骑白象分舍利的场所转移至昆仑王国，显示这是一种佛教徒想象创作的题材，如此即可虚实相间，并不与真实的历史情境环环相扣。

婆罗门分舍利宝予其国，其中之一为"乌蛮人"，即南诏国，《旧唐书》称："南诏，乌蛮之别种"，当时也确实以"乌蛮"称南诏，徐凝《蛮入西川后》：

守隘一夫何处在，长桥万里只堪伤。
纷纷塞外乌蛮贼，驱尽江头濯锦娘。[1]

此即指869年南诏围攻成都之事，此处称"乌蛮贼"以示其怒。银盒以"乌蛮人"称南诏自然可行。南诏立国在开元二十六年（738年），《南诏德化碑》记载："天宝七载，先王即世。皇上念功旌孝，悼往抚存，遣中使黎敬义持节册袭云南王"，天宝九载南诏起兵反唐，双方大战，南诏与吐蕃联合，多次为唐所败。贞元十年（794年）唐朝和南诏进行苍山会盟，赐异牟寻黄金印，印文为"贞元册南诏印"，即唐朝官方明确了南诏国名。

唐朝社会对南诏的称呼颇为多样，《全唐诗》卷一九六刘湾《云南曲》写754年李宓率军南征战败之事，"哀哀云南行，十万同已矣"；杜甫《新丰折臂翁》，"点得驱将何处去，五月万里云南行。闻道云南有泸水，椒花落时瘴烟起"，"是时翁年二十四，兵部牒中有名字。夜深不敢使人知，偷将大石捶折臂。张弓簸旗俱不堪，从兹始免征云南。骨碎筋伤非不苦，且图拣退归

---

[1] 《全唐诗》卷四七四，第14册，中华书局，1960，5384页。

乡土","不然当时泸水头，身死魂孤骨不收。应作云南望乡鬼，万人冢上哭呦呦"，老翁自伤所逃即天宝九载（750年）鲜于仲通和天宝十二载（753年）李宓两次征南诏全军覆没之事。白居易《蛮子朝》则称南诏为"蛮子"：

> 泛皮船兮渡绳桥，来自巂州道路遥，入界先经蜀川过，蜀将收功先表贺。臣闻云南六诏蛮，东连牂牁西连蕃。六诏星居初琐碎，合为一诏渐强大。开元皇帝虽圣神，唯蛮倔强不来宾。鲜于仲通六万卒，征蛮一阵全军没。至今西洱河岸边，箭孔刀痕满枯骨。谁知今日慕华风，不劳一人蛮自通。诚由陛下休明德，亦赖微臣诱谕功。德宗省表知如此，笑令中使迎蛮子。蛮子导从者谁何，摩挲俗羽双隈伽。……[1]

显然银盒的设计者知晓南诏崇奉佛教，南诏也确实如此，因此所指当是开元年间佛教传入之后的南诏，而非南诏立国前云南地域上的乌蛮人。设计者知晓极西的疎勒，已经灭国的东方高丽曾求舍利，南方的南诏则是新兴的佛教国家，图案的把握亦比较准确，应该是拥有一定地位的社会精英。

蔡拐舍利石函和"都管七个国"六瓣银盒均表现了婆罗门骑象分舍利的内涵，前者已然有世俗权力彰显其中，后者则以图像和文字共同表达了大唐为佛教天下秩序中心的理念。而敦煌148窟壁画的分舍利则既无白象，亦无世俗君王居中，是纯粹的佛教题材。[2]

通过对佛经文本和图像的考察，婆罗门骑象或白象是较为常见的题材，但并不是完全的组合，可以根据故事内涵的需要进行呈现。

---

[1] 《全唐诗》卷四二六，第13册，4697页。
[2] 银盒何以为七国，应该有其来历，道宣《集神州三宝感通录》："西晋泰山郎公寺……故有高丽、相国、女国、吴国、昆仑、北代七国所送金铜像。"此处亦有昆仑和高丽，银盒题材或另有来源，待考。

图 25　甘肃庆阳石窟寺普贤骑白象浮雕

四、普贤菩萨骑六牙白象王

武则天佛教转轮王的政治影响在朝廷容易清算，但在社会上的影响却难以很快消除。同时唐玄宗本人也并没有放弃佛教。开元十三年（725 年）玄宗东封泰山，在山东省成武县建造舍利石塔一座，佛龛右侧刻"大唐开元皇后供养佛时"，左侧刻"大唐开元圣神武皇帝供养"，刻一佛二弟子，以及对称的骑狮文殊和骑象普贤。另外一个门扉亦刻骑象文殊和骑象普贤。[1]

普贤菩萨为佛弟子，在印度即已为大众所信仰，骑乘六牙白象。进入中土之后，普贤骑白象的形象北魏已经出现，并且有巨型制作，如甘肃庆阳石窟寺通高 3.05 米的普贤骑白象浮雕（图 25）。[2]

隋末唐初普贤菩萨骑白象和文殊菩萨骑狮成对出现[3]。隋唐时普贤菩萨

1　孙晓岗：《文殊菩萨图像学研究》，甘肃人民美术出版社，2007，49 页。舍利石塔铭文亦转引自此页。

2　孙晓岗：《文殊菩萨图像学研究》，35 页。

3　孙晓岗：《文殊菩萨图像学研究》，48—49 页。

图 26　龙门石窟净土堂门外南壁骑象普贤
(《中国美术全集·雕塑编·11·龙门石窟雕刻》,上海人民美术出版社,1988,150 页,彩版 154)

图 27　敦煌石窟 331 窟骑象普贤
(《中国敦煌壁画全集·敦煌初唐》05,127 页,彩版 146)

图 28　敦煌石窟 340 窟普贤变
(《中国敦煌壁画全集·敦煌初唐》05,172 页,彩版 194)

图 29　敦煌石窟 331 窟普贤
(《中国敦煌壁画全集·敦煌初唐》05,130 页,彩版 149)

文化与交流

信仰已在社会广泛流行[1]。骑象普贤和骑狮文殊得到极大的重视，造型也趋于稳定，成为标配，因此在唐代出现了相当数量的骑象普贤和骑象文殊造像与壁画（图26至图29）。

敦煌石窟初唐时期的普贤骑象造型比较简单，随着普贤和文殊以及华严信仰的发展，骑象普贤和骑狮文殊的图像愈加繁复，菩萨与象、狮的组合非常稳定。图30—33为中唐时期的普贤作品，均细致宏大，其中以159窟的普贤变最为繁复华美。这种风格之后得以一直延续。

榆林16窟的普贤变虽然未见全貌，但从伎乐天和天女华美的服饰与排场即可想象图像的细致精美以及场面的宏大（图34、35）。6窟和13窟骑象普贤的华盖、普贤背饰、白象造型几乎相同，显然是来自同一个粉本造型（图36、37）[2]。壁画之外，亦有雕塑，山西五台山佛光寺东大殿即有唐大中十一年（857年）的普贤菩萨骑白象，因五台山为文殊菩萨道场，因此改易骑狮者为观音（图38）[3]。

普贤菩萨信仰广泛流行，终于出现了巨型普贤菩萨骑象的造像。张仁赞于北宋太平兴国五年（980年）在成都督造的峨眉山万年寺无量寿殿的普贤骑六牙白象造像[4]，通高7.4米，金铜铸造，重约62吨。普贤菩萨坐三层莲台，高2.65米，白象高3.3米，四足踩莲花。耗费如此巨大的财力物力铸造宝像，可见普贤菩萨信仰的流行和重要。

佛教在唐代中期由中原传入南诏国，随即广为流传，南诏号称"妙香佛国"。[5]大理剑川石钟寺雕造于南诏末期至大理国初期的第4号龛华严三圣中有普贤菩萨骑象和文殊菩萨骑狮的造型（图39）。[6]普贤菩萨端坐于象

1　张子开：《普贤信仰及大乘普贤形象的演化》，《西南民族大学学报（人文社会科学版）》，2010（7），57—65页。
2　《中国敦煌壁画全集·敦煌五代·宋》09，137页，彩版129。
3　《中国美术全集·雕塑编·26·隋唐雕塑》人民美术出版社，1988，彩图74页，图版说明25页。
4　《中国美术全集·雕塑编·27·五代宋雕塑》彩版38页，图版说明16页。
5　刘长久：《云南、贵州、广西、西藏石窟与摩崖造像艺术》，见刘长久主编：《中国石窟雕塑全集9 云南·贵州·广西·西藏》，重庆出版社，2000，2—13页。
6　刘长久主编：《中国石窟雕塑全集9 云南·贵州·广西·西藏》，彩图18页。

图 30　咸通五年四观音文殊普贤图
(《中国美术全集·绘画编·2·隋唐五代绘画》，人民美术出版社，2006，91 页，彩版 39)

图 31　普贤，205 窟
(《中国敦煌壁画全集·敦煌中唐》07，辽宁美术出版社、天津人民出版社，2006，17 页，彩图 16)

图 32　榆林 25 窟弥勒经变之剃度
(《中国敦煌壁画全集·敦煌中唐》07，77 页，彩图 77)

文化与交流

图 33　159 窟普贤变
(《中国敦煌壁画全集·敦煌中唐》07，105 页，彩图 101)

图 34　榆林 16 窟 普贤变之伎乐
(《中国敦煌壁画全集·敦煌五代·宋》09，137 页，彩版 129)

图 35　榆林 16 窟普贤变之天女
(《中国敦煌壁画全集·敦煌五代·宋》09，138 页，彩版 130)

图 36　榆林 6 窟 普贤
(《中国敦煌壁画全集·敦煌五代·宋》09，171 页，彩版 162)

图 37　榆林 13 窟 普贤变
(《中国敦煌壁画全集·敦煌五代·宋》09，174 页，彩版 165)

图 38　山西五台山佛光寺东大殿普贤菩萨骑白象　　图 39　大理石钟山华严三圣造像普贤菩萨骑白象

背莲台之上，旁有昆仑奴执象钩侍弄白象。文殊菩萨的青狮和侍奉的昆仑奴上身残缺不见，但青狮右前利爪和昆仑奴靴子仍清晰可见。[1] 大理石钟山华严三圣造像普贤菩萨骑白象的形象能够清晰地呈现和展示，应该是流传了一定时间，且获得了官方和民间的认可。今台北"故宫博物院"藏著名的张胜温绘梵卷虽绘于 1180 年，但应该反映了自南诏国时期即已流传的佛教观念，同时展现了转轮王白象宝和普贤菩萨骑白象的形象（参见图 14）。图中绘制南无释迦牟尼佛会，中间为一佛二弟子，右为文殊菩萨端坐于青狮之上，左为普贤菩萨端坐于白象之上，前又绘有一象一马。画像内容较石窟雕像为多，一佛二弟子和华严三圣的整体格局未变。

普贤信仰继续在北宋和西夏发展，人们据此制作了精美的壁画和雕塑（图 40、41）。东千佛洞的普贤变相并非与骑狮文殊相对，而是菩萨自峨眉山而来行道的场面（图 42、43）。此后普贤菩萨骑白象的造型愈加发展，在石窟中频频现身。

普贤菩萨骑白象的造型在北魏已经成熟，随着华严信仰的兴盛，在隋唐与文殊骑狮共同发展，场面宏大，内涵丰富，在唐代终结之后，分别在

---

[1] 杨延福：《剑川石宝山考释》，云南民族出版社，1999，70—71 页。

文化与交流

图 40　峨眉山普贤骑白象

图 41　普贤菩萨骑象，北宋
(《中国美术全集·5·雕塑编·五代宋雕塑》，66 页，彩版 64)

图 42　普贤变相，94 榆林窟第 3 窟，西夏
(《中国敦煌壁画全集·敦煌西夏元》10，辽宁美术出版社、天津人民出版社，2006，74 页，彩版 94)

图 43　普贤变相，东千佛洞第 5 窟，西夏
(《中国敦煌壁画全集·敦煌西夏元》10，96 页，彩版 122)

北宋、西夏、大理发展，有不同类型的壁画和雕塑，骑象普贤成为影响最大的白象造型（图 44 至图 46），持续至今。

386　　　　　　　　　　　　　　　　　　制器尚象：中国古代造物观念与传统研究

图 44　大足妙高山第 3 号罗汉窟普贤菩萨，南宋
(《中国美术全集·雕塑编·12·四川石窟雕塑》，人民美术出版社，1988，153 页，彩版 151)

图 45　大足北山第 136 号窟普贤菩萨
(《中国美术全集·雕塑编·12·四川石窟雕塑》，167 页，彩版 169)

图 46　普贤菩萨，元
(《中国美术全集·雕塑编·6·元明清雕塑》，人民美术出版社，2015，20 页，彩版 20)

五、其他白象造型

　　敦煌壁画还有一些其他的白象造型，如第 257 窟北魏时绘制的须摩提女请佛故事之十六，大目犍连乘五百头白象前来，随后为释迦牟尼与五百弟子乘彩云而来（图 47）；另有流水长者救鱼，亦是骑乘白象（图 48）。敦煌壁画中的白象多为佛教题材的展现要素，以呈现壁画的内涵和情节，其佛教圣兽的身份无疑（图 49、50）[1]。

　　南诏大理国佛教对白象亦很看重，张胜温梵卷中除了普贤菩萨骑白象和转轮王白象宝，尚有其他白象造型（参见图 15），右四金身神像题榜"建国观世音菩萨"，座前有一白羊，羊前对卧一白象和白马。白色象马的配置在《南诏图传》中亦有呈现（图 51）。佛前有象踪、圣踪、马踪，白象思维中有童子，榜题"白象上出化云中有侍童手把金镜"，白马思维中亦有童子，榜题"白马上出云中侍童手把铁杖"，白牛榜题"青沙牛不变后

---

[1] 《中国敦煌壁画全集·敦煌北凉·北魏》01，辽宁美术出版社、天津人民出版社，2006，解说，63 页

文化与交流　　　　　　　　　　　　　　　　　　　　　387

图47 须摩提女请佛故事之十六,第257窟,北魏
(《中国敦煌壁画全集·敦煌北凉·北魏》01,168页,彩版168)

图48 流水长者救鱼,417窟
(《中国敦煌壁画全集·敦煌隋》04,36页,彩版35局部)

图49 化城喻品之山水人物,103窟,南壁西端,彩版119
(《中国敦煌壁画全集·敦煌盛唐》06,辽宁美术出版社、天津人民出版社,2006,124页,彩版119)

图50 化城喻品之山水人物,103窟,南壁西端,彩版120
(《中国敦煌壁画全集·敦煌盛唐》06,125页,彩版120)

图 51 《南诏图传》第三化梵僧故事

立为牛,祷此其国也",白色象马在凡间为兽,出云白象为金镜童子,白马为铁杖童子,为菩萨随从。建国观世音菩萨前面的白象和白马亦同为此意。

张胜温图卷中观音菩萨是重点表现人物,十八位观世音菩萨有名号不一的题榜,有三位满绘的观世音菩萨无题榜,总共二十一位观世音菩萨。其中"除象难观世音"旁卧一黑象,象是南诏大理国社会重要的财富,《云南志》卷七"云南管内物产":"象,开南、巴南多有之,或捉得,人家多养之,以代耕田也"[1],《岭表录异》亦记载:

> 刘恂有亲表,曾奉使云南。彼中豪族,各家养象,负重致远,如中夏之畜牛马也。蛮王宴汉使于百花楼。楼前入舞象,曲动乐作,优倡引入。象以金羁络首。锦绣垂身,随拍腾蹋,动头摇尾,皆合节奏,即天宝中舞马之类也。[2]

刘恂表亲见南诏舞象,云南本是产象区,驯象役象不足为奇。自然界

---

[1] (唐)樊绰著,向达校注:《蛮书校注》,204 页。
[2] (唐)刘恂著,鲁迅校勘:《岭表录异》,广东人民出版社,1983,10 页。

文化与交流

中黑象常见，南诏大理国蓄养役使的应当是黑象，故图中黑象当是观音救助的对象。

在南诏大理国，白象为普贤菩萨坐骑，又为转轮王白象宝，白色象马为圣兽。黑象则为观音救助的对象，是社会财富，不具有神圣功能。如此丰富的内涵，应该是经历了相当长的形成时间，方表现在图卷之中。

六、结论

佛教传入中国之后，令人瞩目的白象造型迅速发展，源自佛经文本的乘象入胎、普贤菩萨骑六牙白象、转轮王白象宝的题材在壁画和雕塑中均有呈现，在唐代达到了高峰。但就图像的呈现和传播而言，题材内涵与形式与其传播力度息息相关。

乘象入胎壁画多见于初唐，此为释迦牟尼出生时的圣迹，不能展示佛的大神通和法力，故而之后逐渐减少。武则天以转轮王自居，七宝之一的白象宝亦令人瞩目，但随着唐玄宗对武则天佛教政治转轮王信仰的反动，转轮王及白象宝在中原地区逐渐隐没，轮王七宝多与其他神佛组合，呈现出供养宝的属性，且七宝组合虽然稳定，但排列显现次序则不固定，在宏大画面中，七宝的辨识度亦相对降低。普贤菩萨骑六牙白象王以其独特的造型和超高辨识度，在华严信仰的有力传播下，与文殊菩萨骑青狮共同侍于佛前（亦有单独骑乘白象的造型），该形象在信仰的推动下蓬勃发展，在北宋、大理国、西夏均有宏大的图形展示。

另外婆罗门骑象分舍利的故事是纯粹的佛教题材，但也不可避免受到世俗政治权力的影响。蔡拐舍利石函有俗世君王端坐宝殿关注婆罗门分舍利宝，"都管七个国"六瓣银盒则直接将分舍利地点置于代表唐朝的"昆仑王国"，以此展现唐朝已然是佛教世界秩序的中心。

就图像形式而言，乘象入胎为佛陀圣迹的一部分，其内涵和表现形式比较有限。白象为转轮王七宝之一，但与其他六宝和转轮王的组合形式并不固定统一，在宏大的图像场景中辨识度降低。普贤菩萨骑六牙白象王的造型在北魏即已出现，其造型辨识度极高，雕刻和壁画都适合展现。婆罗门骑白象的造型在佛经中多次出现，但其主题并不集中，且神圣程度远不及佛陀和普贤菩萨。这几种关于白象的艺术形象独自发展，却受到武则天和唐玄宗时代的政治秩序变化的影响，转轮王白象宝逐渐隐没，七宝多转变为供养宝。乘象入胎和婆罗门骑白象则因内涵不足而隐没，普贤菩萨骑六牙白象王的造型勃兴，并以固定组合的高辨识度获得了更加广泛的传播，而低辨识度的转轮王白象宝和婆罗门骑白象的图像则会日渐减少。普贤菩萨骑六牙白象王最终在宋代成为白象造型的代表，其他造型相对减少。

唐宋时期的白象造型基本出自佛教文本，以自己的力量展现了历史时空深处的细致和精巧，图像呈现了文本的基本内容，却在显、隐、变的演绎过程中拥有了超越文本的内涵，文字与图像的结合既明确了图像的内容，却也将图像与佛教原始文本的距离拉得更远。

古蜀鸟日组合遗存及其内涵研究

任欣
中国艺术研究院

摘　要：在对古蜀地区的考古发掘中，一共出土了五件包含鸟、日元素组合的器物（或器物残件）。本研究依据组合形式将这些鸟日组合物分为三种类型，并根据器物形制与造型特点，探讨古蜀地区鸟日组合形象所具备的文化功能，以及古蜀先民的造物观念与文化信仰。

关键词：古蜀；鸟日组合遗存；文化功能；造物观念

远古先民，仰观宇宙，俯察万物，并通过制器尚象之方式，记录或模仿他们的所见、所思以及所得。其中有一些形象或符号，在先民们所使用、膜拜的实物遗存中反复出现，甚至还呈现出一定的规律性，可见它们被赋予了特殊的意义或功能，本文要探讨的鸟、日以及其组合形象，便是这样一组符号。

一、文献记载与考古发现中的鸟、日相关形象

早期文献反映鸟、日之间密切关系的记载屡屡可见，如《楚辞·天问》

中的"羿焉彃日，乌焉解羽"[1]，汉代王逸注曰："尧时十日并出，草木焦枯，尧命羿仰射十日，中其九日，日中九乌皆死，堕其羽翼。"[2] 又有《论衡·说日》载："儒者曰：'日中有三足乌，月中有兔与蟾。'"[3]

鸟、日及其组合或共存的形象，在考古学发现中也数见不鲜。早在新石器时代，黄河中游的仰韶文化便出土了大量鸟日组合图像，中国社会科学院考古研究所收藏的一件陶钵上就绘制有太阳和鸟的图案（图1）[4]：鸟身为月牙形，尾羽上翘，双翅展开，呈飞翔状。鸟头表现为似太阳的大圆点，证明了太阳和鸟之间的密切联系。与西部的仰韶文化相呼应，海岱地区的大汶口文化遗址也出土了具有日、鸟复合形象的器物，如陵阳河遗址发现的灰陶尊上的刻纹（图2），包含了圆形、月牙形及山形三种符号[5]，被视为太阳、飞鸟和高山的象征。两汉时期，相关的图像——三足乌位于太阳之中——仍然以当时家喻户晓的神话题材形式（图3）出现在墓室空间中，与文献所载的"日中有三足乌"相对应。从原始时期至汉代几千年的时间中，古人对太阳和鸟关系的认识与表现渐趋

图1 中国社会科学院考古研究所藏鸟纹彩钵

图2 山东陵阳河遗址出土灰陶尊上的刻纹
[张程：《浅析中国古代太阳崇拜与鸟崇拜的实物图像——以乌与三足乌的形象内涵变迁为例》，《形象史学》，2018（1）]

图3 四川彭州太平乡出土东汉日神（摄于四川省博物院）

1　（宋）朱熹：《楚辞集注》卷三《天问》，上海古籍出版社，2001，58页。
2　（汉）王逸注，（宋）洪兴祖补注：《楚辞章句补注》卷三《天问》，吉林人民出版社，2005，94页。
3　（汉）王充撰，黄晖校释：《论衡校释》卷十一《说日篇第三十二》，中华书局，1990，502页。
4　张朋川：《黄河彩陶——华夏文明绚丽的曙光》，浙江人民美术出版社，2018，46页。
5　山东省文物管理处、济南市博物馆编：《大汶口——新石器时代墓葬发掘报告》，文物出版社，1974，118页。

丰富，延伸出多种不同的形象。

二、古蜀地区发现的鸟日组合形象遗存

自 1986 年开始，四川成都地区的三星堆、金沙等地先后展开了几次重大考古发掘工作，在遗址中出土了大量的青铜器、陶器等实物遗存，这些出土文物因为造型独特，备受学界的关注。其中许多重要的研究成果都涉及青铜神树以及太阳神鸟金箔，它们揭示了很多问题，但也在一定程度造成了新的困扰。笔者通过分析，拟把古蜀地区出土的鸟、日及其组合形象作为一个整体来讨论，从而发现其中一些可能被忽略的文化意涵。

迄今为止，三星堆遗址、金沙遗址共出土了五件反映鸟日关系的器物，根据二者结合形式的差异，可进一步将其细分为三种类型：

第一种类型为日负金乌，从器物的形象表达特点来看，神鸟位于太阳之上，共两件：

一件为三星堆遗址出土的 I 号大型铜神树上的日负金乌，发掘报告编号为 K2：94（图 4）。神树由底座、树身和龙三部分组成。底座、龙与该部分无关，此处不赘述。神树的主干为一根圆柱，共分为五节，相邻两节之间以套筒进行连接。在第一、第三、第五层（自上而下）套管处，各长出三根权枝，构成了一干九枝的基本树形。树枝细长，弯曲下垂，每根权枝的中段又分出三枝，两分枝弯曲下垂，一分枝翘首向上，枝端处均绽开一花朵。花朵均有一桃形果实以及一长一短的镂空羽状花瓣，花托套有镂空的烔纹圆环（图 5），当为太阳形象。所有向上的短枝花朵上均有一鸟立于果实之上，神鸟嘴部为钩喙状，喙部各有一圆形穿孔，尾部上翘，尾羽镂空，羽翅大多呈折断形态。

另一件为三星堆遗址出土的 II 号大型铜神树上的日负金乌，编号为 K2：194（图 6）。全器埋藏时遭到毁坏、焚烧，近年完成拼接复原。器物分树座和树干两部分。树座分三面，与 I 号大型铜神树树座相似，每面各

图4 三星堆遗址出土Ⅰ号大型铜神树
（四川省文物考古研究所：《三星堆祭祀坑》，558页，彩图63）

图5 三星堆遗址出土Ⅰ号大型铜神树上的立鸟及焖纹圆环

图6 三星堆遗址出土Ⅱ号大型铜神树

图7 三星堆遗址出土双面鸟头钮
（四川省文物考古研究院等编著：《三星堆出土文物全记录·陶器金器》，天地出版社，2009，458页，图193）

铸造一跪坐人像。神树分三层，每层各生出三根树枝，向三个方向伸出，与树座三足一致。树枝中段分叉，一枝向上，一枝向下，至枝端开一花朵，花朵由一两片花瓣组成，内有一桃形果实，花托套有太阳形圆环。每根树枝分杈的上端，在其花朵上各立一鸟，共九只。鸟头顶中空，为鹰嘴状钩喙，尾翼上翘，展翅，羽翼向下。

第二种类型为鸟目作日的形象，神鸟的眼睛被塑造为太阳形式，共两件：

其一为三星堆遗址出土的双面鸟头钮，发掘报告编号为86GS111T1213⑧C（图7）。根据《三星堆出土文物全记录》公布的图片来看，鸟头钮材质为泥质褐陶，出土略残。陶钮的表面塑造为两个相对应的鸟头形象，鸟喙突出，眼眶为圆形，以阴线表现，眼珠内陷，眼睛四周均以短线纹装饰，当为太阳的形象化呈现。

其二为金沙遗址出土的铜鸟，编号为2001CQJC：553（图8）。图册《三星堆与金沙》对这件器物的描述较为详细："鸟首上昂，尖喙上翘，圆眼凸出，阴线勾勒眼眶、眼睛和瞳孔。双翅收束，后端上翘，翅上以阴线

文化与交流

图 8　金沙遗址出土铜鸟
（四川广汉三星堆博物馆、成都金沙遗址博物馆编著：《三星堆与金沙》，66 页）

勾勒翅羽。尾羽有两条，均后延下垂，外侧一条尾羽的末端分两叉。"[1]笔者最为关注的是神鸟的眼睛部位：鸟首及颈部均饰以圆点状纹，尤其是神鸟的眼眶周围，均匀分布有一圈圆点，在圆点外围又以阴线勾勒出一个更大的圆，与神鸟眼睛层层环套，与三星堆遗址出土的双面鸟头钮眼睛的表现手法有异曲同工之妙，因此也是太阳的形象化表现。

第三种类型为群鸟绕日的形象，以太阳为中心，多只神鸟围绕在其外侧形成环抱状。这种类型只有一件：

金沙遗址出土的太阳神鸟金箔，考古发掘编号为2001CQJC：477（图 9）。金饰整体为极薄的圆片形，捶揲而成，其中的纹饰采用了切割技术，以镂空的形式表现。纹饰具体可分为内外两部分，内层为一圆圈，圆圈的周围等距离分布十二条弯曲的象牙状（外端尖）光芒，呈现出运动感，运动的方向为顺时针，被视为太阳形。外层图案为四只形态大体相同的飞鸟，首尾相接，围绕内层做逆时针方向飞翔。神鸟为引颈伸腿状，鸟身、羽翅都较为短小，脖颈、鸟腿细长，头部较大，鸟嘴微张，鸟爪为三趾。

图 9　金沙遗址出土太阳神鸟金箔
（四川广汉三星堆博物馆、成都金沙遗址博物馆编著：《三星堆与金沙》，89 页）

三、从独立到组合形态变迁的鸟、日形象

特定历史时期的器物往往是那个时期、特定族群共同的观念信仰与礼

1　四川广汉三星堆博物馆、成都金沙遗址博物馆编著：《三星堆与金沙》，四川人民出版社，2010，66 页。

仪制度的载体。古蜀人为何会将鸟和太阳两种符号进行组合？不同类型的鸟日组合形象分别代表何种意涵？要回答诸如此类的问题，我们可能要先了解他们如何看待独立形态的鸟、日形象。

在三星堆遗址以及金沙遗址的考古发掘中，出土了大量独立存在的太阳与神鸟材料。神鸟形象如雕刻于玉璋射部的立鸟（图10），以及残存陶器的鸟首状把手（整器或拟鸟形）等（图11）；太阳材料则有三星堆二号坑出土的青铜太阳形器，圆形，正中为凸起的太阳，周围五芒呈放射状，芒外圈为圈晕[1]（图12），形似我国西南地区出土铜鼓或铜带饰上的象征太阳的符号（图13）。另有神殿屋盖和神坛立人服饰上的太阳纹饰，两种纹饰略有不同：屋盖上是简化的太阳芒纹，内部为一圆形，外部为七角星，如太阳光芒，在太阳芒纹的外围又饰以一圈连珠纹（图14）；而立人服饰上的纹样为炯纹，与Ⅰ号大型铜神树上的太阳形象相似（图15）。在三星堆遗址出土器物中，太阳不仅作为独体形象出现，还被简化为装饰图案，铸造于沟通人神的巫师衣物之上，表明古蜀人已经注意到太阳具有非常特殊的能力：它日复一日地东升西落，不依靠任何外物，也没有羽翼，却可以独立穿梭于天地之间。

以上出土材料表明，在古蜀人的认知中，鸟、日是两种相互独立的意

图10 三星堆遗址出土玉璋
（四川省文物考古研究院等编著：《三星堆出土文物全记录·玉器石器》，564页，图46）

图11 三星堆遗址出土鸟头把
（四川省文物考古研究院等编著：《三星堆出土文物全记录·陶器金器》，469页，图208）

图12 三星堆遗址出土太阳形器
（四川广汉三星堆博物馆、成都金沙遗址博物馆编著：《三星堆与金沙》，54页）

---

[1] 四川省文物考古研究所：《三星堆祭祀坑》，文物出版社，1999，235页。

图13　四川老头山出土铜带饰

（凉山彝族自治州博物馆等编著：《老龙头墓地与盐源青铜器》，文物出版社，2009，23页，图14-4）

图14　三星堆遗址出土神殿屋盖残件上的太阳纹

（四川省文物考古研究院等编著：《三星堆出土文物全记录·青铜器》，240页，图171）

图15　三星堆遗址出土神坛中层立人

（四川省文物考古研究所：《三星堆祭祀坑》，233页，图129）

象。那么古蜀人基于何种原因将这些独立符号组合在一起？何根海认为："日鸟合一这个绵延悠长的神话母题，是原始人类将客观的东西与主观的东西相混淆的产物，是动物崇拜与自然崇拜交相渗透的结果。"[1] 笔者部分赞同这个说法。古蜀地区的日鸟组合形象，不是简单混淆的结果，古蜀人融合了动物崇拜与自然崇拜，其目的不仅是将鸟崇拜与太阳崇拜加以形象化的传达，而且包含了更深层次的含义。

四、鸟日组合形象的文化功能

初步了解古蜀地区鸟日形象组合的形成特点后，我们可以就有关器物的文化内涵做进一步探讨。

（一）沟通人神的使者

前揭日负金乌类型的鸟、日组合形象是构成三星堆二号坑出土的Ⅰ、Ⅱ号大型青铜神树的重要组成部分，要探究其文化功能，就需对青铜神树

---

[1] 何根海：《"射日""逐日"的文化阐释》，《东方丛刊》（1—2辑），1997，26页。

在古蜀文化中的作用与功能有所了解。有关青铜神树的用途及象征意义众说纷纭，笔者在此择"扶桑若木说""建木说"两种比较有代表性的观点来分析。

扶桑若木说。持此说者认为，两株青铜神树即《山海经》中记载的扶桑与若木。据《山海经·海外东经》"汤谷上有扶桑，十日所浴，在黑齿北。居水中，有大木，九日居下枝，一日居上枝"[1]，以及《淮南子·地形训》"若木在建木西，末有十日，其华照下地"[2]，扶桑与若木分别位于宇宙的东西两极，日乌每日背负太阳沿扶桑升起，沿若木降落。又有"羲和者，帝俊之妻生十日"[3]，天有十日，每天运行一只，其余九只则由日乌背负栖息于神树枝头。研究者认为，青铜神树树梢塑造的九只神鸟和太阳恰好符合此神话传说。[4]

建木说。"建木在都广，众帝所自上下，日中无景，呼而不响，盖天地之中也。"[5] 古人将建木视为"天梯"，巫师凭借它来往于天地之间。研究者依据青铜神树高耸的形体、华丽的装饰，将其与建木相对应。[6]

三星堆器物坑出土的两件大型青铜神树是否与《山海经》记载的"扶桑""若木"或"建木"相对应？笔者认为，上述观点虽具有一定的依据，但都存在难以自圆其说之处。持"扶桑若木说"的学者，将神树枝头的神鸟与太阳认定为"金乌负日"，但神树上的太阳位于神鸟下方，鸟、日两种元素的组合形式与"金乌负日"图式并不相符。《山海经》中有两则关于建木形象的描述，首先见于《海内南经》："有木，其状如牛，引之有

1　袁珂校注：《山海经校注》卷四《海外东经》，上海古籍出版社，1980，260页。
2　陈广忠译注：《淮南子》卷四《地形训》，中华书局，2012，204页。
3　袁珂校注：《山海经校注》卷十《大荒南经》，381页。
4　[日]林巳奈夫：《中国古代的日晕与神话图像》，见李绍明、林向、赵殿增主编：《三星堆与巴蜀文化》，巴蜀书社，1993，116—135页；孙华：《从三星堆埋葬坑看古蜀文明》，2021年5月7日于飞书在线进行的线上讲座。
5　陈广忠译注：《淮南子》卷四《地形训》，中华书局，2012，204页。
6　段渝：《古代巴蜀与南亚和近东的经济文化交流》，《社会科学研究》，1993（3），53页；赵殿增：《三星堆文化与巴蜀文明》，凤凰出版社，2005，342—343页。

文化与交流

皮，若缨、黄蛇。其叶如罗，其实如栾，其木若蓲，其名曰建木。"[1] 另一则记录于《海内经》："有木，青叶紫茎，玄华黄实，名曰建木，百仞无枝，上有九欘，下有九枸，其实如麻，其叶如芒，大皞爰过，黄帝所为。"[2] 与文献描述最符合的建木形象为临沂画像石所表现的神树——弯弯曲曲但没有树杈（图16）[3]。三星堆遗址的两株大型神树显然与建木形象存在较大偏差。两件青铜神树并非"扶桑"与"若木"，也并非"建木"。

图16 山东临沂市博物馆藏神树建木画像
（中国画像石全集编辑委员会编：《中国画像石全集3》，山东美术出版社，2000，19页，图22）

另有一点值得注意，已有观点的提出者和支持者在援引文献来论证三星堆出土青铜神树时，忽略了文献与图像的对应问题，包括文献的年代问题、文献记载与实物之间的吻合程度等问题，研究者常常被那些若合符节的细节所吸引，而有意无意地忽略了二者之间的相异之处。下文利用美术考古以及图像学研究方法，在重构古蜀文化情境、充分权衡文献与图像对应关系的基础上，探讨青铜神树造型的设计思想及其与祭祀活动所用器物之间的关系，并对神树的制作理念、文化功能进行分析。

过去的三十多年间，包括三星堆遗址发掘者在内的大多数学者皆主张将三星堆一、二号坑命名为"祭祀坑"。[4] 随着2019年三星堆遗址三至八号坑重启发掘，不仅出土了二号坑器物的碎片，还发现了建筑遗存——红烧

---

1 袁珂校注：《山海经校注》卷五《海内南经》，279页。
2 袁珂校注：《山海经校注》卷十三《海内经》，448页。
3 练春海：《器物图像与汉代信仰》，生活·读书·新知三联书店，2014，74页。
4 四川省文物管理委员会等：《广汉三星堆遗址一号祭祀坑发掘简报》，《文物》，1987（10），1—15页；四川省文物管理委员会：《广汉三星堆遗址二号祭祀坑发掘简报》，《文物》，1989（5），1—20页；陈显丹：《三星堆一、二号坑几个问题的研究》，《四川文物》（专辑），1989，11—22页；胡昌钰、蔡革：《鱼凫考——也谈三星堆遗址》，《四川文物》（专辑），1992，26—33页；王燕芳：《四川西部三种文化类型及其相关问题》，见四川省文物考古研究所编：《四川考古论文集》，文物出版社，1996，104—117页。

土,"祭祀埋藏坑"的说法继而也获得了普遍的认同[1]。这两种说法之间既有交叉,又有区别。共同之处在于研究者都认为三星堆遗址八个坑内出土的凝聚着大量人力与物力的青铜器、玉器等,是一种超乎自然的象征与符号。这些器物的设计和使用与古蜀人的原始宗教信仰有关,它们是祭祀活动中重要的礼仪用具,重现了古蜀国的祭祀制度,也映射出古蜀人的观念与信仰体系。在古蜀先民看来,他们生活的世界处于神灵的控制之下,祭祀是他们沟通和调节人神关系的重要方式。在出土的众多器物中,三尊青铜纵目面具以庞大的体积、独特的设计引人注目。这些面具眼珠纵凸,双耳伸展,鼻梁高挺,额中饰有夔龙形额饰,这种设计显然是表现神圣的形象(图17)。我们可以从面具的细节大致推测它在宗教性仪式中的摆放位置以及使用方式。这三尊纵目面具的背面均为瓦形,且表面较为粗糙,未经仔细打磨;在其方额及下颌的两侧,均对称分布方孔一组,表明

图17 三星堆遗址出土青铜纵目面具
(四川省文物考古研究所:《三星堆祭祀坑》,554页,彩图57)

图18 三星堆遗址出土青铜纵目面具局部
(四川省文物考古研究所:《三星堆祭祀坑》,555页,彩图58)

此类青铜面具使用时应悬挂在柱形物上。此外,面具铸造的细节部位有些毛糙,两侧用于悬挂的方孔边缘亦不平整,甚至方孔四周还残留凿刻的痕迹(图18)。造成这种情形的原因可能是:第一,制作者的技术不够娴熟。这一假设不大合理,因为三星堆遗址出土的青铜人头像,其耳垂处的耳洞

1　唐际根:《"祭祀坑"还是"灭国坑":三星堆考古背后的观点博弈》,《美成在久》,2021(3),6—25页;孙华:《三星堆埋藏坑概说》,《文史知识》,2021(8),33—44页;冉宏林:《三星堆考古发现的若干思考》,2021年10月16日于河南郑州图书馆的讲座。

文化与交流　　　　　　　　　　　　　　　　　　　　　　　　　　　　401

图 19　三星堆遗址出土人头像局部
（四川省文物考古研究院等编著:《三星堆出土文物全记录·青铜器》，82 页，图 36）

图 20　三星堆遗址出土小跪坐人像
（四川省文物考古研究院等编著:《三星堆出土文物全记录·青铜器》，47 页，图 9）

就处理得圆润光滑（图 19），甚至尺幅如手掌大小的青铜跪坐人像，其五官与身体部位也塑造得极为细致（图 20）。第二，制作者有意为之。这一原因实际上与面具在宗教仪式中所处的位置有关——这些面具悬挂于高处，与祭祀者（及其他可能见到它们的人）之间的距离较远，面具的瑕疵可以忽略不计。可见，三尊青铜面具硕大的体型不仅是为了表现其地位的崇高，还与"身处高位"有关。这意味着，在三星堆人的观念中，面具所代表的重要神祇位于难以触及的位置上。

那么，在祭祀活动中，身处地界的神巫或部落首领想要完成与远高于天界的神祇的沟通和对话，便需凭借一登天之物，我们将其称为天梯，三星堆二号坑出土的两件大型神树可能与天梯相关。

首先，从青铜神树的形象设计来看。神树底座由一圆形座圈以及三个镂空的拱形组成，大体呈圆锥形，发掘者将其称为树根[1]，笔者认为应作三面相连的神山理解。不难发现，每面拱形的造型、纹饰皆与三星堆"祭山图"玉璋上刻画的穹隆状的神山极为相似（图 21），其上还塑造出日形纹饰与云气纹，神山四周云气缭绕，可窥见神山之高。根据发掘报告记录，Ⅰ号神树的底座高 0.37 米，神树高 3.59 米。[2] Ⅱ号神树的具体高度虽尚不明确，但不难看出，其树座与树高之间的比例同Ⅰ号神树是相似的。这棵

---

[1]　四川省文物考古研究所:《三星堆祭祀坑》，214 页。
[2]　四川省文物考古研究所:《三星堆祭祀坑》，219 页。

图21 三星堆遗址出土玉璋（四川省文物考古研究所：《三星堆祭祀坑》，572页，彩图90）

图22 三星堆遗址出土玉琮（摄于三星堆博物馆）

图23 三星堆遗址出土玉琮上的神树刻纹（摄于三星堆博物馆）

耸立于高山之上的神树，高度近乎神山的十倍，显然并非普通的树木，制作者和使用者表达的是一棵通天的神树，它耸入云霄，直至苍穹。这种"高上加高"的设计理念与蜀人对神祇所处位置的认识有关。此外，三星堆遗址三号坑新出土的一枚玉琮表面同样刻有神山与神树的图案（图22、图23），根据张光直的观点，祭祀所用的玉琮是一种沟通天地的工具[1]，那么它表面的纹饰，也应该有助于实现相同的目的，即神山与神树在古蜀的宗教仪式中是一种上下于天的工具。其次，从早期的文献记载来看。《山海经》一书描述了许多有神性且具备沟通天地功能的神山与神树。先是神山，有昆仑与灵山。《海内西经》有言："昆仑之虚，方八百里，高万仞。"[2]《淮南子·地形训》中关于昆仑作为天梯的描述更为具体："昆仑之丘，或上倍之，是谓凉风之山，登之而不死。或上倍之，是谓悬圃，登之乃灵，能使风雨。或上倍之，乃惟上天，登之乃神，是谓太帝之居。"[3]《大荒西经》

1　张光直：《谈"琮"及其在中国古史上的意义》，《文物与考古论集》，文物出版社，1986，255页。
2　袁珂校注：《山海经校注》卷六《海内西经》，294页。
3　陈广忠译注：《淮南子》卷四《地形训》，204页。

文化与交流

提到灵山，称"十巫从此升降，百药爰在"[1]。从这些资料来看，高山可作为巫师进入神界的天梯或天柱。接着是神树，《山海经》提到的神树有扶桑、若木、建木。在这三者中，被称为建木的神树直接涉及天梯的概念。而位于东西两极的扶桑与若木，著书者虽未直言其具备通天功能，但称它们为数百丈、数千丈乃至数千里的参天大树，这表明扶桑和若木同样与人神上下于天所使用的工具相关。《山海经》作为一本上古奇书，与巴蜀文化有着密切的关系[2]，书中一系列关于将树或山作为人神往来于天地间的媒介的神话传说，不仅集中体现了早期古蜀先民对世界和宇宙的认识与理解，同时也反映了他们的信仰与思维，即在古蜀人的认知中，许多神圣的树和山都具有沟通天地的功能。虽难以将三星堆遗址出土的两株大型青铜神树直接与《山海经》所记录的神山、神树相对应，但不难理解，青铜神树的造型极有可能是设计者依据天梯的概念进行的创作，它们在古蜀人的思维中是天梯的象征。

祭祀活动中所使用的两株大型青铜神树是一种沟通天地、人神的工具，那么盘旋于其上的日、鸟也应该服务于同样的功能——日与鸟的功能，是沟通人的世界与神的世界，是登天阶梯的延伸。具体而言，青铜神树上的神鸟是协助古蜀巫觋集团沟通天地的"动物助手"。古籍中记载的许多动物都与人神沟通相关，如关于夏启自天界取《九辩》《九歌》入人间的描述，见于《大荒西经》："西南海之外，赤水之南，流沙之西，有人珥两青蛇，乘两龙，名曰夏后开。开上三嫔于天，得《九辩》与《九歌》以下。此天穆之野，高二千仞，开焉得始歌《九招》。"[3] 夏启之所以能够上下于天地、将天界乐章传入民间，正是得益于蛇与龙的帮助。除蛇、龙，鸟也是帮助巫师沟通天地的动物之一。《大荒东经》载："有困民国，句姓而食，

---

1 袁珂校注：《山海经校注》卷十一《大荒西经》，396 页。
2 唐世贵：《〈山海经〉作者及时地再探讨》，《江汉大学学报（人文科学版）》，2003（5），39—42 页；李炳海：《〈山海经〉江汉沿岸的冢陵传说及楚族的自川入鄂——兼论楚文化与巴蜀文化的关联》，《江汉论坛》，2011（7），117—121 页。
3 袁珂校注：《山海经校注》卷十六《大荒西经》，414 页。

有人曰王亥,两手操鸟。"¹ 王亥作为大巫,两手所操之鸟便是他通天的凭借。从宗教人类学的角度来看,鸟作为动物精灵帮助巫师来往于天地间,是原始巫术行为的普遍形式。张光直在《中国青铜时代》一书中引约瑟夫·坎贝尔(Joseph Campbell)的说法:"萨满行法的时候,常常借有形无形的助力而达到一种精神极于兴奋而近于迷昏的状况,他们就在这种状况之下与神界交通。在这种交通之际,作为他们助手的动物精灵便被召唤而来,而助巫师以一臂之力;召唤的方式有时是把动物作牺牲,而使之自躯体中升华出来。巫师们在动物精灵的帮助之下,升到天界或降到地界与神或祖先相会。"² 在巫师借助神灵的能力企图通天方面,鸟类则以其能够自由来去于天地之间的奇异能力被视作最重要的凭借之一。至于神鸟下方太阳的具体功能,鉴于可分析的材料较少,在此仅提出一种假设:通过交感巫术,强化神鸟的飞翔能力。弗雷泽在《金枝》中将早期人类的巫术行为分为顺势巫术与接触巫术,这两者都建立在交感信念的基础上,即认为通过某种神秘的感应,就可以使物体不受限制而相互作用。³ 神鸟下方的太阳,或许是希望凭借特定的交感或互渗巫术行为,强化鸟上下于天地的异能,从而确保巫师沟通人神的原始宗教活动顺利进行。

(二)象征神性的符号

第二种类型——鸟目作日型的两件器物。这两件器物作为古蜀地区鸟日组合形象的一种重要形式,尚未引起学界重视,至今仍无相关讨论。制作者在塑造鸟形象时,为何将太阳与鸟的眼睛相结合?这个问题实际上涉及两个层次:第一,太阳与鸟眼睛的关系;第二,眼睛在古蜀人原始宗教信仰中的象征意义。

福柯在《词与物》中谈到,早期的巫术时代,人们认识世界的方式与

---

1 袁珂校注:《山海经校注》卷十四《大荒东经》,351页。
2 张光直:《中国青铜时代》,生活·读书·新知三联书店,1983,327页。
3 [英]詹姆斯·乔治·弗雷泽著,徐育新等译:《金枝——巫术与宗教之研究》,大众文艺出版社,1998,58页。

当今十分不同，原始先民的认知结构距离我们已相去甚远，他们重视物的相似性秩序，而非物与物之间的同一与差异。[1]也就是说，早期先民理解世界、建构认知的方式在很大程度上是依赖相似性的原则进行的。这为我们思考鸟的眼睛与太阳相结合的原因提供了一个新的角度。鸟的眼睛与太阳之间确实存在诸多相似之处。第一，二者形态皆为圆形；第二，二者皆能产生视觉的明暗变化。太阳的东升西落，形成白昼与黑夜；而眼睛的张合同样会形成明、暗之别。《大荒北经》："西北海之外，赤水之北，有章尾山。有神，人面蛇身而赤，直目正乘，其瞑乃晦，其视乃明，不食不寝不息，风雨是谒。是烛九阴，是烛龙。"[2]烛龙的眼睛在张开与闭合之时能直接导致自然界明晦、昼夜的转变，证实了早期人们对太阳与眼睛这一相似性的认识和重视。据此，我们认为，在鸟目作日型的两件器物中，太阳与鸟目的组合是一种复合形式，是古蜀先民依据相似性的原则，结合两种不同的意象而构成一个新的、内涵更为复杂的整体意象。

太阳和鸟目相结合同样与眼睛在古蜀人思维中的象征意义有关。三星堆、金沙遗址发现了数量巨大且形式多样的与眼睛相关的器物和纹饰。其中最为奇特的当属三尊大型青铜面具的纵目造型：三尊面具的眼睛为"臣"字形眼，眼球表现得尤为夸张——呈圆柱状向外突出，长达16.5厘米，直径为13.5厘米（图24）。除此之外，

图24　三星堆遗址出土青铜纵目面具
（四川省文物考古研究所：《三星堆祭祀坑》，555页，彩版58）

图25　金沙遗址出土铜钩喙状眼形器
（四川广汉三星堆博物馆、成都金沙遗址博物馆编著：《三星堆与金沙》，76页）

1　徐良：《作为隐喻的身体——论原始思维中相似性体系的一个支点》，厦门大学硕士学位论文，2008，5页。

2　袁珂校注：《山海经校注》卷十二《大荒北经》，438页。

图26　三星堆遗址出土青铜眼泡
（四川省文物考古研究院等编著：《三星堆出土文物全记录·青铜器》，235页，图167）

图27　三星堆遗址出土铜菱形眼形器
（四川广汉三星堆博物馆、成都金沙遗址博物馆编著：《三星堆与金沙》，53页）

图28　三星堆遗址出土铜眼形器
（四川省文物考古研究所：《三星堆祭祀坑》，557页，彩版61）

图29　三星堆遗址出土铜眼形器
（四川省文物考古研究所：《三星堆祭祀坑》，557页，彩版62）

图30　三星堆遗址出土大立人像衣物纹饰
（四川省文物考古研究院等编著：《三星堆出土文物全记录·青铜器》，34页，图1-6）

图31　三星堆遗址出土神坛立人线图
（四川省文物考古研究所：《三星堆祭祀坑》，234页，图130）

还有五十余件青铜眼形器，包括菱形、钩喙形的眼睛以及柱状的眼泡等多种形式（图25、26），其中菱形眼又有整眼、半眼与四分之一眼之别（图27、28、29）。这些眼形器的边角处均分布着2—4个小圆孔，暗示了它们的使用方式：（1）作为器物构件，装饰于其他器物的表面，以突出器物的眼睛；（2）独立成器，用于悬挂或摆放。眼睛的形象还作为纹饰，出现在人像的衣衫上——三星堆二号坑出土的大立人像的服装以及神坛立人的裤子外侧（图30、31），都装饰着完整的眼睛纹样。综上，当时人们不仅在面具之上"异化"眼睛加以强调，又制作出独立的眼形器用以膜拜，并且还将眼睛作为纹饰，装饰在巫师的衣物之上。可见，眼睛是古蜀神圣的崇拜物之一。

文化与交流　　　　407

古蜀地区为何会存在如此鲜明的眼睛崇拜？我们先将视野投向更为广阔的文化背景，正如贡布里希所言，在原始艺术里，眼睛崇拜是一种普遍的现象[1]，着重表现眼睛的艺术形式同样存在于早期的其他文明。新石器时代仰韶文化遗址出土的人面纹彩陶上便绘制有醒目、夸张的双眼（图32）；良渚文化的玉饰、红山文化的勾云形玉器表面也琢刻了极具动感的旋目图像（图33、34）。至殷商时期，对眼睛的强调变得更加突出，众人熟知的兽面纹便是如此：装饰于青铜器上的兽面纹有意地突出兽面的双目（图35），有的甚至以硕大的双目来象征整个兽面；还有内蒙古、宁夏等地的人面岩画，部分人面像五官除眼睛之外，其余几乎全部被设计者忽略（图36）。可见，在中国早期不同地区的彩陶、玉器等诸多文化载体上，都存在对"眼睛"的大量表现与突出强调。这也意味着在原始人的观念中，眼睛具备一种普遍的象征意义，这些抽象化的眼睛是一种特定的文化符号。眼睛作为视觉器官，不论是对人类还是兽类而言都极为重要，可以说，一个生命体日常生活的进行必须依靠眼睛获取信息，也正是因为眼睛所特有的这种统领一切的生物性质，它在早期先民的心灵图式中被不断地"加工"，成为威慑力的化身——"眼睛本身是一种有威力的形象，它所包含的绝不仅是形式因素，眼睛的形象，不需推敲就可以感到一种未知的威力，它能看穿一切，却又不可琢磨。这是一种可以感到但却难以描述的真实存在。贡布里希指出，原始艺术里眼睛是一种普遍性形象，它具有让人恐惧，尊神压邪的功能。"[2]

基于对眼睛威慑力的认识与敬重，古蜀先民选择将眼睛作为标识身份、象征神性的符号。从古蜀遗址出土的人像来看，人像面部对眼睛的表现大致可分三种：第一种即三尊大型青铜面具上的瞳孔凸出型；第二种是以大立人像以及青铜人头像等为代表的菱形眼，这一类型的眼睛在眼球处铸造

---

[1] E.H.Gombrich, *The Sense of Order: A Study in the Psychology of Decorative Art*, London: Phaidon Press, 1979, p.264.

[2] [美]艾兰著，杨民译：《早期中国历史、思想与文化》，商务印书馆，2011，209页。

图 32　陕西半坡博物馆藏人面纹葫芦瓶
（张朋川等编：《黄河彩陶——华夏文明绚丽的曙光》，102 页）

图 33　辽宁牛河梁遗址 27 号墓出土勾云形玉器线图
［辽宁省文物考古研究所编：《牛河梁：红山文化遗址发掘报告（1983—2003 年度）》中，文物出版社，2012，113 页，图 65-1］

图 34　浙江反山 22 号墓出土玉冠状器
［浙江省文物考古研究所编：《良渚遗址群发掘报告之二——反山（下）》，文物出版社，2005，321 页，彩版 988］

图 35　陕西城固龙头镇出土兽面纹罍局部
（中国青铜器全集编辑委员会编著：《中国青铜器全集》第一卷，文物出版社，1996，130 页，图 132）

图 36　宁夏贺兰山人面像岩画
（汤惠生、张文华：《青海岩画——史前艺术中二元对立思维及其观念的研究》，科学出版社，2001，234 页，图 345）

出一条水平的凸棱，并未表现瞳孔（图 37）；第三种则完全省略了眼睛的形象，见于石跪坐人像（图 38）。这三类被赋予不同形式眼睛的人像分别与古蜀国三种不同身份或地位的人物相对应。

前揭三尊纵目青铜面具代表古蜀国宗教仪式中的受祭者——祖神形象。"蜀侯蚕丛，其目纵，始称王"，关于常璩这句对蜀王蚕丛的描写，不少学者认为"目纵"一词反映了蚕丛的真实相貌[1],即历史上古蜀国的第一代王蚕丛的眼睛较为特殊,眼珠向外凸出,或许并非如此。文献以及出土器物对蚕丛眼睛的夸张,尤其是对蚕丛瞳孔的夸张,其真实意图可能是掌握世俗与宗教权力的社会上层为了赋予蜀王神性,使其由逝去的、与常人无异的祖

图37 三星堆遗址出土青铜人头像
(四川省文物考古研究所:《三星堆祭祀坑》,548页,彩图48)

图38 金沙遗址出土石跪坐人像
(李进增编:《古蜀王国——三星堆和金沙遗址出土文物精华录》,宁夏人民出版社,2012,134页)

先形象转变为永存的、既与常人相似又区别于常人的祖神形象。原因包括两点:第一,在铸造这三尊柱状眼珠时,制作者选择了更为烦琐的制作方式:突出的瞳孔首先单独做出,而后采用铸接法[2]固定于面具之上。从技术上讲,青铜面具完全可以采用最简单也是制作者最为熟稔的制作方法——浑铸法[3]一次浇铸成器。但制作者却弃简求繁,选择了更为复杂的方式进行铸造。这种"二次合铸"技术的使用显然是有特定的考虑,这与佛像的制作手法十分相似,在做出眼睛以前,它只是普通的泥塑,自从眼睛被安装(或绘制)上,它开始代表神。"点睛"的目的在于赋予像设生命和神性。因此,夸张的瞳孔与面具合二为一的过程,就是面具具备神性的过程。第

1　赵殿增:《三星堆文化与巴蜀文明》,凤凰出版社,2005,305—314页;李社教:《祖先崇拜与三星堆文化造型艺术的张扬之美》,《武汉理工大学学报(社会科学版)》,2009(1),107—111页;吴豪夫:《三星堆文化青铜器研究》,江西师范大学硕士学位论文,2015。
2　铸接法,又称热补法。将两个部件放在一起,在缝隙的背后,或外侧部分,浇铸一大块铜液,并略加挡压,使之冷却后起固定作用。
3　浑铸法,即用全范分范组合,一次浇铸成器。三星堆遗址出土的小型人像、部分人头像以及单件的动物等皆采用此方法制作而成。从器物的厚度、形态、花纹来看,此时期的浑铸技术水平已经发展得比较高,能一次铸出又薄又精细的青铜器。

二,"仙人目瞳皆方"[1],古人认为具备神性的仙人的眼睛是异于常人的。基于此,他们便通过夸张、异化其族群的祖先或圣人的眼睛,为其赋予神性。除了蜀王蚕丛的例子之外,这样的做法仍不乏其数,如《论衡·骨相篇》在描述传说中的造字先祖仓颉时就称其为"四目"[2],上古两位贤明君主尧与舜也被记载有"叁牟(眸)子"[3],颠覆秦之暴政的项羽的眼睛也与众不同,传为"重瞳子"[4]。

拥有眼睛但无眼珠的大立人像以及众多的人头像等形象,象征古蜀王国掌握王权与神权的统治阶级。在祭祀活动中,他们代表的是相较于受祭者低一级的祭祀者的形象,其眼睛的塑造也体现出了这种差距,即它们并未表现人物的眼珠。瞳孔作为注视的工具,一旦被抹去,那么注视的能力便不存在。这些人像的面部保留的是一双双没有注视行为的眼睛。但在此处,眼睛并没有消失,只是双眼的力量在一定程度上被削弱了。

而在第三种类型中,石人面部的眼睛则完全被忽略。这种表现或许与古代的一种思想观念相契合——将奴隶与盲人建立联系。郭沫若先生在考证早期青铜器铭文时发现,民(奴隶)和盲(盲人)通用一字,其象形之意为"一只被利剑刺穿的眼睛"[5]。这些无目的石人可能代表了俘虏或奴隶,社会地位较低。尽管在真实的生活中,他们的眼睛可能被刺瞎,但是在艺术手法里只是简单地以没有眼睛来表现,这种艺术表现本身代表了一种象征性的屠杀——夺去人的双目即夺去其生命[6]。

古蜀的统治阶级在标识、赋予、强化一种生物或一件器物的身份及神性时,往往选择对其眼睛部位进行表现和处理,这一认识有助于我们理

---

1 王明:《抱朴子内篇校释》卷二十《祛惑》,中华书局,1996,351页。
2 黄晖:《论衡校释》卷三《骨相第十一》,中华书局,1990,112页。
3 (清)王先谦撰,沈啸寰、王星贤点校:《荀子》卷三《非相篇第五》,中华书局,1979,75页。
4 (汉)司马迁:《史记》卷七《项羽本纪》,中华书局,1959,338页。
5 郭沫若:《甲骨文字研究》,科学出版社,1962,336—346页。
6 [美]巫鸿:《一切都涉及到眼睛——三星堆文化的两组雕像》,见[德]罗泰主编:《奇异的凸目——西方学者看三星堆》,巴蜀书社,2002,301—302页。

解"鸟目作日"形象：两件器物的鸟目在保留了眼睛外形与瞳孔的基础之上又被赋予了太阳的造型，这是对鸟目的一种"异化"，正是这种"异化"的处理方式使两只鸟已不再是生物学意义上的鸟，它们摆脱了鸟类的种种局限，成为具有神性的神鸟。

（三）记录历法的标志

出土于金沙遗址"梅苑"东北部的太阳神鸟金箔，是古蜀地区鸟日组合的另一种形式——群鸟绕日型。自被发现以来，太阳神鸟金箔就以其高超的工艺、完美的设计、稀有的材料而备受瞩目。数十年来，已有众多的研究者分别从图像学、人类学、神话学等不同的学术视野对太阳神鸟金箔的形式设计与内涵功用展开讨论。虽成果甚著，但却言人人殊，尚未形成统一的看法。为了厘清其图像的内涵，有必要对学术界具有代表性的六种观点进行逐一审查。

神鸟载日说。此说支持者甚多，研究者依据《山海经·大荒东经》所载，"大荒之中，有山名曰孽摇頵羝。上有扶木，柱三百里，其叶如芥。有谷曰温源谷。汤谷上有扶木，一日方至，一日方出，皆载于鸟"[1]，认为金箔内层为表现出光芒的太阳形象，而外层的四只镂空神鸟则是负载太阳运行的日鸟。[2]

四方使者说。《山海经·大荒东经》有言："有中容之国，帝俊生中容。中容人食兽、木实，使四鸟：豹、虎、熊、羆。"[3]孙华、谢涛据此提出"四方使者说"，将金箔外层的四只飞鸟解释为古代神话中太阳神帝俊的四个使者，而金箔内层带有十二条弧形的圆，则与人格化的太阳神帝俊相对

1　袁珂校注：《山海经校注》卷九《大荒东经》，354 页。
2　成都市文物考古研究所、北京大学考古文博院：《金沙淘珍——成都市金沙村遗址出土文物》，文物出版社，2002，29—31 页；黄剑华：《太阳神鸟的绝唱——金沙遗址出土太阳神鸟金箔饰探析》，《社会科学研究》，2004（1），130—134 页；彭元江：《对金沙"太阳神鸟"的几点蠡测》，《文史杂志》，2008（6），12—14 页。
3　袁珂校注：《山海经校注》卷九《大荒东经》，343 页。

应。[1]

朱利部落族徽说。此观点由王炎提出。从太阳神鸟金箔镂空阴刻的外在形态来看，它应该属于"帝妻帝系"的朱利部落的族徽标志，与尚未发现的、代表杜宇部落的实体阳刻太阳神鸟图饰共同体现着古蜀人的阴阳观念。[2]

天体运行说。王仁湘先生持此论。他指出太阳神鸟金箔的十二条弧形表现了向右旋转的太阳，四只神鸟反向左旋以作衬托，从视觉上看，这种组合强化了太阳的运动之感，可视为古蜀人对天体旋转观察的记录。[3]

历法说。此说为天体运行说的进一步深化。钱玉趾认为金箔上的四只神鸟代表四方，体现了四象观念。十二条芒齿与十二地支的概念有关。[4]

多重崇拜说。刘道军是此说的主倡者。他认为，四鸟绕日金箔具有多重意义：太阳与神鸟的结合体现了古蜀人的太阳、神鸟崇拜等原始宗教信仰；金箔的动静、虚实也反映了古蜀文化中辩证的哲学思想；四只飞鸟与十二支月牙弧形则显示出古蜀先进的天文历法。[5]

如何看待各家分歧？笔者认为需要考虑图像的细节以及金沙文化的自然与人文背景，对上述六种结论的可能性展开探讨。

前两种观点虽提出早、应者多，但论证却最为薄弱。从太阳神鸟金箔的图像表现来看，其内层带有太阳光芒的圆呈顺时针方向旋转，而外层的神鸟则以逆时针方向飞翔，两者运行方向相反，显然并非神鸟载日的图像化创作。"四方使者说"将金箔的四只神鸟与《山海经》"使四鸟"一语相对应，但大多数学者认为，"四鸟"并非四只鸟，而是虎、豹、熊、罴四

---

[1] 成都市文物考古研究所、北京大学考古文博院：《金沙淘珍——成都市金沙村遗址出土文物》，29—31页。

[2] 王炎：《"太阳神鸟"金箔图饰为朱利部落族徽说——关于成都金沙遗址出土金箔文物的文化阐释》，《中华文化论坛》，2009（1），5—10页。

[3] 王仁湘：《金沙太阳神鸟金箔制作研究》，《南方民族考古》，2010（总第6辑），207—216页。

[4] 钱玉趾：《金沙遗址太阳神鸟及金带的用途》，《文史杂志》，2007（5），16—19页。

[5] 刘道军：《从金沙"太阳神鸟"看金沙遗址文化》，《青海民族研究》，2007（1），165—171页。

种最为凶悍的野兽。[1]"朱利部落族徽说"乍一看似乎为理解太阳神鸟金箔的文化功能提供了一个新的思路，实则经不起推敲。就目前出土的考古材料来看，将太阳神鸟金箔指认为氏族的图腾，尚缺乏充足的证据，而与之相悖的材料则不乏其数。"随着社会联系的发展，群体之间的交往越来越频繁，为了相互区别，防止本群体成员流入他群，每一个群体都需要一个不同于他群的标志。"[2]图腾标志作为最早的社会组织标志和象征，具有区分群体的功能，这也意味着图腾标志的唯一性。而在金沙遗址"梅苑"东北部，除了鸟形象之外，还发现有蛇、牛、虎、龙、蟾蜍等动物形象（图39、40、41），既然作者将鸟视作为朱利、杜宇部落的图腾物，那么就没有理由将其余动物形象排除在外，这与图腾标志的单一性相矛盾，此说同样难以成立。"天体运行说""历法说"以及"多重崇拜说"这三种看法都具有一定的合理性，尤其以刘道军的"多重崇拜说"最为完善。笔者同样认为，太阳神鸟金箔不仅是太阳崇拜与神鸟崇拜的形象化表达，还体现了古蜀先民对原始历法的理解与掌握。太阳神鸟金箔以鸟的飞翔、太阳的旋转共同传达了古蜀人的岁时观念，包含着古蜀人

图39 三星堆遗址出土青铜牛首
（四川广汉三星堆博物馆、成都金沙遗址博物馆编著：《三星堆与金沙》，67页）

图40 三星堆遗址出土青铜虎
（四川广汉三星堆博物馆、成都金沙遗址博物馆编著：《三星堆与金沙》，69页）

图41 三星堆遗址出土蛙形金箔
（四川广汉三星堆博物馆、成都金沙遗址博物馆编著：《三星堆与金沙》，94页）

---

[1] "经言皆兽，而云使四鸟者，鸟兽通名。使者，谓能驯扰役使之也。"袁珂校注：《山海经校注》卷九《大荒东经》，343页。

[2] 何星亮：《中国图腾文化》，中国社会科学院出版社，1992，126页。

对四季与月份的认识。下面，笔者试从新的角度切入，对这一观点进行剖析。

学界一般认为，金沙遗址作为十二桥文化的典型遗址，是杜宇王朝的政治中心。这一时期，古蜀的农业文明取得了长足的进步，较为繁荣。首先，从文献记载来看，东晋常璩《华阳国志·蜀志》载："后有王曰杜宇，教民务农，一号杜主。时朱提有梁氏女利游江源。宇悦之，纳以为妃。移至郫邑，或至瞿上。七国称王，杜宇称帝，号曰望帝，更名蒲卑。自以功德高诸王，乃以褒斜为前门，熊耳、灵关为后户，玉垒、峨眉为城郭，江、潜、绵、洛为池泽，以汶山为畜牧，南中为园苑。会有水灾，其相开明决玉垒山以除水害。帝遂委以政事，法尧、舜禅授之意，遂禅位于开明。帝升西山隐焉。时适二月，子鹃鸟鸣，故蜀人悲子鹃鸟鸣也。巴亦化其教而力务农，迄今巴、蜀民农时先祀杜主君。"[1]在这则材料中，有三个关键的信息值得关注。（1）杜宇统治期间提倡发展农业，教民务农。（2）朱利部落的加入。《华阳国志·蜀志》记杜宇之妻朱利本为朱提人，朱提临近成都平原，即今云南昭通一带，学界普遍认为此地农业起源颇早，是中国稻作农业的起源中心之一。另有文献称朱利"从江源井中出"，或"自江源出"。江源即岷江上游地区，考古发掘显示，此地早自新石器时期起就出现了数个农耕文化聚落。两种说法虽不一，但都证实朱利来自擅长耕作之地。朱利及其族群入蜀引入并传播了农作物的栽培经验是极有可能的，这为杜宇王朝农业的发展注入了强大的动力。（3）杜宇化身为杜鹃。杜鹃为春耕之鸟，农夫插秧时常闻其鸣叫。蜀人悲杜宇之死有杜鹃鸣啼，或称望帝死后化为杜鹃鸟，这些描述虽臆想的成分极重，并不可尽信，但将杜宇与子规相联系，也从侧面表明杜宇与蜀地农业发展之间密切的联系。其次，杜宇氏蜀国的相关遗址浮选出了多种农作物，还发掘出具备不同功用的石质、木质与骨质农具。《海内经》载："西、南黑水之间，有都广之野，后稷葬焉。其城方三百里。盖天下之中。素女所出也。爰有膏菽、膏稻、膏黍、

---

[1] 刘琳：《〈华阳国志〉新校注》，四川大学出版社，2015，182页。

膏稷，百谷自生，冬夏播琴。"[1]据学者蒙文通考证，文中"百谷自生"的"都广之野"实际上指的正是金沙遗址的所在之地——成都平原[2]。近年来，成都平原陆续开展的植物考古工作也证明了"百谷自生"的说法。目前为止，属于十二桥文化的四川成都金牛区5号C地点、双流三官堂、郫县菠萝村遗址"宽锦"地点以及金沙遗址祭祀区等，均已进行了土样提取与植物浮选工作。数据显示，四处遗址的农作物、水果包含了稻谷、粟、黍、葡萄、李子等多种科目，类型丰富，数量较多。[3]农业工具也有了明显的改进，尤其是木质、骨质农具的使用，反映出古蜀居民已经能根据成都平原疏松的土壤环境，选择并创造更适宜、便捷的生产工具。

《荀子》一书有言："春耕、夏耘、秋收、冬藏，四者不失时，故五谷不绝而百姓有余食也。"[4]掌握季节与气候的变化对农业发展而言极为关键，在早期的农耕社会当中，农业生产极易受到自然条件的影响与制约，农作物的播种、生长与成熟都依赖阳光、雨水等气候条件，而这些气候条件具有明显的季节特性，从而促进了人们对自然节律的感受、对岁时节气的推演。因农时而务农事，只有合理地掌握自然时序的变迁，才能对农业生产活动作出适宜允洽的安排。杜宇王朝农业的繁荣与进步意味着在这一时期古蜀人对时间与季节的变化有了一定程度的把握，古蜀地区已形成了较为精深的历法体系。

哪些因素促成了古蜀历法的形成？笔者认为，对太阳运行规律、鸟类

1　袁珂校注：《山海经校注》卷十三《海内经》，445页。
2　蒙文通：《略论〈山海经〉的写作时代与产生地域》，见《蒙文通文集·第一卷·古学甄微》，巴蜀书社，1987，35—67页。
3　姜铭等：《四川成都城乡一体化工程金牛区5号C地点考古出土植物遗存分析报告》，《南方文物》，2011（3）；姜铭：《郫县菠萝村遗址"宽锦"地点2011年浮选结果及分析》，见成都文物考古研究所编著：《成都考古发现（2012）》，科学出版社，2014，218—233页；姜铭：《双流县三官堂遗址2009—2010年度植物大遗存浮选结果及其初步研究》，见成都文物考古研究所编著：《成都考古发现（2013）》，科学出版社，2015年，319—338页；姜铭：《金沙遗址祭祀区植物大遗存浮选结果及分析》，见成都文物考古研究所编著：《成都考古发现（2015）》，科学出版社，2017，295—314页。
4　（清）王先谦撰，沈啸寰、王星贤点校：《荀子》卷五《王制篇第九》，中华书局，1979，165页。

生活规律的掌握是节气观念发轫的重要因素。

"裁时以象天",早期原始历法的起源与古人对太阳运行规律的观测极为密切。太阳的东升西落不仅仅标志着一日的开始与结束,同时也可用于观测时序的更替。受到地球公转的影响,太阳升起与落下的位置常常会发生阶段性的变化,这一细微的变化及其规律,很早便被古人发现并记录下来,并成为礼仪用具中极为重要的图像与文学创作的原型。

首先,从考古出土的实物资料来看。早在新石器时代,古人或许就开始将太阳的运行规律作为确定时节流转的标志。安徽凌家滩文化遗址出土的玉版与玉佩上装饰的八角星纹符号(图42、43)或许就与季节测定相关。凌家滩遗址的地理位置极为特殊,江淮地区的最高峰——太湖山位于其正北方向,遗址的东北处又有一座易观察到的土山,如果将器物上八角形纹的正北与东北的两条线分别对准这两座山,便可观测并大致掌握一年之间随着太阳旋转而到来的诸如夏至、冬至等不同的节气(这里所说的节气带有初始性)。[1] 河南郑州大河村出土的史前陶器可能也与太阳运行规律相关。此地的仰韶先民热衷于在他们的陶器上装饰太阳的图像(图44)。在已复原的两件陶钵上,均描绘着十二个

图42 安徽凌家滩遗址出土刻纹玉版
(古方等编:《中国出土玉器全集》8,科学出版社,2005,3页)

图43 安徽凌家滩遗址出土刻纹玉佩
(古方等编:《中国出土玉器全集》8,4页)

图44 河南大河村出土彩陶残片
(冯时:《星汉流年——中国天文考古录》,60页,图16)

1　李修松:《先秦史探研》,安徽大学出版社,2006,502页。

文化与交流

太阳纹饰。"十二"这个数字十分重要，而它又多次出现在仰韶文化的陶器之上，看来，这种与原始历法相关的图案设计大概率并非偶然，这说明仰韶先民不仅懂得了划分一年为十二个月，也已经掌握了一年的长度。[1]从黄河流域的仰韶文化到长江流域的凌家滩文化，从重复出现的陶器纹样到神秘的玉器刻符，大量的考古资料似乎都显示了早期先民对太阳运动与时间变化之间关系的认识。由此，我们有理由相信，太阳神鸟金箔内层右旋转的太阳，同样可视作为古蜀人对太阳运行规律的观察记录。

其次，具有神话色彩的文字记载也说明了同样的规律。"乃命羲、和，敬顺昊天，数法日月星辰，敬授民时。分命羲仲，居郁夷，曰旸谷。敬道日出，便程东作。日中，星鸟，以殷中春。其民析，鸟兽孳微。申命羲叔，居南交。便程南为，敬致。日永，星火，以正中夏。其民因，鸟兽希革。申命和仲，居西土，曰昧谷。敬道日入，便程西成。夜中，星虚，以正中秋。其民夷易，鸟兽毛毨。申命和叔；居北方，曰幽都。便在，伏物。日短，星昴，以正中冬。其民燠，鸟兽氄毛。岁三百六十六日，以闰月正四时。信饬百官，众功皆兴。"[2]《史记·五帝本纪》记载了上古时期帝尧制定历法一事，其中通过观测"日中""日永""日短"的区别，可确定春分、夏至、冬至等节气的转换。可见，早期先民是通过观察太阳的运行规律确定、划分与农事活动密切相关的二分二至日。与古蜀之地关系更为密切的《山海经》记录了六对日出之山与日入之山，日出之山包括大言山、合虚山、明星山、鞠陵于天山、猗天苏门山、壑明俊疾山[3]，日入之山则有丰沮玉门山、龙山、日月山、鏖鏊钜山、常阳山、大荒山[4]。这六对日出、日入之山按东西方位，自南向北纵向排列，太阳出入位置从最南的一对山依次向北移动。如果以一山为一月的标志的话，那么太阳的北行与南归正好组

---

1 冯时：《星汉流年——中国天文考古录》，四川教育出版社，1996，60页。
2 （汉）司马迁：《史记》卷一《五帝本纪》，13页。
3 袁珂校注：《山海经校注》卷十四《大荒东经》，340、344、346、348、356、357页。
4 袁珂校注：《山海经校注》卷十一《大荒西经》，396、400、402、406、409、413页。

成了十二个月的回归年。[1] 后世对天文历法研究的这些记录在一定程度上也涵盖了古蜀的天文观测知识。由此，太阳神鸟金箔内层装饰的十二条光芒可视为古蜀人对一年十二个月份的记录。

姚轶锋等人对金沙遗址遗存的孢粉进行了类型分析，并在此基础之上对金沙的古气候展开了定量重建，认为杜宇时期的成都平原为亚热带季风性湿润气候。[2] 这一类型的气候最大的特点就是四季分明，这在一定程度上强化着古蜀先民对季节变化的感受与认识。在中国早期社会，除了悉心体察太阳在一年之中的运行轨迹，人们也常常依据各段时间内所能观察到的气候及物候（例如风霜雨雪、草木枯荣、虫鸟律动等），对四季的变迁加以辨识。其中，依据鸟类的来去与鸣叫来规定季节，是早期先民经常使用的一种记时形式。我们可以找到很多这样的图像证据。河姆渡遗址出土的两类纹饰可能都与季节更替相关：第一类为双鸟连体纹，有鸟头相对与相背之分，两种纹饰的双鸟都对称分布在太阳两侧，并与太阳相连，分别刻于骨匕、象牙残件之上（图45、46）[3]；第二种为四鸟连体纹（图47），刻画于豆盘内壁[4]，豆盘内壁的中心为一圆圈，以虚实结合的线条连接而成，圆圈外为四个鸟头，分别指向东南西北四个方向，同样是用虚实组合的线条表现。自河姆渡的这三件器物出土以来，大部分学者首先侧重于对图像进行认定，之后逐渐转向结合出土背景考量其文化功能，并提出了三件器物与天文历法相关的可能性。[5]

此外，我国最早的物候历《夏小正》，以及早期的时令诗歌《诗经·七月》等，都侧重于以鸟类生活习性的变化来观察、指代自然气候的变化，指导农事的生产。具体如下表（表1）：

1　萧放：《中国上古岁时观念论考》，《西北民族研究》，2002（2），88页。
2　姚轶锋等：《成都金沙遗址距今3000年的古气候探讨》，《古地理学报》，2005（4），549—560页。
3　浙江省文物考古研究所：《河姆渡：新石器时代遗址考古发掘报告》，文物出版社，2003，116、284页。
4　浙江省文物考古研究所：《河姆渡：新石器时代遗址考古发掘报告》，343页。
5　叶树望：《河姆渡先民的原始历法》，《宁波师院学报（社会科学版）》，1996（2），22—25页。

图 45　河姆渡遗址出土骨匕线图
（浙江省文物考古研究所等编著：《河姆渡：新石器时代遗址考古发掘报告》，116 页，图 70）

图 46　河姆渡遗址出土蝶（鸟）形器线图
（浙江省文物考古研究所等编著：《河姆渡：新石器时代遗址考古发掘报告》，285 页，图 194）

图 47　河姆渡遗址出土豆盘四鸟纹
（浙江省文物考古研究所等编著：《河姆渡：新石器时代遗址考古发掘报告》，343 页，图 233-7）

表1　《夏小正》《诗经·七月》鸟候、农事简表

月	鸟候	农事
正月	雁北乡、雉震呴、鹰则为鸠、鸡桴粥	农纬厥耒、农率均田、农及雪泽、初服于公田、于耜
二月	来降燕、有鸣仓庚	往耰黍、荣堇、采蘩、荣芸，时有见稊，始收、举趾、播百谷
三月	田鼠化为䴩、鸣鸠	摄桑、委杨、采蘵、条桑
四月	—	麦熟，囿有见杏、取荼
五月	鴃则鸣、鸠为鹰	乃瓜、启灌蓝蓼、种黍菽糜时也
六月	鹰始挚、莎鸡振羽	食郁及薁
七月	鸣鵙	灌荼、烹葵及菽、食瓜
八月	丹鸟羞白鸟	剥瓜、剥枣、雈苇、其获、剥枣、断壶

420　　制器尚象：中国古代造物观念与传统研究

续表

月	鸟候	农事
九月	遰鸿雁、陟玄鸟蛰	鞠荣而树麦、叔苴、采荼薪樗、筑场圃
十月	黑鸟浴、玄雉入于淮	获稻、纳禾稼、涤场
十一月	—	—
十二月	鸣弋	纳卵蒜

　　鸟鸣知四时，由此看来，金箔上环日飞翔的四只镂空之鸟乃是知天时的鸟，是标识时间、季节变迁的神鸟。四只神鸟首尾相接，既分隔了春秋寒暑，又象征着四季相易相替、循环不息。

　　"万物因时受气，因气发生，时至气至，生理因之"，古蜀人在早期的生产活动中发现了时节变化与太阳运动、鸟类活动之间存在的联系，通过观察空中太阳与近身之鸟获得了对时间、节气的认识与体察。太阳神鸟金箔显示了古蜀地区先进的历法系统，也蕴含着早期古蜀先民对天体及自然探求。

五、结论

　　通过对三星堆、金沙遗址出土的五件鸟日组合器物的考察、现有相关研究的分析，以及有关细节的探讨，我们对该地区鸟日组合器物所要传达的意义、所蕴含的古蜀先民的造物观念与文化信仰有了更为全面的认识。

　　首先，从三星堆、金沙遗址出土的大量的独体鸟、日器物与纹样可以明确：（1）古蜀人对鸟、日两种物象的性质与特点经过了仔细的观察和深刻的思考（这种观察与思考具有原始性）；（2）在古蜀人的观念中，鸟、日是两种独立的意象，两者的组合是神鸟崇拜与太阳崇拜形象化表达的需要。

其次，在原始的宗教活动中，器物的设计者基于不同的目的或需求，对鸟、日两种元素进行不同的组合，并赋予其不同的文化内涵与功能：

一是"日负金乌"的组合形象，神鸟位于太阳上方，铸造于大型青铜神树的枝头。神树与神山的组合成为祭祀活动中上下于天的天梯，而神树枝头的鸟和日也同样与沟通人神相关：神鸟作为动物助手，帮助巫师往来天地、沟通神灵；神鸟下方的太阳则利用交感巫术强化神鸟的飞翔能力，确保沟通人神的活动顺利进行。

二是"鸟目作日"的组合形象，这种设计依据太阳与眼睛在形状与功能方面的相似之处——皆为圆形、能造成明暗的转变，反映了古蜀人理解、组织世界的方式，即基于相似性的原则，在物与物之间建立联系；眼睛作为古蜀的崇拜物之一，也被视为标识身份、突出神性的符号，用太阳对鸟目进行装饰的过程正是使鸟摆脱其生物学意义上的性质，从而具备神性、成为神鸟的过程。

三是"群鸟绕日"的组合形象，以太阳为中心，多只神鸟在其外侧形成环绕状。金沙遗址出土的太阳神鸟金箔即是这种类型的代表。太阳的十二条芒线代表一年十二个月，四只首尾相接的神鸟则象征四季的交替，形象地再现了古蜀人的岁时观念。古蜀先民仰观天象、俯察地理，通过候鸟的来去与鸣叫、太阳升起与落下的位置变动，掌握了四时和月令的转变，形成了先进的历法体系，故而有"天数在蜀"之称，并将之用于指导农业的生产。

青藏高原远古大神神鸟琼的图像变迁

张亚莎

中央民族大学民族学与社会学学院

摘 要：Khyung，神鸟琼为青藏高原北方游牧族群古代的大神，其图形嬗变之丰富显示出其古老的性格，发展脉络大致为：早期与青藏高原东部新石器时代考古文化中的鸟崇拜信仰有关；以后更多地流行于藏北游牧族群，是古象雄部落神格很高的图腾神；苯教文献记载，神鸟琼为苯教信仰的传播者，地位崇高且影响范围很大；吐蕃王朝时期，Khyung 图像显示为威武战神形象，地位却从主神降至职能神；因佛教进入吐蕃带来的佛苯融合，Khyung 逐渐成为藏传佛教之护法"佛鹏"，在藏传佛教万神殿里得以保留一席之地；Khyung 始终是藏东地区守护神，证实古象雄文明与青藏高原东部地区具有密切关联性，而出土器物上的"鸟纹系列"也许是探究神鸟琼信仰渊源的重要线索。

关键词：神鸟琼 Khyung；古象雄；鸟纹系列；塔鸟组合；图像演变

"琼"（Khyung，藏文转写），藏学界习惯译成大鹏鸟或金翅鸟，又有"佛鹏"之称，为藏传佛教护法神之一，在西藏壁画与造像上，通常位于释迦牟尼佛的头顶上方，构成藏式佛龛（或佛背光）"六拏具"之首。研究认为，Khyung 出现于藏传佛教释迦牟尼佛龛"六拏具"，最早似在 11

世纪末叶，迄今为止发现的最早例子为西藏山南地区扎囊县境的扎塘寺中心佛堂正壁的释尊造像的背光"六拏具"[1]。宋元时期西藏本土的"佛鹏"（Khyung）因形象与佛教经典中的"迦楼罗"（汉译"金翅鸟王"）比较接近，在藏学界也有佛鹏源于印度佛教迦楼罗（金翅鸟王）的说法。

然而，Khyung 实为青藏高原地区一位古老神灵的称谓，在早期藏北羌塘有深厚的信仰传统，应该是青藏高原土生土长的神灵。这些年来对古象雄王国的研究表明，Khyung 一词源于对古象雄人的族称。象雄人自称"Shang-Shong"（"象雄"之转写），吐蕃王朝时期藏文文献则称象雄部落为"琼隆"（Khyung-lung）或单称"琼（部）"（Khyung）。"Khyung-lung"之"Khyung"对应"Shang-Shong"中的"Shong"（象雄人自称"Shong"，直译为"雄侠"）[2]；"lung"对应的是"Shang"，意为山沟、地方或部落之意，两个词发音有别但意思一样，均为"象雄部落"或"琼部生活的山沟（或地方）"。由此可见，Khyung 最初源于象雄之族称。

与此同时，Khyung 又是对青藏高原一种神鸟的称呼，并一直流传至今。《藏汉大辞典》对 Khyung 的解释为：sngar-gyi-bshad-srol-bya-chen-zhig，"古代传说中的大鸟"，又称金翅鸟或大鹏鸟，为青藏系统民族文化中民间

图1 西藏地区古代传说中的神灵神鸟琼（Khyung）

---

1 宿白：《藏传佛教寺院考古》，文物出版社，1996；张亚莎：《11世纪西藏的佛教艺术——从扎塘寺壁画研究出发》，中国藏学出版社，2008。
2 才让太：《再探古老的象雄文明》，《中国藏学》，2005（1），18—22 页。

信仰深厚的一种神灵形象。族称与神灵同名，大抵是因为古象雄人将信仰的动物神灵看成一种图腾，古象雄人将自己视为神鸟 Khyung 的后裔，族人与所信奉神灵共为一体。今天西藏地区仍可见到这位威风凛凛的大神的形象（图1）。

鸟崇拜存在于许多早期部落宗教之中，在青藏高原岩画中也是极为重要的表现母题。以往笔者的研究较多在青藏高原古代岩画与小型青铜动物装饰器物中寻找神鸟琼的图像线索，本文则从考古出土器物里发现例证，比较研究的目的一是期待能够对年代很难确定的岩画与托架研究有所帮助，二是期待对青藏高原鸟崇拜的原始图像渊源追溯有所助力。

一、青藏高原出土器物上的鸟纹系列

2014年，考古学家在西藏阿里象泉河流域的曲踏古墓地发掘出一件方足彩绘木案（图2），其方足的四面均绘有图案，图案表现手法不一，有写实性图案（实为带有装饰色彩的写实手法，见图3），也有符号化图像（图4），更有完全抽象化了的纹样（图5），另外还有图符与抽象纹样混合式的（图6）。绘画手法虽然多样化，但所表现的主题只有一个，那就是鸟纹。

制作者绘制鸟主题时，显然是根据不同需要而选择不同风格，笔者的关注点在于：在同一

图2　阿里象泉河流域曲踏墓地出土方足木案

图3　写实手法的鸟纹　　图4　符号化手法的鸟纹

图5　抽象手法绘制的鸟纹　　图6　图符与抽象纹样混合式鸟纹

图 7　西藏阿里曲踏墓地出土木案上的鸟纹　　图 8　西藏阿里日土县鸟岩画

器物上，以不同手法表现同样主题，目的是什么？抑或说同一主题用不同手法来表现，是否为了传达出不同的意义或示意其功能有别？当然，更让笔者感兴趣的还是在木案方足的四幅鸟纹中，图 6 的画面可分为上下两层，下层图案很难辨识，但上层应该是一排形态相同的飞鸟展翅的鸟纹（图 7），而这种鸟图形在西藏岩画中非常常见（图 8，西藏阿里日土县境内岩画中的一些鸟图形），它们都采用的是正面展翅的鸟形象。需要注意的是，岩画中左右两边的鸟头上有角状物，而正中那只鸟则是以写实手法画就的鹰的形象，这是岩画中的两种造型样式。而阿里曲踏墓地出土木案上并列的三只鸟纹均不见头上长角的形象，另外这三只鸟形态虽与鸟形岩画相似，但鸟的右翼被拉长，似乎有什么物品挂在鸟翼上，或是想表达有东西从右翼伸出的意思。对比岩画与木案上的鸟纹，两者之间真正的相似点还在于绘画手法，即表现事物的方式非常接近，这是否意味着两者的制作年代也非常接近呢？

图 9　故如甲木墓地出土金面具
图 10　故如甲木墓地出土金面具头冠上的图案

426　　　　　　　　　　　　　　　　　　　　制器尚象：中国古代造物观念与传统研究

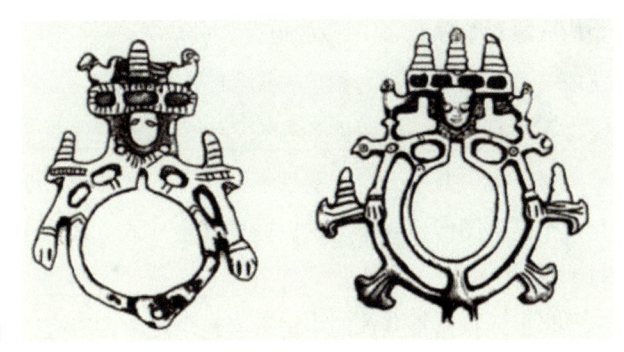

图 11　西藏的早期托架

　　2012—2014 年的西藏阿里考古发掘，在象泉河流域另一个墓地故如甲木墓地，还发掘出一个金面具（图 9）。面具的额部被一硕大的矩形冠帽所覆盖，冠帽上面镌刻有图案（图 10）。画面内容并不复杂，却很有意思：三个塔形图案并列，塔身前各有三只动物，貌似羊或鹿；三塔上方的间隔处共有 6 只鸟，朝外的两处各有一只鸟，内里的两处则分别为对鸟；两组对鸟各共衔一物，左面的对鸟衔剑，右面的对鸟衔树枝。

　　冠帽上出现的每种图案因素都应该具有某种象征意义，由此看，塔、鸟、对鸟所衔的剑与树枝，以及塔身下方的动物，这一系列图像所形成的建构关系，一定是某种"有意味的形式"组合。在这里，两点推测应该是能够成立的。一是鸟所处的位置（在三塔上部的空隙处）与对鸟所衔物品表明：鸟在该族群信仰体系或政治生活中显然占据重要位置；对鸟所衔器物，剑作为兵器象征武力或权力，而树枝则与该族群的"树神"信仰有关[1]；至于鸟的数量（塔与动物的两倍），似更能说明鸟的特殊性。二是鸟、塔状物与"王面"（王权）可能是一个"架构"，抑或说三者形成了一种特殊的组合关系，事实上这三者的结合并非只有金面具这一个孤例，同样的组合关系还可在西藏早期"托架"（图 11）中找到，图 11 两个托架的造

---

[1] 张亚莎：《阿里日土曲嘎尔羌岩画试析——附论岩画与女国・苏毗相关的问题》，《中国藏学》，1999（2），60—65 页；张亚莎：《西藏的岩画》，青海人民出版社，2006，109—119 页的西藏岩画的"树木图像"部分。

文化与交流

型构成略有差异[1]，但图像的组合方式基本一致，即它们均是由"王面"与三塔二鸟等图案因素所构成，图11左边的托架三塔分别位于头冠和肩部，头冠正中有一塔，塔两侧各有一鸟面朝外，另外两座位于两肩处；右边托架则是王冠上并列三塔，双鸟则位于王的两耳边，亦面朝外。金面具王冠与两个托架图像构成不同，但内容完全一致，其共性便是均显示出鸟、塔与王三者之间的固定组合关系。

另据发掘这批墓葬的中国社会科学院考古研究所西藏队队长仝涛研究员所提供的年代数据，墓葬年代在距今1800—2200年之间（即东汉至魏晋之间）。[2] 仝涛认为，墓葬的出土文物证实这个活动人群属于古象雄部落，笔者亦深以为然。

由于阿里曲踏墓地出土方足木案中的鸟纹有主题单一而绘制手法多样的特点，笔者亦将这类鸟纹称作"鸟纹系列"，"系列"指多样化且成系列的表现手法。目前可知，青藏高原墓葬出土器物上类似"鸟纹系列"的案例，还可在青海共和盆地新石器时代晚期的宗日文化里看到，其出土陶器纹饰"鸟纹系列"的特征不仅突出且画法更为规范讲究。

宗日文化分布于青海湖南侧共和盆地的黄河及其支流沿岸，时代与青海马家窑文化相始终，大约延续了1500年（距今5600—4000年），后被齐家文化代替；其陶器具有明确的地方特色，为夹粗砂乳白色陶，施紫红彩，图案以变形鸟纹、多道连续折线纹为主，有折尖长三角纹、网格纹、竖线纹；含有一定的马家窑文化因素，早期明确受马家窑文化较大影响；定居，主要经营农业经济，渔猎和采集占有较大比重；以石棺、木棺为葬具，有

---

1 图11转引自仝涛研究员2015年10月在中央民族大学所做的报告《从新出考古资料看前吐蕃时期西藏西部与中亚之关系》PPT。
2 仝涛、李林辉：《欧亚视野内的喜马拉雅黄金面具》，《考古》，2015（2），92—102页；中国社会科学院考古研究所、西藏自治区文物保护研究所等：《西藏阿里地区噶尔县故如甲木墓地2012年发掘报告》，《考古学报》，2014（4），563—587页；中国社会科学院考古研究所、西藏自治区文物保护研究所等：《西藏阿里地区故如甲木墓地和曲踏墓地》，《考古》，2015（7），29—50页。

俯身葬、二次扰乱葬及焚烧棺等葬俗。宗日文化应属早期羌人的文化。[1]

"宗日文化"的命名者陈洪海认为，宗日文化最突出的特点便是其独有的纹饰图案——变形鸟纹和多道连续折线纹。"当初命名宗日文化的时候，主要依据是宗日遗址出土的大量的夹砂乳白色绳纹陶、紫红色彩绘、变形鸟纹和多道连续折线纹图案，认为这些特点与马家窑文化相去甚远。"[2] 可见，变形鸟纹当是宗日式陶器最具特质的区别点之一。

研究者以变形鸟纹概括了宗日式陶器的鸟纹特征，若从美术造型角度看，笔者以为，其变形鸟纹又可细分出四组图案来（见图表1）:

图表1 宗日式陶器鸟纹图像图案特征分类

A组		B组	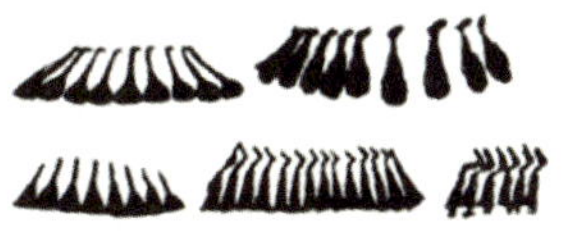
C组	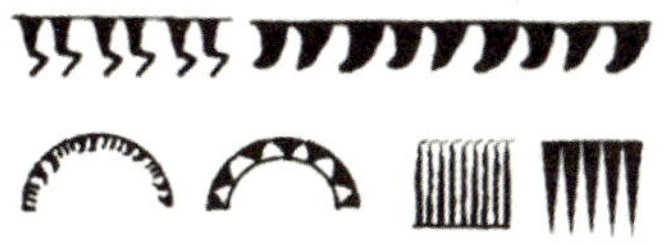	D组	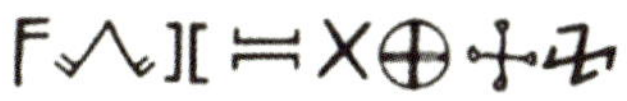

第一组可称作A组，为相对写实的鸟纹；第二组即B组，是逐渐符号化了的鸟纹，如果没有A组作为基准，有些符号化严重的图案是不太容易辨识出鸟纹的意思来的；第三组为C组，是已完全抽象化了的鸟，即陈洪海所谓"折尖竖线纹"或"竖线纹"，如果没有A、B组的铺垫，几乎无法猜测出这些图符的原型或意义；第四组D组是应该是一些完全符号化（实

---

[1] 陈洪海、格桑本、李国林：《试论宗日遗址的文化性质》，《考古》，1998（5），15—27页，22页。
[2] "我们确定下的辨认宗日文化的标准依次是：（1）彩陶图案为多道连续折线纹、变形鸟纹（包括其变体倒三角纹、折角竖线纹）；（2）乳白色夹砂陶上施紫红色彩绘（图案不清楚）；（3）夹砂红褐色陶施紫红色彩绘（图案不清楚）；（4）夹砂乳白色陶施绳纹；（5）制作上一般是帮包底，帮底对接处稍有外撇，接合不牢固经常有器底脱落现象；（6）夹砂绳纹、堆纹陶。实践中根据（1）（2）的任意一项都可以确定宗日文化，据（3）可以基本确定……"陈洪海、格森本、王国顺：《青海省海南州宗日文化遗址的调查》，见《西部考古》第2辑，三秦出版社，2007，37页。

际上是"文字化")的鸟纹，如雍仲符号、十字纹、"北"字纹等，这些符号应该也与鸟纹有关。

显然，宗日式陶器纹饰物围绕鸟这一主题展开并形成多种图案风格，除了说明鸟在这些群体的宗教信仰与文化中具有特殊性之外，还说明在单一"母题"表现上的反复性与创新性。而这种器物纹样以鸟为母题且形成多种图像变体与手法，与前述的西藏阿里象泉河流域东汉至魏晋时期墓葬出土器物纹饰大有异曲同工之妙，当然宗日式陶器的鸟纹样式更加丰富，手法也更加娴熟规范。考虑到其间1500年之久的文化积淀，拥有这样完整的纹饰系统，是可以理解的。

宗日文化遗址目前发现51处，均位于青藏高原东端青海湖南面的共和盆地这个相对独立的地理单元内，遗址的地理环境是海拔在2600—2800米的黄河两岸黄河支流入河口的二级台地。人骨形态学的观察表明，宗日居民与同时期其他甘青古代居民的体质特征略有差异，显示他们主要为区域性的土著居民。头骨测量的聚类分析和主成分分析显示，宗日组属东亚类型人群，但其头骨形态特征更接近于现代藏族B组（与甘青地区古代组中的柳湾组和东灰山组却有差别）。[1] 至于出土鸟纹四足木案的曲踏、故如甲木墓地群则位于高原西端阿里的象泉河流域，海拔在3800—4200米的高度，对故如甲木墓地出土人骨的线粒体DNA的检测分析与头骨形态学研究结果显示，这一人群与古代和现代藏族有密切关系，从遗传距离计算的系统发育树能看出，故如甲木人群与现代藏族、青海、云南、四川等藏族人群和生活在西藏的其他少数民族都比较接近。[2]

青藏高原东西两端的这两个考古学遗址，时间跨度相差2000年以上，宗日文化为新石器时代晚期遗址，开始于距今5600年，持续了1500年；而阿里曲踏等墓地的年代在距今2200—1800年之间，已进入青藏高原铜石

---

[1] 陈靓：《宗日遗址墓葬出土人骨的研究》，见《西部考古》第一辑，三秦出版社，2006。
[2] 张雅军、张旭等：《从头骨形态学和古DNA探究公元3—4世纪西藏阿里地区人群的来源》，《人类学学报》，2020（3），435—450页。

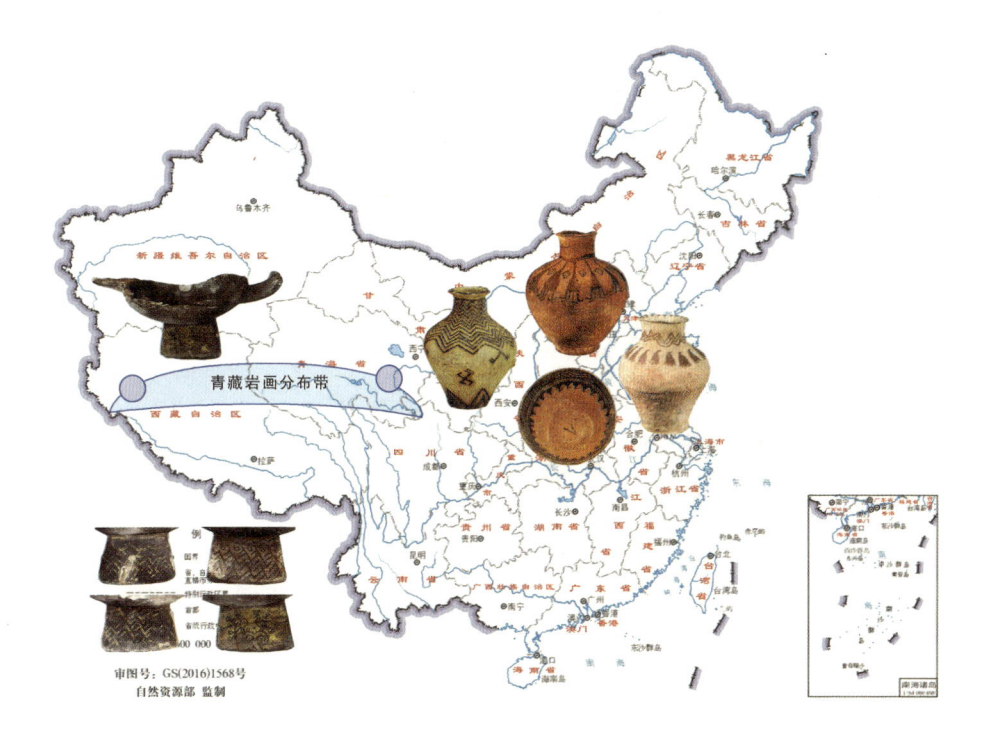

图12 青藏高原考古遗址出土器物上的鸟纹饰

(左：青藏高原西端阿里象泉河流域的曲踏、故如木甲墓地年代在距今 2200—1800 年，器物上纹饰少且内容相对单一，以动物图案为主，尤以鸟纹最多见，也同样地分具象与抽象两种。
右：青海新石器时代晚期宗日文化年代在距今 5600—4600 年，其陶器纹饰以各种具象与抽象的鸟纹为主。)

并用时期。然而，尽管时空距离很大，但这两个看似无关的考古遗址因为拥有同样的装饰母题及图像"系列"表现手法而建立起某种关联。（图12）两者的关联性表现在以下方面：

（1）全部或主要纹饰以鸟为主题；

（2）主题一致但具有写实、抽象及符号化的多样化表现手法；

（3）意涵解读反映出鸟这种动物在该人群的宗教信仰中具有重要意义；

（4）遗址的人骨形态学研究表明，其活动人群均与现代藏族 B 组、A 组有关，说明这两个遗址的活动人群均与藏族族源相关。

文化与交流

从青藏高原东端共和盆地的宗日遗址群到西端的阿里曲踏等古墓葬群，中间正好横跨青藏高原北部巨大的高原面，这个区域藏语称为"羌塘"，平均海拔4200—4500米，90%以上的区域即使在今天都属于"无人区"。然而，贯通整个羌塘南缘，有一条东西极长而南北很窄的岩画分布带，我们现今称为"青藏岩画分布带"，也是青藏岩画系统的核心区域。这条分布带上的青藏岩画正是神鸟琼（Khyung）信仰形成与发展的图像资料库[1]，我们发现正是这条岩画分布带在地理空间上将高原东西两端串联到一起了。

年代较晚的阿里曲踏、故如甲木墓地所在位置与出土器物的年代表明，这个活动人群很可能是古象雄部族，而出土的金面具则说明墓地可能与象雄王族身份有关。这也提醒我们，距今2000—1700年间的象雄部族，甚至王族生活区域在青藏高原西端的阿里，但其文化渊源却可以追溯到更早的青藏高原东部的早期羌人文化遗存，这与近年研究者们在藏东地区进行的民族学调查结论也不谋而合。[2] 古象雄文明与青藏岩画分布带的关系也已明确，而该部族的大神"琼"自然也就成为岩画中的重要表现主题。

二、青藏岩画中的鸟纹及演变序列

青藏岩画最早的鸟图形出现于青藏高原东部青海省格尔木、玉树等州市，而不是西部阿里的日土，尤其以玉树通天河流域岩画群为主（需要说

---

1 张亚莎：《西藏岩画中的"鸟图形"》，《西藏研究》，2006（2），50—60页；张亚莎：《古象雄的"鸟图腾"与西藏的"鸟葬"》，《中国藏学》，2007（3），45—54页；张亚莎：《青藏岩画藏文字符与鸟图形关系考证——由青海玉树一幅岩画引发的思考》，《中国藏学》，2015（4），194—200页；张亚莎：《藏传佛教"佛鹏"源流考——青藏高原 Khyung 图形的演变脉络》，见香港中文大学人间佛教研究中心等编：《全球化下的佛教与民族》，光明日报出版社，2011，420—422页。

2 石硕：《青藏高原碉楼的起源与苯教文化》，《民族研究》，2012（5），85—94页；曾穷石：《"大鹏鸟卵生"神话：嘉绒藏族的历史记忆》，《学术探索》，2004（1），106—110页；张亚莎等：《甘孜藏族自治州丹巴县俄洛村岩画田野调查》，《内蒙古艺术学院学报》，2019（1），13—18页。

图 13　青海格尔木岩画中飞翔的鸟图形
图 14　西藏阿里日土曲嘎尔羌岩画

明的是，通天河流域岩画持续时期很长，有青藏系统最早的岩画，但也有中期与晚期岩画）。早期的岩画鸟的图形以自然形态出现，或自由翱翔于长空，或成为猎人狩猎、牧人牧放场景中的组成因素，在画面中作为自然的一分子并没有特别显示出有什么与众不同之处（图13）。值得注意的是，即使是高原岩画的早期阶段，与宗教信仰相关的符号系统里也已经出现了鸟的图形（图14），就形态看，青藏岩画中的鸟图形从一开始便与青藏系统独特的宗教符号——雍仲符号之间有某种形态学（并很可能是符号学意义上）关联，尤其是在宗教符号组合中的飞鸟，看上去与雍仲符号非常相似。[1] 事实上，飞鸟与雍仲两者的符号学关系，早在四五千年前的宗日式陶器的鸟纹系列里，便已明确出现（见图表1中的D组）。由此可见，鸟图形在青藏岩画系统中最初呈现的是自然主义表现线索，但似乎也是从一开始便并存着符号学的发展线索，后者这条线索还应该与雍仲符号的意义阐释有关。

鸟图形从自然形态朝着超自然形态过渡的演变标志是青藏各地岩画鸟图形表现的个性化或特殊形态的增多，这个过程意味着鸟正逐渐从一般性的动物种类中脱颖而出，开始具有了超越其他动物的神圣性，这主要体现在对鸟的表现上更多地具有抽象化或符号化的风格倾向，尤其注重对鸟展开双翅时威风凛凛的雄姿的表现。图15左一是西藏阿里日土县拉卓章岩画的"大鹏鸟图"，画面正中有一展翅的大鹏鸟，围绕着它出现的所有个

---

[1] 张亚莎：《青藏岩画藏文ঙ字符与卍图形关系考证——由青海玉树一幅岩画引发的思考》，《中国藏学》，2015（4），198—200页。

图 15　阿里日土拉卓章岩画　　　　图 16　托架

体图案都具有青藏系统岩画的宗教符号性质：大鹏鸟上方有雍仲、日月符号；左上角有双塔，塔顶有三叉形符号；右下角有树枝符号；左下方则是两个鸟形巫师和一硕大的头插羽毛的"人面"。这幅岩画俨然是一个宗教符号组合，清晰地传达出高原早期大鹏鸟信仰的思想内涵。

全新的图像元素是大鹏鸟左上角的双塔以及塔顶上的三岔形图案。这个三岔形符号，笔者又称为"山"字形符号，认为它实为大鹏展翅的抽象化图符[1]，而鸟符号与塔的组合关系在这里也出现了。阿里故如甲木墓葬出土金面具王冠上的塔图形，应该是目前所知西部阿里有明确年代关系的塔图形（年代下限在魏晋时期），其造型样式与通常所知的佛塔完全不同，年代也比7世纪以后吐蕃王朝时期佛教传入西藏的时间要早很多。事实上，阿里墓葬出土塔纹样也并非青藏高原本土塔图形中年代最早者，更早的塔岩画出现在玉树通天河流域[2]，玉树称多县白龙沟的塔岩画据"微腐蚀测年"数据可早至距今2500—2000年前，比阿里故如甲木墓葬出土器物的年代还要早上近千年。无独有偶，不仅最早的出土器物系列鸟纹指向青藏高原东部，最早的高原本土塔图形也同样指向高原东部地区，这种塔图形与佛塔无关，笔者认为这种塔图形不仅年代要比佛塔出现得早，其造型的基本概念也自成系统，应属于青藏高原本土塔，与高原前佛教文化时期的本土苯教具有一体性。[3]

1　张亚莎：《西藏的岩画》，青海人民出版社，2006，155—159页。
2　张亚莎等：《青海玉树白龙沟塔岩画的图像学研究》，《青海民族大学学报》，2020（2），122—123页。
3　张亚莎等：《玉树白龙沟岩画与苯教文化关系研究》，《中国藏学》，2020（2），76—81页。

很显然，阿里曲踏、故如甲木墓地出土器物的一大贡献是它对塔、鸟与王权这组固定组合关系的披露，塔鸟结合强化了该部族浓郁的鸟崇拜特色，也证实无论是鸟纹还是塔状物，均与高原早期苯教信仰有密切关系，并且很可能是古象雄宗教与王权的象征符号因素。青藏鸟岩画研究中有两个图像学变化的节点特别重要：一是岩画中自然形态的鸟图形是在什么时候演变成神鸟琼形象的？二是符号化鸟图形（山字形符号）是什么时候与塔建立起组合关系的？

图17 西藏古代托架中的 *Khyung*

Khyung 形象的出现应该是青藏岩画鸟崇拜信仰的一个重要转折，意味着"鸟"在青藏岩画宗教信仰系列中已走向神坛。*Khyung* 的早期形象

图18 图符与抽象纹样混合式鸟纹

特征为双翼作展翅状，头上生双角，鸟首人身（图17），但西藏岩画中的 *Khyung* 形象只能看到鸟首上有双角（或长双耳），呈展翅状，却不见人身（图18）。更多见的是大量的鸟巫（鸟形巫师）与 *Khyung* 的共存。由于岩画图像的年代研究，尤其是凿刻类岩画的年代学研究相当困难，因此这个转变在西藏岩画中具体出现于哪个时间段，一直缺乏年代学实证。正因为如此，阿里象泉河流域曲踏、故如甲木墓地的考古发现，尤其是这批出土器物有相对明确的年代关系，对于岩画中的鸟图形的符号演变脉络的研究才有了实质性的进展。

阿里曲踏墓地出土的方足木案上的鸟形图案虽拥有不同的表现手法，但显然并没有出现头上长角的形象，如甲木墓地的金面具冠帽上的鸟图案；也完全不见鸟首人身或头上生角的描述，说明在这批墓葬的时段，鸟在其

文化与交流　　　　　　　　　　　　　　　　　　　　　　　　　　　　　　435

部族信仰或社会生活中具有特殊地位，甚至可能也已经有了神鸟 *Khyung* 的概念，但其符号的意义绑定尚未出现。换言之，岩画中头上生角、鸟首人身的 *Khyung* 的图像学概念的出现，应该晚于墓葬出土文物的年代。也就是说，岩画中头上生角的神鸟形象，可能是在魏晋之后才逐渐形成的，而与神鸟琼崇拜密切相关的鸟巫图像，大抵也应当是出现在与此同时或之后的阿里与那曲岩画中。《隋书·西域传·女国》记载："女国，在葱岭之南，其国代以女为王。王姓苏毗，字末羯，……尤多盐，恒将盐向天竺兴贩，其利数倍。亦数与天竺及党项战争。"藏学界的共识是，这个"葱岭之南"的女国正好位于阿里象泉河流域，因多盐便"恒将盐向天竺兴贩"，而岩画里大量背盐人队伍行走的地点正是鸟形巫师出现最为集中的区域[1]，史料记载的这个时段，也确实要晚于阿里曲踏墓地出土器物的时间。

三、鸟图形在青藏高原艺术中的演变脉络

笔者通过对西藏岩画的图像梳理发现，*Khyung* 的形象出现得非常早，仅就西藏岩画所呈现的图像数据看，*Khyung* 图像存在明显的演变脉络，而这完全属于青藏高原前佛教文化时期的早期类型，从时间上看，大致结束于吐蕃王朝时期，而这个历史阶段正是佛教刚刚进入高原，与原有的苯教出现碰撞的时间节点。表面上看，是新旧两大宗教的碰撞，但实际上也是青藏高原在吐蕃雅隆部落一系兴起并不断兼并高原诸羌系民族的过程。古象雄部落的图腾大神 *Khyung* 在这个重要的历史节点，图像本身会发生什么样的变化，图像载体又会出现什么样的材质变化，便成为我们研究的问题。显然，岩画时代的结束，并不意味着 *Khyung* 图像的结束。有一点是明确的，当新的民族融合发生之后，尤其是新的宗教进入并占据主导地位

1　张亚莎、张晓霞：《"一条腿背夫"岩画的释读与研究：青藏岩画与北方盐道的历史关系》，《中国藏学》，2017（4），145—148 页。

之后，*Khyung* 这个曾经强大的古象雄王国的大神，在形态、职能与地位上均发生了重大变化。笔者以为就 *Khyung* 的图像资料看，可按年代及类型作如下划分：

1. 鸟崇拜的起源——*Khyung* 的起源可追溯至青海新石器时代晚期宗日文化（距今 5600—4000 年），宗日陶器上的鸟纹表明古羌人有鸟崇拜习俗，而鸟纹与雍仲符号的共生现象则更引人注目。接下来的青海卡约文化属于青铜时代（距今 4100—3100 年），卡约骨器上的鹰纹与后来的西藏岩画保持着几近相同的造型理念。此阶段鸟图形的图像特征有写实与符号两种。

2. 部落鸟图腾时代——西藏岩画中 *Khyung* 图像的嬗变，表明鸟崇拜在向鸟图腾过渡（大致在距今 2500—1500 年），其背景则是古羌人西迁、开发藏北的伟大历史过程。西藏岩画属于苯教文化系统，鸟形符号与雍仲符号的相似性表明苯教、雍仲信仰、古象雄（Shang-Shung）、鸟族部落（Khyung-lung）、鸟巫祭司文化的一体性；*Khyung* 既是古象雄部落的图腾神，更是苯教卵生理论的重要基础。此阶段 *Khyung* 的图像特征为头上生角、鸟首人身。综合前面的分析，笔者以为阿里曲踏、故如甲木墓葬出土器物大抵属于这一时期的早期阶段，鸟崇拜特点已明确，甚至可能出现神鸟琼信仰，但还没有具体出现图像学的具体变化。

3. 复杂化身时代——*Khyung* 在格萨尔史诗（年代不详）里呈现出最为错综复杂的面貌：它是"具力大鹏金刚"，又分别是马头明王、"风马昌盛战神"、山神念青唐古拉的化身，更是格萨尔王的祖先神、命神及十三战神之统帅。此一阶段，其图像特征除了头生角、鸟首人身外，更增添了武器（水剑翅），并开始融入其他猛兽的局部特点（狮面、虎獠牙、马耳等）以强化战神的威力。

4. 佛苯融合时代——*Khyung* 在吐蕃王朝时期（7—9 世纪）似主要呈现为战神形象。其形象除继承传统的图像特征外，最突出的变化便是喙衔蛇，背光与头光并具，足踏敌人立于莲花座之上。形象上的变化说明吐蕃战神已受佛教迦楼罗形象的影响，佛苯融合的迹象愈显明确。

5. 佛鹏时代——西藏古代传说中的 *Khyung* 在后弘期（10 世纪以后）

成为佛鹏，即加持佛法的护法神，一般位于佛、菩萨背光顶部，藏语仍称为 Khyung。此阶段严格说应该是佛鹏兼地方守护神时代——清代以后，Khyung 的地位有明显回升的趋势，其图像特征是它从佛背光"六拏具"独立出来，成为具有特殊能量的地方守护神，在安多方言区尤其是康方言区的不少地方，神鸟 Khyung 崇拜现象十分突出。

以上五个阶段的图像变化见图表 2。

图表 2　青藏高原神鸟琼的图像演变史

1. 鸟崇拜起源	2. 部落图腾大神	3. 北方象雄战神	4. 佛鹏——佛苯融合	5. 佛之护法神

Khyung 图形嬗变之丰富显示出其古老的性格，其嬗变的基本脉络为：早期源于藏北族群，神格很高，为古代部落的图腾神；当 Khyung 成为苯教重要神祇后，地位最高，影响范围也大；至格萨尔时代，Khyung 的核心为战神，其影响直接延续到吐蕃王朝时期，但地位却从主神降至职能神；吐蕃王朝时期以降佛苯融合，Khyung 成为护法之佛鹏，虽在藏传佛教万神殿里保留了一席之地，但也只是佛教一护法而已。不过值得注意的是清朝以后，Khyung 的实际地位又有明显的提升，尤其是在青藏高原的康方言区和安多方言区，Khyung 的身份呈现出双重性：既是佛教的护法神之佛鹏，同时还是不少地方的守护神灵。

神鸟琼从象雄王国的图腾降职成吐蕃军队之战神，再到后来变成佛祖的护法神，经历 2000 余年变迁仍得以顽强存在，即使是象雄部落被后来兴起的吐蕃王国所兼并，但它们通过与印度迦楼罗的融合，巧妙地变身为藏传佛教的护法之一佛鹏，得以在西藏的万神殿里保留了下来。与此同时，在青藏高原东部地区的民间民俗信仰中，琼神仍始终保持其地方守护大神的地位，从另一个维度证实了古象雄文明的隐秘归宿。

神鸟 *Khyung* 信仰主要流行于青藏高原北部（羌塘），是卓巴与戎巴的图腾，笔者之前的研究主要依据青藏岩画与托架，现在又增加了出土器物纹饰的证据，出土器物纹饰为岩画、托架的年代判断，尤其是鸟与塔组合关系的形成年代提供了实证支持。*Khyung* 信仰很可能源于青藏高原的东部，虽然王权，尤其是塔、鸟与王权的组合关系出现在高原西部的阿里，但这显然已经是象雄部落走向强盛的时期，而并非它的起源期。

普拉多的柜子 *
——17 世纪克拉克瓷的异域传播与镜像呈现

吴若明

南开大学文学院

摘　要：西班牙普拉多博物馆藏《视觉的寓言》(*La Vista*)是鲁本斯和扬·勃鲁盖尔在1617—1618年间共同完成的重要画作,画面中高大壁柜里隐现了数件中国青花瓷器,即晚明中国南方地区所生产的外销瓷器,经海上贸易抵达欧洲。普拉多博物馆这幅作品中的柜子所呈现的展品组合,是以克拉克瓷器为代表的晚明外销瓷与欧洲传统宗教人物绘画多元组合式样。随着瓷器贸易量的剧增和贸易对象的变动,晚明外销瓷在荷兰等地的静物画、风俗画中以更为自由的形式呈现画面,从单个的主题呈现到组合使用,具有不同背景及隐喻。本文从普拉多博物馆藏画出发,结合17世纪中国外销瓷在欧洲绘画中的镜像呈现,综合审视跨文化艺术的形成及其本土化变迁。

关键词:《视觉的寓言》;克拉克瓷;传播;镜像呈现

---

* 本文系国家社科基金重大项目"虚拟现实媒介叙事研究"阶段性成果之一,项目编号:21&ZD327。初刊于《美术大观》,2022(9),略有调整。

一、明代海上贸易与克拉克瓷

明代陶瓷的外销遍布广泛，在东亚日本、朝鲜，东南亚菲律宾、印度尼西亚，南亚的印度、锡兰岛（今斯里兰卡），以及非洲东海岸、欧洲各地等都有发现。明朝瓷器贸易早期以朝贡贸易为主，由于海禁和朝贡的实施，民间瓷器的大规模外销尚未开始，瓷器交流主要来自朝贡体系的馈赠。特别是在永宣时期，朝廷派出郑和七下西洋，陶瓷在和海外地区的礼品馈赠中发挥着重要的作用。鉴于当时进行中外交流的国度多集中在郑和航线沿途的南洋等地，当时烧制的外销青花瓷一方面以本朝的青花瓷特色为大宗；另一方面也不断受到外域文化的影响，一些瓷器的形制模仿西亚地区的金属器皿，如仿制中东和西亚地区伊斯兰教徒做礼拜和朝圣时贮水之用的军持、宝月瓶、方流执壶等器形也极为盛行。15世纪下半叶开始，景德镇的民窑青花瓷经历着入明以来的一个嬗变期。隆庆元年（1567年）开始解除部分海禁，至万历二十七年（1599年），恢复广州、宁波二市舶司，允许私人商船出洋，私人海上贸易集团及贸易商港（月港，今福建漳州）的出现促进贸易发展，市舶司制度也从明代早期的政治性向经济性演变。[1]这一时期民窑不仅延续本土瓷器装饰传统，同时海外市场的影响也为民窑青花瓷的生产注入了些许变化因素。其中民窑青花瓷中精致与粗糙两类风格的产品相生相伴，既延续了传统手工业的生产模式，又因商业生产日益扩张导致产品分化，体现了外销瓷器生产中的效仿、融合与延续。

16世纪下半叶，欧洲众多地区还处在神圣罗马帝国时期，随着哈布斯堡家族的兴盛，西班牙不仅实力得到发展，而且通过政治联姻及继承等方式得到其他地区的管辖权，包括葡萄牙及尼德兰在内的诸多地区均在西班

---

[1] 关于明代隆庆开关及贸易的发展，有诸多论述。一方面是海禁的有限开放性，并非完全开放，如仅漳州和泉州华商可以申请出海，仍存在局限性，市舶司的职能也开始转变；另一方面，肯定这一举措对贸易发展的积极影响，特别是在私人贸易领域。详见赵轶峰：《论明代中国的有限开放性》，《四川大学学报（哲学社会科学版）》，2014（4）；林仁川：《明末清初私人海上贸易》，华东师范大学出版社，1987；陈尚胜：《论明代市舶司制度的演变》，《文史哲》，1986（2）。

牙的管制之下。[1] 在菲利普二世执政时期，西班牙一度成为欧洲霸主，并在1580年葡萄牙国王去世后，因其未留子嗣，遂将葡萄牙也归属其统治之下。随着新航线的发现，西班牙和葡萄牙地区已经开始从事亚欧之间的直接贸易，葡萄牙和中国贸易通过两条渠道：通过马六甲等中转地与中国商人贸易；其次是在私商引导下于中国南部沿海城市进行贸易。[2] 1571年，西班牙建造了马尼拉城（Manila），并使之逐渐发展成为亚洲与美洲之间的联络点和贸易中心，各国商品会集于此，并进一步改变全球贸易格局，促进贸易发展。[3] 这一时期尼德兰北部七省成立了荷兰共和国，由于荷兰独立战争等因素，西班牙一度阻止荷兰参与海上贸易。1594年西班牙菲利普二世发布贸易禁令，即在所有葡萄牙海港禁止与荷兰贸易。[4]

荷兰人于1602年在亚欧中转站圣赫勒拿岛（Saint Helena）截获葡萄牙"圣伊阿古"（San Lago/Tiago）号船只，船上所载也是第一批到达荷兰的精美亚洲瓷器。荷兰人称为kraakporselein，即"武装帆船瓷器"，表述此类瓷器是从葡萄牙武装帆船抢来的。[5] 1603年在马六甲海峡的柔佛海域，荷兰俘获葡萄牙"圣卡塔琳娜"（Santa Caterina）号帆船，截获1万件总重超过50吨的中国瓷器。早期葡萄牙人根据海中怪兽的名称"carraca"来给葡萄

---

1 葡萄牙在这一时期从属于西班牙统治，西班牙对葡萄牙主要港口及航海贸易具有一定的管辖权。详见费尔南·布罗代尔著，唐家龙、吴模信等译：《地中海与菲利普二世时代的地中海世界》，商务印书馆，2013。

2 陈洁、曹慧中：《陶瓷贸易与16世纪至18世纪的中西交流》，上海博物馆编：《东西汇融——中欧陶瓷与文化交流特集》，上海书画出版社，2021，10页。

3 ［英］彼得·弗兰科潘著，邵旭东、孙芳译：《丝绸之路：一部全新的世界史》，浙江大学出版社，2016，202页。

4 如在《克拉克瓷器的历史与分期》一文中提及："1568年，荷兰曾发动了一场独立战争，从西班牙统治之下独立出来，也从那时起开始与葡萄牙进行贸易往来。而那时的葡萄牙由于在西班牙的管制之下，权力受到限制，以至于1594年菲利普二世实行关闭里斯本港的政策，禁止荷兰的船只进入葡萄牙港口。"详见［法］莫拉·瑞纳尔迪（Maura Rinaldi）著，曹建文、罗易扉译：《克拉克瓷器的历史与分期》，《南方文物》，2005（3），83页。

5 ［加］卜正民著，刘彬译：《维梅尔的帽子：从一幅画看全球化贸易的兴起》，文汇出版社，2010，63页。

帆船命名，后来荷兰人称为"carrack"。[1] 由于发音的混淆，即葡萄牙舰队的名称"carrack"和"kraak"发音接近，kraak 逐渐成为这类风格瓷器的统称，这也是目前克拉克瓷名称来源的主流观点。[2] 在随后的国际法庭中，通过战利品（Dejure Praedae）的自辩术，荷兰将前两次的夺取合法化，同时通过《海域自由》，即"荷兰有权参与东印度贸易"，建立亚欧直接贸易，开始大规模地从中国购买此类器皿并运销欧洲。[3]1602 年成立荷兰东印度公司（Vereenigde Oostindische Compagnie，简称 V.O.C），中国瓷器被大规模运往欧洲销售。

克拉克瓷相关概念在文献中的出现，可追溯到 17 世纪 40 年代。在 1638 年 4 月 12 日荷兰阿姆斯特丹东印度公司负责人写给驻巴达维亚（Batavia，今印度尼西亚首都雅加达）的荷兰公务人员（Hoge Regering）的信件中，分别在编号【38】和编号【43】的两条提到订单需求的文档记载中出现"craek com（kraak bowl）"及"caraek（porcelain）"等相关词语，其发音均与克拉克瓷（Kraak Porcelain）一致。[4] 欧洲早期关于"Kraak Porcelain"的界定多以青花为主的材质及模印分割的工艺为标准。在后期的定义中则更强调其风格化的边饰分割及边饰内容。初期由荷兰学者芭芭拉·哈瑞松（Barbara Harrisson）在"Kraak Porcelains"一文开展专题研究，并刊于 1964 年荷兰博物馆展览的相关晚明外销瓷图录中，描述了荷兰吕伐登（Leeuwarden）宫殿中收藏的一些典型的克拉克器皿，定义其为晚明时

1　T.Volker, *Porcelain and the Dutch East-India Company, As Recorded in the DAGH REGISTERS of Batavia Castle, Those of Hirado and Deshima and Other Contemporary Papers 1602-1682*, Leiden：Brill, 1971.
2　Maura Rinaldi, *Kraak Porcelain—A Moment in the History of Trade*, London：Bamboo Publishing House, 1989.
3　［加］卜正民著，刘彬译：《维梅尔的帽子：从一幅画看全球化贸易的兴起》，63—65 页。
4　相关研究可参阅，Cynthia Vialle, "De bescheiden van de VOC betreffende de handel in Chinees en Japanms porselein tussen 1634 and 1661", *Aziatische Kunst*, 1992(09)；Vinhais, Luise and Jorge Welsh, *Kraak Porcelain：The Rise of Gobal Trade in the Late 16th and Early 17th Centuries*, London：Graphicon Press, 2008.

期来自景德镇的外销瓷，以青花为主，并带有模印的浅浮雕装饰。[1] 20 世纪 80 年代以来，克里斯汀·凯特（Christine van L. der Piji-Ketel）[2]、莫拉·瑞纳尔迪（Maura Rinaldi）[3]、甘淑美（Teresa Canepa）[4] 等学者在相关著作中皆将此类瓷器描述为晚明万历等时期景德镇所产的外销瓷。随后的概念逐渐突出其装饰纹样，在《瓷器故事：从中国到欧洲》（*Porcelain Stories：From China to Europe*）中进一步明确了克拉克瓷的概念，即晚明外销瓷器，"是明代生产的外销瓷，具有纯净的白色胎土和绚丽的釉下青花装饰，为西方所称叹。盘（碗）壁上宽而延展的多开光装饰内常绘有来自中国佛教、道教等祥瑞图案，并间隔一些花卉水果图纹，是其显著特征"[5]。近年来中国学术界也日益关注克拉克瓷，主要根据其多开光装饰风格，对相关概念的界定范围较广，不仅包括晚明景德镇的外销瓷，也包括福建漳州、日本有田等窑克拉克风格（Kraak Style）的器物，即广义的克拉克瓷。[6] 随着荷兰东印度公司贸易量的显著增长，克拉克瓷器数量也不断增长，这一时期民窑生产的瓷质和使用的釉料与明早中期并无显著变化，但是在欧洲市场的影响下，除传统纹饰外，各类新颖纹饰开始广泛出现。新的瓷器纹样一方面是对嘉靖万历时期瓷器装饰风格的继承发展和多元融合；另一方面借鉴传统器物装饰的"棱式风尚"式样，即区间分割、隐性棱式和变体棱式等多

1　Hessel Miedema，*Kraakporselein+Overgangsgoed：Catalogus*，Leeuwarden：Gemeentelijk Museum het Princessehof Leeuwarden，1964.

2　C.L.van der (Christine L.van der) Piji-Ketel，*The Ceramic Load of the "Witte Leeuw"* Amsterdam：Rijks Museum Press，1982，pp.46-34.

3　Maura Rinaldi，*Kraak Porcelain——A Moment in the History of Trade*，London：Bamboo Publishing House，1989，p.60.

4　甘淑美在《晚明外销瓷：16 世纪晚期和 17 世纪早期全球贸易的兴起》中对海外近年的"克拉克"词源观点综述，并提及相关学者，详见 Vinhais，Luise and Jorge Welsh，*Kraak Porcelain：The Rise of Global Trade in the Late 16th and Early 17th Centuries*，London：Graphicon Press，2008.

5　Julie Emerson，Jennifer Chen and Mimi Gardner Gates，*Porcelain Stories：From China to Europe*，Seattle：Seattle Art Museum，University of Washington Press，2000，p.103.

6　吴若明：《克拉克瓷名辨及海上丝路贸易区域功能研究》，《美术研究》，2018（6），99—103 页。

开光装饰，开启瓷器新风尚。[1]

二、型与数：《视觉的寓言》壁柜中的克拉克瓷

随着新航路的开辟与对亚欧航海贸易航道的控制，16世纪的葡萄牙和西班牙是在亚洲最具有影响力的两个欧洲国家，西班牙皇室及其他贵族开始热衷于收藏亚洲等其他地区的艺术品。弗兰德斯地处尼德兰的南部地区，1568年，尼德兰北部地区荷兰发动独立战争后，南部的弗兰德斯地区依然从属于西班牙，信奉天主教。在弗兰德斯地区的安特卫普王侯府邸发展起来一种欧洲"艺术收藏"类别的绘画，称为"艺术馆"（Kunstkammer），或"珍宝馆"（Wunderkammern），由弗兰德斯画家扬·勃鲁盖尔（Jan Brueghel de Oude）开创，是弗兰德斯地区独有的艺术种类。奢华静物画中常见的各种艺术品琳琅满目，彰显财富的同时也具有多重寓意，体现了天主教中对物质世界的敬意，被看作对心灵洞察力的尊崇。来自弗兰德斯的彼得·保罗·鲁本斯（Peter Paul Rubens）具有画家及外交官双重身份——宫廷画家和西班牙哈布斯堡王朝外交使节。1617—1618年鲁本斯和勃鲁盖尔创作了《五种感官》（The Five Senses）系列作品，赠送给西班牙的哈布斯堡家族大公夫妇阿尔伯特（Albert）和伊莎贝娜（Isabella）。绘画在体现宗教主题的同时，也展示了这种"艺术收藏"类别绘画的特质。[2]

《视觉的寓言》（图1）属于《五种感官》系列作品之视觉。五种感官，即视觉、听觉、嗅觉、味觉、触觉，是欧洲最为广泛和常见的绘画主题之一。系列作品按照不同的主题进行创作，并在画面对象的设置中有所偏倚。17世纪初期抵达欧洲的瓷器与绘画等被细致地描绘在作品之中，《视觉的

---

[1] 关于"棱式风尚"及与克拉克瓷的相关讨论，详见笔者《晚明外销瓷"棱式风尚"的形成、转变与图式中西辨考》一文，见中国古陶瓷学会、景德镇陶瓷大学、景德镇御窑博物馆编：《元明景德镇窑业与技术交流》(《中国古陶瓷研究》第二十七辑)，科学出版社，2022。

[2] [美] H.W. 詹森著，艺术史组合翻译小组译：《詹森艺术史》，世界图书出版公司，2012，707页。

图 1 《视觉的寓言》，鲁本斯、扬·勃鲁盖尔，西班牙普拉多博物馆藏

图 2 《视觉的寓言》局部

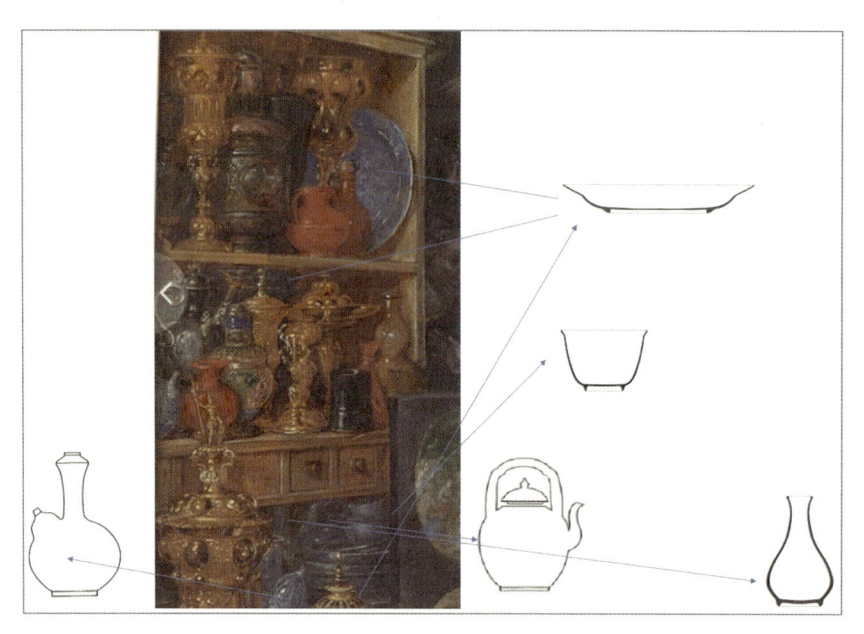

图 3 《视觉的寓言》局部瓷器类型示意图

制器尚象：中国古代造物观念与传统研究

图4　青花开光花卉盘，故宫博物院藏

图5　青花开光花蝶纹盘，中国国家博物馆藏

图6　青花鹿纹盘，葡萄牙阿纳斯塔西奥·贡萨尔维斯博物馆藏
（上海博物馆"东西汇融"中欧陶瓷与文化交流展）

图7　青花开光山水花鸟图碗，荷兰国立博物馆藏
（上海博物馆"东西汇融"中欧陶瓷与文化交流展）

寓言》通过"艺术收藏"的丰富类别强调了视觉的主题。画面展示了丰富的绘画及其他艺术藏品，壁柜中的瓷器基本涵盖了明代晚期五种典型克拉克器形，即碗（杯）、盘（碟）、提梁壶、军持和玉壶春瓶（图3）。其中数量最多的是瓷盘，多以层层相叠的形式堆放，与这一时期克拉克瓷碗盘风格相一致（图4至图7）。在盘子旁边还绘有一件球状口流的晚明万历时期典型的军持造型的器物，口流部和腹部有开光装饰。军持（kendi/kundi），源自梵语kundika，从印度传入中国，最初作为寺庙的净水瓶使用，即净

瓶，也称净水瓶。[1]唐代军持器形为盘口状，北宋偶尔有龙首状口流。南宋时期，军持器形主体偏矮向发展，夸张了口流的长度，沿用到明初。晚明时期，受到南亚地区影响，军持器形借鉴15世纪泰国及越南等地区器皿造型，以乳圆状球形或轮状替代军持细长口流（图8），偶有动物造型。[2]叠放的碗盘后方是万历时期另一典型器形——提梁壶，也是这一时期常见的外销器形，多为花鸟瑞兽等纹装饰（图9）。此外，绘画中柜子下层的后方及桌上相册旁都放置有玉壶春瓶，造型和中国内销瓷器相近，在荷兰订单中常写为梨形瓶，也称为波斯瓶，即此类器形和波斯地区汲水器皿形似（图10）。

图8　青花军持，故宫博物院藏

图9　青花花卉瑞兽纹提梁壶，景德镇中国陶瓷博物馆藏（归来·丝路瓷典展）

图10　青花开光杂宝纹瓶，法国吉美国立亚洲艺术博物馆藏（上海博物馆"东西汇融"中欧陶瓷与文化交流展）

除了琳琅满目的壁柜，画面的桌子上也放置了很多收藏品，在画作所属者即阿尔伯特和伊莎贝娜大公夫妇像相框前为一件具有典型克拉克瓷开光装饰的青花碗，并在欧洲经过金属镶嵌工艺再加工，增加了手柄和底足，彰显其珍贵的同时实际功能也有所变化。相框后还绘有一件玉壶春瓶，瓶颈部的璎珞纹和腹部的开光纹饰也清晰可辨。不同器形的克拉克瓷在画面中交错，具有收藏陈设与视觉寓意的双层表现。

相较于这一时期其他画家的作品，如法国

1　Michael Sullivan："Kendi"，*Archives of the Chinese Art Society of America*，vol.11，1957，pp.40-58.
2　Michael Sullivan："Kendi"，*Archives of the Chinese Art Society of America*，vol.11，1957，p.44.

画家雅克·利纳尔（Jacques Linard），他曾在 1627 年绘有《五种感官和四类元素》(The Five Senses and the Four Elements)，并在 1638 年另绘《五种感官》(The Five Senses)，分别在单幅作品中对鲜花、水果、乐器、瓷器等静物进行组合描绘。有意思的是，在这两幅作品中出现了同一件青花瓷碗，瓷碗上所绘的是明代中晚期盛行的"赤壁赋"主题装饰，并模仿了《后赤壁赋》诗文部分的汉字。作为盛装在画中象征"味觉"的水果器具，也具有视觉的寓意。[1] 荷兰画家威廉·卡夫卡等静物画家也在多幅静物画作中描绘了以克拉克瓷为主的晚明外销青花瓷器，早期画面器物的选择种类相对较为单一，后因贸易量的增加和市场价格的下降，克拉克瓷被更多地运用于日常餐饮之中。《视觉的寓言》绘制时间相对较早，以壁柜收藏的方式集中展现这一时期代表性的克拉克瓷器，绘制的瓷器器形（型）和数量（数）两方面都比较丰富，具有一定的研究价值和独特之处。

三、画里画外：收藏、重组与使用

克拉克瓷器在绘画中多以室内陈列、静物摆设、日常餐饮等方式出现，而早期以收藏壁柜集中展示克拉克瓷的画作并不多见。《视觉的寓言》在画面中描绘主体人物形象的同时，营造多种异域元素的叙事空间，这些来自遥远东方及近东的舶来品不仅彰显财富，也被赋予寓意。画面中出现了大量的具有异域风情的克拉克青花瓷，均为勃鲁盖尔所绘的静物部分，反映了 17 世纪早期作为奢侈品的中国瓷器在贵族府邸的收藏，包括瓷器收藏、展示和使用方式。画作中的瓷器不仅借鉴现实中的器物收藏，也折射出其在现实中的具体使用形式，以及有选择性的在画面中重组展示。

作为早期全球航海贸易的开拓者，西班牙菲利普二世同样成为这一阶段的头号艺术赞助者，特别是在 1580 年合治葡萄牙之后，大量中国瓷器被

---

[1] 详见上海博物馆编：《东西汇融——中欧陶瓷与文化交流特集》，上海书画出版社，2021，37—38 页。

广泛收藏。在1598年的清单中，菲利普二世收藏的瓷器总数已达三千件。菲利普三世同样热衷于瓷器收藏，同时还经常将瓷器作为馈赠之礼。[1]遗憾的是菲利普二世的收藏大多数并未保存至今，只有零星的一些印度纺织品和日本漆器被当作圣物保存下来。[2]画中的这些瓷器一方面可能选自伊莎贝娜从她父亲那里继承的300多件瓷器，另一方面则是来自西班牙国王菲利普三世的馈赠，包括912件瓷盘和27件瓷壶以及660个小碗等。[3]在有限的画面尺幅中，壁柜中收藏的克拉克瓷器数量远不及伊莎贝娜真实收藏的晚明瓷器数量，但对器物类型的表现，画家进行了两种选取方式：（一）代表性器形的综合式；（二）器物数量比例的差异性，以重组的方式体现其真实收藏品。

《视觉的寓言》体现了克拉克瓷器最初在欧洲被作为收藏品的功能。以壁柜展示的方式受到中东地区收藏方式的影响，中东收藏的中国瓷器也包括克拉克瓷，多收藏于壁龛中。伊朗的阿德比耳寺（Ardebil Shrine）收藏有中国瓷器，这些瓷器过去曾放置在墙面上的木制壁龛中，现在被放置在中国瓷房（Chini-khaneh）。[4]至18世纪初期，包括克拉克瓷在内的中国外销瓷器亦用于装饰富贵堂皇的宫殿墙面，乃至宫殿顶部。从1703年公布的荷兰和特鲁宫壁炉的设计图中即可看到中国瓷器装饰欧洲宫殿的形式。[5]在欧洲巴洛克时期建造的富丽堂皇的宫殿中，以中国陶瓷装饰墙面的情况比较常见，很多有专门的东方陶瓷房间。结合巴洛克时期华丽宫殿中的墙面装饰，还起到镜面的效果，有助于殿内采光。随着在海外市场数量的不断

1　[美]罗伯特·芬雷著，郑明萱译：《青花瓷的故事：中国瓷的时代》，海南出版社，2015，18—22页。
2　[意]佛朗切斯科·莫瑞纳（Francesco Morena）著，龚之允、钱丹译：《中国风：13世纪—19世纪中国对欧洲艺术的影响》，上海书画出版社，2022，217页。
3　Jan van Campen and Titus Eliens (eds.), *Chinese and Japanese porcelain for the Dutch Golden Age*, Zwolle: Waanders Uitgevers, 2014.
4　Misugi, T.(Takatoshi), *Chinese Porcelain Collection in the Near East: Topkapi and Ardebil*, Hong Kong University Press, 1981, pp.2-5；42.
5　希拉里·杨：《欧洲对中国瓷器的回应：工艺、设计和贸易》，见吕章申主编：《瓷之韵：大英博物馆、英国国立维多利亚与艾伯特博物馆馆藏瓷器精品》，中华书局，2012，27页。

增加和价格的逐渐降低，克拉克瓷器也逐渐服务于日常餐饮。随着欧洲对克拉克瓷器需求的上涨和不断丰富的各种大小瓷盘的订制，其在餐饮中也有不同的盛贮功能。而在《视觉的寓言》中，这些瓷器同样也以日用瓷造型为主，在收藏展示的同时，也具有餐饮的实际功能。如克拉克盘常被用来盛放一些昂贵的水果和龙虾等海鲜，对应了这一时期荷兰东印度公司在订单中常见的"大盘和水果盘（large dish and fruit dish）；而一些直径小的克拉克盘在绘画中也用来摆放黄油，令人联系到同期荷兰订单中反复出现的黄油盘（butter dish）"[1]。

四、图绘克拉克瓷的器物原型及广义象征

传播到欧洲的中国陶瓷历史最早可以追溯到 13 世纪，马可·波罗在游记中提到中国的德化白瓷，并在 1295 年将这种白瓷带回意大利，意大利威尼斯的圣马可教堂至今也有关于中国早期白瓷的收藏，尽管其是否马可·波罗提到的德化白瓷仍有待考证。中国的陶瓷还曾多次作为欧洲各地区之间或欧洲与北非间馈赠礼物的重要组成。[2]

自 15 世纪以来，中国的瓷器及其风格仿制品在欧洲绘画中频频出现。（一）早期：15—16 世纪欧洲绘画中的中国陶瓷往往出现在文艺复兴的主要地区，这时期意大利画家的作品多为宗教主题。在一幅作品中通常以一件或较少的几件瓷器作为背景，具体表现在画面中，瓷器体现为以下两类职能：第一，作为宗教或神话题材表现的主题人物的餐饮用具，如乔凡尼·贝里尼（Giovanni Bellini，1430—1516）等根据古罗马诗人奥维德诗歌创作的《诸神之宴》（*Feast of the Gods*）；第二，作为参与宗教礼仪的器物，

---

[1] 吴若明：《晚明外销瓷器型设计与境外术语辨考》，《陶瓷研究》，2019（1），9 页。
[2] 王静灵：《17 世纪欧洲绘画里的中国陶瓷及其相关问题》，见上海博物馆编：《东西汇融——中欧陶瓷与文化交流特集》，37—38 页。

文化与交流

如乔凡尼·阿戈斯蒂诺·洛迪（Giovanni Agostino da Lodi, 1467—1524）在1500年完成的《耶稣为门徒洗脚》（Christ Washing the Feet of the Aposties）中的明代早期风格的青花缠枝莲瓷盆，曼坦尼亚（Mantegna, 1431—1506）的《三博士来拜》（Adoration of the Magi）中的具有中国青花瓷杯造型及装饰风格的器物等。（二）鼎盛时期：17世纪欧洲绘画中的中国瓷器及仿品日益繁多，成为荷兰及周边地区静物画中的流行元素。在威廉·卡尔夫（Willem Kalf）等荷兰及弗兰德斯静物画家的画作中，克拉克瓷盘、折沿碗等物常以一种微倾斜的角度置于桌面，盛放食物。[1] 在维米尔（Johannes Vermeer）《窗边读信的女子》等荷兰风俗画中，类似的中国青花瓷器也多次出现，体现了其在欧洲作为收藏陈设、餐饮与静物，以及与社会生活结合的多元功能。（三）延续与发展：18世纪以来，欧洲绘画中依然常有中国瓷器的再现，延续了此前中国瓷器的静物陈设及与人物生活、家居等组合的方式。

相较于早期图像中的瓷器表现形式和功能，西班牙普拉多博物馆所藏《视觉的寓言》的创作背景是在大航海时代，随着葡萄牙商人抵达中国，亚洲物品包括中国瓷器被更多地运往欧洲，中国瓷器抵达欧洲的数量已远超此前。《视觉的寓言》画面中的外销瓷器形多样，真实再现了晚明时期中国外销克拉克瓷的主要类型及装饰风格。这类器物的绘画，既有再现实物原型的写实性，也具有广义象征性。最为精细的器物通常经过了带有欧洲金银镶嵌工艺的二次加工，并出现在画面里相对重要的主题人物手中或相片前，突显人物的身份，以贵重器皿加强对主题人物的烘托，与早期宗教题材画作上的中国瓷器具有可比性。而在壁柜中出现的数量庞大的克拉克瓷器则强调了一种财富的所属性，并在器形上体现了收藏的丰富，在一定程度上客观表现出碗盘等相关器物的不同原型，以及不同类型瓷器收藏数量的比例关系，同时也对部分器物进行反复绘制。

1　Barnes, Donna R and Peter G. Rose, *Matters of Taste：Food and Drink in Seventeenth-Century Dutch Art and Life*, Albany and Syracuse：Albany Institute of History & Art and Syracuse University Press, 2002, p.12.

图11 《嗅觉的寓言》，鲁本斯、扬·勃鲁盖尔，西班牙普拉多博物馆藏

　　如在《视觉的寓言》画面桌后的橱柜上用于插花的青花克拉克瓷罐，这件瓷器与其他晚明外销瓷器在构图上形成画面的前后关系，增强画面中克拉克瓷器的空间纵深感。在同期扬·勃鲁盖尔和鲁本斯两位画家共同完成的五种感官系列画作中的另一幅——《嗅觉的寓言》(*El Olfato*，图11)画面中，这件鹿纹饰开光瓷瓶同样以花瓶的形式出现（图12）。此外，

图12 《嗅觉的寓言》局部

维也纳艺术博物馆收藏了扬·勃鲁盖尔另外一幅独立的花卉静物图，这件带有开光装饰的鹿纹青花瓷罐也出现在画面中，并同样以插花的形式再现，

文化与交流

这件瓷器在绘画中反复出现，增强了画家对真实藏品描绘的可能性。[1]这类带有开光的青花罐也是克拉克瓷中常见的器形，而器物主题纹样为鹿纹，这也是克拉克瓷颇为常见的装饰题材，对典型器物的反复描绘也是同时具有时代记忆基因的广义象征。

  壁柜中描绘的瓷器器形多样，底层摞起的青花瓷盘数量最多，瓷盘上方摆放着三个瓷碗，碗盘的外壁可见克拉克的开光设计。尽管碗盘的纹样并不易辨识，但类似的造型与装饰在同期瓷器收藏中也算数量颇丰。碗盘一侧绘有球状口流军持，造型和开光装饰也与万历时期的克拉克瓷军持相近。碗盘后方依稀可辨提梁壶与梨形瓶，也都是晚明外销瓷器常见器形，并同样绘出其典型的克拉克瓷开光装饰纹样。壁橱顶层右边的金属器皿后面还侧立着摆放了一件花卉纹样独特的晚明青花瓷盘，加强了陈设中器物放置的装饰性。在荷兰吕伐登的陶瓷博物馆中也收藏有类似的晚明外销瓷盘。[2]与相框侧面的梨形瓶类似的器物也可以在西班牙、荷兰乃至德国等其他欧洲国家的收藏中找到，并且瓶颈部的璎珞纹和腹部的开光等吉祥纹样都趋于一致，具有克拉克瓷典型装饰特征。

  尽管很多欧洲油画中的中国外销瓷器纹饰不能被清晰辨识，所绘器物类型相对单一，甚至是出现了欧洲仿制的釉陶，或来自日本等其他窑口的作品的可能性，但在17世纪早期，抵达欧洲的早期克拉克瓷器数量有限，价格较之后期更为昂贵，图片中的器物绘画很大程度上参照了真实器物的原型。特别是《视觉的寓言》创作完成的1617—1618年间，日本有田烧在1616年才成功烧制青花瓷器，用于出口的具有克拉克瓷风格的伊万里瓷器

1　Karina H.Corrigan, Jan van Campen, and Femke Diercks, with Janet C.Blyberg (eds.), *Asia in Amsterdam：The culture of luxury in the Golden Age*, Amsterdam：Peabody Essex Museum, Salem, Massachusetts, and the Rijksmuseum, 2015.

2　Teresa Canepa, *Silk, Porcelain and Lack：China and Japan and Their Trade with Western Europe and the New World 1500-1644*, London：Paul Holberton Publishing, 2016.

尚未盛行，而欧洲釉陶也没有开始对风格化的克拉克瓷器进行大量仿制。[1]画家的外交身份让其可以接触到画作所属者，即哈布斯堡大公夫妇的艺术收藏。画面里壁柜中所展示的克拉克瓷器，与收藏者所拥有的瓷器关系紧密，成为这一时期克拉克瓷器在欧洲艺术收藏的典型案例，并以组合的方式综合呈现，真实再现其收藏的类型与展陈。代表性的器都以组合的形式出现在画面中，这种刻意的选取和构图似乎并不只是为了单纯地再现一个真实的收藏壁柜，更是在通过壁柜的藏品去展示其收藏的丰富类型和优秀品质，壁柜中的各类克拉克瓷器俨然成为收藏的一个代表，一种广义的象征。

五、克拉克瓷及画面镜像呈现

17世纪以来，随着全球海上贸易的盛行和东西方交流的进展，中国瓷器作为亚洲舶来品在欧洲被广泛收藏，传统的中国纹样在迎合新市场的过程中风格加以变换，并随着市场喜好呈现出选择性偏好。器物在传播过程中呈现的文化迁移不仅是器物本身的流动，在异域也以"持续而直接的接触"促进了"跨文化化"（interculturalization）的多元文化的双向交流。欧洲绘画中中国瓷器元素的嵌入也表明了西方吸纳来自非西方特征的"镜像过程"。[2]

新航线的发现和亚欧直接贸易的展开促使越来越多的瓷器流入欧洲，在绘画中不仅以较少的数量出现在画面之中，更被刻意描绘为画面中集中收藏的主体展示对象，装饰特征明显的克拉克瓷器大量出现在绘画作品《视觉的寓言》中的壁柜等场景中，真实如镜面影像地反映了这个时期的

---

1 胡德智、万一编著：《灿烂与淡雅：朝鲜·日本·泰国·越南陶瓷图史》，广西美术出版社，1999，104页。
2 ［荷］凯蒂·泽尔曼斯、威尔弗莱德·范丹姆主编，刘翔宇、李修建译：《世界艺术研究：概念与方法》，中国文联出版社，2021，358—359页。

瓷器贸易背景，西班牙与葡萄牙、弗兰德斯等地的关系，以及画作所属者的收藏和当时的室内陈设。当然，画家在画面中不仅是真实的镜像表现，同时对描绘对象做出主观的选取，克拉克瓷器各类器形、不同功能的丰富呈现，金属镶嵌对其造型的改变等，又在客观描绘真实原型的同时具有广义的象征，并体现了镜像呈现的三种形式:（一）原始器物的器形与象征。不仅再现器物本身，也是综合呈现其收藏的整体性。（二）异域使用的功能展现。如画面壁柜中的瓷器收藏和作为花插使用的青花瓷罐等，都体现了这样的一种直接的镜面呈现方式，这些器物在不同的地域环境和饮食文化的影响下，所体现的一种文化嫁接是镜面呈现的直接反映。（三）镜像呈现多维空间的隐喻体现。欧洲绘画中的瓷器描绘也是对器物呈现的镜像再现，并根据真实表现或模仿现实、主题呈现或背景隐喻等不同方式体现了瓷器在绘画中镜像呈现的多维空间。（四）特定器物的多重呈现与镜像焦点。相似风格的器物模拟以及在绘画中的混淆使用，特别是青花罐这一器物作为画家在不同画面中反复表现的内容，从画面衬托变成刻绘主题，成为镜像呈现的焦点。

附记：本文所用上海博物馆"东西汇融——中欧陶瓷与文化交流展"图片由东华大学王春雨、上海大学张长虹两位师友拍摄，特此致谢。

"圆方图"与"方圆图"：
从文物与文献看先秦两汉的盖天说与浑天说

庄蕙芷

"中央研究院"科学史委员会

　　摘　要：《晋书·天文志》中提到：中国古代言天者有三家，今存盖天、浑天二说。此二说建立的时间互有先后，宇宙模型具有差异，也在不同时期受到官方支持。简而言之，盖天说承袭自新石器时代以来的文明积累，认为天圆地方、地大天小，影响层面包括政治、宗教与文化等。文献中记载的相关文物不多，但考古发现却十分丰富，有观测遗址（墓葬与祭坛）、观测用具、占卜及信仰文物，甚至影响博局游戏与装饰图像等。浑天说则是建立在对盖天说的质疑之上，文献中记载有浑天仪等相关文物、观测工具及宇宙论，但除明清以来的传世品之外，至今却未曾经由考古发现任何相关文物。这两种学说明显具有前后发展的关系，但传世文献却无法说明两者的观念在何时出现递嬗、宇宙模型如何出现翻转，而相关文物也较少被比较与讨论。这正是本文意欲探讨之处。

　　历史时期考古学本以"证经补史"为要，基于王国维先生的"二重证据法"，出土文物可与传世文献互补、并重，以增广研究之角度。本文整理史前及先秦两汉时期众多天学遗迹与文物，尝试从文物的角度出发，深入检视先秦两汉时期这两种宇宙论之间的关系以及相关文物发展的情形。

　　关键词：宇宙论、盖天说、浑天说、天地大小

前言：从文物的表征与本相看古代宇宙论的发展过程

自古至今，随着文明的进步，人类依照自身对环境的观察而提出各种宇宙论。中国古代天文学有其独特的一面，正如李约瑟先生所言：中国的天文学是从与宇宙有关的"宗教"中自然产生的[1]，不但包括现代天文学的范畴，同时也包含宗教、政治、历史、艺术等人文科学，属于交叉学科的范畴。

《晋书·天文志》（以下简称《晋志》）载，古言天者有盖天、宣夜、浑天三家，其中宣夜说早已绝无师法，仅存盖天、浑天二说。盖天说是先秦以前至西汉中期最重要的宇宙论，主张天圆地方、地大天小，并有《周髀算经》（以下简称《周髀》）一书作为数理依据。然而盖天说"考验天状，多所违失"，春秋时代单居离、曾子等学者就曾对盖天说提出质疑。[2] 随着文明的进步，盖天说的疑义无法解释更深层次的问题，于是出现新的宇宙论——浑天说。汉武帝时，浑天说学者落下闳主持修订《太初历》[3]，西汉晚期著名思想家扬雄发表《难盖天八事》，东汉时张衡制浑天仪并著《浑天仪注》《灵宪》，浑天说逐渐成为中国天文学史中最重要的宇宙论，一直到西方天文学传入中国之后才再有转变。浑天说主张"天大而地小，天之包地，犹壳之裹黄"，由于中国人要到近现代才真正接受地圆说[4]，因此地圆地平之争不在本文讨论范围内；而天地孰大孰小则是盖天、浑天两说的宇宙平面模型中重要的差异之处。究竟天地大小的概念是何时开始逆转的？囿

---

[1] ［美］李约瑟：《中国科学技术史·第三卷·数学、天学和地学》，科学出版社，2018，171页。

[2] 《大戴礼记·曾子天圆》：单居离问于曾子曰："天圆而地方者，诚有之乎？"曾子曰："离！而闻之，云乎！"单居离曰："弟子不察，此以敢问也。"曾子曰："天之所生上首，地之所生下首，上首谓之圆，下首谓之方，诚如天圆而地方，则是四角之不揜也。"

[3] 必须说明的是，《太初历》属于八十一分法，从基本数据看来，其实并不比汉初属于四分历类的《颛顼历》精确，但落下闳支持的浑天说在星宿观测、球面天文学概念等方面确实比盖天说更为进步。由于颁历是历代大事，牵涉层面广泛，并非本文焦点，在此不做深入探讨。

[4] 祝平一：《跨文化知识传播的个案研究——明末清初关于地圆说的争议 1600—1800》，载《"中央研究院"历史语言研究所集刊》（69：3），1998，589—671页。

于文献未曾谈及，相关文物所隐含的信息也少被纳入考量，因此也少有学者讨论。

除以上问题之外，目前两种宇宙论相关文物的数量、种类也相差悬殊。今日所知的盖天说相关文物数量颇丰，不仅有圭表等用于观测的天文仪器，还包括先秦两汉时期占卜类的式盘日书、游戏类的博局盘、装饰类的铜镜纹饰，甚至宗庙设计、墓葬建筑等也曾受其影响。但这些都是近年考古发现，并经过反复研究才确认的，《周髀》中仅提过圭表，其余文物的相关史料有限。另一方面，浑天说的情况却是完全相反：历代《天文志》中多有浑天仪等仪器的制作与传承，但目前除了少数明清时期的官方用器之外，考古发现却很少。[1] 其落差与缘由亦值得探究。

所谓"文物"，一般指经过人为加工的物件，是人类依据自身的认知、需要及工艺水平所创造的，常同时拥有多种文化意涵。新发现的古代文物若确定未曾遭到修改，则更具有"时空胶囊"的特性。通过考古类型学理论将文物进行梳理，做合理的分类、排列，能得出同类文物的发展流程。再结合其他相关文献及研究方法，便能更进一步推理出制作、拥有、携带这些文物的人群相关的文化及历史推论的依据。文物与文献同为文化表征，也传递着文化记忆，而其"本相"则是或多或少被"扭曲"的古代文化。[2] 关于记忆，一个族群可以运用文字及文物等文化工具来保存、强化或重温，但也会因为各种需求而出现遗忘、扭曲甚至是错误的情形。[3] 如此又可能会造成同一种类中的不同个体在不同的脉络（context）中出现差异。历史虽然经常是断裂、失忆的，但借由文献与文物的交叉研究，有一部分的差异与变化是有迹可循的。因此，若能获得适当的分类与诠释，文物不只能作

---

1 文献中汉代的浑天仪、南朝的浑仪等都已湮灭，目前仅见几件近代发现的晷仪、圆仪等，且是经由学者研究后才得知文物原来应有的作用。本文将会做介绍。
2 这里的"扭曲"并不一定是主观所造成的，而是类似艺术史所谈到的"再现"与"表现"两者之间的差异，是各方面的落差所造成的，包括从实物转变成一种概念、实物与图像（包括立体或平面）、制作与认知、实用与装饰、主体与客体等之间的差异。
3 王明珂：《华夏边缘：历史记忆与族群认同》，允晨文化出版社，2001，41—60页。

为"插图",也能成为一种内涵丰富的"文本"。

本文拟将文献与文物均视为蕴含古代思想的"文本",先剖析先秦、西汉时期对盖天说宇宙模型有清楚论述的两份文献——《周髀》与北京大学藏秦简《鲁久次问数于陈起》,借由其中"圆方图"与"方圆图"的意义与差异,探讨天地大小概念的转变。接着检视和宇宙模型有关的文物,从中探讨盖天说、浑天说在政治、科学、信仰与艺术中的发展情形,尝试为古代宇宙观的转变做出诠释,以此请教于方家。[1]

一、秦汉时代的宇宙模型

《晋志》中记载,盖天说为人类始祖庖牺氏所创[2],这可能源于古人对天地最早的直观观测。盖天说建立的时代可能为周代或更早,并可能有"天圆如张盖,地方如棋局"以及"天似盖笠,地法覆盘"等前后不同的理论阶段。[3] 成书时间不晚于公元前1世纪的《周髀》是阐述盖天说最重要的文献[4],上篇伊始便言"数之法出于圆方,圆出于方,方出于矩""方属地、圆属天,天圆地

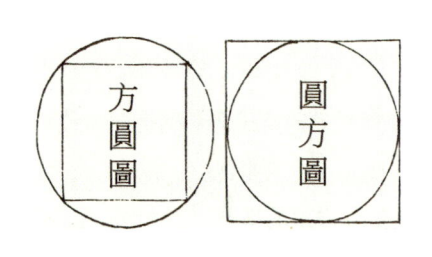

图1 方圆图与圆方图

---

1 陈镪已有相关的研究成果,但讨论范围、方向与本文有所不同,见《楚〈帛书十二月神图〉图式源流考—早期中国"图"之书探讨之一》,《中国美术学院学报》,2020(9),4—25页。
2 《晋书·天文志》:"庖牺氏立周天历度,其所传则周公受于殷商,周人志之,故曰《周髀》。"
3 郭盛炽:《中国古代宇宙学说的历史地位》,载《中国科学院上海天文台年刊》总第15期,1994年。
4 关于《周髀算经》的成书时间有各种看法,陈遵妫认为可定为春秋中期到战国初期[见陈遵妫:《中国天文学史(下)》,上海人民出版社,2006,1309页],总之不晚于公元前1世纪。笔者认为,《周髀算经》之所以难以确认更精确的成书时间,是因为当时许多文献犹如孔子编纂六经一般,是经由收录、编纂而成,并非为一人一时一地的著作,这与古代知识、文献的长期积累、抄录有关。许多古文献都可见到类似情况。

460　　　　　　　　　　　　　　　　　　　　　　　　制器尚象:中国古代造物观念与传统研究

方。方数为典，以方出圆"，并给出"圆方图"以及"方圆图"（图1）。[1] 盖天说的宇宙模型以天北极为天的中心，其下的璇玑为地表中央与最高峰。书中以记录不同季节的太阳视运动轨迹绘制出"七衡六间图"（简称"七衡图"，见图2），图中最外圈为冬至日道（又称为外衡），最内圈为夏至日道（又称为内衡），第四圈（位于中间，又称为中衡）为春分、秋分日道，每一衡间均为等距。从璇玑下方到夏至日道间隔119千里，夏至至冬至日道间隔亦为119千里，其他四道等分其间，从此可定出包括二分二至等12个中气。外衡之外另有空间，

图2 七衡图（1.明胡刻本原图；2.校正图）

文中给出日光所极为167千里，因此大地的半径为405千里。（图3）[2] 以七衡图为天、其直径为边长绘出外切正方形，可得到图1右侧的"圆方图"，因此可以将其理解为盖天说的平面宇宙模型。阅读《周髀》原文，到此便

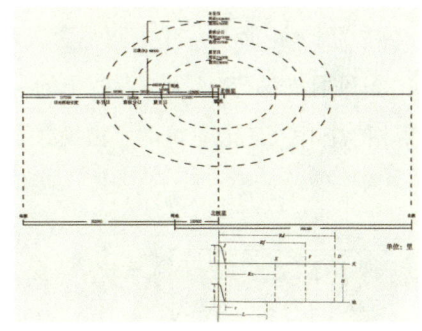

图3 《周髀算经》中的宇宙平、剖面图

1　圆方图与方圆图，目前最早的南宋本仅余题名而原图已佚失。钱宝琮《算经十书》点校本（钱宝琮点校：《算经十书》，中华书局，2021，42—43页）与程贞一、闻人军的译注本（程贞一、闻人军译注：《〈周髀算经〉译注》，上海古籍出版社，2012，13—16页）中所附的图版与名称相反：钱版成文较早，将外圆内方图名为"圆方图"，外方内圆图名为"方圆图"，程、闻版则将外圆内方图名为"方圆图"，外方内圆图名为"圆方图"，并为此做考订。考量《周髀》原文："圆中为方者为之方圆，方中为圆者为之圆方"，故本文从程、闻版。
2　曹慧奇：《〈周髀算经〉从数学看先秦的天文观及地中问题》，《南方文物》，2020（4），7—20页。

文化与交流

会出现另一个问题：与"圆方图"并列的"方圆图"又是什么？¹ 近年另一份新见的盖天说文献给出了思考方向。

近年新见的北大秦简卷四首篇名为《鲁久次问数于陈起》（以下简称《陈起》篇），其中记载了另一种盖天说平面宇宙模型²："（04-147）…曰：地方三重，天（04-148）员（圆）三重，故曰三方三员（圆）…（04-137）…曰：大方大（04-136）员（圆），命曰单薄之参（三）；中方中员（圆），命曰日之七；小方小圆，命曰播之五。"陈镱文、曲安京以此绘出"三方三圆图"（图4）：图中有三重同心圆，自内而外的半径比依次为 5∶7∶10，每个同心圆中有一个以圆半径乘以 $\sqrt{2}$ 为边长的内接正方形（秦代 $\sqrt{2}$ 为1.4），而每一组方圆都含有天圆地方之意，每一组的天地比例均为 3∶2。两位的研究认为，此图中的三圆与"七衡图"中的内衡、中衡、外衡相当，但《陈起》篇的宇宙模式更简洁、更合理。³ 除了宇宙模型之外，两段文字之间还提到规矩水绳、五音六律、黄帝等古代君王贤臣、十二律、十二时、十二字、十日、二十八宿等，符合战国晚期之后的阴阳思想。⁴

将"方圆图""圆方图""七衡图""三方三圆图"等四幅图做比较，依照外轮廓可分为两组："圆方图"与"七衡图"一组，两者都是外方内圆、地大天小；"三

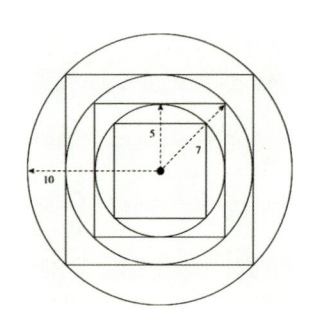

图4 北大秦简《鲁久次问数于陈起》中的三方三圆宇宙模型

---

1 虽说东汉晚期赵爽作注时提到方属地，圆属天"非实天地之体也"并谈到天地不可定其圆方，但考量到赵爽作注时，距离《周髀算经》成书时间最少已有四五百年，思想及宇宙观都有所改变，且东汉时期依照《周髀算经》绘出的宇宙平面图即外为地、内为天，因此本文拟搁置赵爽的注释，以原文文字为主。
2 韩巍：《北大藏秦简〈鲁久次问数于陈起〉初读》，《北京大学学报（哲学社会科学版）》，2015（2），28—36页。
3 陈镱文、曲安京：《北大秦简〈鲁久次问数于陈起〉中的宇宙模型》，《文物》，2017（3），93—96页。
4 刘未沫：《〈鲁久次问数于陈起〉中的"音律-历法生成论"及其宇宙图像》，《哲学动态》，2020（3），37—45页。

方三圆图"与"方圆图"一组，都是外圆内方、天大地小。由此时间序列看来，我们合理推断：外方内圆的"圆方图"与地大天小的宇宙模式出现年代最早，但随着文明进步、时代发展，人们逐渐发现这样的宇宙模式与观察结果不合，因此引发质疑。经修正过后，出现了外圆内方的"方圆图"，图中地大天小的情况已出现逆转，"天不撿地"的问题获得解决。两图在《周髀算经》成书时皆已存在，作者便将其一同记载。到了《陈起》篇成书时代（战国时代），方圆图又经修正，成为更简洁、合理的宇宙模式，即"三方三圆图"，且与五音六律等宇宙元素搭配，为一套哲学体系。这样的发展序列不但显示盖天说曾经出现调整，也暗示着盖天说的基本问题一直无法得到解决。汉武帝时期，原来承袭自秦代的颛顼历年久失准，司马迁等人奏请修历，武帝下令重新观测天文："乃定东西，立晷仪，下漏刻，以追二十八宿相距于四方，举终以定朔晦分至，躔离弦望"（见《汉书·律例志上》），可以说是从测定方位、建立观测仪器等基础工作开始。经历种种波折与争斗后，最初奏请修历的司马迁等人所提的历法并未被采用，而是采用了方士唐都、巴郡落下闳等人的《太初历》。尔后又因太史令张寿王诽议新历造成政争，但最后仍是浑天派胜出，因此扬雄在《法言·重黎》篇中提到"落下闳营之，鲜于妄人度之，耿寿昌象之"，《太初历》终于在元凤六年获得确立。[1]

"浑天"一词最早出现于西汉扬雄《法言·重黎》。陈美东认为浑天说的建立有几样要素，例如将天视为弹丸形态、日月行黄道概念的建立、天地的高卑、地的有限性、天外有水等思想的产生、观测仪器的出现，以及对盖天说产生怀疑等。[2] 目前学界认为其最早可能出现于春秋、战国时期[3]，与单居离提问曾子的年代相当。浑天说的主要文献为东汉张衡的《浑天仪

---

1 《汉书·律历志》："自汉历初起，尽元凤六年，三十六岁而是非坚定。"
2 陈美东：《中国古代天文学思想》，中国科学技术出版社，2007，196页。
3 陈遵妫认为，浑天说源于公元前4世纪前后。参见陈遵妫：《中国天文学史（下）》，上海人民出版社，2006，1256页。郭盛炽认为春秋、战国时代已有浑天说。见郭盛炽：《中国古代宇宙学说的历史地位》，载《中国科学院上海天文台年刊》总第15期，1994，256—262页。

注》《灵宪》[1]，认为天大于地、天体为球状，"天地各乘气而立，载水而浮"，周天可从中腰分为两半，一半覆盖于地上，一半则绕于地下，浑天旋转轴的两端各为南北极，并给出黄、赤道、各天体明确的去极度、入宿度（天文坐标），强调天包裹地犹如蛋壳裹黄，但并未特别说明地的形状。[2] 从西汉晚期扬雄的《难盖天八事》中可以看到当时浑天说在知识分子间流传的情况，盖天说所不能解释的问题从浑天说的立论基础上能得到答案。[3]

浑天说与浑天仪的创制有密切关联。虽然《隋书·天文志》载，"唐尧即位，羲和立浑仪"，将浑仪的创制归于传说时代，且三国时期的王蕃还曾提到这些仪器"积代相传，谓之玑衡"，但实情已不可考。文献中，汉宣帝时期耿寿昌设计浑仪，之后张衡又改进制成了浑天仪，之后历代均有制造记录，但今日仅有少数明清时期的传世器。

二、史前至先秦的相关遗址与文物

史前至先秦、两汉时期有许多表现宇宙观的文物，大致可分为礼仪空间及礼器、天文观测用具、占卜用的式盘日书，以及娱乐装饰用等几类，大至600多平方米的祭坛，小至可置于掌中的玉版及玉琮。这些文物除了

---

[1] 关于这两篇文献的作者，虽然多认为是张衡，但其实学界也有不同看法。例如陈久金认为《灵宪》是张衡所著，但《浑天仪注》不是；陈美东则认为两者均为张衡所著，且《灵宪》于前，《浑天仪注》于后。前者见陈久金：《浑天说的发展历史新探》，载《科技史文集（天文学史专辑）》第1辑，上海科学技术出版社，1978，61、67页；后者见陈美东：《〈浑天仪注〉为张衡所作辩——与陈久金同志商榷》，载《中国天文学史文集》第五辑，科学出版社，1994，212、216页等。

[2] 《灵宪》："八极之维，径二亿三万二千三百里，南北则短减千里，东西则广增千里。"认为天成于外、地定于内，天地为东西长、南北短的椭圆形。《浑天仪注》中则提到："浑天如鸡子，天体圆如弹丸，地如鸡［子］中黄，孤居于内。天大而地小，天之包地，犹壳之裹黄。"但文中未给出相关数值。丁四新认为，浑天说的成立最初不必以地圆说为前提，但是从地平到地圆，则是浑天说理论发展的必然过程。见丁四新：《浑天说的宇宙生成论和结构论溯源——兼论楚竹书〈太一生水〉〈恒先〉与浑天说的理论起源》，《人文杂志》，2017（10），1—12页。

[3] 陈美东：《中国古代天文学思想》，中国科学技术出版社，2007，209页。作者认为，现在看来，扬雄的"八难"中只有五难切中其弊，但对当时浑盖之争而言，是对盖天说的重大打击。

法天象地的圆、方造型之外，大多有象征二绳（子午、卯酉，垂直的二直线）、四维（巽、坤、艮、乾，即东、南、西、北四隅）、五行（东、南、西、北、中央）、八方等各种数术符号。从具有观测作用、属于统治阶级的神圣祭祀空间，到广受黔首黎民喜爱的博局盘、博局镜，文物的背后隐含着中华民族宇宙观的变化。

（一）礼仪空间及礼器

礼仪空间包括祭天的祭坛、明堂以及墓葬等。《礼记·祭义》载："祭日于坛，祭月于坎"；《尚书·金縢》载："公乃自以为功，为三坛同墠。"目前有几座祭坛都被认为与天文观测有关，部分遗址也出土了其他相关礼器，包括河南濮阳西水坡 M45[1]，辽宁牛河梁第二地点的红山文化遗址[2]，浙江瑶山[3]和汇观山[4]、上海福泉山等地的良渚文化遗址，安徽含山凌家滩文化遗址[5]，山西襄汾的陶寺观象台遗址（II FJT1）[6]等。以下略做简述：

河南濮阳西水坡 M45 为仰韶文化墓葬，冯时提出其中贝塑图像为"盖

1　濮阳市文物管理委员会等：《河南濮阳西水坡遗址发掘简报》，《文物》，1988（3），1—6页；冯时：《河南濮阳西水坡45号墓的天文学研究》，《文物》，1990（3），52—60、69页。

2　辽宁省文物考古研究所：《辽宁牛河梁红山文化"女神庙"与积石冢群发掘简报》，《文物》，1986（8），1—17、97—101页。

3　浙江省文物考古研究所：《余杭瑶山良渚文化祭坛遗址发掘简报》，《文物》，1988（1），32—51、102—104页。浙江省文物考古研究所：《余杭瑶山遗址1996—1998年发掘的主要收获》，《文物》，2001（12），2、32—37、99—100页。浙江省文物考古研究所、余杭市文物管理委员会：《浙江余杭汇观山良渚文化祭坛与墓地发掘简报》，《文物》，1997（7），1—2、6—12、99页。

4　浙江省文物考古研究所、余杭市文物管理委员会：《浙江余杭汇观山良渚文化祭坛与墓地发掘简报》，《文物》，1997（7），1—2、6—12、99页。浙江省文物考古研究所：《良渚文化汇观山遗址第二次发掘简报》，《文物》，2001（12），36—40页。

5　安徽省文物考古研究所：《安徽含山凌家滩新石器时代墓地发掘简报》，《文物》，1989（4），1—9、30、97—98页。安徽省文物考古研究所等：《安徽含山县凌家滩遗址第三次发掘简报》，《考古》，1999（1），1—11页。安徽省文物考古研究所等：《安徽含山县凌家滩遗址第五次发掘的新发现》，《考古》，2008（3），7—17页。

6　中国社会科学院考古研究所山西队等：《山西襄汾县陶寺城址祭祀区大型建筑基址2003年发掘简报》，《考古》，2004（7），9—24页。江晓原：《山西襄汾陶寺城址天文观测遗迹功能讨论》，《考古》，2006（11），81—94页。何驽：《山西襄汾陶寺城址中期王级大墓IIM22出土漆杆"圭尺"功能试探》，《自然科学史研究》，2009（3），261—276页。

图"的看法，之后又提出距今约5000多年前的东北红山文化牛河梁第二地点Z3的三重圆坛与观测日道轨迹有关（图5）。[1] 牛河梁第二地点有圆形的Z3、方形的Z2以及形制已被严重破坏的Z1等三大区块，Z2中央有一座大型石椁墓（Z2M1），可惜已被盗。Z1南缘M4则出土知名的玉猪龙以及玉质箍形器等红山典型玉器，其他墓葬也出土了多样玉器。虽然遗址中的圆坛与方坛（冢）并未重合，但两者并排，仍可看出具有重要关联性。Z2M1虽然已被盗一空，但从其墓葬的位置及造型来看，墓主人身份显然高于周围墓葬的墓主，可能是君主或高级祭司一类的重要人物。中国自古有掌握"天命"者即掌握权力的传统，天学与王权的关联，很可能在此已萌芽。

位于浙江瑶山和汇观山、上海福泉山等地的良渚文化遗址中也有几座三层、中高内低、平面呈回字形的祭坛，年代为距今5300—4000年。瑶山与汇观山长方形祭坛遗址均具有观测太阳的功能（图6）：祭坛的中轴线接近正南北，中心点的水平线为春秋分日出日落方向，四角则为二分二至日出日落方向。[2] 瑶山及福泉山祭坛上各有多座大墓，出土冠型器、玉璧、玉琮等典型良渚玉器，良渚玉璧上也有不少鸟立于三层祭坛的线刻纹饰。

《周礼·春官宗伯·大宗伯》载："以玉作六器，以礼天地四方：以苍璧礼天，以黄琮礼地，以青圭礼东方，以赤璋礼南方，以白琥礼西方，以玄璜礼北方。皆有牲币，各放其器之色。"礼地用的玉琮正是良渚文化中的重要礼器，内圆外方的造型与"圆方图"一致，与盖天说的宇宙观相符。若以余杭反山出土的玉琮外形的方形为祭坛，中央圆形为日道轨迹，则侧面神人兽面像即是在坛上观测天文或沟通天地者（图7）。张光直先生提出，琮是天地贯通的象征及法器，而巫觋则是宫廷不可少的成员，甚至君主本

---

[1] 冯时：《河南濮阳西水坡45号墓的天文学研究》，《文物》，1990（3），52—60、69页。冯时：《中国天文考古学》，社会科学文献出版社，2001，344—349页。

[2] 浙江省文物考古研究所等：《浙江余杭汇观山良渚文化祭坛与墓地发掘报告》，载《浙江省文物考古研究所学刊》，长征出版社，1997。刘斌：《神巫的世界：良渚文化综论》，浙江摄影出版社，2007。

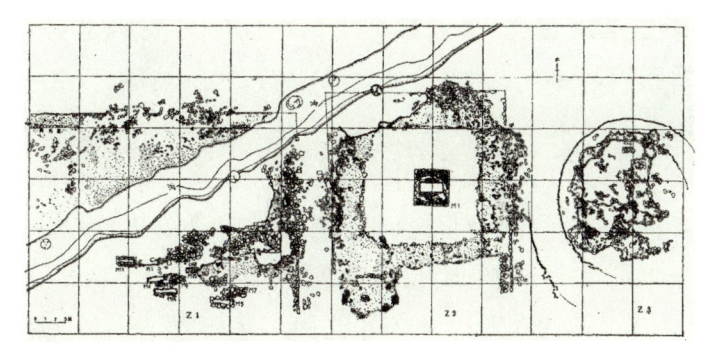

图5 红山文化牛河梁第二地点墓葬及祭坛遗址

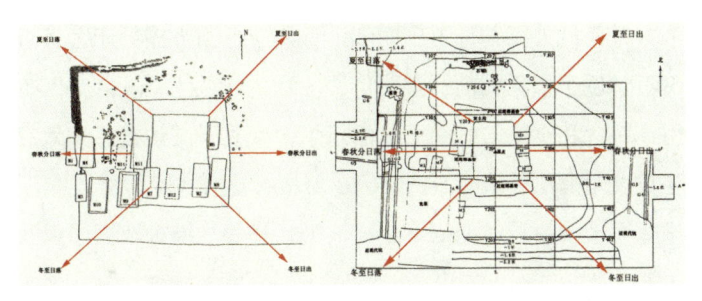

图6 良渚文化的祭坛与观象

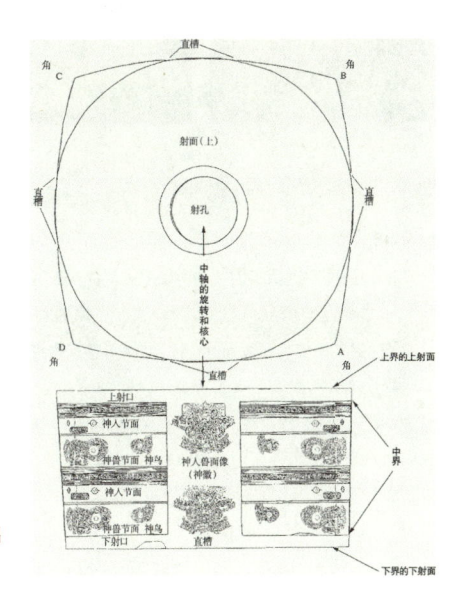

图7 良渚余杭反山M12出土玉琮结构

文化与交流

身就是群巫之首。[1] 由此看来，良渚文化更进一步表达了通天地的观念，大墓墓主即掌握权力的统治集团中心成员，也可能是《汉书·艺文志》中所谓"羲和，史卜之职"的前身，甚至是古邦国聚落的领袖。

安徽含山凌家滩遗址中的祭坛位于墓地中心的最高处，也有三层，中高外低，呈不规则圆角长方形。周围有长方形祭祀坑及重要墓葬，出土多件玉器，包括一枚中间有圆形及八角星图案的玉鹰、玉龙、玉人、玉签等。遗址年代距今约5100—4000年。[2] 其文物中最受瞩目的是长方形玉版、玉鹰，以及由龟形器及玉签组成的占卜用具（图8）。玉版中央有两圈同心圆（非正圆），同心圆内层中有一个围绕着八角图案的小方形，中层标示着16个方位，最外圈则标示出四隅，整体与"圆方图"十分接近。玉龟及玉版出土时位于墓主胸前的重要位置。葛兆光认为，玉版、玉龟、玉签等占卜用具包含和空间与时间有关的思想，确立天圆地方、大地有四极八方的概念，可能是八卦的原型，也标示着新石器时代晚期对方位与数术的概念。[3] 如此看来，商周时期的卜、巫、史、祝等高级神职人员以及早期的数术文

图8 凌家滩文化的数术相关文物（1. 玉版；2. 八角星图案的玉鹰；3. 玉签）

---

1 张光直：《中国青铜时代》，生活·读书·新知三联书店，1999，289—304页；张光直著，郭净译：《美术、神话与祭祀》，生活·读书·新知三联书店，2013，37页。
2 安徽省文物考古研究所等：《安徽含山凌家滩新石器时代墓地发掘简报》，《文物》，1988（4），1—9、30、97—98页。安徽省文物考古研究所等：《安徽含山县凌家滩遗址第三次发掘简报》，《考古》，1999（11），1—11页。《安徽含山县凌家滩遗址第五次发掘的新发现》，《考古》，2008（3），7—17页。图像分别引自安徽省文物考古研究所编：《凌家滩玉器》，文物出版社，2000；安徽省文物考古研究所等：《安徽含山县凌家滩遗址第五次发掘的新发现》，《考古》，2008（3）；国家文物局编：《2007年中国重要考古发现》，文物出版社，2008，14页。
3 葛兆光：《中国思想史》第一卷，复旦大学出版社，2013，18、19页。

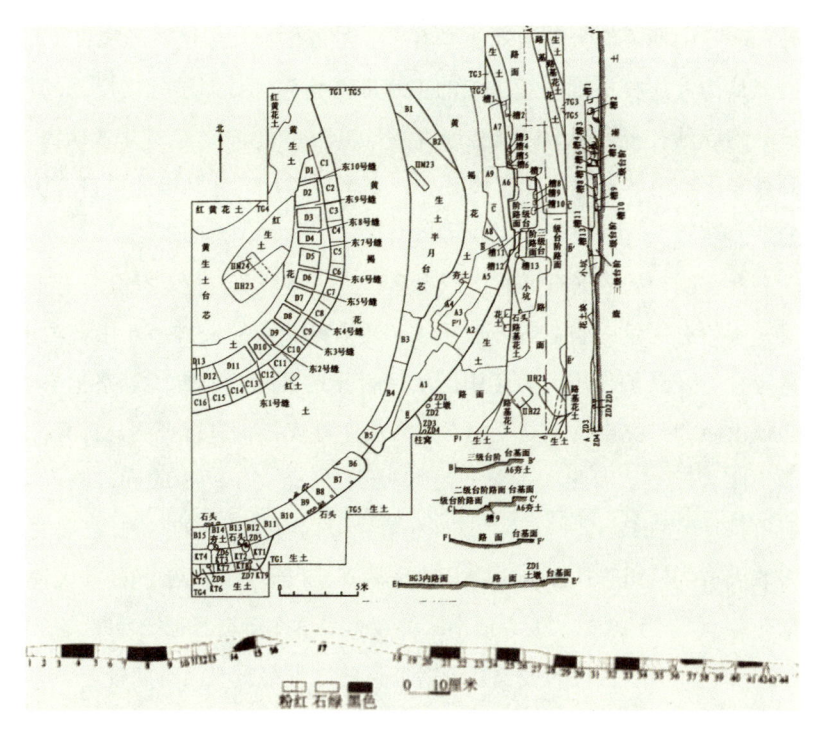

图9　陶寺观象台遗址与漆杆

化基础，在此时已具雏形。

2003年发现于山西襄汾的陶寺观象台遗址（ⅡFJT1）距今约4200年，更进一步显示了王权、观象授时与祭祀三者的关系。[1] 该遗址共三层，整体建筑造型呈半环形，有一道具有12条柱缝的夯土基础墙体，可由中央台基观测日月、订定时节。[2] 整个遗址由于与《史记·五帝本纪》《尚书·尧典》中的诸多记载相符，因此被认为极有可能是"五帝"时期的尧都。此

---

[1] 中国社会科学院考古研究所山西队等：《山西襄汾县陶寺城址祭祀区大型建筑基址2003年发掘简报》，《考古》，2004（7），9—24页。江晓原等：《山西襄汾陶寺城址天文观测遗迹功能讨论》，《考古》，2006（11），81—94页。
[2] 中国社会科学院考古研究所山西队：《陶寺中期小城大型建筑基址ⅡFJT1实地模拟观测报告》，《古代文明研究通讯》，总29期，2006，3—14页。

文化与交流

外，陶寺中期王级大墓ⅡM22也出土一组可作为"圭尺"的漆杆（图9），何驽认为此漆杆搭配同墓出土的玉琮即能达到"日影游标圭尺"的作用，显示陶寺具有圭表测影以及柱缝观测日出两套系统。[1] 也有学者认为，《周髀算经》中"冬至日晷丈三尺五寸，夏至日晷尺六寸"可能采自襄汾陶寺遗址。[2]

在文明初始的新石器时代，观测日月、星辰及方位对社会具有重大意义，不仅有居址、农业等一般需求，更有政治集团安排一年中各项事务、稳定社会发展的作用。对于中国历法首重的日月食、置闰等祭祀与节令，必须由羲和一类直属于君王的专业人员主导安排，进行观测与计算，尔后颁历昭告四方。因此《尚书·尧典》云："（帝尧）乃命羲和，钦若昊天。历象日月星辰，敬授人时。"[3] 这即是春秋战国时代所谓的巫觋[4]、"日官"等专职人员的始祖。从以上文物及遗址看来，以圭表进行观测的盖天说此时已萌芽，"天圆地方""天大地小"等观念最早在新石器时代晚期已经出现。

夏、商、周三代的天子祭天遗址目前已不存，秦汉时期较重要的相关遗址有陕西凤翔的秦汉祭祀遗址[5]、西安王莽明堂遗址[6]，之后还有呼和浩特

---

1 何驽：《山西襄汾陶寺城址中期王级大墓ⅠM22出土漆杆"圭尺"功能试探》，《自然科学史研究》，2009（3），261—276页。

2 黎耕、孙小淳：《汉唐之际的表影测量与浑盖转变》，《中国科技史杂志》，2009（1），120—131页。

3 江晓原：《天学真原》，辽宁教育出版社，2007，31、88—105页。

4 《国语·卷十八·楚语下》原文：昭王问于观射父曰：《周书》所谓重、黎寔使天地不通者何也？若无然，民将能登天乎？对曰：非此之谓也。古者民神不杂，民之精爽不携贰者，而又能齐肃衷正，其智能上下比义，其圣能光远宣朗，其明能光照之，其聪能听彻之，如是则明神降之，在男曰觋，在女曰巫。《左传·桓公十七年》："……天子有日官，诸侯有日御，日官居卿以底日，礼也。日御不失日，以授百官于朝。"

5 陕西省考古研究院等：《陕西凤翔雍山血池秦汉祭祀遗址考古调查与发掘简报》，《考古与文物》，2020（6），3—49页。

6 唐金裕：《西安西郊汉代建筑遗址发掘报告》，《考古学报》，1959（2），45—55页；考古研究所汉城发掘队：《汉长安城南郊礼制建筑遗址群发掘简报》，《考古》，1960（7），36—39页；黄展岳：《汉长安城南郊礼制建筑的位置及其有关问题》，《考古》，1960（9），53—58、52页；李零：《早期艺术中的宇宙模式 说汉阳陵"罗经石"遗址的建筑设计》，见《入山与出塞》，文物出版社，2004，187—202页。

的北魏祭天遗址[1]、西安的隋唐长安城圜丘[2]，以及北京、南京与沈阳的天坛等。

凤翔雍山血池秦汉祭祀遗址由坛（包括壝）、场、三层垓组成，共有四重同心圆。中央凸出的坛为圜丘状，向外的垓呈台阶状，符合文献"坛三垓"的记载。[3]祭坛周围分布许多祭祀坑，出土文物颇丰，其中男女玉人、玉璜、玉琮多以组合形式出现。

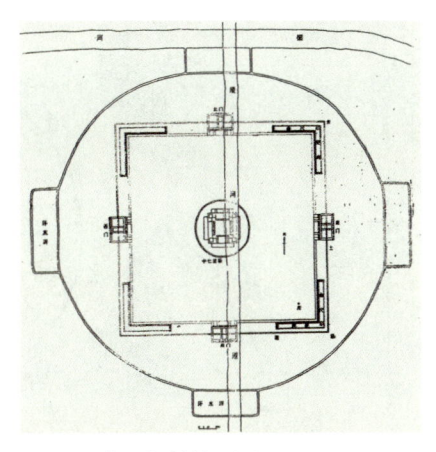

图10　王莽明堂遗址复原图

汉承秦制，汉武帝时期是汉代祭祀、创立新祠的高潮期。武帝设太一祠，分上、中、下三层，分祭太一、五帝及四方，也祭祀众神和北斗。汉平帝时确立长安南北郊祀制度，王莽执政时于长安城南方建造明堂、辟雍，制度为后世沿用。[4]王莽明堂遗址有多重圆方结构（图10），用以"正四时，出教化"，设有以四、八、九、十二、三十六、七十二为数的设施，形成完整的宇宙模式。坛外围为圆形环水沟，内里为方形院墙，与"方圆图"相似，甚至更接近"大地载水而浮"的浑天说平面模型。

秦汉以后的祭天遗址中，长安城圜丘遗址值得留意。此遗址建于隋文帝时期，沿用至唐末。祭坛平面呈四重同心圆，按十二方位设有十二陛（图11）。据曲安京、陈镱文的研究，圜丘中蕴含一个三方三圆的宇宙模型

1　关于北魏的祭天遗址，《魏书·礼志一》载："天赐二年夏四月，复祀天于（平城）西郊，为方坛一……"详见张文平等：《内蒙呼和浩特市坝顶遗址发现北魏皇家祭天遗存》，https://mp.weixin.qq.com/s/-Tf9j3zDVhcgWrDyKMcoTw，查询日期2022-7-27。

2　中国社会科学院考古研究所西安唐城工作队：《陕西西安唐长安城圜丘遗址的发掘》，《考古》，2000（7），29—47、114—116页。

3　《史记·孝武本纪》："令祠官宽舒等具太一祠坛，坛放薄忌太一坛，坛三垓。"

4　李零：《中国方术续考》，中华书局，2006。书中诸多章节涉及各类祭祀。此外还有《说汉阳陵"罗经石"遗址的建筑设计》等文，见《入山与出塞》，文物出版社，2004，187—202页。

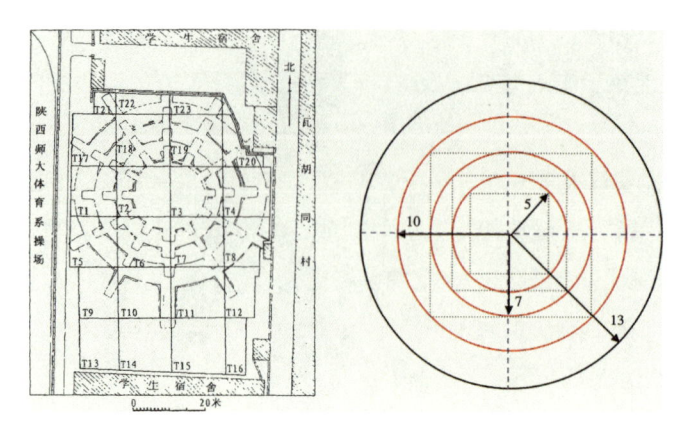

图 11　隋唐长安城圜丘平面图　　图 12　曲安京、陈镱文为长安城圜丘绘制的比例图

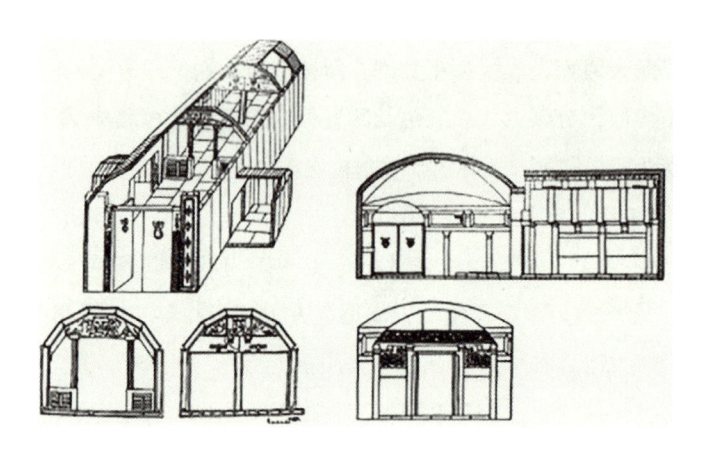

图 13　新莽时期的墓室结构，室顶逐渐进化成穹窿顶（左为洛阳偃师辛村新莽壁画墓，右为洛阳金谷园新莽壁画墓）

（图12），比例亦与《陈起》篇十分相似；同心圆中的最外重表示天空中的恒隐圈，接着由外往内依次表示冬至圈、春秋分圈、夏至圈。[1] 可见《陈起》篇虽不见于目前传世史料之中，但隋唐时期可能还有相关文献。由此也可知文物所携带的信息量不亚于文献，只要经由适当的解读，文物也是一种文本。

1　曲安京、陈镱文：《唐长安城圜丘的天文意义》，《考古》，2019（8），96—102 页。

在中国，祭天代表着天子独一无二的权力及地位，祭坛建筑通过造型设计，将圆、方及各种数术数字安排其中，显示出合天法度、顺天应时等意义，象征和谐的宇宙。主持祭祀的君主在其间能沟通天地，并借此获得政权的合法性。祭祀用的礼器则通过纹饰、造型、持有人身份及仪式本身，交互强调其特殊的社会与宗教意义。随着天文、地理等空间知识的推进，西汉晚期王莽设计的明堂遗址外轮廓已转方为圆，之后也不再特别强调"方"的概念（图13）。

除了公共礼仪空间及礼器之外，秦汉时期的丧葬礼仪空间也朝向"天圆地方"发展。秦始皇陵内部装饰"上具天文、下具地理"，与后文将谈到的式盘内容十分相似，都与宇宙观及升仙思想有关。西汉中期以后，横穴的砖室墓顶逐渐隆起，从平脊斜坡顶、券顶最后发展到穹窿顶，有许多墓葬还在墓室顶绘制天象图，象征天界与仙境。[1]

（二）其他天文观测仪器

目前发现的战国、秦汉时期天文观测仪器有两面完整的晷仪、一面圆仪、两组圭表，以及一件残损严重的晷仪。晷仪也名日晷[2]，完整者一面传出于河南洛阳金村战国晚期墓（图14），另一面传出于内蒙古托克托东汉墓（图15），残损严重者传出于山西右玉。[3]现存的晷仪外轮廓为方形，内部共有两重方圆，目前可见大圆上有69个小孔及刻度（刻满为100孔，可作计时用），小孔可立游仪；大圆与大方之间有博局纹饰（TLV纹），T与

---

[1] 庄蕙芷、陶金：《虚实之间：石室、洞天与汉晋墓室》，见吕舟、崔光海主编：《2019年第一届洞天福地研究与保护国际研讨会论文集》，科学出版社，2021，241—252页。
[2] 陈美东、华同旭主编：《中国计时仪器通史》，安徽教育出版社，2011，309页。李鉴澄：《晷仪——我国现存最古老的天文仪器》，见《中国古代天文文物论集》，文物出版社，1989，145—153页。石云里等：《西汉夏侯灶墓出土天文仪器新探》，《自然科学史研究》，2012（1），1—13页。
[3] 潘鼐：《中国古天文图录》，上海科技教育出版社，2009，9页。

L位于子午、卯酉线上，V则位于四维角落。[1] 小方小圆位于内部，最中央有一圆孔，可以立表进行天体赤道坐标测量。[2]

圆仪在一些文献中又被称为二十八宿盘，出土于安徽阜阳汝阴侯墓，同时出土的还有圭表、盘架等[3]，经石云里研究后定名为圆仪，可用于天体赤道经度坐标观测。[4] 圆仪分为上下二盘，中央可以轴贯穿。上盘（度盘，图16右）中央有南北、东西二绳以及装饰用的北斗七星，周围有365个小孔，对应古代周天度数。下盘（地盘，图16左）中央也有二绳，边缘有符合实际度数（古距度）的二十八宿。

图14 传洛阳金村出土晷仪，现藏加拿大多伦多博物馆

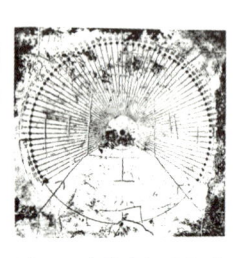

图15 内蒙古托克托出土晷仪，现藏中国国家博物馆

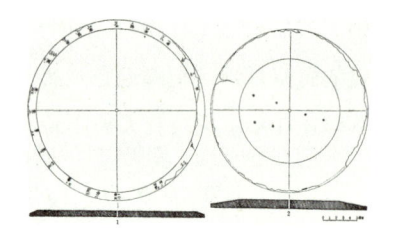

图16 西汉汝阴侯墓出土的圆仪

刘金沂认为浑仪诞生有个"从圆到浑"（即从圆形平面到立体球面）的发展过程[5]，石云里认为这面西汉初期的二十八宿圆仪是浑天仪的直接始

1　TLV纹可能为后加的。相关研究见刘复：《西汉时代的日晷》，载《国学季刊》，1932（4），587页。陈梦家：《汉简缀述》，中华书局，1980，273页。孙机：《托克托日晷》，见《孙机谈文物》，东大图书股份有限公司，2005，159页。冯时：《中国天文考古学》，中国社会科学出版社，2007，283页。黄儒宣：《〈日书〉图像研究》，中西书局，2013，165页。

2　陈美东：《中国科学技术史·天文卷》，科学出版社，2003，128—130页。

3　安徽省文物工作队、阜阳地区博物馆、阜阳县文化局：《阜阳双古堆西汉汝阴侯墓发掘简报》，《文物》，1978（8），12—31页。

4　石云里等：《西汉夏侯灶墓出土天文仪器新探》，《自然科学史研究》，2012（1），1—13页。

5　刘金沂：《从"圆"到"浑"——汉出二十八宿圆盘的启示》，见《中国天文学史文集》编辑组：《中国天文学史文集》第三集，科学出版社，1984，205—213页。

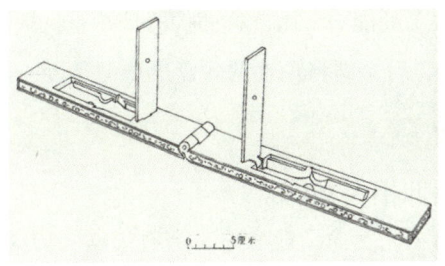

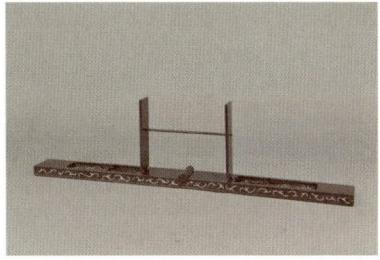

图17　西汉汝阴侯墓出土的圭表

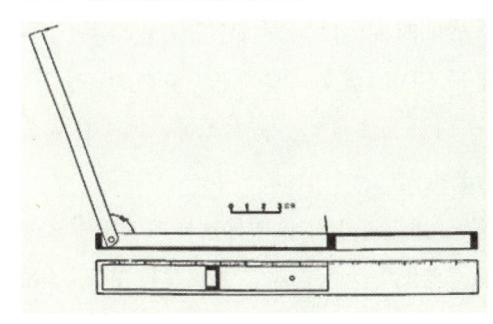

图18　江苏仪征东汉墓出土的铜圭表

祖，而此后造太初历的落下闳、鲜于妄人、耿寿昌等人实际上是浑仪的发明者与改进者。[1]

圭表根据日影及长度来判断方向、测定季节、全年日数和二分二至日期等，用于历法推算。而日晷（晷仪）则是根据日影得知当时时辰或刻数，用于计时。《周礼·考工记·玉人》载："土圭，尺有五寸，以致日，以土地。"说明圭表的作用，《周髀》中也记载以此丈量天下。圭表在前述新石器时代的陶寺遗址中即已出现，秦汉时期的两件圭表分别出于安徽阜阳汝阴侯墓、江苏仪征石牌村东汉墓。（图17、18）前者折叠后较长一侧的尺寸为34.5厘米（西汉一尺等于十寸，约23厘米，此器约为一尺五寸），后者长度正好也是34.5厘米，均符合《周礼》所载，属于实用器。[2]

出土圆仪、圭表墓葬的墓主汝阴侯夏侯灶是西汉开国功臣夏侯婴之子。

1　石云里等：《西汉夏侯灶墓出土天文仪器新探》，《自然科学史研究》，2012（1），1—13页。
2　石云里等：《西汉夏侯灶墓出土天文仪器新探》，《自然科学史研究》，2012（1），1—13页。

文化与交流　　475

武将必须具有观测天象（包括气象）的能力，因此这两件器具并非只是占卜工具，而是当时的"高科技"。与后文即将论述的式盘虽造型接近，但用途、内涵并不相同。

（三）占卜、历书等民间信仰相关文物

占卜即是一种选择术，《汉书·艺文志·数术略》中有天文、历谱、五行、蓍龟、杂占、形法等六类。新石器时代盛行骨卜、龟卜，商代开始出现了筮占，即利用数字占卜。战国时期的阴阳家将宇宙天地间单个或各种不同组合的符号及数字赋予各种不同的意义，成为更为复杂的式法及日者之术。[1] 当时日常占卜用具大致可分为式盘类、历书类等，即今日罗盘、农民历、通书等民俗占卜文物的老祖先。

式盘类又可分为式图及式盘两大形态，其实这两种选择术的操作原理、结构都十分相近，都以盖天说的"盖图"为宇宙观，主要差异在于立体的式盘能转动推算，式图则是平面图。[2]《周礼·春官宗伯·大史》载："大师，抱天时，与大师同车。"郑玄注："大师出，则大史主抱式，以知天时，处吉凶。史官主知天道。"贾公彦将天时解释为"天文见时候者"，"抱式者，据当时占文谓之式，故谓载天文者为式"。[3]《史记·日者列传》载："今夫卜者，必法天地，象四时，顺于仁义，分策定卦，旋式正棋。"索隐："式即栻也。旋，转也。栻之形上圆象天，下方法地，用之则转天纲加地之辰，故云旋式。棋者，筮之状。正棋，盖谓卜以作卦也。"因此这些文物可能源于原始测影计时、辨识方位的日晷，李零认为凌家滩玉版可能为式的最

---

[1] 详见李零：《中国方术续考》，中华书局，2006，66 页。

[2] 本文主要讨论宇宙模式与文物间的关系，无意重新分类或对个别文物深入细探。且由于学界看法不一，一图时有多种名称，为统一起见，以下分类、名称引自黄儒宣：《〈日书〉图像研究》，中西书局，2013，28—108 页。

[3] 郑玄注，贾公彦疏：《周礼注疏》，艺文印书馆，重刊宋本《周礼注疏》，1998，403 页；黄儒宣：《〈日书〉图像研究》，62—63 页。

早来源之一。文献中，春秋时代就有以式盘进行推算的记载[1]，但目前出土的文物年代较晚，已知的有湖北荆州王家台秦墓式盘[2]（图19）、江苏仪征刘集联营西汉墓式盘[3]（图20）、安徽阜阳西汉汝阴侯墓的六壬式盘及太乙九宫式盘（共两套）[4]（图21）、湖南沅陵虎溪山汉墓式盘[5]、甘肃武威磨咀子汉墓式盘[6]（图22）、传山西离石出土的于省吾旧藏汉象牙式盘[7]（图23）、濮瓜农旧藏铜式盘[8]、上海博物馆藏六朝铜式盘[9]（图24）、四川渠县城坝遗址出土式盘[10]（图25），以及朝鲜乐浪石岩里汉墓式盘[11]（图26）、朝鲜乐浪王盱墓式盘[12]（图27）等，多为六壬式与太乙九宫式，大多有天地两盘，部分已残损。以汝阴侯墓出土的六壬式盘（见图21上）为例，可分为上方象征天的圆盘（天盘）与象征地的方盘（地盘），天盘小、地盘大，嵌入后可

---

1 《吴越春秋》中的《吴王夫差内传》《勾践入臣外传》等都曾提到斗击、十二神等名称，这些都是式盘内容及占卜用词。

2 荆州地区博物馆：《江陵王家台15号秦墓》，《文物》，1955（1），42—43页。王明钦：《王家台秦墓竹简概述》，见艾兰、邢文主编：《新出简帛研究》，文物出版社，2004，41页。

3 仪征博物馆：《江苏仪征刘集联营西汉墓出土占卜漆盘》，《东南文化》，2007（6），20—22页。图19引自王煜、康轶琼：《抽象宇宙：汉代式盘类图像的图式观察》，见赵俊杰主编：《春山可望——历史考古青年论集（3）》，上海古籍出版社，2021，133—159页。

4 安徽省文物工作队、阜阳地区博物馆、阜阳县文化局：《阜阳双古堆西汉汝阴侯墓发掘简报》，《文物》，1978（8），12—31页。殷涤非：《西汉汝阴侯墓出土的占盘和天文仪器》，《考古》，1978（5），338—339页。石云里：《西汉夏侯灶墓出土天文仪器新探》，《自然科学史研究》，2012（1），1—13页。

5 湖南省文物考古研究所等：《沅陵虎溪山一号汉墓发掘简报》，《文物》，2003（1），48—49、55页。

6 甘肃省博物馆：《武威磨咀子三座汉墓发掘简报》，《文物》，1972（12），14、21页。

7 于省吾：《双剑誃古器物图录》卷下三九，台联国风出版社，1976，181—182页。

8 陈梦家：《汉简缀述》，中华书局，1980，260页。

9 严敦杰：《跋六壬式盘》，《文物》，1958（7），20—23页。

10 四川省文物考古研究院等：《四川渠县城坝遗址》，《考古》，2019（7），60—76页。程少轩：《四川渠县城坝遗址出土式盘初探》，见 https://www.tafnmachine.com/Web/Show/4448.html。式盘研究史相当丰富，在此不加赘述。

11 [日]小泉显夫：《乐浪彩箧冢——南井里、石岩里三古坟发掘调查报告》，朝鲜古迹研究会，1934，98、107页。

12 [日]东京帝国大学文学部：《乐浪——五官掾王盱之墓》，江刀书院，1930，60—62页。[日]驹井和爱：《乐浪——汉文化之残像》，中央公论社，1978，122页。严敦杰：《式盘综述》，《考古学报》，1985（4），445页。

以旋转；造型、文字内容与前述的圆仪相似，均有北斗、二十八宿、十二月次，可见有密切关联。但此盘的二十八宿并未按照实际距离，而是大致将圆等分，可见并非天文观测用具，而是把二十八宿当成一种时空元素，以便在执数术选择时与其他元素进行排列组合，明显具有符号化的特征。依照上方的文字显示地盘象征天、地、人、鬼（与后世八卦不同），有二绳、四维、天干、地支等。汝阴侯墓出土的太乙九宫式盘（图21下）也分上下，天圆地方，亦可旋转。天盘中有八方、数字及文字，地盘有节气名称与占辞，背面也有二绳、四维及节气名称。

  式图目前有甘肃放马滩秦简《式图》[1]，周家台秦简《五行占》《二十八宿占》（图28）[2]，马王堆帛书《刑日》（又称《堪舆》，图29）、《式图》（图30）[3]、孔家坡汉简《日廷图》（包括《日廷》《斗击》《击》等）[4]。式图也有圆图、方图之分。圆图所包含的元素较丰富，出土时图像最完整的是周家台《二十八宿占》，整体造型为两个同心圆，最内圈中央的二绳标有十天干，其外为标有十二地支的亚字形结构，再往外的同心圆中分成二十八等份，从内到外有三层文字，分别为二十八时名称、二十八宿名称、五行（金木水火，以及圆心代表土的"己戊"）等，圆外还有东西南北四方。程少轩等人做的甘肃放马滩秦简《式图》复原图（图31）比周家台《二十八宿占》详细但略有不同：中间两重为正方形，有金木水火土五行、天干、地支，其外为东南西北四方、青赤白黑四色、角徵商羽四音，并搭配位于中心的第五方。方形外有五重同心圆，自内而外为十二月、十二律、二十四时、

---

[1] 甘肃省文物考古研究所编：《天水放马滩秦简》，中华书局，2009。此处从程少轩、蒋文之命名：《放马滩简〈式图〉初探（稿）》，见复旦大学出土文献学古文字研究中心网站，http://www.fdgwz.org.cn/Web/Show/964，查询日期：2022-7-4。

[2] 湖北省荆州市周良玉桥遗址博物馆编：《关沮秦汉墓简牍》，中华书局，2001。

[3] 马王堆汉墓帛画整理小组：《马王堆帛书〈式法〉释文摘要》，《文物》，2000（7），85—94页。马王堆汉墓帛书整理小组编：《马王堆汉墓帛书（肆）》，文物出版社，1985。

[4] 湖北省文物考古研究所等：《随州孔家坡汉墓简牍》，文物出版社，2006。

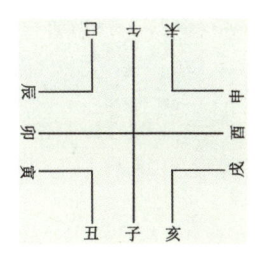

图 19　湖北荆州王家台秦墓出土式盘示意图

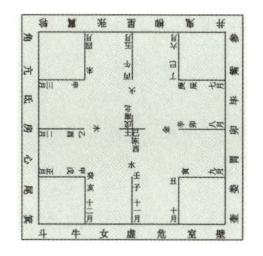

图 20　江苏仪征刘集联营西汉墓出土式盘示意图

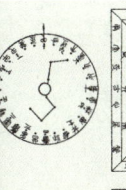

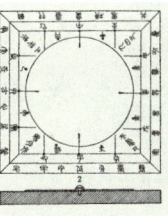

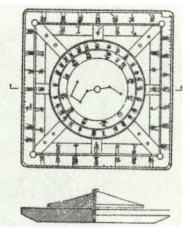

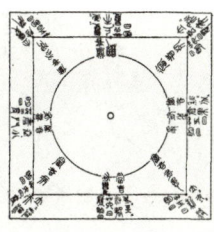

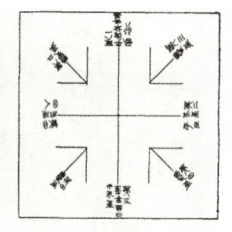

图 21　安徽阜阳西汉汝阴侯墓出土式盘，左为六壬式，右为太乙九宫式

图 22　甘肃武威磨咀子汉墓式盘

图 23　于省吾旧藏象牙式盘

图 24　上海博物馆藏六朝铜式盘

图 25　四川渠县城坝遗址东汉式盘及复原图

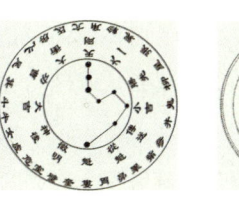

图 26　朝鲜乐浪石岩里 M201 出土式盘

图 27　朝鲜乐浪王盱墓出土式盘

文化与交流　　　479

图28　周家台秦简《式图》，左为《二十八宿占》，右为《五行占》

图29　马王堆帛书《刑日》图释文及原文　　图30　马王堆出土《式图》

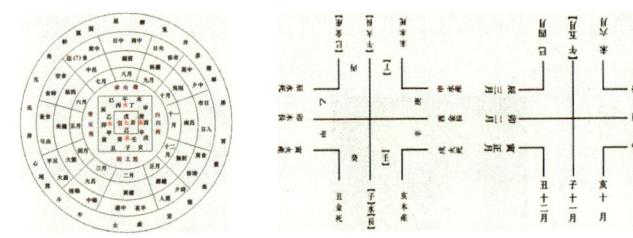

图31　甘肃放马滩秦简《式图》复原图　　图32　孔家坡汉简《日廷图》

二十八宿等。[1] 方图类内容较简略，目前有马王堆与孔家坡汉墓出土，在孔家坡汉简中自名为"日廷"。（图32）方图的每一边分为三等分，标上十二地支名称，形成一个正方形的九宫格。从圆图与方图的结构来看，方图应该是圆图的中央部分，方图与《周礼·考工记》里具有九经九纬的理想城市规划描述十分接近，因此应是以都城作为代表的地盘；周家台及放马滩

1　程少轩、蒋文：《放马滩简〈式图〉初探（稿）》，见复旦大学出土文献学古文字研究中心网站，http://www.fdgwz.org.cn/Web/Show/964，查询日期：2022-7-4。

图 33　长沙子弹库帛画

秦简的式图表达了天大地小的概念，属《周髀》中的"方圆图"系统。

关于历书类，李零将之分为视日、日书、叶书三类，其中日书类与本文关系较大。这类书籍又可分为以时令、月为单位的"月讳"以及以日为单位的"日禁"等。以已发表的战国晚期长沙子弹库"楚帛书"为"月讳"类历书代表，其内容与《吕氏春秋》中的十二月纪、《礼记·月令》等相近，李零认为可称为《四时（时）令》。"楚帛书"中央文字分为甲、乙篇，甲篇内容强调敬天顺时，乙篇则以伏羲、女娲等创世神话、先帝故事为主，两篇书写方向一正一反，显示出转动的性质，与后世阴阳太极图相似。帛书方形外轮廓中，四角绘有青、赤、白、黑四色的树木，四边为代表十二个月的神灵，旁边写有简单的月令词句，整体与前述的地盘接近。（图33）据李零所述，同时出土的还有另一件受损严重的帛书，与《管子》中的幼官（玄宫）、幼官图（玄宫图）相近，可暂名为《五行（时）令》，但似乎仍未发表。这一类书在汉代还有银雀山汉简中的《禁》《三十时》《迎四时》《四时令》《五令》《不时之令》，以及安徽阜阳汝阴侯墓出土汉简《楚月》等。[1]

日禁类简帛更多，这些文献根据睡虎地秦简上的标注而被命名为"日

---

[1] 李零先生有许多著作与此相关，如《简帛古书与学术源流》（生活·读书·新知三联书店，2020，395—428页）、《楚帛书研究》（十一种，中西书局，2013）、《视日、日书和叶书——三种简帛文献的区别和定名》（收录于《待兔轩文存·说文卷》，广西师范大学出版社，2015，404—417页）等。

书"。目前已知的有九店楚简、上海博物馆藏楚简、甘肃居延汉简、甘肃敦煌汉简、甘肃武威磨嘴子M6汉简、山东银雀山汉简、甘肃居延新出汉简、河北定县M40汉简、湖南马王堆M3简帛、湖北云梦睡虎地M11秦简、安徽阜阳汝阴侯墓汉简、湖北江陵九店M56楚简、湖北江陵张家山M249汉简、湖北江陵张家山M127汉简、甘肃放马滩M1秦简、湖北江陵岳山M36秦牍、甘肃敦煌悬泉置汉简、江苏尹湾M6汉牍、湖北江陵王家台M15秦简、湖北荆州周家台M30秦简、湖南沅陵虎溪山M1汉简、湖北随州孔家坡M8汉简、香港中文大学文物馆藏竹简、内蒙古额济纳汉简、陕西西安杜陵汉牍、湖北荆州印台汉墓竹简、湖北云梦睡虎地汉简、甘肃永昌水泉子M5汉简、北京大学藏西汉竹书、浙江大学藏战国竹简、北京大学藏秦简牍等。[1]

日书的内容一般包括十二月的吉凶日期供人选择,内容大致为《建除》《丛辰》《十二月宿位》《太岁》《不吉、吉与成日宜忌》等,几乎无所不包、凡事可占。其中也包括像式盘一样可以自行占卜的部分,如江苏尹湾汉墓出土的简牍《博局占》(图34),内容有六十干支循环线(即俗称的TLV纹),下方有问嫁娶、问行者等占文,上方有方、廉、褐、道、张、曲、诎、长、高等九种占语,占卜时,在选择问占的日期(干支)、事项后,按一定的模式操作便可占卜吉凶。日书以日、月为单位,记述星象、天文与各种人为活动的吉凶关系,比起还要操作转动的式盘更简单方便,也可能因不同时代、区域、需求而有差异,其中所记载的时空元素愈多,可提问的细致度愈高,通常"选择"的过程愈烦琐,仪式感会愈丰富。且虽然其主要构成要素包括"历"与"忌",但所注重的是"忌",因为颁历、昭告正朔是属于上层统治阶级的工作,一般人作为日常行事参考、用来趋吉避凶的日书并不涉及此方面。[2]因此这些日禁类的占卜虽与干支纪日有关,

---

[1] 详见黄儒宣:《〈日书〉图像研究》,中西书局,2013,2—18页。
[2] 李零:《视日、日书和叶书——三种简帛文献的区别和定名》,见《待兔轩文存·说文卷》,40—417页等。

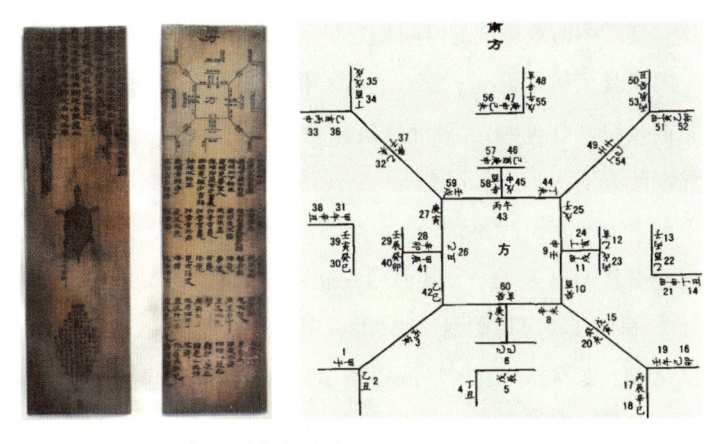

图 34　尹湾汉牍及《博局占》复原图

但其实与实际天象的观测无关。[1]虽然君王身边也有善卜之人，但大部分卜者的身份地位可能如《史记·日者列传》所载："夫卜筮者，世俗之所贱简也。"此外这份《博局占》的各种元素与下段将谈到的娱乐用具"博局盘"非常接近，或许也有游戏的功能。

（四）娱乐用具、装饰纹样等

战国、秦汉时期六博棋局、塞棋等非常受欢迎，既是一种游戏，也是一种装饰纹样。而这些棋盘的图像与式盘、日书等非常接近，也有相似的占语[2]，可能既能当作游戏也能当作占卜工具。

1　连云港市博物馆：《江苏东海县尹湾汉墓群发掘简报》，《文物》，1996（8），4—25、97—98、100页。李学勤：《〈博局占〉与规矩纹》，《文物》，1997（1），49—51页。曾蓝莹：《尹湾汉墓〈博局占〉木牍试解》，《文物》，1999（8），62—65页。李解民：《〈尹湾汉墓《博局占》木牍试解〉补订》，《文物》，2000（8），73—75页。罗见今：《〈尹湾汉墓简牍〉博局占图构造考释》，《西北大学学报（自然科学版）》，2000（2），181—184页。
2　《西京杂记》录汉景帝时的六博口诀中有"方、畔、揭、道、张、究、屈、玄、高"等词，与尹湾汉墓《博局占》中的占语高度相似。这方面李零等人已有丰富研究。

文献中博戏出现的时间相当早[1]，汉代以后仍然盛行。据研究，目前出土的棋具（包括博局、塞戏、筹、棋子等）有160多例，相关墓葬有：湖北荆州纪城楚墓M1、湖北江陵雨台山楚墓M314、湖北荆门左冢楚墓、湖北江陵九店M9、湖北荆州天星观楚墓M2、浙江安吉五福楚墓M1、河北平山中山国墓M3（两面）、山东临沂金雀山汉墓M31及M33、湖北云梦睡虎地秦墓M13及M11、陕西西安北郊秦代中小型墓、湖南长沙马王堆汉墓M3、湖北江陵凤凰山西汉墓M8、湖北云梦大坟头汉墓M1、湖北荆州高台汉墓M2及M33、山东临沂银雀山汉墓M1、江苏徐州翠屏山西汉墓M1、江苏徐州子房山西汉墓M1、江苏徐州狮子山西汉楚王陵、江苏仪征张集团山西汉墓M1、广东广州南越王墓、广西西林普驮西汉墓、广西桂县罗泊湾汉墓M1、安徽巢湖汉墓M1、安徽天长三角圩西汉墓、山东莱西岱墅西汉木椁墓M2、北京大葆台汉墓M1、江苏邗江姚庄M101西汉墓、江苏仪征新集庙山赵庄西汉墓、江苏江都凤凰河西汉墓、江苏盱眙东阳汉墓M7、广东广州汉墓M4013、河南陕县（今三门峡市陕州区）刘家渠汉墓M8、江苏徐州十里铺汉画像石墓、山西芮城东汉墓等，也发现不少出土棋子、算筹的墓葬。[2]（图35）

黄儒宣的研究显示：战国早、中期的博局盘样式众多，部分与式盘的关系并不明确，但到战国晚期以后，整体造型及内容明显向式盘靠拢。[3]无论如何，与盖天说宇宙观相近的式盘、博局纹在西汉以后已经被扩大纳入

---

1 如《史记·殷本纪》："帝武乙无道，为人偶，谓之天神。与之博，令人为行。"《论语·阳货第十七》："饱食终日，无所用心，难矣焉。不有博弈者乎，为之犹贤乎已。"《史记·苏秦列传》："临淄甚富而实，其民无不吹竽鼓瑟，弹琴击筑，斗鸡走狗，六博蹋鞠者。"《史记·刺客列传》："荆轲：荆轲游于邯郸，鲁句践与荆轲博，争道，鲁句践怒而叱之，荆轲嘿而逃去，遂不复会。"《春秋繁露·王道》："宋闵公矜妇人而心妒，与大夫万博。"等等。

2 碍于篇幅，在此省略出土报告，详见刘俊艳：《"TLV"图像的发展演变研究》，西北大学考古文博学院硕士论文，2019。需说明的是，以上棋盘也可能包含另一种造型、内容相近而玩法不同的古代棋局：塞戏棋盘。塞戏棋盘也是"质象于天、取则于地"，且外方内圆。但由于棋局并非本文关注之处，故不另做分类与讨论。塞戏相关资料详见黄儒宣：《左冢棋局及博塞游戏相关问题研究》，《"中央研究院"历史语言研究所集刊》（93∶2），2022，273—330页。

3 黄儒宣：《六博棋局的演变》，《中原文物》，2010（1），52—60页。

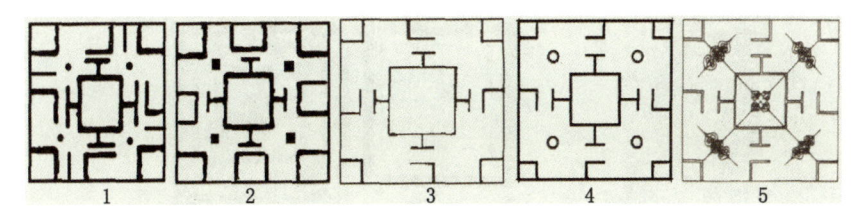

图35　与式盘相关的几种博局盘（1. 出土于浙江安吉五福楚墓；2. 出土于陕西西安西北郊秦墓；3. 出土于广西西林普驮西汉墓；4. 出土于湖北云梦大坟头汉墓M1；5. 湖北荆州出土于高台汉墓M33）

装饰、娱乐的范畴，与天文观测渐行渐远。

汉代博局镜的出土数量更为丰富。博局纹常与四神、草叶纹、云纹、几何纹、禽兽纹、神人等搭配，铭文中多有"辟不祥"等字。[1]博局镜在西汉早期形式、数量都较少，新莽时期为高峰期，东汉晚期数量与样式均逐渐减少，纹饰也与数量、样式有近似的起伏，晚期呈现简化的情况。[2]除了一般常见的圆形镜（图36），也有与前述《日廷图》纹饰相近的方形镜（图37），如湖南慈利石板村M36战国中期墓中即可见。[3]目前方形镜数量虽不多，但年代比圆形镜稍早，从造型、纹饰线条看，可能是仿效地盘，或有地盘的功能。将博局镜与方形镜上下叠合并置，就能获得一组具有天盘、地盘的式盘。此外，西汉时期开始出现具有博局纹的压胜钱（图38）。博局镜与压胜钱都有装饰、趋吉避凶、占卜与教化等多重正面意义。[4]

综合时代分布、造型设计以及纹饰发展等信息来看，博局镜、压胜钱仅剩下外形与吉祥意义与新石器时代的坛场、礼器有关，与宇宙观几乎毫无关联，且纹饰逐渐简化、变形，已是这类图像的最后发展阶段了。

1　陈静：《汉代两京地区出土博局纹镜浅析》，郑州大学历史学院硕士学位论文，2006。
2　详见刘俊艳：《"TLV"图像的发展演变研究》，44—48页。
3　湖南省文物考古研究所等：《湖南慈利石板村36号战国墓发掘简报》，《文物》，1990（10），37—47页。
4　公柏青：《汉代压胜钱上体现的宇宙框架》，《中国钱币》，2012（2），56—62页，图22、26。

文化与交流

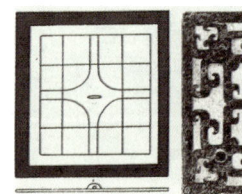

图 36　西汉时期素地博局镜　　图 37　方形式图镜（左为湖南慈利石板村 M36 战国墓出土，右为上海博物馆藏战国透空镶嵌方铜镜）

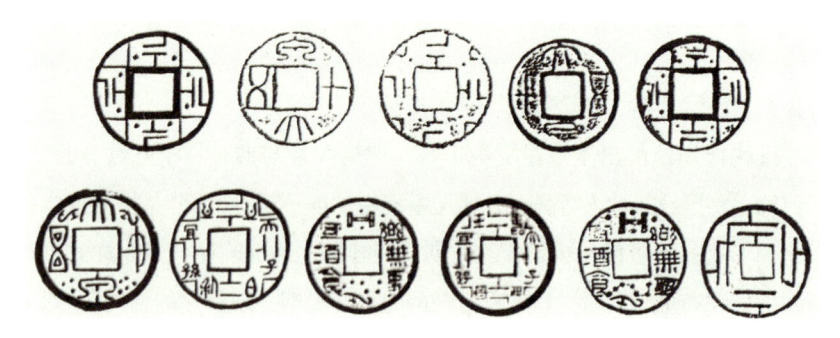

图 38　汉代压胜钱

三、从盖天说到浑天说：相关文物的分流

从以上文物发展可知，盖天说天圆地方、地大天小的概念在新石器时代就已萌芽。《周髀》中外方内圆的"圆方图"很可能起源于新石器时代进行观测、祭祀的祭坛：方形的坛场为地、圆形的日道轨迹则象征天。以当时的知识水平、宗教、社会环境等来看，天文观测前必须先筑坛场、立圭表，之后才能在坛场上绘制轨迹、进行记录。能掌握相关知识、天命、仪式、秩序者，即史料中的巫、史、祝、宗等人，也是当时最重要的知识分子。[1] 作为君主，本身更需具备这些知识。埋葬于新石器时代祭坛周围的

1　葛兆光：《中国思想史》第一篇第五节《后世思想史的背景：仪式、象征与数字化的世界秩序》，复旦大学出版社，2009，46—64 页。

大墓，可能就是地位接近庖牺氏的古老氏族领袖。

随着天文观测的进步与科技文明的积累，盖天说的缺陷即使经过修改也无法回答当时知识分子的追问。在旧有的历法失常、权威知识失效，进而学术思想百家争鸣的春秋战国时代，新的思想与宇宙模型出现了。过去地大天小的观念逐渐改变，出现了外圆内方的"方圆图"以及《鲁久次问数于陈起》中所描述的宇宙模型，之后浑天说的雏形才得以诞生。有了天大地小的思想基础，并发展出如安徽阜阳汝阴侯墓圆仪一类的测角仪器，才可能在西汉早期出现如《淮南子·天文训》《史记·天官书》，以及马王堆帛书《五星占》中的五星运行数据。西汉中期浑天说逐渐成熟，造历获得帝王及知识分子的支持，正式进入文献之中，而这个阶段也数次出现了自古执掌天文的太史令退出造历核心的情形，这可能显示出学派方面的争斗。圆仪之后，观测仪器又经历了"从圆到浑"的改良与发展，东汉时再经张衡之手而出现了浑天仪。由于中国传统以来"军国星占学"的特性，这些仪器掌握在高级贵族以及军事将领手中，因此数量稀少，不能任意流传，也无传世品。

盖天说的宇宙论逐渐过时之际，过去与其相关的古代知识、礼仪制度、象征意义也逐渐产生了崩解。早期掌控于王权手中的天文学内容，在春秋战国时代已普及为一般知识，部分星官名称、时辰、方位等名词也慢慢脱离天文学的脉络，成为时空单位的元素与符号，如在云梦《日书》中，二十八宿的名称也作为记日单位。[1] 阴阳五行学说出现后，这些天文名词与符号成为数术占卜的工具。占卜是一种借由操作随机组合各种象征符号、获得答案之后再进行主观解读的活动，可以影响心理及后续行为模式，从帝王到黎民都希望通过这些活动来得到宇宙、天地、神祇的认可，但在当时"天子有日官、诸侯有日御"的环境中[2]，从占卜人员、仪式类型、使用

---

[1] 尚民杰：《云梦〈日书〉星宿记日探讨》，《文博》，1998（2），62—68页。
[2] 《左传·桓公十七年》："冬，十月朔，日有食之，不书，日官失之也。天子有日官，诸侯有日御，日官居卿以底日，礼也，日御不失日，以授百官于朝。"

文化与交流

工具到占卜内容，都必须服从于社会秩序。《史记·日者列传》载，高等级的太卜在王者兴起时就能帮忙获知天命，如知名的卜者司马季主便能"分别天地之终始，日月星辰之纪，差次仁义之际，列吉凶之符"，属于国家大事的颁历、政治、军事等事务掌控于高层统治阶级手中，对于朔望、节气、日月食等安排必须以天文观测为基础，自然需要如太史令、太卜一般专业人员负责；而中下级的士、官吏、一般百姓则不必对细微的天文变化有过多的关注及解释，只要在日常生活中拥有能方便问事、快速获知趋吉避凶的式盘、日书即可。由于市井间的占卜各人解读不一，且经常失准，因此贾谊说"夫卜筮者，世俗之所贱简也"，大约是在战国以后，式盘、日书这类庶民占卜工具开始出现。从这些占卜文书中可窥知：推算的事项都属于庶民日常生活的一部分。操持式盘的"日者"，与今日的阴阳先生、算命师、择日等相去不远，更简便的日书，普及程度甚至与今日家户必备的"农民历"相当，可以供百姓日常参考。

在占卜问事如此普及与方便的情况下，式盘既是一种模拟天道运行的占卜工具，同时也成为赌博工具——博局盘，犹如今日的游戏《大富翁》，模拟实际的人生，李零称此为"卜赌同源"。[1] 博戏玩法中有"散棋"与"枭（或"骁"）棋，枭棋在外观、行棋方式皆与散棋不同，枭棋的竖行可能暗示着天与地两个不同的维度，且行棋路线即是制胜路线。[2] 以时空元素为棋盘行进基础的还有类似"升官图"的游戏[3]，都是从最外围的"地方"往最中间的"中央"前进。（图39）

除了成为装饰、游戏器具的纹饰，由于与阴阳五行、升仙思想的宇宙观相符，因此最迟到了汉代，圆方图与方圆图的图像也与道家思想结合，甚

---

[1] 李零：《中国方术续考》，中华书局，2006，15—28页。
[2] 汤沁娴：《升仙之路——从图解博局纹试探六博行棋路线》，见吕舟、崔光海主编：《2019年第一届洞天福地研究与保护国际研讨会论文集》，科学出版社，2021，253—264页。
[3] 李零：《中国最早的"升官图"——说孔家坡汉简〈日书〉的〈居官图〉及相关材料》，见《万变：李零考古艺术史文集》，生活·读书·新知三联书店，2016，433—354页。黄儒宣：《左家棋局及博塞游戏相关问题探讨》，《"中央研究院"历史语言研究所集刊》(93：2)，2022，273—330页。

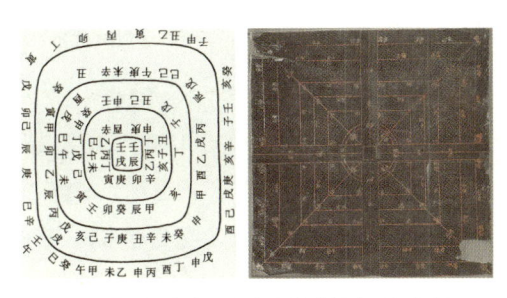

图39 居官图（左为孔家坡秦简《居官图》复原图，右为左冢棋局复原图）

图40 马王堆《物则有形》图

至独立成为另一类图像。例如马王堆出土的《物则有形》图（图40）分三层布局，整体造型和"圆方图"类似，均为外方内圆。最外层是朱色绘制的方形，方框内侧有文字。第二层是青色绘制的圆形，圆形外侧有文字。最内层无框，但文字从内而外呈回旋状书写。与《周髀》载"天青黑，地黄赤，青黑为表，丹黄为里，以象天地之位"相符，都是以丹黄方形的大地包裹青色圆形的天。然而，帛图内容却与各种阴阳五行用词无关，陈松长认为这是与帛书《黄帝书》相关的简明图谱，是汉初形名学说的演译者借助六壬式盘所隐含的天地观绘制而成。[1] 从此点看来，便不难理解东汉赵爽注《周髀》时为何会认为"此配阴阳之义，非实天地之体"[2] 了。

春秋战国时代，周室式微，"天子失官，学在四夷"，在社会变动剧烈的同时，也铸就了中国史上第一个学术黄金期。自文明肇建以来积累的官学知识逐渐从没落的旧贵族手中下放，转移到私学体系。随着知识的不断解构与重新建构，一方面出现许多新的思想学派，展现多元与创新，但另一方面，更古老的知识必定也会出现脱节与被遗忘的情形。对天地大小的看法、从"圆方图"转变到"方圆图"、从"七衡图"发展到"三方三圆

---

[1] 陈松长：《马王堆帛书"物则有形"图初探》，《文物》，2006（6），82—87页。
[2] 赵爽注："物有圆方，数有奇耦。天动为圆，其数奇；地静为方，其数耦。此配阴阳之义，非实天地之体也。天不可穷而见，地不可尽而观，岂能定其圆方乎？"见程贞一、闻人军译注：《周髀算经译注》，上海古籍出版社，2012，8页。

文化与交流

图"、从圆到浑、从盖天说到浑天说的过程，都是一种解构、再思与重新建构的过程。

东汉时期，浑天说与浑仪仍持续进化，例如东汉贾逵（30—101）、傅安等提出制造和使用"黄道铜仪"的建议，在圆仪上加了黄道环，最终于永元十五年（103年）获诏制作"黄道铜仪"。之后浑天说受到更多知识分子的支持，包括东汉晚期的大儒蔡邕、郑玄，三国到两晋以后的陆绩、王蕃、太史令陈卓、葛洪等，也有许多以浑天说为基础的新学说产生。之后，天学受到皇权的控制，西晋泰始四年（268年）颁布的《泰始律》始明令禁止私习天文学。可以说，浑天说相关的发展都建立在人类终于明了天大地小的事实上，才能有更进一步的突破。

盖天说方面，虽然还陆续有东汉的赵爽、王充，晋以后的虞耸兄弟、梁武帝以及明清时期的部分学者支持，但整体而言与信仰、民俗的关系更为密切：式盘中的天盘部分后来化身风水用的罗盘，地盘则是"升官图"等游戏的老祖先。盖天说虽已失去主要宇宙论的地位，但其中种种数学知识在算学（数学）方面仍有贡献与影响力，《周髀》一书在唐代国子监教材与考试中占有非常重要的地位，并未被时代湮灭。

结　语

16、17世纪时，欧洲开始出现所谓的"科学革命"，以基于系统化实验方法与实践哲学的研究方式逐渐被世人接受。英国的科学哲学家培根（Francis Bacon，1561—1626）提倡的科学态度，转变了自亚里士多德以来以主观认知的宇宙世界观，此后，西方关于"自然界"的观点逐渐变成具有数理逻辑规律的、可以通过实验方法和实验研究来了解的世界。随着西风东渐，中国人的宇宙观受其影响，逐渐摆脱数千年来天人感应的角度。在此之前，中国人的宇宙一直都由最高神祇所主宰，集自然、宗教、政治、医学、道德等于一体，因此江晓原以更宽广的角度看待天文学史，提出

"天学"一词。[1] 从今日的角度看来，对无法更进一步掌握的事我们都需要求告于天，小事抽签决定、大事则可能寻觅能占卜通灵之人，即根源于此。

本研究从先秦两汉以前的文物与文献入手，聚焦两种宇宙论之间的转折点，并简单整理了相关文物的消长关系，借此一窥古人对宇宙的认知与表现方式。从"圆方图"到"方圆图"的变化，不仅在于图形本身的差异，更在于两种图像所象征的宇宙观之间的转变。从新石器时代在观测台（坛）上绘出日月运行轨迹，成为"圆方图"开始，到春秋时代对天地大小产生疑义，再到秦代《鲁久次问数于陈起》中的"三方三圆图"，我们看到了天地大小观念的反转、宇宙模型更加合理化的过程。符合观测与推理的"方圆图"成为浑天说成立的主要观点之一，其后在西汉时期出现圆盘、浑仪，并一直保持实用观测仪器的地位，最终由皇权所掌控。而古老的"圆方图"则依靠最初羲和、史卜之职占卜、沟通天地的特质，进入汉人精神信仰的世界，成为占卜与娱乐的工具。其实，天文学史就是一部人类认识宇宙和自身关系的历史[2]，在追寻探索的过程中，我们逐渐理解了自身的渺小。人类以更宽广的角度看待我们所认知的世界。自我与主观的角度逐渐从中剥离并转而进入宗教信仰的世界，客观与科学也逐渐从中产生。

1　江晓原:《天学真原》, 辽宁教育出版社, 2007。
2　钮卫星:《天文学史——一部人类认识宇宙和自身的历史》, 上海交通大学出版社, 2011。

《考工记》设计美学思想的体系化考察*

彭圣芳

广州美术学院工业设计学院

  摘　要：作为中国最早的手工设计制作技术和规范文献，《考工记》是一部以礼制化为目的的造物设计规范。官方管理手工业的标准和规范是《考工记》显在的表述，其中的设计美学思想则是潜在的表述，包括从礼制化的造物活动规范中流露出的形式观、功能观和具体的设计表现手法。因而，美学领域某些对其做片段式解读、过度引申、刻意关联和"六经注我"式的研究存在失当之处。以尽量客观平实的态度来陈述《考工记》的设计美学思想，其逻辑层次应该是，《考工记》以周代社会普遍的宇宙哲学为认识和实践基础，通过翔实的规范和标准表达了造物设计的形式观与功能观，并借具体的表现手法塑造了相应的设计审美风格。

  关键词：《考工记》；造物设计规范；设计美学思想

  《考工记》是中国最早的手工设计制作技术和规范文献，也是人们今天研究古代设计所依据的重要文献。尽管历代争讼颇多，但大多数学者认为，《考工记》是春秋时期齐国记录官府造作之事的官书，大约成书于公

---

* 发表于《温州大学学报（社会科学版）》，2022（4）。

元前5世纪（春秋末期至战国），应是齐稷下学宫的学者所作，在西汉被收入《周礼》，成为其组成部分。[1] 收入《周礼》后，《考工记》成为儒家的经典文献，更受关注。西汉经学家郑玄曾专门研究《考工记》，后代学者如王安石、戴震、徐光启、阮元、孙诒让等也都有诸多研究。可以说，《考工记》是记载上古至战国手工设计制作技术成就和设计思想成果的集大成之作，其地位不言自明。《考工记》全文不到万字，整篇以木工、金工、皮革、染色、琢玉和制陶等六大类三十多个工种为主线，记录了当时兵器、礼器、乐器、练染、建筑等行业的设计制造状况，呈现了先秦社会真实的生产状况、科学技术水平和审美观念。对《考工记》的研究，历史上各阶段各有侧重。清代以前，有关《考工记》的研究基本上以文献注释疏证为主，辅以插图集解，经历了注释疏证、章句帖括、文献考据三个阶段；近代以来，对《考工记》的研究转向以数学、物理、化学和其他科学为主的研究角度和途径；而近三十年来，随着现代设计在中国的兴起，有关《考工记》设计美学思想的研究方兴未艾。有学者认为，从文献、科学和美学途径所进行的研究都表现出了一些问题，并指出《考工记》的设计美学研究存在诸多不规范之处，也缺乏学术标准，较常出现的现象就是将《考工记》中有关设计的部分做片段式的解读或过多引申，并泛化为现代设计美学的一些命题，陈义过深。因此，从科学研究的角度来看，严谨研究所需要的论证以及明确而具体的结论在目前有关《考工记》的美学或设计学研究中普遍缺失。这位学者进一步提醒，对《考工记》设计美学思想的研究，首先应对《考工记》做"我注六经"式的研究，在此基础之上再做有关设计思想的研究，而不是在还没有弄清楚一些基本问题的情况下做一些"六

---

[1] 《周礼》原名《周官》，由天官、地官、春官、夏官、秋官、冬官六篇组成，西汉时期，因"冬官"篇佚缺，河间献王便取《考工记》补入，并改《周官》为《周礼》，于是《考工记》又有了《周礼·冬官·考工记》之名。"冬官"在《周礼》系统之中为掌"事典"之事官，其职责在于"富邦国""养万民""生百物"，"百工"之职为"冬官"掌管。

经注我"式的发挥。[1] 对此笔者亦有同感。片段式解读、过度引申、刻意关联和"六经注我"式的研究恐怕不只是《考工记》这部经典所遭受的"礼遇",应该是普遍存在于当代学界中的对古代经典研究失当的一种现象。在这个警示之下,本文希望能够避免以意为之的阐释和引申,尽量客观平实地还原《考工记》的设计美学思想,并慎重地做出陈述。

事实上,从上文所述的文献性质和著述背景来看,以今人观念角度对设计的审美阐发不可能过多地在《考工记》中出现。《考工记》在结构和体例上以"百工"工种分工为中心,详述造物设计的材料、结构、工艺的要点、规范和检验方法,为礼制化的造物设计制定了翔实的标准,因此,官方管理手工业的标准和规范是其显在的表述。相应地,《考工记》的设计美学思想则是一种潜在的表述,包括从礼制化的造物活动规范中流露出的形式观、功能观和具体的设计表现手法。从逻辑层次看,《考工记》以周代社会普遍的宇宙哲学为认识和实践基础,通过翔实的规范和标准表达了造物设计的形式观与功能观,并借具体的表现手法塑造相应的设计审美风格。

一、先秦宇宙哲学:《考工记》的设计美学思想基础

试图解释宇宙的结构与运行规律是哲学发展的原生动力,累积在周代社会思想中的整个先秦时期的宇宙哲学观从根本上为《考工记》提供了认识和实践的思想基础。正如宗白华所说:"中国人在天地的动静、四时的节律、昼夜的来复、生长老死的绵延,感到宇宙是生生而具条理的。这'生生而条理'就是天地运行的大道。"[2] 古人把这种高度把握生命和深度体验生

---

[1] 高爱香、韦宾:《文献·科学·美学:试论〈考工记〉研究的三种途径》,《陕西师范大学学报(哲学社会科学版)》,2014(1),134—140页。
[2] 宗白华:《美学与意境》,人民出版社,2009,239页。

命的精神境界具体地贯注到社会实际生活里，表现为："中国人的个人人格、社会组织以及日用器皿，都希望能在美的形式中，作为形而上的宇宙秩序与宇宙生命的表征。这是中国人的文化意识，也是中国艺术境界的最后根据。"《周易·乾卦》描述为："与天地合其德，与日月合其明，与四时合其序。"[1]器物及其制作活动都是天地宇宙精神的外化，与宇宙结构和谐同构。

（一）五行学说是《考工记》的认识论基础

五行学说是中国古代朴素的唯物论和自发的辩证法思想，为《考工记》认识材料和色彩提供了参照。"五行"始见于《尚书·洪范》，在书中被描述为"一曰水，二曰火，三曰木，四曰金，五曰土"[2]，后衍生出五味、五色、五声、五音等说法。《老子》中的"五色令人目盲，五音令人耳聋，五味令人口爽"[3]表明，五行思想在春秋时期已为普遍。战国时期，邹衍的"五行生胜"和"五德终始"之说成为汉代五行相生相克说的基础。"木、金、火、水、土"是组成客观世界的五种基本元素，也是造物设计的对象和材料，《考工记》提出的五方正色的色彩观是五行思想的反映："东方谓之青，南方谓之赤，西方谓之白，北方谓之黑，天谓之玄，地谓之黄。青与白相次也，赤与黑相次也，玄与黄相次也。"[4]在《考工记》的知识体系中，五色、五行与五方、五时具有同构关系，是可以相互类比甚至置换的。从五方层面看，东、西、南、北、中对应木、金、火、水、土，分别以青、白、赤、黑、黄来象征；从五时层面看，春、夏、长夏、秋、冬对应木、火、土、金、水，分别以青、赤、黄、白、黑来象征。从五方、五时的角度来把握五色和五行的关系，展现出一个立体而有秩序的宇宙象征图式。这种由细

---

[1] （魏）王弼、（晋）韩康伯注，（唐）陆德明音义，孔颖达疏：《周易注疏》，中央编译出版社，2013，39页。
[2] 孔安国撰，孔颖达注疏，廖名春、陈明整理，吕绍纲审定：《尚书正义》，北京大学出版社，1999，301页。
[3] 李耳，梁海明译注：《老子》，辽宁民族出版社，1996，18页。
[4] （清）孙诒让著，汪少华整理：《周礼正义》，中华书局，2015，3988页。

微而宏大、由局部而整体的类比和象征方式，具有广阔深邃的时空意识，是古人宇宙观的折射。此外，《考工记》陈述五色搭配成纹样还要吻合五行相生的规律："青与赤谓之文，赤与白谓之章，白与黑谓之黼，黑与青谓之黻，五采备谓之绣。"[1] 即将青与赤、赤与白、白与黑、黑与青相配，形成"文""章""黼""黻"的纹样。如试着将其中的色彩转换成对应的材料，它们也正好与"五行相生"中"木生火、火生土、土生金、金生水、水生木"的自然规律相符合。材料和色彩是设计的重要要素，在《考工记》中，材料与色彩都被赋予了其他意义，五行与五色都不是孤立地被认识的，而是存在于与方位和季节构成的关联体之中，并按自然界运行的规律来运作。

（二）天人合一观是《考工记》的实践论基础

天人合一是中国古典哲学的重要思想，由北宋张载在《张子正蒙·乾称》中首次提出，但作为一种宇宙哲学和生存智慧，其源头可追溯到《易经》《论语》《老子》等先秦典籍中。天人合一中的"天"代表自然界，"人"代表人类、人类活动及其成果；天人合一反映了古人在认识与自然关系问题上的基本立场，是《考工记》建立设计实践法则和实施具体手段的思想基础。《考工记》开篇总论造物设计原则谓："天有时，地有气，材有美，工有巧。合此四者，然后可以为良。"天时、地气、材美、工巧四要素是造物设计能够良性运作的基础；其中天时与地气是自然界不可测的客观因素，材美与工巧是主体方面的主观因素。理想的造物设计活动是主客观统一的结果，即一方面遵循和顺应自然规律，另一方面"制天命而用之"，发挥主体的能动作用，因时、因地制宜地进行造物设计活动，从而体现出天人合一的实践原则。

天人合一作为《考工记》的思想基础，不仅表现在造物的总原则上，也体现在具体的器物设计的象征意义上。《考工记·辀人篇》中，以车的各部件象征天地万物："轸之方也，以象地也。盖之圜也，以象天也。轮辐

---

[1] （清）孙诒让著，汪少华整理：《周礼正义》，3989页。

三十，以象日月也。盖弓二十有八，以象星也。龙旂九斿，以象大火也；鸟旟七斿；以象鹑火也；熊旗六斿，以象伐也；龟蛇四斿，以象营室也；弧旌枉矢，以象弧也。"[1] 下方方形车厢象征地，上方圆形车盖代表天，"天圆地方"的宇宙意识被呈现为器物的具体构件，而乘车者正好处于"天地"之间，三者形成一个整体。通过器物的符号化使其承载象征意义，一部乘用的车可以借象征的手法将天、地、人完整和谐地包容在内，体现出既具体又抽象的天人关系。对自然的体察、模仿和借鉴是远古人类就有的方式，从中关于天人相通、天人相类和天人相感的意识渐渐萌生。《易经·系辞下传》描述伏羲画卦："仰则观象于天，俯则观法于地，观鸟兽之文与地之宜，近取诸身，远取诸物……以通神明之德，以类万物之情。"[2] 通过观物取象的方式，先祖创造了最早的宇宙象征图式。追本溯源，关切自然、亲近自然是农业文明和自然经济下人类行为的必然选择，而原始宗教中天人相通、相类和相感的观念又促成了天人合一观的形成。以敬慕之心体察天地万物之态，又以天地万物之态启发人情物理的天人合一的思维方式，也成为造物设计实践的思想基础。

二、遵礼定制：《考工记》的形式观

以传说的"周公制礼"载入史册的《周礼》是周代社会关系的行为规范的总和，是对"礼"在国家、社会及人的日常生活中的具体规范的文字记载。《周礼》其他篇章的内容包含了与国家政权密切关联的邦国建制、政法文教和礼乐兵刑，也涉及与社会生活息息相关的赋税度支、农商医卜，更多的是从形而上层面为社会的意识形态和具体的日常运作建章立制。《考工记》的补入，使得《周礼》强调的规范不仅能从意识、观念和制度方面

---

1 （清）孙诒让著，汪少华整理：《周礼正义》，3989—3905 页。
2 （魏）王弼、（晋）韩康伯注，（唐）陆德明音义，孔颖达疏：《周易注疏》，379 页。

展开，而且能从具体的器物层面展开，让器物可以成为承载意义、标示等级与调节行为的工具。就礼的全面完善来讲，《考工记》是周代礼制化进程中最具体而微的一步；礼的意义渗透也使得《考工记》超越了简单的技术规范资料，具有代表国家意志和时代精神的价值。

《考工记》的造物设计是在礼制要求之下展开的，器物的形制是严格按照社会等级明确规定的。器物的造型、纹饰、材质、色彩、规格等形式要素反映的是器物的使用场所或使用者的身份和地位，是礼制等级的标志。可以说，《考工记》巨细靡遗地规定了几乎所有为礼制化的贵族生活所设计和制作的重要物品。具体地说，《考工记》规定了社会上层阶级在进行祭祀、朝聘、宴飨、征伐、丧葬等活动时所陈设和使用的器物。如《考工记·弓人篇》中就规定，不同长度的弓是为不同等级的士兵而设计："弓长六尺有六寸，谓之上制，上士服之；弓长六尺有三寸，谓之中制，中士服之；弓长六尺，谓之下制，下士服之。"[1]此外，弓的弧度也为不同身份的人而定制："为天子之弓，合九而成规。为诸侯之弓，合七而成规。大夫之弓，合五而成规。士之弓，合三而成规。"[2]

"器以藏礼"[3]，"礼"又服务于权力。遵礼定制的形式观折射出的是周代社会以王权为核心、建立在血缘上的宗法统治制度。大而言之，城邑的规模、设施及方位的选择，所有围绕王权国家政治与贵族生活而展开的空间和环境，也都无一例外地维护并强化着礼制的规范。而那些远离礼制生活中心的器物，其形制大多没有被《考工记》所关注，这正体现了"礼不下庶人"的观念。除了"车人""陶人"等寥寥数语论及农具和陶器的简单制作要领，《考工记》中再无任何与日常生产和生活用器有关的文字，更没有关于日常用器形制设计的标准。正如我们所见，周代传世的大量印纹硬陶、精美木漆器，还有刚刚出现的铁质工具和农具，皆为当时普通人

---

[1] （清）孙诒让著，汪少华整理：《周礼正义》，4310页。
[2] （清）孙诒让著，汪少华整理：《周礼正义》，4309页。
[3] 杨伯峻：《春秋左传注》，中华书局，2018，675页。

日常生活所需之物，但在《考工记》中概付阙如。

《考工记》将遵礼明义作为器物形制的设计规范并反复强化，这与其成书的历史语境莫不相关。春秋时期，随着井田制的崩溃与土地私有制的出现，封建地主经济逐渐代替奴隶制经济，阶级和社会结构都随之产生变化，这使得西周严谨的社会等级及有力的国家政权发生动摇。战国时期，诸侯相互征伐，周王室控制力进一步下降，日渐崩坏的社会秩序亟待维护与重建。面对思想激荡和意识形态遽变，尽管一部与造物技术和思想相关的《考工记》已无力"回狂澜于既倒"，然而不能不说，整部《周礼》的归纳成书在此时正是应时之需。可以说，"礼制"为造物设计提供了严谨的形制规范，有利于经典器物的固定和强化以及制作工艺的精进与提升。但是，"'礼制'同时也制约、阻碍了生产的发展，春秋战国时期手工业生产中大量的新材料、新工艺以及渐趋独立的装饰趣味和审美观念，都是在'礼崩乐坏'的历史情境中，在一定程度上摆脱了'礼'的束缚才得以涌现"[1]。从这个意义上说，将《考工记》造物设计理念中的形式观看作那个时代的设计形式观是不全面的。换言之，《考工记》并不能为其所处时代的设计形式观代言，但其不断强化"遵礼定制"的话语意图却从一个侧面呈现出那段历史变革期中礼制化的设计形式美学观受到了挑战。

三、坚久致用：《考工记》的功能观

《考工记》描述造物活动中选材和制作技术的文本分量最重，"材"与"工"结合起来即器物功能的实现。尽管《考工记》所记述之器物大多不是为平民日常生产和生活而制备，然其对器物实用功能的要求还是明显多于形式观的阐发，其中，要求器物坚固耐久和致用利人的表述最为突出。

在以祭祀、朝聘、宴飨、征伐、丧葬等为内容的礼制活动中，祭祀与

---

[1] 磬年：《功致为上：〈考工记〉研究笔记》，《装饰》，1990（4），42—43页。

征伐对国家而言是至高无上的。所谓"国之大事,在祀与戎"[1],尤其是春秋时期诸侯纷起争夺权力、开疆拓土之时,战争对一个国家来说至关重要。为战事而备的车与兵器,其优劣直接决定了战争的胜负乃至国家的生死存亡。因而,《考工记》对车马兵器的选材工艺要求尤其精确严密:"凡察车之道,必自载于地者始也,是故察车自轮始。凡察车之道,欲其朴属而微至。不朴属,无以为完久也,不微至,无以为戚速也。"[2]即检验车须从车着地的部位——车轮开始。关键是,车轮要结构坚固,而且要与地的接触面小。结构不坚固,车就不能经久耐用;车与地的接触面过大,行驶速度就不快。车轮是最精细也最关键的部分:"毂也者,以为利转也。辐也者,以为直指也。牙也者,以为固抱也。轮敝,三材不失职,谓之完。"[3]轮毂,要使它利于车轮的转动;辐条,要使它直指车牙;车牙,要使它牢固紧抱。这样,轮子即使磨损坏了,毂、辐、牙也不会松动变形,可谓完美。以精确的工艺将局部与整体结合起来,使车坚固耐久,即使是轮子磨损更换,关键部件仍旧耐用而不必替换,这是制车的最高境界。不只是制车,《考工记》在关于"函人""鲍人"等的篇章中,对函人制作甲衣、鲍人鞣制皮革都提出了经久耐用的要求和制作的要领。

除坚固耐久,器物制作还要以适用于人作为功能标准。仍以制车为例,车轮高度不仅要便于人登车,还要使畜力得到最大限度的发挥,且尺寸依据不同用途也须不同:"轮已崇,则人不能登也,轮已庳,则于马终古登阤也。故兵车之轮六尺有六寸,田车之轮六尺有三寸,乘车之轮六尺有六寸,六尺有六寸之轮,轵崇三尺有三寸也,加轸与镤焉,四尺也。人长八尺,登下以为节。"[4]车轮过高,不便于人登车;车轮过低,马拉车像爬坡一样费力。兵车轮高六尺六寸,田车轮高六尺三寸,乘车轮高六尺六寸。六尺六寸高的车轮,轵高三尺三寸,再加上轸木与车镤,登踏就是四尺,人高八

1　杨伯峻:《春秋左传注》,737页。
2　(清)孙诒让著,汪少华整理:《周礼正义》,3778页。
3　(清)孙诒让著,汪少华整理:《周礼正义》,3788—3790页。
4　(清)孙诒让著,汪少华整理:《周礼正义》,3779—3781页。

尺，四尺正是方便人上下的高度。此外，车盖不能遮挡乘车者的视线、车辕的曲直要恰到好处地使乘车人感到稳定等，这些都是制车中致用利人功能观的阐发。正是为了便于使用，兵器长度也有上限："凡兵无过三其身，过三其身，弗能用也。"[1] 戈矛之类的长兵器，其长度不能超过持用者身长的三倍方为合理。而梓人为饮器，也可以通过检验来对其使用性能作出判断："乡衡而实不尽，梓师罪之。"[2] 即如果爵上的两柱向眉而酒还没能饮尽，则是饮器因形态不合理而不合格，制作者也必受罚。无论是兵器、祭器、乐器还是农具和日用器，都不同程度地有功能上的要求。通过对造物经验的总结和初步的科学推理，《考工记》强调了借助精确的工艺来实现器物之于使用者更科学、合理和长久的使用价值。正如"辀人"篇中总结道："辀有三度，轴有三理……轴有三理：一者，以为美也；二者，以为久也；三者，以为利也。"[3] 轴的制作，讲究的是形质精美、坚固耐久和利于行车；其坚久致用的标准则是《考工记》造物设计功能观的核心。

四、造物设计的表现手法

除对设计观念和工艺技术的阐发，《考工记》还就造物设计的表现手法有过一些表述。造物设计的表现手法，实质上指在掌握制作之技艺后，调动艺术感官和设计思维来统合空间、形态、色彩等形式因素，从而实现特定的风格。尽管《考工记》并非强调这些表现手法由个体自由创造和运用，然其通过对诸种形式经验和表现技法的固定运用来创设服务于特定情境的风格，也使得"百工"之职有可能超越单纯体力和手工劳作而具有脑力劳动的价值。以下择其要者述之。

---

[1]（清）孙诒让著，汪少华整理：《周礼正义》，4115 页。
[2]（清）孙诒让著，汪少华整理：《周礼正义》，4093 页。
[3]（清）孙诒让著，汪少华整理：《周礼正义》，3867—3871 页。

（一）因义赋形

在《考工记》中，"梓人为筍虡"一节的内容与他节有所不同。其他篇章大多遵从由形制、材料、工艺的规范到检验方法的表述模式，对工匠来说是具体的操作手册，对考工者而言是详细的技术标准。然而，"梓人为筍虡"节在叙述乐器钟磬支架的设计制作时呈现出的是，形象思维和联想思维是如何通过仿生造型手法而赋予筍虡更具艺术表现力的形态。此段先将"天下之大兽"分为五类：脂者、膏者、臝者、羽者、鳞者。郑玄注疏道："脂，牛羊属；膏，豕属；臝者，谓虎豹貔螭，为兽浅毛者之属；羽，鸟属；鳞，龙蛇之属。"[1] 在宗庙祭祀中，脂、膏（牛羊豕）用作牺牲；而臝、羽、鳞的形象用作筍虡的形态。《考工记》载："外骨、内骨、却行、仄行、连行、纡行、以胸鸣者、以注鸣者、以旁鸣者、以翼鸣者、以股鸣者、以胸鸣者，谓之小虫之属，以为雕琢。厚唇弇口，出目短耳，大胸燿后，大体短脰，若是者谓之臝属。恒有力而不能走，其声大而宏。有力而不能走，则于任重宜；大声而宏，则于钟宜。若是者以为钟虡，是故击其所县，而由其虡鸣。锐喙决吻，数目顾脰，小体骞腹，若是者谓之羽属。恒无力而轻，其声清阳而远闻。无力而轻，则于任轻宜；其声清阳而远闻，则于磬宜。若是者以为磬虡，故击其所县而由其虡鸣。小首而长，抟身而鸿，若是者谓之鳞属，以为筍。"[2] 筍为支架之横木，虡是支架之直柱，筍虡的造型选择不同的动物形态，其缘由是不同动物的性情与不同的乐器乐声分别形成对应关系。如"臝"的特点是恒有力而不能走，声大而宏，正与钟的特性吻合，以其形象做虡的刻饰，敲击所悬之钟，声音正像是由虡上之虎豹发出来一样；"羽"的特点是恒无力而轻，声清阳而远闻，正与磬的特性吻合，以其形象做虡的刻饰，敲击所悬之磬，声音就像是由虡上之禽鸟发出来的。这种设计思维方式正是以形取义，因义赋形：由形揣其义，因义度其形，将造型艺术中最重要的形象思维能力调动起来，利用视觉和

---

1 （清）孙诒让著，汪少华整理：《周礼正义》，4075页。
2 （清）孙诒让著，汪少华整理：《周礼正义》，4076—4084页。

听觉的互联，使装饰雕刻的题材内容和设计对象的功能和谐统一。

在具体的造型手法上，"凡攫閷援簭之类，必深其爪，出其目，作其鳞之而。深其爪，出其目，作其鳞之而，则于眡必拨尔而怒。苟拨尔而怒，则于任重宜，且其匪色必似鸣矣。爪不深，目不出，鳞之而不作，则必颓尔如委矣，苟颓尔如委，则加任焉，则必如将废措，其匪色必似不鸣矣"[1]。刻饰擅捕杀抓咬的兽类，要深藏其爪，突出其目，鳞毛张开，则该兽会有"拨尔而怒"之感，否则就会显得颓丧不振，好似不能发出洪大的声音。在祭祀的盛大场面中，礼乐器的造型形态和细节刻饰须加益于环境氛围的创造，以烘托雄强盛大与刚健奋发的视觉效果和心理感受，塑造出"拨尔而怒"的审美风格。

（二）模数创制

《考工记》"匠人营国"一节的内容相较于他节更为宏观，将视野由器物之形制、材料、工艺的规范扩大到了容纳器物和生活的空间，包括都城选址以及宫室、明堂、宗庙、道路、沟洫等工程的规划设计。"营国"的核心思想仍然围绕着等级制度展开，其在礼制规范下的方位选定、形制确立和空间营造也体现出明显的固化趋向。然而，正是这种程式化的设计却成为滋生模数思维和设计方法的土壤。"匠人营国，方九里，旁三门。国中九经九纬，经涂九轨，左祖右社，面朝后市，市朝一夫。"[2] "九经九纬"描述的纵向与横向交错的三组道路，在矩形的王城内部勾勒出一个由"井"字形单位组成的平面图。整体布局上，王宫居中，左侧是宗庙，右侧是社坛，前面是朝会处，后面是市场，朝会处和市场的面积皆为一夫之地；状如棋盘的布局显示出高度对称，结构谨严，从尺度上王城也为最高标准。城市史的研究表明，这种建立在模数思维上的模块化布局直接影响了汉代以后"里坊制"的产生和发展[3]。在王宫内部，"周人明堂，度九尺之筵，东

1　（清）孙诒让著，汪少华整理：《周礼正义》，4085—4087页。

2　（清）孙诒让著，汪少华整理：《周礼正义》，4137—4144页。

3　张蓉：《〈考工记〉营国制度新解：与规划模数相关的内容》，《建筑师》，2008（5），77—81页。

西九筵，南北七筵，堂崇一筵，五室，凡室二筵。室中度以几，堂上度以筵，宫中度以寻，野度以步，涂度以轨，庙门容大扃七个，闱门容小扃三个，路门不容乘车之五个，应门二彻三个。内有九室，九嫔居之。外有九室，九卿朝焉。九分其国，以为九分，九卿治之"[1]。几、筵、寻、步、轨，本为空间中的家具、物件或人体的尺度，这里皆转化为了度量和创造空间本身的模数单位，更大的空间创制必定以其为基本单位成倍数地展开。此外，平面布局上"九分其国"的九宫格模式，除了是王城实际功能需求的外化，更包蕴了以天子为中心的国土区划观念。《尚书·禹贡》开篇即云："禹别九州，随山浚川，任土作贡。"[2]《禹贡》篇虽为战国假托之作，但其冀、兖、青、徐、扬、荆、豫、梁、雍九州的划分明确地对国土领地作了强化。古籍之中更有"昔黄帝方制天下，立为万国……若颛顼之所建，帝喾受之，创制九州，统领万国"[3]之言。可知，通过历史追溯来确立"九州"组成的国土和领地观，常常成为统领万国的权力执掌者申明其疆域合法性的举动，也为开疆拓土和巩固领地提供了充分理由。因而，西周王城"九分其国"的形制也就不难理解：在王权国家的政治中心，创制具有"天下"隐喻的空间结构和意象，其象征意义与政治意图不言自明。

按照《考工记》中的模数思维和初步的模块化设计方法，描绘或建造一个规整有序的空间易如拾芥。这个空间复合体内部各单位遵循着理性与严谨的原则，环环相扣，组成的整体紧紧服务于王权国家的礼制生活，而其结构和尺度又映射着尊卑有别、长幼有序的等级社会观念，更以微缩的"九分其国"将"天下"之空间意象包蕴其内。然而更多的学者认为，《考工记》的描绘其实是理想化的王城模式，是当时意识形态领域的产物，而不是任何一个时期的王城的规制[4]。的确，从《周礼》的成书背景来看，"营国"之制更有可能是维护礼制的文本；从考古来看，与"营国"之制严格

---

1 （清）孙诒让著，汪少华整理：《周礼正义》，4169—4196页。
2 孔安国撰，孔颖达注疏，廖名春、陈明整理，吕绍纲审定：《尚书正义》，132页。
3 （唐）杜佑：《通典（三）》，济南：山东画报出版社，2004，5页。
4 张腾辉：《周礼王城：天下一家的空间图式》，《学术月刊》，2012（2），115—125页。

一致的城市遗址也不存在。不过《考工记》具有礼制特征的设计观却实实在在地影响了之后封建帝制时代的都城形态；更重要的是，其模数思维和初步的模块化设计方法也在包括宫殿、坛庙、陵寝、民居在内的建筑物中反复运用。

（三）绘事后素

《考工记》论"画缋"时，在详述诸种画缋装饰的色彩与纹样组合后，以"凡画缋之事后素功"一句结尾。郑玄注"画缋之事后素功"曰："素，白采也，后布之以其易渍污也。不言绣，绣以丝也。"郑司农说："以《论语》曰：缋事后素。"[1] "凡画缋之事后素功"应被解释为：在纺织品彩绘工艺中，有着最后用白色勾勒和局部描绘的工序。理由是，绘者在对底稿赋色的过程中很容易将底稿的轮廓浸渍模糊，同时，浅色又易被其他颜色覆盖，因此，无论绘制何种色彩和纹样，最后都要用素色重新勾勒和局部描绘。对此句的训诂学研究，几乎所有相关研究学者都将其与《论语·八佾》中的"绘事后素"[2] 相提并论。这是一段孔子和子夏对话的记载："子夏问曰：巧笑倩兮，美目盼兮，素以为绚兮。何谓也？子曰：绘事后素。"曰："礼后乎？"子曰："起予者商也，始可与言诗已矣。"[3] 郑玄注"绘事后素"为："绘，画文也，凡绘画，先布众色，然后以素分布其间，以成其文，喻美女虽有倩盼美质，亦须以礼成之。"[4] 孔子此句中的"绘事后素"并不着意谈论绘画的工艺程序与表现手法，而是微言大义，借绘画的表现手法来比兴人格。五彩众色指人的美质，而素色指"礼"；君子修身要以仁德为质，而后学礼，才能内外兼修，有所成就，正是孔子所言"博我以文，约我以礼"[5]。虽则孔子意不在绘画本身，但《论语》中的"绘事后素"与《考

---

[1] （清）孙诒让著，汪少华整理：《周礼正义》，3995页。
[2] 朱熹撰，郭万金编校：《论语集注》，商务印书馆，2015，103页。
[3] 朱熹撰，郭万金编校：《论语集注》，103页。
[4] （清）孙诒让著，汪少华整理：《周礼正义》，3996页。
[5] 朱熹撰，郭万金编校：《论语集注》，170页。

工记》之章句相互参证，显示出"素"实为画缋中的不可或缺的工艺程序和主要表现手法，且在先秦时期具有普遍性。"绘事后素"也有不同注疏。宋代朱熹注云："礼必以忠信为质，犹绘事必以粉素为先。"又说："绘事，绘画之事也。后素，后于素也。《考工记》曰'绘画之事后素功'，谓先以粉地为质，而后施五采。犹人有美质，然后可加文饰。"[1] 朱熹认为"绘事后素"是先有素的底子，后布众色，实质上是"众色后于素"。其所理解的施"素"的工艺程序与郑玄的注解正好相反，曾引起过广泛的辨义和考证。

就先秦时期纺织品装饰工艺水平来说，无论是在素地上绣以五彩众色，还是在染色刺绣后的纹样上以素色勾画描绘，其技术实现都没有难度；出土的先秦纺织品中，也缺乏特别有力的证据能够表明"后素功"的工艺程序究竟如何。然若联系《周易》中的贲卦，其关于装饰美学的阐述，基本上可以帮助断定"绘事后素"的工艺应该是先五彩后施素；且其工艺与"白贲"之装饰旨趣相依而生，阐发了"仁先礼后"的道德譬喻和素朴尚质的审美取向。作为群经之首，《周易》是孕育中国传统文明的母体。《易经》第二十二卦"贲"即装饰之意，其爻辞中有"白贲，无咎"之说，"贲"即文饰，"白贲"则是没有文饰。王弼《周易注》云："处饰之终，饰终反素，故任其质素，不劳文饰，而无咎也。以白为饰，而无忧患，得志者也。"孔颖达疏云："白贲无咎者，处饰之终，饰终则反质素，不劳文饰，故曰白贲无咎。"[2] 这一爻辞的解释表达了对装饰之道的探寻，认为繁复绚丽不是装饰的最终目的，归于素朴才是装饰的极致。其素朴尚质、朴素为美的思想正与《论语·八佾》中"素以为绚"的审美表达高度一致。综合来看，"绘事后素"的工艺程序应为"先彩后素"，并且这种表现手法是为了符合"白贲"的审美旨趣与风格创设而在先秦装饰绘画和纺织品彩绘中广泛使用的。

1　朱熹撰，郭万金编校：《论语集注》，103页。
2　（魏）王弼、（晋）韩康伯注，（唐）陆德明音义，孔颖达疏：《周易注疏》，147页。

五、结语

　　以礼制化为目的的造物设计规范，几乎没有个体主观性的表达空间，更多的是一种集体意志和社会意志的表达。因而，对《考工记》的研究，要先探寻支配这种集体意志和社会意志的深层观念，才有可能为设计美学思想寻根溯源。在经历了史前社会的自然崇拜和殷商社会的天命神权观后，周代社会在整体的观念和信仰上体现出明显的进步性，对天道与人伦的探求使其更具有人文主义的气息；这种具有人文主义气息的宇宙观，更容易也更自觉地影响和决定了社会的结构和制度，尤其是与人相关的造物设计的制度。因此，《考工记》的设计美学思想可以被描述为这样一个有层次的体系：它以周代社会普遍的宇宙哲学为认识和实践基础，通过翔实的规范与标准表达了造物设计的形式观、功能观，并借具体的表现手法塑造了相应的设计审美风格。

象数与道统：北宋朱长文琴器思想考释*

何清俊

中国地质大学（武汉）艺术与传媒学院

  摘 要：北宋朱长文所著《琴史》是中国现存最早的琴史专著，它不仅整理、记录了宋以前历代琴史资料，也反映了北宋时期儒士的道统观念与象数思想。朱长文深受北宋儒学复古风气与象数学的影响，并将其用于琴学理论的建构。琴器思想是朱长文琴学理论的重要组成部分，主要包含了尊圣、拟象、应数和立道四个方面，具体体现在对琴器的选材、形制、部件名称等内容的解释上。在北宋新儒学兴起背景下，朱长文琴器思想也反映出了知识分子试图将传统阴阳、五行、象数等观念进行形而上重构来解释经验世界的尝试。

  关键词：朱长文；《琴史》；象数；道统；拟象

  朱长文，字伯原，号乐圃，吴县（今苏州）人，是北宋后期著名的文艺理论家。朱长文博学经史、擅长诗文，精通书论与琴学，存有《吴郡图经续集》《墨池编》《乐圃余稿》《乐圃集》《琴史》等著作。朱氏所撰《琴

---

* 本文为 2019 年度国家社科基金冷门绝学项目《存世唐宋古琴的斫制、髹漆与校音技艺研究》阶段性成果，项目编号：19VJX162。

史》系统整理、论述了北宋前历代琴人、琴事及琴学理论,是中国古代第一部琴史专论,在中国古代琴学史上具有里程碑意义,纪晓岚在《四库全书总目》中给予该书极高评价:"凡操弄沿起,制度损益,无不咸具。"[1]朱长文所著《琴史》以儒学思想为基底,用象数附会琴器制度,试图构建以儒学为正统的琴学史观,体现了北宋时期理学思想在琴器观念上的投射。

一、尊圣

朱长文虽有出仕经历,但主要以儒家"隐士"形象出现在史籍中。朱长文在当时影响很大,《乐圃余稿·附录》记载,北宋元祐元年(1086年),苏轼、邓温伯、胡宗愈、孙觉、范百禄等人上书朝廷为朱长文请仕苏州州学教授,对其学问和节操大加赞许,特意强调朱长文"隐居不仕,仅三十年。不以势利动其心,不以穷约易其介,安贫乐道,阖门著书。孝友之诚,风动闾里;廉高之行,著于东南"[2]。米芾所撰《乐圃先生墓表》云:

十九岁登乙科。病足,不肯从吏趋,筑室居郡乐圃坊,有山林癖[3]。著书阅古,乐尧舜道,久之,名称蔼然,一郡向服。郡守监司,莫不造请,谋政所急。士大夫过者,必奔走乐圃,以后为耻。名动京师,公卿荐以自代者甚众。天子贤之,起为本郡教授,以为未广也。起为国子[4]先生,以道授多士,未几,擢东观,仍兼枢府属。元符元年二月丙申,遘疾不禄,享年六十。……先生道广,不疵短人,人亦乐趋先生。势不在人上,而人不敢议,盖见之如麟凤焉。……至于诗书艺文之学,莫不骚雅造古。死之日,

---

1 (清)纪昀等:《四库全书总目》卷一一三,清乾隆武英殿刻本,1888页a。
2 (宋)朱长文:《乐圃余稿·搭子》,见文渊阁《四库全书》第1119册,台湾商务印书馆,1985,0059页a。
3 一作"趣"。
4 一作"太学"。

家徒藏书二万卷。天子知其清，特赠缣百匹。[1]

按米芾所记，朱长文十九岁就考中进士，后因足疾而弃官。朱长文"有山林癖"，"乐尧舜道"，逐渐声名远播，以至于经过苏州的士大夫争先恐后地去拜访他。因此，朱长文在因足疾致仕后还多次得到朝廷召辟。朱长文的人生经历与性格是十分符合传统儒家"隐士"特点的，如不贪恋官位、安贫乐道、有文艺才能等。米芾称赞朱长文"道广""如麟凤"，特别强调其"有山林癖""乐尧舜道"，评价其文艺才能"诗书艺文之学，莫不骚雅造古"。张景修《乐圃先生墓志铭》载："乐圃先生朱伯原卒于京师，识与不识者皆叹之。"[2] 范成大《吴郡志》这样记载朱长文："公绰（朱长文之父）居凤凰乡集祥里，园亭甚古，长文擢弟号其居曰乐圃，时俊咸师仰之，号乐圃先生。"[3] 可见，朱长文虽在乡里筑园而居，但并非真正的隐士，其"著书阅古"声名远播四方，受到当时的才俊贤达景仰。朱长文也以儒家隐士自居，其《乐圃记》曰：

苟不用于世，则或渔或筑，或农或圃，劳乃形，逸乃心，友沮溺，肩黄绮，追严郑，蹑陶白，穷通虽殊，其乐一也。故不以轩冕肆其欲，不以山林丧其节。孔子曰："乐天知命，故不忧。"又称颜子在陋巷不改其乐，可谓至德也已。余尝以"乐"名圃，其谓是乎？

中国古代主流学术一般都以尊圣为出发点来建构自己的学术体系，如《考工记·序》曰："知者创物，巧者述之，守之，世谓之工。百工之事，皆圣人之作也。"[4] 朱长文作为典型的儒士，其《琴史》通篇贯穿着儒家尊圣重贤的思想。琴器是何人所造，有伏羲造琴和神农造琴两种主要说法，如

---

[1] （宋）朱长文：《乐圃余稿·墓表》，见文渊阁《四库全书》第1119册，0058b—0058d页。
[2] （宋）朱长文：《乐圃余稿·墓志铭》，见文渊阁《四库全书》第1119册，0056页a。
[3] （宋）范成大撰，陆振岳点校：《吴郡志》，江苏古籍出版社，1999，385页。
[4] 戴吾三编著：《考工记图说》，山东画报出版社，2003，17页。

王谟辑本《世本》载:"伏羲作琴,神农作瑟。"[1] 又孙冯翼集本《世本》载:"宓羲作瑟,神农作琴。"[2] 又雷学淇校辑本《世本》载:"伏羲造琴瑟……宋衷曰:神农作琴,神农作瑟。"[3] 又秦嘉谟辑补本《世本》:"神农作琴。"[4]《琴史》朱长文自序云:"琴之为器,起于上皇之世,后圣承承,益加润饰。"[5] 朱长文认为琴器始于上古圣王,后被历代圣贤继承,逐渐发扬光大。朱长文将琴的"发明权"归属于伏羲,《琴史·莹律》曰:"昔者伏羲氏既画八卦,又制雅琴……当宓羲之时,未有律吕之器,而圣人已逆其数矣,未有历象之书,而圣人已明其时矣。"[6] 朱长文认为琴之创制始于伏羲,旨在将琴器肇端归于儒家圣人,且特地解释虽然当时没有发明律吕之标准器具,但圣人已经能够推算其中所蕴含的数理。《琴史·释弦》曰:"舜弦之五,本于义也,五弦所以正五声也。"[7] 朱长文认为琴弦之数定为五是为了对应五行之五声,并将此归功于舜。

此外,从谋篇布局来看,朱长文为了"尊圣"可谓用心良苦。《琴史》前五卷大致以时间为顺序,大篇幅叙述古代圣贤与历代著名琴人,尤其是卷一以尧、舜、禹三代圣王开始,其后录入太王、王季、文王、武王、成王等古代贤王,接着从周公开始,将儒家圣贤孔子、许由、夷、齐、箕子、微子、伯奇、介之推、史鱼、颜子、子张、子夏、闵子、子路、曾子、原思、宓子贱等录入。卷二至卷五以时间顺序,分别叙述了先秦至北宋时期的贤者、琴人与琴事。如《琴史·帝尧》曰:"帝尧宅天下,其圣神之妙用,则荡荡乎民无能名者也;其事业之余迹,则巍巍乎其有成功者也。扬子尝云:'法始乎伏,成乎尧,匪伏匪尧,礼义哨哨。'夫琴者,法

---

[1] (清)王谟辑本:《世本》,见《世本八种》,中华书局,2008,35页。
[2] (清)孙冯翼集本:《世本》,见《世本八种》,6页。
[3] (清)雷学淇校辑本:《世本》,见《世本八种》,75页。
[4] (清)秦嘉谟辑补本:《世本》,见《世本八种》,355页。
[5] 汪孟舒:《古吴汪孟舒先生琴学遗著》(上),中华书局,2013,159页。
[6] 汪孟舒:《古吴汪孟舒先生琴学遗著》(上),246页。
[7] (宋)朱长文,林晨编著:《琴史》,中华书局,2010,118页。

之一也。"[1] 朱长文引用汉代扬雄的观点，认为礼仪"始乎伏，成乎尧"，而琴是礼法之一。又《琴史·帝舜》曰："舜继尧位，刑政日以明，礼乐日以备。……及有天下，弹五弦之琴以歌《南风》，而天下治。"[2] 朱长文将琴与政教联系在一起，认为舜弦歌而天下治。又《琴史·大禹》曰："大禹悼鲧绩之不成，而哀尧民之垫危，于是乘四载，历九州，过家不入，以平水土。观洪水襄陵泛丘，乃援琴作'操'，其声清以溢，潺潺，志在深河也，名曰《禹操》，或曰《襄陵操》。及嗣舜之业，当作《大夏》，夏，大也，言治水之功为大也。"[3] 琴不仅可以表达忧国忧民之思，也可以用来歌功颂德。又《琴史·周公》曰："周公以圣人之才佐文武、定王业、相成王、致太平，于是四海和会，越裳氏重九译而来贡。周公曰：'此非旦之力也，文王之德也。'乃援琴而鼓之，故曰《越裳操》，喜远人之服而归美于先王也。或云又有《临深操》，盖言当天下之任而益加恭慎也。"[4] 周公辅佐诸王而天下归心，琴可以传达喜悦之情，又可以表现居安思危之意。又《琴史·孔子》曰："及孔子厄于陈、蔡之间，讲诵弦歌不辍。"[5] 三代以后，尤其是从孔子开始，琴的功能则主要由祭祀政教转向君子修身。

朱长文将琴史追溯至上古三代圣王、周公、孔子和历代贤者，正是儒家尊圣思想在琴史构建中的体现。可见，将琴器的发明时间确定为"上皇之世"，发明权归于伏羲，并非简单地记述前人之论，而是为了建立儒家圣人为肇端的琴史观。

---

1 （宋）朱长文著，林晨编著：《琴史》，2页。
2 汪孟舒：《古吴汪孟舒先生琴学遗著》（上），163—164页。
3 汪孟舒：《古吴汪孟舒先生琴学遗著》（上），164页。
4 汪孟舒：《古吴汪孟舒先生琴学遗著》（上），167页。
5 （宋）朱长文著，林晨编著：《琴史》，9页。

二、拟象

琴器创制拟象论可追溯至《周易》，至明代基本圆熟，浙派《文会堂琴谱》曰："圣人之制器，象其物宜也，厥有旨哉。"[1]《周易·系辞上传》第八章指出："圣人有以见天下之赜，而拟诸其形容、象其物宜，是故谓之象。"[2] 圣人之所以用"象"来"拟诸其形容""象其物宜"，其目的在于用拟象的方法来阐明深奥的道理。又《周易·系辞上传》第十章曰："《易》有圣人之道四焉：'以言者尚其辞，以动者尚其变，以制器者尚其象，以卜筮者尚其占。'"[3] 因"象"可象征"道"，故"制器者尚其象"，达到器以"载道"的目的。《周易·系辞下传》第二章指出卦象的创制也是遵循"尚象"的原则，具体方法是"仰则观象于天，俯则观法于地，观鸟兽之文与地之宜，近取诸身、远取诸物，于是始作八卦，以通神明之德，以类万物之情"[4]，即通过对天地万事万物进行观察、总结而提炼出卦象。又《周易·系辞上传》第十二章指出："是故形而上者谓之道，形而下者谓之器，化而裁之谓之变，推而行之谓之通，举而错之天下之民谓之事业。是故夫象，圣人有以见天下之赜，而拟诸其形容、象其物宜，是故谓之象。"[5] 可见，"制器尚象"论一开始就具有形而上意味，旨在用形而下之器通达形而上之道。

到了汉代，"制器尚象"观念被赋予"天人合一"的内涵，且披上了谶纬学的面纱，汉代琴器观念亦受此思想影响。董仲舒《春秋繁露·阴阳义》曰："天亦有喜怒之气，哀乐之心，与人相副。以类合之，天人一也。"[6] 董仲舒将"天"人格化，赋予天喜怒哀乐的情感，天与人"以类合之"。董仲舒以《易传》天地人三才论为基础，发展出天人感应思想，《春秋繁

---

1 中国艺术研究院音乐研究所、北京古琴研究会编：《琴曲集成》第六册，中华书局，2010，133页。
2 周振甫译注：《周易译注》，中华书局，1991，508页。
3 周振甫译注：《周易译注》，517页。
4 周振甫译注：《周易译注》，533页。
5 周振甫译注：《周易译注》，526页。
6 （西汉）董仲舒，周桂钿译注：《春秋繁露》，中华书局，2011，153页。

露·人副天数》曰:"天德施,地德化,人德义。天气上,地气下,人气在其间。……阳,天气也;阴,地气也。故阴阳之动,使人足病,喉痹起,则地气上为云雨,而象亦应之也。"[1]在董仲舒看来,人之形也是遵循象天法地的原则而产生,且与天地交相感应。董仲舒直接以琴瑟演奏的例子来论证天人感应,如《春秋繁露·同类相动》曰:"天有阴阳,人亦有阴阳。天地之阴气起,而人之阴气应之而起;人之阴气起,天地之阴气亦宜应之而起,其道一也。……故琴瑟报,弹其宫,他宫自鸣而应之,此物之以类动者也。"[2]

西汉司马迁《史记·乐书》曰:"凡音由于人心,天之与人有以相通,如景之象形,响之应声。故为善者天报之以福,为恶者天与之以殃,其自然者也。故舜弹五弦之琴,歌南风之诗而天下治;纣为朝歌北鄙之音,身死国亡。"[3]司马迁认为天人相通,而音发自人心,故音乐可以与天相应,甚至可以影响到国家兴亡。汉代"制器尚象"观念既遵循观物取象的原则,又被宗教化和政治神学化,汉代琴器造物思想正是体现了这一思维模式。西汉刘向认为琴乐有很多功能,其中一条就是可以与鬼神感应,其《琴说》曰:"凡鼓琴,有七例:一曰明道德,二曰感鬼神,三曰美风俗,四曰妙心察,五曰制声调,六曰流文雅,七曰善传授。"[4]也有不认同天人感应、鬼神附会之说的,如王充《论衡·感虚篇》曰:"然而鱼听、仰秣、玄鹤延颈、百兽率舞,盖且其实。风雨之至、晋国大旱、赤地三年、平公癃病,殆虚言也。"[5]王充认为历史上关于鼓琴的神话传说都不可信,但其观点不是当时学术的主流。

如果说先秦时期的"制器尚象"观念还具有原始自然崇拜倾向,那么至西汉则形成了较为完整成熟的理论,其核心是"天人感应"。东汉时期

---

1 (西汉)董仲舒,周桂钿译注:《春秋繁露》,163—164页。
2 (西汉)董仲舒,周桂钿译注:《春秋繁露》,170页。
3 (西汉)司马迁:《史记》(二),上海古籍出版社,2011,831页。
4 吴钊、伊鸿书、赵宽仁等编:《中国古代乐论选辑》,人民音乐出版社,2011,89页。
5 (东汉)王充,陈蒲清点校:《论衡》,岳麓书社,1991,82页。

谶纬学说进一步发展为"天人感应"学说,"制器尚象"观念正式纳入汉代官方政治神学思想体系。将琴器拟象观念最早政治神学化的是东汉桓谭,其《新论·琴道》:"神农氏继宓羲而王天下,亦上观法于天,下取法于地,近取诸身,远取诸物,于是始削桐为琴,绳丝为弦,以通神明之德,合天地之和焉。"[1]桓谭认为琴器创制原则是"尚象",琴器功能是"通神明之德,合天地之和"。又《新论·琴道》曰:"上圆而敛,法天;下方而平,法地。上广下狭,法尊卑之礼。"[2]桓谭将琴器拟象论与儒家政治伦理思想联系在一起。

魏晋时期,随着玄学兴起和常识理性精神的发展,东汉以来的谶纬神学逐渐消退,文艺思想逐渐趋向于个体精神解放与心灵自由。魏晋时期士人自我意识觉醒,对于琴器的观念也发生了改变,琴成为士人修身养性工具,以及士人道德标榜的符号。如嵇康《琴赋·序》曰:"众器之中,琴德最优。……乱曰:愔愔琴德,不可测兮;体清心远,邈难极兮;良质美手,遇今世兮;纷纶翕响,冠众艺兮;识音者希,孰能珍兮;能尽雅琴,唯至人兮!"[3]唐代琴器观上承魏晋,但仍以儒家政教思想为主,如薛易简《琴诀》曰:"琴之为乐,可以观风教,可以摄心魄,可以辨喜怒,可以悦情思,可以静神虑,可以壮胆勇,可以绝尘俗,可以格鬼神,此琴之善者也。"[4]但随着道教的兴盛,唐代琴器观也随之受到影响,如司马承祯《素琴传》曰:"夫琴之制度,上隆象天,下平法地,中虚合,无外响。"[5]司马承祯用拟象思维将琴器造型与宇宙观进行附会,但提出的"中虚合"带有道教内丹思想倾向。

朱长文在继承前人学说的基础上,以儒学道统思想为出发点,对琴器"象天法地"之论予以重新阐释。《琴史·拟象》曰:"圣人之制器也,必

---

[1] (东汉)桓谭,吴则虞辑校:《新论》,社会科学文献出版社,2014,92页。

[2] (东汉)桓谭,吴则虞辑校:《新论》,93页。

[3] (三国魏)嵇康著,戴明扬校注:《嵇康集校注》(上册),中华书局,2014,140—145页。

[4] 汪孟舒:《古吴汪孟舒先生琴学遗著》(上),233—234页。

[5] 吴受琚辑释:《司马承祯集》,社会科学文献出版社,2013,4页。

有象。观其象，则意存乎中矣。琴之为器，隆其上以象天也；方其下以象地也；广其首，俯其肩，象元首股肱之相得也，三才之义也。"[1] 朱长文所谓"三才之义"源自《易传》"三才之道"，即《周易·系辞下传》第十章所言"《易》之为书也，广大悉备：有天道焉，有人道焉，有地道焉。兼三才而两之，故六。六者，非它也，三才之道也"[2]。朱长文所附会琴器之"广其首，俯其肩"上接董仲舒天人相应之说，如《春秋繁露·人副天数》曰："是故人之身，首而圆，象天容也；发，象星辰也；耳目戾戾，象日月也；鼻口呼吸，象风气也；胸中达知，象神明也；腹胞实虚，象百物也。"[3] 朱长文还针对琴器部件予以释名附会，《琴史·拟象》曰："高其前以为岳，命曰临岳，象名山峻极，可以兴云雨也。虚其腹以为池，一曰池、一曰滨，象江海幽远，可以蟠灵物也。所以张弦者曰轸、象车轸以载，致远不败也。所以枘弦者曰凤足，象凤皇来仪，鸣声应律也。翼其旁者曰凤翅，传其末者曰龙尾，取其瑞也。"[4] 无论是琴器的外形还是琴器部位的名称，朱长文都充分发挥了拟象论予以重新建构。

三、应数

朱长文琴器形制观念不仅比附自然之象，也应和自然之数。西汉时期，在天人合一思想的影响下，象数观念就开始被用于解释各种事物。董仲舒《春秋繁露·人副天数》曰："天以终岁之数，成人之身，故小节三百六十六，副日数也；大节十二分，副月数也；内有五藏，副五行数也；外有四肢，副四时数也；……是故陈其有形，以著其无形者，拘其可数

---

1 （宋）朱长文著，林晨编著：《琴史》，133页。
2 周振甫译注：《周易译注》，560页。
3 （西汉）董仲舒，周桂钿译注：《春秋繁露》，163页。
4 （宋）朱长文著，林晨编著：《琴史》，133—136页。

者，以著其不可数者。此言道之亦宜以类相应，犹其形也，以数相中也。"[1] 董仲舒认为"人副天数"，并推之"以类相应"，并指出"犹其形也，以数相中"，这种思想也被用于阐释器物。早期古琴形制不断地改变，到东汉以后其形制才逐渐稳定，最早记载有关于琴制的文献是西汉司马迁的《史记·乐书》："琴长八尺一寸，正度也。弦大者为宫，而居中央，君也。商张右傍，其余大小相次，不失其次序，则君臣之位正矣。"[2] 这里已记载有琴的长度、琴弦规制及含有象征儒家秩序观念的弦序，但尚未比拟周天之数。

东汉桓谭《新论·琴道》曰："昔神农、伏羲王天下，梧桐作琴，三尺六寸有六分，象期之数。厚寸有八，象三六数。广六寸，象六律。……足以通万物而考治乱也。"[3] 桓谭指出琴制的长度、厚度、广度等数据皆比附自然之数，认为琴可以"通万物""考治乱"。东汉蔡邕《琴操·序首》曰："琴长三尺六寸六分，象三百六十日也；广六寸，象六合也。……五弦宫也，象五行也。"[4] 蔡邕继承前人的说法，进一步将琴器附会自然之数，并以五弦附会五行。东汉应劭《风俗通义卷六·琴》曰："易称：'先王作乐，崇德殷荐之上帝，以配祖考。'诗云：'钟鼓锽锽、磬管锵锵、降福穰穰。'书曰：'击石拊石，百兽率舞，鸟兽且犹感应，而况于人乎？况于鬼神乎？夫乐者，圣人所以动天地、感鬼神，按万民成性类者也。'……今琴长四尺五寸，法四时五行也；七弦者，法七星也。"[5] 东汉后期，天人相应思想在琴器上的运用十分普及，但此时琴器应数观念并未统一。司马迁谓"琴长八尺一寸，正度也"，并未指明"正度"之应数对象。而桓谭谓琴长"三尺六寸六分，象期之数也"，明确琴长对应周天之数。按丘光明《历代度量衡考》来看，两汉琴器尺度相差并不大[6]，司马迁与桓谭所描述的琴长差

1　（西汉）董仲舒，周桂钿译注：《春秋繁露》，163—164页。
2　（西汉）司马迁：《史记》（二），833页。
3　（东汉）桓谭，吴则虞辑校：《新论》，93页。
4　吉联抗：《琴操（两种）》，人民音乐出版社，1990，1页。
5　（东汉）应劭：《元本风俗通义》，国家图书馆出版社，2019，173—188页。
6　参见丘光明：《中国历代度量衡考》，科学出版社，1992，55—57页。

距巨大，可能是司马迁所言是《尔雅》所载之大瑟。蔡邕基本上继承了桓谭琴长尺寸对应周天之数之论，但应劭却认为琴长四尺五寸是对应之数为四时五行。此外，应劭还将七弦对应七星，异于桓谭、蔡邕五弦对五音之说。可见，汉代琴器应数观念并不统一。

唐代司马承祯《素琴传》不仅从古琴器形上比附象与数，还从律制上将标示古琴泛音的十三个琴徽比附律数，"晖有十三，其十二法六律六吕。其一处中者，元气之统，则一阴一阳之谓也"[1]。司马承祯对琴器之数的比附带有明显的道教观念，且琴器应数观念的范围还在进一步扩展。在北宋新儒学思想的影响下，应数观念几乎扩展至琴器所有部位，琴器神学化的影子也逐渐消退。《宋史·乐志卷八十二》曰：

古者，圣人作五等之琴，琴主阳，一、三、五、七、九，生成之数也。师延拊一弦之琴，昔人作三弦琴，盖阳之数成于三。伏羲作琴有五弦，神农氏为琴七弦，琴书以九弦象九星。五等之琴，额长二寸四分，以象二十四气；岳阔三分，以象三才；岳内取声三尺六寸，以象期三百六十日；龙龂及折势四分，以象四时；共长三尺九寸一分，成于三，极于九。九者，究也，复变而为一之义也。[2]

可见，由于受到象数学的影响，宋代琴制发生了重大变化，出现了一弦琴、三弦琴、五弦琴、七弦琴、九弦琴，并将东汉七弦应七星发展为九弦应九星的观念。此外，琴额长度二寸四分附会二十四节气之数，岳山宽三寸对应三才，这都是前代所无。值得注意的是，三尺六寸不再是琴器通长，而是"岳内取声"的有效弦长。龙龂四分对应四时，加上有效弦长计三尺九寸一分，对应术数之九九归一。可见，宋代象数学对琴器制度的阐释产生了很大的影响。

---

1 吴受琚辑释：《司马承祯集》，5页。
2 许嘉璐主编：《二十四史全译·宋史》(第四册)，汉语大词典出版社，2004，2457页。

朱长文沿用前人琴器应数"象期"之论，并指出琴器制度的不统一乃是"律学废"所致，《琴史·明度》曰："《琴操》言：'琴之度，长三尺三寸六分，以象期之日，此古制也。'旧说以谓自伏羲而后，琴制十有二，而尺度有修短，短至于三尺三寸，修至于三尺九寸有奇。此无他，乃律学废而度数乖也。"[1]又《琴史·释弦》曰："舜弦之五，本于义也，五弦所以正五声也。圣人观五行之象丽于天，五辰之气运于时，五材之形用于世，于是制为宫、商、角、徵、羽以考其声焉。凡天地万物之声，莫出于此五音者。"[2]朱长文把五弦与五行相对应，并与五声、五象、五气、五材相联系，继而引出五弦与五音的关系。在此基础上，朱长文对琴器应数观念系统进行了进一步的拓展，又《琴史·莹律》曰：

天地之声出于气，气应于月，故有十二气。十二气分于四时，非土不生。土，王于四季之中，合为十三，故琴徽十有三焉。其中徽者土也，月令中央。土，其音宫，律中黄钟之宫者是也，故中徽之声洪厚包容，为众徽之君，由中徽左右各六徽。徽有疏密者，取其声之所发，自然之节也，合于天地之数，故律之相生有上下，而为管有长短，盖取诸此也。凡天地五行十二气、阳律阴吕、清浊高下，皆在乎十三徽之间。尽十三徽之声，惟三尺六寸六分之材可备，故度而制之，亦以象期之日也。[3]

朱长文将古琴十三徽纳入了汉代以来的琴器"象数"体系，指出古琴上的十三个琴徽对应十二个月，中间的七徽"月令中央"象征着土，所以共计十三徽。与唐代司马承祯认为中徽是"元气之统"不同，朱长文则认为"中徽者土"、七徽为众徽之君，故中徽声音洪厚包容。司马承祯对徽位之数的解释具有明显的道教内丹思想倾向，而朱长文所论则是以儒家象

---

1 （宋）朱长文著，林晨编著：《琴史》，129页。
2 （宋）朱长文著，林晨编著：《琴史》，118页。
3 汪孟舒：《古吴汪孟舒先生琴学遗著》（上），246页。

数易学为基底。朱长文认为琴器上的十三徽包含了天地五行十二气，是对应自然之节、合于天地之数，其琴器应数观念中已去除了神学成分。朱长文把十三徽之数纳入琴器"象期之日"体系，其琴器应数理论已经趋于完备。

四、立道

朱长文之所以尊圣、拟象、应数，其目的在于构建琴器的儒学道统观。《琴史》一开篇就表明了其儒家立场，即以尧、舜、禹为开端，以周公、孔子等圣贤为主线建构琴史道统，并将这一立场始终贯穿《琴史》全篇。

朱长文强调了琴的政治教化与修身功能，《琴史》朱长文自序云："故古之君子未尝不知琴也。达则推其和以兼济天下，穷则寓其志以独善一躬。……方当朝廷成太平之功，谓宜制作礼乐，比隆商周，则是书也，岂为虚文而已。"[1]朱长文认为琴器始于上古圣王之世、有礼乐教化之用，传于后世则为君子修身之器，这是典型的儒家思想。又《琴史·帝尧》曰："旧传尧有《神人畅》，古之琴曲。和乐而作者命之曰'畅'，达则兼济天下之谓也；忧愁而作者命之曰'操'，穷则独善其身之谓也。夫圣而不可知之谓神，非尧孰能当之？"[2]把琴之功能与儒家君子"达则兼济天下、穷则独善其身"的进退处世方式相联系，这是古代儒士的典型处世之道。《荀子·乐论》曰："君子以钟鼓道志，以琴瑟乐心。"[3]朱长文正是以"道志"和"乐心"来为琴立道，如《琴史·周公》曰："是故作之朝廷则君臣和而治本成，作之乡党则仁义修而人伦厚，作之闺门则父子亲而家道正，作之庠序则师友惇而学艺成，琴之所补岂小哉？是以君子重之。"[4]朱长文把琴与

---

1 汪孟舒：《古吴汪孟舒先生琴学遗著》（上），159 页。
2 （宋）朱长文著，林晨编著：《琴史》，2 页。
3 方勇、李波译注：《荀子》，中华书局，2015，329 页。
4 汪孟舒：《古吴汪孟舒先生琴学遗著》（上），167 页。

儒家士人修身、齐家、治国、平天下的理念联系在一起，指出这就是君子重视琴的原因。

《琴史》卷六是朱长文琴学思想的专题论述，分为《莹律》《释弦》《明度》《拟象》《论音》《审调》《声歌》《广制》《尽美》《志言》《叙史》十一个部分，集中体现出朱长文儒家道统琴史观。《琴史·志言》曰："琴之为乐，行于尧舜三代之时。至战国时，雅音废而淫乐兴，尚铿锵坠靡之声，而厌和乐深静之意。"[1]朱长文认为琴是雅音的代表，有"和乐深静"的审美意蕴。又《琴史·叙史》曰："夫琴者，闲邪复性、乐道忘忧之器也。三代之贤，自天子至于士，莫不好之。自汉唐之后，礼缺乐坏，缙绅之德，罕或知音，然君子隐居求志，藏器待时者，亦多学焉。"[2]朱长文指出，琴器可以让人远离邪恶、恢复本性，还可以让人乐于求道、忘记忧愁。尧舜三代时期的圣贤，上至天子、下到士大夫都很喜欢琴。自汉唐以后，礼缺乐坏，缙绅多不懂得琴乐，学琴者多是儒家隐士，琴至此成为君子之器。朱长文推崇三代圣贤，强调"复性"，有着明显的复古、崇古倾向。

朱长文还将琴器神圣化，朱长文《琴史·莹律》曰："卦，所以推天地之象；琴，所以考天地之声也。"[3]又《琴史·释弦》曰："夫五声之作，始于宓羲之琴，其后神农、黄帝、尧、舜氏作，于是按之为六律，播之为八音，而大乐备矣。故琴者，五声之准，六律之元，八音之舆也。他乐不能备其用，众器不能俪其德。至哉琴乎！"[4]朱长文将琴器推向至高地位，认为琴之一器内含五声、六律、八音，琴之德是其他器物所不具备的。又《琴史·论音》曰："夫八音之中，惟丝声于人情易见，而丝之器，莫贤于琴。"[5]朱长文认为八音之中以弦乐之声最易表现人情，而弦乐器中以琴为最善。又《琴史·广制》曰："古者祀天之乐，以圜钟为宫，用云和之琴瑟，

---

1 （宋）朱长文著，林晨编著：《琴史》，172—173页。
2 汪孟舒：《古吴汪孟舒先生琴学遗著》（上），256页。
3 汪孟舒：《古吴汪孟舒先生琴学遗著》（上），246页。
4 （宋）朱长文著，林晨编著：《琴史》，124页。
5 （宋）朱长文著，林晨编著：《琴史》，139页。

礼衹之乐；以函钟为宫，用空桑之琴瑟，假庙之乐；以黄钟为宫，用龙门之琴瑟……夫琴之为器，高至于玉宵之上，远至于金仙之国，皆以此为乐，故载于释老之书，此不复述也。"[1] 朱长文认为上古时期琴主要是用于祭祀，不同音色的琴用于不同场合。《琴史·尽美》曰："昔圣人之作琴也，天地万物之声皆在乎其中矣……是故黄帝作而鬼神会，后夔成而凤皇至，子野奏而云鹤翔，瓠巴作而流鱼听，师文弹而寒暑变，可谓诚至也。"[2] 朱长文认为圣人制琴，可以将天地万物之声蕴含其中，琴声可以沟通鬼神，吸引凤凰、玄鹤、游鱼等祥瑞动物，甚至弹琴可以与节气感应导致寒暑变换，这正是琴器之精诚所至了。

朱长文并未对斫琴工艺进行论述，但对琴器选材进行了伦理化的阐释，如《琴史·尽美》曰：

> 琴有四美：一曰良质，二曰善斫，三曰妙指，四曰正心。……古之圣贤留神于琴也如此。后之赋琴，言其材者，必取于高山峻谷、回溪绝涧、盘纡隐深、巉岩岖险之地，其气之钟者至高至清矣；雷霆之所摧击，霰雪之所飘压，羁鸾独鹄之所栖息，鹂黄鸤鸠之所翔鸣，其声之感者，至悲至苦矣；泉石之所磅礴，琅玕之所丛集，祥云瑞霭之所覆被，零露惠风之所长育，其物之助者，至深至厚矣；根盘挐以轮囷，枝纷郁以葳蕤，历千载犹不耀，挺百尺而见枝，其材之成者，至良至大矣。[3]

朱长文认为琴有四美，即良质、善斫、妙指、正心。从顺序而言，琴材是其他三美的基础，那么什么样的材料符合良质的标准呢？首先，必须生长于高山峻谷、回溪绝涧、盘纡隐深、巉岩岖险之地，这样的琴材具有至高至清之气。其次，必须遭受风霜、雨雪、雷霆等各种摧残而屹立不倒，

---

1 （宋）朱长文著，林晨编著：《琴史·广制篇》，文渊阁四库全书子部《琴史卷》。
2 （宋）朱长文著，林晨编著：《琴史》，160页。
3 （宋）朱长文著，林晨编著：《琴史》，151—152页。

鹐鸾、独鹄、鹂黄等禽鸟在此翔鸣,这样的琴材所发之声就会至悲至苦。再次,要得到泉石、美玉、祥云、瑞霭、零露、惠风的帮助,这样的琴材才能至深至厚。最后,还要树根盘绕曲折、枝叶茂密纷繁,历经千年生长到数百尺,才能成为至良至大的琴材。朱长文这里所言琴材,已经完全拟人化,具有百折不挠的儒家君子气质。至于妙指之美,朱长文也借鉴了宋代新儒学的修齐观念,强调弹琴时的专注与恭谨,做到"达则于以观政、穷则于以守命"。又《琴史·拟象》曰:"其所饰之材,以枣,以黄杨,以玉,以金,或以竹。枣赤心,黄杨正色,玉温金坚,竹寒而青,皆君子所以比德者也。"[1] 朱长文直接点出,琴器配饰所用之材都有君子比德的象征意义。

《琴史·尽美》曰:"当其援琴而鼓之也,其视也必专,其听也必切,其容也必恭,其思也必和,调之不乱,醳之甚愉,不使放声,邪气得奸其间,发于心,应于手,而后可与言妙也。是故君子之于琴也,非徒取其声音而已,达则于以观政焉,穷则于以守命焉。"[2] 可以看出,这里已经明显受到理学修身实践中"主敬"与"主静"的影响。朱长文《琴史》以传统儒家"文以明道"思维模式立论,肯定琴道正当性,明确琴乐的修身价值,故其在《琴史·论音》云:"古之君子不彻琴瑟者,非主于为己,而亦可以为人也。盖雅琴之音,以导养神气、调和情志、摅发幽愤、感动善心,而人之听之者,亦皆然也。"[3]

自魏晋以来,琴已成为士人、君子身份的象征之一。朱长文作为儒家"隐士",著书立说补遗琴史缺憾,可视为文士建立功业的另一种方式。《琴史·叙史》曰:"然其人或晚登于卿相者,功业溥博,而丝桐小艺,史氏或不暇书;终遁岩壑者,名迹幽晦,而弦歌余事,后人岂能遍录?其漏缺无传者,可胜算哉?余深惜之!是以于史、传、记、集,苟有闻见,皆著于

---

[1] (宋)朱长文著,林晨编著:《琴史》,136页。
[2] (宋)朱长文著,林晨编著:《琴史》,161页。
[3] (宋)朱长文著,林晨编著:《琴史》,139页。

文化与交流

篇，病于尽得古书，可以广览而博此求，亦遗恨耳，叹其遗，作《叙史》。"[1] 朱长文之所以将琴神圣化，其目的在于建立儒学道统下的琴史观，琴为文人士大夫修身明志之器，不再是"丝桐小艺"，而对琴史的追溯更是一种道统意义上的功业。从上古圣人治世之音到后世君子修身之器，朱长文勾勒出了一条清晰的琴史道统脉络。

结　论

随着常识理性精神的成熟，在北宋新儒学消化佛、道之"空""无"思想的基础上，文人士大夫试图通过复古来兴儒，将儒、释、道三家融会贯通，建构以儒学为中心的新思想形态。这个新思想形态以传统经学为中心，重新研究两汉以来的象数易学，注重形而上世界的建构。在此基础上，北宋时期的儒家知识分子将传统象数学进一步形而上学化，并用于解释经验世界。朱长文琴器思想正是这一新思想形态的体现，它始终贯穿儒家道统观，带有强烈的象数易学特征，并进一步强化了琴器的道德伦理属性。朱长文琴器思想也反映出了知识分子试图将传统阴阳、五行、象数等观念进行形而上改造来解释经验世界的尝试，对后世琴学产生了深远影响。

---

[1] （宋）朱长文：《琴史·叙史篇》，文渊阁四库全书子部《琴史卷》。

编后记

  过了 2023 年春节，生活、工作、出游等，一切的一切仿佛回到了三年以前，甚至还有了些弥补的意思，显得更为"忙碌"。如此，有些原本不在计划内的事情，时常冒出来插个队，一来二去，这本论文集的编辑与出版便延宕至今。

  再次举办"制器尚象"论坛并非我的初衷，第一次举办这个论坛时，进行得倒也算顺利，但论文集的出版却颇费周章，在断断续续的将近半年的初校之后，先是在花木兰出版了繁体版，后与广西师大出版社合作，出版了简体版。论文集的出版，得到良好的社会反响，很多远方的朋友和师长都给我转发他们在书店或图书馆与《制器尚象》不期而遇的照片，告诉我它如何被"隆重推出"，抑或如何尊享 C 位的礼遇，让我觉得此前的付出总算没有白费。简体版出版后不到一个月，责编廖佳平老师就与我讨论加印之事，并建议继续推进这个论坛，于是便有了第二届。

  虽然在疫情期间举办论坛，问题也不少，但相比于筚路蓝缕的初次，本次论坛的举办要顺畅许多。会议原计划以线下线上并举的方式开展，但最后还是因故取消了线下部分。在线最大的好处就是不受时空制约，因此我们也邀请了部分海外俊彦参与。在研讨话题方面，本次论坛也有所拓展，当然这也面临着一个问题，有些文章可能会因为种种不确定的因素而无法纳入文集的出版。学者们的报告一如既往的精彩，总结以往的经验，也应听众的请求，我们把报告的视频放在 B 站，供未能及时听会或想反复观摩的师友收听。当然，提纲挈领的 15 分钟肯定无法与反复打磨的文字梳理相比，这也是论文集的意义所在。

本届论坛的举办，从会议筹备、论文征集、宣传推广到会场统筹等，得到了中国艺术研究院相关领导与美术研究所同仁的鼎力支持。论坛全程由姚一鸣和任欣统一协调，他们带领会议筹备组与工作组的老师和同学们做了大量的沟通及督促工作，工作细碎而烦琐；李昂和任欣作为文集的副主编，就文集编辑的学术规范、图片质量、注释引文等细节与编辑、专家学者们反复商榷，为文稿的顺利排版提供了保障，他们的辛勤付出最大化地呈现了论坛的价值。感谢各位学界同仁对论坛的大力支持和持续关注，希望文集的出版对推进中国古代物质文化的深入研究有所裨益。特别感谢广西师大出版社的廖佳平老师，没有她的鼓励和支持，在疫情期间，我们很难把这样一个具有历史意义的活动给延续下来，文集的出版也不会如此顺利。当然，最后照例是要感谢内子，中国社会科学院社会学研究所的陈满琪副研究员，以及小女，北京市东城区汇文一小的练简兮同学，尽管她们已经无感于我这样例行公事的表态，但她们的支持与配合显然对推进这项工作具有重要意义。

限于个人的精力与水平，书中难免出现讹误与纰漏，责任全由我一人承担。

练春海于穿石阁
2023年6月1日

校规章程
校规条目 10